■2025年度高等学校受験用

國學院大學栃木高等学校

収録内容一覧

★この問題集は以下の収録内容となっています。また、編集の都合上、解説、解答用紙を省略させていただいている場合もございますのでご了承ください。

（○印は収録、ー印は未収録）

入試問題と解説・解答の収録内容			解答用紙
2024年度	第1回	英語・数学・社会・理科・国語	○
	第2回	英語・数学・社会・理科・国語	○
2023年度	第1回	英語・数学・社会・理科・国語	○
	第2回	英語・数学・社会・理科・国語	○
2022年度	第1回	英語・数学・社会・理科・国語	○

★当問題集のバックナンバーは在庫がございません。あらかじめご了承ください。

●凡例●

【英語】

≪解答≫

〔　〕　①別解
　②置き換え可能な語句（なお下線は置き換える箇所が2語以上の場合）
　（例）I am〔I'm〕glad〔happy〕to ~

（　）　省略可能な言葉

≪解説≫

1, 2…　本文の段落（ただし本文が会話文の場合は話者の１つの発言）

〔　〕　置き換え可能な語句（なお〔　〕の前の下線は置き換える箇所が２語以上の場合）

（　）　①省略が可能な言葉
　（例）「（数が）いくつかの」
　②単語・代名詞の意味
　（例）「彼（＝警察官）が叫んだ」
　③言い換え可能な言葉
　（例）「いやなにおいがするなべにはふたをするべきだ（＝くさいものにはふたをしろ）」

//　訳文と解説の区切り

cf.　比較・参照

≒　ほぼ同じ意味

【数学】

≪解答≫

〔　〕　別解

≪解説≫

（　）　補足的指示
　（例）（右図１参照）など

〔　〕　①公式の文字部分
　（例）〔長方形の面積〕＝〔縦〕×〔横〕
　②面積・体積を表す場合
　（例）〔立方体ABCDEFGH〕

∴　ゆえに

≒　約、およそ

【社会】

≪解答≫

〔　〕　別解

（　）　省略可能な語

＿＿　使用を指示された語句

≪解説≫

〔　〕　別称・略称
　（例）政府開発援助〔ODA〕

（　）　①年号
　（例）壬申の乱が起きた（672年）。
　②意味・補足的説明
　（例）資本収支（海外への投資など）

【理科】

≪解答≫

〔　〕　別解

（　）　省略可能な語

＿＿　使用を指示された語句

≪解説≫

〔　〕　公式の文字部分

（　）　①単位
　②補足的説明
　③同義・言い換え可能な言葉
　（例）カエルの子（オタマジャクシ）

≒　約、およそ

【国語】

≪解答≫

〔　〕　別解

（　）　省略してもよい言葉

＿＿　使用を指示された語句

≪解説≫

〈　〉　課題文中の空所部分（現代語訳・通釈・書き下し文）

（　）　①引用文の指示語の内容
　（例）「それ（＝過去の経験）が ～」
　②選択肢の正誤を示す場合
　（例）（ア，ウ…×）
　③現代語訳で主語などを補った部分
　（例）（女は）出てきた。

／　漢詩の書き下し文・現代語訳の改行部分

國學院大學栃木高等学校

所在地	〒328-8588 栃木県栃木市平井町608番地
電　話	0282-22-5511
ホームページ	https://kokugakuintochigi.jp/
交通案内	JR両毛線・東武日光線　栃木駅より直通バス8分

普通科

男女共学

くわしい情報はホームページへ

▌応募状況

年度	募集数	受験数		合格数
2024	特別選抜Ｓ　30名 特別選抜　150名 選　　抜　150名 文　　理　270名	1回	947名	非公表
		2回	350名	非公表
		3回	86名	非公表
2023	特別選抜Ｓ　30名 特別選抜　150名 選　　抜　150名 文　　理　270名	1回	1,021名	非公表
		2回	480名	非公表
		3回	81名	非公表
2022	特別選抜Ｓ　30名 特別選抜　150名 選　　抜　150名 文　　理　270名	1回	1,114名	非公表
		2回	462名	非公表
		3回	69名	非公表

※受験数は各コースの合計。
※推薦および体育技能入試の受験数は，第１回に含まれている。

▌試験科目（参考用：2024年度入試）

［推薦］面接（個人10分程度）
［体育技能］国・英・数，面接（個人３分程度）
［一般］国・英・数または国・英・数・理・社
面接（単願のみ・個人３分程度）
※体育技能入試と一般入試はスライド合格制度あり。

▌本校の特色

本校ではコース制を導入しており，生徒個々の進学目標達成のため，多彩な指導を行っている。

特別選抜Ｓコース：高度な学習プログラムと少人数制を生かしたきめ細かな指導で，東京大・京都大・医学部・早稲田大・慶應義塾大など，最難関大学合格を目指す。演習の時間が十分確保できるよう，カリキュラムが組まれている。

特別選抜コース：国公立大学入試にも対応した学習プログラムで国公私立の難関大学合格を目指す。特別選抜Ｓコースと同様，生徒の学習意欲に応える各種講座も実施している。

選抜コース：G-MARCHなどの難関・上位私立大学合格を目指した学習・進学指導を行う。２年次からは私立大学入試に対応したカリキュラム編成となっている。

文理コース：國學院大學や有名私立大学合格を目指す。多様な進学ニーズに対応し，２年次から理系・文系に分かれる。将来につながる資格の取得をサポートするため，各種検定試験に向けた特別講座も開講している。

▌施設・環境

本校は，関東平野を一望できる太平山の麓にあり，四季折々の自然を楽しむことができる。広大な敷地内には，講堂と体育館を兼ねた四十周年記念館や，口径40cmの反射望遠鏡を備えた天文台を有する特別教育館，甲子園球場より一回り広い硬式野球場など，充実した施設がある。

▌進路状況

2024年３月・主な大学合格実績

國學院大80名，北海道大２名，東北大３名，弘前大１名，筑波大１名，千葉大２名，宇都宮大５名，信州大２名，静岡大１名，長崎大１名，防衛大14名，早稲田大２名，東京理科大７名，明治大９名，中央大10名，立教大３名，青山学院大５名，法政大８名，学習院大３名，同志社大１名，帝京大（医）１名，東邦大（医）１名，北里大（医）１名など。

編集部注―本書の内容は2024年4月現在のものであり，変更されている場合があります。正確な情報は，学校のホームページ等で必ずご確認ください。

出題傾向と今後への対策　英語

出題内容

	2024		2023		2022	
	1回	2回	1回	2回	1回	2回
大問数	6	6	7	7	7	7
小問数	50	50	46	46	46	46
リスニング	○	○	×	×	×	×

◎大問６～７題，小問数45～50問である。出題構成は，適語・適文選択，整序結合，長文読解などの総合問題で，2024年度には放送問題が導入された。

2024年度の出題状況

《第１回》

1 放送問題
2 適語(句)選択・語形変化
3 整序結合
4 長文読解総合―会話文
5 長文読解総合―説明文
6 長文読解総合―スピーチ

《第２回》

1 放送問題
2 適語(句)選択・語形変化
3 整序結合
4 長文読解総合―対話文
5 長文読解総合―スピーチ
6 長文読解総合―物語

解答形式

《第１回》	記　述／マーク／併　用
《第２回》	記　述／マーク／併　用

出題傾向

適語・適文選択は前置詞や接続詞をはじめ幅広く知識を問われる。整序結合は日本文つきで，文の構造を理解しているかが試される。和文英訳は適語補充の形式なので，正確に綴りを書けるかが試される。長文読解は３題で，うち１題は会話文形式。緻密な読解力が問われる設問が多い。

今後への対策

まずは単語と文法をきちんと押さえること。教科書の重要構文は全文暗記してしまうとよい。文法問題は問題集を１冊決めて何度も繰り返し解き，長文総合問題は速読を意識して大意を把握することが大切。教科書や問題集の長文を何度も繰り返し読み，頭に入れておくとよい。最後に，過去問題集で形式や時間配分を確認しておこう。

◆◆◆◆◆ 英語出題分野一覧表 ◆◆◆◆◆

分野			2022 1回	2022 2回	2023 1回	2023 2回	2024 1回	2024 2回	2025予想※ 1回	2025予想※ 2回
音声	放送問題						■	■	◎	◎
	単語の発音・アクセント		■	■	■	■		■		◎
	文の区切り・強勢・抑揚									
語彙・文法	単語の意味・綴り・関連知識						●		△	
	適語(句)選択・補充		■	■	■	■	■	■	◎	◎
	書き換え・同意文完成					●				△
	語形変化		●	●	●	●	●	●	◎	◎
	用法選択									
	正誤問題・誤文訂正									
	その他									
作文	整序結合		■	■	■	■	■	■	◎	◎
	日本語英訳	適語(句)・適文選択								
		部分・完全記述	●	●	●	●			△	△
	条件作文									
	テーマ作文									
会話文	適文選択		●	●	●	●			△	△
	適語(句)選択・補充									
	その他									
長文読解	内容把握	主題・表題								
		内容真偽	●	●	●	●	●	●	◎	◎
		内容一致・要約文完成	●	●	●	■	●	●	◎	◎
		文脈・要旨把握	●	●	●	●	●	●	◎	◎
		英問英答			●		●	●	◎	△
	適語(句)選択・補充		●	●		●	●	●	◎	◎
	適文選択・補充		●	●			●	●	◎	◎
	文(章)整序					●				△
	英文・語句解釈(指示語など)		■	●	●	■	■	■	◎	◎
	その他(適所選択)							●		△

●印：１～５問出題，■印：６～10問出題，★印：11問以上出題。
※予想欄　◎印：出題されると思われるもの。　△印：出題されるかもしれないもの。

出題傾向と今後への対策

数学

出題内容

2024年度

《第１回》 ~~作~~ ~~証~~ ~~グ~~

[1]，[2]は小問集合で，各10問。基本的な計算力，知識を見るものが中心。[3]は規則的に並べた自然数について問うもの。[4]は関数で，放物線と直線，双曲線に関する問題。[5]は関数で，図形が移動したときの時間と面積の関係について問うもの。

《第２回》 ~~作~~ ~~証~~ ~~グ~~

[1]，[2]は小問集合で，各10問。[3]は規則性に関する問題で，数字が書かれたタイルを利用したもの。[4]は関数で，放物線と直線に関するもの。[5]は関数で，時間とデータ通信の料金の関係について問うもの。グラフを利用する問題もある。

2023年度

《第１回》 ~~作~~ ~~証~~ ~~グ~~

[1]，[2]は小問集合で，それぞれ８問，10問。[1]は計算を主とするもの，[2]は各分野から基本的な内容のもの。[3]は特殊・新傾向問題で，規則性に関するもの。[4]，[5]は関数で，[4]は図形の移動，[5]は放物線と直線に関するもの。

《第２回》 ~~作~~ ~~証~~ ~~グ~~

[1]，[2]は小問集合で，[1]は計算を主とするもの，[2]は各分野から基本的な内容のもの。[3]は規則性に関するもの。[4]は確率で，座標平面を利用したもの。[5]は関数で，放物線と直線に関するもの。図形の知識も要する。

作…作図問題　証…証明問題　グ…グラフ作成問題

解答形式

《第１回》　記　述／マーク／併　用

《第２回》　記　述／マーク／併　用

出題傾向

大問５題，総設問25～29問。[1]，[2]の小問集合は，基本問題中心に18～20問。各分野から出題され，幅広い知識が要求されている。[3]以降は関数，図形がほぼ毎年のように出題され，あと１題は確率や数の性質に関するものなどとなる。それぞれ２～３問の小問からなる。

今後への対策

基礎，基本を問う問題が大半を占めるので，教科書を完全理解することを第一に考えよう。練習問題，章末問題などはひと通り解けるようにすること。さらに基礎を定着させるために，基本問題集で演習を積もう。また，これと並行して，計算練習もしっかりしよう。時間や問題数を決めて，毎日練習すること。

◆◆◆◆◆ 数学出題分野一覧表 ◆◆◆◆◆

分野	年度	2022		2023		2024		2025予想※	
		1回	2回	1回	2回	1回	2回	1回	2回
数と式	計算，因数分解	★	★	★	★	★	★	◎	◎
	数の性質，数の表し方	●	●		●	●	●	◎	◎
	文字式の利用，等式変形								
	方程式の解法，解の利用	★	■	★	★	★	★	◎	◎
	方程式の応用	●	●	●	●	■	●	◎	◎
関数	比例・反比例，一次関数	★	■	●	■	■	■	◎	◎
	関数 $y=ax^2$ とその他の関数	★	★	★	★	★	★	◎	◎
	関数の利用，図形の移動と関数	■		■		★	★	◎	△
図形	(平面) 計　量	■	★	●	★	●	●	◎	◎
	(平面) 証明，作図								
	(平面) その他								
	(空間) 計　量		●	●		●	●	◎	◎
	(空間) 頂点・辺・面，展開図			●				△	
	(空間) その他								
データの活用	場合の数，確率	●	●	●	★	●	●	◎	◎
	データの分析・活用，標本調査	●	●	●	●	■	■	◎	◎
その他	不 等 式								
	特殊・新傾向問題など	■	■	■	■	★	★	◎	◎
	融合問題								

●印：１問出題，■印：２問出題，★印：３問以上出題。
※予想欄　◎印：出題されると思われるもの。　△印：出題されるかもしれないもの。

出題傾向と今後への対策　社会

出題内容

2024年度

《第１回》

地理・日本の気候や産業等に関する問題。
　・時差や世界の地形や産業，宗教，人口等に関する問題。
　・地形図の読み取りについての問題。

歴史・古代から近世についての文章を基にした政治や社会，外交，文化に関する問題。
　・近代から現代の女性についての年表を基に戦争や社会情勢に関する問題。

公民・現代社会の生活と文化に関する問題。
　・三権分立と人権,日本国憲法の条文に関する問題。
　・経済に関する問題。

《第２回》

地理・日本の地形や産業等に関する問題。
　・世界の産業，気候等に関する問題。
　・時差や地図等に関する問題。
　・地形図の読み取りについての問題。

歴史・古代から近世についての文章や資料を基にした政治や文化等に関する問題。
　・近代から現代の鉄道についての年表を基に政治や社会に関する問題。

公民・少子高齢化や国会に関する問題。
　・日本国憲法の前文や条文，新しい人権に関する問題。
　・地方自治や選挙，経済等に関する問題。

解答形式

《第１回》　記　述／マーク／併　用

《第２回》　記　述／マーク／併　用

出題傾向

2024年，例年８題であった大問数が６題になり，記述式からマークシート方式となった。小問数は50問で変わっていない。地理，歴史，公民の三分野の問題が２題ずつで構成されている。

地理は地形や気候，産業に関する問題，歴史は，テーマに基づく問題等，公民は憲法，政治，経済等の問題が出題される。

今後への対策

出題は教科書の基本事項に沿った内容が多いので教科書を中心に学習を進めよう。

地理は地図帳を活用しながら，地形の名称や気候，産業などを覚えよう。歴史は略年表を作成して出来事の因果関係を把握し，主要な事件などについては年号も覚えてしまおう。公民は日本国憲法に慣れ親しみながら，政治や経済を中心に押さえよう。

◆◆◆◆◆ 社会出題分野一覧表 ◆◆◆◆◆

分野	年度	2022		2023		2024		2025予想※	
		１回	２回	１回	２回	１回	２回	１回	２回
地理的分野	地形図	●	●	●	●	●	●	◎	◎
	アジア	産 人		産	産 総		人	◎	◎
	アフリカ	総			地	地産 人	産	◎	◎
	オセアニア		地					△	△
	ヨーロッパ・ロシア				地		地	△	◎
	北アメリカ			地	地			△	△
	中・南アメリカ		地					△	△
	世界全般	地産 人	地産 人	地産	地	地産 人	地産	◎	◎
	九州・四国		地				地 総	△	◎
	中国・近畿		総					△	△
	中部・関東	地 総	地	地 総	地産	地産		◎	◎
	東北・北海道	地				地		◎	△
	日本全般	産	産	産 人	地産	産	地産	◎	◎
歴史的分野	旧石器～平安	●	●	●	●	●	●	◎	◎
	鎌倉	●	●	●	●	●	●	◎	◎
	室町～安土桃山	●	●	●	●	●	●	◎	◎
	江戸	●	●	●	●	●	●	◎	◎
	明治	●		●	●	●	●	◎	◎
	大正～第二次世界大戦終結	●	●	●	●	●	●	◎	◎
	第二次世界大戦後			●		●	●	◎	◎
公民的分野	生活と文化	●	●	●	●	●	●	◎	◎
	人権と憲法	●	●	●	●	●	●	◎	◎
	政治	●	●	●	●	●	●	◎	◎
	経済	●	●	●	●	●	●	◎	◎
	労働と福祉	●		●				◎	△
	国際社会と環境問題	●		●	●			◎	△
	時事問題			●			●		

※予想欄　◎印：出題されると思われるもの。　△印：出題されるかもしれないもの。
地理的分野については，各地域ごとに出題内容を以下の記号で分類しました。
地…地形・気候・時差，　産…産業・貿易・交通，　人…人口・文化・歴史・環境，　総…総合

出題傾向と今後への対策　理科

出題内容

2024年度

《第１回》　記

1気象に関する問題。　2生物の行動に関する問題。　3溶解度に関する問題。　4フックの法則に関する問題。　5小問集合４問。　6火山に関する問題。　7生殖に関する問題。　8化学変化に関する問題。　9電流と磁界に関する問題。

《第２回》　記

1天体の動きに関する問題。　2植物に関する問題。　3酸・アルカリに関する問題。　4仕事とエネルギーに関する問題。　5小問集合４問。　6湿度に関する問題。　7血液に関する問題。　8化学変化に関する問題。　9電力に関する問題。

2023年度

《第１回》　記

1プレートに関する問題。　2遺伝に関する問題。　3イオンに関する問題。　4力やエネルギーに関する問題。　5小問集合４問。　6火山に関する問題。　7呼吸に関する問題。　8物質の性質に関する問題。　9電流に関する問題。

《第２回》　記

1水蒸気量に関する問題。　2吸収に関する問題。　3化学変化に関する問題。　4電流と磁界に関する問題。　5小問集合４問。　6天体に関する問題。　7植物の分類に関する問題。　8電池に関する問題。　9エネルギーに関する問題。

作…作図・グラフ作成問題　記…文章記述問題

解答形式

《第１回》	記　述／マーク／併　用
《第２回》	記　述／マーク／併　用

出題傾向

小問集合題も含まれ，出題範囲は広い。大問１題当たりの小問数は５～８問で，総小問数は約40～50問と問題量は多い。

問題は教科書に載っている実験・観察を題材に，基礎～標準的な内容のものがほとんどで，正確な知識や科学的な思考力を問うものとなっている。

今後への対策

教科書の重要用語や実験・観察の手順・結果・考察をまとめよう。その後，基礎的な問題集を１冊解き，正確な知識が身についているかを確認。間違えた問題は，教科書やノートを見直すこと。また，出題範囲が広いので，苦手分野をつくらないこと。

さらに，過去の入試問題を使って練習し，解答形式や時間配分などに慣れたい。

◆◆◆◆◆ 理科出題分野一覧表 ◆◆◆◆◆

		2022		2023		2024		2025予想※	
		1回	2回	1回	2回	1回	2回	1回	2回
身近な物理現象	光と音	●			●	●		◎	◎
	力のはたらき(力のつり合い)	●		●	●	●	●	◎	◎
物質のすがた	気体の発生と性質					●		△	△
	物質の性質と状態変化	●		●		●		◎	◎
	水溶液	●				●		◎	◎
電流とその利用	電流と回路		●	●			●	◎	◎
	電流と磁界(電流の正体)	●			●	●		◎	◎
化学変化と原子・分子	いろいろな化学変化(化学反応式)		●	●	●	●	●	◎	◎
	化学変化と物質の質量		●		●		●	◎	◎
運動とエネルギー	力の合成と分解(浮力・水圧)			●			●	◎	◎
	物体の運動		●		●			◎	◎
	仕事とエネルギー		●	●	●		●	◎	◎
化学変化とイオン	水溶液とイオン(電池)	●		●	●		●	◎	◎
	酸・アルカリとイオン		●				●	△	◎
生物の世界	植物のなかま	●	●	●	●	●	●	◎	◎
	動物のなかま							◎	◎
大地の変化	火山・地震	●		●	●	●	●	◎	◎
	地層・大地の変動(自然の恵み)		●	●				◎	◎
生物の体のつくりとはたらき	生物をつくる細胞		●					△	△
	植物の体のつくりとはたらき				●		●	◎	◎
	動物の体のつくりとはたらき	●	●	●	●	●	●	◎	◎
気象と天気の変化	気象観察・気圧と風(圧力)		●			●		△	△
	天気の変化・日本の気象	●	●		●	●	●	◎	◎
生命・自然界のつながり	生物の成長とふえ方					●		◎	◎
	遺伝の規則性と遺伝子(進化)	●		●				△	◎
	生物どうしのつながり							△	△
地球と宇宙	天体の動き	●	●		●		●	◎	◎
	宇宙の中の地球		●	●				△	△
自然環境・科学技術と人間				●				△	
総合	実験の操作と実験器具の使い方	●	●			●		◎	◎

※予想欄　◎印：出題されると思われるもの。　△印：出題されるかもしれないもの。
分野のカッコ内は主な小項目

出題傾向と今後への対策　国語

出題内容

2024年度

《第１回》

一 国語の知識　二 論説文　三 古文　四 小説

課題文　二丹羽宇一郎『人間の本性』
三『十訓抄』
四吉田篤弘『〈十時軒〉のアリス』

《第２回》

一 国語の知識　二 論説文　三 古文　四 小説

課題文　二長田　弘『なつかしい時間』
三『今昔物語集』
四村山由佳『約束』

2023年度

《第１回》

一 国語の知識　二 論説文　三 古文　四 小説

課題文　二苅谷剛彦『学校って何だろう』
三『宇治拾遺物語』
四北村　薫『スキップ』

《第２回》

一 国語の知識　二 論説文　三 古文　四 小説

課題文　二吉井仁実『〈問い〉から始めるアート思考』
三『浦島太郎』
四中島京子『妻が椎茸だったころ』

解答形式

《第１回》　記　述／マーク／併　用

《第２回》　記　述／マーク／併　用

出題傾向

ここ数年，出題傾向に変化はない。設問は，漢字など国語の知識の問題に４～７問，現代文の読解問題にそれぞれ７～10問，古文に７～８問で，全体で30問程度の出題となっている。設問のレベルは標準的で，課題文についても，内容的にも比較的読みやすく，分量もさほど多くない。全体に国語の知識に関するものの占める割合が高い。

今後への対策

現代文・古文ともに読解問題については，基本的な読解力を身につけておくこと。そのためには，基礎学力養成用の問題集で練習を積むのがよい。国語の知識については，出題の範囲が幅広いので，ジャンルごとに参考書や便覧で知識の整理をしておくこと。また，韻文についても必ず問われるので，復習が必要である。

◆◆◆◆◆ 国語出題分野一覧表 ◆◆◆◆◆

分野		年度	2022		2023		2024		2025予想※	
			1回	2回	1回	2回	1回	2回	1回	2回
現代文	論説文 説明文	主題・要旨		●		●	●	●	△	◎
		文脈・接続語・指示語・段落関係	●	●	●		●		◎	△
		文章内容	●	●	●	●	●	●	◎	◎
		表現	●	●	●	●	●		◎	◎
	随筆 日記 手紙	主題・要旨								
		文脈・接続語・指示語・段落関係								
		文章内容								
		表現								
		心情								
	小説	主題・要旨					●		△	
		文脈・接続語・指示語・段落関係								
		文章内容	●	●	●	●	●	●	◎	◎
		表現	●	●	●	●		●	◎	◎
		心情	●	●	●	●	●	●	◎	◎
		状況・情景								
韻文	詩	内容理解	●					●	△	△
		形式・技法	●		●			●	◎	△
	俳句 和歌 短歌	内容理解		●	●	●	●		◎	◎
		技法		●	●	●	●		◎	◎
古典	古文	古語・内容理解・現代語訳	●	●	●	●	●	●	◎	◎
		古典の知識・古典文法	●	●	●	●	●	●	◎	◎
	漢文	(漢詩を含む)	●		●	●		●	◎	◎
国語の知識	漢字 語句	漢字	●	●	●	●	●	●	◎	◎
		語句・四字熟語	●	●	●	●	●	●	◎	◎
		慣用句・ことわざ・故事成語	●	●	●		●	●	◎	◎
		熟語の構成・漢字の知識		●		●	●	●	△	◎
	文法	品詞	●	●	●	●	●	●	◎	◎
		ことばの単位・文の組み立て		●						△
		敬語・表現技法		●	●	●	●		◎	◎
	文学史		●	●	●	●	●	●	◎	◎
作文・文章の構成・資料										
その他										

※予想欄　◎印：出題されると思われるもの。　△印：出題されるかもしれないもの。

2024年度 國學院大學栃木高等学校（第１回）

【英　語】（50分）〈満点：100点〉

〔編集部注：放送問題[1]（合計10問）は未公表のため掲載してありません。〕

[2]

次の各文の [11] ～ [20] に入る最も適当なものをそれぞれ1つ選び，番号をマークしなさい。

1. [11] be so noisy. The baby is still sleeping.
① Don't　② Please　③ Do　④ Aren't

2. Mary was absent from the tennis club meeting, so the members started [12] her.
① since　② without　③ through　④ between

3. He is an old friend of [13] .
① they　② their　③ them　④ theirs

4. Lucy hasn't come yet. I [14] for her for half an hour.
① was waiting　② had been wating　③ am waiting　④ have been waiting

5. You can borrow an umbrella if you need [15] .
① some　② any　③ one　④ this

6. The camera [16] by Taro was not my sister's.
① break　② broke　③ broken　④ breaking

7. Why were you late [17] school?
① for　② to　③ at　④ in

8. That is all I have to say. I have [18] else to say.
① something　② anything　③ nothing　④ everything

9. Look carefully, [19] you will be able to see it.
① but　② and　③ or　④ so

10. [20] do you play golf? — Twice a month.
① When　② Why　③ How long　④ How often

3 次の各日本文の意味を表すように，(　　　)内の語(句)を並べかえて正しい英文を作るとき，(　　　)内で５番目に来るものをそれぞれ１つ選び，番号をマークしなさい。

1. 昨夜見た映画はとても面白かったです。 **21**
(I / exciting / the movie / watched / was / very / last night).
① I　② was　③ very　④ last night

2. 彼はギターの弾き方を習いたがっています。 **22**
He (the guitar / learn / how / wants / play / to / to).
① the guitar　② how　③ play　④ to

3. 暑い日に海で泳ぐのはとても気持ちがいいです。 **23**
(the sea / on / so / is / swimming in / a hot day / refreshing).
① so　② is　③ swimming in　④ a hot day

4. 19世紀に建てられたその家は今や博物館になっています。 **24**
(the 19th century / is / a / built / in / the house / museum) now.
① is　② built　③ in　④ museum

5. 水をもう一杯いただいてもいいですか。 **25**
(water / have / I / glass / another / may / of)?
① water　② glass　③ another　④ of

6. これは日本でもっとも有名な歌の１つです。 **26**
(songs / is / famous / one / this / of / the most) in Japan.
① songs　② famous　③ of　④ the most

4 次の英文は，高田先生(Mr. Takada)，ミホ(Miho)，カズエ(Kazue)，マサト(Masato)，ルーシー(Lucy)，ショウタ(Shota)の対話の一部です。これを読んで，あとの問いに答えなさい。

Mr. Takada : Many people around the world say that the earth is becoming bad. We have to do something. Today, we are going to talk about what to do to make the earth better. What do you think, Miho?

Miho : There are too many cars on the streets. They are not good for the air. I think we should use buses and trains more often. ① Then we will have cleaner air.

Kazue : Now we use a lot of oil. But there is not so much oil and using a lot of oil is not good for the earth. We have to think about new types of energy. Many people use the sun for energy. In some places people use the wind for energy. I hope more people all over the world will use ② these two kinds of energy.

Masato : Some people open their shops all night. There are many vending machines on the streets. These shops and vending machines are very useful. But [30] every day. I don't think this is good.

Lucy : I agree. In the city there are too many lights at night. My host father says, "We could see many stars in the city before." But ③ now we can't. I hope we can see beautiful stars again someday.

Shota : My family uses water very carefully. "Turn off the tap!" is our motto.

Mr. Takada : Thank you, Shota. Your family is doing a good thing for the earth. I think we can do many other things to be kind to the earth. We should always use things carefully. If we use paper carefully, [32]. If we don't throw things away so easily, we can keep the streets and rivers clean. It is very important to start small. We can all do something to keep the earth beautiful.

(注) vending machine(s)：自動販売機　　Turn off the tap!：蛇口を閉めよう!
throw ～ away：～を捨てる　　easily：簡単に

1. この会話文の中で述べられていないものを1つ選び，番号をマークしなさい。 [27]
① ゴミ問題　　② 騒音問題　　③ 大気汚染　　④ 水質汚染

2. 下線部①について，ミホはどうすればこのようになると言っていますか。最も適当なものを1つ選び，番号をマークしなさい。 [28]
① もっと車を使うようにする。
② もっと車やバスを使うようにする。
③ もっと車や電車を使うようにする。
④ もっとバスや電車を使うようにする。

3. 下線部②について，何を利用したエネルギーを指していますか。最も適当な組み合わせを１つ選び，番号をマークしなさい。 [29]

① 火力と風力　　② 太陽光と風力　　③ 太陽光と水力　　④ 水力と風力

4. [30] に入る最も適当なものを１つ選び，番号をマークしなさい。

① they use too much energy
② a lot of people use them
③ they make a lot of energy
④ a lot of people like them

5. 下線部③について，現在どのようなことができないとルーシーは言っていますか。下の（ a ），（ b ）に入る最も適当な組み合わせを1つ選び，番号をマークしなさい。 [31]

（ a ）で（ b ）を見ることができない。

① 田舎 － 星　　② 都会 － 街灯　　③ 都会 － 星　　④ 田舎 － 街灯

6. [32] に入る最も適当なものを１つ選び，番号をマークしなさい。

① we can keep many trees on the mountains
② we can keep the streets and rivers clean
③ we can keep the cities beautiful
④ we can keep the rivers clean

7. 本文の内容と一致しないものを１つ選び，番号をマークしなさい。 [33]

① Many people think the earth is becoming bad.
② We can see many vending machines on the streets.
③ Shota's family uses water carelessly.
④ We should not use a lot of paper.

5 次の英文を読んで，あとの問いに答えなさい。

What food do you want to eat for dinner today? Curry and rice? *Tempura*? *Ramen*? Such dishes are originally from foreign countries. Today we have many kinds of food from abroad. Most Japanese people like them and they are very popular now.

Curry and rice is a very popular dish in Japan. It is loved by so many people. Curry is originally from India, but it ①(England to Japan / one / years / came / than / from / hundred / more) ago. In the eighteenth century, many people from England went to India and [35] a lot of things back to England. Curry was one of them. Then curry became popular in England. In the nineteenth century, some Japanese went to England and ate curry for the first time. Many people say that curry was introduced to Japanese people as a new food from Europe, not from India.

Tempura is also a popular Japanese food and like curry, it came to Japan from Europe. Some people say that *tempura* is originally from Portugal. As for *ramen*, people say different things. Some people say that *ramen* was made in Japan for the first time during the Meiji period. But many people believe that *ramen* was originally introduced by Chinese cooks from China.

On the other hand, some Japanese dishes are going out of Japan to many places all over the world. A lot of Japanese food has less fat, so many people think that it is healthy. Today Japanese restaurants are very popular all over the world.

Some Japanese food is changed in other countries. For example, California Roll, a new kind of *sushi* made in America first, is different from original *sushi*. In Japan, originally, when you make *norimaki*, you put rice and ingredients on a sheet of *nori* and roll them. So *nori* is outside and the rice is inside. But a California roll is different. When you make a California Roll, you put a sheet of *nori* and ingredients on the rice and roll them. So *nori* is inside and the rice is outside.

Now is the time of globalization. A lot of people are leaving their countries and [36] in other countries. They will bring their cultures to other countries and bring those cultures back to their own countries. Maybe food is ②the same. In the future, the globalization of food will be [38] all over the world.

（注） originally：もとは　century：世紀　Europe：ヨーロッパ　Portugal：ポルトガル
cook：コック，料理　have less fat：脂肪分がより少ない
California Roll：カリフォルニア・ロール（巻き寿司の一種）
ingredient：（巻き寿司などの）具　globalization：グローバル化，国際化

1. 下線部①の(　　　)内の語(句)を，本文の内容に合うように並べかえて，正しい英文を作るとき，(　　)内で5番目に来るものを選び，番号をマークしなさい。[34]

① one　　② years　　③ than　　④ from

2. [35] に入る最も適当なものを1つ選び，番号をマークしなさい。

① brought　　② lost　　③ became　　④ meant

3. [36] に入る最も適当なものを1つ選び，番号をマークしなさい。

① saying　　② making　　③ singing　　④ working

4. 下線部②が指す内容として，最も適当なものを1つ選び，番号をマークしなさい。[37]

① 多くの人々が外国の文化より，自国の文化がよいと思っていること
② 自国の文化を外国に持ち出し，外国の文化を自国に取り入れていること
③ 外国の文化を自国に取り入れるのはよくないと思っていること
④ 外国の文化が，自分の国に合うようにアレンジされるのを嫌がること

5. [38] に入る最も適当なものを1つ選び，番号をマークしなさい。

① less interesting　　② more common　　③ less popular　　④ more different

6. 本文の内容に関する次の会話が成り立つように，[39]，[40] に入る最も適当なものをそれぞれ1つずつ選び，番号をマークしなさい。

A: How do "California Roll" and *norimaki* look?

B: They look [39] from each other. *Nori* is rolled [40] when a California Roll is made.

① same　　② different　　③ original　　④ outside　　⑤ inside　　⑥ on

7. 本文の内容に一致するものを1つ選び，番号をマークしなさい。[41]

① Many dishes have come to Japan from foreign countries, but no dishes are leaving Japan.
② Curry and *tempura* came to Japan from Europe in the eighteenth century.
③ Japanese food is popular all over the world because a lot of people think that it is healthy.
④ Today many people are going abroad, but they will not bring their cultures to other countries.

6 次の英文は，高校生のリエ(Rie)が留学生のブライアン(Brian)と体験したことについて，英語の授業でスピーチをしたときの原稿です。これを読んであとの問いに答えなさい。

Brian and I went to a bookstore last month. When we got there, Brian looked around and said to me, "This is my favorite one!" The book he showed me was a comic by a cartoonist from Tochigi. (　①　) I was very excited to know Brian and I liked the same comics. "In my country," he said, "we can watch some Japanese anime on TV, too. I enjoy it." I said to him, "Why do you like Japanese comics and anime?" He said, "Well, their stories are interesting and their pictures are beautiful."

After talking with Brian, I found a book about the history of Japanese comics in the bookstore, and I bought it. It said that in Japan the original forms of comics were made in the 12th century. Look at ②this picture. It shows the people talking with each other. This picture is very old, but it shows us their excited feelings comically, like a modern comic. I learned another thing from the book. It said that people in the Edo period enjoyed comics as I enjoy modern comics. I was excited to learn about ③that.

Last week, I looked (　④　) more information about Japanese comics and anime on the Internet. I found something exciting. Modern Japanese comics and anime are loved by people around the world. For example, modern Japanese anime is watched in about 80 different countries around the world.

I used to read comics and watch anime only for fun, but now I know two things about them. One is that Japanese comics and anime are a part of traditional Japanese culture. ⑤The other thing is that they are a part of popular culture around the world. I hope many people in other countries will learn about the good things of Japan through its comics and anime.

(注)　cartoonist：マンガ家　　original form：原形　　century：世紀
comically：こっけいに　　modern：現代の　　used to ～：(以前は)～していた

1. (　①　)に入る最も適当なものを１つ選び，記号で答えなさい。

ア I heard from his comics.
イ I have never read his comics.
ウ I don't like his comics.
エ I often read his comics.

2. 下線部②が指すものとして，最も適当なものを１つ選び，記号で答えなさい。

ア おしゃべりをしている人々が描かれたとても古い絵
イ 楽しそうに会話を交わしている人々が描かれた最近のマンガ
ウ 外国で日本のアニメを見ている子どもたちの絵
エ 書店でマンガの立ち読みをしているたくさんの人々の絵

3. 次の文は下線部③の内容をまとめたものです。（　　）内にそれぞれ適当な日本語を入れなさい。

江戸時代の（　a　）も，現代のように（　b　）を楽しんでいたということ。

4. （　④　）に入る最も適当なものを１つ選び，記号で答えなさい。

ア at　　イ for　　ウ in　　エ of

5. 下線部⑤を they が指すものを明確にして，日本語に直しなさい。

6. 次の質問に英語で答えるとき，（　　　　）内に入るものを本文中より抜き出しなさい。

Why does Brian like Japanese comics and anime?

— Because (　　　　　　　　　　　　　　　　).

7. 本文の内容に一致するものを２つ選び，記号で答えなさい。

ア Brian and Rie went to the bookstore and met a cartoonist from Tochigi.

イ Brian has read Japanese comics but he hasn't watched Japanese anime.

ウ Rie found a book written about the history of Japanese comics in the bookstore.

エ Brian used the Internet to learn about Japanese comics and anime.

オ Rie learned interesting things about Japanese comics and anime from a book and the Internet.

カ Rie used to enjoy Japanese comics and anime to learn about traditional culture.

【数　学】（50分）〈満点：100点〉

1　次の(1)から(10)までの問いに答えなさい。

(1)　$(-2)^3-3^2$ を計算しなさい。

(2)　$\frac{1}{2}(a+b)-(a-2b)$ を計算しなさい。

(3)　$\frac{8}{3}a^4 \div (-2a^2)$ を計算しなさい。

(4)　$\sqrt{75}-\sqrt{2}\times\sqrt{6}$ を計算しなさい。

(5)　$(x+3)^2+3x(x-2)$ を展開して簡単にしなさい。

(6)　$x^2-8xy-20y^2$ を因数分解しなさい。

(7)　1次方程式 $\frac{4}{5}x+3=\frac{3}{2}x-4$ を解きなさい。

(8)　連立方程式 $\begin{cases} 0.1x+0.2y=1 \\ 3x-2y=6 \end{cases}$ を解きなさい。

(9)　2次方程式 $3(x-2)^2-54=0$ を解きなさい。

(10)　$x=2.8$，$y=4.4$ のとき，$4x^2-y^2$ の値を求めなさい。

2 次の(1)から(10)までの問いに答えなさい。

(1) $\sqrt{11-n}$ が整数となるような，自然数 n の個数を求めなさい。

(2) y は x に比例し，$x=6$ のとき $y=-10$ である。y を x の式で表しなさい。

(3) 関数 $y=\dfrac{6}{x}$ について，x の値が1から3まで増加するときの変化の割合を求めなさい。

(4) 縦の長さが横の長さより3 cm長い長方形がある。この長方形の面積が108 cm^2 であるとき，この長方形の縦の長さを求めなさい。

(5) 昨日，ある洋菓子店で，ロールケーキとシュークリームが合わせて70個売れた。今日の売上個数は，昨日と比べてロールケーキは8 %，シュークリームは20 %増加したため，合わせて8個増加した。この洋菓子店で，昨日売れたロールケーキの個数を求めなさい。

(6) 1から6までの数字が1つずつ書かれた6個の玉が入った袋がある。この袋から同時に2個の玉を取り出すとき，取り出した2個の玉に書かれた数字がともに4以下である確率を求めなさい。

(7)　図において，$\angle x$ の大きさを求めなさい。

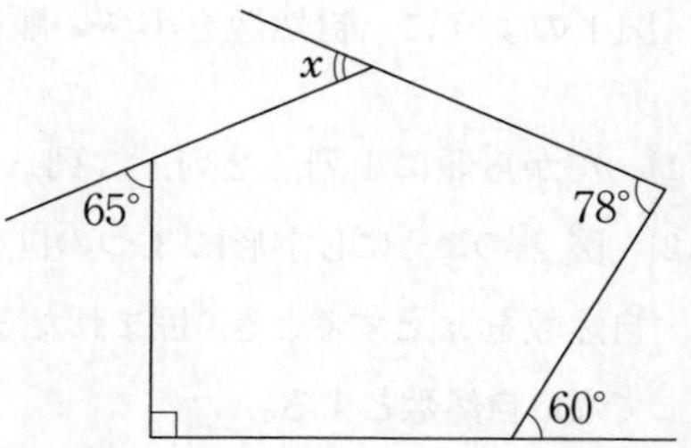

(8)　図のような台形ABCDを，直線 ℓ を軸として１回転させてできる回転体の体積を求めなさい。ただし，円周率は π としなさい。

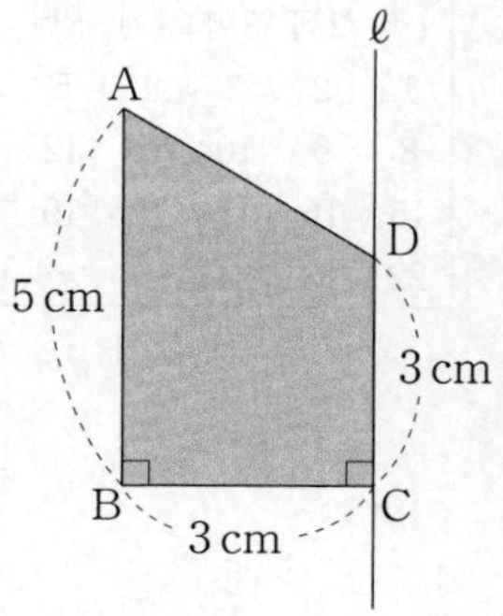

(9)　表は，ある中学校の生徒40人の50 m走のタイムを度数分布表にまとめたものである。7.8秒以上8.2秒未満の階級の累積相対度数を求めなさい。

階級（秒）	度数（人）
以上　未満	
7.0～7.4	5
7.4～7.8	9
7.8～8.2	10
8.2～8.6	10
8.6～9.0	6
計	40

(10)　図は，ある中学校の３年生４クラスで行った小テストの得点のデータの分布のようすを，それぞれ箱ひげ図にまとめたものである。ただし，４クラスの生徒の人数はすべて35人である。小テストの得点が30点以上であった生徒が18人以上いるといえるクラスをすべて答えなさい。

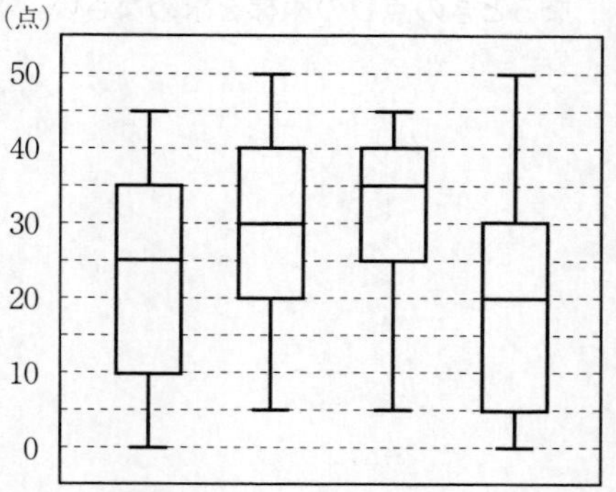

3 図1のように，自然数を小さい順に7列に並べるとき，次の問いに答えなさい。

(1) 左から順に1列，2列，3列,…，7列 とするとき，100は何列にあるか求めなさい。

(2) 図2のようにL字形に3つの自然数を囲むことにする。囲まれた3つの自然数の中で最も小さい自然数を n とするとき，囲まれた3つの自然数の和を n の式で表しなさい。ただし，n は7の倍数でない自然数とする。

(3) 図3のように4つの自然数を囲むことにする。囲まれた4つの自然数の和が2024であるとき，囲まれた4つの自然数の中で最も小さい自然数 m を求めなさい。ただし，m は7の倍数でない自然数とする。

1列	2列	3列	4列	5列	6列	7列
1	2	3	4	5	6	7
8	9	10	11	12	13	14
15	16	17	18	19	20	21
22	23	24	…	…		

図1

1	2	3	4	5	6	7
8	9	10	11	12	13	14
15	16	17	18	19	20	21
22	23	24	…	…		

図2

1	2	3	4	5	6	7
8	9	10	11	12	13	14
15	16	17	18	19	20	21
22	23	24	…	…		

図3

4 図のように2つの関数 $y=\frac{3}{2}x^2$……①，$y=\frac{a}{x}$……② のグラフがある。①，②のグラフの交点をAとし，②のグラフ上で x 座標が4である点をBとする。点Aの x 座標が2であるとき，次の問いに答えなさい。

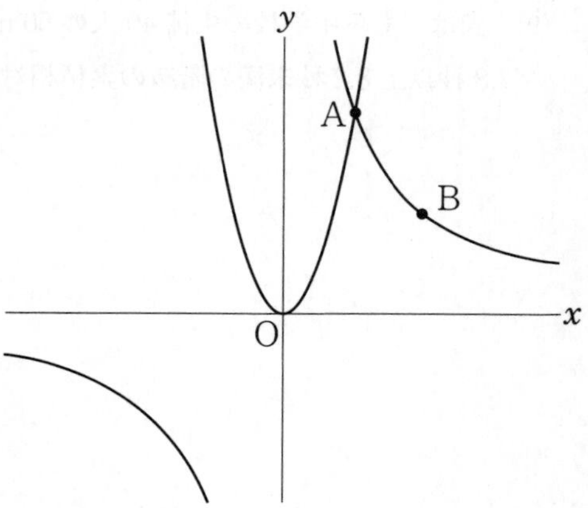

(1) a の値を求めなさい。

(2) x 軸に関して点Bと対称な点Cの座標を求めなさい。

(3) x 軸上に点Dをとる。△ABDの周の長さが最も小さくなるときの点Dの座標を求めなさい。

5 図1のような，AB = 4 cm，AD = 12 cm である長方形ABCDがある。点Pは頂点Aを出発し，長方形ABCDの周上をA→D→C→B→Aの順に毎秒4 cmの速さで進み，頂点Aで止まる。点Qは点Pと同時に頂点Bを出発し，長方形ABCDの周上をB→C→Dの順に毎秒2 cmの速さで進み，頂点Dで止まる。2点P，Qがそれぞれ頂点A，Bを出発してからx秒後の△APCの面積をS cm^2，△AQCの面積をT cm^{2}とするとき，次の問いに答えなさい。ただし，点Pが頂点Aまたは頂点Cと重なるときは$S = 0$とし，点Qが頂点Cと重なるときは$T = 0$とする。

(1) $x = 2$ のとき，Sの値を求めなさい。

(2) $3 \leqq x \leqq 4$のとき，Sをxの式で表しなさい。

(3) xとTの関係をグラフに表すと，図2のようになった。次の，先生と花子さんの会話文を読んで，［ア］に当てはまる値を求めなさい。

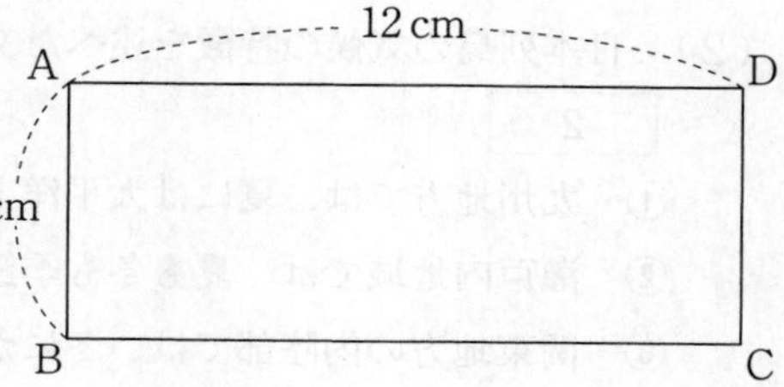

図1

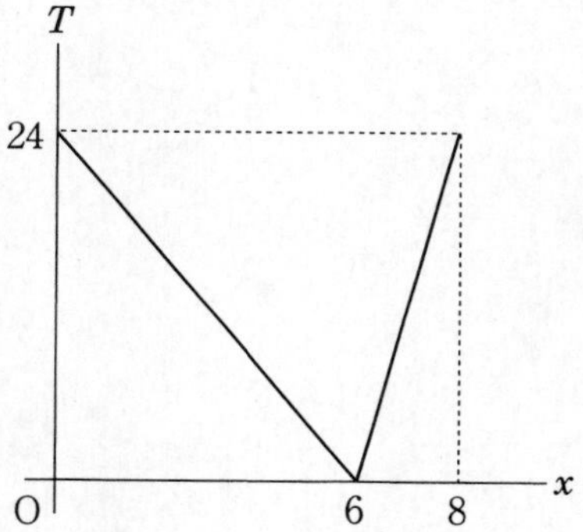

図2

先生：$0 \leqq x \leqq 8$において，SとTの値が等しくなるときのxの値について考えてみましょう。花子さん，どのように考えたらいいでしょうか。

花子：図2を利用すればいいと思います。この図に，xとSの関係を表すグラフをかいて，2つのグラフの交点に注目すればいいと思います。

先生：そうですね。2つのグラフの交点は全部で4個あるので，$0 \leqq x \leqq 8$において，SとTの値は全部で4回等しくなります。4つのxの値をすべて求めてください。

花子：はい。SとTの値が等しくなるときのxの値は，小さい順に　2，$\frac{18}{5}$，［ア］，$\frac{22}{3}$　です。

先生：正解です。

【社　会】 (50分) 〈満点：100点〉

1 次の１～３の問いに答えなさい。

1　次の（１）・（２）の問いに答えなさい。

（１）　次のうち、**第３次産業ではない業種**を、次の①～④から１つ選びなさい。 1

①　建設業　　②　小売《こうり》業　　③　飲食業　　④　金融・保険業

（２）　日本列島の気候の特徴を述べた文として**適当でないもの**を、次の①～④から１つ選びなさい。

2

①　九州地方では、夏には太平洋上から湿った季節風がふき、集中豪雨となるときもある。

②　瀬戸内地域では、夏も冬も季節風が山地にさえぎられるため、降水量は少ない。

③　関東地方の内陸部では、冬にからっ風とよばれる冷たい北西の季節風がふき、乾燥する。

④　東北地方では、冬にやませとよばれる北東の冷たい季節風がふくため、雪がたくさん降る。

2　次の地図を見て、（1）～（4）の問いに答えなさい。

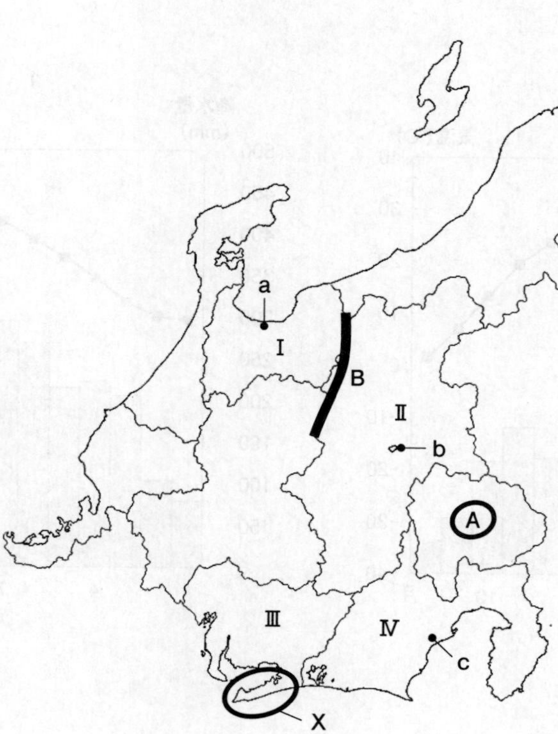

（1）　地図中の**A**の盆地名と、**B**の山脈名の組み合わせを、次の①～④から1つ選びなさい。 3

① **A**－甲府盆地　**B**－木曽山脈　② **A**－甲府盆地　**B**－飛驒山脈

③ **A**－松本盆地　**B**－木曽山脈　④ **A**－松本盆地　**B**－飛驒山脈

（2）　次の文章は、**X**の半島でみられる農業について説明したものである。 ⓐ ・ ⓑ にあてはまる語句の組み合わせを、次の①～④から1つ選びなさい。 4

> **X**の半島では、都市向けに野菜や花などを栽培する ⓐ がさかんである。とくに**X**の半島は菊の栽培が有名で、温室の中で電灯を照らして日照時間をのばすことで ⓑ がおこなわれている。

① ⓐ－混合農業　ⓑ－成長を抑える抑制栽培

② ⓐ－園芸農業　ⓑ－成長を抑える抑制栽培

③ ⓐ－混合農業　ⓑ－成長を早める促成栽培

④ ⓐ－園芸農業　ⓑ－成長を早める促成栽培

（3） 次の**ア**～**ウ**の雨温図は、地図中の**a**～**c**の都市のものである。雨温図**ア**～**ウ**と都市**a**～**c**の組み合わせとして最も適当なものを、次の①～⑥から1つ選びなさい。 **5**

ア

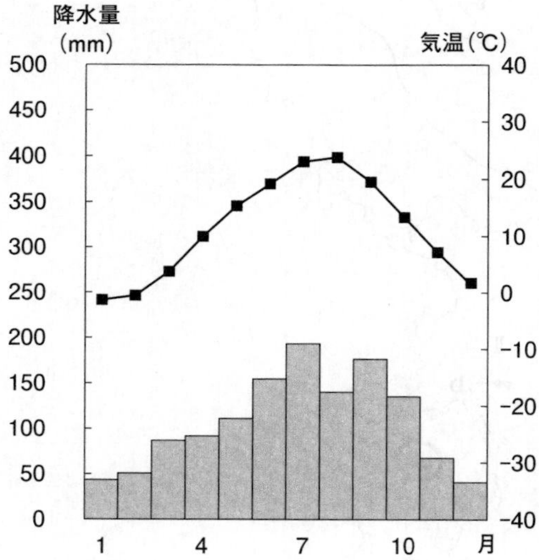

イ

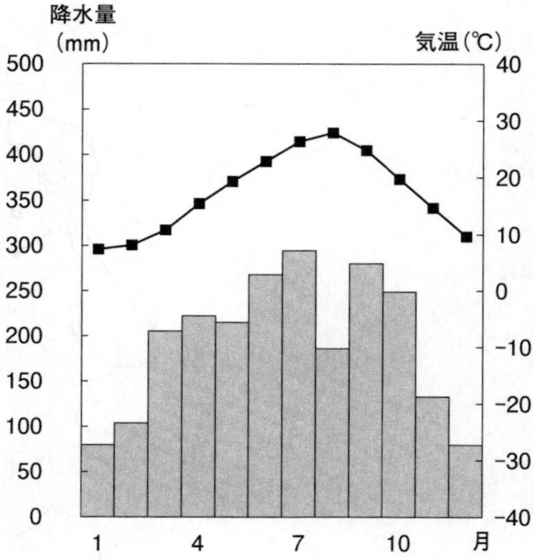

ウ

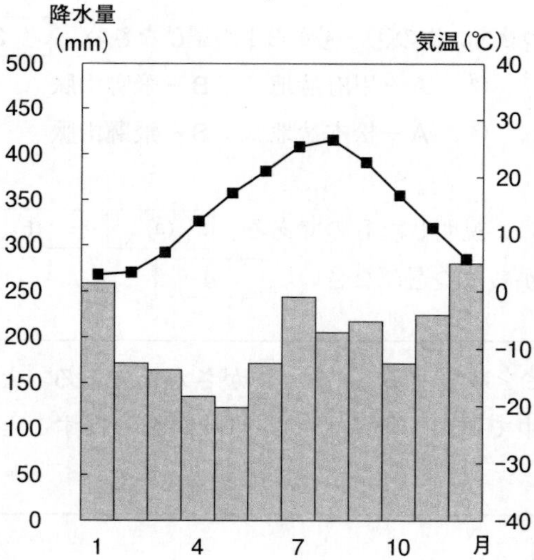

	雨温図ア	雨温図イ	雨温図ウ
①	a	b	c
②	a	c	b
③	b	a	c
④	b	c	a
⑤	c	a	b
⑥	c	b	a

気象庁資料により作成

（４） 次の表は、地図中**Ⅰ県**～**Ⅳ県**における製造品出荷額等の総計と上位５位の業種別出荷額等を示したものである。**Ⅳ県**にあてはまるものを、次の①～④から１つ選びなさい。 **6**

単位：十億円

	①		②		③		④	
１位	輸送用機械器具	26,663	情報通信機械器具	1,087	輸送用機械器具	4,284	化学工業	778
２位	電気機械器具	2,774	電子部品・デバイス・電子回路	736	電気機械器具	2,507	生産用機械器具	502
３位	鉄鋼業	2,392	生産用機械器具	697	化学工業	1,902	金属製品	420
４位	生産用機械器具	2,306	食料品	587	食料品	1,370	電子部品・デバイス・電子回路	327
５位	食料品	1,720	輸送用機械器具	403	パルプ・紙・紙加工品	871	鉄鋼業	187
	総計	47,924	総計	6,158	総計	17,154	総計	3,912

『データブック　オブ・ザ・ワールド』（2023年版）により作成

3　次の地形図を見て、（1）～（3）の問いに答えなさい。

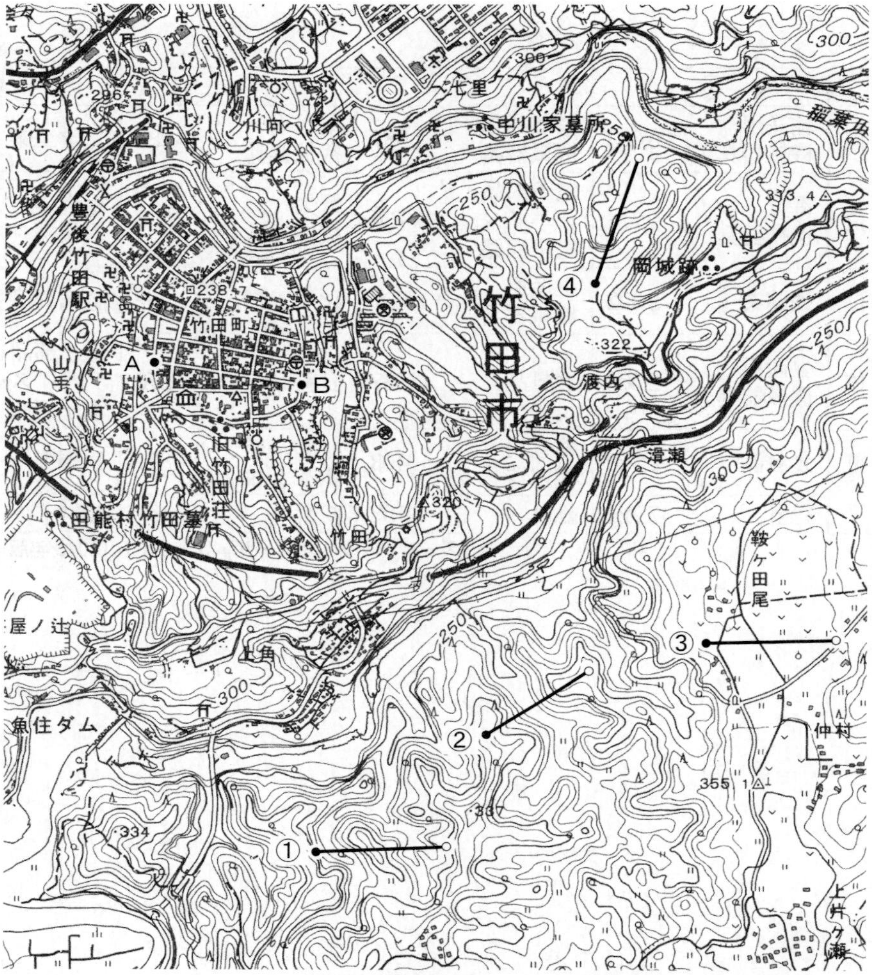

国土地理院発行地形図　平成26年調製「竹田」を150%拡大

〈編集部注：編集上の都合により原図の86%に縮小してあります。〉

（1）　次の文章の［ⓐ］・［ⓑ］にあてはまる数値の組み合わせを、次の①～④から１つ選びなさい。［7］

> 地形図の縮尺の違いは、等高線の間隔からわかる。この地形図では、主曲線が［ⓐ］m間隔であるから、地形図の縮尺は２万５千分の１であることがわかる。地形図中の**A**－**B**間の道路は、原寸の地形図中ではおよそ1.4cmなので、実際の距離はおよそ［ⓑ］mである。

①　ⓐ－10　　ⓑ－350　　②　ⓐ－20　　ⓑ－350

③　ⓐ－10　　ⓑ－700　　④　ⓐ－20　　ⓑ－700

（２） この地形図中で使われている地図記号の意味の組み合わせとして最も適当なものを、次の①～④から１つ選びなさい。 8

	①	②	③	④
	小・中学校	小・中学校	高等学校	高等学校
	消防署	税務署	消防署	税務署
	図書館	博物館	図書館	博物館
	果樹園	茶畑	茶畑	果樹園

（３） 次の図は、地形図中の①～④のいずれかの断面図である。断面図と対応するものを、地形図中の①～④から１つ選びなさい。 9

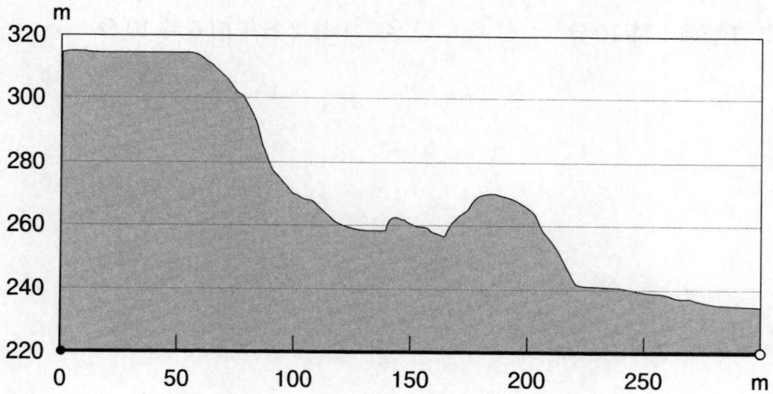

2 次の１・２の問いに答えなさい。

1　次の（1）～（4）の問いに答えなさい。

（1）　**アジア州に位置していない**河川を、次の①～④から１つ選びなさい。 10

①　ナイル川　　②　ガンジス川　　③　メコン川　　④　インダス川

（2）　焼畑農業について述べた文として**適当でないもの**を、次の①～④から１つ選びなさい。 11

①　熱帯地域で多くみられる農業である。

②　森林を焼き払い、その灰を肥料として作物を栽培する農業である。

③　タピオカの原料であるキャッサバが栽培されている地域がある。

④　南アメリカ州ではおこなわれていない。

（3）　イギリスのロンドンを１月１日午前 10 時 50 分に出発した飛行機は、所要時間８時間 50 分でインドのデリーに到着した。この飛行機がデリーに到着した時刻を、次の①～④から１つ選びなさい。ただし、デリーの標準時子午線は東経 82.5 度とし、サマータイムは実施していないこととする。 12

①　１月１日午後１時 10 分　　②　１月１日午後６時 10 分

③　１月２日午前１時 10 分　　④　１月２日午前６時 10 分

（4） 次の図は、アメリカ合衆国、日本、EU 28 か国の廃棄物の処分方法について示したもので、**A**～**C**は、アメリカ合衆国、日本、EU 28 か国のいずれかである。**A**～**C**にあてはまる国の組み合わせとして最も適当なものを、次の①～⑥から1つ選びなさい。 **13**

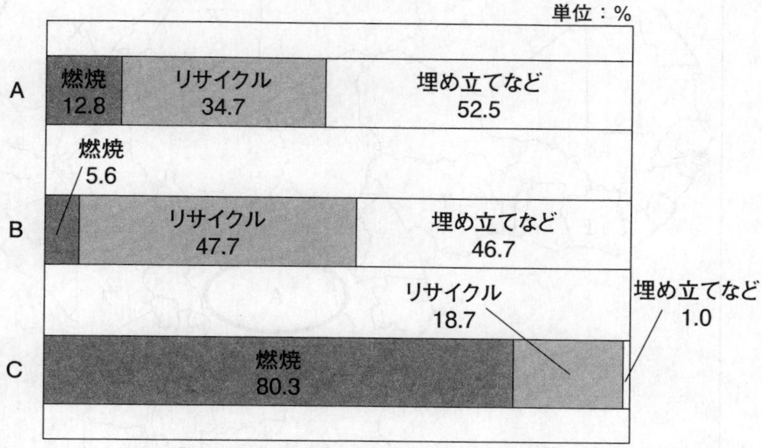

『リサイクルデータブック 2019 年』により作成

	アメリカ合衆国	EU 28 か国	日本
①	A	B	C
②	A	C	B
③	B	A	C
④	B	C	A
⑤	C	A	B
⑥	C	B	A

２ 次の地図を見て、（１）～（４）の問いに答えなさい。

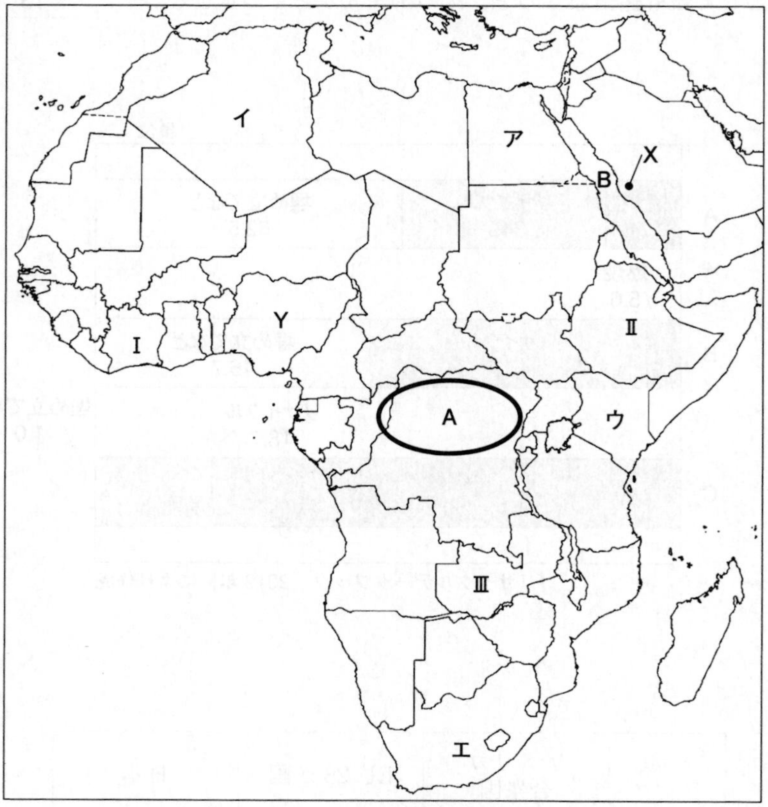

（１） **A**と**B**の自然地名の組み合わせを、次の①～④から１つ選びなさい。 14

① **A**－サハラ砂漠 **B**－ペルシャ湾 ② **A**－コンゴ盆地 **B**－ペルシャ湾

③ **A**－サハラ砂漠 **B**－紅海 ④ **A**－コンゴ盆地 **B**－紅海

（２） **X**はある宗教の聖地である。この宗教の信者の割合が他の宗教よりも高い国は、**ア**～**エ**の中に何か国あるか。その数を、次の①～④から１つ選びなさい。 15

① １か国 ② ２か国 ③ ３か国 ④ ４か国

（３） 次の表は、**Ⅰ国〜Ⅲ国**の輸出上位５品目とその輸出額に占める割合を示したものである。ⓐ〜ⓒにあてはまる国の組み合わせとして最も適当なものを、次の①〜⑥から１つ選びなさい。 **16**

単位：%

	ⓐ		ⓑ		ⓒ	
１位	カカオ豆	28.1	コーヒー豆	31.4	銅	73.5
２位	金 （非貨幣用）	8.5	野菜	21.4	銅鉱	2.3
３位	石油製品	8.5	ごま	14.3	セメント	1.6
４位	野菜と果実	8.1	切り花	7.5	機械類	1.5
５位	天然ゴム	7.1	衣類	5.5	葉たばこ	1.4

『データブック オブ・ザ・ワールド』（2023 年版）により作成

	ⓐ	ⓑ	ⓒ
①	Ⅰ	Ⅱ	Ⅲ
②	Ⅰ	Ⅲ	Ⅱ
③	Ⅱ	Ⅰ	Ⅲ
④	Ⅱ	Ⅲ	Ⅰ
⑤	Ⅲ	Ⅰ	Ⅱ
⑥	Ⅲ	Ⅱ	Ⅰ

（4） **図Ⅰ**は、**Y国**と**ブラジル**における2020年を100としたときの人口推移を示したものである。また、**図Ⅱ**は、**Y国**と**ブラジル**における総人口に占める65歳以上人口の割合の推移を示したものである。**図Ⅰ・Ⅱ**の**ア**～**エ**のうち、**Y国**にあてはまるものの組み合わせとして最も適当なものを、次の①～④から1つ選びなさい。 17

図Ⅰ　2020年を100としたときの人口推移

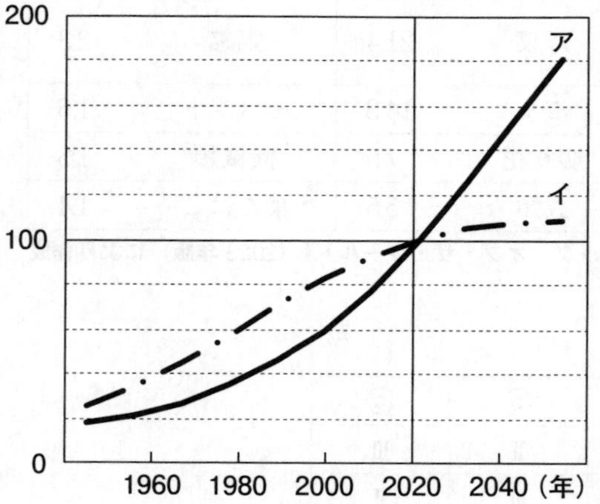

図Ⅱ　65歳以上人口の割合の推移

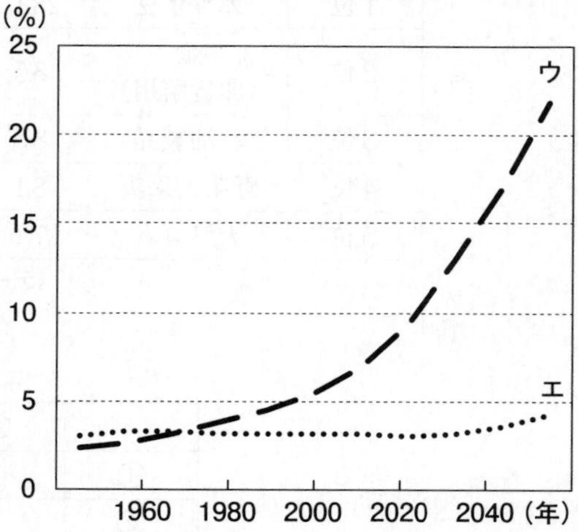

総務省統計局「世界の統計2023」により作成

① **アとウ**　② **アとエ**　③ **イとウ**　④ **イとエ**

3 次の1・2の問いに答えなさい。

1　次の（1）～（5）の問いに答えなさい。

（1） 江戸時代の元禄文化について述べた文として**適当でないもの**を、次の①～④から1つ選びなさい。 18

① 井原西鶴は、武士や町人のくらしをもとに、『世間胸算用《せけんむねさんよう》』などの浮世草子を書いた。

② 近松門左衛門は、町人社会の義理や人情などを題材に、『曽根崎心中《そねざきしんじゅう》』などの人形浄瑠璃《じょうるり》の脚本を書いた。

③ 千利休は、『奥の細道』などを著し、俳諧《はいかい》（俳句）を芸術にまで高めた。

④ 菱川師宣《ひしかわもろのぶ》は、「見返り美人図」などを描き、木版画による浮世絵を始めた。

（2） 次の文中の［　　　］にあてはまる語句を、次の①～④から1つ選びなさい。 **19**

> ［　　　］は、公正な裁判をおこなうため、御家人の権利・義務や領地の裁判などについての武家社会のならわしをまとめ、御成敗式目（貞永《じょうえい》式目）を定めた。

① 北条政子　② 北条時政　③ 北条泰時　④ 北条時宗

（3） 次の文中の［　　　］にあてはまる語句を、次の①～④から1つ選びなさい。 **20**

> 第一次世界大戦後、アメリカの呼びかけによって［　　　］会議が開かれた。この会議では、太平洋の現状維持が確認され、日本外交の中心であった日英同盟が解消された。

① ワシントン　② ベルリン　③ ロンドン　④ パリ

（4） 次の史料に関して述べた文**A**～**D**について、正しいものの組み合わせを、次の①～④から1つ選びなさい。 **21**

> 邪馬台国では、以前は男の王をたてて、70～80年を過ごしたが、倭国内が乱れて、何年間も戦争が続いたので、共同で一人の女を王としてたてた。この女王の名を［　X　］といい、呪術《じゅじゅつ》がたくみで、人民をうまく信頼させ、支配している。
>
> 景初3年（239年）6月、倭の女王が大夫《たいふ》の難升米《なしめ》らを朝鮮半島の帯方郡《たいほうぐん》に派遣し、魏の皇帝に謁見《えっけん》して朝貢《ちょうこう》することを求めた。
>
> その年の12月、詔書で倭の女王に報じられたのは「今、あなたを親魏倭王に任じ、金印紫綬《しじゅ》を授《さず》けるが、これは帯方郡長官にことづける」というものだった。
>
> **（魏志倭人伝を一部現代語訳）**

A　文中の空欄［　X　］には、「卑弥呼」が入る。
B　文中の空欄［　X　］には、「推古天皇」が入る。
C　この史料からは、倭の女王が、魏の皇帝に使者を派遣していたことが読み取れる。
D　この史料からは、倭の女王と魏の皇帝が対等な関係を結んだことが読み取れる。

① **A・C**　② **A・D**　③ **B・C**　④ **B・D**

（５）次の**史料Ⅰ**と**絵Ⅱ**について述べた文**A**～**D**について、正しいものの組み合わせを、次の①～④から１つ選びなさい。 **22**

Ⅰ

鹿児島県の南方に一つの島がある。鹿児島県からは約70kmのところに位置しており、 X という。1543年、 X の西村《にしむら》の小さな港に一隻《せき》の大型船が漂着《ひょうちゃく》しているのが見つかった。どこの国から来たのかは分からない。乗員は100人余り、ある物を手にしている。それは長さ二・三尺、形は中が空洞《くうどう》で外はまっすぐであり、重量感がある。中は空洞であるが、底はしっかりと閉じられている。その横に一つ穴があいていて、火を通す道になっている。全体の形はたとえようがない。使用方法としては、薬らしき物をその中に入れ、小さな鉛《なまり》玉も一緒に入れる。そしてまず小さな的を岩の上に置き、それを手に持って身構え、片目を閉じて的を見すえ、その穴から火を放てば、すべて的に命中する。

（『鉄炮記』を一部現代語訳）

Ⅱ

長浜市立長浜城歴史博物館蔵

A　**史料Ⅰ**の空欄 X には、「種子島」が入る。

B　**史料Ⅰ**の空欄 X には、「志賀島」が入る。

C　**絵Ⅱ**は、明智光秀が鉄砲を有効に活用して勝利した関ヶ原の戦いを描いている。

D　**絵Ⅱ**は、織田信長が鉄砲を有効に活用して勝利した長篠の戦いを描いている。

①　A・C　　②　A・D　　③　B・C　　④　B・D

2 次のA～Dの文章を読んで、（1）～（6）の問いに答えなさい。ただし、波線部の語句には誤りが1つある。

A 6世紀半ばに朝鮮半島から伝わった仏教は、渡来人や蘇我氏から皇族や豪族にも広まっていった。やがて、中国や朝鮮の影響を受けた蘇我馬子や聖徳太子らも仏教を重んじるようになり、蘇我馬子は飛鳥寺、聖徳太子は斑鳩《いかるが》地方に［ ⓐ ］を建てた。

B ［ ⓑ ］の院政を助けた平清盛は、武士として初めての太政大臣になり、一族を朝廷の高い官職や国司につけて、多くの荘園や公領を支配した。また、清盛は中国との貿易によって得られる利益に着目し、瀬戸内海の航路を整備して、兵庫の港を整えるなど、勘合貿易を積極的におこなった。

C 17世紀後半には、江戸・大阪・京都の三つの都市が大きく発展した。江戸は政治の中心となり「将軍のおひざもと」といわれた。大阪は全国の商業の中心地で「天下の台所」としての役割を果たし、各地の大名は［ ⓒ ］を置いて、年貢米や特産品を売りさばいた。また、京都には天皇や公家が住み、文化・芸能の中心として栄えた。

D 19世紀後半には、イギリスだけでなくフランス・ドイツ・アメリカでも産業が急速に発展した。これらの国々は、原料や製品の市場を海外に求めるようになり、積極的にアジアやアフリカへと進出し、やがて軍事力によってこれらの地域のほとんどが植民地化・従属化されていった。このような動きを［ ⓓ ］という。

（1）［ ⓐ ］にあてはまる語句を、次の①～④から1つ選びなさい。［ 23 ］

① 法隆寺　② 東大寺　③ 延暦寺　④ 金剛峯寺《こんごうぶじ》

（2）［ ⓑ ］にあてはまる人名を、次の①～④から1つ選びなさい。［ 24 ］

① 白河上皇　② 鳥羽上皇　③ 後白河上皇　④ 後鳥羽上皇

（3）［ ⓒ ］にあてはまる語句を、次の①～④から1つ選びなさい。［ 25 ］

① 奉行所　② 本陣　③ 旅籠《はたご》　④ 蔵屋敷

（4）［ ⓓ ］にあてはまる語句を、次の①～④から1つ選びなさい。［ 26 ］

① 資本主義　② 国民主義　③ 社会主義　④ 帝国主義

（5）　二重下線部に関連して、歴代の太政大臣に就任した人物に関する文として**適当でないもの**を、次の①～④から１つ選びなさい。 27

① 藤原道長は、摂関政治をおこない、藤原氏が朝廷の高い官職を独占した。

② 足利義満は、有力な守護大名の勢力をおさえるとともに、南北朝の統一を実現させた。

③ 豊臣秀吉は、兵農分離を進めるために楽市令を出した。

④ 徳川家康は、征夷大将軍に任じられ、江戸に幕府を開いた。

（6）　各文章中に１つずつある波線部のうち、**適当でないもの**を含む文章を、次の①～④から１つ選びなさい。 28

① A　　② B　　③ C　　④ D

4　日本における女性史に関連する次の略年表を見て、１～６の問いに答えなさい。

年　代	で　き　ご　と
1871年	津田梅子が、女子留学生の一人として岩倉使節団に随行《ずいこう》し、ⓐアメリカに出発する。
A	
1904年	与謝野晶子《よさのあきこ》が、ⓑ日露戦争を批判する詩「君死にたまふことなかれ」を、雑誌『明星《みょうじょう》』に発表する。
B	
1920年	ⓒ平塚らいてうが、市川房江《ふさえ》らと新婦人協会を設立し、政治活動の自由などを要求する。
C	
1946年	ⓓ戦後初の総選挙がおこなわれ、39名の女性議員が誕生する。
D	

1　下線部ⓐの歴史について**適当でないもの**を、次の①～④から１つ選びなさい。 29

① イギリス本国が北アメリカにある植民地に対して、重い税を課すなどといったことをしたため、植民地側が反発して独立戦争が始まった。

② 奴隷制をめぐる問題などから、アメリカ合衆国が北部と南部に分かれて争う南北戦争がおきた。

③ ケネディ大統領が、ニューディールと呼ばれる積極的な経済政策をおこなった。

④ アメリカ合衆国で同時多発テロが発生し、それを理由にアメリカ合衆国がアフガニスタンを攻撃した。

2　下線部ⓑの講和条約が結ばれた地名とその場所の組み合わせを、次の①～④から１つ選びなさい。 **30**

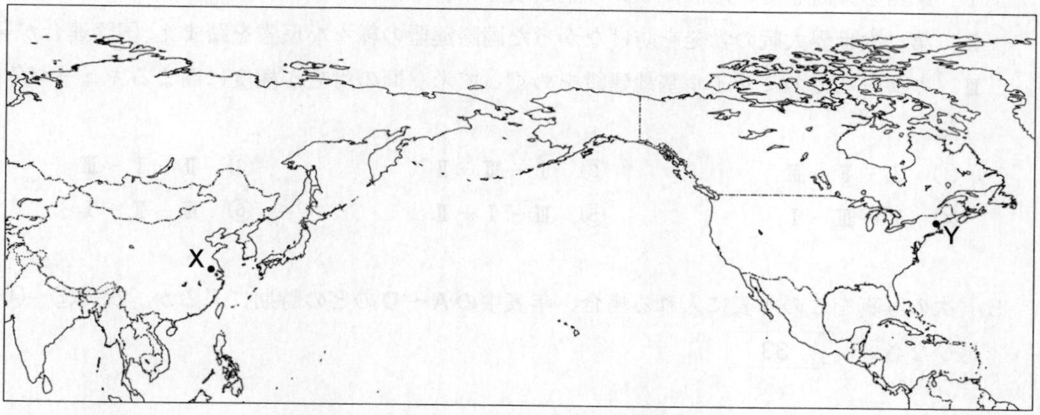

① 地名：南京　場所：X
② 地名：南京　場所：Y
③ 地名：ポーツマス　場所：X
④ 地名：ポーツマス　場所：Y

3　下線部ⓒに関連して、第一次世界大戦後の日本では社会運動が活発になった。以下の社会運動に関する文として**適当でないもの**を、次の①～④から１つ選びなさい。 **31**

① 産業の発展にともない、労働者が増え、労働組合の全国組織として日本労働総同盟がつくられた。
② 小作料の増額などを求める小作争議が急増し、日本農民組合がつくられた。
③ 被差別部落の住民に対する社会差別からの解放を自力で目指す全国水平社が結成された。
④ アイヌ民族の社会的地位の向上と文化の保存・伝承及び発展を目的とした北海道アイヌ協会が結成された。

4　下線部ⓓに関連して、第二次世界大戦後の世界で起きたできごとに関する文Ⅰ～Ⅲを年代の古い方から順番に並べたものとして最も適当なものを、次の①～⑥から１つ選びなさい。 32

Ⅰ　東西を分断していたベルリンの壁が壊され、東西ドイツが統一される。

Ⅱ　第二次世界大戦の勃発《ぼっぱつ》を防げなかった国際連盟の様々な反省を踏まえ、国際連合が発足する。

Ⅲ　キューバでのミサイル基地建設をめぐって米ソ間の対立が極度に高まるキューバ危機がおきる。

①　Ⅰ－Ⅱ－Ⅲ　　②　Ⅰ－Ⅲ－Ⅱ　　③　Ⅱ－Ⅰ－Ⅲ

④　Ⅱ－Ⅲ－Ⅰ　　⑤　Ⅲ－Ⅰ－Ⅱ　　⑥　Ⅲ－Ⅱ－Ⅰ

5　次の写真をこの年表に入れる場合、年表中の**A**～**D**のどの時期に入るか。次の①～④から１つ選びなさい。 33

那覇市歴史博物館蔵

（メモ１）

戦中に撮影された写真。

（メモ２）

戦争に協力するための組織として、大日本国防婦人会が結成された。

①　A　　②　B　　③　C　　④　D

6　年表中の**A**～**D**の時期とできごとの組み合わせとして**適当でないもの**を、次の①～④から１つ選びなさい。 34

①　A－日清戦争　　②　B－辛亥革命

③　C－二十一カ条の要求　　④　D－日中平和友好条約

5 次の１～３の問いに答えなさい。

１ 次の（１）～（３）の問いに答えなさい。

（１） 情報化の進んだ社会において、さまざまな情報を適切に利用する態度や姿勢を意味する語を、次の①～④から１つ選びなさい。 35

① デジタル・デバイド ② ビッグデータ ③ マスメディア ④ 情報リテラシー

（２） 各国の高齢化率の推移と将来の推計を示した次のグラフから読み取れることとして最も適当なものを、次の①～④から１つ選びなさい。 36

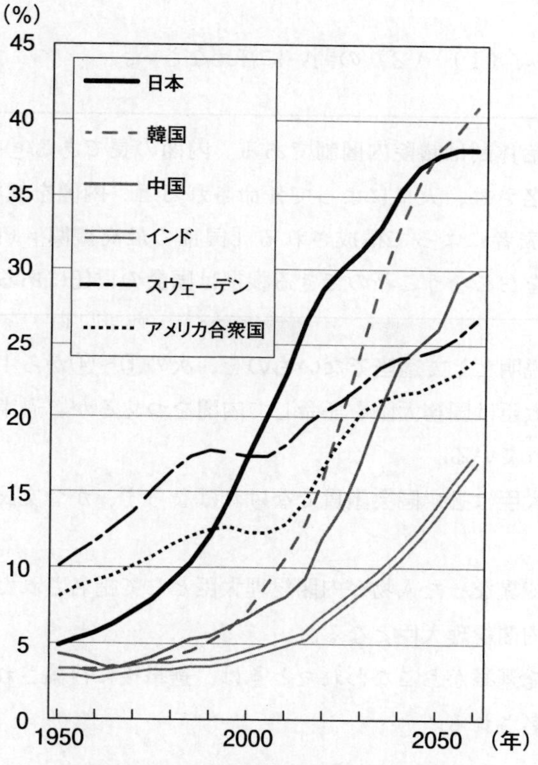

内閣府『令和４年版高齢社会白書』より作成

① 日本や韓国のグラフの傾きが他国と比べて急であることから、この２国は高齢化のスピードが速いといえる。

② スウェーデンとアメリカ合衆国では少子化対策が進んだことで、この２国は2050年ごろから高齢化率が低下すると予測されている。

③ インドやアメリカ合衆国は平均寿命がのびたことから、2000年以降、高齢化のスピードが遅くなっている。

④ 中国は2010年ごろまでは高齢化率が高かったが、それ以降は急速に低下している。

（３）　ダイバーシティの尊重という考え方として**適当でないもの**を、次の①～④から１つ選びなさい。 37

①　近年では、身体に障がいのある人などを積極的に雇用《こよう》し、持っている能力を発揮してもらおうということを経営の方針にする企業もみられる。

②　戦前から日本に住んでいる在日外国人や、近年移住が増えている外国にルーツを持つ人々は、自国の文化にこだわることなく、日本人としての価値観を身につけることが大切である。

③　日本の空港などでは、イスラム教徒が礼拝をおこなうための祈祷《きとう》室が設けられ、マットなどの必要なものが備えられているところもある。

④　民主主義の社会では、多数派の意見を尊重することが社会全体の幸せにつながると考えられがちであるが、少数の意見も十分に聞いたうえで、それを尊重することは重要である。

２　次の文章を読み、（１）・（２）の問いに答えなさい。

> 日本の政治体制は議院内閣制である。内閣の長であるⓐ内閣総理大臣は国会の信任に基づいて指名され、天皇によって任命されると、内閣を組織する。ⓑ国会は主権者である国民の代表者によって構成される「国権の最高機関」（日本国憲法第41条）であり、内閣が政治をおこなうことのできる根拠は国会の信任にあるといえる。

（１）　下線部ⓐの説明として**適当でないもの**を、次の①～④から１つ選びなさい。 38

①　内閣総理大臣は国務大臣を任命して内閣をつくるが、過半数は国会議員から選ぶことが憲法で定められている。

②　内閣総理大臣は必ず国会議員でなければならず、かつ文民すなわち非軍人でなければならない。

③　衆参両院で異なった人物が内閣総理大臣として指名された場合、衆議院で再び議決すればその人物が内閣総理大臣となる。

④　衆議院の総選挙がおこなわれたときは、選挙後に召集される特別国会（特別会）で内閣総理大臣が指名される。

（２）　下線部ⓑの仕事として**適当でないもの**を、次の①～④から１つ選びなさい。 39

①　法律を制定する　　　　②　法律と予算を執行する

③　弾劾《だんがい》裁判所を設置する　　　　④　国政調査権を行使する

３　次の文章を読み、（１）～（３）の問いに答えなさい。

> 憲法という法は、1789年に発表されたフランス人権宣言の第16条に「権利の保障が確保されず、ⓐ権力の分立が規定されないすべての社会は、憲法を持つものではない。」とあるように、ⓑ人権の保障と政治権力のあり方を定めた国の最高法規である。したがって、政治権力も憲法に従う必要があり、憲法の内容に違反する法律や命令などは効力を持たないとされている。このように、法の支配に基づき、［　　　　　　］する考え方を立憲主義という。

（１）　下線部ⓐに関する説明として最も適当なものを、次の①～④から１つ選びなさい。［40］

①　憲法に次いで強い効力を持つ法が法律で、法律を制定する権力は日本では内閣に属する。

②　制定された法律や議会で決めたことを執行する権力を司法権といい、国政の中心的権力である。

③　選挙された代表者が集まって、物事を話し合いで決めるというしくみを直接民主主義という。

④　フランスの思想家モンテスキューは、『法の精神』を著して三権分立を唱《とな》えた。

（２）　下線部ⓑに関して、日本国憲法に保障されている自由権について、次の**あ**～**き**を**Ａ**：精神の自由、**Ｂ**：身体の自由、**Ｃ**：経済活動の自由に分類するとき、その組み合わせとして最も適当なものを、次の①～④から１つ選びなさい。［41］

あ　自分の政治的意見を集会で演説する

い　警察による取り調べの際に拷問《ごうもん》されない

う　自分の関心がある分野を学び探究する

え　特定の宗教を押し付けられない

お　令状なしに逮捕されない

か　理由なく自分の財産を国に奪われない

き　住みたいところに住む

①　**Ａ－あ・う**　**Ｂ－い・お・き**　**Ｃ－え・か**

②　**Ａ－い・え**　**Ｂ－あ・お・き**　**Ｃ－う・か**

③　**Ａ－あ・う・え**　**Ｂ－い・お**　**Ｃ－か・き**

④　**Ａ－あ・う・お**　**Ｂ－い・き**　**Ｃ－え・か**

（３）　文中［　　　　　　］にあてはまる言葉として最も適当なものを、次の①～④から１つ選びなさい。［42］

①　人間らしい豊かな生活を保障しようと

②　憲法によって政治権力を制限して人権を保障しようと

③　天皇の政治的権能を認めずに象徴と

④　軍部の暴走を防いで国民生活を平和的に維持しようと

6 次の１～５の問いに答えなさい。

1　次の（１）・（２）の問いに答えなさい。

（１）　日本国憲法第13条には、「すべて国民は、［ ⓐ ］として尊重される。生命、自由及び［ ⓑ ］追求に対する国民の権利については、公共の福祉に反しない限り、立法その他の国政の上で、最大の尊重を必要とする。」と規定されている。［ ⓐ ］・［ ⓑ ］にあてはまる語句の組み合わせを、次の①～④から１つ選びなさい。［ 43 ］

①　ⓐ－人間　ⓑ－財産　　②　ⓐ－個人　ⓑ－幸福

③　ⓐ－両性　ⓑ－幸福　　④　ⓐ－労働者　ⓑ－財産

（２）　日本国憲法第11条には「国民は、すべての基本的人権の享有《きょうゆう》を妨《さまた》げられない。この憲法が国民に保障する基本的人権は、侵すことのできない［　　］の権利として、現在及び将来の国民に与へられる。」と定められ、第97条には「この憲法が日本国民に保障する基本的人権は、人類の多年にわたる自由獲得の努力の成果であつて、これらの権利は、過去幾多《いくた》の試錬に堪《た》へ、現在及び将来の国民に対し、侵すことのできない［　　］の権利として信託《しんたく》されたものである。」と規定されている。［　　］にあてはまる語句を、次の①～④から１つ選びなさい。［ 44 ］

①　絶対　　②　最高　　③　永久　　④　公共

2　次の図とその【説明】について、（1）～（3）の問いに答えなさい。

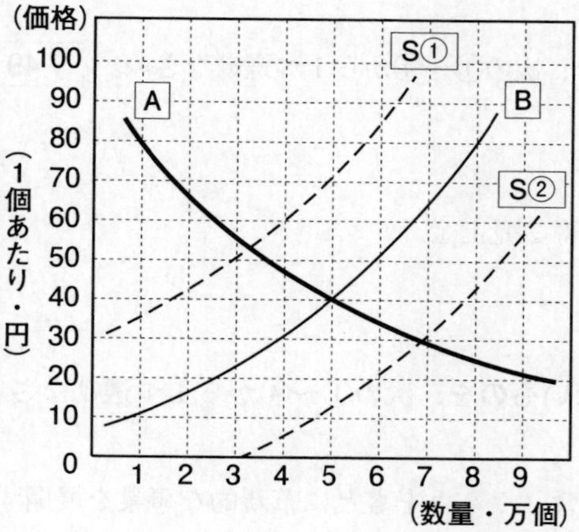

【説明】　この図は、ある商品の需要と供給について、価格と数量との関係を示したものである。図中の曲線 A ・ B は、需要と供給を表している。この商品は1個（　a　）円なら売り手は8万個供給したいと考えるが、需要量は（　b　）万個しかないために売れ残ってしまうので、売り手は価格を（　c　）げようと考える。また、価格が1個30円ならば、供給量に対する需要量は（　d　）くなるので商品が不足ぎみとなって価格は上がるであろう。こうしてこの商品の価格は最終的に1個あたり（　e　）円が適切ということになる。

（1）【説明】の文中（　a　）～（　e　）にあてはまる数字や語句の組み合わせを、次の①～④から1つ選びなさい。 45

①　a-60　b-4　c-上　d-多　e-30　　②　a-80　b-1　c-下　d-多　e-40

③　a-26　b-7　c-上　d-少　e-60　　④　a-30　b-5　c-下　d-少　e-80

（2）　図に表されているこの商品の供給量が何らかの理由によって減少し、需要量は変わらないとき、図中の曲線の変化として最も適当なものを、次の①～④から1つ選びなさい。 46

①　曲線 A が曲線 S① に変化する。　　②　曲線 B が曲線 S① の位置に動く。

③　曲線 A が曲線 S② に変化する。　　④　曲線 B が曲線 S② の位置に動く。

（3）　一般に、売り手と買い手が自由な取引をするときに、適当な商品の価格と取引量が決定されると考えられる。このようにして決まる価格を、次の①～④から1つ選びなさい。 47

①　市場価格　　②　管理価格　　③　公共価格　　④　卸売《おろしうり》価格

3　経済主体の１つである家計のおこなう支出のうち、税金や社会保険料への支払いを、次の①～④から１つ選びなさい。 48

①　可処分《かしょぶん》所得　②　貯蓄《ちょちく》　③　消費支出　④　非消費支出

4　家計の収入のうち「財産所得」にあてはまるものを、次の①～④から１つ選びなさい。 49

①　企業に雇用され、働いて得た賃金

②　土地の賃貸《ちんたい》、アパート経営などから得る収入

③　農業や商店など事業をおこなうことによって得る売上金

④　土地を買うために銀行から融資《ゆうし》された借入金《かりいれきん》

5　経済主体の１つである企業の説明として**適当でないもの**を、次の①～④から１つ選びなさい。 50

①　ベンチャー企業とは、新しい技術や独自の経営ノウハウをもとに革新的な事業を展開する企業で、大規模に大量生産をおこなうのに適した企業形態である。

②　利潤《りじゅん》を目的とする民間の企業は私企業、国や地方公共団体の資金で運営される企業は公企業といい、公企業は利潤ではなく公共の目的のために活動する。

③　企業は、資本金や従業員として働く人の数によって、大企業と中小企業とに分けられる。企業数でみると、日本では99％以上が中小企業で、日本の産業にはなくてはならない存在である。

④　企業は利潤を追求するだけでなく、消費者の安全や環境保護などの面で、「企業の社会的責任（CSR）」を果たすべきだと考えられている。

【理　科】 (50分) 〈満点：100点〉

1　次の文章を読み，あとの問いに答えなさい。(解答番号 [1] ～ [5])

りかさんとまなぶさんは，2022年1月8日～1月11日の午前9時における日本付近の天気図を気象庁のホームページで調べた。以下はその天気図である。また，それぞれの日付の栃木市付近の天気を記録し，表にまとめた。ただし，表の記録は日付順には並んでいない。

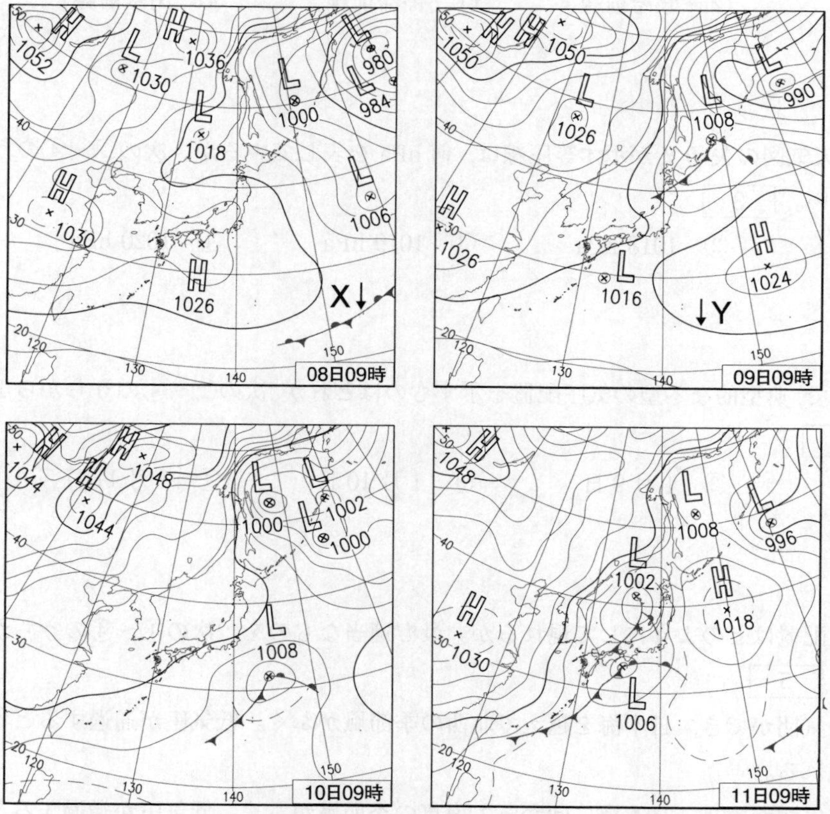

図中の，L は低気圧，H は高気圧を示す。

出典：気象庁ホームページ（https://www.data.jma.go.jp/yoho/wxchart/quickmonthly.html）

記　号	それぞれの日付の栃木市付近の天気と気温
A	雨が続く一日だった。最高気温は5.8℃で，最低気温は3.5℃だった。
B	晴れのちくもりだった。最高気温は10.9℃で，最低気温は−4.2℃だった。
C	くもっていた。最高気温は9.6℃で，最低気温は2.3℃だった。
D	晴れていた。最高気温は8.8℃で，最低気温は−5.5℃だった。

問1　表の天気の記録A～Dを，天気図をもとに1月8日～1月11日の日付順に並べかえたものはどれか。次の①～⑧のうちから1つ選びなさい。 1

① A・B・D・C　② A・D・B・C　③ B・A・D・C　④ B・D・A・C
⑤ C・B・D・A　⑥ C・D・B・A　⑦ D・B・C・A　⑧ D・C・B・A

問2　1月8日の天気図の矢印Xが示す前線は何か。次の①～④のうちから1つ選びなさい。 2

① 温暖前線　② 寒冷前線　③ 停滞前線　④ 閉塞前線

問3　1月9日の天気図の矢印Yが示す等圧線は，何hPaを表しているか。次の①～④のうちから1つ選びなさい。 3

① 1017 hPa　② 1018 hPa　③ 1019 hPa　④ 1020 hPa

問4　天気図の中で，典型的な冬型の気圧配置を示すものはどれか。次の①～④のうちから1つ選びなさい。 4

① 1月8日　② 1月9日　③ 1月10日　④ 1月11日

問5　冬型の気圧配置はどのようにして現れるか。最も適当なものを，次の①～④のうちから1つ選びなさい。 5

① シベリア気団ができ，日本海を越えて北西の季節風がふく。低気圧が通過すると冬型の気圧配置が現れる。

② シベリア気団ができ，日本海に向かって南東の季節風がふく。低気圧が通過すると冬型の気圧配置が現れる。

③ 小笠原気団ができ，太平洋に向かって北西の季節風がふく。低気圧が通過すると冬型の気圧配置が現れる。

④ 小笠原気団ができ，太平洋を越えて南東の季節風がふく。低気圧が通過すると冬型の気圧配置が現れる。

2 次の文章を読み，あとの問いに答えなさい。（解答番号 6 〜 10 ）

メダカを水そうに入れ，エサを与えながらしばらく飼育したあと，次のような実験をおこなった。

【実験 1】 水そうに入れたメダカに手をかざすと，メダカはさっと逃げた。

【実験 2】 エサをすりつぶして水にとかし，ろ過した液体をスポイトで静かに水の中に入れるとメダカはしばらくしたあと，液体に近づいてきた。

【実験 3】 水そうの外側に円筒状の紙を置いてゆっくりと回転させると，メダカは内側の模様の違いによって，回転方向に泳いだり泳がなかったりした。

【実験 4】 水そうの水を棒でかき回して流れをつくると，メダカは流れに逆らって泳いだ。

【実験 1】

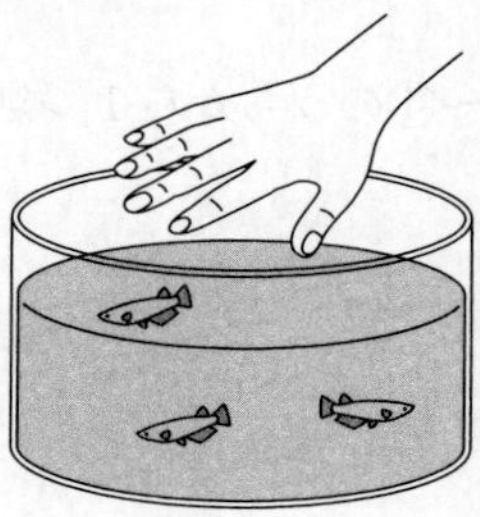

【実験 2】

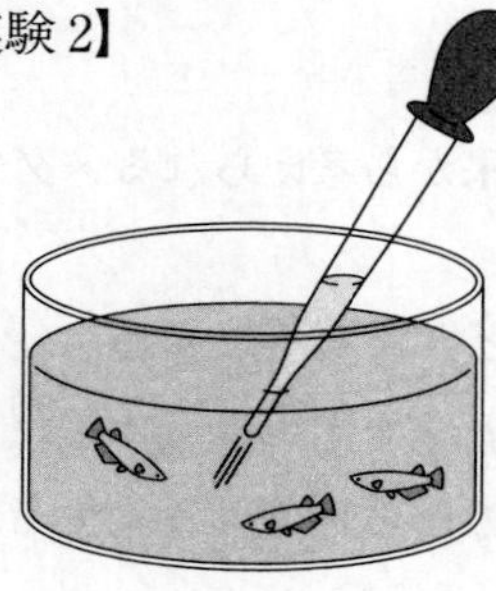

【実験 3】

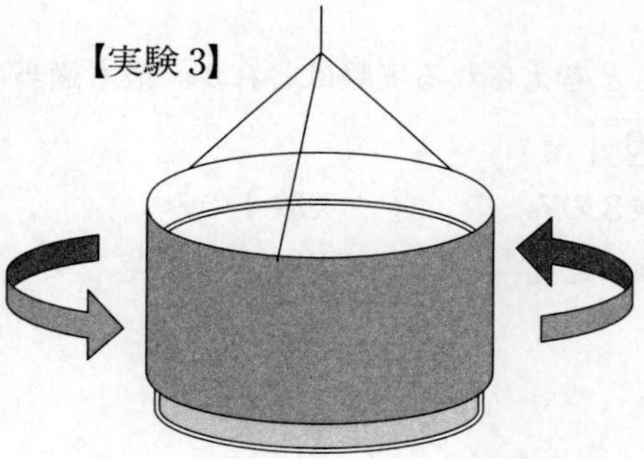

【実験 4】

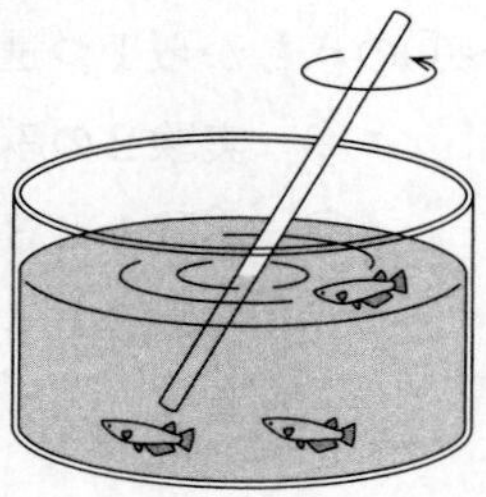

問 1 【実験 1】の結果から，メダカが受け取った刺激は何と考えられるか。次の①〜④のうちから 1 つ選びなさい。 6

① 音　　② 光　　③ におい　　④ 熱

問2　【実験2】の結果から，メダカが受け取った刺激は何と考えられるか。次の①～④のうちから1つ選びなさい。 7

①　音　　②　光　　③　におい　　④　熱

問3　【実験3】で，メダカが紙の回転方向に泳がなかったのはどの模様のときと考えられるか。次の①～④のうちから1つ選びなさい。 8

①

②

③

④
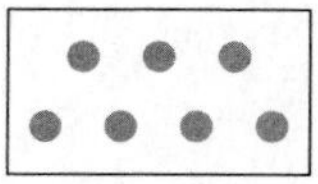

問4　【実験4】の結果から考えられるメダカの習性は何か。次の①～④のうちから1つ選びなさい。 9

①　同じ位置にとどまろうとする。
②　常にいる位置を変えようとする。
③　急に動くものから逃げようとする。
④　明るいほうへ泳ごうとする。

問5　暗い部屋でおこなっても，メダカが同じ行動をすると考えられる実験はどれか。最も適当なものを，次の①～⓪のうちから1つ選びなさい。 10

①　実験1のみ　　②　実験2のみ　　③　実験3のみ　　④　実験4のみ
⑤　実験1と2　　⑥　実験1と3　　⑦　実験1と4　　⑧　実験2と3
⑨　実験2と4　　⓪　実験3と4

3　次の文章を読み，あとの問いに答えなさい。（解答番号 11 ～ 15 ）

さまざまな温度の 100 g の水に硝酸カリウムがどれだけとけるのかを調べたところ，下のグラフのような関係が得られた。

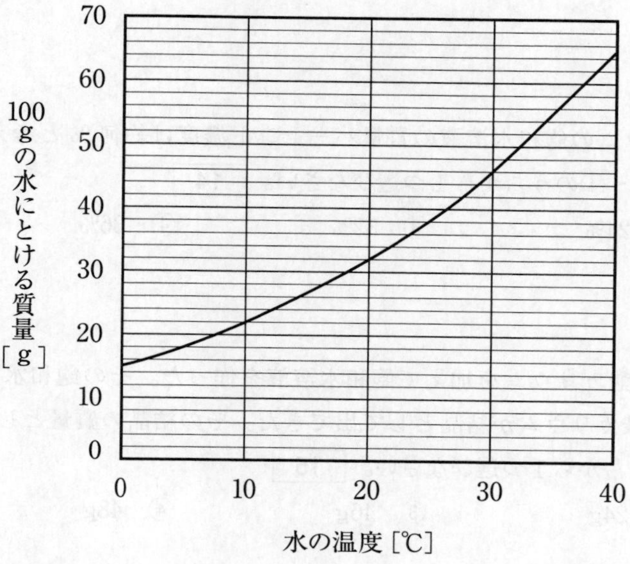

問1　10℃の 100g の水に硝酸カリウムは何 g までとけるか。最も適当なものを，次の①～④のうちから1つ選びなさい。 11

①　11g　　②　16g　　③　22g　　④　32g

問2　硝酸カリウム水溶液の密度が $1.16 g/cm^3$ のとき，その硝酸カリウム水溶液 $200 cm^3$ の質量は何 g か。最も適当なものを，次の①～④のうちから1つ選びなさい。 12

①　100g　　②　116g　　③　200g　　④　232g

問３　30℃の100gの水に，硝酸カリウムを60g入れてよくかき混ぜた。このときの様子について正しく表したものを，次の①～④のうちから１つ選びなさい。 13

① 硝酸カリウムの一部が沈殿した。水溶液は無色だった。

② 硝酸カリウムの一部が沈殿した。水溶液は青色だった。

③ 硝酸カリウムはすべてとけた。水溶液は無色だった。

④ 硝酸カリウムはすべてとけた。水溶液は青色だった。

問４　20℃における硝酸カリウムの飽和水溶液の質量パーセント濃度は約何％と考えられるか。最も適当なものを，次の①～④のうちから１つ選びなさい。 14

① 12%　② 24%　③ 32%　④ 36%

問５　30℃の200gの水に，硝酸カリウムを加えて飽和水溶液を作った。その飽和水溶液を10℃まで冷却したところ，硝酸カリウムが結晶として出てきた。その結晶の質量として最も適当なものを，次の①～④のうちから１つ選びなさい。 15

① 22g　② 24g　③ 46g　④ 48g

4　次の文章を読み，あとの問いに答えなさい。（解答番号 16 ～ 20 ）

グラフは，ばねＡとばねＢをそれぞれ引いたときの力の大きさとばねののびの関係を表したものである。

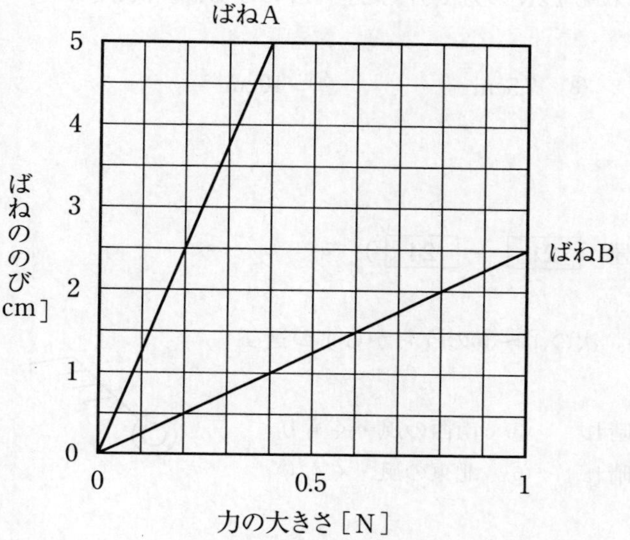

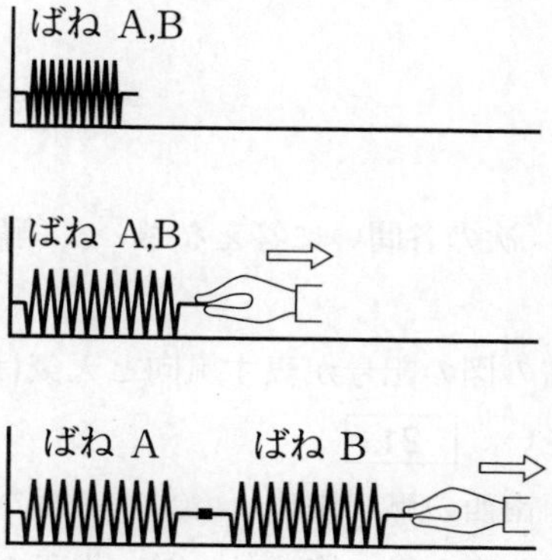

図　ばねを引く様子

問１　ばねＡを0.2Nの力で引くと，ばねは何cmのびるか。次の①～④のうちから１つ選びなさい。 16

①　0.5cm　　②　1.5cm　　③　2cm　　④　2.5cm

問２　ばねＡを0.6Nの力で引くと，ばねは何cmのびるか。次の①～④のうちから１つ選びなさい。 17

①　5.5cm　　②　6.5cm　　③　7.5cm　　④　8.5cm

問３　ばねＢを8cmのばすためには，何Nの力で引けばよいか。次の①～④のうちから１つ選びなさい。 18

①　1.6N　　②　2.4N　　③　3.2N　　④　4.8N

問４　ばねＡとばねＢを一直線になるようにつないで0.8Nの力で引くと，ばねは全体で何cmのびるか。次の①～④のうちから１つ選びなさい。 19

①　6cm　　②　9cm　　③　10cm　　④　12cm

問５　ばねＡを半分の長さに切り，切ったばねを1.2Nの力で引くと何cmのびるか。次の①～④のうちから１つ選びなさい。 20

①　2.5cm　　②　5cm　　③　7.5cm　　④　10cm

5

次の各問いに答えなさい。（解答番号 21 ～ 24 ）

問１　右の図の記号が表す風向と天気は何か。次の①～⑥のうちから１つ選びなさい。 21

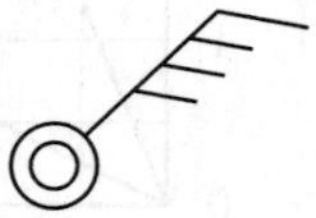

①　南西の風・快晴　　②　南西の風・晴れ　　③　南西の風・くもり
④　北東の風・快晴　　⑤　北東の風・晴れ　　⑥　北東の風・くもり

問２　葉脈の形が他とは違う植物を，次の①～④のうちから１つ選びなさい。 22

①　タンポポ　　②　ツユクサ　　③　アブラナ　　④　ツツジ

問３　沸点の最も高い物質を，次の①～④のうちから１つ選びなさい。 23

①　鉄　　②　窒素　　③　水　　④　ろう

問４　文中の（　　）に当てはまる言葉の組み合わせとして正しいものを，次の①～④のうちから１つ選びなさい。 24

> 凸レンズを使って近くの物体を見ると，上下・左右が（　あ　）向きの，（　い　）像ができる。

①　あ：同じ　　い：実　　　②　あ：同じ　　い：虚
③　あ：逆　　い：実　　　④　あ：逆　　い：虚

6　次の文章を読み，あとの問いに答えなさい。

りかさんとまなぶさんは，夏休みに東京都にある伊豆大島へ家族旅行に出かけた。

り　か：伊豆大島は今も活動を続けている火山（写真１）だよ。
まなぶ：島全体には，玄武岩がたくさん広がっていたよね。
り　か：山頂の神社近くで撮影した写真（写真２）があるよ。
まなぶ：玄武岩からできた溶岩の特徴がわかるね。

写真１　伊豆大島を代表する火山

写真２　山頂付近にある神社と溶岩

問１　写真１にある伊豆大島の中央に位置し，伊豆大島を代表する火山の名まえを答えなさい。

問２　下線部にあるように，今も活動を続けている火山や，過去１万年以内に噴火したことのある火山を何というか。

問３　写真２にあるように島全体に玄武岩が広がっている。伊豆大島の火山から噴出した火山灰の特徴は，他の火山から噴出した火山灰と比べてどのようであると推測できるか。最も適当なものを，次の①～④から１つ選び，番号で答えなさい。

①　角張った鉱物が多く，有色鉱物の割合が多いほうだ。
②　角張った鉱物が多く，無色鉱物の割合が多いほうだ。
③　丸みを帯びた鉱物が多く，有色鉱物の割合が多いほうだ。
④　丸みを帯びた鉱物が多く，無色鉱物の割合が多いほうだ。

問４　火山の形はさまざまであるが，その形は主に何によって決まるか。10文字以内で答えなさい。

7　次の文章を読み，あとの問いに答えなさい。

生物のふえ方には，次の２通りの方法がある。

Ａ：　核が合体することなく新しい個体をつくり，ふえる方法

Ｂ：　２種類の核が合体して新しい個体をつくり，ふえる方法

問１　Ａのようなふえ方を何生殖というか。

問２　Ｂのようなふえ方をする生物が，核の合体の前におこなう染色体の変化を，15文字以内で答えなさい。

問３　次の文は，ＡとＢのどちらかのふえ方に関係したことを説明したものである。Ａのふえ方について説明したものを，①～④からすべて選び，番号で答えなさい。

①　なかまの数が非常に少ない場合でも，ふえることができる。

②　その場の環境条件が変化した場合でも，なかまが生き残る可能性が大きい。

③　その生物のもつ特徴を変えることなく，子孫に伝えることができる。

④　生殖細胞が必要である。

問４　親から子へ生物の形質が伝わっていくしくみを何というか，漢字で答えなさい。

8

次の文章を読み，あとの問いに答えなさい。

図のように，試験管 A の中に入れた酸化銀を加熱して気体を発生させ，その気体を試験管 B に集めた。

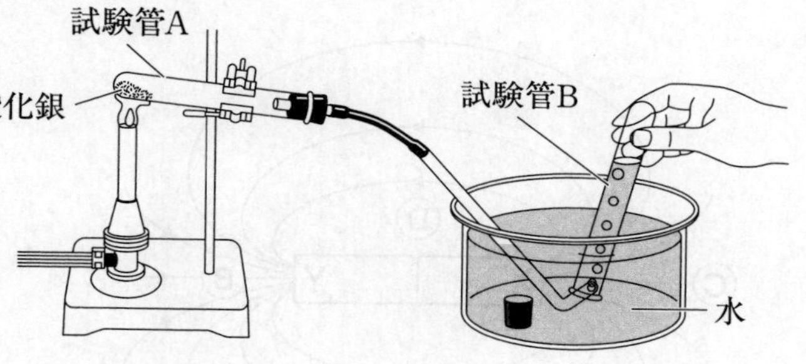

問 1　加熱後，試験管 A の中には銀が残っていた。この変化を化学反応式で答えなさい。

問 2　酸化銀が銀に変化したことを確認する方法として適当ではないものを，次の①～④から 1 つ選び，番号で答えなさい。

①　加熱後の物質を，スプーンでこする。

②　加熱後の物質に，電気を流す。

③　加熱後の物質に，磁石を近づける。

④　加熱後の物質を，金づちでたたく。

問 3　図の気体の集め方を何というか，漢字で答えなさい。

問 4　気体を集めた試験管 B の中に火をつけた線香を入れると，火をつけた線香はどのようになるか，10 文字以内で答えなさい。

9　電流と磁界について，次の各問いに答えなさい。

問１　図１は磁石のまわりに置いた鉄粉がつくった模様を使って磁界を矢印で表したものである。このような曲線を何というか。

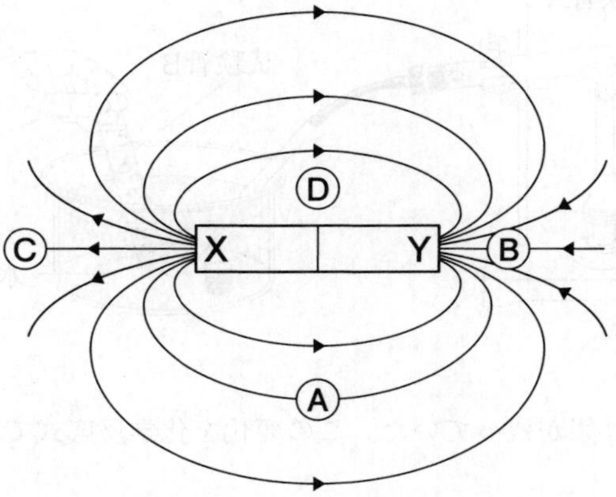

図１

問２　図１の**A**～**D**の位置に方位磁針を置いたとき，それぞれどの向きになるか。次の①～④のうちからそれぞれ選び，番号で答えなさい。ただし，同じ番号を何度選んでもよい。また，方位磁針は①のように色のついている方をＮ極とする。

①

②
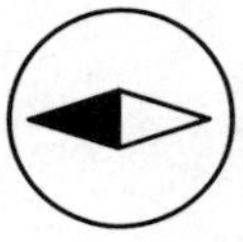

③

④

問３　図１の**X**は何極か。

問4　図2のようにクルックス管を東西方向に地面と平行に置き，－極と＋極の間に大きな電圧を加えると明るいすじが見えた。さらに，電極Aに＋極を電極Bに－極をつなぐと，－極から出る明るいすじはどちら向きに曲がるか。東西南北，上下で答えなさい。

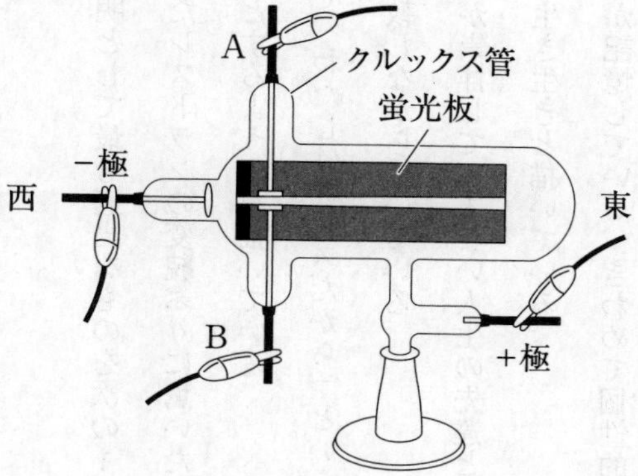

図2

問六 ——線部（3）「奇妙な発見」とはどういうことか。最も適当なものを次の**1**～**4**の中から選び、数字で答えなさい。

1 当時の常連客の思い出に即して料理を注文すると、「まったく同じ味の料理」が出てきて店の存続を確信したこと。

2 日本語を話す女主人が「実在のアリスのモデル」を自称するうちに、神秘性をまとって真実らしく思えてきたこと。

3 かつて劇団に所属していた女主人が、「当時演じた少女役が老女になった姿」を今も演じ続けているらしいこと。

4 神秘性を増した女主人が、「小説のアリスのイギリス人のモデルが老女になったように見える」と思えたこと。

問七 本文の説明として最も適当なものを次の**1**～**4**の中から選び、数字で答えなさい。

1 再訪したレストランの変貌ぶりに驚いたものの、提供された食事の変わらなさをきっかけに「アリス」の内面が昔のままでいることにほっとするようすを描いている。

2 「だって、わたしはアリスだから」という発言の根拠について主人公が三十年ぶりに友人と確認しに行くようすを、当時と現代の世相を比較しながら描いている。

3 語り手が崇拝してやまない人生の先達との三十年ぶりの再会を通じて、混沌とした世の中で軽やかに生きることの大切さを、回想を交えて生き生きと描いている。

4 語り手が記憶している、きわめて個性的な人物との三十年ぶりの再会を通じて、時を越えて変わらずにそこにあるものの尊さについて気付くようすを描いている。

問三 ‖線部（B）「舌鼓を打つ」（C）「風雪に耐えて」の意味として適当なものを後の**1**〜**4**の中からそれぞれ選び、数字で答えなさい。

（B）「舌鼓を打つ」

1 舌が渋みにしびれるさま　**2** 初めてのことにあわてるさま

3 批評を検討するさま　**4** たべものを賞賛するさま

（C）「風雪に耐えて」

1 きびしい苦難をがまんし続けて　**2** 世間からの心ないうわさに立ち向かって

3 見込み違いで不快になって　**4** きわめて静かに努力を重ねていって

問四 ——線部（1）「驚かされた」理由として最も適当なものを次の**1**〜**4**の中から一つ選び、数字で答えなさい。

1 取材で変人と見られることを気にもとめず、自然体で私的な場所を見せてくれたから。

2 この世の全てを平等と思うような純粋な感受性の持ち主が、ここにいると思ったから。

3 壁に貼られた雑多な掲示物が、女主人の人格と一体となっているように思えたから。

4 店の掲示物を見るにつけて、女主人の統一された思念をみとめることができたから。

問五 ——線部（2）「じゃあ、行ってみようか」とあるが、このときの私の心情を説明した最も適当なものを次の**1**〜**4**の中から選び、数字で答えなさい。

1 いい原稿が書けそうな予感はするものの確証があるわけではないので、行動してから内容を決めていこうと思った。

2 店の場所の検索を省略すれば、自分が迷い歩く行程を次号の雑誌の原稿にできるという綿密な計画を思いついた。

3 三十年前の取材を鮮明に思い起こしたばかりだったので、自然に足早になる気持ちを抑えることができなかった。

4 夜十時開店という浮き世離れした店が、今の時代に営業しているものかどうかを知ることが恐ろしいと思った。

もちろんそんなはずはない。アリスはイギリス生まれの架空の少女で、日本語を話す老女の横顔に、その面影を見出すのは、あまりにデタラメが過ぎる。

ただ、訪ねてみて、いまも店が健在であるとわかってみれば、なぜ「もうない」などと決めつけたのか自分でもわからない。むしろ、この店はこうして(C)風雪に耐えて生き長らえ、世の中がどれほど変わり果てても、ただひとつこの店だけは生きのこるに違いないと信じるべきだった。遅まきながらそう訂正したい。

メニューをひらき、そこに並ぶ料理の名前もまたそっくり同じであることに胸が震え、あのときと同じ、生姜焼き定食を注文して食べた。それをつくる人がそこに生きていて、彼女ならではの塩梅《あんばい》が継続されているのだから、当然のようにできあがった料理は時間を超えてまったく同じ味がした。万歳、と声をあげたい。何に対して、何がどう万歳なのかわからないけれど、またひとつこの世の真実に触れた思いだった。

この日、たまたま百年に一度という流星群が夜空を大量に横切るさまが観測されてニュースになった。多くの人たちが夜ふかしをして空を見上げていたが、わたしは百年に一度の流星群より、三十年の時間を消してみせたアリスの生姜焼き定食に神秘を感じた。どうすればそのような奇跡が可能なのか、目の前にしながらも理解できなかったが、アリスは七十八歳になっても、昔どおりのアリスの格好をして、体つきも華奢《きゃしゃ》なまま、ときおり、ポケットから板チョコを取り出しては、□をひそめながら軽快な音をたててかじった。

(注) ブロマイド……アイドルや人気スポーツ選手の写真。　FEN……放送局名。　つばめ……語り手の実家の駅前にある喫茶店。

問一 □に入る語句を次の1～4の中から一つ選び、数字で答えなさい。

1 片目　2 足音　3 眉　4 腕

問二 ═線部(A)「異端」の対義語を次の1～4の中から一つ選び、数字で答えなさい。

1 信用　2 正統　3 周辺　4 発端

が見えた。そこは商店街のはずれというより、商店街が終わって国道にさしかかった角に当たり、絶えず車が行き交う国道を前に、身をすくめるようにして建っていた。あのときと変わらず、三十年経ったいまも。

「だって、わたしはアリスだから」

七十八歳になった彼女は、確信を持って何度かそう云った。流れたのは時間だけだ。嵩《かさ》んだのは時間の重みだけだ。あとは、まるで変わらない。

壁にびっしり並ぶ切り抜きは、ところどころ更新されていたが、風情《ふぜい》は昔どおりそのままだった。午後十時開店で午前二時閉店。客は少なく、国道の車が店を震わせる。相変わらず、調理場からラジオと肉を焼く音が入り混じって聞こえてきた。

アリスの化粧はほとんど白塗りと云った方がよく、まばたきの度、バサバサ音がするくらい大きな睫毛《まつげ》をつけていた。あざやかなルージュ、どこか青みがかった瞳、ところどころ擦《す》り切れて、いまにも肘《ひじ》が抜けそうなブラウス、すべて昔どおりだった。

彼女はやはり役者だったのだと思う。少女であったころに、ある劇団に所属し、劇団の「仲間」たちと一緒に「不思議の国」か「鏡の国」か、あるいはその両方の冒険物語を舞台で演じた――それが桃子とわたしの当時の結論だった。少女時代のその経験があまりに強烈で、彼女は自身の記憶と演じたアリスの記憶がひとつになっていた。見境がつかなくなってしまったのだ。

証拠とは云えないが、丹念《たんねん》に壁の切り抜きを確認したところ、見知らぬ俳優のブロマイドと同じつくりをした子供のころの彼女と思われる少女の写真が額に入れて飾られているのを見つけた。写真は相当に色あせていたが、七十八歳のアリスの面影が間違いなくそこにあった。いや、本当は逆で、老いた彼女に写真の少女の面影があった、と云うべきか。

本当は逆――と云えば、(3)もっと奇妙な発見があった。

七十八歳になった彼女の顔を拝見するうち、本物の――つまり、「アリス」のモデルとなった実在のアリスが老女になったら、きっとこんな容貌であるに違いないと思った。かつて、四十八歳のアリスにはその兆候はなかったが、三十年を経て、非常に無口になった彼女は、言葉数が少ないがゆえに神秘性がより増していた。掛け値なしに、本物のアリスに見えた。

いや、おそらくあの店はもうない。ネットで検索すれば簡単に答えが出ると思う。当時の常連客が「思い出」を語っているかもしれないが、あたらしい情報は、おそらくひとつもない。「ない」ことを確認するだけだ。そういうことが、このごろ多くなってきた。わたしも歳をとったけれど、街もしっかり歳をとったのだ。

結局、検索はしなかった。してしまったら、それで終わりになる。十中八九、店ごと消えているに違いなかった。だから、あるとかないとかいう話を真ん中に据えたら、原稿はそれまでだ。それで、有無については知らぬふりを決め込み、賭けに似た思いで、三十年ぶりに〈十時軒〉を探してみることにした。その、探しまわる自分の足どりをそのまま書けば、連載の一回分はたぶん埋められる。

それにしても、「探す」という言葉が自然と出てきたのは、三十年前にはじめて取材で訪れたときに大いに道に迷ったからだ。夜十時の開店なので、あたりが暗かったせいもあるが、あんなに迷ったことはない。一応、誰かにもらった地図のコピーを手にしていたし、途中、地図があてにならないとわかってからは、たまたま、すれ違った地元の人に詳しく道を訊いた。それでも、なかなか辿り着かなかった――。

三十年ぶりに、〈十時軒〉のある街の地下鉄駅に降り立つと、その駅もまた、三十年前となんら変わらないように見えた。温度や湿度、夜空の月や星の位置まで同じような気がする。といっても、三十年前のあの夜を鮮明に覚えているわけではない。だから、わたしは記憶を辿っているのではなく、云ってみれば、三十年前の時間の中をもういちど歩いているのだ。そう思うと、「きっとない」とハナから期待していなかった店の存在が、夜道の彼方《かなた》で、ほのかにあかりを灯《とも》しているように感じられた。

あのときも、そうだった。

「本当にそんな店、あるのかしら」と二人で云い合いながら、地図を頼りに夜の街をさまよった。あのときも商店街の店はまばらで、いまもそれはさして変わらない。いまの方が幾分《いくぶん》か賑《にぎ》わいがあるかもしれないが――。

「やっぱり、ないね」

あのとき、桃子がため息をついたちょうどそのとき、いま目の前にあるのとそっくり同じ赤い看板に〈十時軒〉の三文字が躍っているのそうした混沌の中にまざって、見たことのない俳優の※ブロマイドらしきものが男優女優ともに数人分あった。アリスの説明によると、彼らは「仲間」だという。「仲間というのは？」と訊いても、それ以上の説明はなかった。

「彼女、前は役者だったのかもね」

取材のあと、桃子が声をひそめて箸《はし》を口に運んだ。

「おいしいっ」

噂《うわさ》どおりおかしなレストランであることは間違いなかったが、何を食べても、思わず(B)舌鼓を打つ逸品ぞろいだった。定食スタイルの生姜《しょうが》焼きや唐揚げや海老フライといった定番がどれも抜群の味で、添えられた御飯やスープやサラダもことごとくおいしい。すべて、アリスがつくっていた。カウンターの奥にある調理場が覗《のぞ》き見え、そこにやはりラジオがあるのだろう、※ＦＥＮをがんがん鳴らし、音楽に合わせて彼女は楽しげにフライパンをゆすっていた。ラジオのノイズと肉が焼ける音と匂い、店の外を走る車の音、そういったものが渾然《こんぜん》一体となって、店が小気味よく揺れていた。

※〈つばめ〉を出ると、ふたたび私鉄を乗り継いでアパートの部屋に帰ってきた。真冬に実家から帰ってくると、いつも体がやたらに冷える。コートを着たまま薬缶《やかん》で湯をわかし、そのへんに転がっていたカップ麺《めん》をつくって、ありがたくスープをすすった。ストーブで台所があたたまるまでコートを脱げなかった。ポケットに三十年前になくした財布と、とりあえず母から借りてきた一万円札二枚が剥《む》き出しではいっている。ひとまず、冷たいお札を冷たい財布に収めた。妙な気分だ。でも、仕方がない。あたらしい財布を買うまで、これを使うしかない。ないより、ずっとましだ。

というか、よくぞ、このタイミングで戻ってきたものだ。ちょうど財布を落として、ちょうど桃子の雑誌の原稿のネタを探していた。たぶん、このふたつは連動している。たぶん、「これを書け」と神様は云《い》っているのだ。でも、「これ」ってなんだろう。三十年前の思い出？　そんなものに、桃子がＯＫを出すわけがない。

(2)じゃあ、行ってみようか。三十年ぶりに〈十時軒〉へ——。

四 次の文章は吉田篤弘の小説『〈十時軒〉のアリス』の一部である。フリーライターの「わたし」のもとに三十年前に紛失したはずの財布《さいふ》が戻ってきた。財布のなかには〈レストラン十時軒〉の名刺が入っていた……。本文はそれに続くものである。文章を読んで、後の問いに答えなさい。（設問の都合上、表現を改めた部分がある。）

もとを辿《たど》れば、桃子が誰かから聞いた話だった。

「丸葉町《まるばまち》の商店街のはずれに、〈十時軒〉というおかしなレストランがあるの。そこの女主人が、すごく変わりものなんだって――」

「変わりもの」というのがわたしたち好みだった。なによりわたしたち自身が、普通ではなかったし、二人揃《そろ》って頭のねじが二、三本はゆるんでいた。誰も目を向けないような、世の中の隅《すみ》のそのまた隅で起きていることを知りたかった。

たとえば、都市部のカラスの生態を調査し、それに付随《ふずい》して、いくつかの町の路上のゴミの取材をした。たとえば、家の中のどこにラジオが置かれているかを訊《き》いてまわり、集計した結果、「台所」が一位になったことを家電製品メーカーの開発部に報告した。そうした役に立つのか立たないのかわからないことは、伝統ある新聞部の中で異端視（A）され、せっかく取材をしても、記事が採用されないことが多々あった。

そんなわたしたちですらひるむような変人ぶりを、アリスは自然な振る舞いとして披露してくれた。まずもって、夜十時に開店するのもそのひとつだが、ほとんど、いつでも板チョコをかじっていて、

「わたしはね、もうこれしか食べないと決めたの」

スーパーの袋に詰めこんだ何十枚という板チョコをこっそり見せてくれた。そのくせ、しばしば、よその店から出前でラーメンを注文し、〈十時軒〉の赤いカウンターで黙々と食べていた――。

いや、そんなことより、最初に取材で訪ねたとき、店の壁という壁が雑誌や新聞の切り抜きで埋め尽くされているのにまずは驚かされた。（1）まるで彼女の頭の中を見せられているようだった。

何年も前の星占い、ヘアブラシの宣伝、競馬必勝法、隕石《いんせき》の落下に関する記事、ミート・ボールのレシピ、墓地の選び方、ヌード・グラビア、石鹸《せっけん》のつくり方――きりがない。

問六　――線部（3）「とくなにものをも取り給へ」とはどのようなことか。最も適当なものを1～4の中から選び、数字で答えなさい。

1　とくに欲しいものはどのような品物であるかということ。
2　どのような曲であっても演奏して差し上げようということ
3　とにかくあらゆるものを好きなだけ奪い取れということ。
4　早く何でも好きなものを取ってゆくがよいということ。

問七　――線部（4）「先の声」とは誰の声か。最も適当なものを1～4の中から選び、数字で答えなさい。

1　和邇部用光の声　　2　宗との声　　3　あの党の声　　4　曲の声

問八　本文の内容として最もふさわしいものを次の1～4の中から選び、数字で答えなさい。

1　海賊の接近に恐ろしくなったが、篳篥の演奏に自信をもっていた用光は、涙を流しながら演奏したところ、海賊は有名な用光の素晴らしい演奏を聴きたくて船を寄せただけであった。
2　土佐から安芸に向かう途中で海賊に出くわした用光は、大切にしていた篳篥を奪い取られる前に最後に一曲奏でたいと言って、泣きながらも素晴らしい曲を奏でて騒がしい海賊を黙らせた。
3　ある港で海賊に襲われた用光は弓矢で応戦したが、やがて戦う力がなくなり、死ぬ前に得意であった篳篥を奏でたところ、その音色に感動した海賊は篳篥だけを奪い去っていった。
4　安芸の国のある港で海賊に襲われた用光であったが、意を決して篳篥を情感をこめて吹いたところ、その素晴らしい音色に心動かされた海賊達は何も奪い取らずに去って行ってしまった。

問一　本文の出典である『十訓抄』は鎌倉時代の作品である。次の1～4の中から同じ時代に作られた作品を一つ選び、数字で答えなさい。

1　義経記　　2　徒然草　　3　枕草子　　4　古事記

問二　═══線部「屋形のうへにゐて」を漢字はそのままにして現代仮名づかいに直しなさい。

問三　───線部（1）「土佐」とは現在の何県か、次の1～4の中から適当なものを一つ選び、数字で答えなさい。

1　福岡県　　2　栃木県　　3　長野県　　4　高知県

問四　〰〰線部「主たち」とは誰のことか。最も適当なものを1～4の中から選び、数字で答えなさい。

1　海賊の手下たち　　2　用光の楽人たち　　3　土佐の御船の乗客　　4　屋形の上に乗っている人たち

問五　───線部（2）「今はうたがひなく殺されなむず」とはどのような意味か。最も適当なものを1～4の中から選び、数字で答えなさい。

1　今となっては間違いなく殺されるにちがいない。
2　今は疑いを晴らせば殺されなくてすむであろう。
3　今では殺さないと言われたことを疑ってしまう。
4　今はただ殺されないことを信じるしかないだろう。

三　次の古文を読んで、後の問いに答えなさい。（設問の都合で表記を一部改めたところがある。）

和邇部用光《わにべのもちみつ》といふ楽人※ありけり。(1)土佐の御船《おふな》遊びに下りて、上りけるに《帰京の途中で》、安芸の国※、なにがしの泊《何とかという港で》にて、海賊押し寄せたりけり。弓矢の行方※知らねば、防ぎ戦ふ力なくて、(2)今はうたがひなく殺されなむずと思ひて、篳篥※を取り出でて、屋形※のうへにゐて、「あの党や《そこに居る者どもよ》。今は沙《さ》汰《た》に及ばず。(3)とくなにものをも取り給へ。ただし、年ごろ、思ひしめたる篳篥の、小調子といふ曲、吹きて聞かせ申さむ。さることこそありしかと、のちの物語にもし給へ《後々の話の種にするのがよい》」といひければ、宗と※の大きなる声にて、「主たち、しばし待ち給へ。かくいふことなり。もの聞け」といひければ、船を押さへて、おのおのしづまりたるに、用光、今はかぎりとおぼえければ、涙を流して、めでたき音を吹き出でて、吹きすましたりけり。

をりからにや《折も良かったのであろうか》、その調べ、波の上にひびきて、かの潯陽江※のほとりに、琵琶《びわ》を聞きし昔語りにことならず。海賊、静まりて、いふことなし。

よくよく聞きて、曲終りて、(4)先の声にて、「君が船に心をかけて、寄せたりつれども、曲の声に涙落ちて、かたさりぬ」とて、漕《こ》ぎ去りぬ。

〈『十訓抄』による〉

（注）楽人《がくにん》……楽器を奏でる人。　安芸《あき》の国……現在の広島県の西部。　行方《ゆくえ》……扱い。

篳篥《ひちりき》……雅楽に使う楽器で竹製の笛。　屋形《やかた》……船の屋根。　宗《むね》と……中心となる人。首領。

潯陽江《じんようこう》……川の名前。

問九　本文の内容に合致する具体例を次の1～4の中から一つ選び、数字で答えなさい。

1　野球部に所属しているA君はチャンスに打てない心の弱さを克服するために、代打の成績が良い先輩にメンタルトレーニングの方法を聞き、さらにネットや本でも精神面を強くする方法を数多く学んで実行した。

2　会社員のBさんは仕事に対する意欲が人一倍で、他の人たちが及び腰になるような困難な案件にも率先して取り組んでいった。その結果、他の人に負けない技術を手に入れたという強い自信が生まれ、さらなる成長につながった。

3　高校生のCさんは友人関係のトラブルに巻き込まれてしまった。自分には関係のない問題だが、今後の付き合いがどうなるかわからないので自分にできるかぎりのことをしようと、友人たちの間に立って関係の修復に努めた。

4　会社を経営しているDさんは、事業を拡大するために新たな取引先と契約を結ぼうとしたが、既存の取引先との関係から大きなトラブルに発展する可能性があったため、契約をやめて別の事業計画を考えた。

問七 ——線部（4）「不安は生きている限り、どんな状況であろうとも、なくならないものです」とあるが、筆者がこのように考えているのはなぜか。理由として適当なものを次の**1**～**4**の中から一つ選び、数字で答えなさい。

1 不安を仮に打ち消しても、不安がないことが新たな不安となる私たちは、もはや不安がないと生きていくことができないから。

2 不安を打ち消して個人的な幸せをつかんだとしても、先行きが不透明な今の社会から新たな不安を押しつけられるから。

3 不安は逃げようとしても追いかけてくるものなので、私たちは迫り来る不安にただ耐えしのぶしか手段がないから。

4 不安を消して満たされた状況になったとしても、人生は変化の連続なので、新たな不安が生まれてきてしまうから。

問八 ——線部（5）「北風は自分を前へ進めてくれる熱源のようなもの」とはどういうことか。説明として適当なものを次の**1**～**4**の中から一つ選び、数字で答えなさい。

1 人生の中で生じる問題や不安に逃げずに向き合うことが心を強くする方法だということ。

2 不安に対して懐に飛び込むような気持ちを持つことで社会的な成功を掴《つか》めるということ。

3 将来に向けて不安や問題から目を背けずに挑戦するためには心の強さが必要だということ。

4 社会の問題や不安が人々に悪影響を与えるという世間の常識を疑うことが大切だということ。

問四 ――線部（1）「『心はどうすれば強くなりますか』」とあるが、筆者はこの質問をどのように思っているか。説明として適当なものを次の**1**～**4**の中から一つ選び、数字で答えなさい。

1 心が強くなる方法は体を鍛える方法と関連が強いため、心だけの方法を考えても意味がない。

2 心が強くなる方法を人は求めているが、誰にでも通用するような明確な方法論は存在しない。

3 心が強くなる方法を考えるためには心とは何かを考える必要があり、その定義づけが大切である。

4 心が強くなる方法は都会の人よりも心が強い田舎の人の質素な生活が参考になるので、真似をすればよい。

問五 ――線部（2）「アメリカ駐在時代」の説明として適当なものを次の**1**～**4**の中から一つ選び、数字で答えなさい。

1 仕事が忙しい中で発生するトラブルを上手く回避することで、心を強くすることができた時代だった。

2 忙しい中でも仕事に対して真摯《しんし》に取り組むことで、自信がつき心が鍛えられた時代だった。

3 「仕事量では誰にも負けない」と自負心を持ったが、そのせいで心の成長が止まった時代だった。

4 一日中仕事に取り組むことで心と体の両方を酷使し、心身を極限まで鍛えられた時代だった。

問六 ――線部（3）「心を鍛えたり、強くするといったことには際限がない」とあるが、筆者がこのように考えるのはなぜか。理由として適当なものを次の**1**～**4**の中から一つ選び、数字で答えなさい。

1 心の強さは物理的なものではないので、そもそも強くすることができないから。

2 心の強さは形がないために、他者との比較でしかはかれないものだから。

3 心の強さは数値化したり、基準をつくったりできない抽象的な存在だから。

4 心の強さは自分の中で手応えとして感じるもので、その形は様々だから。

う思って問題を否定的にとらえるのではなく、逃げない決断をすると、心が強くなるような実感が湧くものです。

〈丹羽宇一郎『人間の本性』による〉

問一 ――線部（A）「オーバーラップ」、（B）「地獄の一丁目」の意味として適当なものを後の**1**～**4**の中からそれぞれ選び、数字で答えなさい。

（A）「オーバーラップ」

1 上からおさえつけること　**2** ずっと走り上がっていくこと

3 限界を超えて活動すること　**4** 複数のものが重なり合うこと

（B）「地獄の一丁目」

1 破滅や困難に陥りかける始まり　**2** 災難の一番ひどいところ

3 最初に行うべき困難な課題　**4** 多くのものが破滅する原因

問二 ＝＝線部「ヤロウジダイ」は四字熟語であるが、漢字として適当なものを次の**1**～**4**の中から一つ選び、数字で答えなさい。

1 野郎時代　**2** 野郎自大　**3** 夜郎時代　**4** 夜郎自大

問三 （ア）～（エ）の中に入る語の組み合わせとして適当なものを次の**1**～**4**の中から一つ選び、数字で答えなさい。

1 もちろん ―― たとえば ―― そもそも ―― かつて

2 しかし ―― そもそも ―― たとえば ―― かつて

3 そもそも ―― ところが ―― もちろん ―― しかし

4 そもそも ―― もちろん ―― かつて ―― たとえば

傍《はた》からはものすごく幸せそうに見えていても、人は誰でも何らかの不安は抱えているはずです。われわれは、幸せであること自体に不安を懐《いだ》くこともあります。なぜならいまの状態が永遠に続くことはありえず、いつか幸せを失うことだってありうるからです。

不安を打ち消そうと努力をして、その不安が消えても、また別の不安が次から次へと生まれてくる。しかし、そんな不安と闘うことで人は成長します。不安は人を前に動かす大きな力になるのです。

人は真面目に仕事をし、真剣に生きようとすればするほど、不安の数も増えます。不安が2つのこともあれば、3つ、4つのこともある。

ですから不安が湧いてくるたびに、いちいち「大変だ」とおろおろしても仕方ありません。

不安に感じることが起きても、そこから目をそらしたりしてはいけないと思います。不安から逃げれば、不安は一層大きくなるものです。

とてつもなく大きな不安であれば思わず逃げ出したくなるものですが、そういうときほど不安と向き合って、むしろ「北風に負けてたまるか」の強い心で、不安の懐に飛び込むような気持ちを持つことです。

不安から逃げれば、不安は追っかけてくるものです。不安は正面から向き合ってくれるのを待っているのです。勇気を出して一歩踏み出してみてください。きっと不安の姿は小さくなるはずです。

（エ）勤めていた会社の経営が大きく傾き、倒産の危機に瀕したとき、陣頭指揮をとっていた私は、巨額の不良債権の一括処理を銀行や声なき声の強い反対を押し切って進めました。

下手をすれば投資家からは見放され、社員やその家族が路頭に迷うかもしれないという(B)地獄の一丁目にまさに立っている状態でした。

その決断をするまでの数週間、私は食べたものを何度も反芻《はんすう》する牛の胃袋を頭のなかに持っているような心境でした。非常に大きな決断でしたが、不良債権という大きな不安は一気に取り除かなければ、さらに取り返しのつかない大きな危機に直面することになる。

この後ろ向きの事業の決断と、将来に向けての新しい事業への挑戦と投資という両輪の決断を迫られました。

問題が生じたときは、そこから目を背けてはいけない。日々自らのベストを尽くし続けることです。失敗したとしてもそれが自分の努力の結果であれば、それが自分の実力なのです。それが勝負をかけるということであり、心をも強くするのです。

問題があればこそ、人生です。問題がなければ、それは生きているとはいえない。(5)北風は自分を前へ進めてくれる熱源のようなもの。そただし、どういうことを考え、具体的にどんな経験を重ねると心が鍛えられて強くなるというマニュアルはありません。必要なのは、常に自分なりのベストを尽くすことです。

(2)私はアメリカ駐在時代に24時間フル稼働といってもいいくらい働いていたことがありました。

それこそ週末の休暇もとらず、毎日寝て食事をする以外はすべて仕事で埋まっている状態でした。時差の関係で早朝は欧州とやりとりをし、夜は日本が相手。お酒と睡眠不足で体を酷使しながら仕事をしていることもしょっちゅうでした。このときの経験で「俺は仕事量では誰にも負けない」と思えるほどの自負心を持つようになりました。

仕事や人生にはトラブルがつきものですが、そんなトラブルもまた心を鍛えてくれます。問題が起きたときに逃げたりせず、解決しようと努力をし続けることは、心を強くすることにつながります。

どんなトラブルに対しても真正面から力を尽くして取り組めば、必ず心は鍛えられるのです。

かといって、面倒な問題をいろいろ経験したり、あるいは仕事でベストを尽くして頑張ってきた人が「俺は仕事でさんざん鍛えられた。だから強い」などと思ったら、そこでお終《しま》いです。強いと思った時点でヤロウジダイの自負心となり、その人の心の成長は止まるのです。

（　イ　）心の強さをはかる目盛りなど、どこにもありません。物理的にここから先の状態は強いとか、これより下は弱いといった尺度は存在しません。心は形もなければ、質量もありません。だからこそ、(3)心を鍛えたり、強くするといったことには際限がない。

ただ心の強さというものは、何かあったときに自分のなかでしっかりした手応えとして感じるものです。

（　ウ　）、それは、納得がいくまで力を尽くして事にあたったときに生まれる、心の強さ。そして、どんな状況においても、平常心を感じられるときではないでしょうか。

日々、できうる努力はとことんする。そんな繰り返しが心を確実に鍛え、強くしてくれることは間違いありません。

最近とくに景気がパッとせず、先行きが不透明なせいもあって、不安を訴える人が増えているようです。しかし、将来の見通しがよくないからといって、それだけで不安が増すわけではないでしょう。

(4)不安は生きている限り、どんな状況であろうとも、なくならないものです。

二

次の文章を読んで、後の問いに答えなさい。（設問の都合上、表現を改めた部分がある。）

(1)「心はどうすれば強くなりますか」。取材などでそんな質問をたまにされることがあります。

質問者はまるで体を鍛えるのと同じように、心にも鍛え方があるのではと考えている節があります。

（　ア　）、こうすれば心が強くなるなどといった単純なマニュアルはどこにもありません。

そもそも心とは何？　心はどこにあるの？　それすらもはっきりしていません。近代以前なら、心臓のあたりに心があると思っていた人もけっこういたことでしょう。

いまでは脳神経の複雑な動きによって心という現象が起こることがわかっていますが、その脳の活動だって、手や足など体のさまざまな部位の動きや血液の流れといったものと密接に関係しています。

そうすると独立した脳だけを取り出して、これが心をつくっているとはいえなくなる。つまり生命活動のすべてと心の動きは、(A)オーバーラップしているともいえるわけです。

となると、体を鍛えることもまた心を強くするといえそうですが、体を鍛えている人を見ていると、必ずしも「文＝武」ではないことがわかります。

ただ、漁師や農家の人のように、主に体を使って仕事をしている人を見ていると、都会の人間にはない心の強さもあるのはたしかです。

それは厳しい自然を相手に、それこそ地に足をつけながら一生懸命に仕事をしていることからくるのではないかと思います。

仕事や生活のなかで疑問が湧いたり問題が起これば、それを自分の頭で考え、体を動かさなくては解決しない。ぼんやり見過ごしたり、人任せにしたりすると、命の危険にさらされたり、生活が丸ごと崩れてしまう重要な問題も少なくないでしょうから、気がなかなか抜けない。都会人にはない強さが彼らにあるとすれば、日々のそうした繰り返しが、彼らをタフにしているのだと思います。

ネットでたくさんの情報を仕入れ、本を読んで知識を蓄えても、それだけで心が強くなることはありません。やはり、生きていくなかで疑問や問題にぶつかったら、自分の頭で考え、解決して前に進む。そうやって幾度も幾度も考えたり体験したりすることによって、人は強くなっていくのではないでしょうか。

問四 次の俳句について、後の（ア）～（ウ）の問いに答えなさい。

A 初雁の声か蔵書の中にゐて　　鷲谷七菜子

B 机見入れば木目波立つ夜寒かな　　富田木歩

C 蛍火や岸にしづまる夜の水　　炭　太祇

D 尾をたてゝ日時計となる赤蜻蛉　　井上緑水

E はるかより波尖りくる野分かな　　飯田　晴

（ア） **A**～**E**の俳句のうち、秋の俳句ではないものを一つ選び、記号で答えなさい。

（イ） **A**の俳句の構成の説明として最も適当なものを次の**1**～**4**の中から選び、数字で答えなさい。

1 上五で切れる　　**2** 中七で切れる　　**3** 中七の中間で切れる　　**4** 句切れなし

（ウ） 次の説明文の俳句として最も適当なものを**A**～**E**の中から選び、記号で答えなさい。

その季節特有の空気を、景色からではなく身近にあるものの詳細な観察によって読みとった作品。この作品からは病苦で身動きがとれない中でも俳句を詠み続けた作者の視点の鋭さや深い孤独を読み取ることができる。

生徒「次号(3)の学級新聞に先生のインタビューを掲載したいので、寄稿をお願いしてもよろしいでしょうか。」
實島先生「もちろんだよ。趣味の登山(4)の話を書こうかな。」
生徒「よろしくお願いします！」

(a) ――線部(1)「差し上げます」と同じ種類の敬語を次の**1**〜**4**の中から一つ選び、数字で答えなさい。

1 ご覧になる　**2** うかがう　**3** 食べます　**4** 召し上がる

(b) ――線部(2)「な」と同じ種類のものを、次の**1**〜**4**の中から一つ選び、数字で答えなさい。

1 人を傷つけるようなことは言うな。　**2** 静かな音楽が部屋に流れる。
3 いろんな話が飛び交っている。　**4** 誰かが来そうな予感がする。

(c) ――線部(3)「号」の部首の名前として正しいものを、次の**1**〜**4**の中から一つ選び、数字で答えなさい。

1 くち　**2** いち　**3** つつみがまえ　**4** はこがまえ

(d) ――線部(4)「登山」と同じ構成の熟語を、次の**1**〜**4**の中から一つ選び、数字で答えなさい。

1 寒暖　**2** 白紙　**3** 握手　**4** 日没

二〇二四年度 國學院大學栃木高等学校（第1回）

【国　語】（五〇分）〈満点：一〇〇点〉

【※解答の数字は算用数字を記入すること。】

一　次の各問いに答えなさい。

問一　次のア～オの――線部のカタカナを漢字で書きなさい。

ア　ひまわりがカれる。

イ　トウテイ無理だ。

ウ　動物をホカクする。

エ　カイゴの仕事につく。

オ　フクツの精神を持つ。

問二　次のア～オの――線部の漢字の読みをひらがなで書きなさい。

ア　料理を彩る野菜。

イ　条約を批准する。

ウ　亡き祖母を慕う。

エ　跳ねるように歩く。

オ　橋脚を工事する。

問三　次の会話を読んで後の各問い（a）～（d）に答えなさい。

生徒「實島先生、お誕生日おめでとうございます。日頃の感謝の気持ちを込めて、花束を(1)差し上げます。」

實島先生「わあ、こんな(2)大きなお花をありがとう。とてもうれしいよ。」

2024年度／國學院大學栃木高等学校(第１回)

英語解答

1 放送文未公表

2 1 ①　2 ②　3 ④　4 ④
5 ③　6 ③　7 ①　8 ③
9 ②　10 ④

3 1 ②　2 ④　3 ②　4 ①
5 ②　6 ④

4 1 ②　2 ④　3 ②　4 ①
5 ③　6 ①　7 ③

5 1 ③　2 ①　3 ④　4 ②
5 ②　6 39…②　40…⑤
7 ③

6 1 エ　2 ア
3 a 人々　b マンガ　4 イ
5 (例)もう１つは日本のマンガやアニメは世界中で大衆文化の一部であるということです。
6 their stories are interesting and their pictures are beautiful
7 ウ，オ

1 〔放送問題〕放送文未公表

2 〔適語(句)選択・語形変化〕

1．‘Don't＋動詞の原形’で「～するな」という相手に対する‘禁止’の意味を表す。　「うるさくしないでください。赤ちゃんがまだ眠っています」

2．前にある so は「だから」の意味で，この前後は‘理由’→‘結果’の関係になる。be absent from ～は「～を欠席している」という意味。　「メアリーはテニス部のミーティングを欠席したので，部員たちは彼女がいないままで始めた」

3．‘a/an＋名詞＋of＋所有代名詞’の形。冠詞の a/an と所有格(my などの「～の」の形)を並べることはできないので，‘of＋所有代名詞’として後置する。　「彼は彼らの古い友達だ」

4．１文目は現在完了形の否定文‘have/has＋not＋過去分詞＋yet’「(今でも)まだ～していない」の形。よって今まで継続して待ち続けていると考えて，現在完了進行形の have/has been ～ing「(今まで)ずっと～し続けている」の形にする。　「ルーシーはまだ来ていない。僕は彼女を30分待ち続けている」

5．前出の an umbrella「１本の傘」を指す代名詞を選ぶ問題。前に出ている‘数えられる名詞’の代用となり，不特定のものを指すのは one。　「もし必要ならば傘を借りられます」

6．「タロウによって壊されたカメラ」というひとまとまりの主語になると考え，過去分詞で始まる語句が名詞を後ろから修飾する形にする。　break－broke－broken　「タロウによって壊されたカメラは僕の妹のものではない」

7．be late for ～「～に遅れる」　「どうしてあなたは学校に遅れたのですか」

8．前文の「私が言わなくてはいけないことはそれで全てです」という内容から判断できる。else は「他に」という意味。to say は to不定詞の形容詞的用法。　「私が言わなくてはいけないことはそれで全てです。他に言うべきことはありません」

9．‘命令文，and ～’「…しなさい。そうすれば～」の形。　「注意深く見なさい。そうすればそれが見えるでしょう」

10. Twice a month「月に2回」という返答を導く疑問詞は「どのくらい(頻繁に)」と‘頻度’を尋ねるHow often。twiceは「2回」という意味。また，ここでのaは「～につき，～ごとに」の意味。「あなたはどのくらいの頻度でゴルフをしますか？」―「1か月に2回です」

3〔整序結合〕

1．主語の「昨夜(私が)見た映画」は，目的格の関係代名詞を省略した‘名詞＋主語＋動詞’の形で，the movie I watched last nightとまとまる。 The movie I watched last night was very exciting.

2．「～したがっています」はwant to ～「～したい」で表せる。「～を習う」はlearn,「ギターの弾き方」は‘疑問詞＋to不定詞’のhow to ～「～する方法」の形。 He wants to learn how to play the guitar.

3．主語の「泳ぐのは」は「泳ぐことは」と読み換えて動名詞(～ing)のswimmingを用いる。「暑い日に」につく前置詞はinではなくonであることに注意。「海で」はin the sea。なおrefreshingは「元気のでる，爽快な」の意味の形容詞。 Swimming in the sea on a hot day is so refreshing.

4．「19世紀に建てられたその家」がひとまとまりの主語で，これは過去分詞で始まる語句のbuilt in the 19th centuryが前の名詞the houseを後ろから修飾した形で表す。 museum「博物館，美術館」 The house built in the 19th century is a museum now.

5．「～してもいいですか」を表すMay I ～？で文を始める。ここでの助動詞mayは‘許可’を表す用法。「(グラスで)もう一杯の～」はanother glass of ～で表せる。 May I have another glass of water?

6．「もっとも～な…の1つ」は‘one of the＋最上級＋複数名詞’の形で表せる。 This is one of the most famous songs in Japan.

4〔長文読解総合―会話文〕

≪全訳≫❶高田先生(T)：世界中の多くの人たちが地球は悪くなっていると言っています。私たちは何かをしなければなりません。今日は，地球を良くするために何をするべきかについて話し合います。ミホはどう思いますか？❷ミホ：通りに車が多すぎます。空気にも良くありません。もっとバスや電車を使うべきだと思います。そうすれば空気ももっときれいになります。❸カズエ：今，私たちはたくさんの石油を使っています。でも，石油の量はそれほど多くないし，多くの石油を使うことは地球にとって良くありません。私たちは新しい種類のエネルギーについて考えなくてはいけません。多くの人はエネルギーを求めて太陽を使っています。エネルギーを得るために風を使う所もあります。世界中のもっと多くの人たちが，この2種類のエネルギーを使うようになればいいと思います。❹マサト：一晩中店を開けている人もいます。通りには自動販売機がたくさんあります。そういうお店や自動販売機はとても便利です。でも，毎日30それらはエネルギーを使いすぎています。これは良くないと思います。❺ルーシー：そうですね。都会には夜でも明かりが多すぎます。私のホストファーザーは，「以前は都会でたくさんの星を見ることができた」と言います。でも今，私たちには見えません。いつの日かまたきれいな星が見られるといいなと思います。❻ショウタ：僕の家族はとても気をつけて水を使います。「蛇口を閉めよう！」が僕たちのモットーです。❼T：ありがとう，ショウタ。君の家族は地球のために良いことをしています。地球に優しくするために他にもたくさんのことができると思います。いつでも物を大切に使うべきです。紙を大切に使えば，32山でたくさんの木を維持できます。物を簡単に捨てなければ，通りや川をきれいにしておくことができます。小さなことから始めることはとても大切です。私たちは皆，地球を美しく保つために何かができるのです。

1＜要旨把握＞ゴミ問題は最終段落，大気汚染は第2段落，水質汚染は最終段落でふれられている。

2＜文脈把握＞文頭のThenは「そうすれば」という意味。よって前文の内容に注目する。

3＜指示語＞下線部②にあるkind(s)は「種類」を表す名詞。前の2文にエネルギー源としてsun「太陽」とwind「風」が挙がっている。

4＜適文選択＞文頭に‘逆接’のButがあるので，前文のuseful「役に立つ」とは相反する良くない内容が入る。一晩中店を開いたり自動販売機を動かしたりすることの地球に良くない点を考える。

5＜英文解釈＞前文からの「以前は都会でたくさんの星を見ることができた。でも今はできない」という意味から，can’tの後にsee many stars in the cityが省略されているとわかる。このように，前に出た語(句)が繰り返しになる場合，繰り返しとなる語(句)は通例省略される。

6＜適文選択＞paper「紙」を大切にすることは，その原料であるtree(s)「木」を守ることができると考えられる。

7＜内容真偽＞①「多くの人たちが地球は悪くなっていると考えている」…○　第1段落第1文に一致する。　②「路上には多くの自動販売機がある」…○　第4段落第2文に一致する。　③「ショウタの家族は水の使い方に無頓着だ」…×　第6段落参照。　carefully「注意深く」⇔carelessly「不注意に，無頓着に」　④「私たちは紙をたくさん使うべきではない」…○　最終段落第4，5文参照。物を大切に使うべきだとある。

5〔長文読解総合─説明文〕

≪全訳≫❶あなたは今日の夕飯に何が食べたいだろうか。カレーライスだろうか。天ぷらだろうか。ラーメンだろうか。そういった料理は，もとは外国のものだ。今日では多くの種類の海外からきた料理がある。ほとんどの日本人はそれらが好きで，現在はとても人気がある。❷カレーライスは日本でとても人気のある料理だ。それは多くの人に好まれている。カレーはもともとインドのものだが，①100年以上前にイギリスから日本にやってきた。18世紀に多くのイングランド人がインドに行き，たくさんのものをイギリスに持ち帰った。カレーはその1つだった。その後カレーはイギリスで普及した。19世紀には，数人の日本人がイギリスに行って初めてカレーを食べた。カレーはインドからではなく，ヨーロッパから新しい食べ物として日本人に紹介されたと言う人は多い。❸天ぷらも人気のある日本食で，カレーと同じくヨーロッパから日本にきた。天ぷらが初めはポルトガルからきたという人もいる。ラーメンについては，人によって言うことが異なる。ラーメンは明治時代に初めて日本でつくられたと言う人もいる。だが多くの人は，ラーメンは中国から来た中国人の料理人によって最初に伝えられたと信じている。❹その一方で，日本から世界中の多くの場所に進出した日本料理もある。多くの日本食は脂肪分が少ないので，それが健康に良いと考える人は多い。今日では日本食レストランは世界中でとても人気がある。❺一部の日本食は，他の国で変化している。例えば，アメリカで最初につくられた新しい種類のすしであるカリフォルニアロールは，本来のすしとは違う。日本ではもともと，のり巻きをつくるときに1枚ののりの上に米と具を置き，それを巻く。だからのりが外側で米が内側にある。だがカリフォルニアロールは違う。カリフォルニアロールをつくるときは，１枚ののりと具を米の上に乗せてそれを巻く。そのためのりが内側で，米が外側にある。❻今はグローバル化の時代だ。多くの人々が自国を離れ，他国で働いている。彼らは自分たちの文化を他国に持ち込み，他国の文化を自国に持ち帰る。食べ物も同じかもしれない。将来，食のグローバル化は世界中でより一般的なものになるだろう。

１＜整序結合＞直前の it は Curry「カレー」を指す。これを受ける動詞として came「きた」を置くと，その続きは移動した場所を表す‘from *A* to *B*’「*A* から *B* へ」の形が考えられる。残りはきた時期を表す部分と考えて～ years ago「～年前に」とまとめればよいが，‘～’の部分は‘more than＋数字’「〈数字〉より上の数の」の形になることに注意。..., but it came from England to Japan more than one hundred years ago.

２＜適語選択＞bring ～ back〔bring back ～〕「～を持ち帰る」　bring－brought－brought

３＜適語選択＞人々が国を離れて外国でしていることとして適切な語が入る。

４＜語句解釈＞the same は「同じこと」の意味。前文で文化について述べた内容が，食べ物にも当てはまるということ。

５＜適語句選択＞「現在はグローバル化が進行している」という段落の趣旨に着目する。ここでの common は「よく見られる，一般的な」の意味。

６＜内容一致＞Ａ：カリフォルニアロールとのり巻きの見た目はどういうものなの？／Ｂ：お互いに39違って見えるよ。カリフォルニアロールをつくるときは，のりが40内側に巻いてあるんだ。∥第５段落後半にのり巻きとカリフォルニアロールの違いが説明されている。

７＜内容真偽＞①「多くの料理が外国から日本に入ってきているが，日本から外に出ている料理はない」…×　第４段落参照。日本の料理も海外に普及している。　②「カレーと天ぷらは18世紀にヨーロッパから日本に入ってきた」…×　第２段落最後から２文目および第３段落前半参照。日本人が初めてカレーを食べたのは19世紀。また，天ぷらが入ってきた時期についての記述はない。　③「日本食が世界中で人気なのは，多くの人が日本食を健康に良いと思っているからだ」…○　第４段落に一致する。　④「今日，多くの人々が海外に行くが，彼らは自分たちの文化を他の国に持ち込まないだろう」…×　最終段落第３文に反する。

6 〔長文読解総合―スピーチ〕

≪全訳≫❶先月，ブライアンと私は書店に行きました。そこに着くと，ブライアンは周囲を見回して私に言いました。「これが僕のお気に入りさ！」　彼が私に見せてくれた本は，栃木県出身のマンガ家によるマンガの本でした。①私は彼のマンガをよく読んでいます。ブライアンと私が同じマンガが好きだとわかって，私はとても興奮しました。❷「僕の国では」と彼は言いました。「テレビで日本のアニメも見られるんだ。楽しんでいるよ」　私は彼に，「どうして日本のマンガやアニメが好きなの？」と言いました。彼は「うーん，ストーリーがおもしろいし，絵がきれいだからね」と言いました。❸ブライアンと話した後，その書店で日本のマンガの歴史について書かれた本を見つけたので，私はそれを買いました。それによると，日本ではマンガの原型が12世紀につくられました。この絵を見てください。これはお互いに話をする人々を描いています。この絵はとても古いのですが，彼らの興奮した気持ちをコミカルに私たちに示していて，現代のマンガのようです。この本からもう１つのことを知りました。江戸時代の人々は，私が現代のマンガを楽しむように，マンガを楽しんでいたと書いてありました。そのことを知って，私はわくわくしました。❹先週，私はインターネットで日本のマンガやアニメについてもっと多くの情報を探してみました。私はおもしろいことを見つけました。現代の日本のマンガやアニメは世界中の人々に愛されているのです。例えば，現代の日本のアニメは世界の約80か国で見られています。❺かつて私はただ楽しむためにマンガを読んだりアニメを見たりしていましたが，今ではそれらについて２つのことを知っています。１つは，日本のマンガやアニメは伝統的な日本文化の一部だということです。もう１つは，それらは世界中で大衆文化の一部であるということです。マンガやアニメを通して，海外の多くの人たちが日本の良い点を知ってくれることを私は望んでいます。

１＜適文選択＞直後でリエ自身もそのマンガが好きだと言っているから，愛読者だと考えられる。

２＜指示語＞this picture「この絵」の内容は次の２文で述べられている。

３＜指示語＞下線部③の that が指すのは前文の that 以下の内容。それを与えられた文に当てはめると，a は people「人々」，b は comics「マンガ」が対応する。

４＜熟語＞look for ～「～を探す」

５＜英文和訳＞文中の they はこの段落の主題でもある日本のマンガとアニメを指す。The other thing が主語，is が動詞で，that 以下が補語という文の構造で，「もう１つは～だ」という意味。The other「(残りの)もう１つの」　a part of ～「～の一部」　popular culture「大衆文化」　around the world「世界中の」

６＜英問英答＞「ブライアンが日本のマンガとアニメが好きなのはなぜか」―「なぜならストーリーがおもしろく，絵がきれいだから」　第２段落後半のリエとブライアンの会話を参照。

７＜内容真偽＞ア．「ブライアンとリエは書店に行き，栃木県出身のマンガ家に会った」…×　第１段落第３文参照。マンガ家には会っていない。　イ．「ブライアンは日本のマンガは読んだことがあるが，日本のアニメを見たことはない」…×　第２段落第１文参照。アニメも見ている。　ウ．「リエは書店で日本のマンガの歴史について書かれた本を見つけた」…○　第３段落第１文に一致する。　エ．「ブライアンはインターネットを使って日本のマンガやアニメについて学んだ」…×　そのような記述はない。　オ．「リエは本やインターネットから，日本のマンガやアニメについて興味深いことを学んだ」…○　第３，４段落の内容に一致する。　カ．「リエはかつて伝統文化を学ぶために日本のマンガやアニメを楽しんでいた」…×　最終段落第１文参照。　for fun「楽しみのために」

数学解答

1 (1) -17 (2) $-\frac{1}{2}a+\frac{5}{2}b$ (3) $-\frac{4}{3}a^2$ (4) $3\sqrt{3}$ (5) $4x^2+9$
(6) $(x+2y)(x-10y)$ (7) $x=10$
(8) $x=4,\ y=3$ (9) $x=2\pm3\sqrt{2}$
(10) 12
(7) 43° (8) $39\pi\,\mathrm{cm}^3$ (9) 0.6
(10) 2組，3組

2 (1) 4個 (2) $y=-\frac{5}{3}x$ (3) -2
(4) 12cm (5) 50個 (6) $\frac{2}{5}$

3 (1) 2列 (2) $3n+15$ (3) 502

4 (1) 12 (2) $(4,\ -3)$
(3) $\left(\frac{10}{3},\ 0\right)$

5 (1) 16 (2) $S=-24x+96$
(3) $\frac{14}{3}$

1〔独立小問集合題〕

(1)＜数の計算＞$(-2)^3=(-2)\times(-2)\times(-2)=-8$，$3^2=3\times3=9$ より，与式$=-8-9=-17$ となる。

(2)＜式の計算＞与式$=\frac{1}{2}a+\frac{1}{2}b-a+2b=\frac{1}{2}a+\frac{1}{2}b-\frac{2}{2}a+\frac{4}{2}b=-\frac{1}{2}a+\frac{5}{2}b$

(3)＜式の計算＞与式$=\frac{8a^4}{3}\times\left(-\frac{1}{2a^2}\right)=-\frac{8a^4\times1}{3\times2a^2}=-\frac{4}{3}a^2$

(4)＜数の計算＞与式$=\sqrt{5^2\times3}-\sqrt{2\times6}=5\sqrt{3}-\sqrt{2^2\times3}=5\sqrt{3}-2\sqrt{3}=3\sqrt{3}$

(5)＜式の計算＞与式$=x^2+6x+9+3x^2-6x=4x^2+9$

(6)＜式の計算―因数分解＞与式$=x^2-8y\times x-20y^2=x^2+\{2y+(-10y)\}x+2y\times(-10y)=(x+2y)(x-10y)$

(7)＜一次方程式＞両辺に10をかけて，$8x+30=15x-40$，$8x-15x=-40-30$，$-7x=-70$　$\therefore x=10$

(8)＜連立方程式＞$0.1x+0.2y=1$……①，$3x-2y=6$……②とする。①×10より，$x+2y=10$……①′
①′+②より，$x+3x=10+6$，$4x=16$　$\therefore x=4$　これを①′に代入して，$4+2y=10$，$2y=6$　$\therefore y=3$

(9)＜二次方程式＞$3(x-2)^2=54$，$(x-2)^2=18$，$x-2=\pm3\sqrt{2}$　$\therefore x=2\pm3\sqrt{2}$
≪別解≫$3(x^2-4x+4)-54=0$，$3x^2-12x+12-54=0$，$3x^2-12x-42=0$，$x^2-4x-14=0$ となるので，解の公式より，$x=\frac{-(-4)\pm\sqrt{(-4)^2-4\times1\times(-14)}}{2\times1}=\frac{4\pm\sqrt{72}}{2}=\frac{4\pm6\sqrt{2}}{2}=2\pm3\sqrt{2}$ である。

(10)＜数の計算＞与式$=(2x)^2-y^2=(2x+y)(2x-y)$ となる。$2x+y=2\times2.8+4.4=5.6+4.4=10$，$2x-y=2\times2.8-4.4=5.6-4.4=1.2$ だから，与式$=10\times1.2=12$ である。
≪別解≫与式$=4\times2.8^2-4.4^2=4\times7.84-19.36=31.36-19.36=12$

2〔独立小問集合題〕

(1)＜数の性質＞n が自然数より，$11-n$ は11より小さい整数である。よって，$\sqrt{11-n}$ が整数となるとき，$11-n=0$，1，4，9 である。$11-n=0$ のとき $n=11$，$11-n=1$ のとき $n=10$，$11-n=4$ のとき $n=7$，$11-n=9$ のとき $n=2$ だから，$\sqrt{11-n}$ が整数となる自然数 n は，$n=2$，7，10，11 の4個である。

(2)＜関数―比例の式＞y は x に比例するので，比例定数を a とすると，$y=ax$ と表せる。$x=6$ のとき $y=-10$ だから，$-10=a\times6$ より，$a=-\frac{5}{3}$ となり，比例の式は $y=-\frac{5}{3}x$ となる。

(3)＜関数―変化の割合＞関数 $y=\frac{6}{x}$ において，$x=1$ のとき $y=\frac{6}{1}=6$，$x=3$ のとき $y=\frac{6}{3}=2$ だから，x の値が1から3まで増加するときの変化の割合は，$\frac{2-6}{3-1}=\frac{-4}{2}=-2$ である。

(4)＜二次方程式の応用＞長方形の縦の長さが横の長さより3cm長いので，横の長さは，縦の長さより3cm短い。縦の長さを$x$cmとすると，横の長さは$x-3$cmと表せ，面積が108cm^{2}だから，$x(x-3)=108$が成り立つ。これを解くと，$x^2-3x-108=0$，$(x+9)(x-12)=0$より，$x=-9$，12となる。$x>3$より，$x=12$だから，長方形の縦の長さは12cmである。

(5)＜連立方程式の応用＞昨日売れたロールケーキの個数をx個，シュークリームの個数をy個とすると，合わせて70個売れたことから，$x+y=70$……①が成り立つ。また，今日は，昨日と比べ，ロールケーキは8%，シュークリームは20%増加したので，増加した個数は，ロールケーキが$x\times\frac{8}{100}=\frac{2}{25}x$(個)，シュークリームが$y\times\frac{20}{100}=\frac{1}{5}y$(個)である。合わせて8個増加しているので，$\frac{2}{25}x+\frac{1}{5}y=8$が成り立つ。これより，$2x+5y=200$……②となる。①×5－②で$y$を消去すると，$5x-2x=350-200$，$3x=150$，$x=50$となるので，昨日売れたロールケーキの個数は50個である。

(6)＜確率―数字の玉＞6個の玉が入っている袋から同時に2個の玉を取り出すとき，取り出し方は，(1，2)，(1，3)，(1，4)，(1，5)，(1，6)，(2，3)，(2，4)，(2，5)，(2，6)，(3，4)，(3，5)，(3，6)，(4，5)，(4，6)，(5，6)の15通りある。このうち，2個とも書かれた数字が4以下であるのは，下線をつけた6通りだから，求める確率は$\frac{6}{15}=\frac{2}{5}$である。

(7)＜平面図形―角度＞右図1のように，5点A～Eを定め，EA，AB，BC，CD，DEの延長上にそれぞれ点F，G，H，I，Jをとると，五角形ABCDEの外角の和は360°だから，∠FAB＋∠GBC＋∠HCD＋∠IDE＋∠JEA＝360°である。∠HCD＝180°－∠BCD＝180°－90°＝90°，∠JEA＝180°－∠DEA＝180°－78°＝102°となるから，$\angle x+65°+90°+60°+102°=360°$が成り立ち，$\angle x=43°$となる。

図1

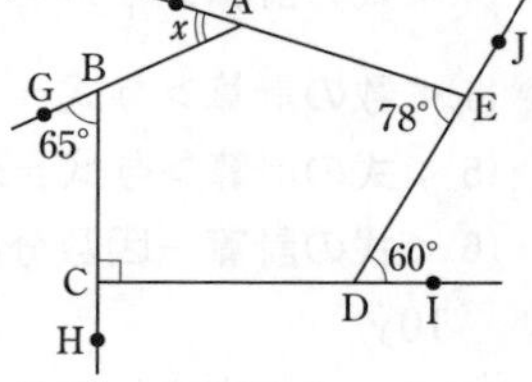

(8)＜空間図形―体積＞右図2で，点Aから直線lに垂線AEを引くと，∠ABC＝∠BCE＝∠AEC＝90°より，四角形ABCEは長方形となる。よって，台形ABCDを直線lを軸として1回転させてできる立体は，長方形ABCEを1回転させてできる円柱から△ADEを1回転させてできる円錐を除いた立体となる。長方形ABCEを1回転させてできる円柱の体積は，$\pi\times BC^2\times AB=\pi\times3^2\times5=45\pi$である。また，AE＝BC＝3であり，EC＝AB＝5より，ED＝EC－DC＝5－3＝2だから，△ADEを1回転させてできる円錐の体積は，$\frac{1}{3}\times\pi\times AE^2\times ED=\frac{1}{3}\times\pi\times3^2\times2=6\pi$である。したがって，求める回転体の体積は，$45\pi-6\pi=39\pi$(cm^3)となる。

図2

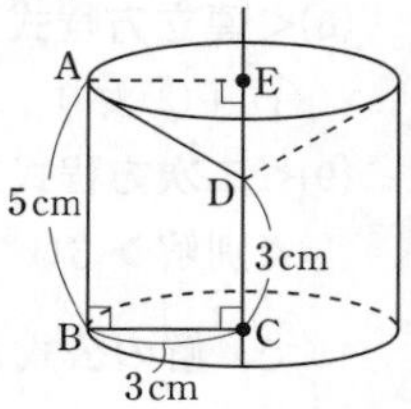

(9)＜データの活用―累積相対度数＞度数の合計が40人で，7.0秒以上7.4秒未満，7.4秒以上7.8秒未満，7.8秒以上8.2秒未満の階級の度数がそれぞれ5人，9人，10人だから，それぞれの階級の相対度数は，5÷40＝0.125，9÷40＝0.225，10÷40＝0.25となる。よって，7.8秒以上8.2秒未満の階級の累積相対度数は，0.125＋0.225＋0.25＝0.6となる。

≪別解≫7.8秒以上8.2秒未満の階級の累積度数は5＋9＋10＝24(人)だから，この階級の累積相対度数は24÷40＝0.6となる。

(10)＜データの活用＞30点以上の生徒が18人以上いるとき，大きい方から18番目の得点は30点以上となる。4クラスとも人数は35人だから，大きい方から18番目の得点が中央値である。よって，中央値が30点以上であるクラスが，30点以上の生徒が18人以上いるクラスとなる。中央値が30点以上のクラスは2組と3組だから，30点以上の生徒が18人以上いるクラスは2組と3組である。

3〔特殊・新傾向問題―規則性〕

≪基本方針の決定≫(1)　各列に並ぶ自然数は，7でわったときの余りが同じになる自然数である。
(2)　各列に並ぶ自然数は，上から7ずつ大きくなる。

(1)＜100がある列＞自然数が，小さい順に，1列，2列，3列，……，7列と並んでいるので，各列に並ぶ自然数は，7でわったときの余りが同じになる自然数である。$100\div7=14$ あまり2より，100は，7でわると余りが2だから，2がある列と同じ列に並ぶ。2は2列にあるから，100も2列にある。

(2)＜文字式の利用＞各列に並ぶ自然数は，上から7ずつ大きくなるので，L字形に囲まれた3つの自然数の中で最も小さい自然数を n とすると，n の下の自然数は $n+7$ となり，$n+7$ の右の自然数は $(n+7)+1=n+8$ となる。よって，囲まれた3つの自然数の和は，$n+(n+7)+(n+8)=3n+15$ と表せる。

(3)＜$\boldsymbol{m}$ の値＞囲まれた4つの自然数の中で最も小さい自然数を m とすると，m の右の自然数は $m+1$ となり，m の下の自然数は $m+7$ となり，$m+7$ の右の自然数は $(m+7)+1=m+8$ となる。この4つの自然数の和が2024であるとき，$m+(m+1)+(m+7)+(m+8)=2024$ が成り立つ。これを解いて，$4m=2008$ より，$m=502$ である。

4〔関数―関数 $\boldsymbol{y=ax^2}$ と一次関数，反比例のグラフ〕

≪基本方針の決定≫(1)　点Aの座標を求める。　(3)　AD＋BDが最も小さくなるときを考える。BD＝CDであることに気づきたい。

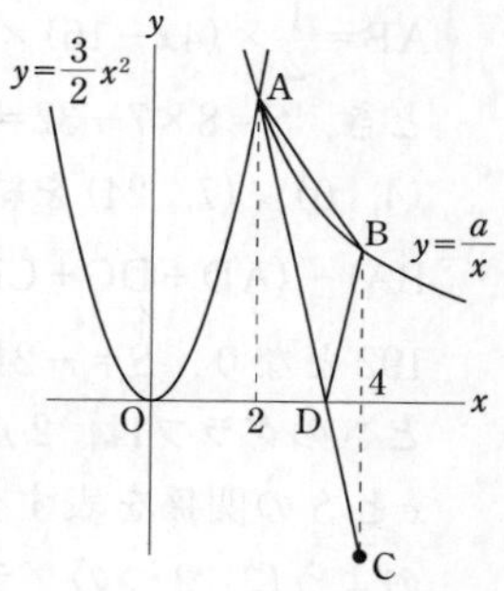

(1)＜比例定数＞右図で，点Aは関数 $y=\frac{3}{2}x^2$ のグラフ上にあり，x 座標が2だから，$y=\frac{3}{2}\times2^2=6$ より，A(2, 6)である。点Aは関数 $y=\frac{a}{x}$ のグラフ上にもあるので，$6=\frac{a}{2}$ が成り立ち，$a=12$ である。

(2)＜座標＞右図で，(1)より，点Bは関数 $y=\frac{12}{x}$ のグラフ上の点となる。x 座標は4なので，$y=\frac{12}{4}=3$ となり，B(4, 3)である。点Cは，点Bと x 軸について対称なので，x 座標は点Bと同じ4，y 座標は点Bと符号が逆になり -3 となる。よって，C(4, -3)である。

(3)＜座標＞右上図で，A(2, 6)，B(4, 3)より，線分ABの長さは一定だから，△ABDの周の長さが最も小さくなるとき，AD＋BDが最も小さくなる。また，点Dは x 軸上にあり，2点B，Cは x 軸について対称だから，BD＝CDである。よって，AD＋BD＝AD＋CDだから，△ABDの周の長さが最も小さくなるとき，AD＋CDが最も小さい。このようになるのは，3点A，D，Cが一直線上に並ぶときだから，点Dは線分ACと x 軸の交点となる。A(2, 6)，C(4, -3)より，直線ACの傾きは $\frac{-3-6}{4-2}=-\frac{9}{2}$ だから，その式は $y=-\frac{9}{2}x+b$ とおける。点Aを通ることより，$6=-\frac{9}{2}\times2+b$，$b=15$ となり，直線ACの式は $y=-\frac{9}{2}x+15$ となる。点Dは直線 $y=-\frac{9}{2}x+15$ と x 軸の交点だから，$y=0$ を代入して，$0=-\frac{9}{2}x+15$，$\frac{9}{2}x=15$，$x=\frac{10}{3}$ となり，D$\left(\frac{10}{3},\ 0\right)$である。

5〔関数―図形の移動と関数〕

≪基本方針の決定≫(2)　点Pは辺DC上にある。　(3)　x と S の関係を表すグラフを考える。

(1)＜$\boldsymbol{S}$ の値＞点Pは毎秒4cmの速さで進むから，$x=2$ のとき，$4\times2=8$(cm)進む。AD＝12だから，このとき，右図1のように，点Pは辺AD上にあり，AP＝8である。よって，$S=\triangle APC=\frac{1}{2}\times AP\times CD=\frac{1}{2}$

図1

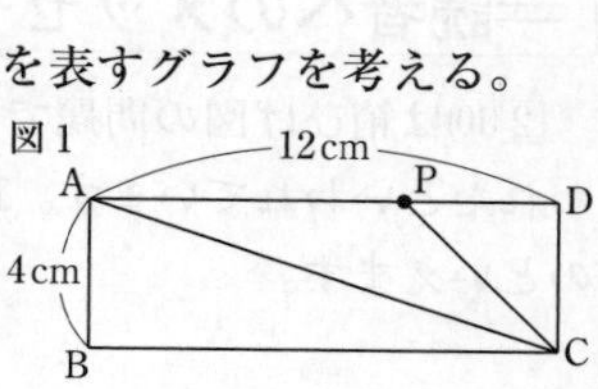

$\times 8\times 4=16(\mathrm{cm}^2)$となる。

(2)＜関係式＞点Pが頂点Dを通るのは$12\div 4=3$(秒)後，頂点Cを通るのは$(12+4)\div 4=4$(秒)後だから，$3\leqq x\leqq 4$のとき，右図2のように，点Pは辺DC上にある。AD＋DC＝12＋4＝16であり，$\mathrm{AD}+\mathrm{DP}=4\times x=4x$と表せるから，$\mathrm{PC}=(\mathrm{AD}+\mathrm{DC})-(\mathrm{AD}+\mathrm{DP})=16-4x$である。よって，$\triangle\mathrm{APC}=\frac{1}{2}\times\mathrm{PC}\times\mathrm{AD}=\frac{1}{2}\times(16-4x)\times 12=-24x+96$となるので，$S=-24x+96$と表せる。

図2

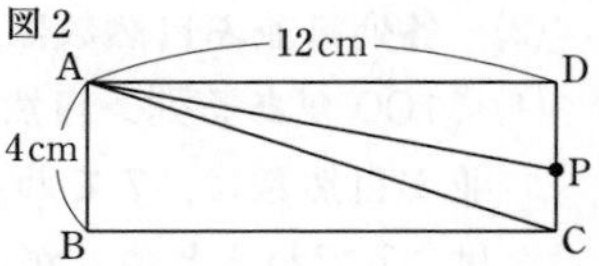

(3)＜xの値＞(2)より，$0\leqq x\leqq 3$のとき，前ページの図1のように，点Pは辺AD上にある。$\mathrm{AP}=4x$より，$\triangle\mathrm{APC}=\frac{1}{2}\times\mathrm{AP}\times\mathrm{CD}=\frac{1}{2}\times 4x\times 4=8x$となるので，$S=8x$と表せる。これより，$x=3$のとき，$S=8\times 3=24$であり，$0\leqq x\leqq 3$のときのグラフは2点(0，0)，(3，24)を結ぶ線分となる。また，$3\leqq x\leqq 4$のとき，$S=-24x+96$と表せ，$x=4$のとき，$S=-24\times 4+96=0$となるので，$3\leqq x\leqq 4$のときのグラフは，2点(3，24)，(4，0)を結ぶ線分となる。さらに，点Pが頂点Bを通るのは$(12+4+12)\div 4=7$(秒)後，頂点Aで止まるのは$(12+4+12+4)\div 4=8$(秒)後より，$4\leqq x\leqq 7$のとき，右図3のように，点Pは辺CB上にあり，$7\leqq x\leqq 8$のとき，右下図4のように，点Pは辺BA上にある。図3で，$\mathrm{CP}=(\mathrm{AD}+\mathrm{DC}+\mathrm{CP})-(\mathrm{AD}+\mathrm{DC})=4x-16$だから，$\triangle\mathrm{APC}=\frac{1}{2}\times\mathrm{CP}\times\mathrm{AB}=\frac{1}{2}\times(4x-16)\times 4=8x-32$となり，$S=8x-32$と表せる。$x=7$のとき，$S=8\times 7-32=24$となるので，$4\leqq x\leqq 7$のときのグラフは，2点(4，0)，(7，24)を結ぶ線分となる。図4で，$\mathrm{AP}=(\mathrm{AD}+\mathrm{DC}+\mathrm{CB}+\mathrm{BA})-(\mathrm{AD}+\mathrm{DC}+\mathrm{CB}+\mathrm{BP})=32-4x$だから，$\triangle\mathrm{APC}=\frac{1}{2}\times\mathrm{AP}\times\mathrm{BC}=\frac{1}{2}\times(32-4x)\times 12=-24x+192$となり，$S=-24x+192$と表せる。$x=8$のとき，$S=-24\times 8+192=0$となるから，$7\leqq x\leqq 8$のときのグラフは，2点(7，24)，(8，0)を結ぶ線分となる。以上より，xとTの関係を表すグラフにxとSの関係を表すグラフをかき加えると，右図5のようになる。図5のように，2つのグラフの交点をE，F，G，Hとすると，この4点E，F，G，Hが，SとTの値が等しくなることを表す点である。これより，SとTの値が等しくなる3番目に小さいxの値は，点Gのx座標となる。$0\leqq x\leqq 6$のときのxとTの関係を表すグラフは，2点(0，24)，(6，0)を結ぶ線分だから，この2点を通る直線の傾きが$\frac{0-24}{6-0}=-4$，切片が24であり，その式は$T=-4x+24$と表せる。$4\leqq x\leqq 7$のとき，$S=8x-32$だから，点Gのx座標は，$8x-32=-4x+24$を解いて，$12x=56$，$x=\frac{14}{3}$となる。よって，3番目に小さいxの値は$x=\frac{14}{3}$であり，SとTが等しくなるときのxの値は，小さい順に，$x=2$，$\frac{18}{5}$，$\frac{14}{3}$，$\frac{22}{3}$となる。

図3

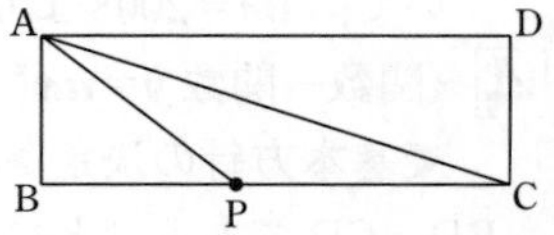

図4

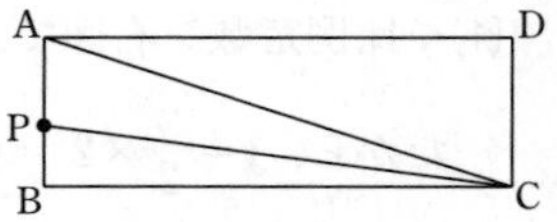

図5

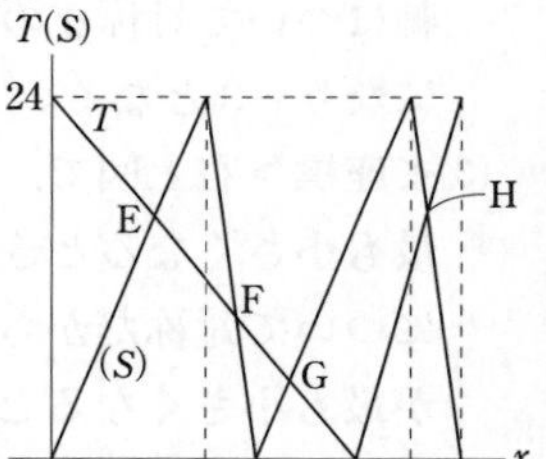

＝読者へのメッセージ＝

2(10)は箱ひげ図の問題でした。箱ひげ図は，ジョン・テューキー(1915～2000年)の著書で初めて使われたといわれています。1970年代のことですので，箱ひげ図は，数学の歴史の中ではかなり新しいものといえます。

社会解答

1
1　⑴…①　⑵…④
2　⑴…②　⑵…②　⑶…④　⑷…③
3　⑴…①　⑵…④　⑶…④

2
1　⑴…①　⑵…④　⑶…③　⑷…①
2　⑴…④　⑵…②　⑶…①　⑷…②

3
1　⑴…③　⑵…③　⑶…①　⑷…①
⑸…②
2　⑴…①　⑵…③　⑶…④　⑷…④
⑸…③　⑹…②

4
1　③　2　④　3　②　4　④
5　③　6　③

5
1　⑴…④　⑵…①　⑶…②
2　⑴…③　⑵…②
3　⑴…④　⑵…③　⑶…②

6
1　⑴…②　⑵…③
2　⑴…②　⑵…②　⑶…①
3　④　4　②　5　①

1〔日本地理―総合〕

1⑴＜第３次産業＞第１次産業は農林水産業，第２次産業は製造業，建設業，鉱業などが当てはまり，第３次産業は第１次産業，第２次産業のいずれにも該当しない業種を対象とした産業を指す。したがって，①は第２次産業，②～④は第３次産業に当てはまる。

⑵＜やませ＞東北地方の太平洋側では，夏にやませと呼ばれる冷たく湿った北東風が吹くことがある。この風により霧や雲が発生し，日照不足になることで気温の低い日が続くと，農作物が十分に育たずに収穫量が減る冷害が起こることがある。

2⑴＜中部地方の地形＞地図中のＡは山梨県の甲府盆地，Ｂは富山県，新潟県，岐阜県，長野県にまたがって連なる飛驒山脈である。なお，松本盆地は長野県に位置しており，木曽山脈は長野県，岐阜県，愛知県にまたがって連なる山脈である。

⑵＜渥美半島の農業＞地図中のＸは愛知県の渥美半島である。渥美半島では，温暖な気候と大消費地への近さを生かし，都市向けの野菜や花の栽培を行う園芸農業が盛んである。特に電照菊と呼ばれる菊の栽培では，夜間に照明を当てて人工的に日照時間を長くすることで開花時期を遅らせ，需要が最も多い冬に花を多く出荷できるようにする，抑制栽培を行っている。なお，混合農業は作物の栽培と家畜の飼育を組み合わせた農業のことで，ヨーロッパなどで見られる。促成栽培とは温暖な気候などを利用して他の産地より早い時期に作物を育てて出荷することを指し，宮崎県や高知県で盛んに行われている。

⑶＜日本の気候＞地図中のａは富山，ｂは諏訪（長野県），ｃは静岡を示している。雨温図アは冬の気温が０℃付近まで下がっており，年間を通して降水量が少ないため，内陸の気候であるｂの諏訪が当てはまる。雨温図イは夏の降水量が多いという特徴から，太平洋側の気候であるｃの静岡が当てはまる。雨温図ウは冬の降水量が多いという特徴から，日本海側の気候であるａの富山が当てはまる。

⑷＜中部地方の工業＞地図中のⅠは富山県，Ⅱは長野県，Ⅲは愛知県，Ⅳは静岡県を示している。Ⅳの静岡県では，浜松市でオートバイなどの輸送用機械器具，富士市でパルプ・紙・紙加工品の生産が盛んであることから③が当てはまる。なお，製造品出荷額等の総計が最も多く，輸送用機械器具の生産が盛んな①はⅢの愛知県，情報通信機械器具や電子部品・デバイス・電子回路などの精密機械の生産が盛んな②はⅡの長野県，製造品出荷額等が最も少なく，化学工業の割合が高い④はⅠの富山県に当てはまる。

3⑴＜地形図の縮尺＞等高線の主曲線が10ｍごとに，計曲線（主曲線より太い実線）が50ｍごとに引かれている地形図は，縮尺が2万5千分の1の地形図である。また，地図上の長さの実際の距離は，(地図上の長さ)×(縮尺の分母)で求められるので，1.4cm×25000＝35000cm＝350mとわかる。

(2)＜地図記号＞⊗は高等学校，✧は税務署，血は博物館，○は果樹園を表す地図記号である。なお，小・中学校は文，消防署はY，図書館は🕮，茶畑は∴である。

(3)＜等高線と断面図＞断面図の右端の○の地点を見ると，標高が約235mで250mよりも低いことがわかる。地形図上で250mの計曲線に着目すると，①～④のそれぞれの○地点のうち，標高が250mよりも低いのは④だけである。

2 〔世界地理—総合〕

1(1)＜ナイル川＞ナイル川は，アフリカ州の北東部をおよそ南から北へ流れて地中海に注ぐ，世界最長の河川である。

(2)＜焼畑農業＞焼畑農業は，主に熱帯地域で見られ，南アメリカ州のアマゾン川流域でも伝統的に行われてきた農業である。

(3)＜時差＞ロンドンの標準時子午線は0度の経線である本初子午線であり，デリーの標準時子午線は東経82.5度であることから，ロンドンとデリーの経度の差は，82.5－0＝82.5度である。経度差15度で1時間の時差が生じることから，両地点間の時差は82.5÷15＝5.5時間である。また，日付変更線をまたがないかぎり，東の方が時刻が早いので，デリーの時刻はロンドンよりも5.5時間(5時間30分)進んでいる。飛行機がデリーに到着したときのロンドンの日時は，1月1日午前10時50分の8時間50分後，すなわち1月1日午後7時40分である。したがって，このときのデリーの日時は，1月1日午後7時40分よりも5.5時間進んでいる1月2日午前1時10分となる。

(4)＜廃棄物の処分方法＞アメリカ合衆国では，国土が広いという特徴から，埋め立てによる処分の割合が高い。一方，日本は，国土が狭いため，燃焼による処分の割合が高い。ヨーロッパでは，リサイクル政策を積極的に推進している国が多いため，リサイクルの割合が比較的高い。

2(1)＜アフリカ州の地形＞Aは，アフリカ中央部に位置するコンゴ盆地，Bはアラビア半島とアフリカ大陸の間にある紅海である。なお，サハラ砂漠はアフリカ大陸北部に広がる世界最大の砂漠，ペルシャ湾はインド洋の北西部，イランやサウジアラビアなどに囲まれた湾である。

(2)＜イスラム教の分布＞Xはイスラム教の聖地の1つであるメディナを表している。イスラム教は主に西アジア，中央アジア，東南アジアの一部，アのエジプトとイのアルジェリアがある北アフリカなどの地域で信仰されている。なお，ウのケニア，エの南アフリカ共和国は，キリスト教徒の割合が高い。

(3)＜アフリカ州の輸出品＞地図中のⅠはコートジボワール，Ⅱはエチオピア，Ⅲはザンビアである。コートジボワールは，チョコレートの原料となるカカオ豆の生産量が世界第1位(2021年)で，主要な輸出品となっている。エチオピアは，コーヒー豆の原産国ともいわれており，現在でもコーヒー豆の生産，輸出が盛んである。ザンビアは，輸出品に占める銅の割合が非常に高い。

(4)＜ナイジェリアの人口＞地図中のYはナイジェリアである。ナイジェリアは，現在アフリカ州の国の中で最も人口が多い国であり，今後も爆発的な人口増加が予測されている。一方のブラジルは，近年人口増加率が低下しており，今後は少子高齢化が進むと考えられている。

3 〔歴史—古代～近世の日本と世界〕

1(1)＜元禄文化＞『奥の細道』は，17世紀末に松尾芭蕉が江戸から東北・北陸地方を経て美濃大垣に至る行程を，俳諧を交えて記した俳諧紀行文である。なお，千利休は安土桃山時代にわび茶を完成させた人物である。

(2)＜御成敗式目＞御成敗式目〔貞永式目〕は，1232年に，鎌倉幕府第3代執権の北条泰時が定めた鎌倉幕府の政治の判断の基準となる基本法で，武家社会の慣習をまとめたものである。

(3)＜ワシントン会議＞ワシントン会議は，第一次世界大戦後に軍縮や国際協調の機運が高まる中，アメリカの呼びかけにより1921〜22年にかけて開かれた会議である。この会議では列強の海軍の主力艦の保有量に制限を設けることや，第一次世界大戦時に日本が得た山東省の旧ドイツの利権を中国に返還することなどが話し合われた。

(4)＜邪馬台国＞魏の歴史書である『魏志』倭人伝によると，倭国内で何年も戦争が続いたが，邪馬台国の卑弥呼を倭国の女王にしたところ，争いがおさまったと記されている(A…○，B…×)。また，史料の第２段落に「倭の女王が大夫」を「派遣し，魏の皇帝に謁見して朝貢することを求めた」とあることから，倭の女王が魏の皇帝に使者を派遣していたことが読み取れる(C…○)。なお，史料では倭の女王に対して「あなたを親魏倭王に任じ，金印紫綬を授ける」と記載されていることから，倭の女王よりも魏の皇帝の方が上の立場であることが読み取れる(D…×)。

(5)＜鉄砲＞史料Ⅰは，1543年，種子島(鹿児島県)に漂着した船の乗員(ポルトガル人)によって鉄砲が伝えられた様子を記している(A…○)。なお，志賀島は，古代に漢の皇帝が奴国王に与えたとされる金印が見つかった福岡県にある島である(B…×)。絵Ⅱは，1575年に織田信長が大量の鉄砲を効果的に用いて武田勝頼の軍を破った長篠の戦いを描いている(D…○)。なお，明智光秀は1582年に織田信長を本能寺で自害に追い込んだ人物，関ヶ原の戦いは1600年に石田三成らの西軍と徳川家康らの東軍が戦った戦である(C…×)。

２(1)＜法隆寺＞７世紀初め，聖徳太子〔厩戸皇子〕が奈良県の斑鳩地方に建立したのは法隆寺である。法隆寺は，現存する世界最古の木造建築とされる。なお，東大寺は奈良時代に聖武天皇が建てた寺院，延暦寺は平安時代に最澄が比叡山に建てた寺院，金剛峯寺は平安時代に空海が建てた寺院である。

(2)＜後白河上皇＞平清盛は，1159年に平治の乱で源義朝を破って後白河上皇を助けると，1167年には武士として初めて太政大臣となった。なお，白河上皇は1086年に初めて院政を開始した人物，鳥羽上皇は白河上皇の後を受けて院政を行った人物，後鳥羽上皇は1221年に承久の乱を起こした人物である。

(3)＜蔵屋敷＞江戸時代，大阪には全国から年貢米や特産物が集まり，その保管や販売のために各地の大名が蔵屋敷を置いた。なお，奉行所は江戸時代に行政や裁判を行うために置かれた役所，本陣は江戸時代の宿場で身分が高い者が泊まった建物，旅籠は江戸時代の宿場で一般の庶民が泊まった建物である。

(4)＜帝国主義＞19世紀後半，産業が発展した欧米列強が原料や市場を求めて主にアジアやアフリカ地域の植民地化を進めていった動きを，帝国主義という。なお，資本主義は利潤を求めて自由に経済活動を行う経済の体制，国民主義はナショナリズムとも呼ばれ，民族に基礎を置いた国家の形成を目指す思想や運動，社会主義は生産手段を公有化することを目指す体制を指す語である。

(5)＜豊臣秀吉＞豊臣秀吉は，1588年に刀狩令を出し，諸国の農民から武器を没収することで，兵農分離を進めた。なお，楽市令は，座の特権を廃止し，自由な商品の取引を促す政策である。

(6)＜日宋貿易＞平清盛が瀬戸内海の航路を整備し，兵庫の港を整えて行ったのは日宋貿易で，宋銭や陶磁器などを輸入した。なお，勘合貿易は，室町時代に行われた勘合と呼ばれる合い札を用いた貿易で，日明貿易ともいう。

4〔歴史—近代〜現代の女性史に関する年表についての問題〕

１＜ニューディール＞1929年から始まった世界恐慌への対応として，アメリカでは1933年以降フランクリン=ローズベルト大統領によるニューディールと呼ばれる経済政策が行われた。この政策は，大規模な公共事業を進めるなど，政府が積極的に経済活動に介入することで不況を克服することをねらったものである。

２＜ポーツマス条約＞1904年に始まった日露戦争は，1905年に日本が日本海海戦に勝利したことをきっかけに，アメリカの仲介によって講和会議が開かれた。講和会議は，アメリカ東海岸のポーツマスで行われた。なお，Ｘは中国の南京を示している。

３＜小作争議＞小作争議は，地主に小作料を支払い土地を借りることで農業を営んでいた小作人が団結し，地主に対して小作料の引き下げなどを要求して起こした運動である。小作争議が増加する中，1922年に日本農民組合が結成された。

４＜年代整序＞年代の古い順に，Ⅱ（国際連合の発足―1945年），Ⅲ（キューバ危機―1962年），Ⅰ（ベルリンの壁崩壊，東西ドイツ統一―1989～90年）となる。

５＜戦時下の生活＞メモ２から，写真は大日本国防婦人会が結成されたことを表している。大日本国防婦人会は，1931年の満州事変以降に結成された，軍部の指導による女性の戦争動員のための団体であり，写真は年表中のＣの時期に当てはまる。

６＜二十一カ条の要求＞二十一カ条の要求は，第一次世界大戦中の1915年に，日本が中国に対して示したものであり，年表中のＢの時期に当てはまる。なお，①の日清戦争は1894～95年，②の辛亥革命は1911年，④の日中平和友好条約（締結）は1978年の出来事である。

5〔公民―総合〕

１⑴＜情報リテラシー＞さまざまな情報を適切に利用する態度や姿勢を意味する語は，情報リテラシーである。なお，デジタル・デバイドは，インターネットなどの情報通信技術を使える人と使えない人の格差，ビッグデータは問題解決や事業展開に役立つ知見を得るために用いられる多様で膨大な量のデータ，マスメディアは新聞・テレビ・雑誌・ラジオなどの不特定多数に多様な情報を伝達する手段や媒体を意味する語である。

⑵＜グラフの読み取り＞高齢化率とは総人口に占める65歳以上の人口の割合のことである。日本と韓国は，2000年頃から急激に高齢化が進んでいることがわかる（①…○）。なお，スウェーデンとアメリカ合衆国は，ともに2050年以降もグラフは右肩上がりで，高齢化率は上昇すると予測されている（②…×）。インドとアメリカ合衆国は，2000年以降グラフの傾きが急になっていることから，高齢化のスピードは速くなっている（③…×）。中国は2010年以降もグラフは右肩上がりで，高齢化率は上昇している（④…×）。

⑶＜ダイバーシティ＞ダイバーシティとは，多様性を意味する語で，人種や性別，宗教，価値観，障がいといったさまざまな属性を持つ人々が，社会で共存することを意味する。したがって，ダイバーシティの尊重という考え方に立てば，日本に住んでいる外国人や，外国にルーツを持つ人々の文化や価値観が尊重され，彼らが日本社会で共生することが望ましいといえる。

２⑴＜内閣総理大臣の指名＞日本国憲法第67条２項に，内閣総理大臣の指名において衆参両院で異なった人物が指名された場合は，両院協議会を開くとされており，両院協議会でも意見の一致がなければ，衆議院の議決が国会の議決となるため，衆議院で再び議決することはない。

⑵＜内閣の仕事＞法律と予算を執行するのは，国会ではなく，内閣の仕事である。

３⑴＜三権分立＞フランスの思想家モンテスキューは『法の精神』の中で，立法権，行政権，司法権をそれぞれ異なる機関に分担させることで，権力の濫用《らんよう》を防ぐ三権分立の考え方を説いた（④…○）。なお，法律を制定する権力は日本では内閣ではなく国会に属する（①…×）。制定された法律や議会で決めたことを執行する権力は司法権ではなく行政権である（②…×）。選挙された代表者による話し合いで物事を決める仕組みは直接民主主義ではなく議会制民主主義である（③…×）。

(2)＜自由権＞Ａの精神の自由には，思想および良心の自由，信教の自由(え)，集会・結社・表現の自由(あ)，学問の自由(う)がある。Ｂの身体の自由には，奴隷的拘束および苦役からの自由，法律の定める手続きによらなければ，逮捕されたり処罰されたりしない自由(い，お)が含まれる。Ｃの経済活動の自由には，居住・移転・職業選択の自由(き)，財産権の不可侵(か)がある。

(3)＜立憲主義＞立憲主義とは17～18世紀のヨーロッパで発達した考え方で，憲法を制定することによって，法の支配に基づいて国家の持つ政治権力を制限し，人権を保障しようとするものである。

6〔公民—総合〕

1(1)＜個人の尊重と幸福追求権＞日本国憲法第13条では，個人の尊重および幸福追求権について規定している。また，憲法第13条の幸福追求権は，憲法に明記されていないプライバシーの権利や自己決定権などの新しい人権の根拠となっている。

(2)＜基本的人権＞日本国憲法では，基本的人権を「侵すことのできない永久の権利」と定めている。基本的人権の尊重は，国民主権，平和主義と並ぶ日本国憲法の基本原理となっている。

2(1)＜需要と供給の変化と価格＞図中の曲線Ａは価格が上がると数量が減るので需要曲線であり，曲線Ｂは価格が上がると数量が増えるので供給曲線である。売り手が８万個供給したいと考える価格は，供給曲線から１個80円であることがわかる。しかし，１個80円のときの需要量は，需要曲線を見ると１万個しかないことから，１個80円の価格では商品は売れ残るため，売り手は価格を下げようとする。価格が１個30円の場合は，需要は約７万個，供給は約４万個となり，供給量に対して需要量が多くなるため，商品は不足する。したがって，この商品の適切な価格である均衡価格は，需要曲線と供給曲線の交点，すなわち需要量と供給量が一致するときの価格である40円となる。

(2)＜供給曲線の移動＞商品の供給量が減少する場合，ある価格で供給できる数量が減ることを意味するため，供給曲線(曲線Ｂ)が左に移動する。

(3)＜市場価格＞市場での売り手と買い手の自由な取引において決定される商品の価格は市場価格と呼ばれ，需要と供給の関係によって商品の適当な価格と取引量が決定される。なお，管理価格は需要と供給の関係に左右されず，市場を独占的に支配している１つまたは少数の企業によって決められる価格，公共価格は国や地方公共団体が決定に関与する価格，卸売価格は卸売業者が小売業者に販売するときの価格である。

3＜家計＞家計の支出は，消費支出と非消費支出に分けられる。消費支出は，生活費と呼ばれる，食料品や医療など，生活を維持するための支出であり，非消費支出は，税金や社会保険料など，原則として世帯の自由にならない支出である。なお，貯蓄とは所得から支出を差し引いた残りであり，可処分所得は所得から税金や社会保険料を差し引いた，自由に使うことのできる所得のことである。

4＜財産所得＞財産所得とは，所有する財産を他の経済主体に提供することで得られる所得であり，土地の賃貸やアパート経営などから得る収入がこれにあたる。なお，①は給与所得，③は事業所得に分類される。

5＜ベンチャー企業＞ベンチャー企業とは，新しい技術などをもとに革新的な事業を展開する企業である。そのため，大企業では行っていないような独自のサービスを提供する企業が多く，ほとんどが小規模から中規模であり，大量生産を行うのに適した企業形態とはいえない。

2024年度／國學院大學栃木高等学校（第１回）

理科解答

1 問１　⑦　問２　③　問３　④
問４　①　問５　①

2 問１　②　問２　③　問３　②
問４　①　問５　⑨

3 問１　③　問２　④　問３　①
問４　②　問５　④

4 問１　④　問２　③　問３　③
問４　④　問５　③

5 問１　⑥　問２　②　問３　①
問４　②

6 問１　三原山　問２　活火山
問３　①
問４　(例)マグマのねばりけ

7 問１　無性生殖
問２　(例)染色体の数を半分にする。
問３　①，③　問４　遺伝

8 問１　$2Ag_2O \longrightarrow 4Ag + O_2$
問２　③
問３　水上置換〔水上置換法〕
問４　(例)激しく燃えた

9 問１　磁力線
問２　A…④　B…②　C…②　D…④
問３　N極　問４　上

1〔気象と天気の変化〕

問１＜天気＞まず，天気図で，栃木市付近に高気圧がある８日と低気圧がある11日の天気について考える。８日は高気圧に覆われて晴れていると考えられるのでDであり，11日は前線を伴う低気圧の影響で雨が降っていると考えられるのでAである。次に，９日は，日本列島の東にある高気圧が東へ移動して日本列島から遠ざかり，西にある低気圧が日本列島に近づき，晴れからくもりになると考えられるのでBであり，10日は低気圧におおわれ，くもっていると考えられるのでCである。よって，表の天気の記録を日付順に並べると，D・B・C・Aとなる。

問２＜停滞前線＞８日の天気図で，矢印Xが示す前線は停滞前線である。なお，温暖前線を示す記号は，寒冷前線を示す記号は，閉塞前線を示す記号はである。

問３＜等圧線＞等圧線は1000hPaを基準に４hPaごとに実線で引かれ，20hPaごとに太線で引かれる。また，気圧は高気圧の中心に向かって高くなる。よって，９日の天気図で，矢印Yが示す等圧線は，1024hPaの等圧線から高気圧の外側に向かって１本目の等圧線なので，$1024-4=1020$(hPa)である。

問４＜冬の天気＞典型的な冬型の気圧配置は，日本列島の西側のユーラシア大陸に高気圧，東側のオホーツク海に低気圧がある西高東低の気圧配置である。よって，１月８日の天気図が適している。

問５＜冬の天気＞冬は，ユーラシア大陸上で地表が冷えてシベリア気団ができ，日本列島に向かって冷たく乾燥した北西の季節風が吹く。このとき，日本列島の東の海洋上を低気圧が通過すると，西高東低の気圧配置になる。なお，小笠原気団が発達して南東の季節風が吹くのは夏である。

2〔生物のからだのつくりとはたらき〕

問１＜刺激＞実験１で，メダカはかざした手を見て反応しているので，メダカが受け取った刺激は光と考えられる。

問２＜刺激＞実験２で，メダカは液体を入れてしばらくした後に近づいてきているので，瞬時に伝わる音や光の刺激を受け取ったとは考えられず，エサのにおいの刺激を受け取ったと考えられる。なお，液体を水の中に入れることで熱の変化が起こるとは考えられないので，熱の刺激ではない。

問３＜刺激と反応＞メダカには同じ位置にとどまろうとする習性があるので，周りの景色が変化すると，自分の位置が変わらないようにするために泳ぎ出す。よって，実験３で，メダカが泳がなかったのは，周りの景色が変化しないときである。①～④のうち，回転させても周りの景色が変化しないのは，②の模様である。

問４＜刺激と反応＞実験３，４で，メダカが水の流れに逆らって泳いだのは，水に流されず，同じ位置にとどまろうとしたためである。なお，メダカは，側線という感覚器官で水流や水圧などの刺激を受け取っている。

問５＜光の刺激＞暗い部屋では光の刺激を受け取れないが，光以外の刺激を受け取ることはできる。そのため，暗い部屋でも同じ行動をするのは，においの刺激を受け取っている実験２と，水流や水圧などの刺激を受け取っている実験４である。なお，光の刺激を受け取っている実験１と実験３では，メダカは同じ行動をしない。

3〔物質のすがた〕

問１＜溶解度＞グラフより，温度が10℃の水100gに溶ける硝酸カリウムの質量は22gである。

問２＜密度＞密度は物質１cm^3当たりの質量である。よって，密度が1.16g/cm^3の硝酸カリウム水溶液200cm^3の質量は，$1.16\times200=232$(g)となる。

問３＜溶解度＞グラフより，30℃の水100gに溶ける硝酸カリウムの質量は46gだから，30℃の水100gに硝酸カリウムを60g入れると，硝酸カリウムの一部が溶けずに沈殿する。また，硝酸カリウムの水溶液は無色である。

問４＜溶解度と濃度＞グラフより，20℃の水100gに溶ける硝酸カリウムの質量は32gである。飽和水溶液は物質がそれ以上溶けきれなくなった水溶液だから，20℃における硝酸カリウムの飽和水溶液は，水100gに硝酸カリウムを32g溶かすことでできる。よって，〔質量パーセント濃度(%)〕＝$\frac{〔\text{溶質の質量(g)}〕}{〔\text{溶媒の質量(g)}〕+〔\text{溶質の質量(g)}〕}\times100$より，硝酸カリウムの飽和水溶液の質量パーセント濃度は，$\frac{32}{100+32}\times100=24.2\cdots$となるから，約24%である。

問５＜溶解度と再結晶＞グラフより，30℃の水100gに溶ける硝酸カリウムの質量は46gだから，30℃の水200gに硝酸カリウムを$46\times2=92$(g)溶かすと飽和水溶液ができる。また，グラフより，10℃の水100gに溶ける硝酸カリウムの質量は22gだから，10℃の水200gには硝酸カリウムは$22\times2=44$(g)までしか溶けない。よって，飽和水溶液を10℃まで冷却すると，$92-44=48$(g)の硝酸カリウムが結晶として出てくる。

4〔身近な物理現象〕

問１＜ばねののび＞グラフより，ばねAを引く力の大きさが0.2Nのときの，ばねののびは2.5cmである。

問２＜フックの法則＞グラフより，ばねののびは力の大きさに比例する(フックの法則)。問１で，ばねAを引く力の大きさが0.2Nのとき，ばねののびは2.5cmだから，力の大きさが0.2Nの３倍の0.6Nのとき，ばねAののびは2.5cmの３倍の$2.5\times3=7.5$(cm)になる。

問３＜フックの法則＞グラフより，ばねBののびが１cmのとき，ばねBを引く力の大きさは0.4Nである。これより，ばねBが1cmの8倍の8cmのびるとき，ばねBを引く力の大きさは0.4Nの8倍の0.4×8＝3.2(N)となる。

問4＜ばねののび＞ばねAとばねBを一直線になるようにつないで0.8Nの力で引くとき，ばねAにもばねBにも0.8Nの力が加わる。問1より，ばねAを引く力の大きさが0.2NのときのばねAののびは2.5cmだから，力の大きさが0.2Nの4倍の0.8Nのとき，ばねAののびは，2.5×4＝10(cm)であり，グラフより，ばねBを引く力の大きさが0.8NのときのばねBののびは2cmである。よって，求めるばねAとばねBの全体ののびは，10＋2＝12(cm)となる。

問5＜ばねののび＞ばねAを0.2Nの力で引くと2.5cmのびるから，0.2Nの6倍の1.2Nの力で引くと，2.5×6＝15(cm)のびる。ばねを半分の長さに切ると，ばねののびも半分になるから，半分の長さに切ったばねののびは，15÷2＝7.5(cm)になる。

5 〔小問集合〕

問1＜天気図の記号＞風向は矢羽根の向きで表すので，図の記号が表す風向は北東である。また，天気記号の◎はくもりを表す。なお，快晴の天気記号は○，晴れの天気記号は⦶である。

問2＜葉脈＞①～④のうち，ツユクサだけが単子葉類なので，葉脈は平行脈である。他のタンポポとアブラナ，ツツジは双子葉類なので，葉脈は網状脈である。

問3＜沸点＞沸点は液体が沸騰して気体に変化するときの温度だから，日常で目にする状態が固体である鉄の沸点が最も高い。なお，それぞれの物質の沸点は，鉄が2750℃，窒素が－196℃，水が100℃であり，ろうは混合物なので一定の融点や沸点を示さない。

問4＜凸レンズによる像＞凸レンズを通して近くの物体，つまり，焦点より凸レンズの近くにある物体を見ると，上下・左右が同じ向きで拡大された虚像が見える。なお，実像はスクリーンなどに映る像で，上下・左右が逆向きである。

6 〔大地の変化〕

問1＜三原山＞写真1の伊豆大島を代表する火山は三原山である。

問2＜活火山＞現在活動している火山や，過去1万年以内に噴火したことがある火山を活火山という。

問3＜火山灰＞火山灰はマグマが冷えて固まったもので，流水の作用を受けていないので角張った鉱物が多い。また，玄武岩は黒っぽい色をしているから，伊豆大島の火山から噴出した火山灰も黒っぽい色をしていて，有色鉱物の割合が多いと推測できる。

問4＜火山の形＞火山の形はマグマのねばりけによって決まる。マグマのねばりけが小さいと，溶岩は地表をうすく広がって流れるので，傾斜がゆるやかな火山になる。これに対し，マグマのねばりけが大きいと，溶岩が流れにくいので，盛り上がった形の火山になる。

7 〔生命・自然界のつながり〕

問1＜無性生殖＞Aのようなふえ方を無性生殖という。無性生殖には分裂や栄養生殖などがある。

問2＜減数分裂＞Bのようなふえ方を有性生殖という。有性生殖では，生殖細胞の核が合体(受精)する前に減数分裂が行われ，染色体の数がもとの細胞の半分になる。染色体の数が半分になった生殖細胞どうしが受精することで，受精卵の染色体の数は親の細胞と同じになる。

問3＜無性生殖＞①…A。なかまの数が非常に少ない場合でもふえることができるのは，体細胞分裂によりなかまをふやす無性生殖である。一方，有性生殖では雌雄の生殖細胞が受精することによりなかまをふやすので，なかまの数が非常に少なくなるとふえることができなくなる。　③…A。

その生物の持つ特徴（形質）を変えることなく，子孫に伝えることができるのは，親の遺伝子がそのまま子に受け継がれる無性生殖である。　②…Ｂ。環境が変化しても生き残る可能性が大きいのは，子が親と異なる形質を現す場合がある有性生殖である。　④…Ｂ。生殖細胞が必要なのは，受精によってなかまをふやす有性生殖である。

問４＜遺伝＞親の形質が，子や孫に伝わることを遺伝という。形質は遺伝子によって表され，遺伝子は染色体に含まれる。

８〔化学変化と原子・分子〕

問１＜化学反応式＞酸化銀（Ag_2O）を加熱すると，銀（Ag）と酸素（O_2）に分解する。化学反応式は，矢印の左側に反応前の物質の化学式を，右側に反応後の物質の化学式を書き，矢印の左右で原子の種類と数が等しくなるように化学式の前に係数をつける。

問２＜金属の性質＞銀は金属なので，金属に共通する性質を示す。磁石につくのは鉄など一部の金属の性質で，銀も酸化銀も磁石につかない。よって，適当ではないものは③である。なお，スプーンでこすると金属光沢が出る，電気が流れる，金づちでたたくとうすく広がるというのは金属に共通する性質である。

問３＜水上置換法＞図のように，水と置き換えて気体を集める方法を水上置換（法）という。水上置換（法）は，酸素のように水に溶けにくい気体を集めるのに適している。

問４＜酸素＞試験管Ｂに集めた気体は酸素である。酸素には物が燃えるのを助けるはたらきがあるので，火のついた線香を入れると，線香が激しく燃える。

９〔電流とその利用〕

問１＜磁力線＞磁界の向きや強さを表す曲線を磁力線という。

問２＜磁界の向き＞方位磁針のＮ極が指す向きを磁界の向きといい，磁界の向きは磁力線につけた矢印の向きで表される。つまり，方位磁針のＮ極が指す向きは，磁力線につけた矢印の向きに一致する。よって，図１で，Ａ，Ｄの位置に置いた方位磁針のＮ極は④の向きになり，Ｂ，Ｃの位置に置いた方位磁針のＮ極は②の向きになる。

問３＜磁界＞磁力線は，磁石のＮ極から出てＳ極に入る向きに矢印をつける。よって，図１の磁石のＸはＮ極，ＹはＳ極である。

問４＜陰極線＞図２で見えた明るいすじは陰極線（電子線）で，電子の流れである。電子は－の電気を持つ粒子なので，＋極をつないだ電極Ａの方に曲がる。よって，陰極線が曲がる向きは上である。

2024年度／國學院大學栃木高等学校(第１回)

国語解答

一 問一 ア 枯 イ 到底 ウ 捕獲
エ 介護 オ 不屈
問二 ア いろど イ ひじゅん
ウ した エ は
オ きょうきゃく
問三 (a)…２ (b)…３ (c)…１ (d)…３
問四 (ア)…Ｃ (イ)…３ (ウ)…Ｂ

二 問一 (A)…４ (B)…１ 問二 ４
問三 ２ 問四 ２ 問五 ２
問六 ３ 問七 ４ 問八 １
問九 ３

三 問一 ２ 問二 屋形のうえにいて
問三 ４ 問四 １ 問五 １
問六 ４ 問七 ２ 問八 ４

四 問一 ３ 問二 ２
問三 (B)…４ (C)…１ 問四 ３
問五 １ 問六 ４ 問七 ４

一〔国語の知識〕

問一＜漢字＞ア．音読みは「枯渇」などの「コ」。　イ．「到底」は，どうしても，どうやっても，という意味。　ウ．「捕獲」は，捕らえること。　エ．「介護」は，病人などを介抱，看護すること。　オ．「不屈」は，困難にもかかわらず意志を貫くこと。

問二＜漢字＞ア．音読みは「色彩」などの「サイ」。　イ．「批准」は，全権委員が署名した条約に対して，当事国が最終的な確認，同意の手続きを行うこと。　ウ．音読みは「思慕」などの「ボ」。　エ．他の訓読みは「と(ぶ)」。音読みは「跳躍」などの「チョウ」。　オ．「橋脚」は，橋げたを支える柱のこと。

問三(a)＜敬語＞「差し上げる」は，「与える」の謙譲語。「うかがう」は，「聞く」「訪ねる」の謙譲語。「ご覧になる」は，「見る」の尊敬語。「食べます」は，「食べる」の丁寧語。「召し上がる」は，「食べる」の尊敬語。　(b)＜品詞＞「大きな」の「な」と，「いろんな」の「な」は，連体詞「大きな」「いろんな」の一部。「傷つけるような」の「な」は，助動詞「ようだ」の連体形「ような」の一部。「静かな」の「な」は，形容動詞「静かだ」の連体形「静かな」の一部。「来そうな」の「な」は，助動詞「そうだ」の連体形「そうな」の一部。　(c)＜漢字の知識＞「号」の部首は，「口(くち)」。　(d)＜熟語の構成＞「登山」と「握手」は，下の漢字が上の漢字の目的語になっている熟語。「寒暖」は，反対の意味の漢字を重ねた熟語。「白紙」は，上の漢字が下の漢字の連体修飾語になっている熟語。「日没」は，上の漢字が主語，下の漢字が述語の関係になっている熟語。

問四(ア)＜俳句の技法＞Ｃは，「蛍火」が夏の季語である。Ａは「初雁」，Ｂは「夜寒」，Ｄは「赤蜻蛉」，Ｅは「野分」が，いずれも秋の季語。　(イ)＜俳句の技法＞「や」「か」「かな」などの助詞は，句切れをつくる。Ａは，「か」が切れ字で，中七の中間で切れる，中間切れの俳句である。　(ウ)＜俳句の内容理解＞Ｂは，秋になって夜間の気温が下がってきたことを，戸外で見る景色からではなく，「机」の「木目」が「波立つ」という身近な物の変化を詳細に観察して，感じ取った句である。

二〔論説文の読解―哲学的分野―人生〕出典：丹羽宇一郎『人間の本性』。

≪本文の概要≫心を強くするためのマニュアルはない。しかし，仕事や生活の中で起こった疑問や問題を，自分の頭で考え，自分なりにベストを尽くして，できうる努力はとことんして解決するという経験の繰り返しが，心を強くするのは確かである。自分は心が強くなったと思った時点で心の成長は止まるので，心を鍛え，強くすることには，際限がない。心の強さは，納得がいくまで力を尽くして事に当たったときや，どんな状況においても平常心を感じられるときなどに，自分の中でしっかりとした手応えとして感じられるものである。先行きの不透明な時代にあって，不安を訴える人も多い。だが，生きているかぎり，どんな状況でも不安はなくならない。不安から目をそらしたり逃げたりせずに，立ち向かい闘うことで，人は，成長できるのである。不安は，人を前に動かす大きな力になる。問題が生じたときは，そこから目を背けず，日々自らのベストを尽くし続けることが大事である。逃げない決断をすると，心が強くなる実感が湧く。

問一⒜＜語句＞「オーバーラップ」は，二つ以上のものが重なり合うこと。　⒝＜慣用句＞「地獄の一丁目」は，きわめて恐ろしいところ，また，破滅や困難に至る第一歩を表す。

問二＜四字熟語＞「夜郎自大」は，昔，夜郎の王が漢の強大さを知らずに自分の勢力を誇ったところから，自分の力量を知らない人が，仲間の中でいばっていること。

問三＜接続語＞ア．心はどうすれば強くなるかと尋ねる質問者は，体の鍛え方と同様に，「心にも鍛え方があるのではと考えている」ようだけれども，「こうすれば心が強くなるなどといった単純なマニュアルはどこにも」ない。　イ．自分は心が強いと思った時点で，「心の成長は止まる」が，もともと「心の強さをはかる目盛り」など，初めから「どこにも」ない。　ウ．心の強さを「手応えとして感じる」ときの例は，「納得がいくまで力を尽くして事に当たったとき」や「どんな状況においても，平常心を感じられるとき」などである。　エ．「私」が以前「勤めていた会社の経営」が傾いたとき，「私」は，不良債権の一括処理を強固な反対を「押し切って」進めた。

問四＜文章内容＞体を鍛えるのと同じように「心にも鍛え方がある」と考えて，「心はどうすれば強くなりますか」と質問する人もいる。だが，「こうすれば心が強くなる」などという「単純なマニュアルはどこにも」ない。

問五＜文章内容＞「私」は，アメリカ駐在時代に「24時間フル稼働」といえるくらい働いていた。そのときの経験で，「私」は，自分は仕事量では誰にも負けないという「自負心」を持つようになり，そのように仕事に「真正面から力を尽くして」取り組んだおかげで，心が鍛えられたと思っている。

問六＜文章内容＞「心の強さをはかる目盛り」などはどこにもなく，心の強さに物理的な「尺度」は存在しない。そのため，心を鍛えたり強くしたりすることには，限界がない。

問七＜文章内容＞「不安を打ち消そうと努力をして，その不安が消えても，また別の不安が次から次へと生まれてくる」ので，人が生きているかぎり，不安はなくならない。

問八＜表現＞大きな不安を前にして逃げ出したくなっても，そういうときほど「不安と向き合って」，問題から目を背けずに「むしろ『北風に負けてたまるか』の強い心」を持って立ち向かうことが，「自分を前へ」進め，心を強くしてくれるのである。

問九＜要旨＞不安から逃げずに向き合い，自分が「できうる努力」をし，力を尽くして問題に取り組むことで，「心が強くなる」のである。「友人関係のトラブルに巻き込まれ」たとき，「自分にできるかぎりのことをしよう」として「関係の修復に努めた」ことは，Ｃさんは「今後の付き合いがどうなるかわからない」という不安から逃げずに問題に立ち向かったということである。

三〔古文の読解―説話〕出典：『十訓抄』十ノ二十七。

≪現代語訳≫和邇部用光という楽人がいた。土佐の国の御船遊びのために下向して，帰京の途中で，安芸の国の，何とかいう港で，海賊が押し寄せてきた。(用光は)弓矢の扱いを知らないので，防戦する力もなくて，今となっては間違いなく殺されるに違いないと思って，篳篥を取り出して，屋形の上に座って，「そこにいる者どもよ。今となってはあれこれ抵抗するまでもない。早く何でも好きな物を取ってゆくがよい。ただ，長年，大切に思っていた篳篥の，小調子という曲を，吹いて聞かせよう。そんなことがあったよと，後々の話の種にするのがよい」と言ったところ，海賊の首領が大きな声で，「お前たち，ちょっと待ちなさい。このように言うことだ。曲を聞け」と言うと，(海賊の手下たちは)船を止めて，それぞれ静まったので，用光は，これが最後(の演奏だ)と思ったので，涙を流して，すばらしい音色を吹き出して，見事に吹いた。

折もよかったのであろうか，その曲の調べが，波の上に響いて，あの潯陽江のほとりで，琵琶を聞いた故事にそっくりである。海賊は，静まって，言葉も出ない。

じっくり聞いて，曲が終わって，先ほどの声で，「あなたの船を狙って，近づいたけれども，曲の音色に涙がこぼれて，(悪心は)脇へ去った」と言って，(海賊は)漕ぎ去ってしまった。

問一＜文学史＞『徒然草』は，鎌倉時代後期に兼好法師が書いた随筆。『義経記』は，室町時代前期に成立した軍記物語。『枕草子』は，平安時代中期に清少納言が書いた随筆。『古事記』は，奈良時代に成立した歴史書。

問二＜歴史的仮名遣い＞歴史的仮名遣いの語頭以外のハ行は，現代仮名遣いでは原則として「わいうえお」になる。歴史的仮名遣いの「ゐ」は，現代仮名遣いでは「い」になる。

問三＜古典の知識＞「土佐国」は，現在の高知県に当たる。

問四＜古文の内容理解＞「主」は，ここでは，あなた，という意味。海賊の首領が，手下たちに向かって，お前たち，ちょっと待ちなさいと命じた。

問五＜現代語訳＞「うたがひなく」は，間違いなく，という意味。「殺されなむず」の「な」は，強意の助動詞「ぬ」の未然形で，きっと，という意味，「むず」は，推量の助動詞で，～だろう，という意味。「なむず」で，きっと～だろう，～に違いない，と訳す。

問六＜現代語訳＞「とく」は，早く，という意味の副詞。「取り給へ」は，取りなさい，という意味。用光は，海賊に殺されることを覚悟して，海賊に向かって，早く何でも取りなさいと言った。

問七＜古文の内容理解＞用光が篳篥を吹き終えると，先ほどの「主たち，しばし待ち給へ」と言った海賊の首領の声が再び聞こえてきて，用光の奏でた音曲に感動して悪心が去ったと言って，海賊は，何も取らずに漕ぎ去っていった。

問八＜古文の内容理解＞安芸の国の何とかいう港で，用光の船が海賊に襲われ，弓矢の扱いを知らない用光は，抵抗するすべもなく，もはやこれまでと観念した(３…×)。そして，用光が最後に小調子という篳篥の曲を吹いて聞かせよう，後々の話の種にするとよいと言うと，海賊の首領は，曲を聞くように手下たちに命じて静まらせた(２…×)。用光が，この世の最後と思って涙を流しながらすばらしい音色で吹くと，海賊の首領は，用光の船に狙いを定めて近づいたが(１…×)，篳篥の音色に感動して改心したと言って，何も取らずに去っていった(４…○)。

四〔小説の読解〕出典：吉田篤弘『〈十時軒〉のアリス』(『台所のラジオ』所収)。

問一＜慣用句＞「眉をひそめる」は，顔をしかめる，という意味。

問二＜語句＞「異端」は，正統から外れていること。「正統」は，その社会で最も妥当とされる思想や立場のこと。

問三＜慣用句＞(B)「舌鼓《したつづみ》を打つ」は，あまりのおいしさに感心するさまを表す。　(C)「風雪に耐える」は，苦境を耐え忍ぶ，という意味。

問四＜文章内容＞「十時軒」の「店の壁という壁が雑誌や新聞の切り抜きで埋め尽くされている」のを見た「わたし」と桃子は，その雑多な記事に，まるでアリスの「頭の中を見せられているようだ」と感じて，その「混沌」に驚きあきれた。

問五＜心情＞「ちょうど財布を落として，ちょうど桃子の雑誌の原稿のネタを探していた」ときに，「十時軒」の名刺の入った三十年前の財布が戻ってきた。この「タイミング」のよさから，「わたし」は，「たぶん，『これを書け』と神様は云っているのだ」という直感を得て，「十時軒」の記事を書くとよい原稿になりそうな気がした。だが，「これ」が何かはっきりとわからなかったので，「わたし」は，まずは「十時軒」へ行くことで手がかりを得ようと考えた。

問六＜文章内容＞三十年ぶりに「十時軒」を訪れてみると，三十年前と変わらない店と，店主のアリスがいた。「七十八歳」になったアリスの顔は，「言葉数が少ないがゆえに神秘性がより増して」いて，「『アリス』のモデルとなった実在のアリスが老女になったら，きっとこんな容貌であるに違いない」と思われた。しかし，「そんなはずはない」ので，それは，「わたし」には「奇妙な発見」だった。

問七＜要旨＞「わたし」は，「〈十時軒〉というおかしなレストラン」の「変わりもの」の女主人のアリスに，三十年ぶりに再会した。アリスは「七十八歳になっても，昔どおりのアリスの格好」で，メニューも料理も，「時間を超えてまったく同じ」であることに，「わたし」は感動し，「またひとつこの世の真実に触れた思い」がした。

＝読者へのメッセージ＝

『十訓抄』は，鎌倉時代に成立した説話で，「十訓」とあるように十か条の教戒が掲げられ，教訓的な説話が280話収められています。

2024年度 國學院大學栃木高等学校（第2回）

【英　語】（50分）〈満点：100点〉

〔編集部注：放送問題[1]（合計10問）は未公表のため掲載してありません。〕

[2]　次の各文の [11] ～ [20] に入る最も適当なものをそれぞれ1つ選び，番号をマークしなさい。

1. [11] you able to use this computer?
① Are　② Do　③ Does　④ Have

2. I want to finish this job [12] lunch because I'll be out all afternoon.
① before　② after　③ until　④ while

3. It's cold outside. Be careful [13] a cold.
① not catch　② not to catch　③ not catching　④ of not catching

4. She cut the meat [14] a knife.
① by　② in　③ with　④ on

5. My teacher [15] me to carry the books to his room yesterday.
① said　② told　③ spoke　④ talked

6. He doesn't visit me now [16] he moved to Nagasaki.
① but　② when　③ which　④ because

7. The climate of Tokyo is warmer than [17] of London.
① it　② that　③ ones　④ those

8. Ken [18] a book when I saw him in the library.
① read　② reads　③ is reading　④ was reading

9. [19] we play baseball? ― Yes, let's.
① Shall　② Will　③ May　④ Can

10. I [20] the movie exciting.
① knew　② found　③ liked　④ saw

3 次の各日本文の意味を表すように，(　　　　)内の語(句)を並べかえて正しい英文を作るとき，(　　　　)内で５番目に来るものをそれぞれ１つ選び，番号をマークしなさい。

1. 自転車を盗まれたその少年は泣いています。 21

(bicycle / boy / stolen / whose / is / was / the) crying.

① bicycle　② is　③ was　④ the

2. 私はとても疲れているので，歩いて帰れません。 22

(tired / walk / too / home / I / to / am).

① tired　② walk　③ home　④ to

3. 明日はできるだけ早く出発したほうがよい。 23

You (early / better / as / as / leave / had / possible) tomorrow.

① early　② better　③ as　④ had

4. 私はあなたに借りた本をまだ読み終えていません。 24

I (reading / you / me / the book / haven't / lent / finished).

① you　② me　③ the book　④ lent

5. 栃木には訪れるべき美しい場所がたくさんあります。 25

(many / has / visit / places / Tochigi / beautiful / to).

① many　② places　③ beautiful　④ to

6. 私の両親はあなたに会えるのを楽しみにしています。 26

(you / looking / seeing / are / to / forward / my parents).

① you　② seeing　③ to　④ forward

4 次のジェイク(Jake)とリュウジ(Ryuji)の対話文を読んで，あとの問いに答えなさい。

(*Jake and Ryuji are walking home from school.*)

Jake : It's cold today.

Ryuji : Yes. Winter has come. [27] were today's classes?

Jake : Someone talked about a *kotatsu* in class. I'm interested in it.

Ryuji : *Kotatsu*? You can see one at my house today.

Jake : [28] That's great. I'm excited.

(*Jake and Ryuji are back home.*)

Ryuji : Here is our *kotatsu*, Jake.

Jake : Wow! [29] Show me how to use it.

Ryuji : It's easy. Switch it on, and get in. Come here, Jake.

Jake : Oh, it's warm, and sitting on the floor is nice!

Ryuji : Is that [30] for you?

Jake : Yes. We Americans don't do that.... So, what do you do at the *kotatsu*?

Ryuji : We just sit and talk. And, we always drink tea here after dinner.

Jake : Anything else?

Ryuji : Well, on New Year's Day, we sit at the *kotatsu* and watch TV together for most of the day. We also talk a lot.

Jake : I see. Talking with your family is important. Is communication among family members easier at the *kotatsu*?

Ryuji : [31] The *kotatsu* is good for talking. Oh, there is another good thing. When I do my homework here, I can always find someone to help me.

Jake : It's nice that your family can help each other.

1. [27] に入る最も適当なものを１つ選び，番号をマークしなさい。

① How　　② When　　③ Where　　④ Why

2. [28] に入る最も適当なものを１つ選び，番号をマークしなさい。

① Really?　　② Pardon?　　③ How are you?　　④ Is that all?

3. [29] に入る最も適当なものを１つ選び，番号をマークしなさい。

① I haven't seen it for a long time.

② This is my first time to see one.

③ I don't think I like it.

④ I have seen it once.

4. [30] に入る最も適当なものを1つ選び，番号をマークしなさい。

① cold　② delicious　③ popular　④ unusual

5. [31] に入る最も適当なものを1つ選び，番号をマークしなさい。

① I don't agree.　② That's too bad.　③ I think so.　④ I like it, too.

6. 本文の内容に合うように，下の [32] に適するものを入れるとき，最も適当なものを1つ選び，番号をマークしなさい。

> Jake and Ryuji found good things about the *kotatsu*. In winter, Ryuji's family come to the *kotatsu* and spend a lot of time together. There is more [32] at the *kotatsu*. There, they can help each other.

① communication among family members
② drinking tea before dinner
③ doing homework alone
④ watching TV all day

5 次の文は，定時制高校1年生のソウタ(Sota)さんが地区の英語スピーチ大会で発表した英文です。これを読んで，あとの問いに答えなさい。

One of my best friends in my class is seventy years old. His name is Mr. Nagata. He worked at a factory. He retired from his job and became a student at our high school last April. He studies hard and asks many questions in class. He also cleans our classroom very well every day. (①)

At first, I thought, "I don't come to school to clean. [34]" So I asked him, "Is cleaning fun for you?" He said, "No. I'm just doing what I can." I couldn't understand him, but I was interested. After that, Mr. Nagata and I sometimes talked. (②)

When we talked, he told me a lot of things I didn't know. He was like a teacher to me. One day, I said to him, "I am working at a restaurant to become a cook, but I don't have time to learn how to cook. I have to wash the dishes and clean the restaurant every day. I want to stop working." He listened to me and said, "When I was working, I also had to clean the factory every day. We worked safely and efficiently in the clean factory. Why do you think you have to wash the dishes and clean the restaurant? Have you ever thought about that? If you do (A) <u>those tasks</u> well, you will find your answer. Don't give up." I knew those tasks were necessary for the restaurant. (③)

One Sunday, a family came to the restaurant to have dinner. After dinner, one of the family members said to me, "This is our favorite restaurant. You serve a lot of good food. It is always nice and clean here, so the food tastes better. We can enjoy eating the food. Thank you." When I heard this, I thought, "I don't cook, but I am helping people to enjoy their food. Washing the dishes and cleaning are as important as cooking. I will do everything I can to become a cook." (B) <u>I finally found my answer.</u> Since then, I have never thought about giving up. (④)

Now Mr. Nagata and I like talking with each other. We enjoy our school life together. I have a wonderful friend at my school.

（注） factory：工場　retire from ～：～を引退する　safely：安全に
efficiently：能率的に　task：作業　necessary：必要な
serve ～：～を提供する　taste ～：～の味がする

1. 次の英文が入る最も適当な場所を，文中の（ ① ）～（ ④ ）から1つ選び，番号をマークしなさい。[33]

But I couldn't understand why I had to do them to become a cook. I continued my job to find my answer.

2. [34] に入る最も適当なものを１つ選び，番号をマークしなさい。

① Why did Mr. Nagata work at the factory?
② Why did Mr. Nagata retire from his job?
③ Why does Mr. Nagata study so hard?
④ Why does Mr. Nagata clean our classroom so well?

3. 下線部(A)のthose tasks の具体的な内容を１つ選び，番号をマークしなさい。[35]

① to work safely and to learn how to cook
② to wash the dishes and to clean the restaurant
③ to clean the restaurant and to work safely
④ to wash the dishes and to learn how to cook

4. 下線部(B)の内容を表す文を完成させるとき，[36] ～ [40] に入る最も適当なものをそれぞれ1つずつ選び，番号をマークしなさい。

> 自分は料理はしていないが，人々が料理を [36] のを [37] いるんだ。
> [38] や [39] をすることは [40] と同じくらい大切なんだ。

[36]	① 作る	② 選ぶ	③ 楽しむ	④ 見る
[37]	① 味わって	② 楽しんで	③ 喜んで	④ 助けて
[38]	① 皿洗い	② 料理	③ 休憩	④ 会話
[39]	① 休憩	② 料理	③ 掃除	④ 勉強
[40]	① 勉強	② 掃除	③ 皿洗い	④ 料理

5. 本文の内容に一致するものを2つ選び，番号をマークしなさい。[41] [42]

① Sota learned the importance of washing the dishes and cleaning the restaurant at school.
② Mr. Nagata taught Sota the importance of washing the dishes and cleaning the restaurant.
③ Mr. Nagata and Sota learned the importance of cleaning the classroom together.
④ The family that came to the restaurant thanked Sota for keeping the place clean.
⑤ Sota understood the importance of washing the dishes and cleaning the restaurant.

6 次の英文を読んで，あとの問いに答えなさい

Peter was a junior high school student living in a big city. The city had a professional baseball team, the Golden Sun. Peter liked it very much and he wanted to be a member in the future. He was a member of the baseball team of his school and he practiced very hard every day. So his glove and cap looked old.

One Thursday morning, Alex came up to Peter. He was Peter's friend and he was in the tennis club. He said, "Peter, I bought this racket at a sports shop near the station yesterday. That shop gave me a questionnaire. If I answer ① it, I can get a Golden Sun baseball cap and ...." "Wait! A baseball cap? The Golden Sun? I want it. Please give the questionnaire to me." "Well ..., I can't." "It's not difficult! I like baseball very much and I love the Golden Sun. Please! Alex, (②)" "But I can't, because I've already answered it." "What? I thought you were my friend!" Peter ran away.

That evening, Alex visited Peter, but Peter wasn't at home. So Alex said to Peter's sister, Hanna, "I have something to tell Peter. I will tell him tomorrow." He looked sad. When Peter came home, she said to him, "What happened to you and Alex? You must talk to him." Peter didn't say anything.

The next day, Peter couldn't go to school because he was sick in bed. He thought, "I didn't think about Alex's feelings yesterday. ③ Maybe Alex wanted the cap for himself, so he answered the questionnaire." And he thought, "I will talk to him next week."

The next morning, Peter's mother said to him, "Do you feel better now?" "Yes. I'm fine." She said, "Today is your birthday. This box was sent to you." It was from the sports shop. When Peter opened it, he found the Golden Sun baseball cap. He was very surprised and cried, "Look! This is the cap I wanted. But I don't know why the shop sent it to me." "Peter, look at this letter. Alex came here to give this to you yesterday," said his mother. The letter said, "I wanted to give you the cap as a birthday present, so I answered the questionnaire with your name."

When Peter finished reading the letter, ④ his eyes were full of tears. Peter's father said to him, "⑤ This is the most important present you have ever had." "Yes. I will visit Alex and say...." "What do you want to say to him?" asked his father. Peter smiled and answered, "I'm very sorry. You are my best friend."

（注）the Golden Sun：ゴールデン・サン　（野球チームの名前）
come up to ～：～に近づいて　　questionnaire：アンケート　　out of ～：～の外へ

1. 下線部①が指すものとして最も適当なものを１つ選び，記号で答えなさい

ア new member of his baseball team

イ new tennis racket for Alex

ウ the sports shop questionnaire

エ a Golden Sun baseball glove

2. (　②　)に入る最も適当なものを１つ選び，記号で答えなさい。

ア you like baseball, don't you?

イ you are my good friend, aren't you?

ウ you have the cap, don't you?

エ you are a student, aren't you?

3. 下線部③のようにPeterは思っていましたが，実際にはAlexはどのようにしようと思っていたのですか。(　a　)，(　b　)にそれぞれ適当な日本語を入れなさい。

Peterの(　a　)として(　b　)を贈ろうと思っていた。

4. 次の(a)，(b)の質問に答えるとき，(　　　)に入る適当な語を英語で答えなさい。

(a) What day of the week was Peter's birthday?

— It was (　　　　).

(b) Why was the cap sent to Peter?

— Because (　　　　) (　　　　) was written on the questionnaire.

5. 下線部④はPeterのどのような気持ちを表していますか。最も適当なものを１つ選び，記号で答えなさい。

ア He was very sad because Alex didn't give the questionnaire to him.

イ He was very surprised because he got Alex's letter.

ウ He was very happy because he could buy a Golden Sun baseball cap.

エ He was very moved because he understood Alex's feelings.

6. 下線部⑤を This が指すものを明確にして，日本語に直しなさい。

【数　学】（50分）〈満点：100点〉

1　次の(1)から(10)までの問いに答えなさい。

(1)　$-4^2-4\times(-2)$ を計算しなさい。

(2)　$\dfrac{x-y}{2}+\dfrac{2x+y}{3}$ を計算しなさい。

(3)　$6xy^2\div 2x$ を計算しなさい。

(4)　$\sqrt{18}+\dfrac{4}{\sqrt{2}}$ を計算しなさい。

(5)　$(x+4)(x-4)-(x+2)(x-8)$ を展開して簡単にしなさい。

(6)　x^2y-9y を因数分解しなさい。

(7)　方程式 $2x+3y=3x+5y=-2$ を解きなさい。

(8)　比例式 $(x+2):(2x-3)=6:5$ について，xの値を求めなさい。

(9)　2次方程式 $(x+3)^2=3(x+3)$ を解きなさい。

(10)　$x=\dfrac{13}{10}$ のとき，$(2x-5)^2-4x^2$ の値を求めなさい。

2 次の(1)から(10)までの問いに答えなさい。

(1) $\sqrt{\dfrac{108}{n}}$ が整数となるような，最も小さい自然数 n の値を求めなさい。

(2) y は x に反比例し，$x=2$ のとき $y=8$ である。$x=-4$ のときの y の値を求めなさい。

(3) 変化の割合が -2 で，$x=2$ のとき $y=-1$ である１次関数の式を求めなさい。

(4) 関数 $y=-2x^2$ について，x の変域が $-1 \leqq x \leqq 2$ であるときの y の変域を求めなさい。

(5) 兄の太郎さんは家から学校に歩いて向かった。その10分後に，妹の花子さんが家から同じ道を自転車で追いかけた。太郎さんは分速60m，花子さんは分速210mで進むとすると，花子さんは出発してから何分後に太郎さんに追いつくか求めなさい。ただし，花子さんが追いつく前に太郎さんが学校に着くことはないものとする。

(6) 大小２個のさいころを同時に投げるとき，ともに３以上の目が出る確率を求めなさい。

(7)　図において，AB＝BC＝CD＝DE とする。$\angle x$ の大きさを求めなさい。

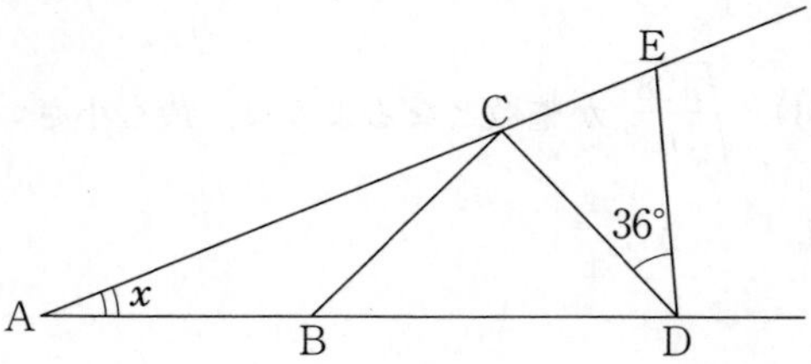

(8)　底面の半径が 4 cm，母線の長さが 12 cmの円すいの表面積を求めなさい。ただし，円周率は π としなさい。

(9)　図は，宇都宮市を除く栃木県の 13 の市と町の人口を度数折れ線で表したものである。度数が最も大きい階級の相対度数を求めなさい。ただし，小数第 3 位を四捨五入し，小数第 2 位まで答えなさい。

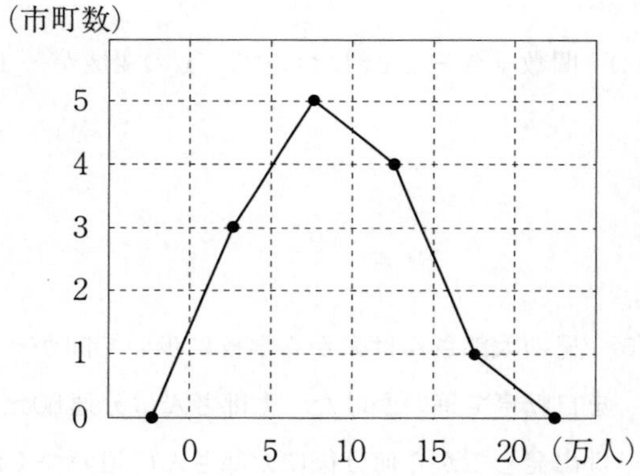

(10)　次のデータは，生徒 10 人の小テストの得点である。このデータの平均値が 9 点，四分位範囲が 7 点であるとき，a，b の値をそれぞれ求めなさい。ただし，a，b は自然数で，$2 \leqq a \leqq 6$，$10 \leqq b \leqq 14$ とする。

2，a，6，8，9，9，10，b，14，15（点）

3 図のように，正三角形のタイルを，黒白白黒白白……の順に並べ，順に1，2，3，4，5，6，……と記入していく。△の向きに並べたタイルを上向きのタイル，▽の向きに並べたタイルを下向きのタイルと呼ぶ。例えば，図において1と書かれたタイルは上向きの黒いタイル，2と書かれたタイルは下向きの白いタイルである。このとき，次の問いに答えなさい。

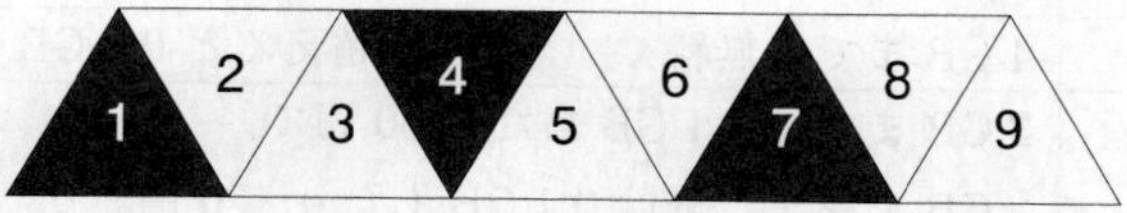

(1) 8枚目の黒いタイルに書かれている数を求めなさい。例えば，2枚目の黒いタイルに書かれている数は4である。

(2) n 枚目の黒いタイルに書かれている数を n の式で表しなさい。

(3) 書かれた数が314以下である下向きの白いタイルは，全部で何枚あるか求めなさい。

4 図のように，2つの関数 $y=2x^2$……①，$y=-x^2$……② のグラフがある。①，②のグラフ上の x 座標が t（$t>0$）である点をそれぞれA，Bとし，①，②のグラフ上の x 座標が $-t$ である点をそれぞれD，Cとするとき，次の問いに答えなさい。

(1) $t=2$ のとき，線分ABの長さを求めなさい。

(2) 線分ABの長さが24であるとき，t の値を求めなさい。

(3) 四角形ABCDが正方形となるとき，四角形ABCDの対角線の交点の座標を求めなさい。

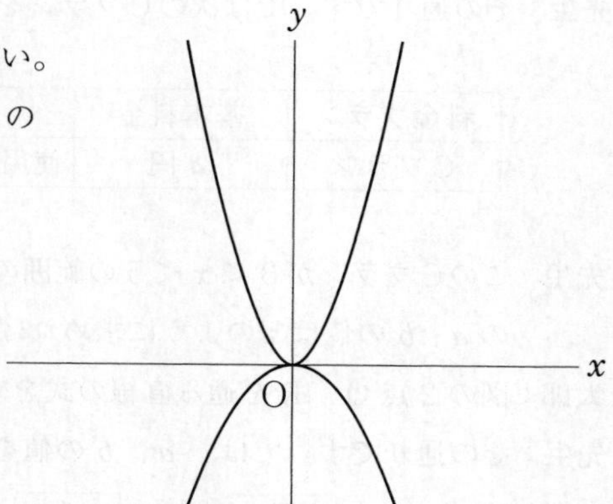

5　表は，ある携帯電話会社の２つの料金プランである。例えば，データ通信を１GB 利用した場合，Ａプランでは，基本料金のみの4000円となり，Ｂプランでは，基本料金600円に加え，データ通信料が600円かかるので，料金は1200円である。

料金プラン	基本料金	データ通信料
Ａプラン	4000円	4 GB までは無料で，4 GB を超えると 0.1 GB あたり 60 円
Ｂプラン	600円	2 GB までは 0.1 GB あたり 60 円で， 2 GB を超えた分は 0.1 GB あたり 120 円

それぞれのプランでデータ通信を x GB 利用した場合の料金を y 円とするとき，x と y の関係をグラフに表すと，右の図のようになった。このとき，次の問いに答えなさい。

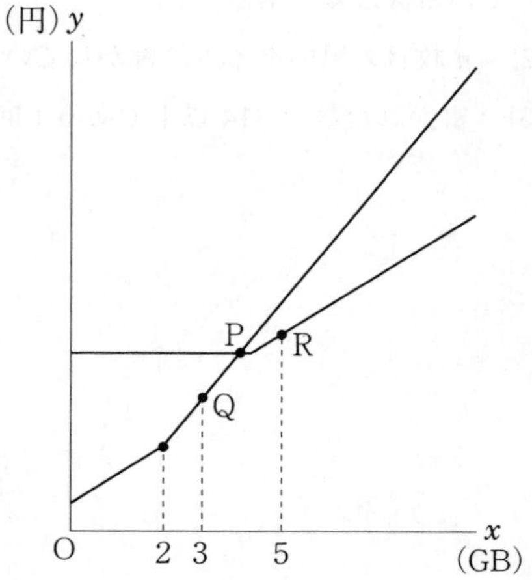

(1)　Ｂプランでデータ通信を３GB 利用した場合の料金を求めなさい。

(2)　データ通信が４GB を超えた範囲におけるＡプランの x と y の関係を表す式を求めなさい。

(3)　次の，先生と太郎さんの会話文を読んで，[ア]，[イ] に当てはまる値を求めなさい。

先生：ＡプランとＢプランのグラフは点Ｐで交わっています。x の値がＰの x 座標よりも小さい場合，ＡプランとＢプランのどちらの方が安くなりますか。

太郎：ＡプランのグラフよりもＢプランのグラフの方が下にあるのでＢプランの方が安いです。

先生：その通りです。では次のＣプランを考えてみましょう。

料金プラン	基本料金	データ通信料
Ｃプラン	a 円	使用量に関係なく 0.1 GB あたり b 円

先生：このＣプランが $3 < x < 5$ の範囲のみでＡプランとＢプランのどちらよりも安くなるときの a，b の値はどのように求めればいいですか。

太郎：図の２点Ｑ，Ｒを通る直線の式を求めればいいと思います。

先生：その通りです。では，a，b の値をそれぞれ求めてください。

太郎：はい。$a =$ [ア]，$b =$ [イ] です。

先生：正解です。

【社　会】（50分）〈満点：100点〉

1 次の１～３の問いに答えなさい。

1　次の（１）・（２）の問いに答えなさい。

（１） 地震のゆれにより地面から土砂や水が噴出する現象を、次の①～④から１つ選びなさい。

| 1 |

① 高潮　　② 液状化　　③ 土石流　　④ 火砕流《かさいりゅう》

（２） 日本の工業について述べた文として**適当でないもの**を、次の①～④から１つ選びなさい。

| 2 |

① 岡山県倉敷《くらしき》市や山口県周南《しゅうなん》市、愛媛県新居浜《にいはま》市などは、大量の原料や重い製品を大型貨物船で輸送しやすいため、臨海部に石油化学コンビナートがみられる。

② 大阪府東大阪市や八尾《やお》市は、中小企業の町工場が数多くあり、金属加工をはじめとする多様な工業製品を生産している。

③ 愛知県豊田《とよた》市周辺には自動車関連工場が集まり、地域全体で自動車の生産がおこなわれている。

④ 京葉工業地域は、古くから繊維《せんい》などの軽工業が発達しており、製品を全国各地に輸送するため、関越自動車道や東北自動車道などの高速道路の近くに工場が集まっている。

2　次の地図を見て、（1）～（4）の問いに答えなさい。

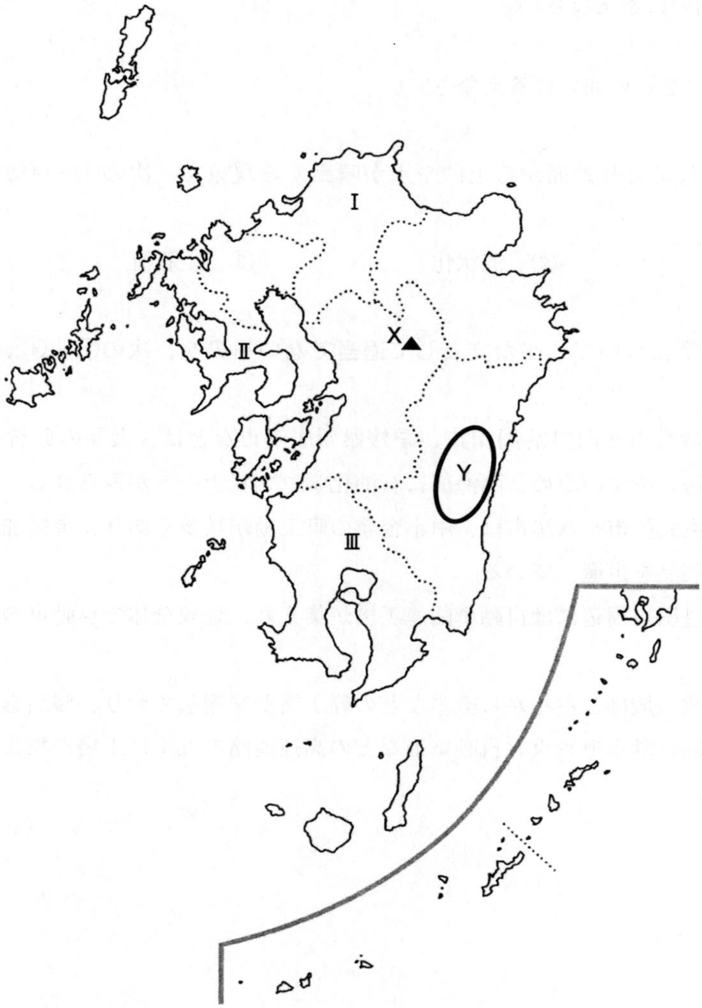

（1）　地図中の**X**の火山の名称を、次の①～④から1つ選びなさい。 3

①　阿蘇《あそ》山　　②　雲仙《うんぜん》岳　　③　霧島《きりしま》山　　④　桜島

（2）　次の文章は、**Y**の平野でみられる農業について説明したものである。 ⓐ ・ ⓑ にあてはまる語句の組み合わせを、次の①～④から1つ選びなさい。 4

> **Y**の平野は、 ⓐ である。冬でも温暖な気候を生かした ⓑ がさかんで、ビニールハウスを利用して、きゅうりやピーマンなどが生産され、全国に出荷されている。

①　ⓐ－筑紫平野　ⓑ－抑制栽培　　②　ⓐ－宮崎平野　ⓑ－抑制栽培
③　ⓐ－筑紫平野　ⓑ－促成栽培　　④　ⓐ－宮崎平野　ⓑ－促成栽培

（3） 次の表の**a**～**c**は、図中のⅠ県～Ⅲ県の人口、みかんの収穫量、肉用牛の飼養頭数を示したものである。**a**～**c**とⅠ～Ⅲの組み合わせとして最も適当なものを、次の①～⑥から１つ選びなさい。 **5**

	人口（万人）	みかん（千ｔ）	肉用牛（千頭）
a	503	20	23
b	159	10	351
c	131	48	91

『データブック　オブ・ザ・ワールド』（2023年版）により作成

	a	b	c
①	Ⅰ	Ⅱ	Ⅲ
②	Ⅰ	Ⅲ	Ⅱ
③	Ⅱ	Ⅰ	Ⅲ
④	Ⅱ	Ⅲ	Ⅰ
⑤	Ⅲ	Ⅰ	Ⅱ
⑥	Ⅲ	Ⅱ	Ⅰ

（4） 次の**図A**、**図B**は福岡空港、成田空港のいずれかを利用する訪日外国人の国・地域別割合を示したものである。また、図中の**あ**、**い**はアメリカ合衆国、韓国のいずれかである。**福岡空港**と**韓国**の組み合わせとして最も適当なものを、次の①～④から１つ選びなさい。 **6**

図A

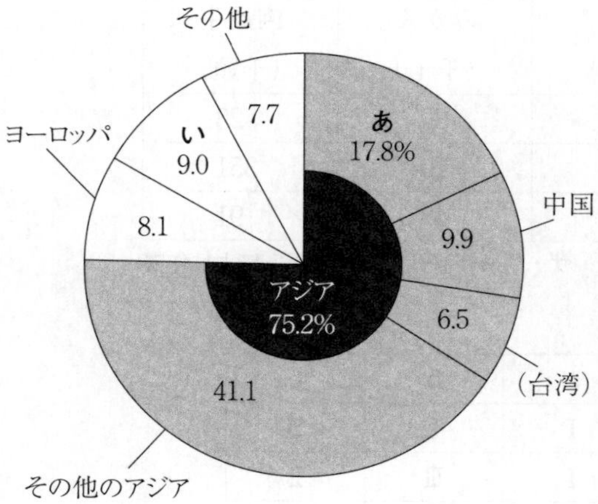

図B

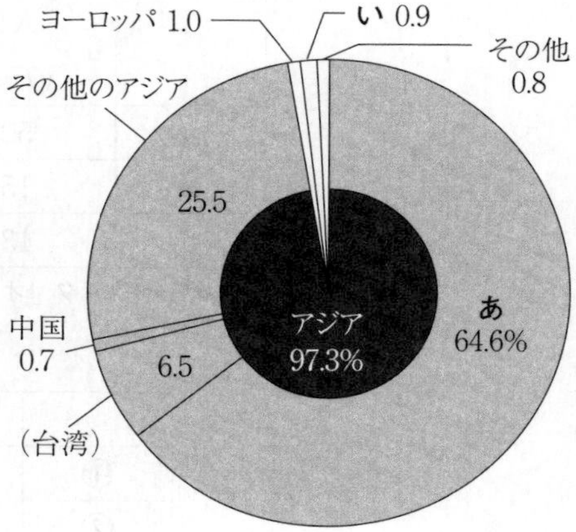

法務省「出入国管理統計統計表」(2022 年) により作成

① **図A－あ**　　② **図A－い**　　③ **図B－あ**　　④ **図B－い**

3　次の地形図を見て、（１）～（３）の問いに答えなさい。

国土地理院発行地形図　令和２年調製「赤平」を 150% 拡大

〈編集部注：編集上の都合により原図の86%に縮小してあります。〉

（1）　次の文章の［　ⓐ　］・［　ⓑ　］にあてはまる数値の組み合わせを、次の①～④から１つ選びなさい。［　7　］

> 地形図の縮尺の違いは、等高線の間隔からわかる。この地形図では、主曲線が10ｍ間隔であるから、地形図の縮尺は［　ⓐ　］であることがわかる。地形図中の**A－B**間の道路は、原寸の地形図中ではおよそ1.8cmなので、実際の距離はおよそ［　ⓑ　］ｍである。

①　ⓐ－２万５千分の１　　ⓑ－900
②　ⓐ－２万５千分の１　　ⓑ－450
③　ⓐ－５万分の１　　ⓑ－900
④　ⓐ－５万分の１　　ⓑ－450

（2）　この地形図中で使われている地図記号の意味の組み合わせとして最も適当なものを、次の①～④から１つ選びなさい。［　8　］

	①	②	③	④
	市役所	市役所	町村役場	町村役場
	消防署	税務署	消防署	税務署
	笹地	ハイマツ地	ハイマツ地	笹地
	図書館	博物館	図書館	博物館

（3）　この地形図から読み取れることとして**適当でないもの**を、次の①～④から１つ選びなさい。
［　9　］

①　**C－D**間の標高差はおよそ80ｍである。
②　**E**地点から**F**地点は見えない。
③　太線――**G－H**間は尾根となっている。
④　太線――**I－J**間の傾斜は、**I－K**間より急である。

2 次の１・２の問いに答えなさい。

１　次の（１）～（４）の問いに答えなさい。

（１）　フィリピンで最も多くの人々に信仰されている宗教を、次の①～④から１つ選びなさい。　10

①　イスラム教　　②　キリスト教　　③　ヒンドゥー教　　④　仏教

（２）　次の文章の　ⓐ　・　ⓑ　にあてはまる語句の組み合わせを、次の①～④から１つ選びなさい。　11

> アフリカでは現在も植民地時代にはじまった、カカオやコーヒー、茶などの　ⓐ　農業が続いている。アフリカの多くの国では、こうした特定の農産物や鉱産資源の輸出にたよった　ⓑ　の傾向が残っている。

①　ⓐ－センターピボット　　ⓑ－フェアトレード
②　ⓐ－プランテーション　　ⓑ－フェアトレード
③　ⓐ－プランテーション　　ⓑ－モノカルチャー経済
④　ⓐ－センターピボット　　ⓑ－モノカルチャー経済

（３）　次の図は、アメリカ合衆国、中国、ドイツ、日本の自動車生産台数の推移を示したものである。**中国**にあてはまるものを、次の①～④から１つ選びなさい。　12

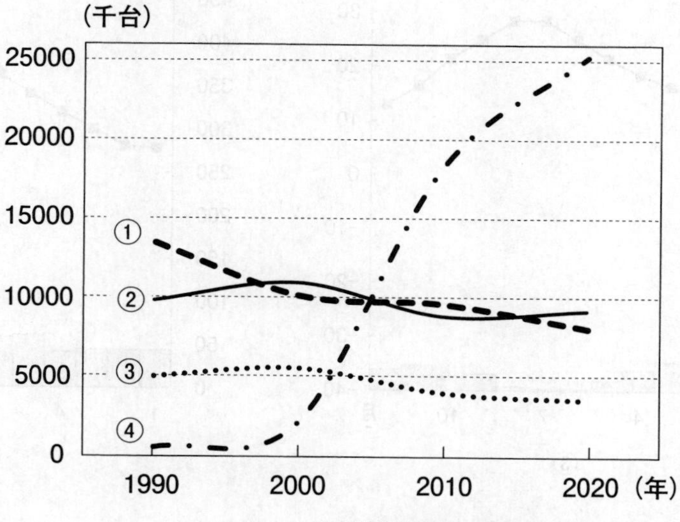

『世界国勢図会 2022/23』により作成

（4） 次の雨温図は、パリ（フランス）、ボゴタ（コロンビア）、マラケシュ（モロッコ）、リヤド（サウジアラビア）のものである。**パリ**にあてはまるものを、次の①～④から1つ選びなさい。

13

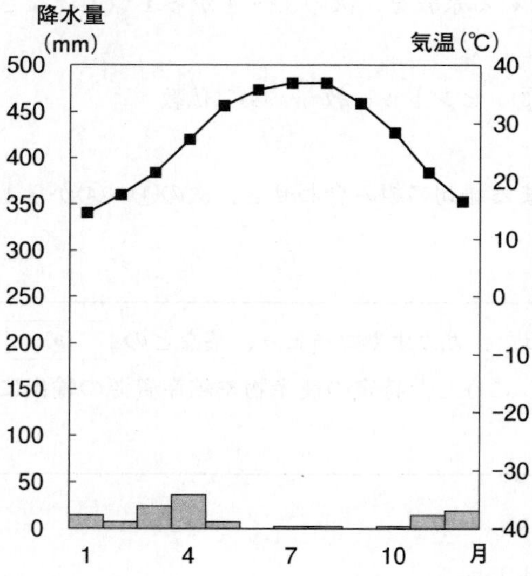

①

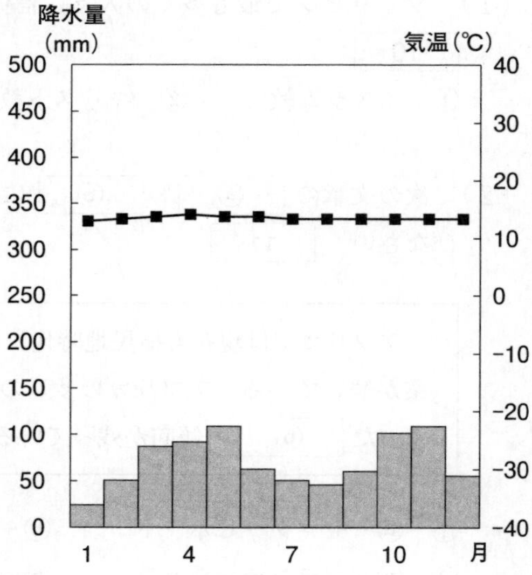

②

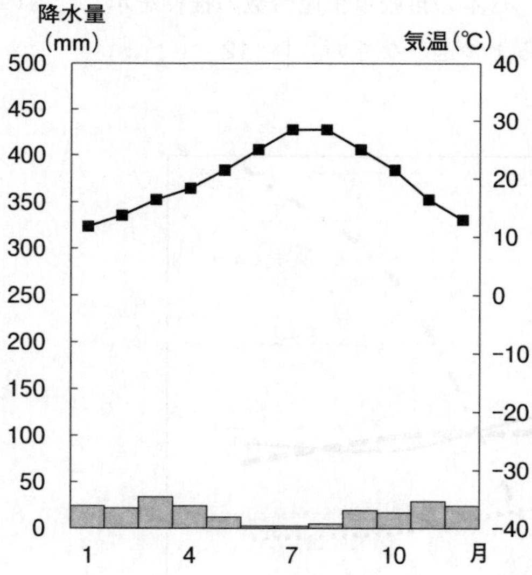

③

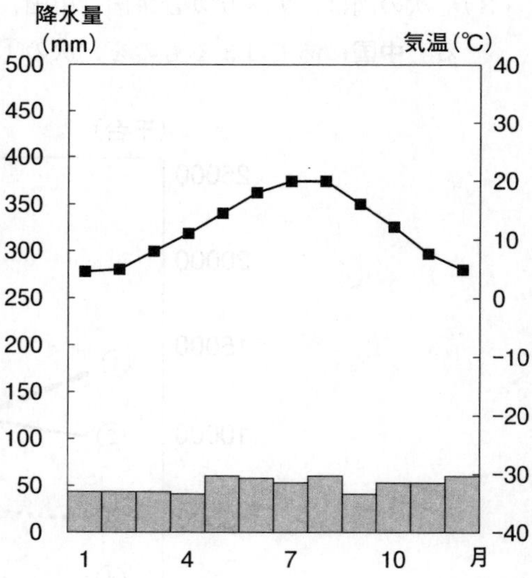

④

気象庁資料により作成

2　次の図ａ～図ｆと図１を見て、（１）～（４）の問いに答えなさい。

図ａ

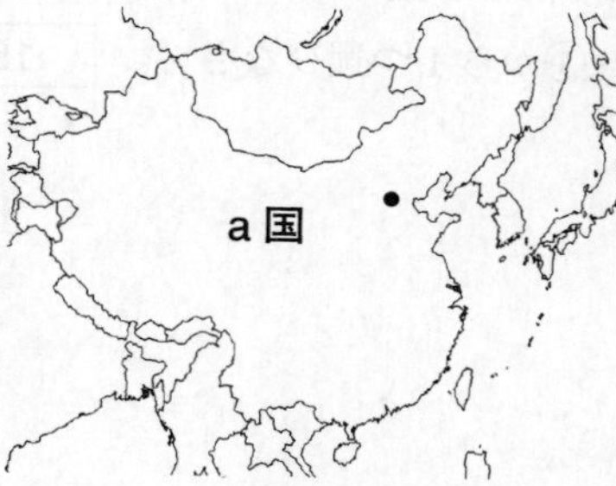

図ｂ

図ｃ

図ｄ

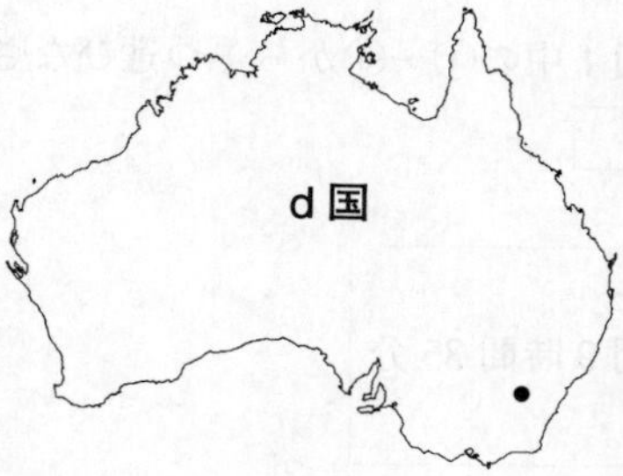

図ｅ

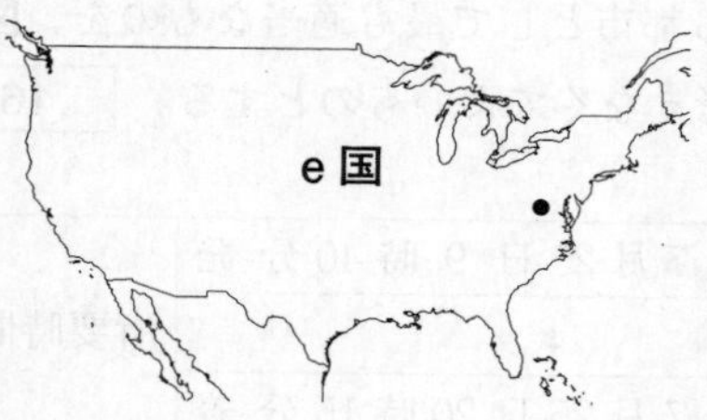

図ｆ

図ａ～図ｆ中の点は首都を示す

縮尺は同一ではない

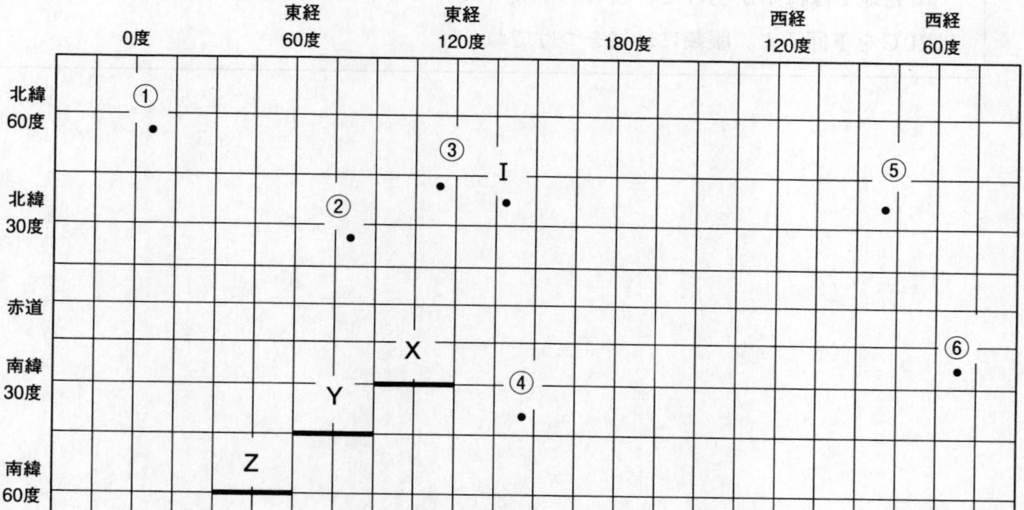

図１

（1） **a国**の首都の位置を、**図1**中の①～⑥から１つ選びなさい。 **14**

（2） **図1**は緯線と経線が直角に交わる図法で描かれている。このとき、**図1**中の直線**X**、直線**Y**、直線**Z**について述べた文として最も適当なものを、次の①～④から１つ選びなさい。 **15**

① 直線**X**は直線**Y**、直線**Z**より実際の距離は長い。

② 直線**Y**は直線**X**、直線**Z**より実際の距離は長い。

③ 直線**Z**は直線**X**、直線**Y**より実際の距離は長い。

④ いずれの直線も実際の距離は等しい。

（3） ノリアキさんは、**図1**のⅠから地図中の①～⑥のいずれかの都市に出かけることとなった。飛行機で行くと、以下のようなスケジュールとなる。また、出発前に現地の友人に電話をしたところ、以下のような注意を受けた。これらの情報からノリアキさんはどの都市に出かけると考えられるか。出かける都市として最も適当なものを、**図1**中の①～⑥から１つ選びなさい。なお、サマータイムは考えなくてよいものとする。 **16**

出発地Ⅰ　7月25日 9時40分 発	所要時間9時間35分
↓	
到着地**A**　7月25日20時15分 着	

【友人からの注意】

出発地Ⅰは梅雨が明けて、猛暑日が続いているけれど、到着地**A**は冬だから、朝の気温は10℃を下回るよ。服装には気をつけてね。

（4） 次の表は、小麦、米、大豆の生産量上位５か国を示したものである。また、表中の**a 国**～**f 国**は、**図 a**～**図 f** 中の**a 国**～**f 国**と対応するものである。**あ**～**う**の農作物の組み合わせとして最も適当なものを、次の①～⑥から１つ選びなさい。 **17**

単位：万トン

	あ		**い**		**う**	
1位	**f 国**	12,180	**a 国**	21,186	**a 国**	13,425
2位	**e 国**	11,255	**b 国**	17,831	**b 国**	10,759
3位	アルゼンチン	4,880	バングラデシュ	5,491	ロシア	8,590
4位	**a 国**	1,960	インドネシア	5,465	**e 国**	4,969
5位	**b 国**	1,123	ベトナム	4,276	カナダ	3,518

『データブック　オブ・ザ・ワールド』（2023 年版）により作成

	あ	**い**	**う**
①	小麦	米	大豆
②	小麦	大豆	米
③	米	小麦	大豆
④	米	大豆	小麦
⑤	大豆	小麦	米
⑥	大豆	米	小麦

3 次の１・２の問いに答えなさい。

1　次の（1）～（5）の問いに答えなさい。

（1）日本の平安時代における国風文化について述べた文として**適当でないもの**を、次の①～④から１つ選びなさい。 **18**

① 漢字を変形させて、日本語を書き表せるかな文字が作られた。
② 中宮彰子に仕えた紫式部は、長編小説である『源氏物語』を著《あらわ》した。
③ 醍醐天皇は、紀貫之らに『古今和歌集』の編纂《へんさん》を命じた。
④ 藤原純友は、阿弥陀仏《あみだぶつ》の住む極楽浄土を再現しようとして、平等院鳳凰《ほうおう》堂をつくった。

（2）次の文中の［　　　］にあてはまる語句を、次の①～④から１つ選びなさい。 **19**

> 江戸幕府の大老［　　　］らは、朝廷の許可を得ないまま、アメリカに領事裁判権を認め、日本に関税自主権がないなどの不平等な内容を多く含む日米修好通商条約を結んだ。

① 吉田松陰　② 井伊直弼　③ 田沼意次　④ 水野忠邦

（3）次の文中の［　　　］にあてはまる語句を、次の①～④から１つ選びなさい。 **20**

> 第一次世界大戦中、イギリスはインドに、戦争への協力に対する見返りとして自治を約束した。戦後、その約束が守られなかったことや、イギリスが民族運動をおさえこもうとしたことに対して、［　　　］は非暴力・不服従の抵抗運動をおこした。

① コロンブス　② ガンディー　③ ナイチンゲール　④ カルバン

（4） 次の史料はある時代の幕府の命令を伝える文書である。次の文A～Dのうち、この史料から読み取れることとして、最も適当なものの組み合わせを、次の①～④から1つ選びなさい。 21

> 諸国の百姓は、田の稲を刈り取った後、その跡に麦をまく。これを、田麦と呼んで、領主たちが年貢として徴収すると言う。これがどうして正しいだろうか。今後、田麦の年貢を徴収してはいけない。百姓のものになるべきである。この命令を、備後《びんご》（注1）・備《び》前《ぜん》（注2）両国の御家人たちに通達すること。
>
> 文永元年四月廿六日　　執権北条長時　判
>
> 連署北条政村　判
>
> 備前・備後両国守護長井泰重
>
> （注1）備後：現在の広島県東部　（注2）備前：現在の岡山県南東部

A　この命令は、鎌倉時代に中国地方の武士たちにむけて出されたものである。

B　この命令は、室町時代に中国地方の武士たちにむけて出されたものである。

C　稲の収穫後の土地に麦をまく二毛作がおこなわれていたことを読み取ることができる。

D　幕府は、領主（地頭）などが、麦に課税することを認めていたことを読み取ることができる。

①　A・C　②　A・D　③　B・C　④　B・D

（5） 次の史料は江戸時代に出された「異国船打払令」である。この史料に関して述べた文A～Dについて、最も適当なものの組み合わせを、次の①～④から1つ選びなさい。 22

> 南蛮・西洋諸国は、わが国で禁止している　X　教の国であるから、どこの海辺の村にでも、外国船が乗り入れてくるのを見たら、その場に居あわせた人々で、有無《うむ》をいわさずに直《ただ》ちに打払い、逃げた時は追跡《ついせき》の船は出さないでそのままにしておき、もし無理に上陸したならば、捕らえ、または打ち殺してもさしつかえない。くわしく取り調べはしないので、ためらわずに打払いに心がけ、機会を失わないようにすることが大切である。油断のないよう申しつける。

A　文中の空欄　X　には、「キリスト」が入る。

B　文中の空欄　X　には、「イスラム」が入る。

C　この法令が定められた後、清がアヘン戦争でイギリスに敗北したことを受けて、幕府はこの法令を強化した。

D　この法令に基づいて、日本に通商を求めて接近したアメリカ船が砲撃されるモリソン号事件がおきた。

①　A・C　②　A・D　③　B・C　④　B・D

2　次のA～Dの文章を読んで、（1）～（6）の問いに答えなさい。ただし、波線部の語句には誤りが1つある。

A　旧石器時代になると、人口が増加し水田も拡大した。そのため、土地や水の利用をめぐる争いが生じるようになり、物見やぐらをかまえ、柵《さく》と深い濠《ほり》に囲まれた大きな集落があらわれ始めた。このような集落を代表するものの一つに佐賀県の［ⓐ］遺跡が挙げられる。

B　尾張《おわり》国（愛知県）の戦国大名であった織田信長は、東海地方を支配する［ⓑ］を桶狭間《おけはざま》の戦いで破った。その後、美濃《みの》国（岐阜県）の斎藤氏を破ったあと、「天下布武」という印判《いんばん》を使用して天下統一の意志を表明した。

C　島津氏の［ⓒ］藩は、明との貿易で栄えていた琉球王国を1609年に征服し、検地をおこなうとともに交易の権利も掌握《しょうあく》した。しかし、このあとも琉球王国は諸外国との貿易を継続《けいぞく》し、この琉球王国を通して多くの文物が日本に持ち込まれた。

D　18世紀後半、［ⓓ］ではインドからもたらされた綿織物の人気が高まり、自国で大量生産が可能な紡績機《ぼうせきき》や織機《しょっき》などの機械の発明と改良がすすんだ。その後、機械の動力として、蒸気機関が用いられるようになり、機械制工業は発展し、産業・経済・社会に大きな変化をもたらした。

（1）［ⓐ］にあてはまる語句を、次の①～④から1つ選びなさい。［23］

①　三内丸山　　②　岩宿　　③　登呂《とろ》　　④　吉野ヶ里

（2）［ⓑ］にあてはまる人名を、次の①～④から1つ選びなさい。［24］

①　武田信玄　　②　上杉謙信　　③　今川義元　　④　徳川家康

（3）［ⓒ］にあてはまる語句を、次の①～④から1つ選びなさい。［25］

①　薩摩　　②　長州　　③　土佐　　④　肥前

（4）［ⓓ］にあてはまる国名を、次の①～④から1つ選びなさい。［26］

①　アメリカ　　②　イギリス　　③　ドイツ　　④　フランス

（5） 二重下線部に関連して、琉球王国の歴史に関するできごととして**適当でないもの**を、次の①～④から1つ選びなさい。 27

① 15世紀初め、中山王の尚巴志《しょうはし》が、他の有力な勢力を滅ぼして沖縄島を統一した。

② 中継《なかつぎ》貿易をおこない、王国の都である首里や外港である那覇を中心に栄えた。

③ 江戸幕府の将軍や琉球国王の代がわりの際に、江戸に使節をおくった。

④ 江華島事件をきっかけに、日本は琉球処分をおこない、琉球王国は廃止され、沖縄県が設置された。

（6） 各文章中に1つずつある波線部のうち、**適当でないもの**を含む文章を、次の①～④から1つ選びなさい。 28

① A　② B　③ C　④ D

4 鉄道に関連する次の略年表を見て、1～6の問いに答えなさい。

年 代	で き ご と
1909年	伊藤博文が、ハルビン駅で韓国の民族運動家ⓐ安重根によって暗殺される。
A	
1921年	ⓑ内閣総理大臣の原敬が、東京駅で国鉄職員の中岡艮一《なかおかこんいち》によって暗殺される。
B	
1931年	関東軍が、参謀《さんぼう》の石原莞爾《いしはらかんじ》を中心として、奉天郊外の［ ⓒ ］で南満州鉄道の線路を爆破し、これを中国軍のしわざとして軍事行動を開始する。
C	
1964年	ⓓ高度経済成長のなか、道路や鉄道の整備が進み、東海道新幹線が開通する。
D	

1 下線部ⓐに関連して、安重根が伊藤博文を暗殺した背景として**適当でないもの**を、次の①～④から1つ選びなさい。［29］

① 日本が韓国を保護国として外交権を奪ったこと。

② 日本が強制的に韓国の皇帝を退位させたこと。

③ 日本が韓国の軍隊や警察を解体し、反発する元兵士らによる抵抗運動を武力によって鎮圧したこと。

④ 日本が朝鮮総督府をおいて、武力による統治をおこなったこと。

2 下線部ⓑについて、日本の歴代内閣総理大臣に関するⅠ～Ⅲの文を年代の古い方から順番に並べたものとして最も適当なものを、次の①～⑥から1つ選びなさい。［30］

Ⅰ 吉田茂が、アメリカを中心とする資本主義諸国などとの間でサンフランシスコ平和条約を結ぶ。

Ⅱ 犬養毅が、政党政治に不満を持つ海軍の青年将校らによって暗殺される。

Ⅲ 田中角栄が、中国を訪問して日中共同声明を発表し、日中国交正常化を実現する。

① Ⅰ－Ⅱ－Ⅲ　② Ⅰ－Ⅲ－Ⅱ　③ Ⅱ－Ⅰ－Ⅲ

④ Ⅱ－Ⅲ－Ⅰ　⑤ Ⅲ－Ⅰ－Ⅱ　⑥ Ⅲ－Ⅱ－Ⅰ

3　[ⓒ] にあてはまる地名とその場所の組み合わせとして最も適当なものを、次の①～④から１つ選びなさい。[31]

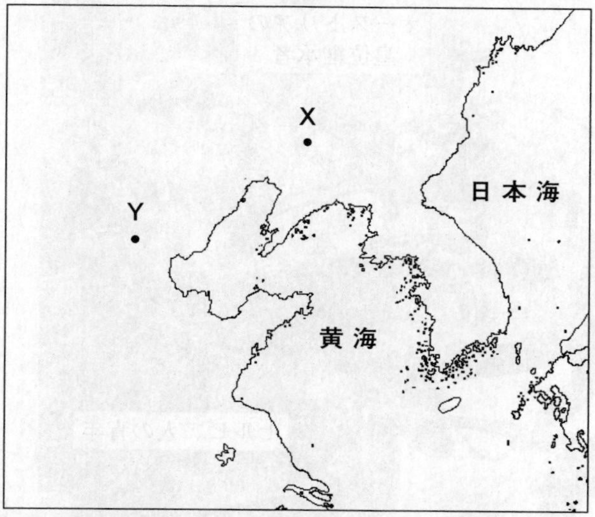

①　[ⓒ]：柳条湖　場所：X　　②　[ⓒ]：柳条湖　場所：Y

③　[ⓒ]：盧溝橋　場所：X　　④　[ⓒ]：盧溝橋　場所：Y

4　下線部ⓓに関連して、戦後の日本に関する文章として**適当でないもの**を、次の①～④から１つ選びなさい。[32]

①「三種の神器」と呼ばれる白黒テレビ・洗濯機・冷蔵庫などの家庭電化製品が広く国民に普及した。

②　ラジオ放送が始まり、東京の神宮球場でおこなわれていた東京六大学野球が中継された。

③　テレビ放送が始まり、手塚治虫の漫画を原作とする「鉄腕アトム」などが放送された。

④　東京でオリンピック・パラリンピックが開催された。

5　次の絵に描かれているできごとをこの年表に入れる場合、年表中の**A**～**D**のどの時期に入るか。次の①～④から１つ選びなさい。 **33**

『 La Domenica del Corriere 』

(メモ)
現ボスニア・ヘルツェゴビナの首都サラエボで起きた事件

①　**A**　　②　**B**　　③　**C**　　④　**D**

6　年表中の**A**～**D**の時期とできごとの組み合わせとして**適当でないもの**を、次の①～④から１つ選びなさい。 **34**

①　**A**－米騒動　　②　**B**－関東大震災

③　**C**－中華民国の成立　　④　**D**－ソ連の解体

5 次の１～３の問いに答えなさい。

1　次の（1）～（3）の問いに答えなさい。

（1）　日本の少子高齢化の課題に関する説明として**適当でないもの**を、次の①～④から１つ選びなさい。 35

①　少子化の背景には、結婚年齢の高まりなどによる合計特殊出生率の減少がある。

②　2005年からは死亡数が出生数を上回り、人口の減少が始まっている。

③　祖父母と親と子どもで構成される「三世代世帯」の割合が増加し、親と子ども、あるいは夫婦だけで構成される「核家族」の割合が減少した。

④　少子高齢化が進むと、高齢者の生活を支える公的年金や医療・介護などの社会保障に必要な費用が増加する。

（2）　ノーベル賞にある各賞として**適当でないもの**を、次の①～⑥から１つ選びなさい。 36

①　文学　　②　医学・生理学　　③　化学

④　物理学　　⑤　歴史学　　⑥　平和

（3）　国会の種類についての説明として**適当でないもの**を、次の①～④から１つ選びなさい。 37

①　通常国会（常会）は、会期は150日間で、毎年１回、６月に召集される。

②　臨時国会（臨時会）は、内閣が必要と認めたときなどに召集され、会期は両院の議決によって決められる。

③　特別国会（特別会）は、衆議院解散後の総選挙の日から30日以内に召集され、会期は両院の議決によって決められる。

④　参議院の緊急集会は、衆議院の解散中、緊急の必要があるとき内閣の求めによって開かれ、会期は不定である。

2　日本国憲法の前文の一部を読み、（1）・（2）の問いに答えなさい。

> 日本国民は、恒久の平和を念願し、人間相互の関係を支配する崇高《すうこう》な理想を深く自覚するのであつて、平和を愛する諸国民の公正と信義《しんぎ》に信頼して、われらの安全と生存を保持しようと決意した。われらは、平和を維持し、専制と隷従《れいじゅう》、圧迫と偏狭《へんきょう》を地上から永遠に除去しようと努めてゐる国際社会において、名誉ある地位を占めたいと思ふ。われらは、全世界の国民が、ひとしく恐怖と欠乏《けつぼう》から免《まぬ》かれ、ⓐ平和のうちに生存する権利を有することを確認する。
>
> われらは、いづれの国家も、自国のことのみに専念して他国を無視してはならないのであつて、政治道徳の法則は、普遍的なものであり、この法則に従ふことは、自国のⓑ主権を維持し、他国と対等関係に立たうとする各国の責務であると信ずる。
>
> 日本国民は、国家の名誉にかけ、全力をあげてこの崇高な理想と目的を達成することを誓ふ。

（1）　下線部ⓐに関連が深い日本国憲法の条文として最も適当なものを、次の①～④から１つ選びなさい。 38

① 何人も、いかなる奴隷的拘束《どれいてきこうそく》も受けない。又、犯罪に因《よ》る処罰の場合を除いては、その意に反する苦役《くえき》に服させられない。

② 国民は、すべての基本的人権の享有《きょうゆう》を妨げられない。この憲法が国民に保障する基本的人権は、侵すことのできない永久の権利として、現在及び将来の国民に与へられる。

③ 何人も、法律の定める手続によらなければ、その生命若《も》しくは自由を奪はれ、又はその他の刑罰を科せられない。

④ 日本国民は、正義と秩序を基調とする国際平和を誠実に希求《ききゅう》し、国権の発動たる戦争と、武力による威嚇《いかく》又は武力の行使は、国際紛争を解決する手段としては、永久にこれを放棄する。

（2）　下線部ⓑに関する説明として**適当でないもの**を、次の①～④から１つ選びなさい。 39

① 主権とは国の在《あ》り方を最終的に決定する権力のことである。

② 日本国憲法では、三大原理の１つとして国民主権がある。

③ フランス人権宣言においては、主権は国民にあると定められている。

④ フランスの思想家ルソーは人民主権をとなえ、『法の精神』を著《あらわ》した。

3　次の文章を読み、（1）～（3）の問いに答えなさい。

> 日本国憲法では、さまざまな人権が保障されている。しかし産業や情報化などの科学技術の発展にともなって、日本国憲法には直接的に規定されていない権利が主張されるようになった。こうした権利は「新しい人権」とよばれ、ⓐ環境権やⓑプライバシーの権利、ⓒ知る権利などがある。

（1）　下線部ⓐに関連する説明として**適当でないもの**を、次の①～④から1つ選びなさい。

40

① 環境権が主張されるようになった背景には、水俣《みなまた》病や四日市ぜんそくなどの深刻な公害が発生したことがある。

② 快適な環境を求める権利として、住居への日当たりの確保を求める日照権がある。

③ 環境保全のための法律として環境基本法が制定されたが、国や地方公共団体の責務は明記されていない。

④ 大規模な開発をおこなう場合に、事前に環境への影響を調査する環境アセスメントが義務付けられている。

（2）　下線部ⓑに関連する説明として**適当でないもの**を、次の①～④から1つ選びなさい。

41

① 自分の顔などを勝手に撮影されたり、その写真や映像を公表されたりしないという肖像《しょうぞう》権もプライバシーの権利の一つである。

② 国や地方、民間の情報管理者に、個人情報を厳重に管理することを義務づける個人情報保護制度が設けられている。

③ インターネットでは自分の名前を明かさずに情報を発信できるため、それを利用して他人の名誉を傷つける事例などが問題となっている。

④ 患者が治療方法などを自分で決定できるように、医師が手術の方法などを十分に説明して同意を得るインフォームド・コンセントもプライバシーの権利の一つである。

（3）　下線部ⓒと最も関わりが深いものを、次の①～④から1つ選びなさい。　42

① 表現の自由　　② 営業の自由　　③ 職業選択の自由　　④ 国籍離脱の自由

6 次の１～５の問いに答えなさい。

1　次の（1）・（2）の問いに答えなさい。

（1）　日本国憲法第４条には、「天皇は、この憲法の定める［ ⓐ ］に関する行為《こうい》のみを行ひ、国政に関する［ ⓑ ］を有しない。」と規定されている。［ ⓐ ］・［ ⓑ ］にあてはまる語句の組み合わせを、次の①～④から１つ選びなさい。［ 43 ］

①　ⓐ－国事　ⓑ－権利　　②　ⓐ－内閣　ⓑ－権利
③　ⓐ－国事　ⓑ－権能　　④　ⓐ－内閣　ⓑ－権能

（2）　日本国憲法第25条には、「すべて国民は、［ ⓐ ］で文化的な［ ⓑ ］の生活を営む権利を有する。」と規定されている。［ ⓐ ］・［ ⓑ ］にあてはまる語句の組み合わせを、次の①～④から１つ選びなさい。［ 44 ］

①　ⓐ－健康　ⓑ－最高水準　　②　ⓐ－健康　ⓑ－最低限度
③　ⓐ－自由　ⓑ－最低限度　　④　ⓐ－自由　ⓑ－最高水準

2　次の（1）～（3）の問いに答えなさい。

> 2021年10月から「埼玉県エスカレーターの安全な利用の促進に関する［X］」が施行された。これはエスカレーターの利用について定めた全国初の［X］であり、ⓐ住民の要望とⓑ地方議会での議論の結果として誕生したものである。このように、地方公共団体は法律の範囲内で自由に［X］を制定でき、それぞれの地方公共団体の特色に沿って、住民の身近な生活に関わるさまざまな［X］が作られている。

（1）［X］にあてはまる最も適当な語句を、次の①～④から1つ選びなさい。［45］

①　憲法　　②　政令　　③　条例　　④　条約

（2）下線部ⓐについて、次の表は、住民の意思を強く生かすための直接請求権についてまとめたものである。［ア］・［イ］・［ウ］にあてはまる数値や語句の組み合わせを、次の①～④から1つ選びなさい。［46］

項目	必要な有権者の署名数	請求先
条例の制定・改廃の請求	有権者の［ア］以上	首長
事務の監査請求	有権者の［ア］以上	監査委員
議会の解散請求	有権者の［イ］以上	［ウ］
議員・首長の解職請求	有権者の［イ］以上	［ウ］

①　ア－3分の1　　イ－50分の1　　ウ－人事委員会
②　ア－3分の1　　イ－50分の1　　ウ－選挙管理委員会
③　ア－50分の1　　イ－3分の1　　ウ－人事委員会
④　ア－50分の1　　イ－3分の1　　ウ－選挙管理委員会

（3）下線部ⓑに関して都道府県・市(区)町村議会の議員の選挙権・被選挙権の年齢の組み合わせとして最も適当なものを、次の①～④から1つ選びなさい。［47］

①　選挙権－18歳以上　　被選挙権－25歳以上
②　選挙権－18歳以上　　被選挙権－30歳以上
③　選挙権－20歳以上　　被選挙権－25歳以上
④　選挙権－20歳以上　　被選挙権－30歳以上

3　1962年にケネディ大統領が提唱した消費者の四つの権利として**適当でないもの**を、次の①～④から１つ選びなさい。 48

①　安全を求める権利　　②　知らされる権利
③　消費者教育を受ける権利　　④　意見を反映させる権利

4　主な企業の種類のうち、造幣局や国立印刷局、国際協力機構（JICA）などはどれに分類されるか。次の①～④から1つ選びなさい。 49

①　個人企業　　②　法人企業　　③　地方公営企業　　④　独立行政法人

5　キャッシュレス化についての説明として**適当でないもの**を、次の①～④から1つ選びなさい。
50

①　キャッシュレス決済とは、クレジットカードなどを利用した現金を使わない支払いのことである。
②　日本は現金での支払いが少なく、キャッシュレス決済が多く利用されている。
③　日本のキャッシュレス決済比率は、韓国・中国と比べて低い。
④　キャッシュレス決済については「必要性を感じない」「使いすぎが不安」「方法が分からない」「セキュリティが不安」などといった意見もある。

【理　科】 (50分) 〈満点：100点〉

1　次の文章を読み，あとの問いに答えなさい。（解答番号 1 ～ 5 ）

図１は，電球・地球儀・板Ａ～Ｄを，それぞれ太陽・地球・星座Ａ～Ｄにみたてて，地球の自転や公転のようすを北極星の方向から表したものである。ただし，地球儀は図２のものを用いた。

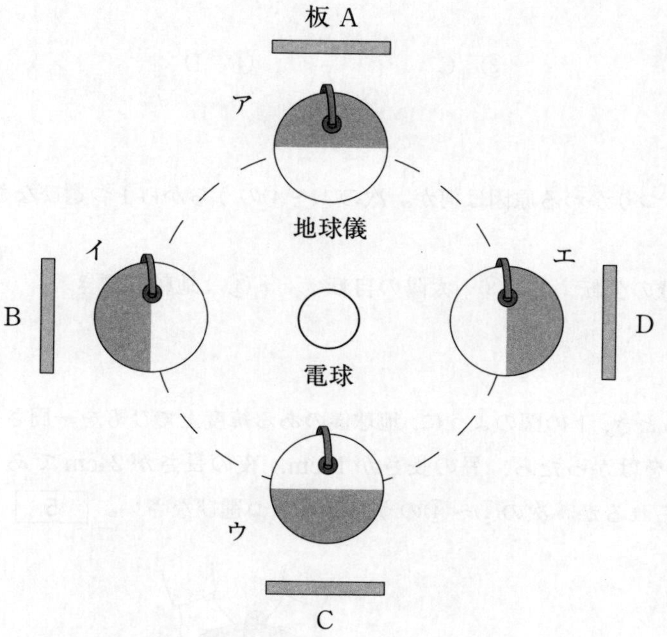

図１

図２

問１　下の図は図１のアの位置にある地球儀である。地球の自転と公転の向きとして正しい組み合わせを，表の①～④のうちから１つ選びなさい。 1

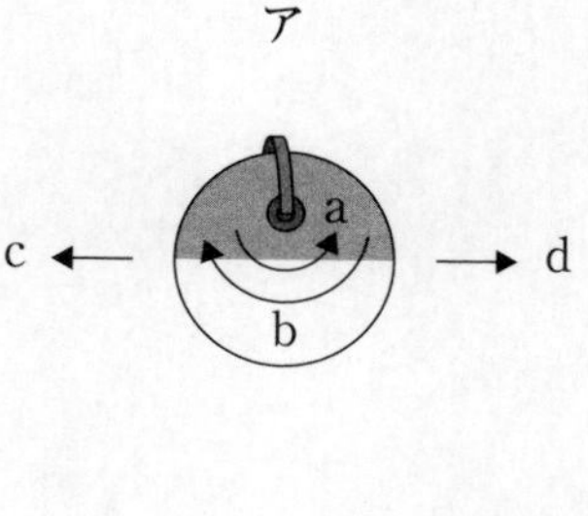

	自転	公転
①	a	c
②	a	d
③	b	c
④	b	d

問２　日本の季節が春のとき，地球の位置は図１のア～エのどれか。次の①～④のうちから１つ選びなさい。 2

①　ア　　②　イ　　③　ウ　　④　エ

問３　地球が図１のエの位置にあるとき，夕方に南中する星座はどれか。次の①～④のうちから１つ選びなさい。 3

①　A　　②　B　　③　C　　④　D

問４　季節によって見える星座がうつりかわる原因は何か。次の①～④のうちから１つ選びなさい。 4

①　地球の自転　　②　地球の公転　　③　太陽の自転　　④　地軸の傾き

問５　地球が図１のアの位置にあるとき，下の図のように，地球儀のある緯度上でひもを一周させた。ひもの長さから昼と夜の長さをはかったら，昼の長さが16cm，夜の長さが24cmであった。昼の長さは何時間何分と考えられるか。次の①～④のうちから１つ選びなさい。 5

①　９時間６分
②　９時間16分
③　９時間26分
④　９時間36分

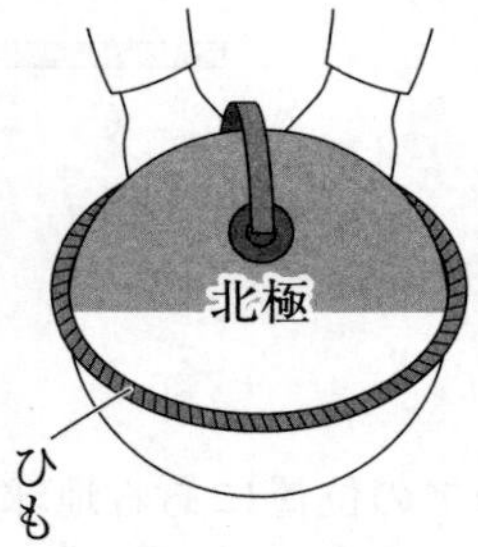

2

次の文章を読み，あとの問いに答えなさい。(解答番号 6 ～ 10)

りかさんとまなぶさんは，千葉県から転校してきた友人のすすめでラッカセイの観察をおこなった。次の図は，二人の観察日記である。

観察日記

5月5日	5月10日	6月30日

ラッカセイの種子を用意し，土にうめた。	ラッカセイが発芽した。	花が咲き始めた。
7月7日	10月10日	
	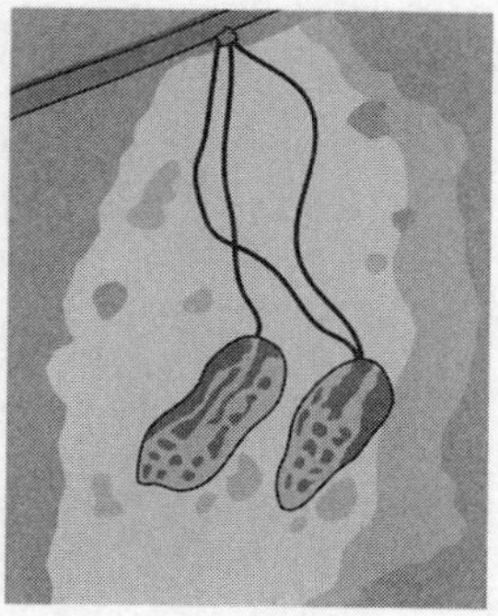	
花は翌日にはしおれていたが子房が地面にもぐった。	土の中にラッカセイ（落花生）ができた。	

問1　観察日記から，ラッカセイの葉と根のつくりとして正しい組み合わせを，次の①～④のうちから1つ選びなさい。 6

①　単子葉類・ひげ根　　②　単子葉類・主根と側根

③　双子葉類・ひげ根　　④　双子葉類・主根と側根

問２　観察日記から，ラッカセイの花弁のつくりと，そのつくりが同じ植物の組み合わせとして正しいものを，次の①～④のうちから１つ選びなさい。 7

①　離弁花・エンドウ　　②　離弁花・タンポポ

③　合弁花・エンドウ　　④　合弁花・タンポポ

問３　子房は何という構造の一部にあるか。次の①～④のうちから１つ選びなさい。 8

①　おしべ　　②　めしべ　　③　がく　　④　やく

問４　子房は成長すると何になるか。次の①～④のうちから１つ選びなさい。 9

①　胚珠　　②　種子　　③　果実　　④　花弁

問５　右の図はできたラッカセイを割ったものである。ラッカセイの花について，図からわかることを，次の①～④のうちから１つ選びなさい。 10

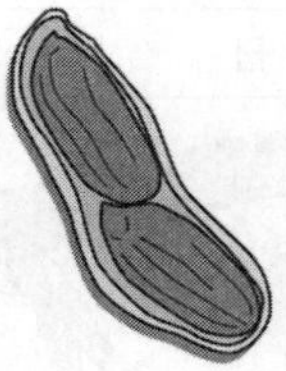

①　１つの花に，おしべが２個あった。

②　１つの花に，胚珠が２個あった。

③　１つの花に，花弁が２枚あった。

④　１つの花に，子房が２個あった

3　次の文章を読み，あとの問いに答えなさい。（解答番号 11 ～ 15 ）

うすい塩酸 $20cm^3$ に，緑色に調整したBTB液を入れたのち，水酸化ナトリウム水溶液を加える実験をおこなった。表は加えた水酸化ナトリウム水溶液の体積とBTB液の色の関係を表したものである。

水酸化ナトリウム水溶液の体積（cm^3）	10	20	30	40
BTB液の色	黄色	黄色	緑色	青色

問１　塩酸と水酸化ナトリウム水溶液はBTB液の色を変化させるが，リトマス紙の色も変化させる。色の変化を適切に表している文を，次の①～④のうちから１つ選びなさい。 11

①　塩酸は青色のリトマス紙を赤色に変える。

②　塩酸は青色のリトマス紙を黄色に変える。

③　水酸化ナトリウム水溶液は青色のリトマス紙を赤色に変える。

④　水酸化ナトリウム水溶液は青色のリトマス紙を黄色に変える。

問２　リトマス紙の色を変化させた塩酸に含まれているイオンは何か。次の①～④のうちから１つ選びなさい。 12

①　H^+　　②　H^-　　③　OH^+　　④　OH^-

問３　塩酸と水酸化ナトリウム水溶液が互いの性質を打ち消しあう反応を何というか。次の①～④のうちから１つ選びなさい。 13

①　電離　　②　酸化　　③　還元　　④　中和

問４　うすい塩酸と水酸化ナトリウム水溶液が互いの性質をちょうど打ち消しあったのは，水酸化ナトリウム水溶液を何 cm^3 加えたときか。次の①～④のうちから１つ選びなさい。 14

①　$10cm^3$　　②　$20cm^3$　　③　$30cm^3$　　④　$40cm^3$

問５　この実験で使ったうすい塩酸をさらに２倍にうすめたあと，実験で用いたものと同じ濃度の水酸化ナトリウム水溶液を用意して実験をおこなった。２倍にうすめたうすい塩酸 $100cm^3$ とちょうど反応させるためには，水酸化ナトリウム水溶液は何 cm^3 必要か。次の①～④のうちから１つ選びなさい。 15

①　$20cm^3$　　②　$25cm^3$　　③　$75cm^3$　　④　$100cm^3$

4　次の文章を読み，あとの問いに答えなさい。(解答番号 16 ～ 20)

図のように斜面となめらかにつながる水平面がある。水平面から 4m の高さの A 点から小球を静かにすべらせると，斜面の上の B 点を通過して，水平面上の C 点に達した。ただし，摩擦や空気の抵抗はないものとする。

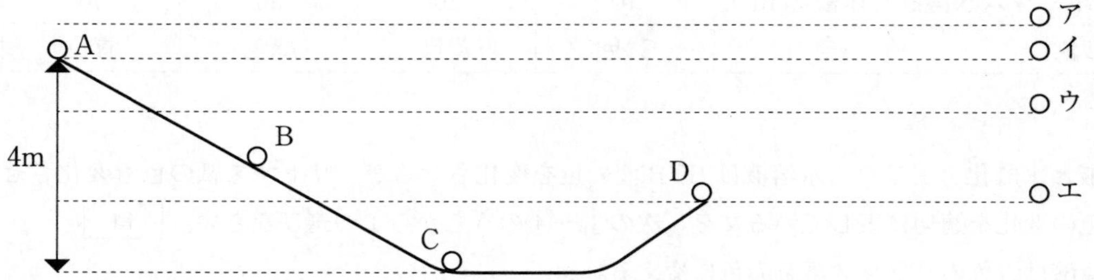

問１　B 点に到達したときに A 点とくらべて増えているエネルギーはどれか。次の①～③のうちから１つ選びなさい。 16

①　運動エネルギー　　②　位置エネルギー　　③　力学的エネルギー

問２　C 点に到達したときに A 点とかわらないエネルギーはどれか。次の①～③のうちから１つ選びなさい。 17

①　運動エネルギー　　②　位置エネルギー　　③　力学的エネルギー

問３　小球を真上に引き上げるためには 10N の力が必要であった。小球を C 点から斜面にそって A 点まで持ち上げるとき，どれだけの仕事が必要か。次の①～④のうちから１つ選びなさい。 18

①　10 J　　②　20 J　　③　40 J　　④　80 J

問４　A 点から C 点までの距離が 8m とすると，斜面にそって引き上げるのに必要な力の大きさは何 N か。次の①～④のうちから１つ選びなさい。 19

①　2.5 N　　②　5 N　　③　10 N　　④　20 N

問５　C 点を通過したあと，小球はなめらかにつながれた斜面上の D 点から飛び出した。飛び出した小球の最高点は図のア～エのどの高さになると考えられるか。最も適当なものを，次の①～④のうちから１つ選びなさい。 20

①　ア　　②　イ　　③　ウ　　④　エ

5 次の各問いに答えなさい。(解答番号 21 〜 24)

問1 震源からの距離に比例して変化するものはどれか。次の①〜④のうちから1つ選びなさい。 21

① 震度　② P波の速さ　③ S波の速さ　④ 初期微動継続時間

問2 動脈血が流れている血管の組み合わせとして正しいものを，次の①〜⑥のうちから1つ選びなさい。 22

① 大動脈・肺動脈　② 大動脈・肺静脈　③ 大動脈・大静脈
④ 大静脈・肺動脈　⑤ 大静脈・肺静脈　⑥ 肺動脈・肺静脈

問3 プロペラつきモーターに導線で亜鉛板と銅板を取り付け，それらの金属が直接触れないように注意しながらビーカーに固定した。ビーカーに入れる水溶液や金属板をかえて，プロペラの様子を観察した。これについて誤っている文を，次の①〜④のうちから1つ選びなさい。 23

① 水溶液が食塩水の場合，プロペラが回った。
② 水溶液が砂糖水の場合，プロペラが回らなかった。
③ 亜鉛板と銅板の取り付け方を逆にすると，プロペラの回り方も逆になった。
④ 銅板を亜鉛板にかえると，かえる前よりプロペラの回転が速くなった。

問4 文中の(　　)に当てはまる言葉の組み合わせとして正しいものを，次の①〜④のうちから1つ選びなさい。 24

> ある物体にはたらく2力がつりあうとき，その2力は(あ)向きでその大きさは等しい。したがって，3力がつりあうとき，2つの力の合力を求めるとその向きは残り1つの力と(い)向きになる。

① あ：同じ　い：同じ　② あ：同じ　い：逆
③ あ：逆　い：同じ　④ あ：逆　い：逆

6　次の文章を読み，あとの問いに答えなさい。

金属製のコップに水を入れて，しばらくおいた。図のような装置をつくり，氷水を入れながら観察をすると，コップの表面がくもり始めた。このときの室内の温度は20℃であった。

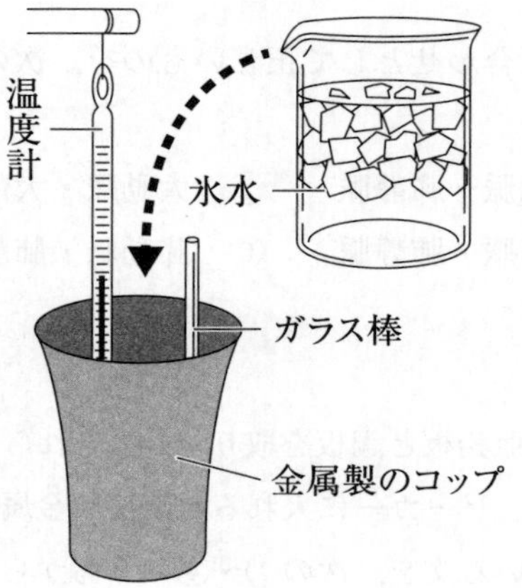

問１　コップの表面がくもり始めた理由について，最も適切に表している文はどれか。次の①～④から１つ選び，番号で答えなさい。

①　コップの中の水が水蒸気になって空気と混ざり，その空気がコップのまわりで冷やされて，湿度が低くなって凝結した。

②　コップの中の水が水蒸気になって空気と混ざり，その空気がコップのまわりで冷やされて，湿度が高くなって凝結した。

③　水蒸気を含んでいる空気がコップのまわりで冷やされて，その空気の湿度が低くなって凝結した。

④　水蒸気を含んでいる空気がコップのまわりで冷やされて，その空気の湿度が高くなって凝結した。

問２　コップのまわりがくもり始めたときの温度を何というか。漢字で答えなさい。

問３　くもり始めたときのコップの水の温度は10℃であった。次の表の数値を使って湿度を求めなさい。ただし，小数第一位を四捨五入して整数で答えなさい。

気温〔℃〕	0	5	10	15	20	25	30	35
飽和水蒸気量〔g/m^3〕	4.8	6.8	9.4	12.8	17.3	23.1	30.4	39.6

問４　この実験室で，水を水蒸気に変えて放出する加湿器を使用した。室内の温度は変わらずに，湿度が70％になった。このとき，加湿器から実験室内の空気中に放出された水蒸気量はおよそ何 g か，小数第一位を四捨五入して整数で答えなさい。ただし，実験室内の湿度は均一で，室内の空気の体積は$250m^3$とする。

7　次の文章を読み，あとの問いに答えなさい。

りかさんとまなぶさんは，右図のような装置をつかって，運動前後の酸素飽和度と１分間の心拍数を計測し，１分間の呼吸数の測定もおこなった。表はその結果である。なお，安静時（運動前）は座って測定し，運動直後は，３分間の縄跳びのあとに測定した。

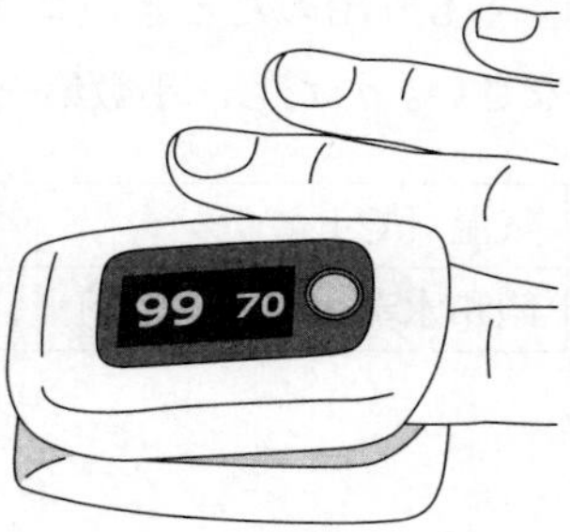

	酸素飽和度（%）		心拍数／分（回）		呼吸数／分（回）	
	安静時	運動直後	安静時	運動直後	安静時	運動直後
１回目	99	98	70	185	15	34
２回目	99	99	68	190	16	30
３回目	98	97	66	178	15	32

問１　酸素飽和度とは何を表すか。下に示す（　　　　　　　）に適する語句を答えなさい。

> 酸素飽和度とは，動脈血中の赤血球に含まれる（　　　　　　　）のうち，酸素と結びついているものの割合である。

問２　酸素を多く含んだ血液を，全身へ送り出す心臓の部位を答えなさい。

問３　ヒトの血液量は体重の約13分の１である。体重60 kgのまなぶさんは，約4.6kgの血液（体積は約4.4 L）が循環していると考えられる。１回の拍動で約70 mLの血液が送り出されるとすると，安静時では約何秒間でからだを１周するか。小数第一位を四捨五入して，整数で答えなさい。

問４　酸素飽和度は，安静時と運動直後で値の変化が小さい。この理由として考えられる文を（　　　　）に10～15文字の言葉を入れて完成させなさい。

> 酸素飽和度が変わらないのは，必要な酸素量が増えても（　　　　　　　　　　　）ことで，細胞に酸素を多く供給することができるためである。

8 次の文章を読み，あとの問いに答えなさい。

うすい塩酸に石灰石（炭酸カルシウム）を加えると，塩化カルシウムと水ができ，二酸化炭素が発生する。グラフは同じ体積のうすい塩酸に加えた石灰石の質量とそのときに発生した二酸化炭素の体積との関係を表したものである。

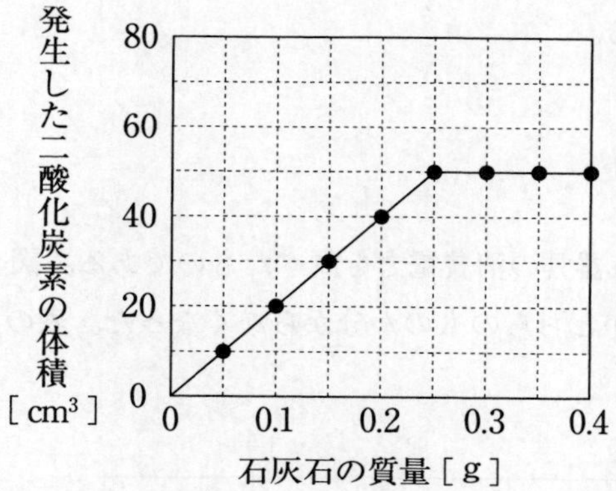

問１　石灰石とうすい塩酸を反応させるとき，発生する二酸化炭素を逃がさないようにして質量を測定すると，反応前と反応後で質量に変化はなかった。この関係を何の法則を何というか。

問２　石灰石（炭酸カルシウム $CaCO_3$）とうすい塩酸の反応を化学反応式で表せ。

問３　うすい塩酸とちょうど反応した石灰石は何 g か。

問４　同じ濃度のうすい塩酸を用いて，石灰石 0.5g をすべて反応させたとき，発生する二酸化炭素の体積は何 cm^3 か。

9　電流の性質について，次の各問いに答えなさい。

問１　50W，20W と書かれた２つの白熱電球がある。これらの白熱電球を並列につないで電圧をかけると，白熱電球の明るさはどうなるか。次の①～③から１つ選び，番号で答えなさい。また，その理由を説明せよ。

①　50W の白熱電球の方が明るい。
②　20W の白熱電球の方が明るい。
③　どちらも同じ明るさである。

問２　次の表は，家で使われる電気器具の消費電力を調べたものである。調べる途中で，LED 電球とドライヤーの消費電力の値がどちらのものか分からなくなった。表の（あ）はどちらの電気器具にあたるか答えなさい。

電気器具	消費電力 [W]
(あ)	12
テレビ	60
エアコン	1000
(い)	1200

問３　1W の電力で電気を１時間使い続けたときの電力量を 1Wh という。1Wh は何 J になるか答えなさい。

問七　本文の登場人物の説明として適当なものを次の**1**～**4**の中から一つ選び、数字で答えなさい。

1　ワタルはヤンチャのことが心配で早く見舞いに行きたいと思っていたが、自分ではどうすることもできないヤンチャの状況を知って強い無力感を感じるようになった。

2　ノリオは母親から勉強を強制されており、そのストレスをハム太にぶつけることはあったが、普段は何事にも動じず冷静な判断が下せる理性的な側面も持っている。

3　ハム太は他の三人と比べると臆病で気が弱く逃げ腰になってしまう部分もあるが、食べることに対しては人一倍で周りが驚くような言動をとることがある。

4　ヤンチャは病気になる前は気が強く四人の中心にいるような活発な子だったが、病気のせいで見た目だけでなく、人目を気にするような性格に変わってしまった。

問五　――線部（２）「ノリオが気をきかせて言うと」とあるが、ノリオがこのような行動をとったのはなぜか。理由として適当なものを次の１～４の中から一つ選び、数字で答えなさい。

１　ヤンチャが見舞いにきた自分たちに対して明るく元気そうに振る舞ってはいるが、無理をしているのは明らかだったので早く帰ってヤンチャを休ませてあげたいと思ったから。

２　ヤンチャの病状についてはある程度予想はしていたが、話を聞いているうちに想像以上だということがわかり、何と声をかけていいかわからずに停滞してしまった空気をかえようと思ったから。

３　ヤンチャの語る病状や検査の様子が自分たちが思っていたよりも痛々しく、見ていることができなかったので、三人とも一刻も早くその場を立ち去りたいと思ったから。

４　目の前で話しをするヤンチャの姿があまりにも変わってしまい、まるで別人と話をしているような錯覚に陥ったため、一度病院を離れて冷静に判断したいと思ったから。

問六　――線部（３）「ワタル……」とあるが、このときのヤンチャの心情の説明として適当なものを次の１～４の中から一つ選び、数字で答えなさい。

１　病状の深刻さに気づいているヤンチャは見舞いにきたワタルたちと話ができるのがこれで最後かもしれないという思いを抱いており、思わずワタルを引き留めてしまった。

２　自分の体調の原因がわからず、どうにもならない状況の中でお見舞いに来てくれた友人に対して何を話したら良いかはわからないが、助けを求めるように思わず声をかけてしまった。

３　冗談を言うノリオやハム太には本当のことは言えないが、自分のことを本気で心配してくれているワタルにだけは自分の本当の病名を伝えようと意を決して話しかけた。

４　本当は友人たちに泣き言を言いたかったのだけれど言えずじまいだったので、最後に誰でも良いから自分の弱音を聞いて慰めてほしくて一番の仲良しであるワタルに声をかけた。

問二　（　Ｘ　）に入る体の一部を表す語句を漢字一字で答えなさい。

問三　（　Ⅰ　）～（　Ⅳ　）に入る語句の組み合わせとして適当なものを次の**1**～**4**の中から一つ選び、数字で答えなさい。

1　くらくら　――　がんがん　――　ズブズブ　――　カラカラ
2　くらくら　――　ぎゅうぎゅう　――　ザクザク　――　ゲラゲラ
3　ふらふら　――　がんがん　――　ザクザク　――　ニコニコ
4　ふらふら　――　ぎゅうぎゅう　――　ズブズブ　――　クスクス

問四　――線部（1）『ちょっと考えごとしてただけだよ』とあるが、このときのワタルの説明として適当なものを次の**1**～**4**の中から一つ選び、数字で答えなさい。

1　ベッドで横になっているおじいさんたちを見ているうちに「クウソウヘキ」がでてきてしまい、自分のおじいさんの死に際を思い出し、自分の世界に入りこもうとしている。

2　ヤンチャと同じ部屋に入院しているおじいさんたちのやせおとろえた姿を見ているうちに、今のヤンチャも同じような状態なのだろうかと心配を募らせている。

3　入院しているおじいさんたちの自分が誰なのかわかっていない様子を目の当たりにして、自分のことを自分と認識するということはどういうことなのかという哲学的な考察をしている。

4　おじいさんたちの様子を見ているうちにヤンチャのことが心配でたまらなくなってきたが、そのことをノリオたちに知られないように考えたふりをしてごまかそうとしている。

ハム太が言うと、ヤンチャはようやくおさまった咳のかわりに、乾いた（　Ⅳ　）笑いをもらした。

「いいぜ。でもこのごろは、出るものといったらおかゆばっかりだけどな」

ランドセルを背負いなおして、じゃあね、と手をふる。ノリオとハム太の後に続いて病室を出ようとした時、

(3)「ワタル……」

ふり向くと、ヤンチャは枕の上で口を半開きにして、僕の顔を見つめていた。何を言うつもりだったのか、ヤンチャ自身もわからなくなって困っているみたいに見えた。

「明日、また来るよ」

と僕は言った。

ヤンチャは、黙ってうなずいた。

問一　――線部（A）「筋金入り」、（B）「神経が細すぎる」の意味として適当なものを後の**1**～**4**の中からそれぞれ選び、数字で答えなさい。

（A）「筋金入り」

1　相手の話を全く聞かない頑固なこと

2　曲がったことを嫌う性格のこと

3　身体や思想が鍛えられて強固なこと

4　生まれつき持っている才能のこと

（B）「神経が細すぎる」

1　感受性が強く気が小さすぎる

2　細かいことが気になり融通がきかなすぎる

3　反応が良くて話しが長すぎる

4　優しい性格で相手のことを考えすぎる

「うん。原因がさ、はっきりしないんだ。薬も効かない。のんでも、ちっとも楽にならないんだ」

「…………」

「あんなにあっちこっち検査しといて、やっぱりわかりませんってのはあんまりだよな」

そう言ったヤンチャの顔が一瞬泣きそうにゆがんだのを見て、

「痛い検査だったの？」

と僕は訊いたけれど、彼は口を結んでそれには答えなかった。

「このポツポツさ」と、ヤンチャは言った。「めちゃくちゃ痒《かゆ》いのに、掻《か》くと痛いんだ。発作が起きると咳が止まらなくて、息が苦しくて、体もだるくて、寝てても、背中からベッドに（　Ⅲ　）めり込みそうな感じがするんだ。底なし沼で溺れるみたいにさ」

ヤンチャの病気が、思っていたより重そうだということは僕らにもわかった。

「大きい病院に移ったほうがいいんじゃないのかな」とノリオが言った。「隣町の病院とかなら、もっとはっきりしたことがわかるんじゃないのか？」

でも、ヤンチャは首を横に振った。

「あっちからもえらいお医者さんが来て調べてくれてるんだけど、やっぱり原因はわからないんだ。これまでに無かった新しい病気らしいや」

疲れてきたらしく、ヤンチャは座っているのをあきらめてズルズルとまた横になってしまった。気まずい沈黙が僕らの間を流れる。

「えっと……じゃあオレたち、そろそろ帰るからさ」

(2)ノリオが気をきかせて言うと、苦しそうな咳がそれに答えた。

「また来るからね」

と、僕も言った。

「今度は、晩飯の時に来ようかな」

し、目は白っぽく濁っていた。やせ細った腕は今にもぽきんと折れそうで、ちょっと動くだけでもすぐ息が切れて苦しそうだ。

左腕に刺さった点滴のチューブを引っ張らないようにしながら、どうにか体を起こしてベッドの上に座ったヤンチャを見ても、みんな、しばらくは何も言えないでいた。ハム太なんか半分逃げ腰だ。

ずいぶん間があいてから、ヤンチャが、クスッと笑った。以前のような、真夏のお日さまみたいな笑顔じゃなくて、どちらかというと昼間のお月さまみたいな、青白い、弱々しい笑い方だった。

「そうビビんなよ、ハム太」ヤンチャは小さい声で言った。「うつる病気じゃないんだってさ」

「な……なんだよ、けっこう元気そうじゃんか」ノリオが、なんとか笑おうとしながら言った。「心配して損したよ」

「ばぁか」ヤンチャは頬《ほほ》をゆがめて、また咳をした。「無理しないでいいよ。オレ、ひどい顔してるだろ?」

僕らは黙っていた。

「食欲が、全然ないんだ」口を動かすのもしんどそうに、ヤンチャは言った。「前のオレだったら、考えられないよな。晩飯に、ハンバーグが出ようが、カレーが出ようが、さっぱり食べる気がしないんだぜ」

ハム太ののどが、病院じゅうに響きわたるような音でゴクリと鳴った。

「オ、オレが来て代わりに食ってやろうか?」

「バカ、病人の食いもの奪ってどうすんだよ」

言いながら、ノリオがまたハム太をこづく。

僕は、そっと訊《き》いてみた。

「何の病気か、わかったの?」

ヤンチャはため息をついた。

「先生は最初、アレルギーの一種じゃないかと言ってたんだけど」

「けど?」

とハム太。

ノリオがそっと、むこう向きの頭に声をかけた。

「おい、ヤンチャ」

返事がない。頭のかっこうは確かにヤンチャなのに、ぴくりとも動かない。

「ヤンチャ、オレだよ。見舞いに来たぞ」

ノリオよりも少し大きな声でハム太が言った。それでもヤンチャは動かない。

「なあ、これってヤンチャだよなあ?」

ハム太が心配そうにノリオの顔をうかがう。

「見りゃわかるだろ」

ノリオがあごで指したベッドの頭のところには、ちゃんと「鈴木康明」と名札が差し込まれている。

僕は、ベッドの足もとをまわって、ヤンチャの顔の側へ行った。ヤンチャはいつものくせで、毛布をおでこの上までかぶって寝ていた。

僕は、耳のあたりまで口を近づけて言った。

「ヤンチャ、ねえ、起きてよ。みんな来てるんだよ」

ぴくん、と、毛布の中のヤンチャの体がはねて、それからゆっくりと動きはじめた。

最初に中から出てきたのは、スリコギみたいな細い右腕だった。こほっこほっと咳《せき》をしながら、その手が何度か空を切り、ようやく顔にかかっていた毛布をつかんでめくったとたん、僕はびっくりして思わず息をのみこんでしまった。

それは、ヤンチャではなかった。いや、もちろんヤンチャはヤンチャなんだけれど、僕らのよく知っているヤンチャではなかった。

僕らの知っているヤンチャは、イガグリ頭で、色が黒くて、負けず嫌いだってことが一発でわかるようなキュッとつり上がった目をした、近所で知らない者のない腕白坊主だった。ケンカは誰よりも強かったし、かけっこだって誰よりも速かった。

でも、いま目の前にいるヤンチャは……胸元なんかまるで向こう側がすけて見えるくらい白くて、あちこちに赤い発疹《ほっしん》がぽつぽつ浮き出

「ぼうっと夢見てたじゃないか」
(1)「ちょっと考えごとしてただけだよ」
ノリオは肩をすくめて、やれやれ……と大人みたいな首の振り方をした。
彼に言わせると、僕には〈クウソウヘキ〉というのがあるらしい。ひとつのことを、人が考えないようなずっと先の方まで考えたり、現実にはありえない夢のようなことをいろいろと想像したりするクセをそう呼ぶのだそうだ。
たしかに授業中、担任の先生——もう千代子先生じゃない、男の先生だ——の言った何でもない一言が気になって、ぼんやりしてしまうことはよくある。目を開けたまま夢を見ているような感じであれこれ空想しているうちに、だんだん悲しくなってきて、とうとう泣き出してしまったことまである。
そんな僕を、先生や母さんは(B)神経が細すぎると言って心配したり、集中力がないと言って怒ったりするけれど、それなら先生のほうだって、僕が空想にふけるひまもないくらい面白い授業をしてくれればいいのにと思う。思うだけで、もちろん、口に出しては言えない。僕にもヤンチャのような勇気があればいいのに。
ヤンチャ……。
そうだ、ヤンチャのお見舞いに来たんだった。
左側の奥、窓のそばのベッドで、ヤンチャはあっちを向いて寝ていた。おばさんは、どこかへ出かけているみたいだ。手前の、入り口に近いほうのベッドで寝ているはずの人も今は留守だった。しわくちゃのシーツの上に古ぼけた上着がぬぎすててある。
僕らはなんとなく息をひそめて、忍び足で病室へ入っていった。
ヤンチャは眠っていた。
「起こさないほうがいいのかな」
と、僕。
「でも、やっと会いに来たのにさ」

そんなあだ名がついたのだ。

「『病院ッテ苦手ナンダヨ』」ノリオが容赦なく口まねをした。「バーカ。女みたいな声出すなよな。いやならお前だけ帰ったっていいんだぜ。誰も無理に来いなんて言ってないんだから」

クラスの連中から時々「ガリオ」と陰口をたたかれることのあるノリオのお母さんは、ひと昔前のギャグマンガにでも出てきそうな、(A)筋金入りの教育ママだ。同じ「勉強しなさい」と言うのでも、うちの母さんなんかとは迫力からして違う。ノリオがハム太につらく当たるのは、たぶん、いつも（　Ⅱ　）やられている反動なんだろうと思う。

看護婦さんに教えられたヤンチャの病室は、三階の端にあった。いちばん奥が大きな窓になっていて、左側と右側の壁に二つずつ、全部で四つのベッドが置いてある。

右側のベッドに横になっているのは、二人ともおじいさんだった。それぞれの枕もとにある小さなテーブルの上には、とっくの昔にしおれてしまった花が申し合わせたみたいにそのままになっていた。長いこと入院している人たちなのかもしれない。

どちらのおじいさんも、ここではないどこか遠くを見ていて、おまけにひどくやせていた。まるでガイコツの標本にストッキングをかぶせたみたいな感じのやせ方で、そのせいかお互いとてもよく似ていた。たとえばベッドを取りかえっこしていたとしても、たぶん誰も気がつかないだろうと思うくらいによく似ていた。このおじいさんたちは、隣の人と自分と、どちらがどちらだかわからなくなってしまうことはないのだろうか？　それどころか、もしかしたらもう、自分が誰かってことさえもわからなくなってるんじゃないだろうか？　死んでしまう少し前の、僕のおじいちゃんみたいに……。

「おい、ワタル」

腕をひっぱられて我に返った。

「お前、また立ったまま寝てたな？」

と、ノリオが言った。

「寝てなんかいないよ」

四

次の文章は村山由佳の小説『約束』の一部である。主人公である「僕」（ワタル）は小学校三年生のときにヤンチャ、ノリオ、ハム太の三人と仲良くなり、いつも行動をともにしていた。小学校四年生のときにヤンチャが原因不明の病気で緊急入院をしてしまう。それに続く文章を読んで、後の問いに答えなさい。（設問の都合上、表現を改めた部分がある。）

すぐにでもお見舞いに行きたかったのに、実際に行ってもいいとお許しが出たのは、入院から半月もたってからだった。ヤンチャの病気が何なのかはっきりわかるまで、家族以外は会ってはいけないと主治医の先生が決めたのだ。

ヤンチャのお母さんは食事ものどを通らなくて、やせ細って（　Ⅰ　）になってしまった。やせたい、やせたいと口ぐせのように言っていた人だったのに、いざやせてみると少しもうれしそうじゃなかった。僕らにしても、ぽっちゃりしていた時のおばさんのほうがずっと好きだった。おばさんの丸っこい体の中には、何だかわからないけれども幸せなものがいっぱいつまっているような気がしていたからだ。

その日、僕らは学校が終わるのを待ちかねて、ランドセルをしょったままお見舞いに行くことにした。

半月前、ヤンチャが入院したのと同じ頃に夏休みは終わってしまっていて、気の早い木々の葉はもううっすらと秋の色に染まり始めていた。はじけるような夏の盛りに病気になるのはもちろん嫌なものだろうけれど、こんな季節に入院しているというのも、なんだか淋《さび》しすぎる気がした。

ヤンチャの病院は、僕らの小学校の近くにあった。

コンクリートの古い建物は、前に僕のおじいちゃんが入院していた隣町の病院ほどには大きくもなければきれいでもなく、入り口からそっとのぞくと廊下はひどく薄暗くて、学校の理科室みたいな湿ったにおいがした。

待合室の長椅子は、山盛りのお年寄りで埋まっていた。ランドセル姿で前を通るとひそひそ話をやめてこっちを見るので、僕らは思わずそこで（　Ｘ　）がすくみそうになった。

「オレ、病院って苦手なんだよ」

ハム太が情けない声を出した。ハム太の本当の名前は〈公太〉というのだが、歩くより横に転がったほうが速いくらい太っているので、

問六 ――線部（3）「なげきかなしむことかぎりなし」とは具体的にはどのようなことか。最も適当なものを次の**1**～**4**の中から選び、数字で答えなさい。

1 信仰心が厚いのに、悪口一つで周りの人からの信頼を失ったことを嘆き悲しんだということ。

2 自分より先に殖の村の女が菀山寺に「法花経」を奉納した無念さに嘆き悲しんだということ。

3 誹謗によって、口の形が変形し、顔もゆがんだことをこの上もなく嘆き悲しんだということ。

4 「法花経」を書き写しても過去の罪を後悔しない女の人柄に対して嘆き悲しんだということ。

問七 ――線部（4）「心あらむ人」とは、どのような人のことか。最も適当なものを次の**1**～**4**の中から選び、数字で答えなさい。

1 悔いる心がない人。　**2** 善悪の判断がつく人。　**3** 「法花経」を書き写す人。　**4** 信仰心のある人。

問八 ――線部（5）「ゆめゆめかろめ誹ずることをとどむべし」とはどのようなことか。最も適当なものを次の**1**～**4**の中から選び、数字で答えなさい。

1 たとえ夢の中であっても、「法花経」を忘れてはいけないということ。

2 他者に対して、決して軽んじたり悪口を言ってはならないということ。

3 人を悪く言ったり、ののしることは夢の中で留めておくのがよいということ。

4 何かに熱中している人に対して、馬鹿にするのはやめたほうがよいということ。

問二　＝＝線部「そしりにくむゆゑなり」を現代仮名づかいに直しなさい。

問三　――線部（1）「阿波の国」とは現在の何県か、次の1～4の中から正しいものを一つ選び、番号で答えなさい。

1　栃木県　　2　徳島県　　3　広島県　　4　長崎県

問四　（　X　）に当てはまる語として、最も適当なものを次の1～4の中から選び、数字で答えなさい。

1　仏　　2　心　　3　功徳　　4　天皇

問五　――線部（2）「心をいたして人をもつて法花経をうつさしむ」とはどのようなことか。最も適当なものを次の1～4の中から選び、数字で答えなさい。

1　心を無にしてひたすら「法花経」を書き写したということ。
2　心身を痛めながらも「法花経」を菀山寺に移したということ。
3　心をこめて人に「法花経」を書き写させたということ。
4　心から他者の為に「法花経」を菀山寺に移させたということ。

三　次の古文を読んで、後の問いに答えなさい。（設問の都合で表記を一部改めたところがある。）

今はむかし、（1）阿波の国名方の郡の殖《おえ》の村に、ひとりの女人ありけり。※あざなを夜須古《やすこ》といひけり。※白壁の天皇の御代のことなり。この女願をおこして、※法花経をうつしたてまつらむと思ふ心ありて、殖の郡の菀山寺《おんざんじ》にして、（2）心をいたして人をもつて法花経をうつさしむ。しかる間、その郡に忌部《いんべ》の連板屋《むらじいたや》といふ人あり。この人、かの経をかかしむる女人をにくみて、女の過失をあらはして誹謗《ひほう》をなす。しかるに、板屋たちまちに口ゆがみて面もどれり。これによりて（3）なげきかなしむことかぎりなし。しかれども、遂にこれを悔ふる心なくして善をこのまず。しかれば、直ることなし。

これを見聞く人、「これひとへに、心をいたして法花経をかきたてまつれる人をそしりにくむゆゑなり」といひけり。

これを思ふに、法花経の文にたがふことなし。（4）心あらむ人は、もつぱらに法花経を読誦し書写せむ人をば、（　X　）のごとくうやまふべし。（5）ゆめゆめかろめ誹ずることをとどむべし。これ、すぐれたる功徳なりとなむ語り伝へたるとや。

〈『今昔物語集』による〉

（注）あざな……実名の他に付けた呼び名。　白壁の天皇……光仁天皇。　法花経《ほふくえきょう》……『法華経』のこと。

問一　本文の出典である『今昔物語集』は平安時代末期ごろの作品である。次の１～４の中からこの作品よりも後に作られた作品を一つ選び、数字で答えなさい。

１　枕草子　**２**　古今和歌集　**３**　源氏物語　**４**　世間胸算用

問八　――線部（3）「モノは豊富になったけれども、逆に語彙が乏しくなった」とあるが、説明として最も適当なものを次の**1**～**4**から選び、数字で答えなさい。

1　時代の変遷とともに物質文明は豊かになっても、日常を見つめる習慣が減って言葉に込められていた人々の思いや心が削られてしまった。

2　日々目にする情報が豊富になるにつれて、紙に書かれた言葉を目にする機会が減少し、言葉にじっくり触れる人たちが減ってしまった。

3　便利なものが次々と生み出され時代の進化についていくのが大変になり、日常を彩ってくれていた言葉がいつしか忘れ去られてしまった。

4　物を買い求めることによって得られる幸福感の影に、日常における人と人とのつながりという目に見えない幸福感が見失われてしまった。

問九　本文の内容としてふさわしいものを次の**1**～**4**の中から一つ選び、数字で答えなさい。

1　以前とくらべて語彙が減少した例をあげて「言葉」と「心の風景」をつないでいたものが豊かな「自然」であったことをつきとめ、環境の保全について訴えている。

2　目に見える「環境の変化」を支えたものとして目に見えない「言葉の変化」に着目し、時代の表情を示す言葉を紹介しながら「言葉の本質」を考察している。

3　言葉を大切に扱うことで「日常」を成り立たせ支えているさまざまなものを見出すことができるようになり、心豊かに生活できることを、具体例を交えて述べている。

4　「今日を充実させる言葉」を集めることで進化のスピードに置き去りにされた「心のむなしさ」を取り戻せることを、筆者の主張を補強する文章を引用して述べている。

問四 □ の中に補う語として最も適当なものを次の1～4の中から選び、数字で答えなさい。

1 時代の潮目　2 自然の脅威　3 空想の再現　4 愛惜の対象

問五 〰〰線部「そのため」の説明として適当なものを次の1～4の中から一つ選び、数字で答えなさい。

1 周囲をゆっくりと見つめて心に刻み込む。

2 性急に生きて心の静かさを見失う。

3 目に映るいのちと一心同体と化す。

4 今日みるべき風景をうっかり見落とす。

問六 ――線部（1）「自分が生かされていると感じている言葉」の説明として最も適当なものを次の1～4の中から選び、数字で答えなさい。

1 季節の変化や環境の刷新を「若者言葉」でみずみずしく表すと、私たちの暮らしが大きく変化していく。

2 一見「ごく普通の何でも無いような言葉」に、社会の中で生きていく上でのすべての知恵がこもっている。

3 普段見ている風景を「さりげない言葉」で表現することで、流行の変化を感じ取り生き生きと行動できる。

4 細やかに自然と接する体験を「趣のある言葉」で表し味わうことを通じて、自分の心が豊かになる。

問七 ――線部（2）「ある親身な感覚」を説明した次の文の □ に入る語句を本文から漢字二字で抜き出して記しなさい。

言葉や本は、単なる伝達物として □ を伝えるだけの存在ではなく、さまざまなものを同時に思い起こさせてくれる。

りや陰影やゆたかさ、奥行きが削られて、わたしたちの日々のあり方が狭く窮屈なものになってしまっているとすれば、問題です。

言葉むなしければ、人はむなしい。語彙というのは、心という財布に、自分が使える言葉をどれだけゆたかにもっているかということです。その言葉によって、いま、ここに在ることが生き生きと感じられてくる。そういう言葉を、どれだけもっているか。いまは、言葉のあり方というのが、あらためてそれぞれの日常に、切実に問われているときのように思われます。

〈長田弘『なつかしい時間』による〉

問一 ＝＝線部（A）「喚起する」、（B）「風合い」の意味として適当なものを後の**1**～**4**の中からそれぞれ選び、数字で答えなさい。

（A）「喚起する」

1 意識に働きかけ呼び起こす　**2** 受け継いだものを提示する

3 都合がわるくなったものを無くす　**4** 無理やり知恵をしぼり出す

（B）「風合い」

1 がんこに守り通す気持ち　**2** 時代に応じて変化するようす

3 見たりさわったりする感じ　**4** しなやかで可愛い工芸品

問二 ……線部（Ⅰ）「ない」と同じ用法のものを次の**1**～**4**の中から一つ選び、数字で答えなさい。

1 いつも遅くなるわけではない。　**2** 車線違反をしないこと。

3 切ない気持ちになった。　**4** 昨日よりも元気がない。

問三 ……線部（Ⅱ）「若葉」と同じ構成を持つ熟語を次の**1**～**4**の中から一つ選び、数字で答えなさい。

1 弱点　**2** 納税　**3** 救助　**4** 腰痛

胸をしめつけるのだ。心につながるもの、目につながるものの一切が、しめやかな、しかし断ちがたい［　　］となるのもこういう時だ」。これは、尾崎一雄「美しい墓地からの眺め」の一節（岩波文庫ほか）。

「しげしげと眺める」というしんとした動作から、「心につながるもの、目につながるもの」への愛惜が生まれてくる秘密が、ここにはさりげなく語られています。こういうふうな「しげしげと」という動作を表す言葉が、今日なくてはならぬ言葉、心の風景をつくる言葉としてあるだろうかということを考えます。私たちは今日ますますスピードをあげて生きることに追われて、「しげしげと目の前の風景を眺める」習慣をなくしてはいないでしょうか。そして、そのために「幸福感」をも。

もう一つ、「本」という言葉。

本という言葉は、いまでももちろん日々に親しい言葉です。しかし、本という言葉が(A)喚起する次のような感情は、いまはもう私たちに日々に親しいものではなくなってきています。「その頃の本は読むものだった。古本屋にはいい本が置いてあってそれを漁《あさ》って歩くのが楽しみだった。一体に本にはその匂いというものがあって本が選《え》りすぐられたものであるに従って本の匂いがそこに漂う。その中から一冊を手に入れるのはその匂いを持って帰るようなものだった」。これは、吉田健一『東京の昔』の一節（中公文庫）。

活字という文字には匂いがあった。新聞には新聞の言葉の匂い、辞書には辞書の活字の匂いがありました。言葉は意味だけでできているのではなくて、文字には墨の匂い、インクの匂い、紙の手触り、(B)風合いがありました。本を手にする、本を読むことは、そういう感覚を覚えるということでもあったけれども、そういうふうに「本」という言葉も今日では、もうなくてはならぬ言葉、心の風景をつくる言葉として、(2)ある親身な感覚を喚起する言葉というふうではなくなっています。

本来、そのまわりにさまざまなものを集めるのが、言葉の本質です。風景を集める。感情を集める。時間を集める。ヴィジョンを集める。人を集める。記憶を集める。そういう言葉を自分のなかにどれだけもっているかが、胸のひろさ、心のゆたかさをつくる。

こんなふうに、語彙の行く末をたずねてゆくと、そこに見えてくるのは、わたしたちの日々の心の風景です。いまは言葉が使い捨てになっていないか、どうか。言葉を使い捨てることは心を使い捨てることです。いまは心が使い捨てになっていないか、どうか。

(3)モノは豊富になったけれども、逆に語彙が乏しくなった。そのために、さまざまな言葉によってわたしたちがずっと得てきた心のひろが

二　次の文章を読んで、後の問いに答えなさい。（設問の都合上、表現を改めた部分がある。）

日々をいろどる季節や風景、住まいや家並み、人びとの姿や道具。どちらをむいても、私たちの日々をとりまく環境は、どんどん変わってきました。これからも変わりつづけるにちがいありません。変化や新しさは、時代の表情を変える力をもっています。

けれども、そう言えるのは、目に見えるものについてです。モノの変化、かたちの変化、暮らしの変化、暮らし方の変化といった目に見える変化が、わたしたちにもたらすもっとも大きな変化は、実は、目に見えないものの変化ではないか、と思います。

目に見えないものの変化というのは、すなわち言葉の変化です。言葉の変化というと、流行語や若者言葉の変化と考えられがちですが、そうではなく、言葉ほど、目に見え（Ⅰ）ないものの変化を反映しているものはないのです。

ごく普通の何でも無いような言葉に見える。しかし、その言葉によって、（1）自分が生かされていると感じている言葉というのがあります。

たとえば、「梢《こずえ》」という言葉です。

木の枝の先を言う言葉です。「梢の隙間を洩《も》れて来る日光が、径《みち》のそこここや杉の幹へ、蝋燭《ろうそく》で照らしたやうな弱い日なたを作つてゐた。歩いてゆく私の頭の影や肩先の影がそんななかへ現はれては消えた。なかには「まさかこれまでが」と思ふほど淡いのが草の葉などに染まつてゐた。試しに杖をあげて見ると、ささくれまでがはつきりと写つた」。梶井基次郎の「筧《かけい》の話」という文章です（『梶井基次郎全集』第一巻による）。

こういうふうに梢という言葉が、私たちの見ている風景のなかに、今日なくてはならぬ言葉、心の風景をつくる言葉としてあるだろうかということを考えるのです。ふだんわたしたちはいまは木を見上げるということをしなくなっています。文章の題の「筧」も、水を引く樋《とい》をさす言葉ですが、いまは普段に見るものでなくなって、その言葉が表していた趣というものは、わたしたちの語彙にはすでにありません。

あるいは、「しげしげと」という言葉。

「寝床から抜け出し縁側に出る。煙草に火をつけ、うらうらとした陽ざしの中へゆっくりと煙を上げる。激しい勢で（Ⅱ）若葉を吹き出している庭前《にわさき》の木や草を、しげしげと眺める。「俺は、今生きて、ここに、こうしている」こういう思いが、これ以上を求め得ぬ幸福感となって

（a）この詩の形式を次の１～４の中から一つ選び、数字で答えなさい。

１　口語自由詩　２　文語自由詩　３　口語定型詩　４　文語定型詩

（b）この詩の中で用いられている修辞技法を次の１～４の中から一つ選び、数字で答えなさい。

１　対句法　２　直喩法　３　反復法　４　倒置法

（c）――線部「無こそむしろ安易なものだ」とあるが、それはどういうことか。説明として適当なものを次の１～４の中から一つ選び、数字で答えなさい。

１　何もないことによって見返りを求める必要がなくなるので、自分以外のものに無償の愛を捧げることができるということ。

２　不安や悩みは生きている限りわずかな身ぶりとして現れるけれども、死によってそれらの不安から解放されるということ。

３　無は存在するものが持つかすかな挙動や静寂、感じがたい不安などについて思いをめぐらせる必要がないということ。

４　存在するものが自分に向けて解決しがたい不安を訴えるのに対して、無は名前をつけられることだけを求めるということ。

問五　次の漢文の読み方の順番で、5 4 1 3 2 となるものを次の**1**～**4**の中から一つ選び、数字で答えなさい。

1　□二□□一□レ□

2　□二□□□一レ□

3　□レ□レ□二□□一

4　□レ□二□□一レ□

問六　次の四字熟語の□に入らない漢数字として適当なものを後の**1**～**4**の中から一つ選び、数字で答えなさい。

□鬼夜行　　□差□別　　□笑□金　　□古不易

1　一　　**2**　十　　**3**　百　　**4**　千

問七　次の詩を読んで、後の（a）～（c）の問いに答えなさい。

ソネット　50

谷川俊太郎

存在のもつ静寂は時に
無のもつそれにもましてかすかだ
だが近づくと
かれらのひそかな身ぶりがあらわになる

かれらは訴えてはいないだろうか
一本の樹　ひとつの腕
ひとりの娘　一枚の絵
と呼ばれることの不安について

在ることのたしかさについて
私もよく知っている　しかし
人のそとに名づけられる何があるか

無こそむしろ安易なものだ
私が呼んでも世界は目ざめない
私は愚かに愛することが出来るだけだ

※ソネット…一四行から成る近世ヨーロッパの詩の一形式。

二〇二四年度
國學院大學栃木高等学校（第2回）

【国　語】（五〇分）〈満点：一〇〇点〉

【※解答の数字は算用数字を記入すること。】

一 次の各問いに答えなさい。

問一 次の**ア**～**オ**の――線部の**カタカナ**を漢字で書きなさい。

ア シャヨウがさしこむ。　**イ** ネンパイの紳士。　**ウ** 江戸時代の**トノサマ**。

エ ゲンカンを掃除する。　**オ** 反乱を**クワダ**てる。

問二 次の**ア**～**オ**の――線部の漢字の読みを**ひらがな**で書きなさい。

ア 来月の初旬。　**イ** 危険を冒す。　**ウ** 含蓄のある話。

エ 会社で事務を執る。　**オ** 欠点を是正する。

問三 「石橋をたたいて渡る」と同じ意味を持つことわざを、次の**1**～**4**の中から一つ選び、数字で答えなさい。

1 弘法《こうぼう》にも筆の誤り　**2** 能ある鷹は爪を隠す　**3** 転ばぬ先の杖《つえ》　**4** 馬の耳に念仏

問四 次の文章の□に入る副詞として最も適当なものを、次の**1**～**4**の中から一つ選び、数字で答えなさい。

□明日は雨だろう。

1 まるで　**2** おそらく　**3** どうして　**4** けっして

2024年度／國學院大學栃木高等学校（第２回）

英語解答

1 放送文未公表

2 1 ①　2 ①　3 ②　4 ③
5 ②　6 ④　7 ②　8 ④
9 ①　10 ②

3 1 ③　2 ④　3 ①　4 ①
5 ②　6 ③

4 1 ①　2 ①　3 ②　4 ④
5 ③　6 ①

5 1 ③　2 ④　3 ②
4 36…③　37…④　38…①　39…③
40…④
5 ④，⑤

6 1 ウ　2 イ
3 a 誕生日プレゼント
b ゴールデン・サンの帽子
4 (a) Saturday　(b) his name
5 エ
6 (例)このアレックスがくれた帽子は，君が今までもらった中で最も大切なプレゼントだね。

1〔放送問題〕放送文未公表

2〔適語(句)選択・語形変化〕

1．be able to ～で「～できる」の意味。疑問文なので，be動詞(ここではAre)が文頭にくる。「あなたはこのコンピューターを使えますか」

2．because以下の「午後外出する」という理由から判断する。untilは「～まで(ずっと)」という‘継続’の意味を表すので不適切。　「午後はずっと外出するので，昼食前にこの仕事を終わらせたい」

3．Be careful not to ～で「～しないように気をつけて」という意味を表せる。これは‘目的’を表す副詞的用法のto不定詞の前にnotがついた形。このようにto不定詞を否定するnotはtoの前に置く。　「外は寒いよ。風邪をひかないように気をつけて」

4．withには「～で，～を使って」という‘道具・手段’を表す用法がある。　「彼女はナイフで肉を切った」

5．‘tell＋人＋to ～’「〈人〉に～するように言う」の形。他の選択肢の動詞はこの形をとれない。「昨日，先生は私に，彼の部屋まで本を運ぶように言った」

6．空所以下は，文の前半の‘理由’になっている。　「彼は長崎に引っ越したので，今は私を訪ねてこない」

7．「東京の気候」と「ロンドンの気候」を比較するので，thanの後はthe climateの代わりとなる語が入る。前に出ている名詞の代わりとなり，後ろからof ～で修飾できるのはthat。　「東京の気候はロンドンの気候よりも暖かい」

8．過去のある時に進行中だった動作は，過去進行形(was/were ～ing)で表す。　「私が図書館でケンを見たとき，彼は本を読んでいた」

9．Shall we ～？は「～しましょう(か)」と相手を誘う表現。　「野球をしようか」―「うん，やろう」

10．‘find＋目的語＋形容詞’で「～は…だとわかる」という意味を表せる。　「その映画はわくわくすることがわかった」

3〔整序結合〕

1．まずThe boy is crying「その少年は泣いています」という文の骨組みをつくる。残りはwhoseを所有格の関係代名詞として使いwhose bicycle was stolenとまとめてThe boyを後ろから修飾する。 The boy whose bicycle was stolen is crying.

2．「とても～なので…できない」は‘too ～ to …’の形で表せる。 I am too tired to walk home.

3．「～したほうがよい」はhad better ～，「できるだけ～」はas ～ as possibleで表せる。 You had better leave as early as possible tomorrow.

4．文の骨組みは，I haven’t finished reading the book「私は本をまだ読み終えていません」。残りはyou lent meとまとめ，これをthe bookの後に置くと，the book you lent me「あなたが私に貸してくれた本」となる(bookとyouの間に目的格の関係代名詞が省略されている)。 I haven’t finished reading the book you lent me.

5．主語と動詞をTochigi has「栃木には～がある」とした後，hasの目的語をmany beautiful places「たくさんの美しい場所」とまとめ，これをto visitで後ろから修飾する。to visitは形容詞的用法のto不定詞。 Tochigi has many beautiful places to visit.

6．「～するのを楽しみにする」はlook forward to ～ingで表せる。ここでは「楽しみにしています」なので現在進行形になっている。 My parents are looking forward to seeing you.

4〔長文読解総合―対話文〕

≪全訳≫❶(ジェイクとリュウジは学校から帰宅しているところだ)❷ジェイク(Ｊ)：今日は寒いね。❸リュウジ(Ｒ)：うん。冬がきたね。今日の授業はどうだった？❹Ｊ：授業中，誰かがこたつについて話したんだ。僕はそれに興味があるんだ。❺Ｒ：こたつ？ 今日，僕の家で見ることができるよ。❻Ｊ：28本当？ やったね。わくわくするなあ。❼(ジェイクとリュウジが家に着く)❽Ｒ：これが僕らのこたつだよ，ジェイク。❾Ｊ：わあ！ 29こたつを見るのは初めてだよ。使い方を教えて。❿Ｒ：簡単だよ。スイッチを入れて，中に入るんだ。ここに来て，ジェイク。⓫Ｊ：わあ，暖かいな，それに，床に座るのはいいね！⓬Ｒ：それは君たちにとっては珍しいことなの？⓭Ｊ：うん。僕たちアメリカ人はそうしないからね…。それで，こたつでは何をするの？⓮Ｒ：ただ座って話すだけだよ。それと，夕食の後に僕たちはいつもここでお茶を飲むんだ。⓯Ｊ：他には？⓰Ｒ：ええと，元日は，その日のほとんどの間，一緒にこたつに座ってテレビを見る。話もたくさんするよ。⓱Ｊ：なるほど。家族と話すことは大切だね。こたつでは，家族間のコミュニケーションがより簡単なのかな？⓲Ｒ：31そう思うよ。こたつは話すのにいいんだ。あっ，もう1ついいことがある。ここで宿題をするときはいつも，手伝ってくれる人が見つかるんだ。⓳Ｊ：家族が助け合えるのはいいことだね。

1＜適語選択＞直後でジェイクが授業の様子について答えていることから，「今日の授業はどうだった？」という文にする。「どう，どのように」を表すのはhow。

2＜適文選択＞リュウジからこたつが見られると聞いたジェイクの反応。直後の2文よりうれしくて興奮している様子がわかる。

3＜適文選択＞こたつを見たときのジェイクの言葉。喜んでいること，また，直後で使い方を尋ねていることから，ジェイクはこたつを見るのが初めてだと考えられる。②のoneは*kotatsu*を表す。

4＜適語選択＞直前の that は sitting on the floor「床に座ること」を指す。直後でジェイクが Yes. と答えた後，「アメリカ人はそうしない(＝床に座らない)」と続けていることから判断できる。unusual は「普通ではない，珍しい」という意味。

5＜適文選択＞直後で「こたつは話すのによい」と言っていることから，直前のジェイクの「こたつでは，家族間のコミュニケーションがより簡単か」という質問に対して同意を示したのだとわかる。I think so. は「私はそう思う」という意味。

6＜内容一致＞「ジェイクとリュウジは，こたつのよいところを見つけた。冬は，リュウジの家族はこたつに来て，多くの時間を一緒に過ごす。こたつでは，家族間のコミュニケーションが増える。そこでは，お互いに助け合うことができる」　第2文以降は，第1文の good things about the *kotatsu*「こたつのよいところ」の具体的な説明になっている。空所を含む文は，「こたつでは，より多くの～がある」という意味。第16～18段落より，こたつでは，家族間のコミュニケーションが増えることがわかる。

5〔長文読解総合―スピーチ〕

≪全訳≫❶僕のクラスの親友の1人は，70歳です。名前はナガタさんといいます。彼は工場で働いていました。彼は仕事を引退し，この前の4月に僕たちの高校の生徒になったのです。彼は熱心に勉強し，授業中にたくさん質問します。毎日，とてもしっかり教室の掃除もします。❷最初，僕はこう思いました。「僕は掃除をするために学校に来ているんじゃない。34ナガタさんはどうしてこんなにしっかり教室の掃除をするんだろう」　そこで，僕はナガタさんに「あなたにとって掃除は楽しいですか？」と尋ねました。彼は「いいや。私は自分にできることをやっているだけだよ」と言いました。僕には彼の言うことを理解できませんでしたが，興味はありました。その後，ナガタさんと僕はときどき話をするようになりました。❸僕たちが話すとき，ナガタさんは僕に知らないことをたくさん教えてくれました。彼は僕にとっての先生のようでした。ある日，僕は彼にこう言いました。「僕は料理人になるためにレストランで働いているんですけど，料理の仕方を勉強する時間がないんです。毎日，皿洗いと店の掃除をしなければならないんです。働くのをやめたいです」　彼は僕の話を聞いて，こう言いました。「私も働いていた頃は，毎日工場の掃除をしないといけなかったんだ。私たちはきれいな工場で安全に，そして効率的に働いていたよ。お皿を洗ったりレストランを掃除したりしなければならないのはなぜだと思う？　それについて考えたことはあるかい？　君がそれらの仕事をしっかりやれば，答えが見つかるよ。諦めないで」　僕は，それらの仕事がレストランに必要なことはわかっていました。③でも，なぜ料理人になるためにそれをしないといけないのかがわかりませんでした。僕は答えを見つけるために仕事を続けました。❹ある日曜日，ある家族が夕食を食べにレストランにやってきました。夕食後，その家族の1人が僕にこう言いました。「ここは私たちの大好きなレストランなんだ。おいしい料理をたくさん出してくれる。ここはいつもすてきできれいだから，料理がよりおいしく感じられる。料理を食べるのを楽しむことができるよ。ありがとう」　僕はこれを聞いて，こう思いました。「僕は料理をしないけれど，人々が料理を楽しむ手助けをしているんだ。皿洗いと掃除は，料理と同じくらい大切なんだ。料理人になるためにできることを全てやろう」　僕はようやく自分の答えを見つけたのです。それ以来，やめることについて考えたことは一度もありません。❺今，ナガタさんと僕は，お互いに話をするのが好きです。僕たちは一緒に学校生活を楽しんでいます。僕には学校にすばらしい友達がいるのです。

1＜適所選択＞脱落文の文頭にある‘逆接’のButに着目。③の直前の「それらの仕事がレストランに必要なことはわかっていました」と，Butに続く「なぜ料理人になるためにそれをしないといけないのかがわかりませんでした」が‘逆接’の関係になる。

2＜適文選択＞直後のSo「だから」に着目。ナガタさんがどうして掃除をしっかりするのか疑問に思ったから，ナガタさんに掃除が楽しいかときいたのである。

3＜指示語＞下線部は「それらの仕事」という意味。この前でwash the dishes and clean the restaurantという2つの仕事が挙げられている。

4＜英文解釈＞下線部(B)の前でソウタが心の中で思った内容が，ソウタが見つけた答えの具体的な内容になっている。与えられた文はその最初の2文を日本語にしたものである。‘help＋人＋to ～’「〈人〉が～するのを助ける」　‘as ～ as …’「…と同じくらい～」

5＜内容真偽＞①「ソウタは学校で，皿洗いとレストランの掃除の大切さを学んだ」…×　第4段落参照。レストランの客の言葉から学んだ。　②「ナガタさんはソウタに，皿洗いとレストランの掃除の大切さを教えた」…×　第3段落後半参照。ナガタさんは直接教えるのではなく，しっかりやっていれば答えが見つかると言っている。　③「ナガタさんとソウタは，一緒に教室を掃除する大切さを学んだ」…×　そのような記述はない。　④「レストランに来た家族はソウタに，レストランをきれいにしていることについてお礼を言った」…○　第4段落の客の発言に一致する。⑤「ソウタは皿洗いとレストランの掃除の大切さを理解した」…○　第4段落後半の内容に一致する。

6〔長文読解総合―物語〕

≪全訳≫❶ピーターは大都市に住む中学生だった。その市には，「ゴールデン・サン」というプロ野球チームがあった。ピーターはそのチームが大好きで，将来はその一員になりたいと思っていた。彼は学校の野球部員で，毎日一生懸命練習していた。それで，彼のグローブと帽子は古く見えた。❷ある木曜日の朝，アレックスがピーターのところにやってきた。彼はピーターの友達で，テニス部に入っていた。彼が言った。「ピーター，僕は昨日，駅の近くのスポーツショップでこのラケットを買ったんだ。その店でアンケートをもらってさ。それに答えたら，ゴールデン・サンの野球帽がもらえてね…」「待って！　野球帽？　ゴールデン・サンの？　僕はそれが欲しい。そのアンケートを僕にちょうだい」「ええと…それはできないよ」「難しいことじゃないだろう！　僕は野球が大好きで，ゴールデン・サンが大好きなんだ。頼むよ！　アレックス，②君は僕の親友だろう？」「でも，できないよ。だって，もう答えちゃったから」「何だって？　君のことは友達だと思ってたのに！」　ピーターは走っていってしまった。❸その日の晩，アレックスはピーターを訪ねたが，ピーターは家にいなかった。そこでアレックスは，ピーターの姉〔妹〕のハンナに言った。「ピーターに話すことがあるんです。明日彼に話します」　彼は悲しそうだった。ピーターが帰宅すると，彼女は彼に言った。「あなたとアレックスに何があったの？　彼と話さないとだめよ」　ピーターは何も言わなかった。❹翌日，ピーターは具合が悪くて学校に行けなかった。彼は思った。「昨日，僕はアレックスの気持ちを考えなかった。たぶんアレックスは，自分のために帽子が欲しかったから，アンケートに答えたんだ」　そして，「来週，彼と話そう」と思った。❺翌朝，ピーターの母親がピーターに言った。「気分はよくなった？」「うん，元気だよ」　彼女は言った。「今日はあなたの誕生日ね。あなたにこの箱が送られてきたわよ」　スポーツショップからだった。それを開けると，ピーターはゴールデン・サンの野球帽を見つけた。彼はとても驚き，叫んだ。「見て！　これは僕が欲しかった帽子だ。でも，どうして店がそれを僕に送ってくれたのかわからない」「ピーター，この手紙を見て。昨日，アレックスがこれをあなたに渡しにここへ来たのよ」と母親が言った。手紙にはこう書いてあった。「僕はこの帽子を誕生日プレゼントとして君にあげたかったから，君の名前でアンケートに答えたんだ」❻手紙を読み終えたとき，ピーターの目は涙でいっぱいだった。ピーターの父親がピーターに言った。「これはお前がこれまでにもらった中で一番大切なプレゼントだね」「うん。アレックスを訪ねて…言おう」「彼に何て言いたいんだい？」と父親が尋ねた。ピーターはほほ笑んでこう答えた。「ごめんね。君は僕の親友だよ」

1＜指示語＞直前の answer「～に答える」に着目。前文で出てきた「スポーツショップのアンケート」に答えるのである。

2＜適文選択＞ピーターがアンケートを自分にくれるようにアレックスに頼んでいる場面。この後の「君は僕の友達だと思っていたのに」というピーターの発言から，「親友だから」という理由でアンケートをもらおうとしていることがわかる。

3＜要旨把握＞アレックスがアンケートに答えて帽子をもらった目的は，アレックスの手紙の内容を示す第５段落最終文で説明されている。

4＜英問英答＞(a)「ピーターの誕生日は何曜日だったか」─「土曜日」　第２～５段落参照。アレックスから帽子の話を聞いたのが木曜日で，アレックスの誕生日はその次の次の日である。　(b)「なぜピーターに帽子が送られたのか」─「アンケートに彼の名前が書かれていたから」　第５段落最終文参照。アレックスはピーターの名前でアンケートに答えていた。

5＜文脈把握＞下線部④はアレックスの手紙から彼の本当の意図を知ったときのピーターの描写である。涙を浮かべている様子から，ピーターが感動している様子が読み取れる。エ．「彼はアレックスの気持ちを理解したので，とても感動した」は，この内容を表している。

6＜英文和訳＞This＝the most important present なので，この This はアレックスがくれた帽子を指すとわかる。the most important present you have ever had は，‘the＋最上級＋名詞＋(that＋)主語＋have/has ever＋過去分詞’「～が…した中で最も―な〈名詞〉」の形で，present と you の間に目的格の関係代名詞が省略されていると考えられる。

2024年度／國學院大學栃木高等学校（第２回）

数学解答

1 (1) -8　(2) $\dfrac{7x-y}{6}$　(3) $3y^2$
(4) $5\sqrt{2}$　(5) $6x$
(6) $y(x+3)(x-3)$　(7) $x=-4,\ y=2$
(8) $x=4$　(9) $x=0,\ -3$　(10) -1

2 (1) 3　(2) -4　(3) $y=-2x+3$
(4) $-8 \leqq y \leqq 0$　(5) ４分後
(6) $\dfrac{4}{9}$　(7) $24°$　(8) $64\pi \mathrm{cm}^2$
(9) 0.38　(10) $a=4,\ b=13$

3 (1) 22　(2) $3n-2$　(3) 105 枚

4 (1) 12　(2) $2\sqrt{2}$　(3) $\left(0,\ \dfrac{2}{9}\right)$

5 (1) 3000 円　(2) $y=600x+1600$
(3) $a=600,\ b=80$

1〔独立小問集合題〕

(1)＜数の計算＞与式 $=-16-(-8)=-16+8=-8$

(2)＜式の計算＞与式 $=\dfrac{3(x-y)+2(2x+y)}{6}=\dfrac{3x-3y+4x+2y}{6}=\dfrac{7x-y}{6}$

(3)＜式の計算＞与式 $=\dfrac{6xy^2}{2x}=3y^2$

(4)＜数の計算＞与式 $=\sqrt{3^2\times 2}+\dfrac{4\times\sqrt{2}}{\sqrt{2}\times\sqrt{2}}=3\sqrt{2}+\dfrac{4\sqrt{2}}{2}=3\sqrt{2}+2\sqrt{2}=5\sqrt{2}$

(5)＜式の計算＞与式 $=(x^2-16)-(x^2-6x-16)=x^2-16-x^2+6x+16=6x$

(6)＜式の計算―因数分解＞与式 $=y(x^2-9)=y(x^2-3^2)=y(x+3)(x-3)$

(7)＜連立方程式＞$2x+3y=-2$……①，$3x+5y=-2$……②とする。①×５より，$10x+15y=-10$……①′　②×３より，$9x+15y=-6$……②′　①′−②′より，$10x-9x=-10-(-6)$　$\therefore x=-4$　これを①に代入して，$2\times(-4)+3y=-2$，$-8+3y=-2$，$3y=6$　$\therefore y=2$

(8)＜一次方程式―比例式＞$(x+2)\times 5=(2x-3)\times 6$，$5x+10=12x-18$，$5x-12x=-18-10$，$-7x=-28$　$\therefore x=4$

(9)＜二次方程式＞$x^2+6x+9=3x+9$，$x^2+3x=0$，$x(x+3)=0$　$\therefore x=0,\ -3$

(10)＜数の計算＞与式 $=4x^2-20x+25-4x^2=-20x+25$ となるので，これに $x=\dfrac{13}{10}$ を代入して，与式 $=-20\times\dfrac{13}{10}+25=-26+25=-1$ である。

2〔独立小問集合題〕

(1)＜数の性質＞$\sqrt{\dfrac{108}{n}}=\sqrt{\dfrac{2^2\times 3^3}{n}}$ だから，$\sqrt{\dfrac{108}{n}}$ が整数となる最も小さい自然数 n は，$\dfrac{2^2\times 3^3}{n}=2^2\times 3^2$ となる自然数 n である。よって，$n=3$ である。

(2)＜関数―y の値＞y は x に反比例するから，比例定数を a とすると，$y=\dfrac{a}{x}$ と表せる。$x=2$ のとき，$y=8$ だから，$8=\dfrac{a}{2}$ より，$a=16$ となり，反比例の式は $y=\dfrac{16}{x}$ となる。よって，$x=-4$ のとき，$y=\dfrac{16}{-4}=-4$ である。

(3)＜関数――一次関数の式＞変化の割合が -2 である一次関数の式は $y=-2x+b$ と表せる。$x=2$ のとき，$y=-1$ だから，$-1=-2\times 2+b$ より，$b=3$ となり，一次関数の式は，$y=-2x+3$ である。

(4)＜関数―変域＞関数 $y=-2x^2$ は，x の絶対値が大きいほど，y の値は小さくなる。x の変域が $-1\leqq x\leqq 2$ より，絶対値が最大の $x=2$ のとき，y は最小値をとり，$y=-2\times 2^2=-8$ である。絶対値が最小の$x=0$のとき，yは最大値をとり，$y=0$である。よって，求めるyの変域は$-8\leqq y\leqq 0$である。

(5)＜一次方程式の応用＞花子さんが家を出発してからx分後に太郎さんに追いつくとする。太郎さんが出発して10分後に花子さんが出発しているので，太郎さんが花子さんに追いつかれるまでに歩いた時間は$x+10$分となる。太郎さんの歩く速さは分速60mなので，太郎さんが進んだ道のりは，$60(x+10)$mと表せる。また，花子さんが太郎さんに追いつくまでに進んだ道のりは，$210x$mと表せる。花子さんが太郎さんに追いつくとき，２人が進んだ道のりは等しいから，$60(x+10)=210x$が成り立つ。これを解くと，$60x+600=210x$，$150x=600$　$\therefore x=4$　よって，花子さんが太郎さんに追いつくのは出発してから４分後である。

(6)＜確率―さいころ＞大小２個のさいころを同時に投げるとき，それぞれ６通りの目の出方があるから，目の出方は全部で，$6\times6=36$(通り)ある。このうち，ともに３以上の目が出るのは，大きいさいころの目の出方が3，4，5，6の４通りあり，それぞれについて小さいさいころの目の出方も４通りあるから，$4\times4=16$(通り)ある。よって，求める確率は$\dfrac{16}{36}=\dfrac{4}{9}$である。

(7)＜平面図形―角度＞右図１で，AB＝BCより，△ABCは二等辺三角形なので，$\angle BCA=\angle BAC=\angle x$であり，内角と外角の関係より，$\angle CBD=\angle BAC+\angle BCA=\angle x+\angle x=2\angle x$となる。BC＝CDより，△BCDは二等辺三角形なので，$\angle CDB=\angle CBD=2\angle x$となり，△ACDで内角と外角の関係より，$\angle DCE=\angle BAC+\angle CDB=\angle x+2\angle x=3\angle x$と表せる。また，CD＝DEより，△CDEは二等辺三角形だから，$\angle DCE=(180^\circ-\angle CDE)\div2=(180^\circ-36^\circ)\div2=72^\circ$である。よって，$3\angle x=72^\circ$が成り立ち，$\angle x=24^\circ$となる。

図１

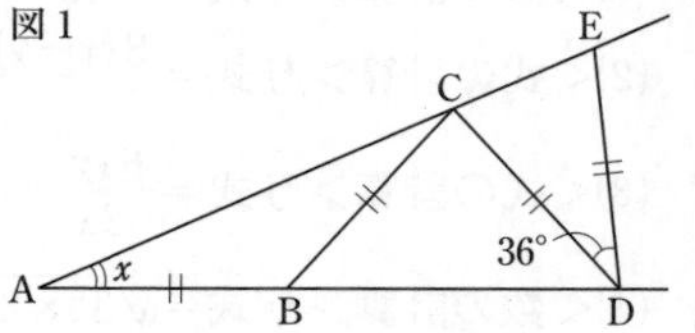

(8)＜空間図形―面積＞底面の半径が4cm，母線の長さが12cmの円錐を展開すると，右図２のようになる。側面を展開したおうぎ形の中心角をxとすると，おうぎ形の弧の長さと底面の円の周の長さは等しいから，$2\pi\times12\times\dfrac{x}{360^\circ}=2\pi\times4$が成り立ち，$\dfrac{x}{360^\circ}=\dfrac{1}{3}$となる。よって，おうぎ形の面積は，$\pi\times12^2\times\dfrac{x}{360^\circ}=\pi\times12^2\times\dfrac{1}{3}=48\pi$となる。底面の円の面積は$\pi\times4^2=16\pi$だから，円錐の表面積は，$48\pi+16\pi=64\pi$(cm^2)である。

図２

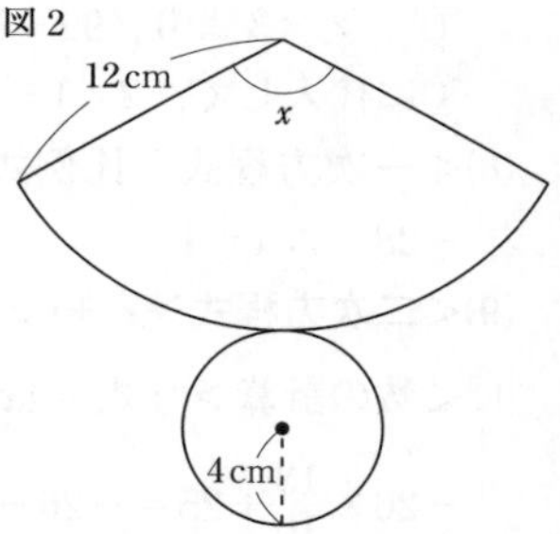

(9)＜データの活用―相対度数＞度数が最も大きい階級は，５万人～10万人の階級で，その度数は５である。度数の合計は13だから，求める相対度数は，$5\div13=0.384\cdots$より，0.38である。

(10)＜データの活用―$\boldsymbol{a}$，$\boldsymbol{b}$の値＞10人の得点の平均値が９点だから，10人の得点の合計について，$2+a+6+8+9+9+10+b+14+15=9\times10$が成り立ち，$a+b+73=90$，$a+b=17$となる。また，10人の得点なので，第１四分位数は小さい方５人の中央値，第３四分位数は大きい方５人の中央値である。よって，第１四分位数は，小さい方から３番目の得点だから，６点となり，第３四分位数は，小さい方から$5+3=8$(番目)の得点だから，b点となる。四分位範囲が７点であるから，$b-6=7$が成り立ち，$b=13$(点)である。これを$a+b=17$に代入して，$a+13=17$，$a=4$(点)である。$2\leqq a\leqq6$，$10\leqq b\leqq14$を満たすので，ともに適する。

3〔特殊・新傾向問題―規則性〕

(1)＜タイルに書かれている数＞タイルを，黒，白，白，黒，白，白，……の順に並べるので，黒いタイルは，３枚おきに並ぶ。１枚目の黒いタイルの数が１なので，８枚目の黒いタイルの数は，$1+3\times7=22$である。

(2)＜タイルに書かれている数＞(1)と同様に考えて，n 枚目の黒いタイルの数は，$1+3\times(n-1)=3n-2$ と表せる。

(3)＜タイルの枚数＞上向きの黒いタイルの数は，1の次が7だから，6枚ごとにタイルの色と向きの組み合わせが繰り返される。この6枚の中に，下向きの白いタイルは2枚ある。書かれた数が314以下のタイルを並べると，$314\div6=52$ あまり2より，6枚の組が52組と2枚のタイルが並ぶ。52組の6枚の組の中には，下向きの白いタイルは，$2\times52=104$(枚)ある。最後に並ぶ2枚のタイルは，上向きの黒いタイルと下向きの白いタイルだから，最後に並ぶ2枚の中に，下向きの白いタイルは1枚ある。以上より，求めるタイルの枚数は，$104+1=105$(枚)である。

4 〔関数―関数 $y=ax^2$ と一次関数のグラフ〕

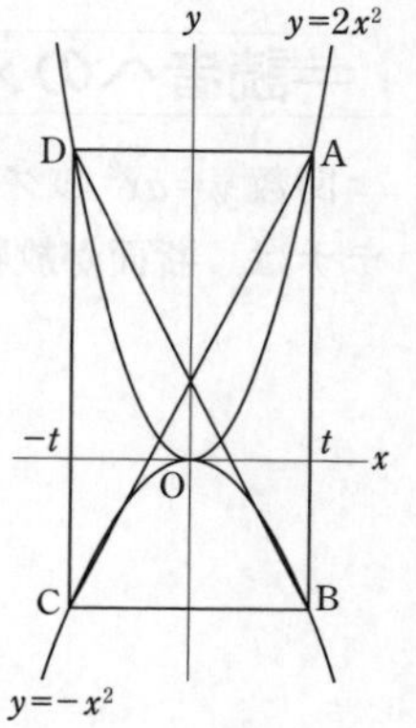

(1)＜長さ＞右図で，$t=2$ のとき，2点A，Bの x 座標は2である。点Aは関数 $y=2x^2$ のグラフ上にあるので，$y=2\times2^2=8$ となり，A(2, 8)である。点Bは関数 $y=-x^2$ のグラフ上にあるので，$y=-2^2=-4$ となり，B(2, −4)である。AB∥〔y 軸〕だから，2点A，Bの y 座標より，$AB=8-(-4)=12$ である。

(2)＜t の値＞右図で，2点A，Bはそれぞれ関数 $y=2x^2$，関数 $y=-x^2$ のグラフ上にあるので，x 座標が t より，$y=2t^2$，$y=-t^2$ となり，A$(t,\ 2t^2)$，B$(t,\ -t^2)$となる。これより，$AB=2t^2-(-t^2)=3t^2$ と表せる。AB＝24のとき，$3t^2=24$ が成り立ち，これを解くと，$t^2=8$，$t=\pm2\sqrt{2}$ となる。$t>0$ だから，$t=2\sqrt{2}$ である。

(3)＜座標＞右図で，2点A，Dは，関数 $y=2x^2$ のグラフ上にあり，x 座標がそれぞれ t，$-t$ だから，y 軸について対称である。同様に，2点B，Cも y 軸について対称である。これより，AD，BCは x 軸に平行である。また，A$(t,\ 2t^2)$より，D$(-t,\ 2t^2)$となるから，$AD=t-(-t)=2t$ と表せる。(2)より，$AB=3t^2$ だから，四角形ABCDが正方形になるとき，AB＝ADより，$3t^2=2t$ が成り立つ。これを解くと，$3t^2-2t=0$，$t(3t-2)=0$ より，$t=0$，$\frac{2}{3}$となり，$t>0$ だから，$t=\frac{2}{3}$である。$-t^2=-\left(\frac{2}{3}\right)^2=-\frac{4}{9}$，$2t^2=2\times\left(\frac{2}{3}\right)^2=\frac{8}{9}$より，B$\left(\frac{2}{3},\ -\frac{4}{9}\right)$，D$\left(-\frac{2}{3},\ \frac{8}{9}\right)$となる。正方形ABCDの対角線はそれぞれの中点で交わるから，対角線の交点は線分BDの中点となる。よって，x 座標は$\left\{\frac{2}{3}+\left(-\frac{2}{3}\right)\right\}\div2=0$，$y$ 座標は$\left(-\frac{4}{9}+\frac{8}{9}\right)\div2=\frac{2}{9}$となり，対角線の交点の座標は$\left(0,\ \frac{2}{9}\right)$である。

5 〔関数―関数の利用〕

≪基本方針の決定≫(3)　直線QRの傾きが1GB当たりのデータ通信料，切片が基本料金となる。

(1)＜料金＞Bプランは，基本料金が600円である。データ通信料は，2GBまでが0.1GB当たり60円だから，1GB当たりでは $60\div0.1=600$(円)となる。2GBを超えた分は，0.1GB当たり120円だから，1GB当たりでは $120\div0.1=1200$(円)となる。よって，Bプランでデータ通信を3GB利用した場合の料金は，基本料金と，2GBまでのデータ通信料と2GBを超えた $3-2=1$(GB)のデータ通信料の合計となるから，$600+600\times2+1200\times1=3000$(円)である。

(2)＜関係式＞Aプランは，基本料金が4000円であり，4GBまではデータ通信料は無料である。4GBを超えた分は，0.1GB当たり60円だから，1GB当たりでは $60\div0.1=600$(円)となる。よって，Aプランで，$x>4$ のときの料金は，基本料金と，4GBを超えた $x-4$GBのデータ通信料の合計となるから，$4000+600(x-4)=600x+1600$(円)であり，$y=600x+1600$ と表せる。

(3)＜$\boldsymbol{a}$，$\boldsymbol{b}$ の値＞右図で，点Qがあるグラフが B プランのグラフ，点Rがあるグラフが A プランのグラフである。B プランで，$x=3$ のとき，(1)より，$y=3000$ だから，Q(3, 3000)である。また，A プランで，$x=5$ のとき，(2)より，$y=600\times5+1600=4600$ となり，R(5, 4600)である。よって，直線 QR の傾きは，$\dfrac{4600-3000}{5-3}=800$ となり，その式は，$y=800x+c$ とおける。これが点Qを通るから，$3000=800\times3+c$，$c=600$ となり，直線 QR の式は，$y=800x+600$ となる。基本料金は，$x=0$ のときの料金である。このとき，$y=600$ となるから，$a=600$(円)である。さらに，傾きが 800 より，1 GB 当たりのデータ通信料は 800 円である。これより，0.1GB 当たりのデータ通信料は $b=800\times0.1=80$(円)となる。

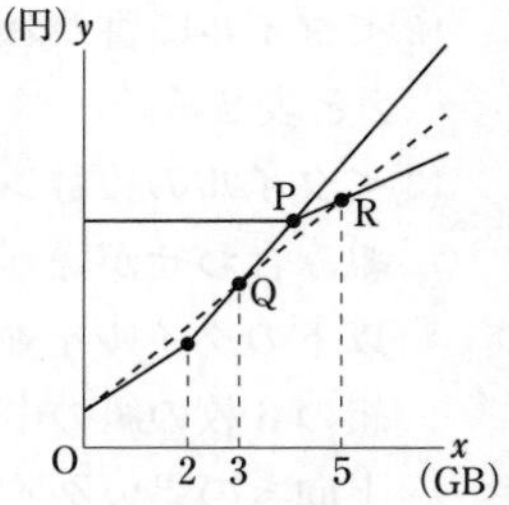

═読者へのメッセージ═

関数 $y=ax^2$ のグラフは放物線です。放物線は，英語でパラボラ(parabola)といいます。パラボラアンテナは，断面が放物線の形をしています。

2024年度／國學院大學栃木高等学校(第2回)

社会解答

1
1 (1)…② (2)…④
2 (1)…① (2)…④ (3)…② (4)…③
3 (1)…② (2)…① (3)…④

2
1 (1)…② (2)…③ (3)…④ (4)…④
2 (1)…③ (2)…① (3)…④ (4)…⑥

3
1 (1)…④ (2)…② (3)…② (4)…①
(5)…②
2 (1)…④ (2)…③ (3)…① (4)…②
(5)…④ (6)…①

4
1 ④ 2 ③ 3 ① 4 ②
5 ① 6 ③

5
1 (1)…③ (2)…⑤ (3)…①
2 (1)…④ (2)…④
3 (1)…③ (2)…④ (3)…①

6
1 (1)…③ (2)…②
2 (1)…③ (2)…④ (3)…①
3 ③ 4 ④ 5 ②

1 〔日本地理—総合〕

1(1)＜自然災害＞地震の揺れにより地盤が液体状になり，地面から土砂や水が噴出する現象は，液状化である(②…○)。なお，①の高潮は台風や発達した低気圧が通過するとき，潮位が大きく上昇する現象，③の土石流は山腹や川底の石や土砂が長雨や集中豪雨などによって一気に下流へと押し流される現象，④の火砕流は火山の噴火の際，火口から噴出した高温のガスや火山灰などが高速で山の斜面を流れる現象である。

(2)＜日本の工業＞日本の工業が盛んな地域のうち，古くから繊維などの軽工業が発達し，関越自動車道や東北自動車道などの高速道路の近くに工場が集まっているのは，北関東工業地域である(④…×)。

2(1)＜阿蘇山＞地図中のXは熊本県に位置しており，阿蘇山を示している(①…○)。なお，②の雲仙岳は長崎県，③の霧島山は鹿児島県と宮崎県にまたがる火山群の総称，④の桜島は鹿児島県に位置している火山である。

(2)＜宮崎平野，促成栽培＞地図中のYが示している宮崎平野では，冬でも温暖な気候を生かし，他の産地が出荷しない時期にきゅうりやピーマンなどを出荷する促成栽培が盛んである。

(3)＜九州の人口と農畜産業＞地図中のⅠ県は福岡県で，福岡市と北九州市という二つの政令指定都市があり，九州で最も人口が多い(Ⅰ…a)。地図中のⅡ県は長崎県で，温暖な気候と日当たりや水はけの良さを生かし，みかんの栽培が盛んである(Ⅱ…c)。地図中のⅢ県は鹿児島県で，火山噴出物が積もったシラス台地では，水持ちが悪いため，畑作や畜産が盛んである(Ⅲ…b)。

(4)＜福岡空港＞福岡空港のある福岡市は，地理的に韓国や中国といったアジアに近く，歴史的にも大陸との貿易を行う港町として栄えてきた。そのため，福岡空港はアジアの主要都市と航空路線で結ばれており，訪日外国人の地域別割合でもアジアの国々が占める割合がきわめて高い。また，アジアの国の中で最も訪日外国人の国・地域別割合が高い国は，韓国である。

3(1)＜地形図の縮尺＞地形図で，等高線の主曲線(細い実線)が10m，計曲線(太い実線)が50mごとに引かれる場合の縮尺は2万5千分の1である。2万5千分の1の地形図では，地図上の1cmが実際の距離の250mを表すので，地図上の1.8cmが表す実際の距離は，250×1.8＝450mとなる。

(2)＜地図記号＞◎は市役所(町村役場は○)，Yは消防署(税務署は✧)，个は笹地(ハイマツ地は↓)，

🕮は図書館(博物館は🏛)を表す地図記号である。

⑶＜等高線＞地形図上では，ある二地点間の傾斜は，等高線の間隔が広いほど緩やかになり，狭いほど急になる。太線Ｉ—Ｊ間の等高線の間隔は太線Ｉ—Ｋ間よりも広いため，太線Ｉ—Ｊ間は太線Ｉ—Ｋ間よりも傾斜が緩やかである(④…×)。なお，この地形図では等高線が10ｍごとに引かれているので，Ｃ—Ｄ間の標高差はおよそ80ｍである(①…○)。Ｅ地点の標高はおよそ250ｍ，Ｆ地点の標高はおよそ190ｍで，２点の間には標高270ｍを示す等高線が通っていることからＥ地点からＦ地点を直接見ることはできない(②…○)。標高の高い方から低い方へ等高線が張り出している所は尾根，標高の低い方から高い方へ等高線が張り出している所は谷であるので，Ｇ—Ｈ間は尾根だとわかる(③…○)。

2〔世界地理—総合〕

1⑴＜フィリピンの宗教＞フィリピンは，16世紀以降，300年以上にわたりスペインの植民地支配を受けた。その間にキリスト教が広がった影響から，現在もカトリックを中心としたキリスト教が，最も多くの人々に信仰されている。

⑵＜アフリカの経済＞アフリカでは，ヨーロッパ諸国の植民地になっていた時代に，カカオやコーヒー，茶などの農産物を大規模な農園(プランテーション)で栽培し，ヨーロッパの本国向けに輸出していた。このような特定の農産物や鉱産資源の輸出に頼っている経済構造をモノカルチャー経済といい，現在でもアフリカの多くの国で見られる。なお，センターピボットは地下水をくみ上げて農地に散水する回転式のかんがい施設，フェアトレードは発展途上国の原料や製品を適正な価格で継続的に購入することで生産者や労働者の生活改善と自立を目指す取り組みを指している。

⑶＜中国の工業化＞中国では，2000年代以降の国内の経済成長に伴う自動車需要の増加に加えて，2001年のWTO(世界貿易機関)への加盟以降，アメリカ合衆国や日本など，海外の自動車メーカーの参入が加速したことから，自動車生産台数が急増した。その結果，中国は，現在自動車生産台数が世界第１位となっている。

⑷＜世界の気候＞パリ(フランス)は，西岸海洋性気候に属するため，暖流と偏西風の影響により高緯度のわりに冬でも比較的温暖で，１年を通して降水量の差が小さい(④…○)。なお，１年を通して降水量が少ない①と③のうち，夏の平均気温が非常に高い①はアラビア半島中央部で砂漠気候のリヤド(サウジアラビア)，③はモロッコ中央部でステップ気候のマラケシュ(モロッコ)が当てはまる。残る②は，１年を通して気温の変化が小さい赤道付近にあり高山気候に属するボゴタ(コロンビア)が当てはまる。

2⑴＜世界の国の位置関係＞ａ国の首都はペキン(北京)である。ペキンは，図ａから，日本列島とほぼ同緯度で，日本列島よりもやや西側に位置していることが読み取れる。日本の国土は，おおむね北緯20度から北緯46度，東経122度から東経154度の範囲に位置していることから，ペキンは，図１では③の位置であると特定できる。

⑵＜地図の図法＞地球はほぼ球体であるため，緯線と経線が直角に交わる図法で描かれた地図では，実際の距離を正しく表すことができない。具体的には，赤道から離れ，高緯度になるほど，実際の距離よりも長く描かれる。図１では，Ｘ，Ｙ，Ｚは経度差30度分が全て同じ長さに描かれているが，緯度が高いほど実際の距離は短くなる。したがって，実際の距離が長い順に並べるとＸ，Ｙ，Ｚの順となる。

⑶＜時差＞図1と，「友人からの注意」に「梅雨が明けて」とあることより，出発地Ⅰは日本である。北半球に位置する日本が夏であるのに対して，到着地Aは冬であり季節が逆であることから，南半球の都市である。よって，到着地Aは④か⑥である。次に，出発地Ⅰ(日本)を7月25日9時40分に出発した飛行機の所要時間が9時間35分であることから，飛行機が到着地Aに到着したときの日本時間は，9時40分＋9時間35分＝(同日)19時15分である。このときの到着地Aの現地時間が同日20時15分であることから，出発地Ⅰと到着地Aの時差は1時間で，到着地Aの時間は出発地Ⅰより進んでいる。1時間の時差は，原則として経度15度の差で生じるため，④が到着地Aとなる。

⑷＜世界の穀物生産量＞a国は中国，b国はインド，c国はフランス，d国はオーストラリア，e国はアメリカ，f国はブラジルである。表中のあ.は生産量1位がブラジル，3位がアルゼンチンであることから，大豆が当てはまる。表中のい.は生産量1位～5位までをアジア州の国で占めていることから，米であると判断できる。表中のう.は生産量の上位にロシア，カナダが入っていることから，小麦が当てはまる。(2020年)

3〔歴史―古代～近代の日本と世界〕

1⑴＜国風文化＞極楽浄土を再現しようとして，11世紀中頃に平等院鳳凰堂をつくったのは，父の藤原道長とともに，摂関政治の全盛期を築いた藤原頼通である。なお，藤原純友は，10世紀中頃に瀬戸内海の海賊を率いて朝廷に対して反乱を起こした人物である。

⑵＜井伊直弼＞井伊直弼は，江戸時代末期の1858年に幕府の大老に就任し，朝廷の許可を得ないまま，日本にとって不利な内容を含む日米修好通商条約を結んだ人物である。なお，吉田松陰は，江戸幕府の対外政策を批判し，安政の大獄で処刑された人物である。田沼意次，水野忠邦はともに江戸幕府の老中で，田沼は商業を重視した政策を行い，水野は天保の改革で幕府権力の強化を図った。

⑶＜ガンディー＞ガンディーは，インド独立運動の指導者で，第一次世界大戦後，植民地支配を強めるイギリスの政策に対して，不服従運動を唱え，非暴力主義による徹底した反英運動を指導した。なお，コロンブスは1492年に西インド諸島に到達した人物，ナイチンゲールは19世紀に起こったクリミア戦争下の野戦病院で献身的な看護活動に従事した人物，カルバンは16世紀にスイスで宗教改革を始めた人物である。

⑷＜史料の読み取り＞史料にある命令は，執権北条長時と執権を補佐する連署北条政村の名で発出されていることから，鎌倉時代に出されたものであることがわかる(A…○，B…×)。また，文書に「田の稲を刈り取った後，その跡に麦をまく」とあるので，当時二毛作が行われていたことが読み取れ(C…○),「田麦の年貢を徴収してはいけない」との記述から，幕府は麦への課税を認めていないことが読み取れる(D…×)。

⑸＜異国船打払令＞江戸時代の1825年に異国船打払令が出された当時，幕府はキリスト教を禁止する政策をとっており(A…○，B…×)，貿易統制を行っていた。1837年に，日本人漂流民を連れて通商を求めてきたアメリカの商船モリソン号が異国船打払令に基づいて砲撃される事件が起こった(D…○)が，1840年のアヘン戦争で清がイギリスに敗北したことを受けて，幕府は異国船打払令の内容を緩和した(C…×)。

2⑴＜吉野ヶ里遺跡＞物見やぐらやたて穴住居が，柵と深い濠《ほり》に囲まれた環濠《かんごう》集落の代表的な遺跡は，佐賀県の吉野ヶ里遺跡である(④…○)。なお，①の三内丸山遺跡は青森県にある縄文時代の大規模な集落遺跡，②の岩宿遺跡は群馬県にある日本に旧石器時代があったことを示す打製石器が発掘された遺跡，③の登呂遺跡は静岡県にある弥生時代の水田跡などが見つかった農耕集落遺跡である。

(2)＜今川義元＞1560年，桶狭間の戦いで織田信長に敗れたのは，駿河や遠江(現在の東海地方)の戦国大名だった，今川義元である(③…○)。なお，①の武田信玄は甲斐，②の上杉謙信は越後の戦国大名，④の徳川家康は1600年の関ヶ原の戦いに勝利した後に江戸幕府を開いた人物である。

(3)＜薩摩藩＞島津氏が治める薩摩藩(現在の鹿児島県)は，1609年に琉球王国を征服し，交易の権利を掌握した。その結果，東アジアの貿易の中継地となっていた琉球王国を介して，諸外国の文物が日本にもたらされた(①…○)。なお，②の長州は現在の山口県，③の土佐は現在の高知県，④の肥前は現在の佐賀県である。

(4)＜産業革命＞18世紀後半，イギリスで綿織物工業を中心に蒸気機関を用いた機械の発明，改良が進み，機械制工業が発展した。工業の発展がもたらした産業，経済，社会の大きな変化は産業革命と呼ばれ，その後19世紀にはアメリカ，ドイツ，フランスでも産業革命が広がっていった。

(5)＜琉球王国＞台湾で琉球民が殺された事件を理由として，1874年に明治政府は台湾に出兵した。これをきっかけとして，1879年には琉球王国が廃止され，沖縄県が設置される，琉球処分が行われた。なお，江華島事件は，1875年に日本の軍艦が朝鮮の江華島で挑発行為を行ったことによる武力衝突事件で，翌1876年の日朝修好条規締結のきっかけとなった。

(6)＜弥生時代＞旧石器時代は，打製石器を主に使用し，狩猟，採集中心の生活をしていた時代であり，Ａの文章中の，水田の拡大や，大きな集落の記述は，日本の弥生時代を表している。

4〔歴史―近代～現代の鉄道に関する年表についての問題〕

1＜朝鮮総督府＞1909年に伊藤博文が韓国の民族活動家である安重根に暗殺された。翌1910年に日本は韓国を併合し，統治機関として朝鮮総督府を設置した(④…×)。なお，①の韓国の保護国化は1905年，②の韓国皇帝の退位や③の韓国軍の解体は1907年の出来事である。

2＜年代整序＞年代の古い順に，Ⅱ(五・一五事件―1932年)，Ⅰ(サンフランシスコ平和条約の締結―1951年)，Ⅲ(日中共同声明の調印―1972年)となる。

3＜柳条湖事件＞1931年，関東軍は奉天(現在の瀋陽)郊外の柳条湖で南満州鉄道の線路を爆破する事件を起こし，この事件をきっかけに翌年満州国が建国された。なお，地図中のＹは，1937年に日本軍と中国軍の衝突事件が起こった北京郊外の盧溝橋である。

4＜ラジオ放送＞日本でラジオ放送が始まったのは，大正時代にあたる1925年のことである(②…×)。

5＜サラエボ事件＞絵に描かれているのは，オーストリアの皇位継承者が，セルビア人の青年に暗殺された事件の様子で，1914年の出来事である。この事件を引き金に，第一次世界大戦が始まった。

6＜中華民国＞中華民国は，1911年に辛亥革命が起こり，翌1912年に孫文を臨時大総統として成立した，アジア初の共和国である。したがって，中華民国の成立は年表中のＡの時期に当てはまる。

5〔公民―総合〕

1(1)＜少子高齢化＞日本では少子高齢化が進み，家族の形も変化していることから，三世代世帯の割合は減少し，核家族の割合が増加している(③…×)。

(2)＜ノーベル賞＞ノーベル賞は，1901年に始まり，各分野で顕著な功績を残した人物に授与される賞であり，現在，生理学・医学賞，物理学賞，化学賞，文学賞，平和賞，経済学賞の各部門からなる。

(3)＜国会の種類＞通常国会(常会)は，毎年１回１月中に召集され，会期は150日間で，延長は１回まで可能となっている(①…×)。

2(1)＜平和主義＞日本国憲法が定める平和主義と関連が深いのは，戦争の放棄を規定した④の第９条である。なお，①は奴隷的拘束・苦役からの自由(第18条)，②は基本的人権の享有(第11条)，③は法定手続きの保障(第31条)についての条文である。

(2)＜主権＞フランスの思想家ルソーは，人民主権を唱え，『社会契約論』を著した。『法の精神』を著したのは，三権分立を説いたフランスの思想家モンテスキューである。

3(1)＜環境基本法＞1993年に制定された環境基本法は，1967年に定められた公害対策基本法から発展した法律で，環境の保全について国や地方公共団体の責務を明らかにしている。

(2)＜自己決定権＞インフォームド・コンセントは，自分の生き方を自分自身が自由に決定する，自己決定権の１つである。

(3)＜知る権利＞国民が主権者として政治的な判断をするためには，必要な情報を国家に妨げられることなく自由に得る権利，すなわち知る権利も同時に保障されなければならない。国民の知る権利は報道機関の取材や報道によって支えられているので，表現の自由を定めた憲法第21条が関わりが深いと考えられる。

6〔公民―総合〕

1(1)＜天皇の権能＞日本国憲法第４条で，天皇は，国事に関する行為，すなわち政治に関係のない形式的・儀礼的な行為のみを行い，国政に関して権能を持たない，と定められている。権能とは，法律上，ある事柄について権利を主張し，行使できる能力をいう。

(2)＜生存権＞日本国憲法第25条は，「健康で文化的な最低限度の生活を営む権利」である生存権を規定した条文である。

2(1)＜条例＞地方公共団体が，法律の範囲内で独自に制定することのできる決まりは，条例である。なお，憲法は国の最高法規，政令は憲法や法律を実施するために内閣が制定する命令，条約は国家間で結ばれる文書による合意である。

(2)＜直接請求権＞直接請求権による請求に必要な有権者の署名数は，条例の制定・改廃の請求や事務の監査請求が，有権者の50分の１以上，議会の解散請求や議員・首長の解職請求が有権者の３分の１以上である。また，議会の解散請求や議員・首長の解職請求の請求先は選挙管理委員会である。

(3)＜選挙権・被選挙権＞地方議会の議員の選挙権の年齢は18歳以上，被選挙権は25歳以上である。2016年の公職選挙法改正により，選挙権の年齢は20歳以上から18歳以上に引き下げられた。なお，都道府県知事の被選挙権の年齢は30歳以上である。

3＜消費者の権利＞1962年，アメリカ合衆国のケネディ大統領が提唱した消費者の四つの権利は，安全を求める権利，知らされる権利，選択する権利，意見を反映させる権利である。消費者教育を受ける権利は，1975年に，アメリカ合衆国のフォード大統領が追加した権利である。

4＜企業の種類＞造幣局や国立印刷局などは，中央省庁の行政サービスをより効率的・効果的に行うことを目的として，行政の事業の一部を独立させた組織であり，このような組織を独立行政法人という。なお，個人企業は個人商店や農家，法人企業は株式会社などの会社，地方公営企業は市営バスや上下水道などの地方公共団体が経営する企業がそれぞれ当てはまる。

5＜キャッシュレス決済＞日本では，クレジットカードやコード決済などのキャッシュレス決済の利用が年々増加しているものの，民間の消費支出に占めるキャッシュレス決済の割合は30％台(2021年)にとどまり，現金での支払いが多くを占めている。

理科解答

1 問１　①　　問２　②　　問３　③
問４　②　　問５　④

2 問１　④　　問２　①　　問３　②
問４　③　　問５　②

3 問１　①　　問２　①　　問３　④
問４　③　　問５　③

4 問１　①　　問２　③　　問３　③
問４　②　　問５　③

5 問１　④　　問２　②　　問３　④
問４　④

6 問１　④　　問２　露点　　問３　54％
問４　678g

7 問１　ヘモグロビン　　問２　左心室
問３　約55秒
問４　(例)心拍数と呼吸数が増える

8 問１　質量保存の法則
問２　$CaCO_3 + 2HCl \longrightarrow CaCl_2 + H_2O + CO_2$
問３　0.25g　　問４　100cm^3

9 問１　番号…①
理由…(例)電圧が等しいので，50Wの白熱電球の方に電流が多く流れるから。
問２　LED電球　　問３　3600J

1〔地球と宇宙〕

問１＜自転と公転＞地球の自転の向きと公転の向きは，どちらも北極側から見て反時計回りである。よって，図で，自転の向きはa，公転の向きはcである。

問２＜季節＞図１で，日本のある北半球では，地軸の北極側が太陽の方に傾いているウのときが夏である。問１より，地球はア→イ→ウ→エの向きに公転しているから，日本が春のときの地球の位置はイである。なお，アは冬，エは秋のときの地球の位置である。

問３＜星座の見え方＞夕方はこれから夜になるときだから，地球の自転の向きから考えると，地球が図１のエの位置にあるとき，夕方になるのは右図の•の場所である。よって，夕方には太陽が西にあるので，このとき南中している星座は南にあるCである。

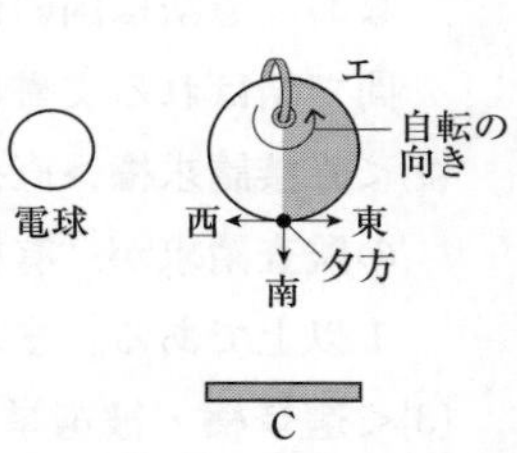

問４＜星座の移り変わり＞季節によって見える星座が移り変わるのは，地球が公転しているためである。地球が太陽の周りを１年かけて公転しているため，季節によって太陽と地球の位置関係が変わり，地球から見える星座が１年の周期で移り変わる。

問５＜昼と夜の長さ＞地球儀のある緯度上を一周させたひもの長さは，１日の時間(24時間)に対応しているから，この緯度上で24時間は16＋24＝40(cm)と考える。これより，昼のひもの長さが16cmであることから，昼の時間は24時間の$\frac{16}{40}=\frac{2}{5}$である。よって，昼の長さは$24\times\frac{2}{5}=9.6$(時間)となり，0.6時間は0.6×60＝36(分)なので，９時間36分である。

2〔生物の世界〕

問１＜植物のなかま＞５月10日の発芽のスケッチより，ラッカセイは子葉が２枚の双子葉類だから，葉は網状脈で，根は主根と側根からなる。なお，単子葉類の子葉は１枚，葉は平行脈で，根はひげ根である。

問２＜植物のなかま＞６月30日の花のスケッチより，ラッカセイの花は，花弁が１枚１枚離れている離弁花と考えられる。同じ離弁花なのはエンドウで，タンポポの花は５枚の花弁が１つにくっついている合弁花である。

問3，問4＜花のつくり＞子房はめしべのもとのふくらんだ部分で，成長すると果実になる。なお，やくはおしべの先の小さな袋，成長すると種子になるのは胚珠である。また，がくは花弁の外側にあるつくりである。

問5＜種子＞図より，このラッカセイには種子が２個入っている。種子は胚珠が成長してできるので，種子が２個できたことより，１つの花に胚珠が２個あったことがわかる。

3〔化学変化とイオン〕

問1＜リトマス紙＞塩酸は酸性の水溶液で，酸性の水溶液は青色のリトマス紙を赤色に変える。なお，水酸化ナトリウム水溶液はアルカリ性の水溶液で，赤色のリトマス紙を青色に変える。

問2＜酸性＞塩酸は塩化水素の水溶液で，塩化水素(HCl)は水に溶けると水素イオン(H^+)と塩化物イオン(Cl^-)に電離する。これらのイオンのうち，酸性を示す原因となるイオンは，H^+である。なお，アルカリ性の性質を示す原因となるイオンは，水酸化物イオン(OH^-)である。

問3＜中和＞酸性の水溶液とアルカリ性の水溶液を混ぜ合わせたときに，互いの性質を打ち消し合う反応を中和という。なお，電離は電解質が水に溶けて陽イオンと陰イオンに分かれることである。また，酸化は物質が酸素と結びつく化学変化，還元は酸化物が酸素を奪われる化学変化である。

問4＜中和＞BTB液は酸性で黄色，中性で緑色，アルカリ性で青色を示す。うすい塩酸と水酸化ナトリウム水溶液が互いの性質をちょうど打ち消し合ったのは，混合液が中性になり，BTB液の色が緑色になったときである。よって，表より，互いの性質をちょうど打ち消し合ったのは，水酸化ナトリウム水溶液を30cm^3加えたときである。

問5＜中和＞問4より，この実験では，うすい塩酸20cm^3と水酸化ナトリウム水溶液30cm^3が，ちょうど反応している。２倍にうすめたうすい塩酸100cm^3は，うすめる前のうすい塩酸50cm^3に当たるので，ちょうど反応して中性になる水酸化ナトリウム水溶液の体積をx cm^3とすると，$50 : x = 20 : 30$が成り立ち，これを解くと，$x \times 20 = 50 \times 30$より，$x = 75(cm^3)$となる。

4〔運動とエネルギー〕

問1＜エネルギー＞図のＡ点で小球が持つ位置エネルギーは，斜面をすべり落ちるとともに運動エネルギーに移り変わっていくので，Ｂ点に到達したときにＡ点と比べて増えているエネルギーは運動エネルギーである。なお，位置エネルギーは減り，摩擦や空気の抵抗はないものとするので，位置エネルギーと運動エネルギーの和である力学的エネルギーは一定に保たれる。

問2＜エネルギー＞力学的エネルギーは一定に保たれる(力学的エネルギーの保存)ので，Ｃ点に到達したときにＡ点と変わらないエネルギーは力学的エネルギーである。なお，運動エネルギーは増え，位置エネルギーは減っている。

問3＜仕事＞仕事の原理より，小球を斜面に沿って持ち上げても，真上に引き上げても仕事の大きさは変わらない。図より，小球を斜面に沿ってＡ点まで持ち上げることは，小球を真上に４ｍ引き上げることと同じである。よって，真上に引き上げるのに10Nの力が必要なので，〔仕事(J)〕＝〔力の大きさ(N)〕×〔力の向きに動いた距離(m)〕より，求める仕事の大きさは，$10 \times 4 = 40$(J)である。

問4＜仕事の原理＞問3より，小球を斜面に沿ってＡ点まで持ち上げるときに必要な仕事の大きさは40Jである。よって，Ａ点からＣ点までの斜面の距離が８ｍなので，斜面に沿って引き上げるのに必要な力は，40÷8＝5(N)である。

問５＜エネルギー＞図のＤ点から飛び出した小球は，常に運動しているため，最高点でも運動エネルギーを持っている。そのため，力学的エネルギーが一定であることから，最高点で小球の持つ位置エネルギーは，Ａ点で小球の持つ位置エネルギーより小さい。よって，小球はＡ点と同じ高さまでは上がらず，最高点はウになる。

５〔小問集合〕

問１＜地震＞震源からの距離に比例して変化するのは，Ｐ波とＳ波の到着時刻の差である初期微動継続時間である。Ｐ波とＳ波は伝わる速さが異なるので，震源から遠くなるほど初期微動継続時間は比例して長くなる。なお，震度は震源から遠くなるほど小さくなることが多い。また，Ｐ波の速さやＳ波の速さは，震源からの距離には関係しない。

問２＜動脈血＞動脈血は肺で酸素を取り込んだ血液だから，肺から出て心臓に入る血液が流れる肺静脈と，心臓から出て全身に向かう血液が流れる大動脈に流れている。

問３＜化学電池＞２種類の金属を電解質の水溶液に入れて導線でつなぐと電池ができる。銅板を亜鉛板に変えると，同じ金属の組み合わせになるので，電解質の水溶液を用いても電流は流れない。よって，誤っているのは④である。なお，食塩水は電解質の水溶液，砂糖水は非電解質の水溶液なので，水溶液が食塩水のときは電流が流れ，砂糖水のときは電流は流れない。また，亜鉛板と銅板の取り付け方を逆にすると，電流の流れる向きが逆になるのでプロペラの回り方は逆になる。

問４＜力のつり合い＞２力がつり合うとき，２力の向きは逆向きで大きさは等しい。３力がつり合うときは，２つの力の合力と残りの１つの力がつり合うので，合力と残りの１つの力の向きは逆向きになる。

６〔気象と天気の変化〕

問１＜凝結＞コップに氷水を入れると，コップの周りの空気は冷やされる。湿度は，空気１m^3中に含まれる水蒸気量が，その温度での飽和水蒸気量に対してどのくらいの割合かを示したものである。空気の温度が下がると飽和水蒸気量は小さくなるので，コップの周りの空気が冷やされると，空気に含まれる水蒸気量が変化しない場合，湿度は高くなる。そして，湿度が100％に達すると，コップの周りの空気に含まれる水蒸気の一部が水滴に変わり，凝結してコップの表面にくもりが生じる。

問２＜露点＞コップの周りがくもり始めたときの温度，つまり，空気に含まれる水蒸気の一部が水滴に変わり始めたときの温度を露点という。

問３＜湿度＞露点では，空気１m^3中に含まれる水蒸気量は，飽和水蒸気量と等しい。そのため，露点が10℃の空気１m^3中に含まれる水蒸気量は，表より，10℃での飽和水蒸気量9.4g/m^3に等しい。よって，表より20℃での飽和水蒸気量は17.3g/m^3だから，求める湿度は，〔湿度(％)〕＝〔空気１m^3中に含まれる水蒸気量(g/m^3)〕÷〔その気温での飽和水蒸気量(g/m^3)〕×100より，9.4÷17.3×100＝54.3…となり，54％である。

問４＜湿度＞問３より，加湿する前の空気１m^3中に含まれている水蒸気量は9.4g/m^3である。また，加湿した後の20℃の空気の湿度は70％になったから，この空気１m^3中に含まれる水蒸気量は，17.3×$\frac{70}{100}$＝12.11(g/m^3)となる。よって，空気中に増加した水蒸気量は，１m^3当たり12.11－9.4＝2.71(g)となるから，250m^3の実験室内に加湿器から放出された水蒸気量は，2.71×250＝677.5(g)より，678gである。

7 〔生物の体のつくりとはたらき〕

問1＜酸素飽和度＞赤血球に含まれていて，酸素と結びつくのはヘモグロビンである。ヘモグロビンには，酸素の多い所では酸素と結びつき，酸素の少ない所では酸素を放すという性質があるため，赤血球は酸素を運ぶことができる。

問2＜心臓＞心臓の部位で，酸素を多く含んだ血液(動脈血)を全身へ送り出すのは左心室である。なお，心臓は左心房，左心室，右心房，右心室の４つの部位に分かれていて，動脈血は肺→左心房→左心室→全身の順で流れる。

問3＜血流＞１回の拍動で70mLの血液が送り出されるから，4.4L，つまり，$4.4\times1000=4400$(mL)の血液を送り出すのに必要な拍動数は，$\frac{4440}{70}=\frac{440}{7}$(回)である。また，表より，安静時の心拍数の１分(60秒)間当たりの平均は，$(70+68+66)\div3=68$(回)である。よって，$\frac{440}{7}$回拍動するのにかかる時間は，$\frac{440}{7}\div68\times60=55.4\cdots$より，約55秒となる。

問4＜酸素飽和度＞運動をすると多くのエネルギーが必要になるので，細胞では多くの酸素が必要になる。表より，安静時と運動直後で，酸素飽和度の値は変化が小さいが，１分間当たりの心拍数や呼吸数は大きく増えている。よって，運動直後は，心拍数と呼吸数が増えることで，より多くの酸素を全身の細胞に供給していると考えられる。

8 〔化学変化と原子・分子〕

問1＜質量保存の法則＞化学変化の前後で，原子の組み合わせは変わるが，原子の種類と数は変わらないため，化学変化に関係した物質全体の質量は変わらない。この法則を，質量保存の法則という。

問2＜化学反応式＞炭酸カルシウム($CaCO_3$)とうすい塩酸(HCl)を反応させると，塩化カルシウム($CaCl_2$)と水(H_2O)，二酸化炭素(CO_2)ができる。化学反応式は，矢印の左側に反応前の物質の化学式を，右側に反応後の物質の化学式を書き，矢印の左右で原子の種類と数が等しくなるように化学式の前に係数をつける。

問3＜反応する物質の質量＞グラフで，加えた石灰石の質量が0.25g以上になると，発生した二酸化炭素の体積が一定になっているので，うすい塩酸は0.25gの石灰石とちょうど反応することがわかる。

問4＜反応する物質の体積＞うすい塩酸は石灰石0.25gとちょうど反応して，二酸化炭素が50cm^{3}発生する。石灰石の質量を0.25gの２倍の0.5gにして全て反応させると，発生する二酸化炭素の体積も２倍になるから，$50\times2=100$(cm^3)である。

9 〔電流とその利用〕

問1＜電球の明るさ＞白熱電球を並列につなぐと，どちらの白熱電球にも同じ大きさの電圧が加わる。〔電力(W)〕=〔電圧(V)〕×〔電流(A)〕より，加わる電圧が同じとき，電力が大きい白熱電球の方に電流が多く流れる。よって，50Wの白熱電球の方が流れる電流が大きくなるので，明るくなる。

問2＜電力＞白熱電球と比べて，LED電球は消費電力が小さく，ドライヤーは消費電力が大きい。

問3＜電力量＞電力量は，〔電力量(J)〕=〔電力(W)〕×〔時間(s)〕で求められる。よって，１時間が$60\times60=3600$(s)より，１Whは$1\times3600=3600$(J)になる。

国語解答

一 問一 ア 斜陽 イ 年配〔輩〕 ウ 殿様 エ 玄関 オ 企

問二 ア しょじゅん イ おか ウ がんちく エ と オ ぜせい

問三 3 問四 2 問五 4

問六 2

問七 (a)…1 (b)…4 (c)…3

二 問一 (A)…1 (B)…3 問二 2

問三 1 問四 4 問五 2

問六 4 問七 意味 問八 1

問九 3

三 問一 4

問二 そしりにくむゆえなり

問三 2 問四 1 問五 3

問六 3 問七 4 問八 2

四 問一 (A)…3 (B)…1 問二 足

問三 4 問四 1 問五 2

問六 2 問七 3

一〔国語の知識〕

問一＜漢字＞ア．「斜陽」は，地平線に沈もうとしている太陽の光のこと。　イ．「年配〔輩〕」は，中年以上の年頃のこと。　ウ．「殿様」は，主君や貴人，江戸時代の大名や旗本の敬称。　エ．「玄関」は，建物や住居の主要な出入り口のこと。　オ．音読みは「企画」などの「キ」。

問二＜漢字＞ア．「初旬」は，月の初めの十日間のこと。　イ．音読みは「冒険」などの「ボウ」。　ウ．「含蓄」は，言葉などの表面に現れない深い意味のこと。　エ．音読みは「執務」などの「シツ」，「執着」などの「シュウ」。　オ．「是正」は，悪い点や不都合な点を改めて正しくすること。

問三＜ことわざ＞「石橋をたたいて渡る」は，念には念を入れて用心する，という意味。「転ばぬ先の杖」は，失敗しないように前もって準備しておくこと。「弘法にも筆の誤り」は，どんな名人でも時には失敗があるということ。「能ある鷹は爪を隠す」は，優れた才能を持つ人は，その才能をむやみに誇示することはしない，という意味。「馬の耳に念仏」は，意見や忠告をしても全く効き目がないこと。

問四＜語句＞「おそらく」は，多く，推量の表現を伴って，そうなる可能性が高いことを表す呼応の副詞。

問五＜漢文の訓読＞[4]から[5]，[2]から[3]へそれぞれ一字返して読むから，[5]と[3]にレ点を付す。[3]の次に二字返して[4]を読むから，[3]に一点，[4]に二点を付す。[3]は一レ点を付すことになる。

問六＜四字熟語＞「百鬼夜行」は，平安時代の説話などに出てくるもので，深夜に鬼や妖怪が行進すること。「千差万別」は，差異，種別が非常に多いこと。「一笑千金」は，美人が一度ほほ笑めば千金に値する，という意味で，それほど美人であることを表す。「万古不易」は，永久に変わらないこと。

問七(a)＜詩の形式＞現代の話し言葉で書かれているので，口語詩である。また，音数に一定の規則がないので，自由詩である。　(b)＜詩の技法＞「かれらは訴えてはいないだろうか」と「一本の樹《き》～と呼ばれることの不安について」の語順が，普通の語順とは違っている。　(c)＜詩の内容理解＞「存在」は，「存在のもつ静寂」のかすかさや，近づくとあらわになる「ひそかな身ぶり」，それらが訴える「不安」を感じ取るようにはたらきかけなければ，「在ることのたしかさ」がわからない。だが「無」は，「存在」のような繊細さや微妙さはなく，ただないといえるだけ安易なのである。

二 〔論説文の読解―芸術・文学・言語学的分野―日本語〕出典：長田弘『なつかしい時間』。

≪本文の概要≫私たちを取り巻く環境は，日々目に見えて変化し続けているが，私たちにもたらされる最大の変化は，言葉の変化という目に見えないものである。ごく普通の何でもないような言葉によって，自分が生かされていると感じている言葉がある。例えば「梢」や「筧」や「しげしげと」や「本」といった言葉である。それらの言葉が，私たちの見ている風景の中に，今日なくてはならぬ言葉，心の風景をつくる言葉としてあるかを考えると，それらが表していた趣きがふだんの暮らしから消え，感覚を喚起する言葉ではなくなっている。本来，その周りにさまざまなものを集めるのが，言葉の本質である。風景や感情などが付随した言葉を自分の中にどれだけ持っているかが，心の豊かさをつくるのに，今は，言葉が使い捨てになって，私たちの心の風景も貧弱になっている。その言葉によって自分の存在が生き生きと感じられてくるような言葉を，豊かに持ちたいものである。

問一＜語句＞(A)「喚起する」は，呼び覚ます，という意味。　(B)「風合い」は，手触りや外観から受ける感じのこと。

問二＜品詞＞「見えない」と「しない」の「ない」は，打ち消しの助動詞。「わけではない」の「ない」は，補助形容詞。「切ない」の「ない」は，形容詞「切ない」の一部。「元気がない」の「ない」は，形容詞。

問三＜熟語の構成＞「若葉」と「弱点」は，上の漢字が下の漢字の連体修飾語になっている熟語。「納税」は，下の漢字が上の漢字の目的語になっている熟語。「救助」は，似た意味の漢字を重ねた熟語。「腰痛」は，上の漢字が主語，下の漢字が述語の関係になっている熟語。

問四＜文章内容＞尾崎一雄の「美しい墓地からの眺め」の一節には，庭前の木や草を「しげしげと眺める」という「しんとした動作から，『心につながるもの，目につながるもの』への愛惜が生まれてくる」ことが，語られている。

問五＜文章内容＞「私たちは今日ますますスピードをあげて生きることに」追われるあまり，「『しげしげと目の前の風景を眺める』習慣」をなくし，心を静かにすることがないために，「『しげしげと眺める』というしんとした動作」から得られた「幸福感」をも失っている。

問六＜文章内容＞「自分が生かされていると感じている言葉」とは，例えば「梢」や「しげしげと」といった言葉である。私たちは「スピードをあげて生きることに追われ」て，木を見上げたり自然を「しげしげと」眺めたりすることがなくなっているが，それらの言葉には「その言葉が表していた趣というもの」や「わたしたちの日々の心の風景」があった。そういう言葉によって，私たちは「心のゆたかさ」をつくっていたのである。

問七＜文章内容＞言葉は「意味だけでできているのでは」ない。本には文字の「墨の匂い，インクの匂い，紙の手触り，風合い」などがあり，「本」という言葉は，そうしたさまざまなものを思い起こさせる言葉だった。

問八＜文章内容＞現代は，「モノ」という物質面では豊かになった。だが，「本来，そのまわりにさまざまなものを集める」という「言葉の本質」が失われ，「その言葉が表していた趣」が，語彙にはなくなっている。「いまは言葉が使い捨てになって」おり，そのために，「さまざまな言葉によってわたしたちがずっと得てきた心のひろがりや陰影やゆたかさ，奥行きが削られて」しまっている。

問九＜要旨＞語彙は，「心という財布に，自分が使える言葉をどれだけゆたかにもっているかということ」である。「いまは言葉が使い捨てになって」いて，「その言葉によって，いま，ここに在ることが生き生きと感じられてくる」ような「趣」のある語彙が，乏しくなっているのである。例えば，「梢」「筧」「しげしげと」「本」などのような「趣」のある語彙を，「今日なくてはならぬ言葉，心の風景をつくる言葉」として持つことで，「わたしたちの日々のあり方」は，「ひろがりや陰影やゆたかさ，奥行き」のあるものとなる。

三〔古文の読解―説話〕出典：『今昔物語集』巻第十四ノ第二十七。

≪現代語訳≫今となっては昔のことだが，阿波の国の名方の郡の殖の村に，一人の女がいた。呼び名を夜須古といった。光仁天皇の御時代のことだ。この女が願を立てて，『法華経』を書写し申し上げようと思って，殖の郡の菀山寺で，心を込めて人に『法華経』を書き写させた。／そうする間，その郡に忌部の連板屋という人がいた。この人が，あの経を書かせる女を憎んで，女の過失を暴露して女を悪く言った。すると，板屋は急に口の形が変形し顔もゆがんだ。このことで(板屋は)このうえもなく嘆き悲しんだ。だが，最後までそれ(＝夜須古を悪く言ったこと)を後悔する気持ちもなくて善い行いを好まなかった。それで，(板屋の変形した口や顔は)直らなかった。／このことを見聞きした人は，「これはただもう，心を込めて『法華経』を書写し申し上げた人を悪く言い憎んだせいだ」と言った。／これを思うと，『法華経』の経文に間違いはない。信仰心のある人は，ひたすらに『法華経』を読み書写する人を，〈仏〉と同じように敬わなければならない。決して軽んじたり悪口を言ってはならない。これは，優れた功徳だと語り伝えたとかいうことだ。

問一＜文学史＞『世間胸算用』は，江戸時代前期に井原西鶴が書いた浮世草子。『枕草子』は，平安時代中期に清少納言が書いた随筆。『古今和歌集』は，平安時代初中期に紀貫之らが編さんした我が国最古の勅撰和歌集。『源氏物語』は，平安時代中期に紫式部が書いた物語。

問二＜歴史的仮名遣い＞歴史的仮名遣いの「ゑ」は，現代仮名遣いでは「え」になる。

問三＜古典の知識＞「阿波の国」は，現在の徳島県に当たる。

問四＜古文の内容理解＞『法華経』は，大乗仏教の経典の一つで，仏と同様に尊いものである。だから，信仰心のある人は，ひたすらに『法華経』を読み書写する人のことをも，仏と同じように尊いと思って敬うべきであり，決して軽んじたり悪口を言ったりしてはならない。

問五＜現代語訳＞「心をいたして」は，心を込めて，という意味。「うつさしむ」の「しむ」は，使役の助動詞で，(人に)～させる，という意味。「うつす」は，ここでは書き写す，写経する，という意味。

問六＜古文の内容理解＞「かぎりなし」は，このうえもなく～する，という意味。板屋は，『法華経』を書写させた夜須古を憎んで悪口を言ったために，口の形が変形し，顔がゆがんだ。このことを板屋は，このうえもなく嘆き悲しんだ。

問七＜古文の内容理解＞板屋の口や顔が変形したのは，心を込めて『法華経』を書写させた夜須古を悪く言ったからである。だから，仏を敬い信じる心のある人は，『法華経』を読み書写する人をも仏と同じように敬って，決して軽んじたり悪口を言ったりしてはいけない。

問八＜現代語訳＞「ゆめゆめ」は，決して，という意味。「かろむ」は，軽んじる，という意味。「謗ず」は，そしる，悪口を言う，という意味。「とどむべし」は，やめなければならない，という意味。

四〔小説の読解〕出典：村山由佳『約束』。

問一＜慣用句＞(A)「筋金入り」は，その物体に金属が入っている，という意味から転じて，身体や思想などが十分に鍛えられていて強固なことを表す。　(B)「神経が細い」は，些細なことで精神がすり減るように，繊細で感受性が強い，という意味。

問二＜慣用句＞「足がすくむ」は，恐怖や緊張で足がこわばり動かなくなるさまを表す。

問三＜表現＞Ⅰ．ヤンチャのお母さんは，「やせ細って」しまい，不安定に揺れるような様子になってしまった。　Ⅱ．ノリオがハム太に「つらく当たる」のは，ノリオが「教育ママ」のお母さんに，いつも強く責めたてられている「反動」なのだろう。　Ⅲ．ヤンチャは，自分の身体が「背中からベッド」に抵抗なく沈んで，「めり込みそう」に感じた。　Ⅳ．ヤンチャは，「乾いた」小さな笑い声を漏らした。

問四＜文章内容＞ワタルは，病院で，ベッドに寝ているおじいさんたちを見ているうちに，「このおじいさんたちは〜僕のおじいちゃんみたいに……」と「空想」にふけってしまい，ヤンチャのお見舞いに来たことを忘れるほどぼんやりしていた。そのことを，「ぼうっと夢見てた」とノリオに指摘されて，ワタルは，「ちょっと考えごとしてただけ」とごまかした。

問五＜文章内容＞ヤンチャは，「僕らのよく知っているヤンチャでは」ないと思ってしまうくらい痩せてやつれていた。そして「僕ら」は，ヤンチャの話を聞くうちに，ヤンチャの病状が「思っていたより重そう」で，大きい病院の偉い医者でも原因がわからないことを知り，ヤンチャが再び横になると，「僕らの間」に「気まずい沈黙」が流れた。ノリオは，その「気まずい沈黙」を破ろうと気をきかせて，「えっと……じゃあオレたち，そろそろ帰るからさ」と言った。

問六＜心情＞病室を出ようとするワタルに，ヤンチャは「ワタル……」と声をかけたが，「何を言うつもりだったのか，ヤンチャ自身もわからなくなって困っている」ようだった。ヤンチャは，何を言ったらよいかはわからないが，見舞いに来て帰る友人に，思わず声をかけてしまったのである。

問七＜文章内容＞ハム太は，病院の待合室を通るときから「オレ，病院って苦手なんだよ」と「情けない声」を出しており，病室で重症のヤンチャを見て「半分逃げ腰」になるなど，気弱な性格である。だが，食欲がなく，病院食を「食べる気がしない」と言うヤンチャに，「オ，オレが来て代わりに食ってやろうか？」と言い出し，退室するときにも，「今度は，晩飯の時に来ようかな」と言うなど，ハム太は，食べ物のことに関しては執着心が強く，意外な発言もしている。

2023年度 國學院大學栃木高等学校（第１回）

【英　語】（50分）〈満点：100点〉

1

次の問い（Ａ，Ｂ）に答えなさい。

A. 次の各組の単語で、下線部の発音が他と異なるものをそれぞれ１つ選び、記号で答えなさい。

１．ア boot　イ foot　ウ tooth　エ moon

２．ア finger　イ hunger　ウ stranger　エ stronger

３．ア heated　イ slipped　ウ researched　エ released

B. 次の各組の単語で、最も強いアクセントの位置が他と異なるものをそれぞれ１つ選び、記号で答えなさい。

１．ア col-or　イ sea-son　ウ hun-dred　エ po-lite

２．ア sud-den-ly　イ ex-cel-lent　ウ cap-i-tal　エ to-geth-er

３．ア ac-tiv-i-ty　イ nec-es-sar-y　ウ tel-e-vi-sion　エ beau-ti-ful-ly

2

次の各文の（　　　）内に入る最も適当なものをそれぞれ１つ選び、記号で答えなさい。

1. She may（　　　）a singer.

　ア be　イ am　ウ is　エ are

2. Billy is taking guitar lessons,（　　　）he?

　ア wasn't　イ didn't　ウ isn't　エ doesn't

3. A friend of（　　　）visited me yesterday.

　ア they　イ their　ウ them　エ theirs

4. I'm fond of（　　　）baseball games.

　ア watch　イ watched　ウ to watch　エ watching

5. There is（　　　）wrong with my bicycle.

　ア anything　イ something　ウ any　エ some

6. Nancy can't buy her ticket because she has（　　　）her money.

　ア lost　イ got　ウ made　エ had

7. We trust Joe because he always（　　　）his promises.

　ア takes　イ keeps　ウ throws　エ breaks

8. They went（　　　）a trip to Mexico.

　ア in　イ at　ウ on　エ with

9. I got on the（　　　）and went up to the sixth floor.

　ア plane　イ elevator　ウ train　エ subway

10. I wish I (　　　) a cat at home.

ア have　　　　イ has　　　　ウ am having　　　　エ had

3

次の各日本文の意味を表すように、(　　　)内の語(句)を並べかえて正しい英文を作るとき、(　　　)内で5番目に来るものをそれぞれ1つ選び、記号で答えなさい。

1．この橋は私が子どもの頃かけられました。

This (was / I / a child / when / built / bridge / was).

ア I　　　　イ when　　　　ウ a child　　　　エ built

2．この道は朝からずっと車でいっぱいです。

This street (been / since / full / has / this morning / cars / of).

ア been　　　　イ since　　　　ウ of　　　　エ cars

3．起きなさい、さもないと学校に遅れますよ。

Get up, (late / school / will / for / or / be / you).

ア for　　　　イ will　　　　ウ late　　　　エ be

4．私はちょうど彼女のお見舞いに行ってきたところです。

I (the hospital / been / see / just / have / to / to) her.

ア been　　　　イ see　　　　ウ just　　　　エ the hospital

5．私は今朝、朝食を食べずに学校へ行きました。

(eating / I / to / breakfast / school / went / without) this morning.

ア eating　　　　イ to　　　　ウ without　　　　エ school

6．私のクラスメートの写真をお見せします。

I'll (you / pictures / show / some / classmates / of / my).

ア pictures　　　　イ of　　　　ウ classmates　　　　エ some

4

次の各日本文の意味を表すように、(　　　)内に適当な語を入れなさい。

1．5月は何人の生徒が体育館を使う予定ですか。
(　　　) (　　　) students will use the gym in (　　　)?

2．あなたが先週の土曜日に川で釣った魚はなんて大きかったのでしょう。
(　　　) a big fish you (　　　) in the river last (　　　)!

3．私は叔《お》母《ば》ほど上手に泳げません。
I can't swim (　　　) (　　　) as my (　　　).

5　次の対話文を読んで、あとの問いに答えなさい。

Doctor : Hello, Jerry.　It's nice to see you.
Jerry　: Good morning, Doctor Brown.
Doctor : Sit down, Jerry.（　①　）
Jerry　: Not bad.　It still hurts when I move it, but it's a little better.
Doctor :（　②　）
Jerry　: Really?　What is it?
Doctor : The X-rays show it's not broken.
Jerry　: Oh, good!　Can I use it if I want to?
Doctor : No.　Don't try to use it for a few days.　I think it'll be all right in a week or two.
Jerry　: This is a bad time to have a cold.
Doctor :（　③　）
Jerry　: Because I have to use my handkerchief with one hand.
Doctor :（　④　）　Well, tell me about your cold.　Do you have any pain?
Jerry　: Just in my head.
Doctor : Let's take your temperature.
Jerry　: I don't think I have a fever.
Doctor : How are the others in your family?（　⑤　）
Jerry　: No.　Mm-mm...
Doctor : What's that?　You're the only one?
Jerry　: Mm-mm...
Doctor : Oh, sorry.　You can't talk with this thermometer in your mouth.　Now, are you OK?
Jerry　: Yes.　I'm the only one.
Doctor : Well, you're right.　You don't have a fever.
Jerry　: That's good.
Doctor : Just relax and sleep well.　You'll be all right.　Come back and see me if your arm doesn't get better.
Jerry　: Thank you, Doctor.　Goodbye.

（注）　X-rays：レントゲン写真　　pain：痛み　　temperature：体温
　　　thermometer：体温計

1.（　①　）～（　⑤　）に入る最も適当なものをそれぞれ１つずつ選び、記号で答えなさい。

ア Why do you say that?　　イ Do any of them have colds?
ウ Oh, that's hard.　　エ You should come to see me again.
オ I have good news for you, Jerry.　　カ How does your arm feel?

2. 次の質問に対する答えとして、本文の内容に合うように（　　　）に入る最も適当な１語を本文から抜き出しなさい。

Question : Why does Jerry have to use his handkerchief with one hand?
Answer　: Because his（　　　）on the other side still hurts.

3．本文の内容に一致するものを１つ選び、記号で答えなさい。

ア This is Jerry's first visit to the doctor after he got hurt in the arm.
イ Jerry came to see the doctor with one member of his family who had a cold.
ウ This is a bad time for Jerry to have a cold because he is too busy to see the doctor.
エ Jerry was not able to talk well when he had a thermometer in his mouth.

6 次の英文を読んで、あとの問いに答えなさい。

Mark was a car mechanic. He had a problem with his job. He didn't enjoy his job, because he was tired of doing the same things every day.

One day Mark got a letter from Japan. It was a letter from Ken. Mark thought, "I stayed in Japan for a month when I was fifteen. Ken was one of my friends. ①I haven't heard from him for ten years since then. What has happened?"

> Dear Mark,
>
> Hello, this is Ken. Do you remember me? I am giving you another letter and a picture. The letter was written to you by yourself ten years ago. Do you remember Jiro, Keiko, you and I wrote letters to ourselves to read ten years later? Last week the three of us enjoyed reading them. We talked about you and decided to send your letter and our picture to you.
>
> Now I want to write to you about us. I teach English in a high school. Thanks to you, I became very interested in English and studied it hard to be a teacher. I like teaching English. Jiro works as a barber. He enjoys talking with people while he is working. Keiko is a nurse. She says that her job is hard but a lot of fun. I hope you will write me soon.
>
> Your friend,
> *Ken*

Mark saw the picture. His friends looked very happy. "They enjoy their jobs," Mark thought. He was glad to read the letter and see the picture, but ②he felt a little sad. "If someone takes my picture now, how do I look?" Mark asked himself.

Then Mark read the other letter.

> Dear Mark,
>
> Hi! How's everything? Did you realize your dream? Of course you did. I'm sure you are working as a car mechanic. You must be great at your job, and can repair all types of cars. You must know about the engines of all the nice and new cars. What types of cars are popular now?
>
> *Mark*

"When I started my job, I had to learn many things. For example, I needed to know about new technologies. It was very difficult to repair cars well," Mark thought. Soon Mark found that he was doing his favorite job. "Now I remember something important. People's smiling faces made me happy when I finished repairing their cars. I was proud of my job," he thought. He remembered he liked his job. He thanked Ken for sending the nice presents.

(注) mechanic：整備士　　be tired of ～：～に飽きている　　realize ～：～を実現する
repair ～：～を修理する　　engines：エンジン

1．本文の内容に合うように、次の（ a ）には適当な数字を、（ b ）には英単語をそれぞれ書きなさい。

> When Mark was（ a ）years old, he got a letter from Ken for the（ b ）time after his stay in Japan.

2．Jiro、Keiko がそれぞれどのような仕事をしているか、例にならって本文中から抜き出して答えなさい。

例．Ken became a（ teacher ）.

Jiro works as a（　1　）, and Keiko is a（　2　）.

3．下線部①を日本語に直しなさい。

4．Mark が下線部②のように感じたのはなぜか。その理由を１つ選び、記号で答えなさい。

ア 日本にいる友だちが、ずっと手紙をくれなかったから。
イ 日本にいる友だちが、自分には写真を送ってくれなかったから。
ウ 日本にいる友だちは夢を叶えたのに、自分は夢を叶えられなかったから。
エ 日本にいる友だちは仕事を楽しんでいるのに、自分は楽しんでいないから。

5．本文の内容に一致するものを２つ選び、記号で答えなさい。

ア Mark remembered who Ken was because Mark saw the picture of Ken, Jiro and Keiko.
イ Mark's dream was to be a great car mechanic when he wrote a letter to himself in Japan.
ウ Mark wanted to know about new technologies in cars by studying them in Japan.
エ Thanks to the letters from Ken, Mark could know what types of cars were popular in Japan.
オ Mark felt happy to see the people's smiling faces when he finished repairing their cars.

7　次の英文を読んで、あとの問いに答えなさい。

It was the very cold winter of 1925. Dr. Welch, the only doctor in the little town of Nome in Alaska, found out that some people were sick and dying with a disease called diphtheria. But there wasn't enough medicine in Nome. He thought, "If I can get enough medicine, I can save those sick people." In bad weather, there was no plane that could fly into Nome. The only hope was to get the medicine from some place near Nome in Alaska. He called the radio station. A radio message for help went across Alaska.

A doctor in south Alaska heard ①the message, and he had enough medicine! But the problem was how to send the medicine to Nome. It could not go by ship because the seas near Nome were frozen. So he decided to send it to Nenana by train. Nenana was the town closest to Nome, one and a half days away on the railway.

The trip with the important medicine began. After about 510 kilometers by train, the medicine had to travel about 1,100 kilometers over the difficult and frozen road between Nenana and Nome. Only sledges pulled by dog teams could do this job. Again, the radio station asked for help: this time for drivers of dog teams. These drivers are known as *mushers*. Soon, some mushers with very strong dogs agreed ②to help.

On Tuesday evening, January 27, the medicine arrived at Nenana by train and it was given to the first musher. The great relay race began. Each musher relayed the medicine to the next man waiting with another dog team.

On Sunday, the medicine was relayed to the last musher, Gunnar Kaasen. Before his start, heavy snow began to fall. But he continued the race and his dogs kept running.

On the morning of February 2, five and a half days after the first dog team started, Kaasen entered the town of Nome. Soon, he found the hospital. Dr. Welch was very glad and said, "You got here in time! You have done a wonderful job."

"③No. The dogs did it ! They brought us here," answered Kaasen, as he put the important medicine in the doctor's hands. The race against death was won at last !

（注） Nome : ノーム（地名） diphtheria : ジフテリア（病名）
Nenana : ネナナ（地名） frozen : 凍っている sledge : そり

１. 下線部①の内容として最も適当なものを１つ選び、記号で答えなさい。
ア「ノームに薬を届けるマッシャー求む、一刻も猶予《ゆうよ》なし」
イ「当病院に予備の薬あり、ネナナまでの列車輸送可能」
ウ「重症者あり、医者派遣されたし、今すぐ」
エ「ジフテリア発生、十分な薬なし、至急助け求む」

２. 下線部②の内容として最も適当なものを１つ選び、記号で答えなさい。
ア to relay the medicine to Nome in their dog teams
イ to run a dog team race against each other to carry the medicine to Nome
ウ to find a hospital that had enough medicine for diphtheria
エ to find an airplane to get the medicine to Nome much faster than dog teams

３. 下線部③はどのような意味で言ったのか、本文に即し日本語で簡潔に説明しなさい。

４. 本文の内容と一致するものを２つ選び、記号で答えなさい。
ア Dr. Welch needed more doctors to save the dying people in his town.
イ The doctor in south Alaska could not send the medicine by ship because of the frozen seas.
ウ The radio station asked for help twice : first for the medicine and then for mushers.
エ The last relay by Gunnar Kaasen and his dogs was the easiest part of the long and difficult route.
オ When the medicine was handed to Dr. Welch, he first thanked Gunnar Kaasen's dogs for their great job.

５. 本文を参考にして、次のア～オを話の展開どおりに並べかえなさい。そのとき、２番目と４番目に来るものを記号で答えなさい。
ア The medicine was carried by train to Nenana.
イ A doctor in Nome found out that some people were very sick and called the radio station.
ウ The medicine was carried by sledges across the land of snow and ice.
エ Gunnar Kaasen gave the medicine to Dr. Welch in time to save many people.
オ A doctor who had enough medicine for diphtheria heard the radio message.

【数　学】（50分）〈満点：100点〉

1 次の(1)から(8)までの問いに答えなさい。

(1) $2-(-2)\times(-3)$ を計算しなさい。

(2) $\dfrac{3a-b}{2}-\dfrac{a+b}{3}$ を計算しなさい。

(3) $\dfrac{5}{6}a\times 3a^2$ を計算しなさい。

(4) $\sqrt{24}-5\sqrt{6}$ を計算しなさい。

(5) $5x(x-2)-(x-3)(x-7)$ を展開して簡単にしなさい。

(6) $3x^2-12x+12$ を因数分解しなさい。

(7) 1次方程式 $x+5=\dfrac{5x+19}{3}$ を解きなさい。

(8) 2次方程式 $(x-1)^2-5(x-1)+6=0$ を解きなさい。

2 次の(1)から(10)までの問いに答えなさい。

(1) $x=\sqrt{5}-\sqrt{2}$, $y=\sqrt{5}+\sqrt{2}$ のとき，x^2-y^2 の値を求めなさい。

(2) 連立方程式 $\begin{cases} ax+by=17 \\ 3ax-by=-9 \end{cases}$ の解が $x=-2$, $y=5$ のとき，a, b の値を求めなさい。

(3) 変化の割合が２で，$x=-2$ のとき $y=-7$ である１次関数の式を求めなさい。

(4) 関数 $y=2x^2$ について，x の変域が $-2 \leqq x \leqq 1$ のときの y の変域を求めなさい。

(5) ある中学校の昨年の生徒数は，男女合わせて330人であった。今年は，昨年と比べて男子生徒が５％増加し，女子生徒が２％減少したので，全体では６人増加した。この中学校の昨年の男子生徒の人数を求めなさい。

(6) １から５までの数が１つずつ書かれた５枚のカードから，１枚ずつ続けて２枚のカードを引く。１枚目に引いたカードに書いてある数を a，２枚目に引いたカードに書いてある数を b とするとき，$a-b$ が２以下となる確率を求めなさい。ただし，引いたカードは元に戻さないものとする。

(7)　図のような三角柱がある。辺BEとねじれの位置にある辺は全部で何本あるか求めなさい。

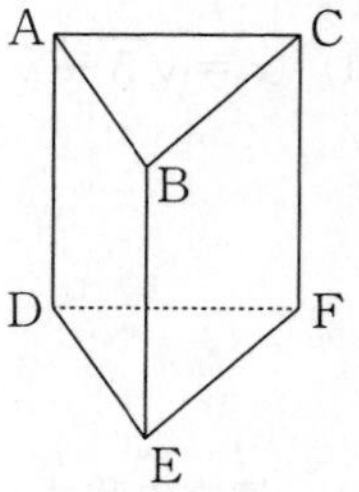

(8)　図において，$\angle x$ の大きさを求めなさい。

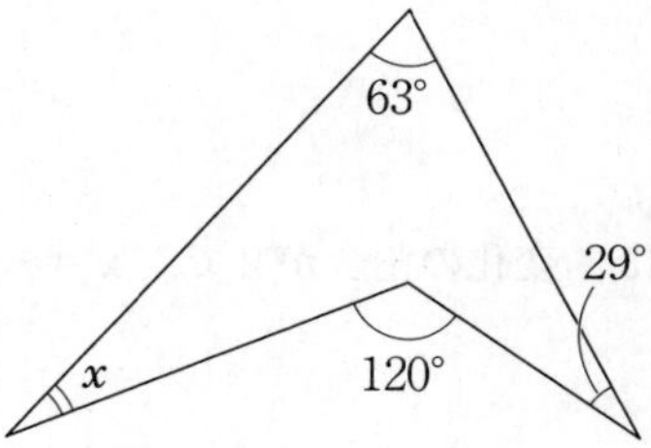

(9)　図のようなおうぎ形と直角三角形を組み合わせた図形を，直線 ℓ を軸として１回転させてできる立体の表面積を求めなさい。ただし，円周率は π としなさい。

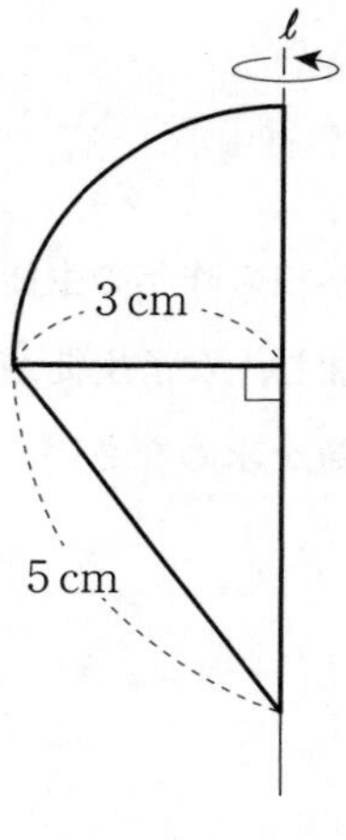

(10)　次の表は，あるテストの得点の分布を示したものである。20 人の得点の平均が 5.2 点のとき，a，b の値を求めなさい。

得点(点)	0	1	2	3	4	5	6	7	8	9	10	計
人数(人)	1	0	1	a	2	3	4	b	1	2	1	20

3 あるクラスで図のような掃除当番表を作った。1週間ごとに，班が書かれた円を時計回りに1つずつ回していく。1週目は1班が教室，3班が理科室，4班が昇降口の掃除当番であり，2班と5班は掃除当番ではない。掃除のある週が1年間で39週あるとき，次の問いに答えなさい。

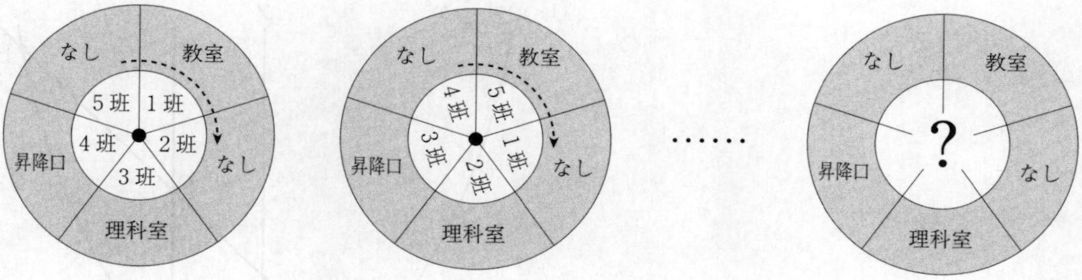

1週目　　2週目　　39週目

(1) 4班は1年間に何回掃除当番になるか求めなさい。

(2) 1年間の掃除当番の回数が，他の班よりも1回多い班が2つある。何班と何班であるか求めなさい。

4 図のように，直線 ℓ と直線 m が点Oで垂直に交わっている。長方形ABCDと正方形EFGHが，直線 ℓ, m にそって矢印の方向に，どちらも毎秒1cmの速さで移動する。頂点C, Eが点Oを出発してから x 秒後に，長方形ABCDと正方形EFGHが重なっている部分の面積を S cm²とするとき，次の問いに答えなさい。

(1) $x=2$ のときの S の値を求めなさい。

(2) $S=3$ となるような x の値をすべて求めなさい。

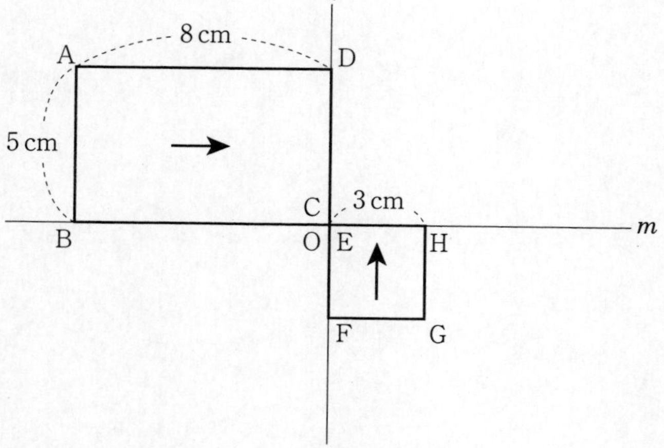

5 図のように，関数 $y=\frac{1}{4}x^2$ のグラフ…①がある。①上に2点A，Bがあり，x座標はそれぞれ -2，6である。また，y軸に平行な直線 $x=t$ が直線ABおよび①と交わる点をそれぞれP，Qとする。点Pが線分AB上にあるとき，次の問いに答えなさい。

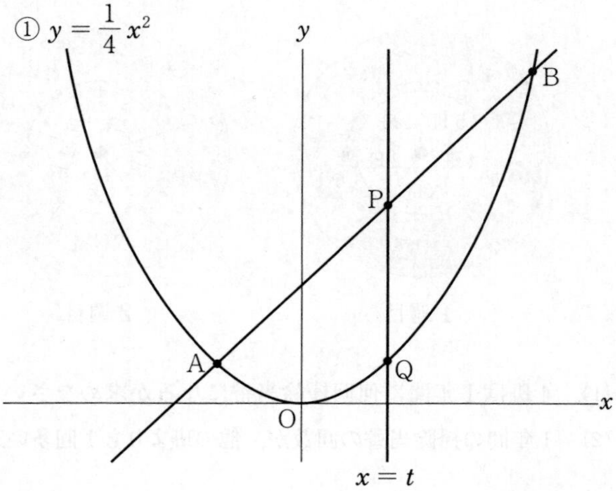

(1) 直線ABの式を求めなさい。

(2) $t=2$ のとき，△ABQの面積を求めなさい。

(3) 線分PQの長さが2となるような t の値をすべて求めなさい。

【社　会】（50分）〈満点：100点〉

1

次の１、２の問いに答えなさい。

１　次の（１）から（５）までの問いに答えなさい。

（１）　現在の領土がアジア州とヨーロッパ州の二つにまたがっている国を、次の**ア**～**エ**から１つ選び、記号で答えなさい。

ア　インド　　**イ**　イラン　　**ウ**　中国　　**エ**　ロシア

（２）　交通機関の特徴について述べた文として正しいものを、次の**ア**～**エ**から１つ選び、記号で答えなさい。

ア　鉄道は、時間が正確で大量に輸送できるため、旅客・貨物ともに短距離輸送に適している。

イ　自動車は、個別に少量の荷物を配送することが可能で、地球温暖化への影響も他の交通機関に比べて小さい。

ウ　船舶は、重量や容積の大きい貨物を安く大量に運ぶことができ、長距離輸送に適している。

エ　飛行機は、速度がはやく気象の影響を受けにくいため、旅客・貨物ともに長距離輸送に適している。

（３）　桃山文化について述べた文として**誤っているもの**を、次の**ア**～**エ**から１つ選び、記号で答えなさい。

ア　安土城や大阪城などの雄大な天守《てんしゅ》を持つ城が建設された。

イ　葛飾北斎《かつしかほくさい》や歌川広重らによって、すぐれた風景画が描かれた。

ウ　出雲阿国《いずものおくに》が歌舞伎のもとになる踊りを始めた。

エ　堺の豪商であった千利休によって、わび茶が大成された。

（４）　日本の少子高齢化に関する文として**適当でないもの**を、次の**ア**～**エ**から１つ選び、記号で答えなさい。

ア　2021年の日本人の平均寿命は、男女ともに80歳を超えている。

イ　日本の家族形態は核家族世帯が多いが、近年は単独世帯の割合も増えている。

ウ　共働き世帯や高齢世帯の増加にともない、育児や介護などで地域社会の連携が求められている。

エ　日本の社会保障は現役世代の負担によって成り立っており、今後その負担は軽くなると予想される。

（５）　あるクラスで決まりを作るにあたって出された意見として**適切でないもの**を、次の**ア**～**エ**から１つ選び、記号で答えなさい。

ア　「よりよい決まりを作るには、判断の基準として効率や公正といった見方・考え方をふまえる必要があるね。」

イ　「全会一致を目指して、みんなの意見を聞きながら決めると、話し合いの時間に無駄がなく効率的だよね。」

ウ　「決まりを作るときは一人一票にすると、みんなの意見が平等に反映されるから公正だね。」

エ　「決め方も大事だけど、決まりが解決に効果があるかや、立場が変わっても受け入れられるかも、考える必要があるよね。」

２　次の（１）から（５）までの文中の［　　　］にあてはまる語句を答えなさい。

（１）　2019年末より世界で猛威《もうい》をふるっている新型コロナウイルス感染症（COVID-19）の検査にも用いられている、ウイルスの遺伝子の特定の部分を検出する方法を［　　　］検査という。（［　　　］にはアルファベットがはいる。）

（２）　紀元前3500年ころ、チグリス川とユーフラテス川の流域で［　　　］文明が発展した。そこでは、くさび形文字が発明され、月の満ち欠けを基準とする太陰暦《たいいんれき》などが考えだされた。

（３）　1549年にイエズス会の宣教師《せんきょうし》［　　　］が、キリスト教を布教するために鹿児島に来航し、平戸・山口・堺などで布教を始めた。

（４）　アメリカ合衆国南部のメキシコ湾に面した地域は、夏から秋にかけて［　　　］とよばれる熱帯低気圧にたびたび襲《おそ》われ、風雨や洪水による大きな被害に見舞《みま》われることがある。

（５）　［　　　］とは、大都市の過密状態を解消するために大都市周辺に新しく建設された住宅団地や市街地のことをいう。日本では1960年代以降、大阪府の千里《せんり》地区や東京都の多摩《たま》地区などに造られた。（［　　　］にはカタカナがはいる。）

2 次の**A**から**D**の文章を読み、１から５までの問いに答えなさい。

> **A** 大モンゴル国の皇帝が、日本国王に書を送る。……日本は高麗に接しており、これまで中国に使いを送ってきたが、私が皇帝になってからはひとりも使いをよこさない。……今後は通交し合うとしよう。……武力を使いたくないのでよく考えてほしい。（部分要約）

> **B** この戦争で亡くなられた人たちの死を無駄にしないように、この国が神の下《もと》で自由の新しい誕生を迎えさせるために、そして、ⓐ人民の、人民による、人民のための政治がこの地上から決して滅びることがないようにすることを、われわれはここで強く決意する。（部分要約）

> **C** 私たちは、一人の力には限界があり、互いに協力し合うことが求められる。そのために人々の意見や利害を調整し、ⓑ私たちの生活をより良くするはたらきが必要となる。このはたらきを政治といい、政治をおこなうために決まりを定め、命令を強制する力をⓒ政治権力という。

> **D** 中国は主要工業製品のほとんどで生産量世界一をほこり、「世界の工場」とよばれるまでになっている。この工業化の背景には1980年代ころから [ⓓ] を取り入れ、経済発展を目指したことがある。また、外国企業の進出を積極的に受け入れ、[ⓔ] 労働力を生かして工業製品を生産し、世界各地に輸出する工業国に成長していった。

1 文章**A**の史料は鎌倉時代の外交文書である。この史料に関する①と②の短文の正誤の組み合わせとして正しいものを、次の**ア**～**エ**から１つ選び、記号で答えなさい。

① この国書の差出人は、皇帝フビライ=ハンである。

② この国書に対して、北条時宗は要求を受け入れてモンゴルに服従した。

ア ①－正 ②－正　**イ** ①－正 ②－誤　**ウ** ①－誤 ②－正　**エ** ①－誤 ②－誤

2 文章**B**の史料はアメリカ合衆国大統領が南北戦争中におこなった演説である。この史料に関する①と②の短文の正誤の組み合わせとして正しいものを、次の**ア**～**エ**から１つ選び、記号で答えなさい。

① この演説をおこなった大統領は、リンカンである。

② 文中の下線部ⓐとは、民主主義にもとづく政治のことである。

ア ①－正 ②－正　**イ** ①－正 ②－誤　**ウ** ①－誤 ②－正　**エ** ①－誤 ②－誤

3　下線部ⓑに関連して、地域の政治についての①と②の短文の正誤の組み合わせとして正しいものを、次の**ア**～**エ**から１つ選び、記号で答えなさい。

①　地方自治は、地域の人々が直接に参加し、合意にいたる経験を積めるため、「民主主義の学校」と呼ばれている。

②　日本では、地方公共団体の首長は、国政における議院内閣制と同様に地方議会の議員のなかから選出される。

ア　①－正　②－正　　**イ**　①－正　②－誤　　**ウ**　①－誤　②－正　　**エ**　①－誤　②－誤

4　下線部ⓒに関連して、三権分立についての①と②の短文の正誤の組み合わせとして正しいものを、次の**ア**～**エ**から１つ選び、記号で答えなさい。

①　三権分立は、フランスの思想家ルソーがその著書『法の精神』のなかで提唱したものである。

②　日本において、衆議院で内閣の不信任が議決された場合、内閣が衆議院の解散をおこなえるのは、三権分立の例の一つである。

ア　①－正　②－正　　**イ**　①－正　②－誤　　**ウ**　①－誤　②－正　　**エ**　①－誤　②－誤

5　文章**D**について、［　ⓓ　］・［　ⓔ　］にあてはまる語句の組み合わせとして正しいものを、次の**ア**～**エ**から１つ選び、記号で答えなさい。

ア　ⓓ－市場経済の考え方　　ⓔ－賃金が安くて豊富な

イ　ⓓ－市場経済の考え方　　ⓔ－高度な技術をもつ

ウ　ⓓ－国の計画にもとづいた経済　　ⓔ－賃金が安くて豊富な

エ　ⓓ－国の計画にもとづいた経済　　ⓔ－高度な技術をもつ

3 次の１、２の問いに答えなさい。

1　次の（1）から（5）までの問いに答えなさい。

（1）　次の表は、群馬県、埼玉県、東京都、栃木県の都県庁所在地の人口、温泉地数、耕地面積、100 世帯当たりの自家用車保有台数を示したものである。**A**～**C**と県名の組み合わせとして正しいものを、次の**ア**～**カ**から１つ選び、記号で答えなさい。

	都県庁所在地の人口	温泉地数	耕地面積（ha）	100 世帯当たりの自家用車保有台数
東京都	9,272,740	21	6,410	42.2
A	518,594	67	121,700	158.1
B	1,263,979	28	73,500	94.8
C	336,154	96	65,900	160.2

県庁所在地人口は各県庁の所在する市の人口、東京都は特別区人口とする
総務省「平成 27 年国勢調査」、環境省「令和２年度温泉利用状況」、農林水産省「令和３年耕地及び作付面積統計」、自動車検査登録情報協会「令和３年自家用乗用車の世帯当たり普及台数」により作成

	ア	**イ**	**ウ**	**エ**	**オ**	**カ**
A	群馬県	群馬県	埼玉県	埼玉県	栃木県	栃木県
B	埼玉県	栃木県	群馬県	栃木県	埼玉県	群馬県
C	栃木県	埼玉県	栃木県	群馬県	群馬県	埼玉県

（2）　次の表は、アメリカ合衆国、サウジアラビア、中国、ロシアの原油の産出量、消費量、自給率を示したものである。自給率が 100％を超えている場合は、超えた分を輸出しているということになる。**サウジアラビア**にあてはまるものを、次の**ア**～**エ**から１つ選び、記号で答えなさい。

	産出量（万トン）	消費量（万トン）	自給率（％）
ア	60,413	75,529	90.4
イ	52,759	13,041	448.2
ウ	48,887	8,753	697.8
エ	19,101	54,192	35.6

『データブック　オブ・ザ・ワールド』（2022 年版）により作成

（３）　次の図は、赤道と東経 90 度の経線が交わった点を中心になるように地球儀をみて、それを平面で表した模式図である。図の**X**の範囲に含まれる地域を、次の**ア**～**エ**から１つ選び、記号で答えなさい。

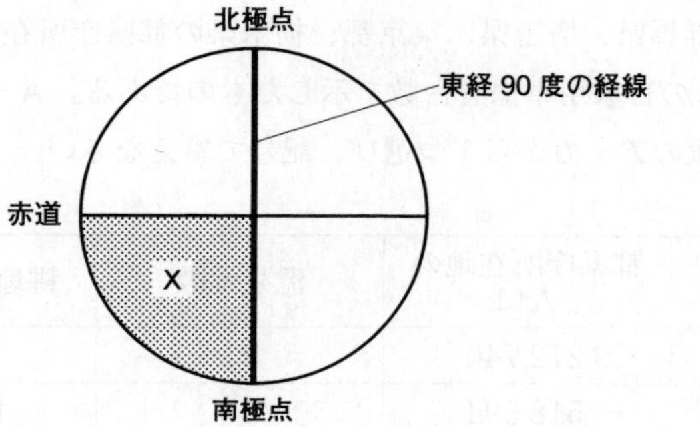

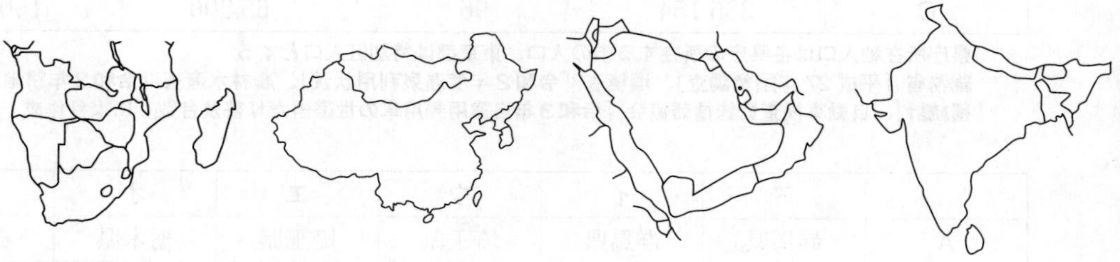

ア　　　　**イ**　　　　**ウ**　　　　**エ**

縮尺は同一ではない

（4） 次の表は、オーストラリア、スリランカ、ニュージーランドの輸出上位５品目とその総輸出額に占める割合を示したものである。表中の**A**から**C**の国名の組み合わせとして正しいものを、次の**ア**～**カ**から１つ選び、記号で答えなさい。

（単位：%）

	A		B		C	
1位	衣類	42.5	鉄鉱石	32.2	酪農品	26.5
2位	茶	12.4	石炭	11.9	肉類	14.0
3位	繊維と織物	4.3	天然ガス	10.0	野菜と果実	8.0
4位	タイヤ類	4.2	金(非貨幣用)	7.0	木材	6.8
5位	野菜と果実	4.0	肉類	4.0	食用調整品	5.9

『データブック　オブ・ザ・ワールド』（2022年版）により作成

	A	B	C
ア	オーストラリア	ニュージーランド	スリランカ
イ	オーストラリア	スリランカ	ニュージーランド
ウ	ニュージーランド	オーストラリア	スリランカ
エ	ニュージーランド	スリランカ	オーストラリア
オ	スリランカ	オーストラリア	ニュージーランド
カ	スリランカ	ニュージーランド	オーストラリア

（５） 次の雨温図は、旭川（北海道）、高田（新潟県）、名古屋（愛知県）、那覇（沖縄県）のものである。**名古屋**にあてはまるものを、次の**ア**～**エ**から１つ選び、記号で答えなさい。

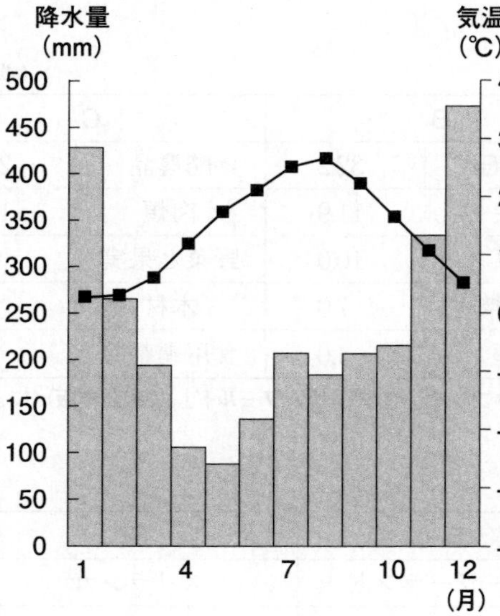

ア

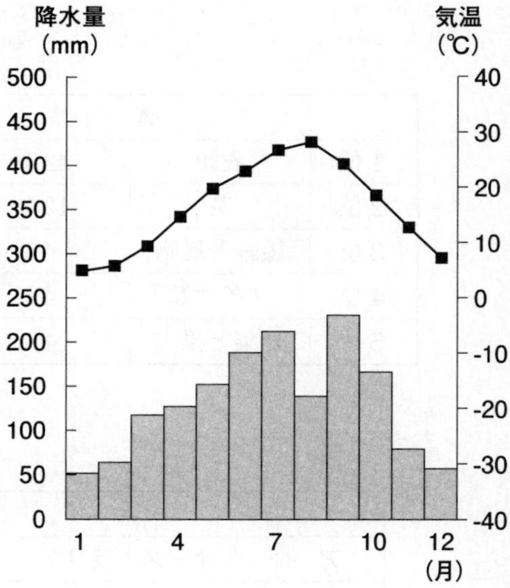

イ

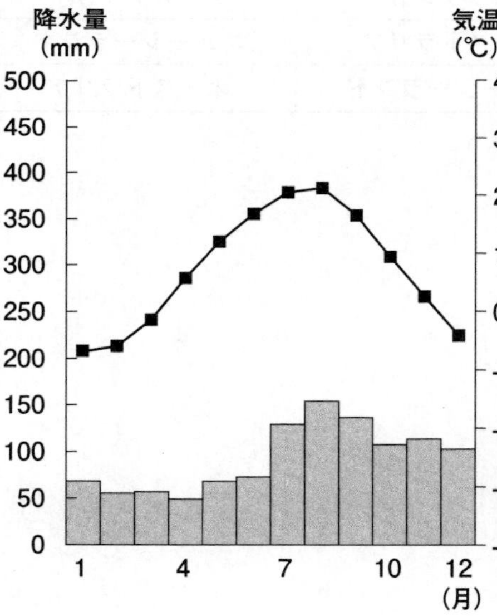

ウ

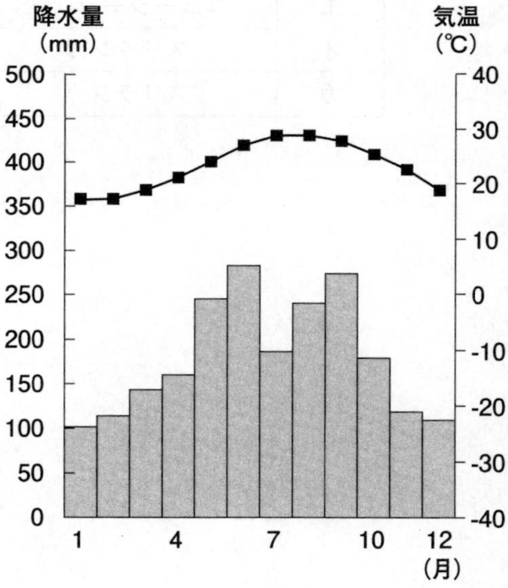

エ

気象庁資料により作成

2　次の地形図を見て、（1）から（3）までの問いに答えなさい。

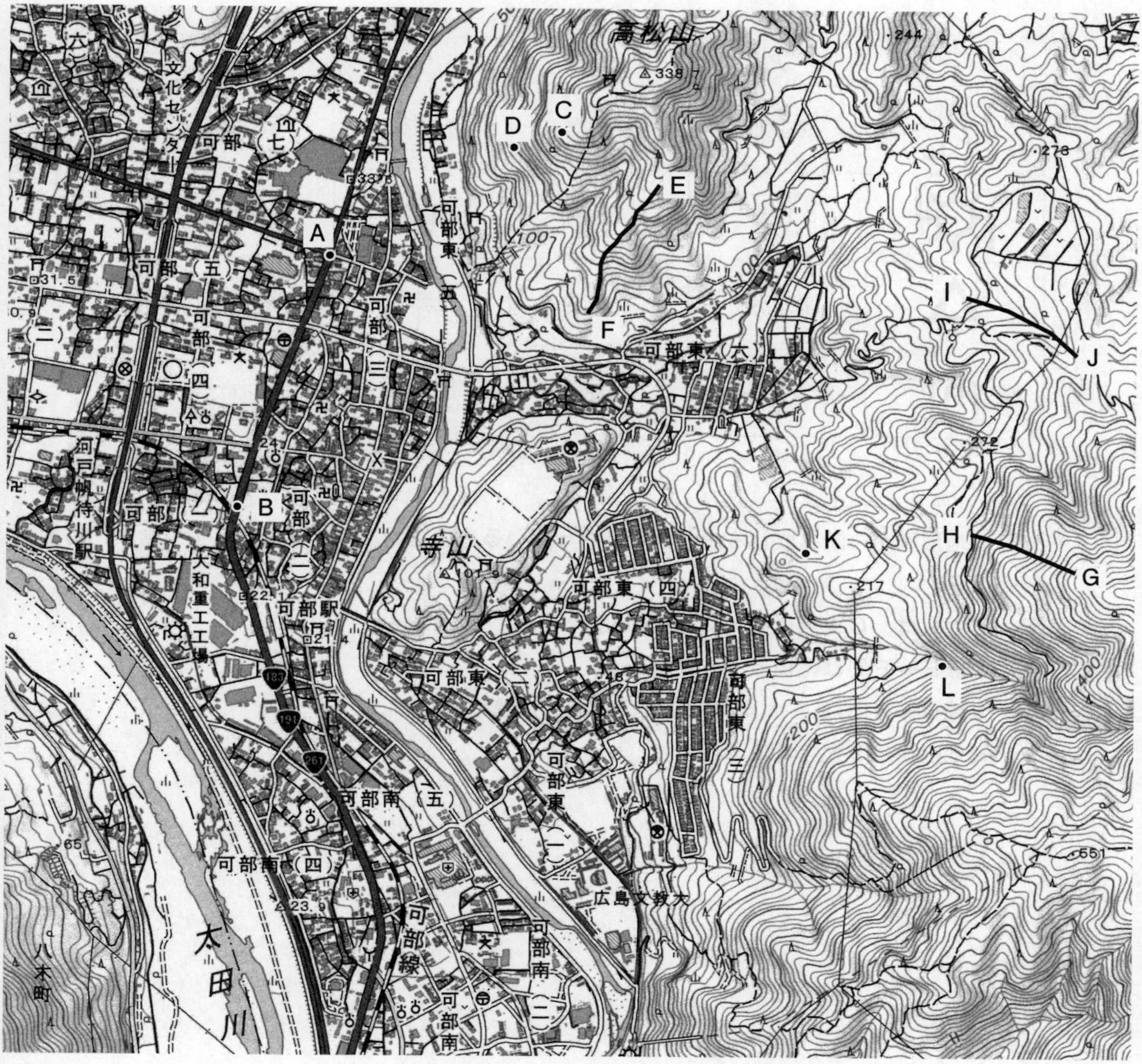

国土地理院発行地形図　令和元年調製「可部」を 150% 拡大

〈編集部注：編集上の都合により原図の86%に縮小してあります。〉

（1）　地形図中の **A** − **B** 間の道路は、原寸の地図上でおよそ 3.0 cm である。**A** − **B** 間の実際の距離として最も近いものを、次の**ア**〜**エ**から 1 つ選び、記号で答えなさい。

ア　750 m　　**イ**　1000 m　　**ウ**　1250 m　　**エ**　1500 m

（２） この地形図上で使われている地図記号の意味の組み合わせとして正しいものを、次の**ア**〜**エ**から１つ選び、記号で答えなさい。

	ア	**イ**	**ウ**	**エ**
	広葉樹	針葉樹	広葉樹	針葉樹
	工場	工場	発電所等	発電所等
	裁判所	税務署	税務署	裁判所
	老人ホーム	図書館	図書館	老人ホーム

（３） この地形図から読み取れることとして**誤っているもの**を、次の**ア**〜**エ**から１つ選び、記号で答えなさい。

ア　**C**地点は、**D**地点よりおよそ100m低い。

イ　太線**E—F**間は尾根となっている。

ウ　太線**G—H**間は、太線**I—J**間より傾斜が急である。

エ　**K**地点から**L**地点は見えない。

4 次の地図を見て、1から4までの問いに答えなさい。

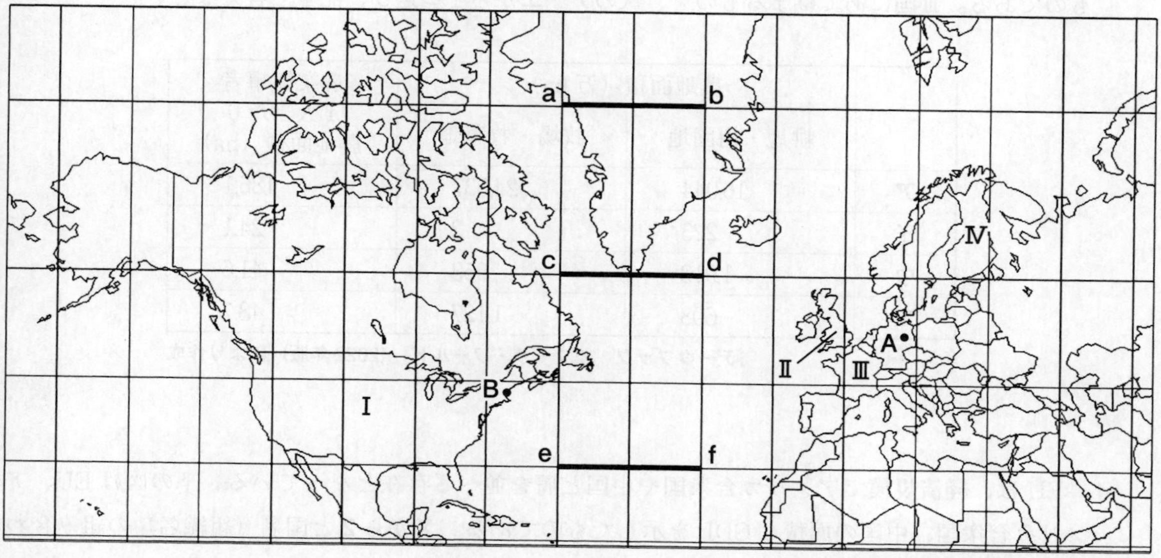

経緯線は15度間隔で示している

1　地図中の太線a━b、c━d、e━fの実際の距離について述べた文として正しいものを、次のア～エから1つ選び、記号で答えなさい。

ア　a━b間が最も長い。　　　イ　c━d間が最も長い。

ウ　e━f間が最も長い。　　　エ　いずれの距離も同じである。

2　地図中のAが12月1日午後4時のときのBの時刻を、次のア～エから1つ選び、記号で答えなさい。ただし、サマータイムは実施されていないものとする。

ア　11月30日午前10時　　　イ　11月30日午後10時

ウ　12月 1 日午前10時　　　エ　12月 1 日午後10時

3　次の表は、地図中の**Ⅰ国**から**Ⅳ国**における農地面積、農業従事者１人当たり農地面積を示したものである。**Ⅲ国**にあてはまるものを、次の**ア**～**エ**から１つ選び、記号で答えなさい。

	農地面積（万 ha）		農業従事者 1人当たり 農地面積（ha）
	耕地・樹園地	牧場・牧草地	
ア	16,044	24,537	186.1
イ	225	2	24.1
ウ	1,913	953	41.6
エ	608	1,127	48.7

『データブック　オブ・ザ・ワールド』（2022 年版）により作成

4　EU は、経済規模でアメリカ合衆国や中国と肩を並べる存在となっている。下の図は EU、アメリカ合衆国、中国の面積と GDP を示したものである。**X** から **Z** と国名（組織名）の組み合わせとして正しいものを、次の**ア**～**カ**から１つ選び、記号で答えなさい。

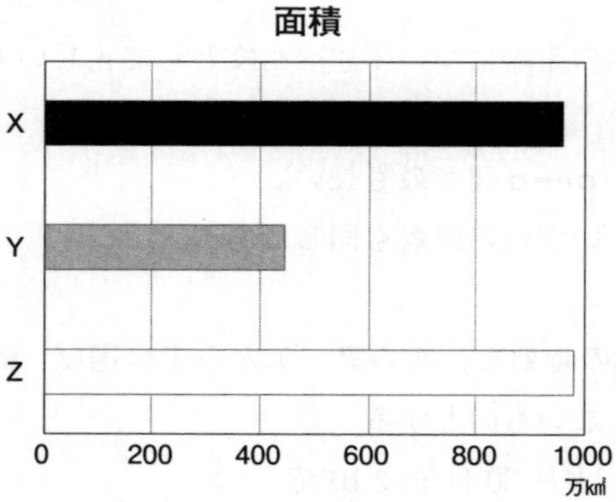

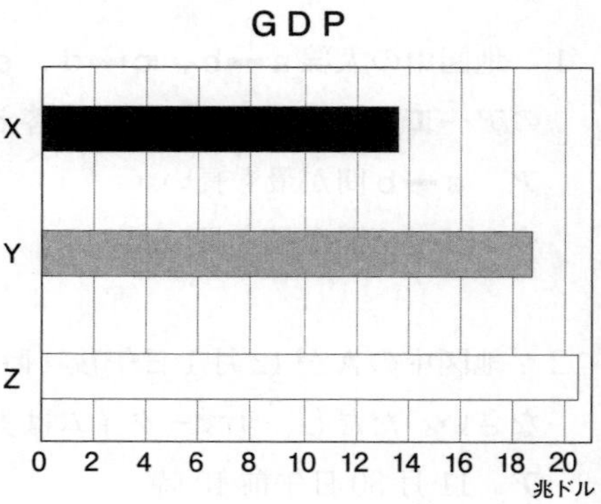

中国の面積は台湾を含む、GDPは本土のみ
世界銀行資料（2018 年）により作成

	ア	**イ**	**ウ**	**エ**	**オ**	**カ**
X	EU	EU	アメリカ合衆国	アメリカ合衆国	中国	中国
Y	アメリカ合衆国	中国	EU	中国	アメリカ合衆国	EU
Z	中国	アメリカ合衆国	中国	EU	EU	アメリカ合衆国

5　次のAからDの文章を読んで、1から6までの問いに答えなさい。ただし、波線部の語句には誤りが1つある。

A　壬申《じんしん》の乱に勝利した大海人《おおあま》皇子は［ ⓐ ］天皇として即位した。その後、天皇を中心に全国を支配する中央集権国家の建設を目指し、中国にならって都を造り、律令や歴史書の作成を命じた。

B　10世紀半ば、関東では［ ⓑ ］が常陸《ひたち》・下野《しもつけ》・上野《こうずけ》などに攻め込み、西日本では藤原純友《すみとも》が瀬戸内海沿いの諸国を襲った。こうした地方の豪族による中央政府に対する反乱は、都の貴族たちに大きな衝撃《しょうげき》を与えた。

C　1600年におこった関ヶ原の戦いで、石田三成《みつなり》を破った［ ⓒ ］は、1603年に朝廷から征夷大将軍に任じられて江戸に幕府を開いた。その後、依然《いぜん》として大阪に力を持っていた豊臣氏を滅ぼし、約260年にわたる支配の基礎を固めた。

D　18世紀半ば、江戸幕府によって洋書の輸入の禁止がゆるめられてから、ヨーロッパの学問を研究する朱子学が発達した。そうした中で、前野良沢《まえのりょうたく》・杉田玄白などがオランダ語の人体解剖《かいぼう》書『ターヘル・アナトミア』を翻訳《ほんやく》して『［ ⓓ ］』を出版した。

1　［ ⓐ ］にあてはまる天皇を**漢字**で答えなさい。

2　［ ⓑ ］にあてはまる人物を**漢字**で答えなさい。

3　［ ⓒ ］にあてはまる人物を**漢字**で答えなさい。

4　［ ⓓ ］にあてはまる語句を**漢字**で答えなさい。

5　二重下線部に関連して、以下の文章中の［ ⓔ ］にあてはまる語句を**漢字**で答えなさい。

オランダ東インド会社は、1609年に江戸幕府から貿易を許可された。平戸に設置されたオランダ商館は、江戸幕府による貿易統制政策にともない、1641年に長崎の［ ⓔ ］に移された。

6　各文章中に1つずつある波線部のうち、**誤っているもの**を含む文章を、次のア～エから1つ選び、記号で答えなさい。

ア　A　　イ　B　　ウ　C　　エ　D

6 日本が諸外国と結んだ条約に関する略年表を見て、１から６までの問いに答えなさい。

年　代	で　き　ご　と
1876 年	日朝修好条規が結ばれる
①	
ⓐ 年	ⓒ下関条約が結ばれる
②	
ⓑ 年	ポーツマス条約が結ばれる
③	
1941 年	ⓓ日ソ中立条約が結ばれる
④	
1951 年	日米安全保障条約が結ばれる
⑤	

1　年表中 ⓐ ・ ⓑ にあてはまる数字の組み合わせとして正しいものを、次の**ア**～**エ**から１つ選び、記号で答えなさい。

ア　ⓐ－1885　　ⓑ－1905　　**イ**　ⓐ－1895　　ⓑ－1905

ウ　ⓐ－1885　　ⓑ－1915　　**エ**　ⓐ－1895　　ⓑ－1915

2　下線部ⓒの内容として**誤っているもの**を、次の**ア**～**エ**から１つ選び、記号で答えなさい。

ア　清は、朝鮮が独立国であることを認めた。

イ　日本は、遼東半島を得た。

ウ　日本は、山東省の租借権を得た。

エ　清は、日本に対して多額の賠償《ばいしょう》金を支払うことを認めた。

3　下線部ⓓに関連して、以下の文章中の［　X　］・［　Y　］にあてはまる語句の組み合わせとして正しいものを、次の**ア～エ**から１つ選び、記号で答えなさい。

1945年8月8日、ソ連は日ソ中立条約を破り、［　X　］会談で結んだ秘密協定にもとづいて日本に宣戦布告した。その後、満州でソ連軍に捕らえられた約60万人の日本兵が捕虜《ほりょ》として［　Y　］に抑留《よくりゅう》され、長期間にわたる強制労働を強《し》いられ、多くの犠牲者《ぎせいしゃ》が出た。

ア　X－マルタ　　Y－シベリア　　**イ**　X－ヤルタ　　Y－シベリア
ウ　X－マルタ　　Y－アラスカ　　**エ**　X－ヤルタ　　Y－アラスカ

4　年表中の③の時期における世界情勢に関する出来事**Ⅰ**から**Ⅲ**を年代の古い方から順番に並べたものとして正しいものを、次の**ア～カ**から１つ選び、記号で答えなさい。

Ⅰ　アメリカ合衆国のニューヨークで株価が大暴落したことをきっかけに、世界恐慌がおこる。
Ⅱ　ヒトラー率いるナチ党がドイツで政権をにぎる。
Ⅲ　パリ講和会議においてベルサイユ条約が調印され、第一次世界大戦が終結する。

ア　Ⅰ－Ⅱ－Ⅲ　　**イ**　Ⅰ－Ⅲ－Ⅱ　　**ウ**　Ⅱ－Ⅰ－Ⅲ
エ　Ⅱ－Ⅲ－Ⅰ　　**オ**　Ⅲ－Ⅰ－Ⅱ　　**カ**　Ⅲ－Ⅱ－Ⅰ

5　次の絵画に描かれている出来事をこの年表に入れる場合、年表中の①から⑤のどの時期に入るか。次の**ア～オ**から１つ選び、記号で答えなさい。

憲法発布式之《の》図（東京都立中央図書館蔵）

ア　①　　**イ**　②　　**ウ**　③　　**エ**　④　　**オ**　⑤

6　年表中の①から⑤の時期と日本における出来事の組み合わせとして**誤っているもの**を、次の**ア～オ**から１つ選び、記号で答えなさい。

ア　①－教育勅語の発布　　**イ**　②－八幡製鉄所の操業開始　　**ウ**　③－二・二六事件
エ　④－東海道新幹線の開通　　**オ**　⑤－日本万国博覧会の開催

7 次の１、２の問いに答えなさい。

１　次の文章を読み、（１）から（３）までの問いに答えなさい。

> かつて基本的人権の内容は、信教の自由や財産権などの自由権がその中心とされていた。しかし、ⓐ資本主義経済の進展にともなう貧富の格差の拡大により、国に対して人間らしい生活を求める権利であるⓑ社会権も人権として認められるようになった。また、その認められる範囲も男性からⓒ女性や子どもへと広がっていった。

（１）　下線部ⓐに関連して、企業の活動についての①と②の短文の正誤の組み合わせとして正しいものを、次の**ア**～**エ**から１つ選び、記号で答えなさい。

①　企業は利潤《りじゅん》を追求するために、需要の高い商品の生産・販売に力を入れる傾向がある。

②　企業は利潤を追求するために、人件費の安い国や地域に工場を移す傾向がある。

ア　①－正　②－正　　**イ**　①－正　②－誤　　**ウ**　①－誤　②－正　　**エ**　①－誤　②－誤

（２）　下線部ⓑについて、社会権の具体例として適当なものを、次の**ア**～**エ**から１つ選び、記号で答えなさい。

ア　日本では、親が経営する商店を継ぐか、別の仕事に就《つ》くかを選ぶことができる。

イ　日本では、小学生・中学生が使用する教科書は無償《むしょう》になっている。

ウ　日本では、犯罪に対する刑罰はあらかじめ法律に定められている。

エ　アメリカでは、大学の入学者が特定の性や人種に偏《かたよ》らないように特別枠を設けることがある。

（３）　下線部ⓒに関連して、日本における権利の拡大についての文として正しいものを、次の**ア**～**エ**から１つ選び、記号で答えなさい。

ア　大日本帝国憲法のもとでの夫婦関係は夫の権限が強かったが、日本国憲法のもとでは夫婦が同等の権利を持つようになった。

イ　男女雇用機会均等法の制定によって、女性の管理職や国会議員の数は、男性とほぼ同じになった。

ウ　公職選挙法の改正によって、満18歳以上の男女に被選挙権が拡大した。

エ　成人年齢の引き下げによって、満18歳から飲酒や喫煙が認められるようになった。

2　次の（1）、（2）の問いに答えなさい。

（1）　日本国憲法第 25 条②には、「国は、すべての生活部面について、社会福祉《ふくし》、社会保障及《およ》び□の向上及び増進に努めなければならない。」と記されている。□にあてはまる語句を**漢字**で答えなさい。

（2）　日本国憲法第 68 条①には、「内閣総理大臣は、□を任命する。但《ただ》し、その過半数は、国会議員の中から選ばれなければならない。」と記されている。□にあてはまる語句を**漢字**で答えなさい。

8 次の１から４までの問いに答えなさい。

1　次の文章を読んで、（1）から（3）までの問いに答えなさい。

> 私たちはさまざまなⓐ財やサービスを消費して生活している。これらの財やサービスを個人で生産することは難しく、ⓑそれぞれが自分の得意なものを専門に生産し、それをⓒお金とやりとりしている。このような生産と消費のしくみを経済という。

（1）　下線部ⓐに関連して、消費者の権利や消費者問題についての文として正しいものを、次の**ア**～**エ**から１つ選び、記号で答えなさい。

ア　消費生活は契約によって成り立っているが、一度成立した契約を売主が一方的に解除しても損害賠償に問われないことを、契約自由の原則という。

イ　ICT の発達により、消費者は財やサービスの情報を生産者以上に手に入れやすくなったので、消費者問題は発生しにくくなっている。

ウ　消費者が訪問販売などで購入した商品を、８日以内であれば無条件で解約できるしくみを CSR という。

エ　消費者問題の解消にあたっては、自分で知識や情報を集め、的確に判断し行動する「自立した消費者」としての姿勢が重要である。

（2）　下線部ⓑに関連して、労働三権の一つで、企業において財やサービスの生産にあたる労働者が、自分たちの賃金や労働時間といった労働条件の改善を求める交渉のために、労働組合を結成することができる権利を何というか、答えなさい。

（3）　下線部ⓒに関連して、金融についての①と②の短文の正誤の組み合わせとして正しいものを、次の**ア**～**エ**から１つ選び、記号で答えなさい。

①　起業したい人が、銀行を通じてお金を借り入れることを直接金融という。

②　日本銀行は「銀行の銀行」とよばれ、一般の銀行に対するお金の貸し出しをしている。

ア　①－正　②－正　　**イ**　①－正　②－誤　　**ウ**　①－誤　②－正　　**エ**　①－誤　②－誤

2　市場経済において競争が弱まると、消費者だけでなく、企業にとっても技術革新が遅れるなどの不利益をこうむることがある。そのため、競争を促すために設置されている「市場（競争）の番人」ともよばれている組織を何というか、答えなさい。

3　次のグラフは衆議院議員総選挙の年代別投票率の推移（1990年～2021年）を示したものである。このグラフに関する文として**誤っているもの**を、次の**ア**～**エ**から１つ選び、記号で答えなさい。

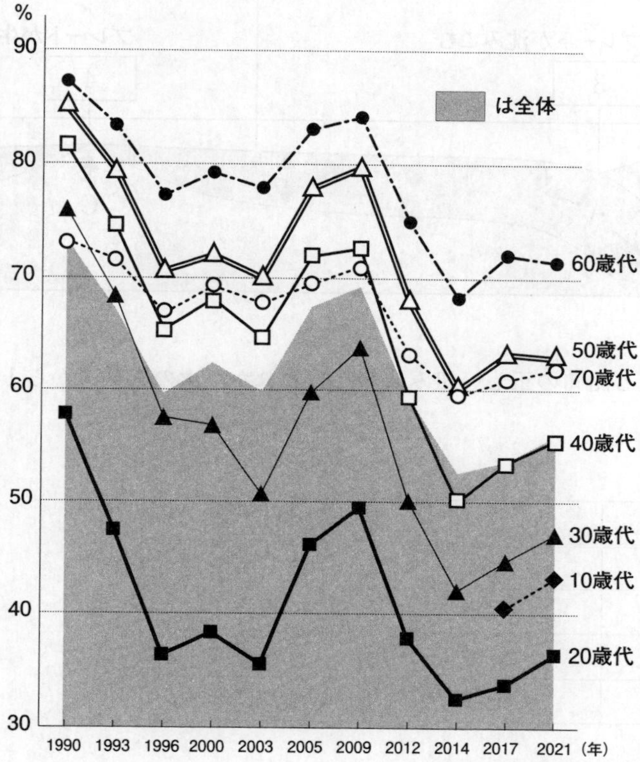

総務省資料により作成

ア　2014年と2021年を比べると、全体の投票率は上昇した。

イ　60歳代が常に最も高い投票率となっている。

ウ　2017年の総選挙ではじめて20歳未満の有権者が投票した。

エ　1990年と2014年をくらべて、最も下がり幅が大きいのは20歳代である。

4　2022年2月よりはじまったロシアによるウクライナ侵攻において、ウクライナへの支援を表明した、アメリカ合衆国と西ヨーロッパ諸国を中心とする軍事同盟の略称を、次の**ア**～**エ**から１つ選び、記号で答えなさい。

ア　WHO　　**イ**　NATO　　**ウ**　NPT　　**エ**　ASEAN

【理　科】（50分）〈満点：100点〉

1　図は日本付近のプレートの断面を示したものである。次の1から5の問いに答えなさい。

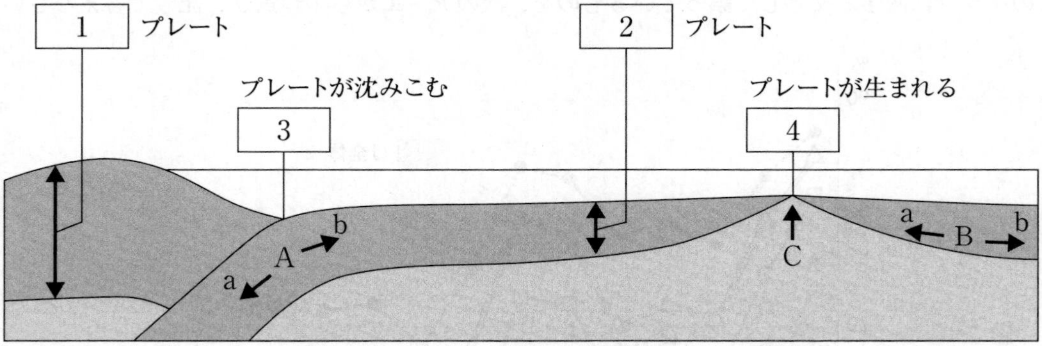

1　[1]、[2]に入る語句の正しい組み合わせはどれか。次の**ア～エ**から1つ選び、記号で答えなさい。

	[1]	[2]
ア	大陸	マントル
イ	大陸	海洋
ウ	地殻	マントル
エ	地殻	海洋

2　[1]プレート、[2]プレートに当てはまる日本付近のプレートの正しい組み合わせはどれか。次の**ア～エ**から1つ選び、記号で答えなさい。

	[1]プレート	[2]プレート
ア	フィリピン海プレート	ユーラシアプレート
イ	フィリピン海プレート	太平洋プレート
ウ	北米プレート	ユーラシアプレート
エ	北米プレート	太平洋プレート

3　[3]、[4]に入る語句の正しい組み合わせはどれか。次の**ア〜エ**から１つ選び、記号で答えなさい。

	[3]	[4]
ア	断層	造山帯
イ	海溝	造山帯
ウ	断層	海嶺
エ	海溝	海嶺

4　A、Bにおいて、プレートの動く方向の正しい組み合わせはどれか。次の**ア〜エ**から１つ選び、記号で答えなさい。

	A	B
ア	a	a
イ	a	b
ウ	b	a
エ	b	b

5　Cは[4]からつくられるプレートの原料となるマグマを表す。このマグマからは、黒っぽい火山岩でできている枕状溶岩（写真①）が生成されることが多い。この溶岩をつくる火成岩の種類とこの火成岩の薄片を偏光顕微鏡で観察したときの写真（あ、い）の正しい組み合わせはどれか。次の**ア〜エ**から１つ選び、記号で答えなさい。

写真①　枕状溶岩

写真　あ

写真　い

	火成岩	写真
ア	玄武岩	あ
イ	花こう岩	い
ウ	玄武岩	い
エ	花こう岩	あ

2　遺伝の規則性について、次の１から５の問いに答えなさい。

メダカには､体色が黒色のメダカ（黒メダカ）と体色が黄色のメダカ（ヒメダカ）がある。純系の黒メダカと純系のヒメダカを用意して、卵を産ませて子を育てた。また、産まれた子どうしをかけ合わせて、卵を産ませて、孫を育てた。なお、黒メダカとヒメダカの体色は、一組の遺伝子によって決まることが知られており、体色を黒色にする遺伝子をＡ、黄色にする遺伝子をａとする。

【交配１】

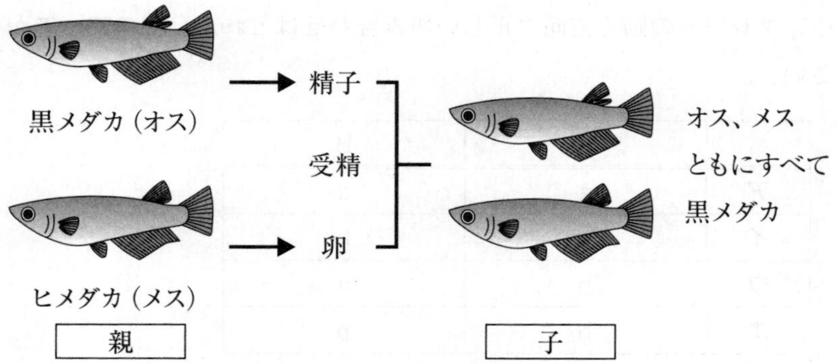

【交配２】

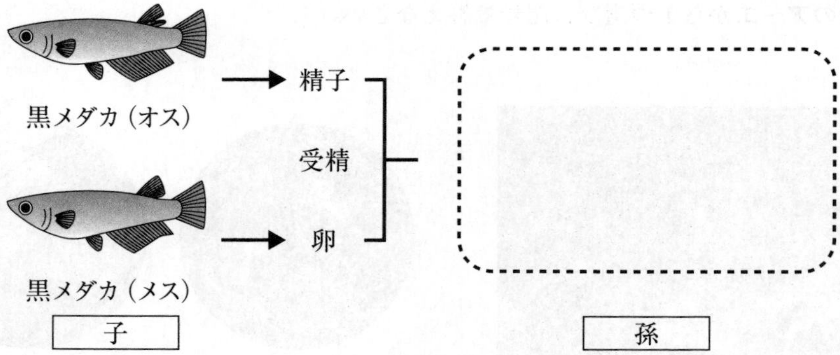

1　遺伝子に関する文のうち、**誤っているもの**を、次の**ア**～**エ**から１つ選び、記号で答えなさい。

ア　遺伝子は、核の中の染色体にある。
イ　遺伝子の本体は、デオキシリボ核酸である。
ウ　同じ親からの無性生殖でできた２個体には、それぞれ異なる遺伝子が伝わる。
エ　親のもつ形質（特徴）が子に伝わるのは､その形質のもとになる遺伝子が伝わるからである。

2　【交配1】において、親の黒メダカ（オス）と子の黒メダカ（オス、メス）の遺伝子型はそれぞれどのように表されるか。正しいものを次の**ア〜エ**から１つ選び、記号で答えなさい。

	親（オス）	子（オス）	子（メス）
ア	AA	AA	aa
イ	AA	Aa	Aa
ウ	Aa	AA	aa
エ	Aa	Aa	Aa

3　【交配1】において、親のヒメダカ（メス）がつくる卵の遺伝子はどのように表されるか。最も適当なものを、次の**ア〜オ**から１つ選び、記号で答えなさい。

ア　AA　　**イ**　Aa　　**ウ**　aa　　**エ**　A　　**オ**　a

4　【交配2】ではたくさんの孫の世代が育った。この孫の世代をオスとメスを合わせて数えたとき、黒メダカとヒメダカの数の割合はどのようになるか。最も適当なものを、次の**ア〜エ**から１つ選び、記号で答えなさい。

ア　すべて黒メダカになる。
イ　黒メダカとヒメダカの数は、ほぼ等しい。
ウ　黒メダカの数は、ヒメダカの数の約２倍である。
エ　黒メダカの数は、ヒメダカの数の約３倍である。

5　【交配2】の子の黒メダカ（メス）と純系のヒメダカ（オス）を用意して、卵を産ませて次の世代を育てたとする。次の世代のメダカの説明として、最も適当なものを、次の**ア〜エ**から１つ選び、記号で答えなさい。

ア　オスはヒメダカで、メスは黒メダカである。
イ　オスもメスも、ヒメダカと黒メダカの数がほぼ同数である。
ウ　オスもメスも、黒メダカだけである。
エ　オスもメスも、ヒメダカだけである。

3　水溶液とそれに関する化学変化について、次の１から５の問いに答えなさい。

1　食塩水、砂糖水、うすい塩酸、エタノール水溶液、蒸留水のうち、電流が流れやすいものはいくつあるか。次の**ア**～**エ**から１つ選び、記号で答えなさい。

ア　1つ　　**イ**　2つ　　**ウ**　3つ　　**エ**　4つ

2　イオンの名称とイオンを表す化学式のうち、正しい組み合わせを、次の**ア**～**エ**から１つ選び、記号で答えなさい。

	アンモニウムイオン	硫化物イオン
ア	NH_3^+	S^-
イ	NH_3^+	S^{2-}
ウ	NH_4^+	S^-
エ	NH_4^+	S^{2-}

3　塩化水素の水溶液の電離を正しく表したものを、次の**ア**～**エ**から１つ選び、記号で答えなさい。

ア　$H_2SO_4 \rightarrow 2H^+ + SO_4^{2-}$

イ　$H_2SO_4 \rightarrow H_2^+ + SO_4^-$

ウ　$HCl \rightarrow H^+ + Cl^-$

エ　$2HCl \rightarrow H_2^+ + Cl_2^-$

4　図のように塩化銅水溶液の電気分解を行った。このときに起こる変化について正しく表すものを、次の**ア〜エ**から１つ選び、記号で答えなさい。

ア　＋極では塩素が発生し、－極では水素が発生する。

イ　＋極では塩素が発生し、－極では銅が生じる。

ウ　＋極では銅が生じ、－極では水素が発生する。

エ　＋極では銅が生じ、－極では塩素が発生する。

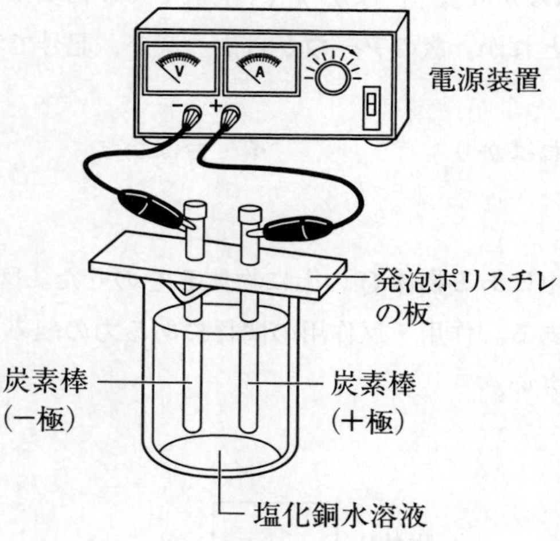

5　図のようにうすい水酸化ナトリウム水溶液を加えて水の電気分解を行った。このことについて正しく表すものを、次の**ア〜エ**から１つ選び、記号で答えなさい。

ア　電極Ｘは－極であり、水素が発生する。

イ　電極Ｙは－極であり、酸素が発生する。

ウ　電極Ｘは＋極であり、酸素が発生する。

エ　電極Ｙは＋極であり、水素が発生する。

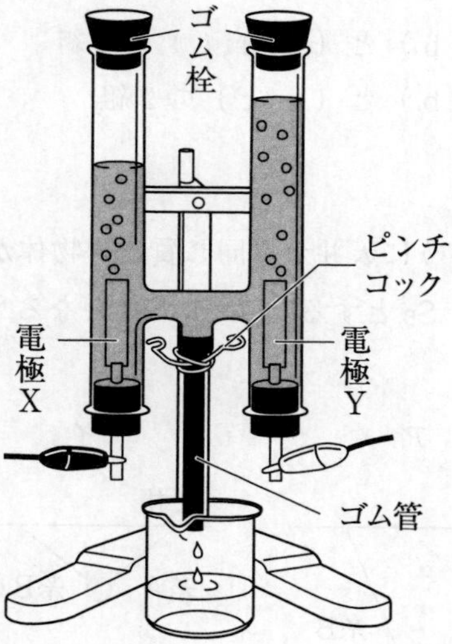

4　力や運動に関して、次の1から5の問いに答えなさい。

1　「ばねばかり」、「台ばかり」、「上皿てんびん」がある。物体の質量を測定するのに適した実験器具はどれか。次の**ア**～**ウ**から1つ選び、記号で答えなさい。

ア　ばねばかり　　**イ**　台ばかり　　**ウ**　上皿てんびん

2　床の上にある物体Qの上に物体Pをのせた。図は、それらにはたらく力a～fを作図したようすである。作用・反作用の関係にある力の組み合わせを、次の**ア**～**エ**から1つ選び、記号で答えなさい。

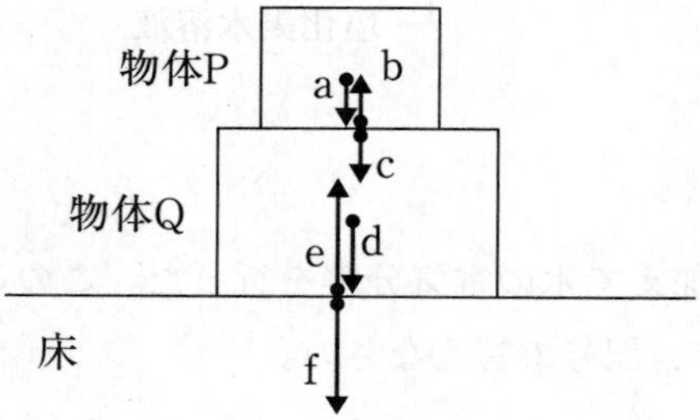

a	Pにはたらく重力
b	QがPを押す力
c	PがQを押す力
d	Qにはたらく重力
e	床がQを押す力
f	Qが床を押す力

ア　（a, b）と（c, d, e）の2組　　**イ**　（b, c）と（e, f）の2組
ウ　（a, b）と（b, c）の2組　　**エ**　（c, d, e）と（e, f）の2組

3　図のように天井から同じ質量の物体がつるされており、糸Aと糸Bが物体を引く力をそれぞれS_A、S_Bとする。$S_A > S_B$となるものを、次の**ア**～**エ**から1つ選び、記号で答えなさい。

ア

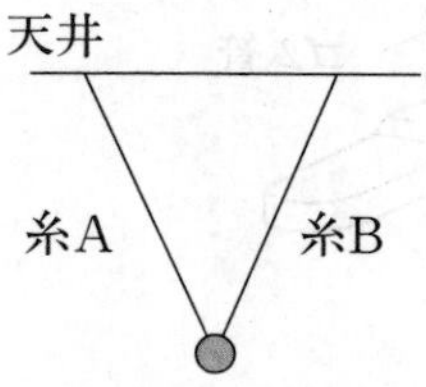

糸Aの長さと糸Bの長さは同じ

イ

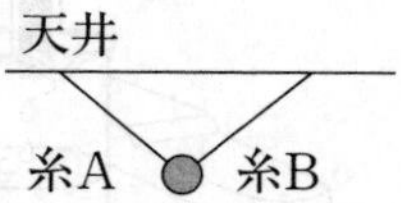

糸Aの長さと糸Bの長さは同じ

ウ

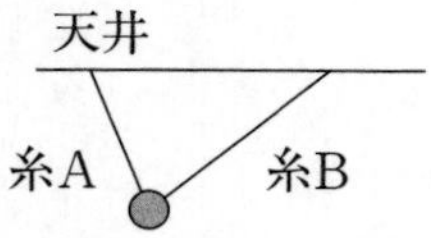

糸Aの長さは糸Bの長さより短い

エ

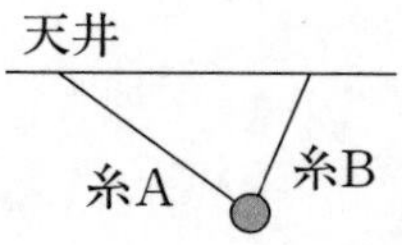

糸Bの長さは糸Aの長さより短い

4　図のように質量400gの物体が直角三角形の斜面最下点に静止している。この物体を斜面に沿ってゆっくりと5 m押し上げた。このとき押し上げる力がする仕事は何Jか。次の**ア～エ**から1つ選び、記号で答えなさい。ただし、100gにはたらく重力の大きさを1Nとする。

ア　0.8 J　　**イ**　1.25 J
ウ　10 J　　**エ**　20 J

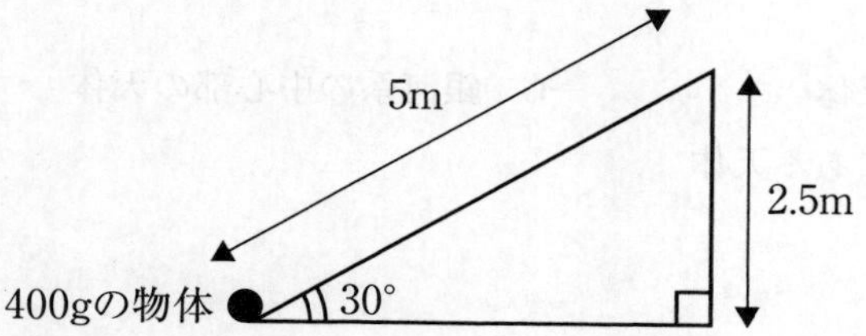

5　図1のように小球と糸で振り子を作る。小球を、点aから静かに手を離し落下させると、小球はDの位置にきて一瞬静止する。この振り子に、図2のように板を設置すると、小球がBの位置にきたとき糸が板にかかり振り子の長さが変化する。このとき、小球が一瞬静止する位置について正しいものを、次の**ア～ウ**から1つ選び、記号で答えなさい。

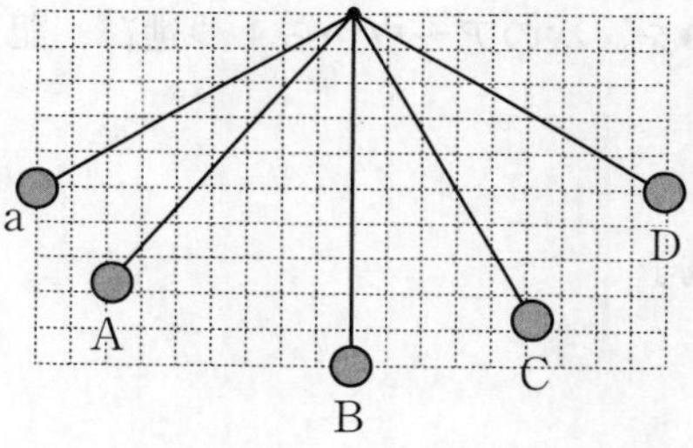

図1

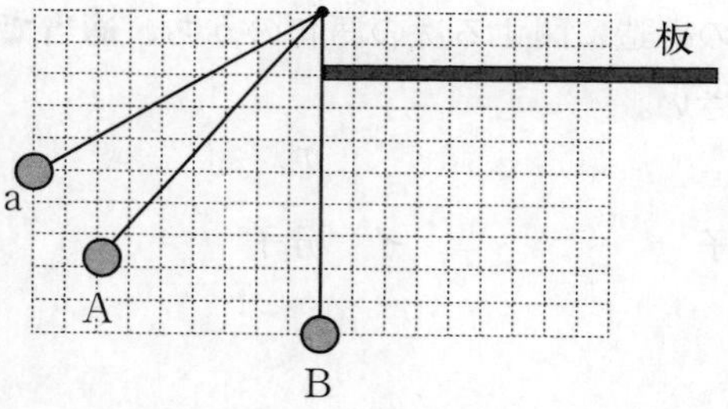

図2

ア　図1の位置Dと同じ高さまであがって一瞬静止する。
イ　図1の位置Bと位置Cの間の、ある高さまであがって一瞬静止する。
ウ　図1の位置Bで一瞬静止する。

5 次の1から4の問いに答えなさい。

1　はやぶさ2がサンプルリターンを行った小惑星「リュウグウ」はどこにある天体か。次の**ア～ウ**から1つ選び、記号で答えなさい。

ア　太陽系内の天体　　　　　**イ**　銀河系の中心部の天体
ウ　銀河系の外にある天体

2　ツツジとアブラナの花のつくりに関する文で、正しいものを、次の**ア～ウ**から1つ選び、記号で答えなさい。

ア　ツツジもアブラナも外側から中心に向かって、がく、花弁、めしべ、おしべの順に並んでいる。
イ　ツツジの花弁の数は、アブラナの花弁の数よりも多い。
ウ　ツツジもアブラナも、胚珠が子房に包まれている。

3　原子の構造に関する次の語句のうち、**適当でないもの**を、次の**ア～ウ**から1つ選び、記号で答えなさい。

ア　陽子　　　　**イ**　分子　　　　**ウ**　電子

4　放射線に関する文のうち、**誤っているもの**を、次の**ア～ウ**から1つ選び、記号で答えなさい。

ア　放射線（アルファ線、ベータ線、ガンマ線、X線など）を出す物質を放射性物質という。
イ　X線は、歯や骨の異常の診断などの医療に利用されている。
ウ　最も透過力が低い放射線は、ベータ線である。

6　下のグラフは2022年1月15日に本校で観測された気象要素のグラフである。この日、日本時間13時頃に南太平洋にあるトンガの海底火山「フンガ・トンガ＝フンガ・ハアパイ火山」で 大規模噴火が発生した。次の1から4の問いに答えなさい。

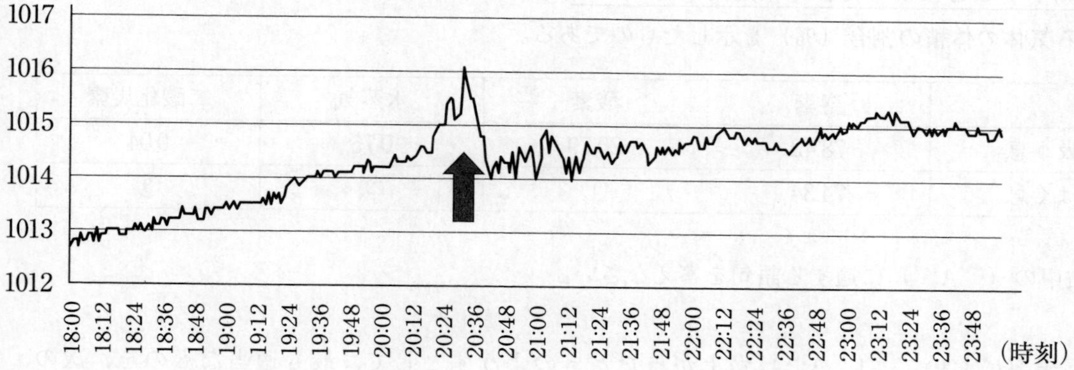

1　このグラフの縦軸が表す気象要素を、漢字2文字で答えなさい。また、この気象要素の単位をアルファベット3文字で正しく表記しなさい。

2　この気象要素の値が周りより高く、日本の夏に太平洋に現れる大気の集団を何というか。漢字5文字で答えなさい。

3　グラフの矢印が示す変化について正しく述べている文を、次の**ア**～**エ**から1つ選び、記号で答えなさい。

ア　トンガでの火山噴火の熱の影響が観測された。
イ　トンガでの火山噴火の影響で空気の振動が伝わった。
ウ　トンガでの火山噴火の影響で水蒸気が運ばれた。
エ　トンガでの火山噴火の影響で太陽の日射が妨げられた。

4　本校からトンガまでの距離が8000km、噴火が起こった時刻を13時00分、グラフの矢印に示される影響がみられたのが、20時30分とすると、噴火の影響が伝わった速度は何km/hか。小数第1位を四捨五入し、整数値で答えなさい。

7 ヒトの呼吸運動について、次の１から４の問いに答えなさい。

肺はろっ骨とろっ骨の間の筋肉と（　Ａ　）によって囲まれた、胸こうという空間の中にある。肺には筋肉がないので、みずから膨らんだり、縮んだりすることはできないが、（　Ａ　）を上下に動かすことによって、呼吸運動が行われる。表は、呼吸運動によって吸う息とはく息に含まれる気体の体積の割合（%）を示したものである。

	窒素	酸素	水蒸気	二酸化炭素
吸う息	78.42	20.79	0.75	0.04
はく息	74.34	①	②	③

1　文中の（　Ａ　）に適する語句を答えなさい。

2　下線部において、（　Ａ　）が上がったときのようすとして、最も適当なものを、次の**ア～エ**から１つ選び、記号で答えなさい。

ア　胸こうの体積が大きくなり、肺の中に空気が吸い込まれる。
イ　胸こうの体積が大きくなり、肺から空気が押し出される。
ウ　胸こうの体積が小さくなり、肺の中に空気が吸い込まれる。
エ　胸こうの体積が小さくなり、肺から空気が押し出される。

3　はく息に含まれる①～③の割合として、最も適当なものを、次の**ア～エ**から１つ選び、記号で答えなさい。

	①	②	③
ア	22.10	1.83	1.73
イ	15.26	6.19	4.21
ウ	20.79	1.33	3.54
エ	18.42	7.20	0.04

4　肺はたくさんの肺胞が集まってできているため、酸素と二酸化炭素の交換を効率よく行うことができる。なぜ、たくさんの肺胞が集まると交換効率が上がるか。次の（　　）に適する文を答えなさい。

肺胞の表面と毛細血管が接する（　　　　　　　　　　　　）なるから。

8 身の周りの物質について、次の1と2の問いに答えなさい。

1　食塩、砂糖、かたくり粉、プラスチックから有機物をすべて選び、名称を答えなさい。

2　表は物質の密度を表している。次の(1)～(3)の問いに答えなさい。

物質	密度（g/cm^3）	物質	密度（g/cm^3）
金	19.3	鉄	7.87
銀	10.5	水	1.00
銅	8.96	エタノール	0.79

(1)　表の金属の中で、100g当たりの体積が最も小さい物質はどれか。名称を答えなさい。

(2)　$200cm^3$の水とエタノールの質量をそれぞれ求めた。質量が大きい方の物質名を答え、その質量の差を整数値で答えなさい。

(3)　ある金属の質量を図1のように電子てんびんで測ったところ、質量は8.06gであった。また、図2のように$90cm^3$の水を入れたメスシリンダーに金属を入れたところ、体積が$90.9cm^3$になった。金属をつるしたひもの体積や質量を無視できるとしたとき、この金属は、表のうちどれか。名称を答えなさい。

図1

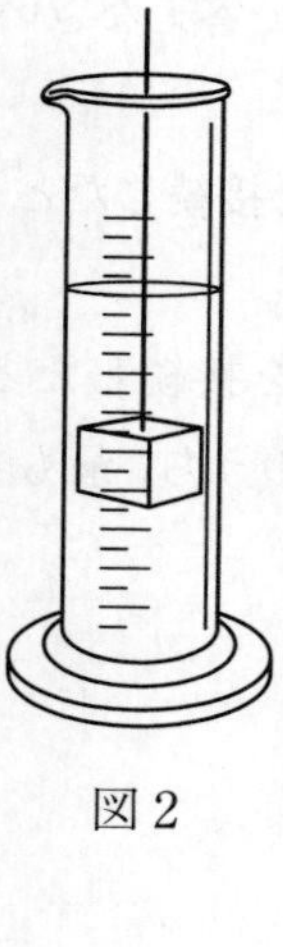

図2

9　図１のような電流計を含む回路において、図２のような抵抗①（R_1 と R_2 を直列につないだ）、抵抗②（R_3 と R_4 を並列につないだ）を P、Q 間に接続した。これについて、次の１から４の問いに答えなさい。

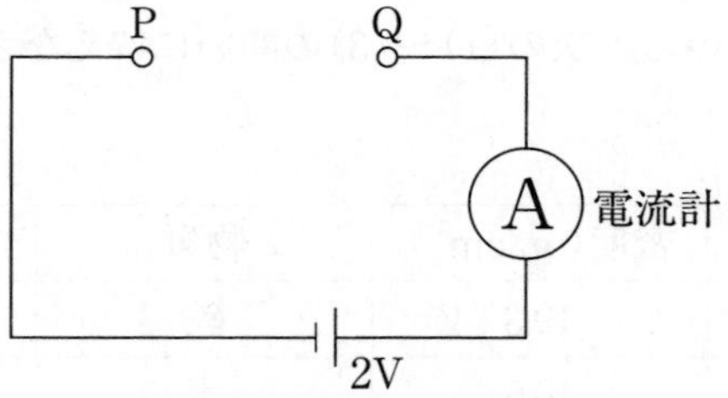

図１

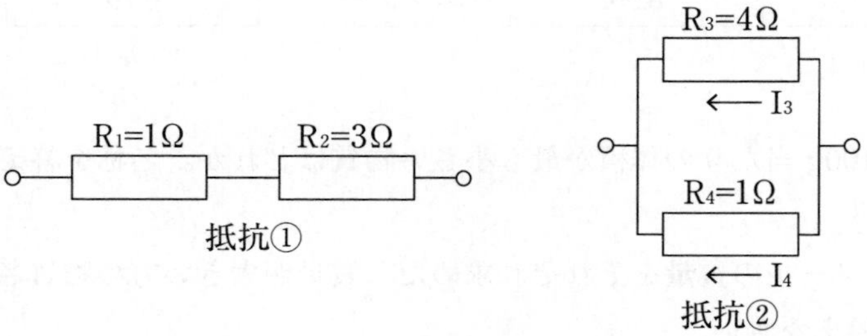

図２

1　PQ 間に抵抗①を接続したとき、電流計の読みは何 A になるか、値を答えなさい。

2　PQ 間に抵抗②を接続したとき、R_3 と R_4 にそれぞれ流れる電流の大きさの比（I_3：I_4）を最も簡単な整数比で答えなさい。

3　PQ 間に抵抗②を接続したとき、電流計の読みは何 A になるか、値を答えなさい。

4　PQ 間に抵抗①を接続したときと、抵抗②を接続したときの各抵抗の発熱量を比較した。この時、R_1 ～ R_4 のうち、最も発熱量が多い抵抗の１秒当たりの発熱量は何 J になるか。値を答えなさい。

問六 ――線部（３）「わたしは、わたしは、そうは思わないわ。節操がなくなったら、人間おしまいよ」とあるが、このときの「わたし」の心情として最も適当なものを次の**ア**～**エ**の中から選び、記号で答えなさい。

ア 「わたし」に意見する権利のない美也子が見下すようなことを言ったので、悲しくなっている。

イ あまりにも道徳的ではない感覚を持っている「わたし」のものの見方を、矯正しなければと思っている。

ウ 自分の常識的な感覚だけで、「わたし」のものの見方をあっさりと否定する美也子に腹が立っている。

エ 自分の世界を何より大切に思う「わたし」は、独自の狭い常識からの美也子の言葉を許せないでいる。

問七 「わたし」は「美也子」をどう見ているか。その説明として最も適当なものを次の**ア**～**エ**の中から選び、記号で答えなさい。

ア 自らの若さを全面的に押し出して、自らを誇示しようとする反面、「わたし」に対しても心づかいと優しさを向けてくれる存在。

イ 現代的な若い女性として美しく成長し、「わたし」に対して優しくこまやかな心遣いをし、庇《かば》おうとしてくれる存在。

ウ 明るく素直で思いやり深い女性として育つとともに、物事の判断も臨機応変に危なげなく的確にできる、心から頼りになる存在。

エ 倫理的な判断に甘さがあって危険なものの、若くて伸びやかな美しさと力強さ、頼りがいのある部分を兼ね備えている存在。

問四 ——線部（1）「買物に行こう、と、わたしがいったのだ」とあるが、「わたし」が「買物に行こう」と言ったのはなぜか。最も適当なものを次の**ア**～**エ**の中から選び、記号で答えなさい。

ア はじめは気がふさいで心が沈み、殻に閉じこもりたいと思っていたが、かつて自分を心配してくれた母のことが思い出され、今の困難な状況を乗り越えようという気持ちが湧いてきたから。

イ あまりにも急に状況が変わったため、当初はまったく前向きになれなかったが、自分のことを懸命に助けようとしてくれる母の思いに報いるためにも、現実に向かっていこうと決心できたから。

ウ 現実の受け入れがたい変化にとまどっているが、自分のことを常に気づかってくれている母に心配をかけないために、積極的に外出して前向きに生きていかなければならないと思ったから。

エ これまで、どうしても前向きな気持ちになれないでいたが、こちらの世界になじめず沈んでいる自分の様子を見て、元気づけてくれる母に報いるためにも気持ちを立て直そうと思ったから。

問五 ——線部（2）「……ロビンソン・クルーソーは、最後に、うちに帰れたわよね」とあるが、このときの「わたし」の説明として最も適当なものを次の**ア**～**エ**の中から選び、記号で答えなさい。

ア 明るく溌剌《はつらつ》として自分をかばい気遣ってくれている美也子に対して、もとの世界に帰りたいという気持ちや、本当にもとの世界に帰れるのか不安だという気持ちを、胸の内におさえこんでいる。

イ 現状を乗り越えるため、心の支えにしようとしていたロビンソン・クルーソーの話の内容を、きちんと確かめることによって、自分の記憶や感覚が正常であるか、確認したいと思っている。

ウ 外に出る行動を起こしてみようと、いったん前向きな気持ちになったものの、美也子の明るくたくましい様子に気おされてしまって、自分の置かれている惨めな状況をより強く実感している。

エ 今現在の信じがたい状況を、屈託なく受け入れてくれている美也子に感謝しつつ、必ずもとの世界に帰れるということを一人胸の内で固く信じながらこの難局を乗り越えようとしている。

「へえー、信じられない。そんなの息が詰まらない？（Ⅱ）」
かちんとくる。美也子さん、あなたにわたしの世界を非難する権利なんかない。
「わたしは、――わたしは、そうは思わないわ。節操がなくなったら、人間おしまいよ」（3）

〈北村　薫『スキップ』による〉

問一　～～線部（Ⅰ）「唾を呑んでしまった」、（Ⅱ）「息が詰まらない？」とあるが、この場合の、「唾《つば》を呑《の》む」、「息が詰まる」の意味として最も適当なものを次の**ア**～**エ**の中からそれぞれ選び、記号で答えなさい。

（Ⅰ）「唾を呑む」

ア　あきれて開いた口がふさがらなくなる。
イ　怒りのあまり歯を食いしばる。
ウ　うらやましさで身動きができなくなる。
エ　緊張して息ができなくなる。

（Ⅱ）「息が詰まる」

ア　狭く息苦しくて不愉快を感じる状態。
イ　束縛されて不自由さを感じる状態。
ウ　無味乾燥でつまらない状態。
エ　身体的不調のため呼吸困難に陥る状態。

問二　……線部（A）～（D）の中から、隠喩（暗喩）表現を含んでいるものを一つ選び、記号で答えなさい。

問三　［ a ］［ b ］には同じ言葉が入る。その言葉を漢字一字で答えなさい。

だが、本当にびっくりしたのはその向こう。高校生の男の子と女の子が、何と自転車の二人乗りでやって来たのだ。制服である。人のいるところから逃げて行くのならまだ分かる。衆人環視の中に自分から入って来るのだ。

こんなことってあるの、と［　ａ　］を剥《む》いている内に、二人は平気な顔で自転車を停めた。女の子は、ぽん、とコンクリートの上に降り立った。スカートはコバルトブルー。膝上である。男の子の制服は東京の学校にしかないようなブレザー。それはいい。しかし、彼が自転車のスタンドを足で蹴って止め、歩き出すと後ろ頭が見えた。男の子は、長い髪を浦島太郎のように縛っていた。

(C)犬の顔を見たら猫だったように、わたしは驚いた。そして、ああ神様、二人は何と——手をつないでビルの方に歩いて行ってしまった。

「どうしたの」

(D)わたしは、珍獣の珍奇な行動を目撃したロビンソン・クルーソー。

「平気なの？」

「何が」

「あれ」

繋《つな》がった手が、ぶらんこのように揺れながら、遠ざかって行く。

「あれって、あれ？」

「うん」

衝撃のあまり、(I)ごくり、と唾を呑んでしまった。

「……」

気がつくと美也子さんが顔を見ている。

「違うわよ！」

「は？」

「驚いたのよ」

美也子さんは呆《あき》れたように眉を上げ、

「分かってるわよ」

わたしは、そっと顔を近づけ、驚きを言葉にした。

「あんなこと普通なの？」

「というと？」

「人前で、高校生のアベックが自転車の二人乗りしたり、手をつないだり——」

「普通でもないけど、びっくりもしないわ。もっと凄《すご》いことだってあるから」

はあ、と溜息《ためいき》が出る。

「こっちで、やっていくのって大変そう」

「そんなにショック？」

「だって、あっちだったら、男の子と女の子が、親しそうに街中歩いてるだけで、白い［　ｂ　］で見られるわ」

「うん」

体はそのままかしれないが、感覚が違うのだから仕方がない。

とにかく、それで出掛けることにした。先導が美也子さんである。挨拶すべき人に会ったら美也子さんが頭を下げる。こちらは、それを真似ればいい。（B）影のようなものだ。

通りを折れ、畑の間の小道に入る。

両側に木で柵《さく》がこしらえてある。これが自転車のハンドルの辺りまであって、案外に高い。子供が畑に入るせいだろうか。そろそろ夕闇が降り始めた。その中でも、柵越しに見える右手の菜の花は、ぼうっと明るい。

柵と黄色が途切れたところで、美也子さんは自転車のブレーキをかけ、すらりと伸びたスラックスの足を、ほの暗くなりかけた地につけた。

「あれが、《あのお方》のよ」

砂利の敷かれた駐車場。白い車が目の前に停まっていた。本来、畑だったところを、つぶしたのだろう。

わたしも自転車を停め、しげしげと眺めた。車の線は、石鹸《せっけん》で出来た原型を撫《な》でながら熱いお風呂の中に何度かくぐらせたように滑らか。これが現代なのだろう。

桜木真理子という女は、これに乗っていたのだ。しかし、今のわたしは、この白い車の主人ではない。

畑の先は、また住宅地。生け垣が続いている。下が小道なのに舗装されていることを除けば、さほど時間の流れは感じられない。

稲妻型に道を縫い、突然、車がひっきりなしに轟音《ごうおん》をたてている通りに出た。国道だという。美也子さんは、わざと人通りの多い道を避けてくれたのかもしれない。

暗い道に沿って走ると、ところどころに天から気まぐれに落としたように、明るい大きな建物が現れる。スカイラーク（ひばりのことだ。外から見ると、デパートの食堂だけ持って来たようなお店だった）、ビデオレンタル（これは何だろう）、ペットショップ（これは分かる）などなど。こんな建物ばっかり、道に沿ってびっしりと続いていたら、さぞ疲れることだろう。

着いた先も、そんな明るい点の一つだった。しかし、この点は今までのどれよりも大きい。三階建ての堂々たるビルだ。国道を流れる車の何台かが、合図を出しては広い駐車場に入って行く。ライトが薄闇を裂く。

わたし達は、人の流れをくぐり抜け、何列かに停まっている自転車の隙間に、自分達のそれをもぐり込ませた。

小さな女の子が母親に手を引かれ、棒に刺した大きなソーセージを食べながら歩いて来た。縁日の綿菓子のように。見たことのない眺めだ。

義務というものよ」
　美也子さんは瞬きし、
「お母さんが、そういったの？」
「まあ、そんなところね」
「それでとにかく第一歩。流れ着いた島の様子を探索して来ようというわけね」
　わたしは、こっくりをした。
「お待たせ」
　美也子さんは、クレヨンで描いたような明るい柄のセーターに青磁色のスラックス。
――素敵だ。
「お金は？」
「箪笥《たんす》の引き出しから見つけたわ。こういう場合だから、勝手に取ってもいいでしょう？」
「まあ、やむをえないでしょうねえ」
　美也子さんは、軽く手を上げ、
「うちの中は見てみた？」
「ちょっと。でも、遠慮があるから、あちこち引っ繰り返せない」
「ああ」
　先に立って玄関に向かう。わたしは、その背に、
「美也子さん」
　明るいセーターが振り返った。いいにくくなった。
「――いえ。何でもない」
(2)……ロビンソン・クルーソーは、最後に、うちに帰れたわよね。
　驚いたことに、わたしの自動車というのがあるそうだ。この家は一戸建てで、桜木さんの親の代からのもの。車庫はない。したがって、畑の向こうの駐車場を借りているという。
「すると、御主人のと合わせて一家に二台？」
「そう」
「贅沢《ぜいたく》ねえ」
「運転出来る？」
「とんでもないわ」
「じゃあ、自転車は？」
「それだったら、何とか」
　玄関脇のテラスに自転車が二台。こちらは複数でも驚かない。いわれた方に乗ってみるが、ハンドルが遠い。やや前傾姿勢になる。どうも落ち着かない。
「何だか疲れそう」
「でも、確かに《あのお方》が使っていたんだから」

四　次の文章を読んで、問いに答えなさい。（設問の都合上、表現を改めた部分がある。）

高校生の「わたし」は、昼寝から覚めると二十五年後の世界に来ていた。その世界で「わたし」は、結婚して夫と一人娘（美也子）と三人暮らしをしている。美也子は母の異変にすぐ気づき、「わたし」も自分が二十五年前の世界の自分であることを、正直に打ち明ける。外見は美也子の母だが、中身は高校生である「わたし」は、混乱して戸惑いながらも、美也子とともに家から外出することに決めた。

わたしは台所に座っている。美也子さんは着替えている。

(1)買物に行こう、と、わたしがいったのだ。冒険である。

「驚いた」

と、美也子さん。

「取り敢えず夕食の支度だってあるでしょう」

と、さりげなく、わたし。

「そりゃそうだけど」

「いっとくけど、適応したわけじゃないのよ。一人になって、しばらく昨日寝た部屋に隠れていた。そうしたら知らず知らずに体が隅の方に行っちゃうのよね。押し入れにくっつくようにして、そのまま広い方を向くのが嫌になったの。このまま、自分だけの心の中に、(A)亀みたいに沈んでいたくなった。だけど、そう思った時、母の顔が浮かんだの」

「お母さんの？」

「そう。母の、心配そうな顔。まるで、学校に行きたくない、といっている子を見てるような眼。真っすぐに、こっちを見ている。たまらない。安心させてやりたくなる。だから、仕方なく寝返りをうった」

「そうしたら、お母さんは？」

「ちょっぴり笑った」

わたしは、考えをまとめつつ、続けた。

「――ゆっくり、いうわね」

「何を」

「行動方針。取り敢えず、しばらくはここで暮らさなくてはいけない。それは残念ながら確かのようだ。いってみれば、わたしはロビンソン・クルーソーなのよ。これは前提条件。となれば、ぐちをいっているひまはない。ロビンソンが生きていくためには洞窟や水や食料を探さなくてはいけない。ましてロビンソンは一人だったけれど、わたしは家庭の中に流れ着いたわけでしょう。一人だけ野垂れ死にして済む問題じゃない。自分の役回りは、出来得る限り果たすのが

問五　――線部（2）「え参るまじく」は「参上することができそうもない」という意味であるが、なぜ参上することができないと言うのか。理由として適当なものを次の**ア**～**エ**の中から一つ選び、記号で答えなさい。

ア　参上したい気持ちがないので、適当な言い訳をつくってなんとかごまかそうとしたから。
イ　参上したい気持ちはあるが、地蔵を作った人が参上することを許してくれないから。
ウ　参上したい気持ちはあるが、まだ開眼していないので外に出ることができないから。
エ　参上したい気持ちがないので、自分の状況を帝釈天に伝えて同情を買おうとしたから。

問六　――線部（3）「あやしくて」の意味として適当なものを次の**ア**～**エ**の中から一つ選び、記号で答えなさい。

ア　恐怖に思って　　**イ**　不思議に思って　　**ウ**　嬉しく思って　　**エ**　理不尽に思って

問七　本文の内容として適当なものを次の**ア**～**エ**の中から一つ選び、記号で答えなさい。

ア　地蔵は商人から地蔵会に誘われたが出かけることができなかったので、男の夢に現れて文句を言った。
イ　地蔵を作った人は、帝釈天が地蔵に不満を訴える夢を見てかわいそうに思い、地蔵を開眼した。
ウ　地蔵はいつまでたっても箱から出されないので、夢の中で帝釈天に開眼されることを願い、無事に願いを果たした。
エ　地蔵を作った人は、ある日地蔵の夢を見たことで自分の作った地蔵のことを思い出し、急いで開眼をした。

問一 『宇治拾遺物語』は鎌倉時代に成立した説話集である。次の**ア**～**エ**の中から鎌倉時代以降に成立した作品を一つ選び、記号で答えなさい。

ア 義経記　**イ** 竹取物語　**ウ** 古今和歌集　**エ** 古事記

問二 ＝＝線部「かまへてまゐりたまへ」を現代仮名づかいに直して答えなさい。

問三 ～～線部（Ｘ）、（Ｙ）「何事ぞ」は誰の発言か。次の**ア**～**オ**の中から適当なものをそれぞれ選び、記号で答えなさい。

ア 大路を通り過ぎる者　**イ** 地蔵を作った人　**ウ** 商人　**エ** 地蔵　**オ** 天帝釈

問四 ――線部（1）「三四年ばかり過ぎにけり」とあるが、どういうことか。説明として適当なものを次の**ア**～**エ**の中から一つ選び、記号で答えなさい。

ア 地蔵を作ったものの、日々の生活の忙しさにかまけて開眼することを忘れてしまった。

イ 地蔵を作ったものの、開眼してくれる人を見つけることができず時間が過ぎてしまった。

ウ 地蔵を作ったものの、商人が地蔵を買ってくれなかったので倉庫の中に放置してしまった。

エ 地蔵を作ったものの、周りからその地蔵は捨てたほうが良いと言われて封印してしまった。

三　次の文章を読んで、後の問いに答えなさい。（設問の都合上、表現を改めた部分がある。）

これも今は昔、山科《やましな》の道づらに、四の宮河原といふ所にて、袖くらべといふ商人集《あつま》る所あり。その辺の下種のありける《身分の低い者がいて》、地蔵菩薩《ぼさつ》を一体造りたてまつりたりけるを、※開眼もせで櫃《箱》にうち入れて奥の部屋など思しき所に納め置きて、世の営みに紛れて程《時間》経にければ、忘れにける程に、(1)三四年ばかり過ぎにけり。

ある夜、夢に、大路を過ぐる者の声高に人呼ぶ声のしければ、「(X)何事ぞ」と聞けば、「地蔵こそ《地蔵さん》」と、高くこの家の前にていふなれば、奥の方より、「(Y)何事ぞ」といらふる声すなり。「明日、※天帝釈の※地蔵会し給ふには参らせ給はぬか」といへば、この小家のうちより、「参らんと思へど、まだ目のあかねば、(2)え参るまじく」といへば、「かまへてまゐりたまへ」といへば、「目も見えねば、いかでか参らん」といふ声すなり。うち驚きて、何のかく《どうして》は夢に見えつるにかと思ひ参らすに、(3)あやしくて、夜明けて奥の方をよくよく見れば、この地蔵納めて置きたてまつりたりけるを思ひ出して、見出したりけり。「これが見え給ふにこそ」と驚き思ひて、急ぎ開眼したてまつりけりとなん。

〈『宇治拾遺物語』による〉

注　※　開眼……地蔵を作る仕上げに目を入れること。
※　天帝釈……帝釈天《たいしゃくてん》のこと。仏教における守護神。
※　地蔵会《じぞうえ》……地蔵菩薩を供養する会。

問十　本文の構成と内容を説明したものとして、最も適当なものを次の**ア**～**エ**の中から選び、記号で答えなさい。

ア　最初に学校で何気なく使われている学年や民族、男女といった区別に対して疑問を抱かせない「隠れたカリキュラム」の問題を提起し、二つの問題点を提示している。次に「あたりまえ」とおもわれることが学校の中で強化されていくことで、今後多国籍になっていくであろう状況についていけない事を危惧し、最後に、区別の仕方を「隠れたカリキュラム」で変更していくことの必要性を訴えている。

イ　最初に学年や校則などの身の回りの具体例を使っていつから「隠れたカリキュラム」を学んでいるのか問題提起し、次にそれを二つの目的から区別した。次に二つ目のカリキュラムの働きについて注目し、男女や日本と外国の区別などの具体例を用いて批判し、最後に身の回りにある物事に対しての考え方が「隠れたカリキュラム」によって作成されたものだとまとめている。

ウ　最初に「隠れたカリキュラム」はどのような目的があるのか問題提起し、次にそれを二つの視点から区別した。そのうち一つのカリキュラムに注目し、それがどのような働きをもつかを具体例を使って説明しそれによって失われていく能力を提示した。最後に「隠れたカリキュラム」を発見することで既存の世界への認識を変えることができることを示唆している。

エ　最初に当たり前だと思っていることを疑わないことは「隠れたカリキュラム」に反していると問題提起し、学校生活に重きを置いた第一のタイプが原因であることに具体例を用いて指摘している。最後に、日本という国のなかで日本人という意識をもって生きるためには、世界との関係をどのように維持するか意図された第二のタイプの「隠れたカリキュラム」の発見が必要になるだろうと確信している。

問八 ——線部（3）「こういう想像がはたらかなくなるようにする」の説明として最も適当なものを次の**ア**～**エ**の中から選び、記号で答えなさい。

ア 隠れたカリキュラムによって、本来はそうではないはずの考え方があるにもかかわらず、常識を固定化して他に目が向かないようにしていること。

イ 隠れたカリキュラムによって、これからの日本にとって必要な思考法を探り当てるおもしろさや醍醐味《だいごみ》に気付かせようとしていること。

ウ 隠れたカリキュラムによって多くのいままでにない疑問が生まれてくるはずなので、自分の軸となる考え方がゆるがないようにしていること。

エ 隠れたカリキュラムによって偏見などの今までの誤った価値観がより弱くなっていき、物事に対する区別の仕方も正しいものになっていくこと。

問九 ——線部（4）「私たちと世界との関係のあり方」とはどのようなことか。最も適当なものを次の**ア**～**エ**の中から選び、記号で答えなさい。

ア 知らないうちに決められている物事に対する考え方を疑い、身のまわりにある物や私たちと物の関係が実は何らかの意志によって決められていた秩序だと検証していくこと。

イ 身のまわりにある物やそれに対する考え方をどのようなものかと定義し、その定義された物事がそれぞれどのような結びつきで成り立っているかを秩序として捉えていくこと。

ウ 私たちの身のまわりには絶えず世界の物事があふれており、その世界の物事と私たちが良い関係を作っていくことが秩序であると認識していくこと。

エ 世界にあふれる物の中で必要な物と必要でない物をよく見極めて秩序を決め、その後に私たちが認識できる身の回りのものだけを定義付けていくこと。

問四 〔Ⅰ〕～〔Ⅳ〕に入る語の組み合わせとして最も適当なものを次の**ア**～**エ**の中から選び、記号で答えなさい。

ア そして ―― たとえば ―― また ―― ところが　**イ** そして ―― しかし ―― たとえば ―― また

ウ では ―― さて ―― さらに ―― また　**エ** では ―― そして ―― たとえば ―― ところが

問五 （Ａ）に入る文として最も適当なものを次の**ア**～**エ**の中から選び、記号で答えなさい。

ア 社会の中で一人で生きていくためのスキルを学ぶ隠れたカリキュラム

イ 正解の中で日本人であることを強く意識するための隠れたカリキュラム

ウ 学校生活をスムーズに行うために入り込んでくる隠れたカリキュラム

エ 学校と地域の関わりを意識しながら生きていくための隠れたカリキュラム

問六 ――線部（１）「年齢という区別のしかたも同じです」について説明したものとして最も適当なものを次の**ア**～**エ**の中から選び、記号で答えなさい。

ア 人種や民族の特徴を学ぶべきだという世界のカリキュラムと同じように、日本の年齢に対する誤った考え方も、子どものうちに自然と矯正させていくこと。

イ コミュニケーションのルールと同じように、年齢の区別も隠れたカリキュラムによって身についていき、より良い社会での生き方を身につけていくこと。

ウ 男女の区別と同じように、年齢の区別も隠れたカリキュラムによって自然と身につけさせられ、今後の行動や考え方に大きな影響を与えてしまうこと。

エ 年齢の区別が隠れたカリキュラムによって身につけさせられるように、数学や英語も誤った方法で子どもに教えられ、勉強嫌いの子どもを増やしてしまうこと。

問七 ――線部（２）「そういう区別のしかた」に影響を与えられたものを本文から十文字で抜き出しなさい。

年齢という区別を取り払ってみたり、どの国の人であるかという区別を取り払ってみたり、そうしたときに、私たちは、どのような新しい関係を築き上げることができるのか（こうしたことは、日本の社会でなぜ男女の平等がもっと進まないのかとか、日本で生まれた外国籍の人が国や地方の議員になれないのはなぜか、といった問題にもつながっています）。〔 Ⅳ 〕、(3)こういう想像がはたらかなくなるようにする力を、隠れたカリキュラムはもっているのです。

学校というところは、秩序を重んじる場所です。秩序というのは、まずは、自分たちのまわりの世界をどのように区別し、そうやって区別された人やモノやことがらを、どのように関係づけるかによって成り立っています。ですから、区別のしかたを変えてみるだけで、自分と世界との関係も変わってくるのです。こういう秩序のでき方や、私たちの社会の組み立て方ということにも、隠れたカリキュラムは関係しています。ですから、隠れたカリキュラムを発見することは、このような、(4)私たちと世界との関係のあり方が、知らず知らずのうちに、どのように維持されているのかに目を向けることになるのです。

〈苅谷剛彦『学校って何だろう―教育の社会学入門』による〉

問一 ――線部（a）「なにげない」の意味として最も適当なものを次の**ア**～**エ**の中から選び、記号で答えなさい。

ア 人の考えを理解できないこと。　**イ** これといった特別な意図のないこと。

ウ 意識的に行ってしまうこと。　**エ** なにもそこ見つけられないこと。

問二 ――線部（b）「必然」の類義語として最も適当なものを次の**ア**～**エ**の中から選び、記号で答えなさい。

ア 当然　**イ** 天然　**ウ** 偶然　**エ** 歴然

問三 ――線部（c）「集まっ」の活用形として適当なものを次の**ア**～**エ**の中から一つ選び、記号で答えなさい。

ア 已然形　**イ** 未然形　**ウ** 連体形　**エ** 連用形

ないはず。授業だって、塾や大学などでは、年齢にこだわらずにいっしょに勉強する集団がつくられることがあります。年齢よりどれだけの学力があるかを基準にクラスをつくってもよいのです。

　日本という国や日本人という意識にしても、外国人の子どもが日本の学校にもっと増えていけば、どうなるでしょう。今までのように、日本という国のまとまりを前提に、日本語や日本の歴史、地理を中心に教える教育が望ましいかどうか、疑問が出てくることだってあるでしょう。実際に、いろいろな国から人びとが(c)集まってできたアメリカやカナダのような国では、それぞれの人種や民族の特徴を学校でもっと勉強させようという主張があるくらいなのです。

　このように、隠れたカリキュラムを通じて、私たちは、自分たちのまわりの世界を、どのように区別するのかを知らず知らずのうちに身につけていきます。男と女の違いをどう見るか。そして、そういう区別のしかたが、私たちの行動や考え方にも反映するようになります。たとえば、「男だから〇〇すべきだ」「女のくせに〇〇するなんて」といった見方が自然に出てきたりするのも、男と女という区別のしかたを知らず知らずのうちに身につけているからかもしれません。

　(1)年齢という区別のしかたも同じです。年齢が一歳違うだけで、先輩と後輩の区別がつけられたりするのも、学年という区別のしかたが学校の中でごく自然に行われていることと関係しています。〔　Ⅱ　〕、こういう年齢という区別を気にしながら、社会人になっても、会社の中でだれが先輩かとか、だれが同期だとかいったように、人との関係の取り方が違ってきたりするのです。

　さらには、日本という国のまとまりや日本人と外国人といった区別のしかたにしても、(2)そういう区別のしかたを、知らず知らずのうちに身につけていることが基礎にあるのです。自分は日本人だという意識をもとに、他の国のできごとや他の国の人とつきあっていくのか、それとも、そういう日本人という意識を離れて、自分個人としてつきあっていくのか。こういう違いも、日本というまとまりをどのように区別しているかに関係しています。そして、こういう「日本人としての自分」という意識のもとが、学校での隠れたカリキュラムなどを通じてつくられ、強化されていくのです。

　このように疑ってみると、知らず知らずに入り込む隠れたカリキュラムは、それが前提としているあたりまえのことを、より強化しているといえます。ほかのやり方の可能性があることさえ、気づかないようにさせてしまう。〔　Ⅲ　〕、男女という区別を取り払ってみたり、

二 次の文章を読んで、後の問いに答えなさい。（設問の都合上、表現を改めた部分がある。）

学校では、数学の方程式や英語の関係代名詞などのように、「この知識を教えよう」とはっきり示していないのに、ふだんの(a)なにげない生活を通じて、生徒に伝えられることがたくさんある。さまざまなルールや、ものの見方・考え方、人とのつきあい方、日本という国のまとまりや、日本人であるといった意識など、いろいろなことがらが、学校では生徒たちに教えられています。

でも、どうしてこのような隠れたカリキュラムが、学校生活の中に入り込むのでしょうか。最後に、この問題を考えていくことにしましょう。

この問題を考えるために、隠れたカリキュラムを大きく二つに分けてみましょう。一つのタイプは、（　　A　　）です。これは、すでに述べたように、授業などをきちんと行うために必要とされるいろいろなルールのことです。時間を守ることも、コミュニケーションのルールも、一人で勉強するのではなく、集団で勉強するときに必要となる約束事です。

もうひとつのタイプは、もっと自然に、知らず知らずのうちに学校生活に入り込んでいる隠れたカリキュラムです。男女の区別や、年齢による区別といったことは、それが特別に問題とされないかぎり、「あたりまえ」のこととして学校の中でも使われる区別であり、約束事です。学校以外のところでも、なにげなく使われる区別が、そのまま学校でも使われるのです。

日本人や日本という国についての意識も同じです。日本という国がすでにまとまりをもっていることや、私たちが日本人であるという意識があたりまえになっている現在では、日本という国のまとまりを前提に教育が行われるのも不思議ではありません。あたりまえと思われているからこそ、自然と学校の中にも入ってくる考え方なのです。

ここで重要なのは、第二のタイプ、つまり、知らず知らずのうちに学校に入り込んでくる隠れたカリキュラムです。というのも、この第二のタイプの隠れたカリキュラムによって、あたりまえだと思っていることが、あたりまえのまま疑われなくなることがあるからです。

男女の区別にしても、年齢による区別にしても、慣れてしまえばあたりまえに思える区別です。〔　Ⅰ　〕、男子と女子の区別にしても、ほかのやり方はないのでしょうか。年齢ごとの集団づくりにしても、違う学年をごちゃまぜにするやり方はできないのでしょうか。そう疑ってみると、どうしてもそうしなければならないほどの(b)必然性があるとは限りません。出欠をとるときに男女まぜこぜで名前を呼んでも困ら

1　この詩の形式を次の**ア**〜**エ**の中から一つ選び、記号で答えなさい。

ア　文語自由詩　**イ**　口語自由詩　**ウ**　口語定型詩　**エ**　文語定型詩

2　この詩の中で用いられていない修辞技法を次の**ア**〜**エ**の中から一つ選び、記号で答えなさい。

ア　擬態語　**イ**　直喩《ゆ》法　**ウ**　擬人法　**エ**　体言止め

3　この詩の説明として最も適当なものを次の**ア**〜**エ**の中から選び、記号で答えなさい。

ア　水辺という、自分の生きる場所ですがすがしく生きているみずすましをみるにつけ、人間が優柔不断さゆえに窮屈な暮らしを送っていることに思いを寄せている。

イ　みずすましが安全な水の表面にいることをよしとせず、たびたびもぐったあげく、ついには力尽きて水底に沈んで行く姿に、すべての生きものの悲哀を重ねている。

ウ　水辺で消息を絶ったみずすましに思いを馳《は》せるとともに、平和な日常が突然奪われてしまう思いにかられ、みずすましが無事に天に召されることを祈っている。

エ　みずすましが水の抵抗にあいながらも、たびたびもぐる姿をみつめるうちに、生きものが直面する日々の困難に思いを馳せて、みずすましの姿に共感している。

問七　次の詩を読んで、後の1～3の問いに答えなさい。

みずすまし　　吉野　弘

一滴の水銀のような　みずすまし。
やや重く　水の面《おもて》を凹《くぼ》ませて
浮いている　泳いでいる
そして時折　水にもぐる。

あれは　暗示的なこと
浮くだけでなく　もぐること。

わたしたちは
日常という名の水の面に生きている
浮いている。だが　もぐらない
もぐれない。——日常は分厚い

水にもぐった　みずすまし。

その深さは　わずかでも
水の阻《はば》みに出会う筈《はず》。
身体を締めつけ　押し返す
水の力に出会う筈。

生きる力を　さりげなく
水の中から持ち帰る
つぶらな可憐《かれん》な　みずすまし
水の面にしたためる
不思議な文字は　何と読むのか？

みずすまし——
あなたが死ぬと
水はその力をゆるめ
骸《むくろ》を黙って抱きとってくれる。
静かな　静かな　水底《みな》へ。
それは　水のやさしさ

みずすましには知らせない
水の　やさしさ。

問四　次の文の［　　］に入るカタカナ語を、後の**ア**～**エ**の中から一つ選び、記号で答えなさい。

君は、よく見もしないで形式的に判断している。それは［　　］な見方だ。

ア　ボーダレス　　**イ**　ステレオタイプ　　**ウ**　プリミティブ　　**エ**　ナイーブ

問五　次の――線部の中で、敬語の使い方が正しいものを**ア**～**エ**の中から一つ選び、記号で答えなさい。

ア　先生が私たちに皆勤賞の賞状を差し上げた。

イ　私の母がお宅にいらっしゃいます。

ウ　どうぞ館内をくまなくご覧になってください。

エ　いただいた果物を家族でめしあがりました。

問六　次の漢文の読み方の順番で四番目になるものを**ア**～**カ**の中から一つ選び、記号で答えなさい。

［ア］㆑［イ］㆑［ウ］㆑［エ］㆓［オ］［カ］㆒。

二〇二三年度

國學院大學栃木高等学校（第1回）

【国　語】（五〇分）〈満点：一〇〇点〉

一

次の各問いに答えなさい。

問一　次の**ア**～**オ**の――線部の**カタカナ**を漢字で書きなさい。

ア　神社の**ホンデン**に参拝した。　**イ**　大雨で**テイボウ**が決壊した。

ウ　彼の**コウセキ**をたたえる。　**エ**　作家に原稿を**イライ**した。

オ　景気の行方を**ヨソク**する。

問二　次の**ア**～**オ**の――線部の漢字の読みをひらがなで書きなさい。

ア　会社の浮沈をかけた新製品だ。　**イ**　事故の惨状が報道された。

ウ　雪崩注意報が発令された。　**エ**　情報が外部に漏れる。

オ　ようやく快方に赴く。

問三　次の――線部の中で、品詞の異なるものを**ア**～**エ**の中から一つ選び、記号で答えなさい。

ア　部屋の中がさわやかになった。　**イ**　まばらに立つ煙突。

ウ　しらせが来るのをしずかに待つ。　**エ**　近頃しきりに故郷を思い出す。

2023年度／國學院大學栃木高等学校(第１回)

英語解答

1 A　1…イ　2…ウ　3…ア
B　1…エ　2…エ　3…ア

2 1　ア　2　ウ　3　エ　4　エ
5　イ　6　ア　7　イ　8　ウ
9　イ　10　エ

3 1　ア　2　エ　3　ウ　4　エ
5　ウ　6　イ

4 1　How many, May
2　What, caught, Saturday
3　as〔so〕 well, aunt

5 1　①…カ　②…オ　③…ア　④…ウ
⑤…イ
2　arm〔hand〕　3　エ

6 1　a　25　b　first
2　1　barber　2　nurse
3　(例)それから10年間彼からの便りはなかった。
4　エ　5　イ，オ

7 1　エ　2　ア
3　(例)人ではなく，犬がたたえられるべきだという思い。
4　イ，ウ
5　２番目…オ　４番目…ウ

1 〔単語の発音・アクセント〕

A＜単語の発音＞

1．ア．boot[uː]　イ．foot[u]　ウ．tooth[uː]　エ．moon[uː]
2．ア．finger[ŋg]　イ．hunger[ŋg]　ウ．stranger[ndʒ]　エ．stronger[ŋg]
3．ア．heated[id]　イ．slipped[t]　ウ．researched[t]　エ．released[t]

B＜単語のアクセント＞

1．ア．cól-or　イ．séa-son　ウ．hún-dred　エ．po-líte
2．ア．súd-den-ly　イ．éx-cel-lent　ウ．cáp-i-tal　エ．to-géth-er
3．ア．ac-tív-i-ty　イ．néc-es-sar-y　ウ．tél-e-vi-sion　エ．béau-ti-ful-ly

2 〔適語(句)選択・語形変化〕

1．may は助動詞なので，後は動詞の原形を続ける。　「彼女は歌手かもしれない」

2．「～ですよね」と念を押したり，確認を求めたりする付加疑問文。前の文が肯定文の場合は‘否定の短縮形＋主語の代名詞＋?’を続ける。ここではbe動詞 isが使われているので，否定の短縮形はisn'tとなる。「ビリーはギターのレッスンを受けていますよね」

3．a friend of ～で「～の友達(の１人)」を表す場合，‘～’には「～のもの」を表す形(mine, yours, his, hers など)が入る。「彼らのもの」は theirs。　「昨日，彼らの友達が私を訪ねてきた」

4．ofは前置詞なので，後に動詞が続く場合は動名詞(～ing)にする。be fond of ～で「～が好きだ」の意味。「私は野球の試合を見るのが好きだ」

5．There is something wrong with ～. で「～の調子が悪い」の意味。肯定文なのでアの anything は不適切。　「私の自転車の調子が悪い」

6．because の前後を確認する。チケットが買えないのはお金を「なくした」からである。lost は lose「～を失う」の過去分詞(lose－lost－lost)。　「ナンシーはお金をなくしたのでチケットを買えない」

7．because の前後を確認する。ジョーを信頼しているのは彼が約束を「守る」からである。keep ～'s promise で「約束を守る」の意味。break ～'s promise は「約束を破る」。　「私たちはジョーがいつも約束を守るので彼を信頼している」

8．go on a tripで「旅行する」の意味。　「彼らはメキシコへ旅行した」

9．文の後半に「6階に上がった」とあることから判断できる。get on 〜で「〜に乗る」の意味。「私はエレベーターに乗って6階に上がった」

10．‘I wish＋主語＋動詞の過去形 ....’で「(今)〜だったらなあ」の意味。‘現在実現困難な願望’を述べるときに使う仮定法の表現。　「家で猫を飼っていたらなあ」

3 〔整序結合〕

1．まず「この橋はかけられました(＝建てられた)」を‘be動詞＋過去分詞’の受け身で表す。その後にwhen「〜するとき」を使い，「私が子どもの頃」を表す。whenは接続詞なので‘主語＋動詞...’の語順が続く。　This bridge was built when I was a child.

2．「ずっと〜だ」は現在完了形‘have＋過去分詞’の‘継続’用法で表せる。「〜でいっぱい」はbe full of 〜。「朝から(＝今朝から)」は，since this morningとする。　This street has been full of cars since this morning.

3．「〜しなさい，さもないと…」は‘命令文，or …’の形で表せる。orの後は‘主語＋(助)動詞...’の語順にする。「〜に遅れる」はbe late for 〜。　Get up, or you will be late for school.

4．「私はちょうど彼女に会うために病院に行ってきたところです」と読み換える。「〜に行ってきたところだ」はhave been to 〜で表せる。just「ちょうど」は過去分詞beenの前に置く。「彼女に会うために」はto不定詞の副詞的用法を使い，to see herとする。　I have just been to the hospital to see her.

5．「私は学校へ行きました」はI went to school。「朝食を食べずに」はwithout 〜ing「〜することなしに」の形を使い，without eating breakfastとする。　I went to school without eating breakfast this morning.

6．「私はあなたにクラスメートの写真をお見せします」と考える。「あなたにクラスメートの写真を見せる」は‘show＋人＋物’「〈人〉に〈物〉を見せる」の形で表す。‘物’に当たる「クラスメートの写真」は‘*A* of *B*’「*B*の*A*」の形でsome pictures of my classmates。　I'll show you some pictures of my classmates.

4 〔和文英訳—適語補充〕

1．‘数’を尋ねる疑問詞はHow many。How many studentsで「何人の生徒」となる。「5月」はMay。月の名前は大文字で始めること。また，本問のように疑問詞(と疑問詞が伴う語句)が主語の場合は，疑問文でも肯定文の語順‘主語＋(助)動詞...’となることも押さえておきたい。

2．感嘆文(文末の感嘆符(！)に着目)。空所の後のa big fishから‘What＋a/an＋形容詞＋名詞＋主語＋動詞...！’「なんと〜な…なんだろう！」の形だと判断できる。「釣った」はcatchの過去形caught(catch－caught－caught)。「土曜日」はSaturday。曜日の名前は大文字で始める。

3．「〜と同じくらい…」は‘as＋形容詞〔副詞〕の原級＋as 〜’で表せる。「上手に」はwell,「叔母」はaunt。

5 〔長文読解総合—対話文〕

≪全訳≫❶医者(D)：こんにちは，ジェリー。会えてうれしいよ。❷ジェリー(J)：おはようございます，ブラウン先生。❸D：座って，ジェリー。①腕の具合はどう？❹J：悪くないです。動かすとまだ痛いですが，少しよくなりました。❺D：②君にいい知らせがあるんだ，ジェリー。❻J：本当ですか？　それは何ですか？❼D：レントゲン写真によると，折れていないよ。❽J：ああ，よかった！

使いたいときに使ってもいいですか？**9**D：いや。数日は使わないようにして。1，2週間で治ると思うよ。**10**J：今は風邪をひくのに都合が悪い時期ですね。**11**D：③なぜそんなことを言うんだい？**12**J：ハンカチを片手で使わなければならないからです。**13**D：④ああ，それは大変だね。じゃあ，君の風邪について教えて。痛みはある？**14**J：頭痛だけです。**15**D：体温を測ろうか。**16**J：熱はないと思います。**17**D：家族の他の人の具合はどう？⑤風邪をひいている人はいる？**18**J：いいえ。うーん…**19**D：どうしたんだい？ 君だけなの？**20**J：うーん…**21**D：ああ，ごめん。口にこの体温計を入れて話すことはできないよね。さあ，大丈夫かな？**22**J：はい。僕だけです。**23**D：うん，君の言うとおりだ。熱はないね。**24**J：よかったです。**25**D：リラックスしてよく眠って。大丈夫だ。腕がよくならなかったらまた来て。**26**J：ありがとう，先生。さようなら。

1＜適文選択＞①直後のジェリーの発言にある It still hurts ...「それはまだ痛む」の It が何を指すか考える。ここに当てはめて意味が通るのは，単数で痛くなるものである arm である。②この後「それは何か」と尋ねるジェリーに対し，医者は「腕は折れていない」というジェリーにとっての「いい知らせ」を伝えている。　③直後でジェリーが Because ...「～だから」と理由を答えている。この返答を導くのは Why「なぜ」で始まる疑問文である。　④直前で「ハンカチを片手で使わなければならない」と言ったジェリーに対し，医者は同情を示したと考えられる。
⑤直後でジェリーは No と答えているので，Yes／No で答えられる疑問文が入る。

2＜英問英答＞「ジェリーはどうして片手でハンカチを使わなければならなかったのか」―「彼のもう片方の腕〔手〕がまだ痛むから」　第3，4段落参照。ジェリーは片方の腕を痛めており，動かすとまだ痛いので片手しか使えないのである。

3＜内容真偽＞ア.「今回，腕をけがした後，ジェリーは初めて医者を訪問している」…×　第3段落第2文参照。医者が腕の具合を尋ねていることから，初診ではないと考えられる。　イ.「ジェリーは風邪をひいている家族の1人と医者に診てもらいに来た」…×　家族と一緒に来ていることを示す記述はない。　ウ.「ジェリーは忙しすぎて医者に診てもらえないので，今は彼にとって風邪をひくのに都合が悪い時期だ」…×　第10～12段落参照。ジェリーが都合が悪い時期だと考えているのは，風邪をひいていて，ハンカチを使うのに片腕しか使えないから。　エ.「ジェリーは体温計を口にくわえているとき，うまく話せなかった」…○　第18，20，21段落の内容に一致する。

6〔長文読解総合―物語〕

≪全訳≫**1**マークは自動車整備士だった。彼は仕事で問題を抱えていた。彼は毎日同じことをするのに飽きていたので，仕事が楽しくなかったのだ。**2**ある日，マークは日本からの手紙を受け取った。それはケンからの手紙だった。マークは「私は15歳のとき，日本に1か月滞在した。ケンは私の友達の1人だった。そのときから10年間，彼から便りがなかった。何が起きたんだろう」と考えた。**3**親愛なるマーク／こんにちは，ケンです。私を覚えていますか。あなたにもう一通の手紙と写真を送っています。その手紙は，10年前にあなた自身があなた宛に書いたものです。ジロウとケイコとあなたと私が，自分自身宛に10年後に読む手紙を書いたことを覚えていますか。先週，私たち3人はそれらを読んで楽しみました。私たちはあなたのことを話し，あなたにあなたの手紙と私たちの写真を送ることにしました。／さて，私たちについて書きたいと思います。私は高校で英語を教えています。あなたのおかげで，私は英語にとても興味を持ち，先生になるために一生懸命勉強しました。私は英語を教えるのが好きです。ジロウは理容師として働いています。彼は仕事をしながら人と話すのを楽しんでいます。ケイコは看護師です。彼女は仕事は大変だけどとても楽しいと言っています。あなたがすぐに私に手紙を書いてくれることを願っています。／あなたの友達，ケン❹マークは写真を見た。彼の友人たちはとても幸せそうだった。「彼らは自分の仕事を楽しんでいる」とマークは思った。彼は手紙を読み，写真を見てうれしかったが，少し悲しかった。「もし誰かが今私の写真を撮ったら，私はどう見えるだろうか」とマークは自問した。❺それからマークはもう一方の手紙を読んだ。❻親愛なるマーク／やあ！　調子はどう？　夢を実現した？　もちろん，実現したよね。きっとあなたは自動車整備士として働いている。あなたはきっととても仕事ができて，あらゆる種類の車を修理できる。あなたはきっと全てのすてきな新車のエンジンについて知っているでしょう。今はどんな車が人気があるのかな？／マーク❼「仕事を始めたとき，私は多くのことを学ばなければならなかった。例えば，新しい技術について知る必要があった。車をうまく修理するのはとても難しかった」とマークは思った。すぐにマークは自分が大好きな仕事をしていることに気づいた。「やっと大切なことを思い出した。車の修理が終わったとき，人々の笑顔を見ると私は幸せになった。私は自分の仕事に誇りを持っていた」と彼は思った。彼は自分の仕事が好きだということを思い出した。彼はケンがすてきなプレゼントを送ってくれたことに感謝した。

1＜内容一致＞「マークは $_a$25歳のとき，日本での滞在後 $_b$初めてケンから手紙を受け取った」　第2段落第3～5文参照。マークは15歳のとき日本に滞在してケンと友達になったが，それから10年間，彼から便りがなかったとある。　hear from ～「～から便りがある〔連絡をもらう〕」 for the first time で「初めて」の意味。

2＜要旨把握＞第3段落後半参照。Jiro works as a barber., Keiko is a nurse. とある。work as ～ の as は「～として」の意味。barber は「理容師」。

3＜英文和訳＞現在完了形の否定文。for ten years「10年間」，since then「そのときから」といった語句から‘継続’用法だとわかる。

4＜文脈把握＞第4段落第3文で，マークは「彼ら(＝3人の日本人の友達)は仕事を楽しんでいる」と考えている。一方，第1段落第3文から，マーク自身は毎日同じことをするのに飽き，仕事を楽しんでいないとわかる。マークはこの違いを寂しく感じたのである。

5＜内容真偽＞ア.「マークはケン，ジロウ，ケイコの写真を見たので，ケンが誰かを思い出した」…×　第2段落第2～4文参照。マークはケンの手紙を読む前にケンが誰かわかっている。　イ.「マークが日本で自分自身に手紙を書いたとき，彼の夢はすばらしい自動車整備士になることだった」…○　第6段落の内容に一致する。　ウ.「マークは日本で勉強することで自動車の新技術を知りたいと思っていた」…×　第7段落第1，2文参照。マークは「新技術を学ぶ必要があった」と思い返しているが，それは仕事を始めてから，すなわちアメリカでのこと。　エ.「ケンからの手紙のおかげで，マークはどんな種類の車が日本で人気があるか知ることができた」…×　このような記述はない。　オ.「マークは車の修理を終えたとき，人々の笑顔を見てうれしくなった」…○　第7段落終わりから4文目の内容に一致する。

7〔長文読解総合―ノンフィクション〕

≪全訳≫❶1925年のとても寒い冬のことだった。アラスカのノームという小さな町で唯一の医者のウェルチ医師は，ジフテリアと呼ばれる病気で具合が悪くなり，死にかけている人がいることに気づいた。しかし，ノームには十分な薬がなかった。彼は「十分な薬を手に入れることができれば，病気の人たちを救うことができる」と考えた。悪天候の中，ノームに入ることができる飛行機はなかった。唯一の希望は，ノームの近くにあるアラスカのどこかから薬を手に入れることだった。彼はラジオ局に電話した。助けを求めるラジオのメッセージはアラスカ中に広まった。❷ある南アラスカの医者がそのメッセージを聞いた。そして彼は十分な薬を持っていたのだ！　しかし，問題はどうやってその薬をノームに送るかだった。ノームの近海は凍っていたので，船で送ることはできなかった。そこで彼はネナナに電車で送ることにした。ネナナは，ノームに最も近い町で，鉄道で１日半の距離だった。❸大切な薬の旅が始まった。薬は列車で約510キロ移動した後，ネナナとノームの間の運転が困難な凍った道路を約1100キロ進まなければならなかった。犬のチームが引くそりだけがこの仕事をすることができた。再び，ラジオ局は助けを求めた，今度は犬のチームの運転手だ。これらの運転手はマッシャーとして知られている。まもなく，とても強い犬を飼う数人のマッシャーが助けることに同意した。❹１月27日火曜日の夕方に，薬は列車でネナナに到着し，最初のマッシャーに手渡された。大規模なリレーレースが始まった。それぞれのマッシャーは，別の犬のチームと待っている次の人に薬を引き渡した。❺日曜日に，薬は最後のマッシャーであるグンナー・カーセンに引き渡された。彼が出発する前，大雪が降り始めた。しかし，彼はレースを続け，彼の犬は走り続けた。❻２月２日の朝，最初の犬のチームが出発してから５日半後，カーセンはノームの町に入った。まもなく，彼は病院を見つけた。ウェルチ医師はとても喜び，「間に合いました！　あなたたちはすばらしい仕事をしてくれましたね」と言った。❼「いいえ。犬がしたのです！　彼らが私たちをここに連れてきてくれました」とカーセンは答え，大切な薬を医者に手渡した。死との戦いは勝利に終わったのだ！

１＜語句解釈＞この the message は前文の A radio message for help「助けを求めるラジオのメッセージ」のこと。この前の内容から，ジフテリアが発生しているが薬が十分ないために，このメッセージを出したことが読み取れる。

２＜語句解釈＞to help することに同意したのはマッシャーたちである。マッシャーとは，犬のチームの運転手のこと。同じ段落の内容から，ネナナからノームまで薬を運ぶには犬ぞりを使うしかなく，マッシャーたちがリレー形式で薬を運ぶことがわかる。この内容に合うのは，ア.「薬をノームまで犬のチームでリレーして運ぶこと」。

３＜語句解釈＞前後の発言に注目する。ウェルチ医師が「あなたたちはすばらしい仕事をしてくれました」とマッシャーたちをたたえたのに対し，カーセンはそれを No と否定し，「犬がした」と答えている。カーセンは，たたえられるべきは人ではなく，犬だと思っていたのである。

４＜内容真偽＞ア.「ウェルチ医師は，彼の町で死にそうな人々を救うために，もっと多くの医者を必要としていた」…×　第１段落第４文参照。ウェルチ医師は薬があれば，病人を救うことができると考えていた。　　イ.「アラスカ南部の医者は，海が凍っていたので，薬を船で送ることができなかった」…○　第２段落第１～３文に一致する。　　ウ.「ラジオ局は２回助けを求めた。最初は薬を，次にマッシャーを求めた」…○　第１段落最後の３文および第３段落第４文の内容に一致する。　　エ.「グンナー・カーセンと彼の犬による最後のリレーは，長く困難なルートの中で最も簡単な部分だった」…×　そのような記述はない。　　オ.「薬がウェルチ医師に手渡されたとき，彼はまずグンナー・カーセンの犬たちのすばらしい仕事に感謝した」…×　第６段落最終文参照。ウェルチ医師はマッシャーたちに感謝した。

５＜要旨把握＞イ.「ノームのある医者が，とても具合が悪い人たちがいることに気づき，ラジオ局に電話した」（第１段落）／→オ.「あるジフテリアの薬を十分に持っている医者がラジオのメッセージを聞いた」（第２段落）／→ア.「薬がネナナまで列車で運ばれた」（第４段落）／→ウ.「薬が雪と氷に覆われた地をそりで運ばれた」（第４，５段落）／→エ.「グンナー・カーセンがウェルチ医師に薬を渡すのが間に合い，多くの人々を救った」（第６，７段落）

2023年度／國學院大學栃木高等学校（第１回）

数学解答

1　(1)　-4　(2)　$\dfrac{7a-5b}{6}$　(3)　$\dfrac{5}{2}a^3$

(4)　$-3\sqrt{6}$　(5)　$4x^2-21$

(6)　$3(x-2)^2$　(7)　$x=-2$

(8)　$x=3,\ 4$

2　(1)　$-4\sqrt{10}$　(2)　$a=-1,\ b=3$

(3)　$y=2x-3$　(4)　$0 \leqq y \leqq 8$

(5)　180人　(6)　$\dfrac{17}{20}$　(7)　２本

(8)　28°　(9)　$33\pi\,\mathrm{cm}^2$

(10)　$a=4,\ b=1$

3　(1)　23回　(2)　１班と３班

4　(1)　4　(2)　$\sqrt{3}$，7

5　(1)　$y=x+3$　(2)　16

(3)　$2\pm2\sqrt{2}$

1〔独立小問集合題〕

(1)＜数の計算＞与式$=2-6=-4$

(2)＜式の計算＞与式$=\dfrac{3(3a-b)-2(a+b)}{6}=\dfrac{9a-3b-2a-2b}{6}=\dfrac{7a-5b}{6}$

(3)＜式の計算＞与式$=\dfrac{5a\times3a^2}{6}=\dfrac{5}{2}a^3$

(4)＜数の計算＞$\sqrt{24}=\sqrt{2^2\times6}=2\sqrt{6}$ より，与式$=2\sqrt{6}-5\sqrt{6}=-3\sqrt{6}$ となる。

(5)＜式の計算＞与式$=5x^2-10x-(x^2-10x+21)=5x^2-10x-x^2+10x-21=4x^2-21$

(6)＜式の計算＞与式$=3(x^2-4x+4)=3(x-2)^2$

(7)＜一次方程式＞両辺に３をかけて，$3(x+5)=5x+19$，$3x+15=5x+19$，$3x-5x=19-15$，$-2x=4$　$\therefore x=-2$

(8)＜二次方程式＞左辺を展開して整理すると，$x^2-2x+1-5x+5+6=0$，$x^2-7x+12=0$ となる。左辺を因数分解して，$(x-3)(x-4)=0$　$\therefore x=3,\ 4$

《別解》$x-1=A$ とおくと，$A^2-5A+6=0$ となり，左辺を因数分解して，$(A-2)(A-3)=0$ となる。A をもとに戻して，$(x-1-2)(x-1-3)=0$，$(x-3)(x-4)=0$　$\therefore x=3,\ 4$

2〔独立小問集合題〕

(1)＜数の計算＞与式$=(x+y)(x-y)$ として，これに，$x=\sqrt{5}-\sqrt{2}$，$y=\sqrt{5}+\sqrt{2}$ を代入すると，与式$=\{(\sqrt{5}-\sqrt{2})+(\sqrt{5}+\sqrt{2})\}\{(\sqrt{5}-\sqrt{2})-(\sqrt{5}+\sqrt{2})\}=(\sqrt{5}-\sqrt{2}+\sqrt{5}+\sqrt{2})(\sqrt{5}-\sqrt{2}-\sqrt{5}-\sqrt{2})=2\sqrt{5}\times(-2\sqrt{2})=-4\sqrt{10}$ である。

(2)＜連立方程式―解の利用＞$ax+by=17$……①，$3ax-by=-9$……②とする。①，②に，解の $x=-2$，$y=5$ を代入すると，①より，$-2a+5b=17$……①′となり，②より，$-6a-5b=-9$……②′となる。①′，②′を連立方程式として解くと，①′+②′より，$-2a-6a=17-9$，$-8a=8$　$\therefore a=-1$　これを①′に代入して，$2+5b=17$，$5b=15$　$\therefore b=3$

(3)＜関数―一次関数の式＞変化の割合が２より，求める式を $y=2x+b$ とおいて，$x=-2$，$y=-7$ を代入すると，$-7=2\times(-2)+b$，$b=-3$ となる。よって，求める式は $y=2x-3$ である。

(4)＜関数―変域＞関数 $y=2x^2$ は，x の絶対値が大きいほど，y の値は大きくなる。よって，x の変域が $-2\leqq x\leqq1$ のとき，x の絶対値が最大の $x=-2$ のときに y の値は最大となり，$y=2\times(-2)^2=8$ である。また，x の絶対値が最小の $x=0$ のときに y の値は最小となり，$y=0$ となる。したがって，求める変域は，$0\leqq y\leqq8$ である。

⑸＜連立方程式の応用＞ある中学校の昨年の男子生徒の人数を x 人，女子生徒の人数を y 人とする。昨年の生徒数は，男女合わせて330人であったことより，$x+y=330$……①が成り立つ。また，今年は，昨年と比べて男子生徒が5％増加し，女子生徒が2％減少して，全体では6人増加したことより，$x\times\frac{5}{100}-y\times\frac{2}{100}=6$，$5x-2y=600$……②が成り立つ。①，②を連立方程式として解くと，①×2＋②より，$2x+5x=660+600$，$7x=1260$　$\therefore x=180$　よって，昨年の男子生徒の人数は180人である。

⑹＜確率―カード＞1から5までの数が書かれた5枚のカードから，1枚ずつ続けて2枚のカードを引くとき，1枚目に引くカードに書かれた数は1，2，3，4，5の5通りあり，2枚目に引くカードに書かれた数は，1枚目に引いたカードに書かれた数以外の4通りある。よって，1枚ずつ続けて2枚のカードを引くときの場合の数は全部で，$5\times4=20$（通り）あり，$(a,\ b)$の組も20通りある。このうち，$a-b$ が2以下となる場合は，$(a,\ b)=(1,\ 2)$，$(1,\ 3)$，$(1,\ 4)$，$(1,\ 5)$，$(2,\ 1)$，$(2,\ 3)$，$(2,\ 4)$，$(2,\ 5)$，$(3,\ 1)$，$(3,\ 2)$，$(3,\ 4)$，$(3,\ 5)$，$(4,\ 2)$，$(4,\ 3)$，$(4,\ 5)$，$(5,\ 3)$，$(5,\ 4)$の17通りある。したがって，求める確率は $\frac{17}{20}$ である。

≪別解≫$(a,\ b)$の20通りの組のうち，$a-b$ が2より大きくなる場合は，$(a,\ b)=(4,\ 1)$，$(5,\ 1)$，$(5,\ 2)$の3通りだから，$a-b$ が2以下となるのは，$20-3=17$（通り）ある。よって，求める確率は $\frac{17}{20}$ である。

⑺＜空間図形―ねじれの位置にある辺＞右図1で，辺BEと平行な辺は，辺AD，CFである。また，辺BEと交わる辺は，辺AB，BC，DE，EFである。辺BEとねじれの位置にある辺は，このどちらでもない辺だから，辺AC，DFの2本ある。

図1

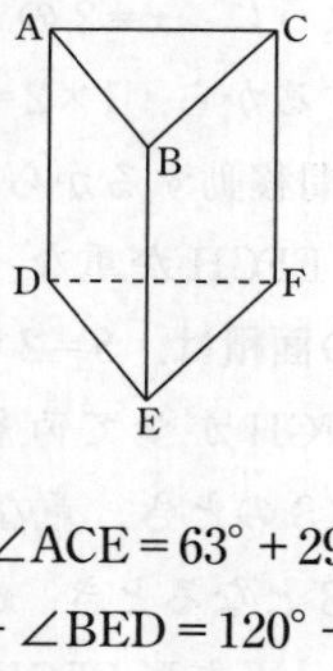

図2

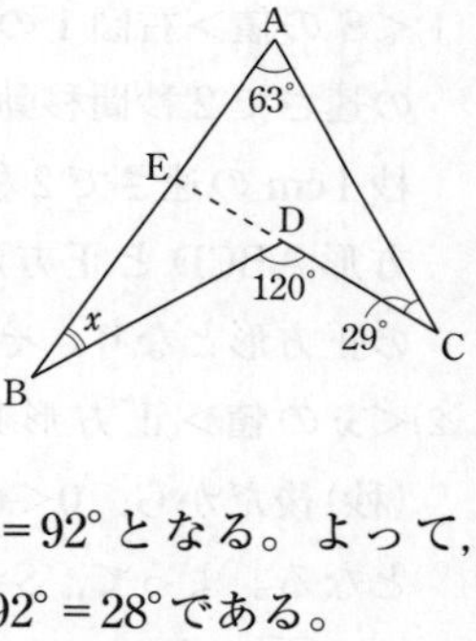

⑻＜平面図形―角度＞右図2のように，4点A～Dを定め，辺CDの延長と辺ABの交点をEとする。△AECにおいて，内角と外角の関係より，$\angle\mathrm{BED}=\angle\mathrm{EAC}+\angle\mathrm{ACE}=63^\circ+29^\circ=92^\circ$ となる。よって，△EBDにおいて，内角と外角の関係より，$\angle x=\angle\mathrm{BDC}-\angle\mathrm{BED}=120^\circ-92^\circ=28^\circ$ である。

⑼＜空間図形―面積＞右図3のおうぎ形と直角三角形を組合せた図形を，直線 l を軸として1回転させてできる立体は，半径3cmの半球と底面の半径が3cmの円錐を組合せた立体となる。まず，半径3cmの半球の表面積は，$4\pi\times3^2\times\frac{1}{2}=18\pi$ となる。次に，直角三角形を回転させてできる円錐の側面積を考える。この円錐の底面の円周の長さは，$2\pi\times3=6\pi$ となり，側面の展開図は右図4のようなおうぎ形になる。ここで，おうぎ形の中心角を a とすると，おうぎ形の弧の長さは底面の円周の長さと等しいから，$2\pi\times5\times\frac{a}{360^\circ}=6\pi$ が成り立つ。これより，$\frac{a}{360^\circ}=\frac{3}{5}$ となるから，円錐の側面積は，$\pi\times5^2\times\frac{3}{5}=15\pi$ である。よって，求める表面積は，$18\pi+15\pi=33\pi\ (\mathrm{cm}^2)$ である。

図3

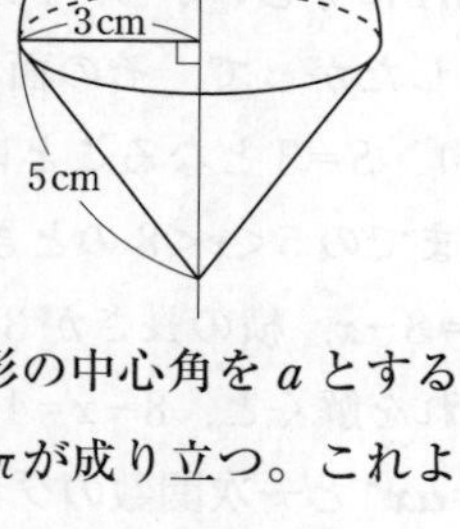

図4

⑽＜データの活用―平均値＞表より，合計の人数が20人だから，$1+0+1+a+2+3+4+b+1+2+1=20$，$a+b=5$……①が成り立つ。また，平均が5.2点より，$(0\times1+1\times0+2\times1+3\times a+4\times2+5\times$

$3+6\times4+7\times b+8\times1+9\times2+10\times1)\div20=5.2$，$(3a+7b+85)\div20=5.2$，$3a+7b+85=104$，$3a+7b=19$……②が成り立つ。①，②を連立方程式として解くと，②−①×3より，$7b-3b=19-15$，$4b=4$，$b=1$となり，これを①に代入して，$a+1=5$より，$a=4$となる。

3〔特殊・新傾向問題―規則性〕

≪基本方針の決定≫(1)　4班は，最初の5週間のうち，1週目，3週目，5週目が掃除当番になる。

(1)＜回数＞掃除当番表は5週でもとに戻り，5週の間に掃除当番が3回ある。1年間で掃除のある週は39週あり，$39\div5=7$あまり4より，この5週の繰り返しが7回と残り4週があり，4班は残りの4週の間に掃除当番が2回ある。よって，1年間には，$3\times7+2=23$(回)の掃除当番がある。

(2)＜回数＞まず，どの班も5週ごとに3回掃除当番になる。また，掃除のある週が1年間で39週あり，(1)より，39週は5週が7回と4週であるから，1年間の掃除当番の回数が他の班よりも1回多い班は，最後の4週の掃除当番が1回多い班である。最後の4週での掃除当番は，1班は3回，2班は2回，3班は3回，4班は2回，5班は2回となるから，掃除当番の回数が多いのは1班と3班である。

4〔関数―図形の移動と関数〕

≪基本方針の決定≫(1)　$x=2$のとき，重なっている部分の図形は正方形になる。　(2)　3つの場合に分けて考える。

(1)＜Sの値＞右図1のように，$x=2$のとき，長方形ABCDは毎秒1cmの速さで2秒間移動するから，$1\times2=2$右に進み，正方形EFGHも毎秒1cmの速さで2秒間移動するから，$1\times2=2$上に進む。よって，長方形ABCDと正方形EFGHが重なっている部分の図形は，1辺が2の正方形となり，その面積は，$S=2\times2=4(\text{cm}^2)$である。

図1

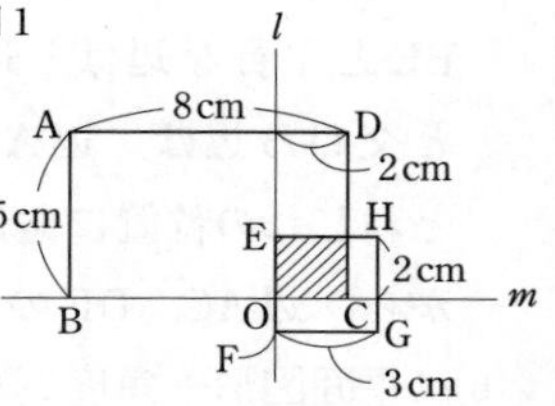

(2)＜xの値＞正方形EFGHが全て直線mより上にくるのは$3\div1=3$(秒)後だから，$0<x<3$のとき，重なっている部分は，右上図1のような1辺の長さがxの正方形となる。よって，$S=3$となるとき，$x^2=3$が成り立ち，これを解くと，$x=\pm\sqrt{3}$となり，$x>0$より，$x=\sqrt{3}$である。次に，正方形EFGHが長方形ABCDの内部を移動する$3\leqq x\leqq5$のとき，右図2のようになり，重なっている部分の図形は正方形EFGHに等しいから，1辺が3の正方形となる。したがって，その面積は，$S=3\times3=9$であり，$S=3$となることはない。さらに，正方形EFGHが長方形ABCDから出はじめてから全て出るまでの$5<x<8$のとき，右上図3のようになり，重なっている部分の図形は，縦の長さが$3+5-x=8-x$，横の長さが3の長方形となる。これより，$S=3$となるとき，$(8-x)\times3=3$が成り立ち，これを解くと，$8-x=1$，$x=7$である。以上より，求めるxの値は$\sqrt{3}$と7である。

図2

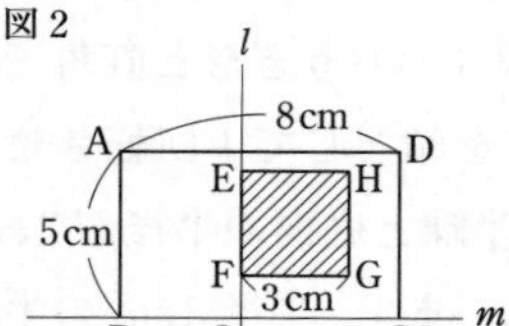

図3

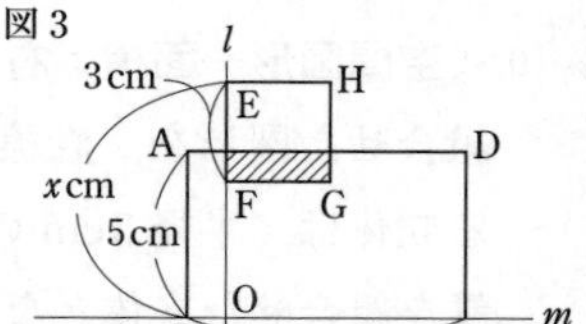

5〔関数―関数$y=ax^2$と一次関数のグラフ〕

≪基本方針の決定≫(1)　2点A，Bの座標を求める。　(2)　AQがx軸と平行になることに気づきたい。

(1)＜直線の式＞次ページの図で，2点A，Bは関数$y=\frac{1}{4}x^2$のグラフ上の点で，x座標は−2，6だから，

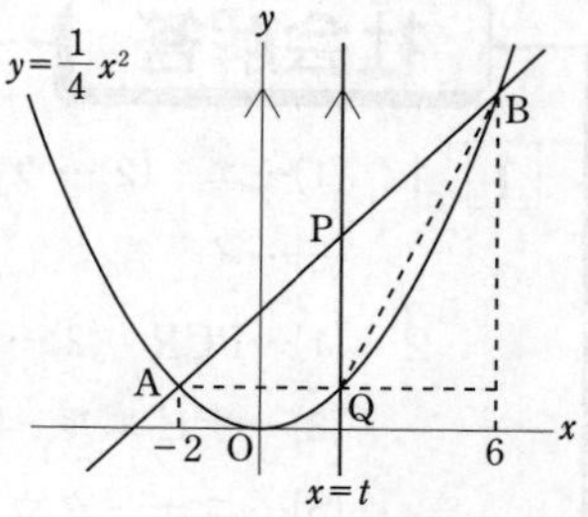

それぞれのy座標は，$x=-2$を代入して，$y=\frac{1}{4}\times(-2)^2=1$，$x=6$を代入して，$y=\frac{1}{4}\times6^2=9$より，A$(-2,\ 1)$，B$(6,\ 9)$となる。よって，直線ABの傾きは，2点A, Bの座標より，$\frac{9-1}{6-(-2)}=1$となる。直線ABの式を$y=x+b$とおくと，点Aの座標より，$x=-2$, $y=1$を代入して，$1=-2+b$, $b=3$となり，直線ABの式は，$y=x+3$である。

(2)＜面積＞右上図で，$t=2$のとき，点Qのx座標は2で，関数$y=\frac{1}{4}x^2$のグラフ上の点だから，y座標は，$y=\frac{1}{4}\times2^2=1$となるから，Q$(2,\ 1)$である。よって，A$(-2,\ 1)$より，点Qのy座標は点Aのy座標と等しく，AQ∥x軸となるから，$\mathrm{AQ}=2-(-2)=4$である。これより，△ABQの底辺をAQと見ると，2点B，Qのy座標より，高さは$9-1=8$となる。したがって，$\triangle\mathrm{ABQ}=\frac{1}{2}\times4\times8=16$である。

(3)＜tの値＞右上図で，2点P，Qのx座標がtのとき，点Pは直線$y=x+3$上の点だから，y座標は$y=t+3$となる。また，点Qは関数$y=\frac{1}{4}x^2$のグラフ上の点だから，y座標は$y=\frac{1}{4}t^2$となり，線分PQの長さは，2点P，Qのy座標より，$t+3-\frac{1}{4}t^2$と表せる。この長さが2となるとき，$t+3-\frac{1}{4}t^2=2$が成り立ち，これを解くと，$t^2-4t-4=0$より，$t=\frac{-(-4)\pm\sqrt{(-4)^2-4\times1\times(-4)}}{2\times1}=\frac{4\pm\sqrt{32}}{2}=\frac{4\pm4\sqrt{2}}{2}=2\pm2\sqrt{2}$である。どちらも$-2\leqq t\leqq6$を満たすから，適する。

2023年度／國學院大學栃木高等学校(第１回)

社会解答

1 1 ⑴…エ ⑵…ウ ⑶…イ ⑷…エ ⑸…イ

2 ⑴…PCR ⑵…メソポタミア ⑶…ザビエル ⑷…ハリケーン ⑸…ニュータウン

2 1 イ 2 ア 3 イ 4 ウ 5 ア

3 1 ⑴…オ ⑵…ウ ⑶…ア ⑷…オ ⑸…イ

2 ⑴…ア ⑵…エ ⑶…ア

4 1 ウ 2 ウ 3 ウ 4 カ

5 1 天武 2 平将門 3 徳川家康 4 解体新書 5 出島 6 エ

6 1 イ 2 ウ 3 イ 4 オ 5 ア 6 エ

7 1 ⑴…ア ⑵…イ ⑶…ア

2 ⑴…公衆衛生 ⑵…国務大臣

8 1 ⑴…エ ⑵…団結権 ⑶…ウ

2 公正取引委員会 3 エ

4 イ

1〔三分野総合―小問集合問題〕

1⑴＜世界の姿＞ロシアのウラル山脈は，アジア州とヨーロッパ州の境界になっている。

⑵＜交通機関＞船舶は，重量や容積が大きい石油や鉄鋼などの原材料や，工業製品を安く大量に運ぶことができる(ウ…○)。なお，鉄道は，旅客輸送においては，新幹線による中距離輸送が盛んであり，貨物輸送も中長距離が中心である(ア…×)。自動車は，ガソリン車では環境への影響が大きい(イ…×)。飛行機は，気象の影響を受けやすい(エ…×)。

⑶＜桃山文化＞葛飾北斎と歌川〔安藤〕広重は，江戸時代である19世紀前半の化政文化が栄えた時期に活躍した浮世絵師である(イ…×)。

⑷＜少子高齢化＞日本の社会保障は現役世代の負担によって成り立っているため，現役世代の人口が少子化で減れば，現役世代１人当たりの負担は増えると予想される(エ…×)。

⑸＜ものごとの決め方＞全会一致は，全員が納得することが長所だが，決定には時間がかかることがあるのが短所である(イ…×)。

2⑴＜PCR検査＞PCR検査は，ウイルスの遺伝子を増幅して検出する方法で，新型コロナウイルス感染症〔COVID-19〕の検査に用いられている。

⑵＜メソポタミア文明＞紀元前3500年頃，チグリス川とユーフラテス川の流域で発展した文明はメソポタミア文明である。メソポタミア文明では，くさび形文字の発明や太陰暦の使用のほか，時間を60進法で測ることや，１週間を７日とすることなどが考え出された。

⑶＜ザビエル＞1549年，キリスト教を布教するために日本にやってきたイエズス会の宣教師は，ザビエルである。イエズス会は，プロテスタントに対抗してカトリック教会が始めた改革の中心となり，宣教師を派遣してアジアやアメリカ大陸への布教を行った。

⑷＜ハリケーン＞主にカリブ海で発生し，メキシコ湾岸などを襲う熱帯低気圧をハリケーンという。なお，主に北西太平洋で発生し，日本列島などを襲う熱帯低気圧は台風である。

⑸＜ニュータウン＞大都市の過密状態を解消するため，人口・工場・学校などを分散する目的で新し

く建設された都市をニュータウンという。イギリスのロンドンで始まり，高度経済成長期の日本で盛んに建設された。

2〔三分野総合―小問集合問題〕

1＜元寇＞文章Aは，「大モンゴル国」すなわち元の皇帝フビライ=ハンが，日本を従えようと使者を送ってきた際の国書である(①…正)。当時の執権である北条時宗はこの国書を無視したため，フビライは元・高麗の連合軍を九州北部に派兵した(②…誤)。

2＜南北戦争＞文章Bは，1863年に南北戦争の激戦地だったゲティスバーグでリンカンが行った演説である(①…正)。この演説の一節である「人民の，人民による，人民のための政治」〔government of the people, by the people, for the people〕は，民主主義の標語として知られる(②…正)。

3＜地方自治＞地方自治は，住民が身近な地域の政治に参加する場であり，民主政治を運用する能力が身につくことから「民主主義の学校」と呼ばれる(①…正)。地方公共団体の首長は，住民の直接選挙によって選出される(②…誤)。

4＜三権分立＞『法の精神』の中で三権分立を提唱したフランスの思想家は，モンテスキューである(①…誤)。衆議院が内閣の不信任の決議を可決した場合，内閣が10日以内に衆議院の解散を行うか総辞職するのは，三権分立の例の1つである(②…正)。

5＜中国の発展＞中国では，1970年代末までは国の計画に基づいた経済が行われてきたが，1980年代からは市場経済の考え方を取り入れた改革が進められた。また，シェンチェン〔深圳〕やアモイなどに外国企業を受け入れる経済特区を設け，外国企業の進出を積極的に受け入れながら，賃金が安くて豊富な労働力を生かして工業製品を生産・輸出するようになり，「世界の工場」と呼ばれている。

3〔地理―総合〕

1(1)＜資料の読み取り＞県庁所在地であるさいたま市の人口が100万人を超え，県南部は東京都心と多くの鉄道で結ばれており，自家用車の需要が少ないことから，Bは埼玉県に当てはまる。浅間山など複数の火山があり，草津温泉など多くの温泉地を抱えていることから，Cは群馬県に当てはまる。北関東3県(群馬県・栃木県・茨城県)の最大都市である宇都宮市が県庁所在地で，首都圏に向け出荷する野菜栽培が盛んで，耕地面積が最も広いことから，Aは栃木県に当てはまる。

(2)＜サウジアラビア＞サウジアラビアは，原油輸出量が世界第1位(2018年)である一方，国内の工業はアメリカ合衆国，中国，ロシアほど盛んではない。したがって，他の3国と比べて原油消費量が少なく，原油自給率が高いウがサウジアラビアに当てはまる。なお，アはアメリカ合衆国，イはロシア，エは中国である。

(3)＜国の位置＞図のXは南半球に位置する。ア～エの中で，南半球に位置するのはアのアフリカ州の南部のみである。

(4)＜資料の読み取り＞Aは，茶の輸出が盛んであるため，プランテーションでの茶の栽培が盛んなスリランカが当てはまる。Bは，鉄鉱石など鉱産資源の輸出が盛んであるため，質のよい鉱産資源が豊富なオーストラリアが当てはまる。Cは，酪農品や肉類の輸出が盛んであるため，肉牛の放牧や酪農が盛んなニュージーランドが当てはまる。

(5)＜名古屋の気候＞名古屋は太平洋側に位置するため，夏の降水量が多いと考えられる。夏の降水量が多いのはイとエだが，エは冬でも平均気温が20℃に近いため，南西諸島に位置する那覇が当てはまる。したがって，名古屋はイが当てはまる。なお，旭川は北海道に位置するため，冬の寒さが特に厳しいウ，高田は日本海側に位置するため，冬の降水量が多いアが当てはまる。

2(1)＜地形図の縮尺＞この地形図の等高線を見ると，10mおきに主曲線，50mおきにやや太い計曲線が引かれているので，縮尺は２万５千分の１である。２万５千分の１の地形図では，地図上の１cmが実際の距離の250mを表すので，地図上の3.0cmが表す実際の距離は，250×3.0＝750mとなる。

(2)＜地図記号＞Λは針葉樹，⚙は発電所等，⇡は裁判所，⌂は老人ホームを表す地図記号である。なお，広葉樹はΩ，工場は☼，税務署は⟡，図書館は🕮である。

(3)＜地形図の読み取り＞特にことわりのないかぎり，地形図上では上が北になる。Ｃ地点の北東に高松山の山頂を示す338.7mの三角点(△)があるので，Ｃ地点は，Ｄ地点よりも高いことがわかる(ア…×)。

4〔世界地理―総合〕

１＜世界地図＞緯線と経線が直角に交わった地図においては，赤道から離れるほど，経度の差が同じである直線の距離は実際の距離よりも長く示される。したがって，赤道に最も近いｅ－ｆ間が実際の距離が最も長い。

２＜時差＞本初子午線はイギリスのロンドンを通過し，問題で与えられた地図は経線が15度間隔で示してあるので，Ａは東経15度線に近く，Ｂは西経75度線に近いことがわかる。日付変更線をまたがないように数えると，両地点の経度の差は90度である。経度15度につき１時間の時差が生じるので，両地点の時差は90÷15＝６時間である。また，日付変更線をまたがないかぎりは，地球上の２地点間では西の方が時刻が遅れるので，ＡよりもＢの方が６時間遅れることになる。したがって，Ａが12月１日午後４時のとき，Ｂは12月１日午前10時である。

３＜世界の農業＞Ⅰ国はアメリカ合衆国，Ⅱ国はイギリス，Ⅲ国はフランス，Ⅳ国はフィンランドである。アメリカ合衆国は他の３国と比べると国土面積が広く，企業的な農業が盛んな世界有数の農業国であるため，農地面積が広く，農業従事者１人当たり農地面積も広いアが当てはまる。フランスは西ヨーロッパ最大の農業国であり，小麦・ぶどうの栽培が盛んであるため，イ～エのうち，耕地・樹園地が広いウが当てはまる。なお，イギリスは世界有数の牧羊国であるためエ，フィンランドは寒冷で農業に不向きなためイが当てはまる。

４＜資料の読み取り＞国別国土面積は，アメリカ合衆国が世界第３位で，中国は世界第４位だが，両国の面積はほとんど同じくらいである。したがって，面積がほぼ同じであるＸとＺがアメリカ合衆国または中国である。また，GDP〔国内総生産〕は，アメリカ合衆国が世界第１位で，中国が世界第２位であるから，ＸとＺのうち，GDPの値が大きいＺがアメリカ合衆国であり，Ｘは中国である(2020年)。

5〔歴史―総合〕

１＜天武天皇＞壬申の乱とは天智天皇の後継ぎをめぐる戦いである。この戦いに勝利して天皇に即位し，中央集権国家の建設を目指して都の造営や律令・歴史書の作成を命じたのは，天武天皇である。

２＜平将門＞10世紀半ば，北関東で武士団を率いて反乱を起こしたのは，平将門である。

３＜徳川家康＞1600年に起こった関ヶ原の戦いで石田三成を破り，1603年に征夷大将軍に任命されて江戸に幕府を開いたのは，徳川家康である。家康は，後に大阪の陣で豊臣氏を滅ぼし，幕府の基礎を固めた。

４＜解体新書＞前野良沢・杉田玄白などがオランダ語の人体解剖書『ターヘル・アナトミア』を翻訳して出版したのは，『解体新書』である。

５＜出島＞江戸幕府による貿易統制政策に伴い，1641年に平戸にあったオランダ商館が移されたのは，長崎の出島である。

６＜蘭学＞江戸時代に発達した，オランダ語でヨーロッパの学問や文化を学ぶ新しい学問は，蘭学である。なお，朱子学は，儒学の一派で，主従関係や上下関係を重視する学問である。

6〔歴史―総合〕

１＜下関条約，ポーツマス条約＞日清戦争の講和条約である下関条約は1895年，日露戦争の講和条約であるポーツマス条約は1905年に結ばれた。

２＜下関条約＞下関条約は，日清戦争の講和条約で，清は朝鮮の独立を認め，日本に遼東半島や台湾などを譲り，日本に多額の賠償金を支払うことを認めた。なお，日本が山東省の租借権を得たのは，第一次世界大戦中の1915年に日本が中華民国に強引に認めさせた二十一か条の要求による。

３＜ソ連の侵攻＞ソ連がアメリカ・イギリスと結び，日本への宣戦布告を取り決めた秘密協定はヤルタ会談である。また，太平洋戦争でソ連軍に捕らえられた日本兵が捕虜として抑留されたのは，ソ連東部のシベリアである。なお，マルタ会談は，1989年，アメリカのブッシュ大統領とソ連のゴルバチョフ共産党書記長が冷戦の終結を宣言した会談である。アラスカは，カナダの西部の国境に接しているアメリカの州の１つである。

４＜年代整序＞年代の古い順に，Ⅲ（ベルサイユ条約の調印―1919年），Ⅰ（世界恐慌の始まり―1929年），Ⅱ（ナチス政権の成立―1933年）となる。

５＜大日本帝国憲法の発布＞絵画資料に「憲法発布式之図」とあることから，この絵画が1889年の大日本帝国憲法発布の式典の様子を描いたものであることがわかる。したがって，①に当てはまる。

６＜東海道新幹線の開通＞東海道新幹線は，高度経済成長期の1964年に開通した。

7〔公民―総合〕

１⑴＜企業の活動＞需要の高い商品は値段が高くても多く売れるので，利潤を追求する企業は需要の高い商品の生産・販売に力を入れる傾向がある（①…正）。人件費が安ければ生産費が少なくて済み，利潤が多くなるため，利潤を追求する企業は人件費の安い国や地域に工場を移す傾向がある（②…正）。

⑵＜社会権＞日本国憲法では，社会権の具体的内容として，生存権，教育を受ける権利，勤労の権利，労働基本権を保障している（イ…○）。なお，職業選択の自由は自由権の中の経済活動の自由（ア…×），罪刑法定主義は自由権の中の身体の自由（ウ…×），積極的差別是正措置〔アファーマティブ・アクション〕は平等権（エ…×）に当てはまる。

⑶＜権利の拡大＞大日本帝国憲法に基づいて制定された戦前の民法は，基本的には年長の男性が務める戸主に家族に対する強い支配権を認めていた。しかし，日本国憲法第24条では，家族生活における個人の尊厳と両性の平等を保障しており，新憲法に基づいて改正された戦後の民法では，戸主制度は廃止された（ア…○）。なお，1985年に男女雇用機会均等法が制定された後も，現在に至るまで

管理職や国会議員の数は，男女で大きな差がある（イ…×）。公職選挙法の改正で2016年から選挙権は満18歳以上に引き下げられたが，被選挙権は引き下げられていない（ウ…×）。民法改正で2022年から成人年齢が18歳に引き下げられた後も，飲酒や喫煙は20歳にならないと認められていない（エ…×）。

２⑴＜日本の社会保障＞日本国憲法第25条②には，「国は，すべての生活部面について，社会福祉，社会保障及び公衆衛生の向上及び増進に努めなければならない。」とある。なお，公衆衛生は，社会保障の中の１つで，生活環境の改善や感染症の予防を行うことで，人々の健康や安全を守る政策のことである。

⑵＜国務大臣＞日本国憲法第68条①には，「内閣総理大臣は，国務大臣を任命する。但し，その過半数は，国会議員の中から選ばれなければならない。」とある。なお，国務大臣の過半数を国会議員から選ぶのは，議院内閣制を支える重要な要素の１つである。

8〔公民―総合〕

１⑴＜消費者＞「自立した消費者」とは，自分で知識や情報を集め，的確な判断力を養い，その判断に基づいて行動する消費者のことである（エ…○）。なお，契約自由の原則とは，契約の相手や内容や方法を自由な意思に基づいて決定できる原則のことである（ア…×）。ICT〔情報通信技術〕の発達は，新たな消費者問題を生んでいる（イ…×）。消費者が訪問販売などで商品を購入した場合，購入後一定期間以内に無条件で契約を解除できるしくみは，クーリング・オフ制度である（ウ…×）。

⑵＜労働三権＞労働三権〔労働基本権〕は，労働組合をつくる権利である団結権と，労働者が団結して使用者と労働条件などについて交渉する団体交渉権，労働者が要求を実現するためにストライキなどを行う団体行動権〔争議権〕を内容としている。

⑶＜金融＞直接金融とは，企業が株式や社債を発行することで，銀行などの金融機関を通さずに資金を調達するしくみのことである（①…誤）。日本銀行は「銀行の銀行」と呼ばれ，一般の銀行に資金を貸し出すほか，一般の銀行から預金を受け入れている（②…正）。

２＜公正取引委員会＞独占禁止法に基づいて，不当な取引制限（カルテル）や不公正な取引が行われていないか，企業や市場を監視・指導する行政機関は，公正取引委員会である。

３＜資料の読み取り＞20歳代は，1990年の投票率が60％弱で，2014年は30％強であり，下がり幅は30％を超えていない。これに対し，30歳代は，1990年の投票率が75％程度で，2014年は40％を少し上回る程度であり，下がり幅は30％を超えている（エ…×）。

４＜国際組織＞NATO〔北大西洋条約機構〕は，冷戦初期の1949年に結成された西側諸国の軍事同盟であり，冷戦終結後も現在まで存続している（イ…○）。なお，WHO〔世界保健機関〕は，「全ての人々が可能な最高の健康水準に到達すること」を目的に掲げている国際連合の専門機関の１つである（ア…×）。NPT〔核拡散防止条約〕は，1968年に採択された，アメリカ・ロシア・中国・イギリス・フランス以外の核兵器保有を禁止する条約である（ウ…×）。ASEAN〔東南アジア諸国連合〕は，1967年に結成された，東南アジアにおける地域の安定や経済協力を推進する組織である（エ…×）。

2023年度／國學院大學栃木高等学校（第１回）

理科解答

1　1　イ　2　エ　3　エ　4　イ
5　ア

2　1　ウ　2　イ　3　オ　4　エ
5　イ

3　1　イ　2　エ　3　ウ　4　イ
5　ア

4　1　ウ　2　イ　3　ウ　4　ウ
5　ア

5　1　ア　2　イ〔ウ〕　3　イ
4　ウ

6　1　気象要素…気圧　単位…hPa
2　小笠原気団　3　イ
4　1067km/h

7　1　横隔膜　2　エ　3　イ
4　(例)面積が大きく

8　1　砂糖，かたくり粉，プラスチック
2　(1)　金
(2)　物質名…水　質量の差…42g
(3)　銅

9　1　0.5A　2　1：4　3　2.5A
4　4J

1〔大地の変化〕

1＜プレート＞日本付近では，大陸プレートの下に海洋プレートが沈み込んでいるので，図の１には大陸，２には海洋が入る。なお，地殻は地球の表面を覆う岩石でできた層で，その下にマントルの層があり，中心には核がある。

2＜プレート＞日本付近にあるプレートのうち，北アメリカプレートとユーラシアプレートが大陸プレートで，太平洋プレートとフィリピン海プレートが海洋プレートである。

3＜海溝，海嶺＞図で，プレートが沈み込む所を海溝といい，海底で深い溝のようになっている。また，プレートが生まれる所を海嶺といい，海底にそびえる大山脈になっている。なお，断層は地層や岩盤のずれで，造山帯は大山脈などをつくる造山運動が起こっている地域や過去に起こった地域である。

4＜プレート＞図の海嶺で生まれた海洋プレートは両側に広がっていくので，Ａでは，大陸のプレートの下に沈み込むａの方向に，Ｂではｂの方向に動いている。

5＜火成岩＞黒っぽい火山岩は玄武岩である。火山岩は斑状組織なので，写真あのように，石基の中に斑晶が散らばったつくりをしている。なお，花こう岩は白っぽい色をした深成岩で，写真いのように，鉱物が組み合わさった等粒状組織をしている。

2〔生命・自然界のつながり〕

1＜遺伝の規則性＞無性生殖では，子は親から全く同じ遺伝子が伝わる。

2，3＜遺伝の規則性＞体色を黒色にする遺伝子をＡ，黄色にする遺伝子をａとするから，純系の黒メダカの遺伝子の組み合わせはＡＡ，純系のヒメダカの遺伝子の組み合わせはaaになる。純系の黒メダカ(オス)がつくる生殖細胞(精子)の遺伝子はＡ，純系のヒメダカ(メス)がつくる生殖細胞(卵)の遺伝子はａとなる。よって，かけ合わせてできる子(オス，メス)の遺伝子の組み合わせは全てAaになる。

4＜遺伝の規則性＞交配１で，子は全て黒メダカだったことから，メダカの体色は黒色が顕性の形質で，黄色が潜性の形質である。２より，子の遺伝子の組み合わせは全てAaである。遺伝子の組み合わせがAaのメダカがつくる生殖細胞の遺伝子はＡまたはａだから，右表１のように，交配２でできた孫の遺伝子の組み合わせと数の割合は，AA：Aa：aa＝1：2：1になる。このうち，Ａを持つAAとAaの

表１

	A	a
A	AA	Aa
a	Aa	aa

体色は黒色になり，aa の体色は黄色になるから，孫の代の黒メダカとヒメダカの数の比は，黒メダカ：ヒメダカ＝(1＋2)：1＝3：1になる。よって，黒メダカの数はヒメダカの数の約３倍である。

5＜遺伝の規則性＞子の黒メダカ(メス)の遺伝子の組み合わせは Aa，純系のヒメダカ(オス)の遺伝子の組み合わせは aa である。Aa と aa をかけ合わせると，右表２のように，次の世代のメダカの遺伝子の組み合わせと数の比は，Aa：aa＝2：2＝1：1となる。このうち，A を持つ Aa の体色は黒色になり，A を持たない aa の体色は黄色になるから，黒色(黒メダカ)と黄色(ヒメダカ)の数がほぼ同数である。なお，体色に関する遺伝子は性別に関係ないので，次の世代のオス，メスの遺伝子の組み合わせと数の比は同じになる。

表２

	A	a
a	Aa	aa
a	Aa	aa

3 〔化学変化とイオン〕

1＜電解質の水溶液＞水に溶かしたとき水溶液に電流が流れる物質を電解質という。食塩水，砂糖水，うすい塩酸，エタノール水溶液，蒸留水のうち，電解質の水溶液は食塩水とうすい塩酸である。なお，砂糖水，エタノール水溶液，蒸留水には電流が流れない。

2＜イオン＞アンモニウムイオンの化学式は NH_4^+，硫化物イオンの化学式は S^{2-} である。アンモニウムイオンは，原子の集団である NH_4 が電子を１個失ったイオンで，硫化物イオンは，硫黄(S)が電子を２個受け取ったイオンである。

3＜電離の式＞塩化水素(HCl)は水溶液中で水素イオン(H^+)と塩化物イオン(Cl^-)に電離する。電離の様子を，化学式を使って表すときは，矢印の左側に電離する物質の化学式，右側に生じるイオンの化学式を書き，矢印の左右で原子の数が等しくなるようにイオンの化学式の前に係数をつける。また，矢印の右側の＋と－の数が等しいことを確認する。

4＜塩化銅水溶液の電気分解＞塩化銅水溶液を電気分解すると，陽極(＋極)から塩素が発生し，陰極(－極)に銅が付着する。これは，塩化銅($CuCl_2$)は水溶液中で銅イオン(Cu^{2+})と塩化物イオン(Cl^-)に電離していて，陰イオンである Cl^- は陽極(＋極)に引かれ，電子を渡して塩素原子(Cl)になって，Cl が２個結びついて塩素分子(Cl_2)になり，陽イオンである Cu^{2+} は陰極(－極)に引かれ，電子を受け取って銅原子(Cu)になるためである。

5＜水の電気分解＞図より，発生する気体の体積は，電極 X の方が電極 Y より大きい。水を電気分解すると，陽極(＋極)から酸素が，陰極(－極)から水素が発生し，発生する気体の体積の割合は，酸素：水素＝1：2である。よって，電極 X は陰極(－極)で水素が発生し，電極 Y は陽極(＋極)で酸素が発生している。

4 〔運動とエネルギー〕

1＜質量＞質量は物体そのものの量で場所によって変わらず，上皿てんびんで測定することができる。一方，重力の大きさは場所によって変化し，ばねばかりや台ばかりによって測定することができる。

2＜作用・反作用＞物体に力を加えると，物体から加えた力と同じ大きさで反対向きの力を受ける。このとき，物体に加えた力を作用，物体から受ける力を反作用という。このように，作用・反作用は異なる物体の間で対になってはたらく力である。よって，図で，作用・反作用の関係にあるのは，P が Q を押す力 c と Q が P を押す力 b，Q が床を押す力 f と床が Q を押す力 e の２組である。なお，P にはたらく重力 a と Q が P を押す力 b はつり合っている。

3＜力の分解＞次ページの図のように，物体にはたらく重力とつり合う力が，糸 A が物体を引く S_A と糸 B が物体を引く S_B に分解される。よって，ア～エのうち，$S_A > S_B$ となるのはウである。なお，アとイでは $S_A = S_B$ である。

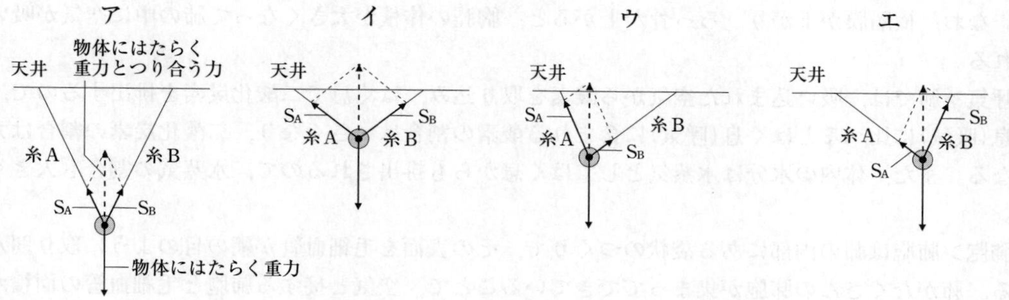

４＜仕事＞100g の物体にはたらく重力の大きさを１Ｎとするから，400g の物体にはたらく重力の大きさは４Ｎである。図で，この物体を斜面に沿って５ｍ押し上げるということは，物体を2.5m の高さまで持ち上げることになるので，〔仕事(J)〕＝〔力の大きさ(N)〕×〔力の向きに動いた距離(m)〕より，このとき押し上げる力がする仕事は，4×2.5＝10(J)である。

５＜力学的エネルギーの保存＞小球の持つ位置エネルギーと運動エネルギーは互いに移り変わるが，位置エネルギーと運動エネルギーの和である力学的エネルギーは変化しない。点ａの位置の小球が持つ位置エネルギーが小球の持つ力学的エネルギーに等しいので，図２のように，小球を図１と同じ高さの点ａから落下させると，小球は図１の位置Ｄと同じ高さまであがって一瞬静止する。

5〔小問集合〕

１＜小惑星＞小惑星は火星と木星の軌道の間にある天体だから，太陽系内の天体である。

２＜花のつくり＞ツツジの花は５枚の花弁が１つにくっついていて，アブラナの花は４枚の花弁が互いに離れている。また，ツツジもアブラナも被子植物だから，胚珠が子房に包まれている。よって，正しいものはイとウである。なお，ツツジもアブラナも外側から中心に向かって，がく，花弁，おしべ，めしべの順に並んでいる。

３＜原子の構造＞分子は原子がいくつか結びついてできた粒子なので，原子の構造に関する語句ではない。なお，原子は，中心に陽子と中性子からできている原子核があり，その周りに電子がある。

４＜放射線＞最も透過力が低い放射線はアルファ線で，紙１枚で止まる。なお，放射線を出す物質を放射性物質といい，Ｘ線はレントゲン撮影で使われるなど医療に利用されている。

6〔気象と天気の変化，大地の変化〕

１＜気圧＞グラフの縦軸の数値から考えられる気象要素は気圧で，単位はhPa(ヘクトパスカル)である。なお，気象要素には気圧のほかに，気温，湿度，風向・風力，雲量，雨量などがある。

２＜小笠原気団＞１より気象要素は気圧で，周りより中心の気圧が高い所を高気圧という。日本の夏には太平洋高気圧が発達し，あたたかく湿った大気の集団である小笠原気団をつくる。

３＜トンガの火山噴火＞グラフの矢印が示す一時的な気圧の変化は，火山が噴火したときの空気の振動が伝わり，気圧が急激に上昇したためと考えられている。

４＜振動が伝わる速さ＞噴火が起こってからグラフの矢印に示される影響が見られるまでの時間は，20時30分－13時00分＝７時間30分より，7.5時間である。よって，噴火の影響が伝わった速度は，8000÷7.5＝1066.6…より，約1067km/h である。

7〔生物のからだのつくりとはたらき〕

１＜横隔膜＞肺は，ろっ骨とろっ骨の間の筋肉，横隔膜に囲まれた胸腔《こう》の中にある。横隔膜は肺の下にある筋肉の膜である。

２＜呼吸＞横隔膜が上がり，ろっ骨が下がると，胸腔の体積が小さくなって肺から空気が押し出される。なお，横隔膜が下がり，ろっ骨が上がると，胸腔の体積が大きくなって肺の中に空気が吸い込まれる。

3＜呼気＞肺では，吸い込まれた空気から酸素を取り込み，はく息で二酸化炭素を排出するので，吸う息(吸気)に比べるとはく息(呼気)に含まれる酸素の割合は小さくなり，二酸化炭素の割合は大きくなる。また，体内の水分は水蒸気としてはく息からも排出されるので，水蒸気の割合も大きくなる。

4＜肺胞＞肺胞は肺の内部にある袋状のつくりで，その表面を毛細血管が網の目のように取り囲んでいる。肺がたくさんの肺胞が集まってできていることで，空気と接する肺胞と毛細血管の面積が大きくなり，酸素と二酸化炭素の交換を効率よく行うことができる。

8〔物質のすがた〕

1＜有機物＞4種類の物質の中で，有機物は砂糖，かたくり粉，プラスチックで，食塩は無機物である。有機物は炭素を含む物質で，加熱すると燃えて，二酸化炭素を発生する。

2＜密度＞(1)密度は，〔密度(g/cm^3)〕$=\frac{\text{〔物質の質量(g)〕}}{\text{〔物質の体積(cm}^3\text{)〕}}$で求められるから，質量が同じとき，体積が小さいほど密度は大きくなる。よって，表の金属，金，銀，銅，鉄の中で，100g当たりの体積が最も小さいのは，密度が最も大きい金である。　(2)(1)の密度を求める式より，体積が同じとき，質量が大きいほど密度は大きくなる。よって，表より，水とエタノールでは水の方が密度は大きいから，200cm^3の質量が大きいのは水である。また，200cm^3の質量は，水が$1.00\times200=200$(g)，エタノールが，$0.79\times200=158$(g)だから，質量の差は，$200-158=42$(g)となる。　(3)この金属の質量は8.06g，体積は$90.9-90=0.9$(cm^3)だから，密度は$8.06\div0.9=8.955\cdots$より，約8.96g/cm^3となる。同じ物質の密度は等しいから，表より，この金属は銅である。

9〔電流とその利用〕

1＜直列回路＞図1のPQ間に抵抗①を接続すると，R_1とR_2の直列回路になる。直列回路全体の抵抗は，各抵抗の和になるので，$1+3=4$(Ω)である。よって，電流計の読みは，オームの法則〔電流〕$=\frac{\text{〔電圧〕}}{\text{〔抵抗〕}}$より，$\frac{2}{4}=0.5$(A)となる。

2＜並列回路＞図1のPQ間に抵抗②を接続すると，R_3とR_4の並列回路になる。並列回路では，各抵抗に電源と同じ電圧が加わるので，R_3にもR_4にも電源と同じ2Vの電圧が加わる。よって，$I_3=\frac{2}{4}=0.5$(A)，$I_4=\frac{2}{1}=2$(A)になるから，$I_3:I_4=0.5:2=1:4$である。

3＜並列回路＞並列回路全体に流れる電流は，各抵抗に流れる電流の和になる。2より，R_3に流れる電流は0.5A，R_4に流れる電流は2Aだから，電流計の読みは，$0.5+2=2.5$(A)となる。

4＜発熱量＞発熱量は，〔発熱量(J)〕=〔電力(W)〕×〔時間(s)〕で求められ，電力は，〔電力(W)〕=〔電圧(V)〕×〔電流(A)〕で求められる。これより，電流を流した時間が同じとき，発熱量は電力に比例するので，各抵抗での電力を比較すればよい。まず，1より，R_1にもR_2にも0.5Aの電流が流れる。オームの法則〔電圧〕=〔抵抗〕×〔電流〕より，同じ大きさの電流が抵抗に流れるとき，加わる電圧の大きさは抵抗値が大きいほど大きくなるから，R_2にはR_1より大きな電圧が加わり，電力も大きくなる。R_2に加わる電圧が$3\times0.5=1.5$(V)より，電力は$1.5\times0.5=0.75$(W)となる。次に，R_3とR_4に加わる電圧は2Vで，2より，R_3に流れる電流は0.5A，R_4に流れる電流は2Aだから，電力が大きいのは，R_4で，その電力は$2\times2=4$(W)である。以上より，最も発熱量が多い抵抗は，最も電力が大きいR_4で，電力は4Wだから，1秒当たりの発熱量は，$4\times1=4$(J)となる。

2023年度／國學院大學栃木高等学校（第１回）

国語解答

一
問一　ア　本殿　イ　堤防　ウ　功績
　　　エ　依頼　オ　予測
問二　ア　ふちん　イ　さんじょう
　　　ウ　なだれ　エ　も　オ　おもむ
問三　エ　問四　イ　問五　ウ
問六　ウ
問七　１…イ　２…ア　３…エ

二
問一　イ　問二　ア　問三　エ
問四　エ　問五　ウ　問六　ウ
問七　私たちの行動や考え方
問八　ア　問九　イ　問十　ウ

三
問一　ア
問二　かまえてまいりたまえ
問三　(X)…イ　(Y)…エ　問四　ア
問五　ウ　問六　イ　問七　エ

四
問一　(Ⅰ)…エ　(Ⅱ)…イ　問二　(D)
問三　目　問四　ア　問五　ア
問六　ウ　問七　イ

一〔国語の知識〕

問一＜漢字＞ア．「本殿」は，神社で神を安置する建物のこと。　イ．「堤防」は，河川の氾濫や海水の浸入などを防ぐために土砂やコンクリートなどでつくられた構築物のこと。　ウ．「功績」は，あることをうまく成し遂げた手柄のこと。　エ．「依頼」は，人に用件を頼むこと。　オ．「予測」は，事の成り行きや結果を前もって推し量ること。

問二＜漢字＞ア．「浮沈」は，栄えることと衰えること。　イ．「惨状」は，思わず目を背けたくなるようなむごたらしい状態のこと。　ウ．「雪崩」は，山の斜面に積もった大量の雪が急激に崩れ落ちる現象のこと。　エ．音読みは「漏電」などの「ロウ」。　オ．音読みは「赴任」などの「フ」。

問三＜品詞＞「さわやかに」と「まばらに」と「しずかに」は，それぞれ形容動詞「さわやかだ」「まばらだ」「しずかだ」の連用形。「しきりに」は，活用しない自立語で，主に用言を修飾する副詞。

問四＜語句＞「ステレオタイプ」は，物事の見方や表現方法が型にはまっているさま。「ボーダレス」は，境界がないさま。「プリミティブ」は，原始的であるさま。「ナイーブ」は，素直であるさま。

問五＜敬語＞ア．「差し上げる」は謙譲語。先生の動作には，尊敬語「下さる」などを用いる。　イ．「いらっしゃる」は尊敬語。自分の母の動作には，謙譲語「参る」などを用いる。ウ．「ご覧になる」は尊敬語。お客様の動作なので，正しい。　エ．「召し上がる」は尊敬語。自分の家族の動作には，謙譲語「いただく」などを用いる。

問六＜漢文の訓読＞オ→カ→エ→ウ→イ→アの順に読む。レ点は，一字返って読む。一・二点は，二字以上隔てて返って読む。

問七．１＜詩の形式＞この詩は，現在の話し言葉で書かれており，一定の音数の規則性がない。
２＜詩の技法＞「一滴の水銀のような」には，直喩法が用いられている(…イ)。「みずすまし」が「不思議な文字」を「水の面にしたためる」や「水はその力をゆるめ／骸を黙って抱きとってくれる」には，擬人法が用いられている(…ウ)。「みずすまし。」「もぐること。」「出会う筈。」「やさしさ。」には，体言止めが用いられている(…エ)。　３＜詩の内容理解＞「水の阻み」「身体を締めつけ　押し返す／水の力」などの表現が，水の抵抗にあいながらも，水面をくぼませながら浮いたり，潜ったりし，やがて死という生き物の宿命に抱き取られてゆく「みずすまし」の姿に，同じ生き物としての共感が表現されている。

二〔論説文の読解―社会学的分野―現代社会〕出典；苅谷剛彦『学校って何だろう―教育の社会学入門』。

≪本文の概要≫学校には「隠れたカリキュラム」というものがある。そのうちの一つは，知らず知らずのうちに学校生活に入り込んでいるもので，男女や年齢による区別，国籍や民族についての意識など，学校以外でも使われる考え方がそのまま使われている。そして，この「隠れたカリキュラム」は，私たちに他の区別の仕方の可能性があることさえ気づかせないようにさせる。性別や年齢などの区別を取り払ったとき，私たちがどのような新しい関係を築き上げることができるかという想像が，はたらかなくなるようにする力を，「隠れたカリキュラム」は持っている。学校が重んじる秩序は，自分たちの周りの世界の区別の仕方，区別された事柄の関係づけ方によって成り立っているため，区別の仕方を変えると，自分と世界の関係も変わる。このような秩序のでき方や，私たちの社会の組み立て方にも関係している「隠れたカリキュラム」を発見することは，私たちと世界との関係のあり方が，知らず知らずのうちにどのように維持されているのかに，目を向けることになる。

問一＜語句＞「なにげない」は，はっきりした考えや意図がなく行動するさま。

問二＜語句＞「必然」は，それより他になりようがないこと。「当然」は，そうなるのが当たり前であること。

問三＜品詞＞「集まっ」は，ラ行五段活用動詞「集まる」の連用形「集まり」の促音便形。

問四＜接続語＞Ⅰ．「男女の区別」も「年齢による区別」も「慣れてしまえばあたりまえに思える区別」であるならば，「男子と女子の区別」も「年齢ごとの集団づくり」も「ほかのやり方」はないのだろうか。　Ⅱ．「学年という区別のしかたが学校の中でごく自然に行われている」結果，「年齢という区別」を気にして，社会人になっても会社の中で，誰が先輩か，後輩か，同期かといった「人との関係の取り方が違って」くる。　Ⅲ．「ほかのやり方の可能性」の例として，「男女という区別」や「年齢という区別」や「どの国の人であるかという区別」を取り払ってみるということがある。　Ⅳ．性別，年齢，国籍や民族などの区別を取り払ってみたとき，私たちが「どのような新しい関係を築き上げることができるのか」という想像ができるのに，「隠れたカリキュラム」は，このような想像がはたらかなくなるようにする力を持っている。

問五＜文章内容＞「時間を守る」や「コミュニケーションのルール」などは，学校生活を円滑に行わせるもので，「授業などをきちんと行うために必要とされるいろいろなルール」として学校生活の中に入り込んでくる「隠れたカリキュラム」である。

問六＜文章内容＞「男と女という区別のしかたを知らず知らずのうちに身につけている」のと同じく，「年齢という区別のしかた」も，学校生活の中に入り込んだ「隠れたカリキュラム」によって，知らず知らずのうちに身につけ，私たちは，社会人になっても影響されているのである。

問七＜文章内容＞「日本人と外国人といった区別のしかた」や「学年という区別のしかた」や「男と女の違いをどう見るか」などの区別のしかたが，「私たちの行動や考え方にも反映」するようになるのである。

問八＜文章内容＞知らず知らずに入り込んでいる「隠れたカリキュラム」は，「それが前提としているあたりまえのことを，より強化している」といえ，「ほかのやり方の可能性があることさえ，気づかないようにさせてしまう」力を持っているのである。

問九＜文章内容＞秩序は，「自分たちのまわりの世界をどのように区別し，そうやって区別された人やモノやことがらを，どのように関係づけるかによって成り立って」いるものである。このような「秩序のでき方や，私たちの社会の組み立て方」にも，「隠れたカリキュラム」は関係しているので，「隠れたカリキュラムを発見すること」によって，私たちは「自分たちのまわりの世界」の区別の仕方や関係づけ方，秩序のでき方がどのように維持されているかに，目を向けることができる。

問十＜表現＞最初に，学校には教科学習以外の「隠れたカリキュラム」が二種類あるが，それがなぜ学校生活の中に入り込むのかという問題が提起される。そして，そのうちの第二のタイプである，あたりまえだと思われている区別について，男女の区別，年齢の区別，国籍や民族の区別などの具体例を挙げ，他のやり方があることへの想像の余地を奪う「隠れたカリキュラム」の問題性が指摘される。最後に「隠れたカリキュラムを発見すること」が「私たちと世界とのあり方」を再考させることにつながることが示されている。

三〔古文の読解―説話〕出典；『宇治拾遺物語』巻第五ノ一。

≪現代語訳≫これも今となっては昔のことだが，山科の道のそばに，四の宮河原という所で，袖くらべという商人が集まる所がある。その辺りに身分の低い者がいて，地蔵菩薩を一体おつくり申し上げていたのを，開眼もしないで箱に放り込んで奥の部屋か何かと思われる所に納めて置いて，雑事に紛れて時間がたってしまったので，忘れてしまっているうちに，三，四年ほど過ぎてしまった。

ある夜，夢の中で，大通りを通りすぎる者が大きな声で人を呼ぶ声がしたので，(身分の低い者が)「何事だ」ときいたところ，「地蔵さん」と，大きくこの家の前で言う(のが聞こえる)と，奥の方から，「何事だ」と返事する声がするのが聞こえる。(外からの声が)「明日，天帝釈が地蔵会をしなさるのには参上しなさらないのか」と言うと，この小家の中から，「参上しようとは思うけれども，まだ目が開いていないので，参上することができそうもない」と言い，(外からの声が)「必ず参上しなさい」と言うと，(内からの声が)「目も見えないので，どうして参ることができようか(，いや参ることができないだろう)」と言う声がするのが聞こえる。(身分の低い者はそこで)はっと目が覚めて，どうしてこのようなことが夢に現れたのだろうかと思い申し上げていたところ，不思議になって，夜が明けて奥の方をよくよく見たところ，この地蔵を納めて置き申し上げていたのを思い出して，見つけ出した。「これが夢に見えなさったのであったなあ」と驚いて思って，急いで開眼し申し上げたということである。

問一＜文学史＞『義経記』は，鎌倉時代に成立した軍記物語。『竹取物語』は，平安時代に成立した伝奇物語。『古今和歌集』は，平安時代に紀貫之らによって編さんされた，日本最古の勅撰和歌集。『古事記』は，奈良時代に成立した歴史書。

問二＜歴史的仮名遣い＞歴史的仮名遣いの語頭以外のハ行は，現代仮名遣いでは原則として「わいうえお」になる。また，歴史的仮名遣いの「ゐ」は，現代仮名遣いでは「い」になる。

問三＜古文の内容理解＞(X)夢の中で，人を呼ぶ声が大通りから聞こえてきたのを，地蔵菩薩をつくった身分の低い者が「何事ぞ」と思ってきいた。　(Y)外からの声が「地蔵こそ」と聞こえたので，家の中の奥にいた地蔵が，「何事ぞ」と答えた。

問四＜古文の内容理解＞地蔵菩薩をつくった身分の低い者が，開眼もしないで，地蔵菩薩を箱に入れたまま奥の部屋に納めて置いたが，雑事に紛れて時間がたってしまい，そのことを「忘れにける程に」三，四年ほど過ぎてしまった。

問五＜古文の内容理解＞地蔵は，「参らんと思へど，まだ目のあかねば」参上することができそうもないと事情を言った。「参らん」の「ん」は，意志の助動詞で，「参らんと思へど」は，参上したいとは思うが，という意味。

問六＜古語＞「あやし」は，不思議だ，変だ，という意味の形容詞。

問七＜古文の内容理解＞地蔵菩薩をつくった身分の低い者が，開眼をしないまま地蔵を箱に入れて忘れていたところ，ある夜の夢の中で，地蔵が目が開かないために天帝釈の地蔵会に行けないと言っているのを聞いて，地蔵のことを思い出し，すぐに開眼をした。

四〔小説の読解〕出典；北村薫『スキップ』。

問一＜表現＞(Ⅰ)「唾を呑む」は，緊張して事の成り行きを見守る様子を表す。　(Ⅱ)「息が詰まる」は，ここでは，行動が制限されることで息苦しさを感じる様子を表す。

問二＜表現＞「隠喩」は，「ようだ」や「みたいだ」などを用いずに，その物事の特徴を他のもので直接表してたとえる技法。高校生の男女が手をつないで歩いている様子を見て驚いた「わたし」が，「珍獣の珍奇な行動を目撃したロビンソン・クルーソー」にたとえられている。

問三＜慣用句＞「目を剝く」は，怒ったり驚いたりして目を大きく見開く，という意味。「白い目で見られる」は，冷淡に悪意をもって対応される，という意味。

問四＜文章内容＞「わたし」は，初めは，「しばらく昨日寝た部屋に隠れて」いた中で「このまま，自分だけの心の中に，亀みたいに沈んでいたくなった」が，ふと母の心配そうな顔が心に浮かび，「しばらくはここで暮らさなくてはいけない」ということが「確かのよう」であるからには，生きていくために方法を「探さなくてはいけない」と考えるようになった。そこで，今の世界の様子を「探索」してみようと思い，「わたし」は「買い物に行こう」と言い出したのである。

問五＜心情＞「わたし」は，二十五年後の世界に迷い込んでしまった自分を，無人島に漂着したロビンソン・クルーソーにたとえ，当面，この世界で果敢に生きていこうとしているが，「ロビンソン・クルーソーは，最後に，うちに帰れたわよね」と言うことは，明るく振る舞い自分を気遣ってくれる美也子に，本当はもとの世界に帰りたいということを伝えることになる。それが申し訳なくて，「わたし」は，「いえ。何でもない」と，途中で言うのをやめ，本心を胸の中にしまったのである。

問六＜心情＞二十五年前の世界から来た「わたし」には，「高校生のアベック」が人前でべたべたしているのは見るに堪えなかった。「わたし」が，自分のいた世界では男女が親しそうに街中を歩いているだけで白い目で見られることを話すと，美也子は，二十五年後の世界の感覚である自分の常識に基づいた感覚で，「そんなの息が詰まらない？」と「非難」した。「わたし」は，美也子に「わたしの世界」や「わたし」の感覚を「非難」されたことに「かちんと」きて，強い語調で言い返したのである。

問七＜文章内容＞美也子は，男女が人前で仲良く歩いていることに，「びっくりもしない」し，「もっと凄いことだってある」と受け入れる現代的な若い女性である。また，美也子は，異世界に迷い込んでしまった「わたし」に，挨拶すべき人がわかるように「先導」してくれたり，「わざと人通りの多い道を避けて」くれたりなど，優しい気遣いを見せている。

2023年度　國學院大學栃木高等学校（第２回）

【英　語】（50分）〈満点：100点〉

1

次の問い（ **A** , **B** ）に答えなさい。

A. 次の各組の単語で、下線部の発音が他と異なるものをそれぞれ１つ選び、記号で答えなさい。

1．ア rose　　イ months　　ウ bottles　　エ Thursday
2．ア warm　　イ park　　ウ market　　エ farm
3．ア clicked　　イ dressed　　ウ crashed　　エ rolled

B. 次の各組の単語で、最も強いアクセントの位置が他と異なるものをそれぞれ１つ選び、記号で答えなさい。

1．ア per-haps　　イ vol-ume　　ウ pa-rade　　エ be-tween
2．ア sev-en-ty　　イ news-pa-per　　ウ gen-tle-man　　エ a-maz-ing
3．ア de-liv-er-y　　イ a-quar-i-um　　ウ el-e-va-tor　　エ tech-nol-o-gy

2

次の各文の（　　）内に入る最も適当なものをそれぞれ１つ選び、記号で答えなさい。

1．He (　　) like stories written by O. Henry.
ア isn't　　イ aren't　　ウ don't　　エ doesn't

2．I'm looking forward (　　) from you soon.
ア hear　　イ hearing　　ウ to hear　　エ to hearing

3．Jane made her son (　　) his own room.
ア clean　　イ cleaned　　ウ cleaning　　エ to clean

4．I feel thirsty. I want something cold (　　).
ア drink　　イ drunk　　ウ drinking　　エ to drink

5．You must finish washing the dishes (　　) five o'clock.
ア till　　イ for　　ウ by　　エ to

6．This is a picture (　　) by my brother.
ア takes　　イ took　　ウ taken　　エ taking

7．After he (　　) off the train, Kevin put his suitcase down on the platform.
ア took　　イ got　　ウ stood　　エ left

8．In spring, this park is (　　) of cherry blossoms.
ア full　　イ many　　ウ fill　　エ lot

9．The students started to play soccer as (　　) as school was over.
ア possible　　イ soon　　ウ much　　エ fast

10. My daughter has at (　　　) a hundred books.

ア right　　　イ left　　　ウ less　　　エ least

3

次の各日本文の意味を表すように、(　　　)内の語(句)を並べかえて正しい英文を作るとき、(　　　)内で５番目に来るものをそれぞれ１つ選び、記号で答えなさい。

1．もし明日晴れなら、ハイキングに行こう。

Let's (sunny / for / go / if / is / a hike / it) tomorrow.

ア for　　　イ it　　　ウ a hike　　　エ is

2．私は、彼らはバスケットボールがとても上手だと思います。

I think (very / are / players / that / good / they / basketball).

ア good　　　イ are　　　ウ players　　　エ very

3．パーティーの招待客は皆、その知らせに驚いた。

All the guests (at / to / surprised / invited / were / the news / the party).

ア at　　　イ to　　　ウ surprised　　　エ the party

4．この地図は母が描いたものだ。

(my / was / map / by / this / drawn / mother).

ア mother　　　イ map　　　ウ drawn　　　エ by

5．彼女は今まで一度も約束を破ったことがないそうだ。

They (broken / has / she / her promise / never / say / that).

ア has　　　イ never　　　ウ that　　　エ her promise

6．これはリックが妻に送った手紙です。

This (a / to / sent / is / Rick / letter / his) wife.

ア a　　　イ sent　　　ウ letter　　　エ to

4

次の各日本文の意味を表すように、(　　　)内に適当な語を入れなさい。

1．
書くものを持っていますか。
Do you (　　　) anything (　　　)(　　　) with ?

2．
彼女のいとこが先週の日曜日、私に美しい花を持って来てくれた。
Her (　　　)(　　　) beautiful flowers to me last (　　　).

3．
私の友達は７月に日本を去った。
A friend of (　　　)(　　　) Japan last (　　　).

5　次の対話文を読んで、あとの問いに答えなさい。

Kate : Hi, Akira. You have a cute dog. What's its name?

Akira : His name is Ben. He is four months old.

Kate : Oh, he is still young.

Akira : Our family became puppy walkers recently.

Kate : Puppy walkers? I've never heard of that. What is it?

Akira : A puppy walker is a kind of volunteer. The job is to live with a dog that may become a guide dog in the future. A guide dog needs to learn that humans and dogs are friends. Ben will stay with us for about ten months. During that time, we'll teach him that.

Kate : I see, but I think communication with a dog is hard.

Akira : ［　①　］ Ben sometimes barks and doesn't listen to me.

Kate : What do you do when he does such things?

Akira : I never get angry at Ben. I always speak to him with a smile. Everyone in my family does the same. He learns our words little by little.

Kate : Oh, that's wonderful. Everyone works together for Ben.

Akira : Yes. We know loving people is important for becoming a guide dog. So we also need to love and take care of him. Ben will go back to the training center and start special training.

Kate : ②It'll be sad for you to say goodbye to Ben.

Akira : Yes, but we all want Ben to become a helpful guide dog. And we hope he will have affection for people in need. I think Ben will show it to them if we love him.

(注)　puppy walker：パピーウォーカー　　little by little：少しずつ
　　　training center：訓練センター　　affection：愛情

1．［　①　］に入る最も適当なものを１つ選び、記号で答えなさい。

ア I disagree.　　イ Help yourself.　　ウ That's true.　　エ My pleasure.

2．下線部②の内容を次のように表現するとき、（　　）に入る最も適当なものを１つ選び、記号で答えなさい。

Life（　　）Ben will make you sad.

ア with　　イ without　　ウ for　　エ by

3．本文の内容に合うように、次の（ a ）には適当な数字を、（ b ）には日本語をそれぞれ書きなさい。

> パピーウォーカーとは、盲導犬の候補として選ばれた子犬を（ a ）か月間ほど預かり、飼育するボランティアである。ベンはアキラの家で、将来のパートナーとなる（ b ）との信頼関係を築くための素養を培っているところである。

4．本文の内容に一致するものを２つ選び、記号で答えなさい。

ア Kate was very afraid of Akira's dog, so she soon told him to return to his house.

イ Akira explained a puppy walker's job to Kate because she didn't know about it.

ウ Kate noticed problems with guide dogs, so she wanted to do something for Ben.

エ Akira decided to work as a volunteer of the training center for his future job.

オ Everyone in Akira's family hopes that Ben will become a good guide dog.

6　次の文を読んで、あとの問いに答えなさい。

There was a small town in the north of Japan. Only seven thousand people lived there. This town didn't have much money to make their lives much better. There were not many people working in the town hall. But they worked very hard without holidays to make life in the town better. The town people thanked them very much, so they helped the town hall through ①volunteer activities. Some of them cleaned the roads and others made the chairs for people waiting for trains at the station. Everyone in the town worked together for their town.

In this town there was a very small library and there were not many books there. The town people wanted a big library. They knew it was very expensive to build a library building. They also knew the town hall didn't have enough money to build one. There was an old building in the town. It was built 40 years ago. Then people working for the town hall decided to use it as a town library. They asked people all over the country to give used books to the town hall. Then the town hall got many books it needed for the library. The town people also helped the town hall to make their library. For example, they cleaned the old building and arranged the books. Thanks to many used books and the help of the town people, the town had a new big library. These small efforts of many people made the town library.

Here is another small effort of many people on the Internet. There is a website that has pictures of many things. There are the things people do not use anymore. When they don't need a thing, they take a picture of it and send the picture to the website. (　　　②　　　) There are two good things about this website. You don't need money to borrow a thing. You don't have to dump the things you don't need anymore. ②This system has just started on the Internet, but it will be more popular.

Now you have learned the examples of the town library and the website. There are many other activities to use things again. But do you always have to join them? The answer is "No." There are simple and easy things you can do. Look at things around you. When you dump some of them, please think like this, "Can I still（ ③ ）this?" When you buy something new, please ask yourself, "Do I really（ ④ ）this?" These are just a few examples. It is important to think about the things you can do from your own view. You don't have to do a big thing. You can do small things. If all of you begin to do（ ⑤ ）things, they will become a（ ⑥ ）thing someday.

（注）town hall：町役場　　arrange ～：～を並べる　　effort：努力　　dump～：～を捨てる

1．次の文は下線部①について町の人々がした ボランティア活動の例をまとめたものである。本文の内容に合うように（ a ）～（ d ）にそれぞれ適当な日本語を書きなさい。

（ a ）を（ b ）したり、駅で（ c ）人々のための（ d ）を作ったりしたこと

2．本文にある町について述べたものとして正しいものを１つ選び、記号で答えなさい。

ア The town had many people working in the town hall.
イ The town had enough money to build a new library.
ウ People all over Japan gave new books to the town.
エ The building used as a new library was built 40 years ago.

3. 以下の文章は下線部②の内容を説明したものである。その内容を参考にして次のア～エを最も適当な順に並べかえ、（　②　）に入れるとき、２番目と４番目に来るものを記号で答えなさい。

> 使わなくなった物の写真を載せたウェブサイトがあり、そこでは使いたい物がある人は、それを持っている人から借りられる。借りた物を使い終わったら送り返せばよい。さらに別の人がそれを使いたいならば同様に無料で借りられる。

ア If people find a thing they want to use, they can borrow it from the person who has it.
イ Then other people find and borrow it on the website.
ウ When they finish using it, they send it back.
エ Then the website shows the picture on the Internet.

4. （③）～（⑥）に入る語の組み合わせとして、最も適当なものを１つ選び、記号で答えなさい。

	③		④		⑤		⑥
ア	need	——	use	——	small	——	big
イ	use	——	need	——	big	——	small
ウ	need	——	use	——	big	——	small
エ	use	——	need	——	small	——	big

7 次の文は、高校生の康子(Yasuko)が、英語の授業の中で自分の体験を話したものである。これを読んで、あとの問いに答えなさい。

Have you ever spoken English when you are not at school? Usually we don't have to use English because we can do many things without using it. But we live in an international society. We know English is an important language in the world. I've learned this is true through an experience. I'll tell you about it.

I heard about an international party for the first time two months ago. I was interested and decided to join it because I was sure this was a chance to use English. I saw many foreign people and many Japanese people there. An American woman spoke to me. She was interested in old Japanese buildings and enjoyed visiting and taking pictures of them. Next a man from Canada spoke to me. He talked about his family and his favorite sports. ①They told me some English words I didn't know and I learned how to use them. I was happy to talk with them in English.

After I finished talking with the two people, a man spoke to me. His name was Leo and he was from Thailand. He couldn't speak Japanese well. Of course, I couldn't speak Thai. What language did we speak? Can you guess? Both of us used English. He showed me some pictures and told me about Thailand. He said, "These are the pictures I took in my town. Look! We use boats to go to many places and water ways are very important in our life. These are boats we use. I went to high school by boat. Some people have stores on their boats and we can buy some things from them. Look at another picture. We can see elephants on the streets. We can take pictures with them." I didn't know much about Thailand but ②Leo's stories and pictures were really exciting. So I became interested in the country and I wanted to go there.

Two weeks later, I joined another international party, and I went to the party with some pictures I took in my town. At the last party, Leo showed me pictures taken in his country and they helped us with communication. This time I wanted to try this. Then, I found Leo again. He was talking with a woman. I spoke to them, and we began to talk in English. She was a Chinese woman and her name was Chen. She spoke English very well. She began to study

English when she was a small child. Then I showed Leo and Chen the pictures I had. I said, "We have four seasons in Japan and enjoy them." When they saw pictures taken in winter, Leo said, "Do you have snow here ?" I said, "Yes. We sometimes have snow in my town in winter." Chen said, "We have snow in my country, too. I enjoyed skiing with my family in my country every winter." He said, "I have never seen it in my town in Thailand. I want to see it and feel it with my hands." I said, "We can enjoy skiing here, too." ③We talked about a lot of things and had a good time. I joined two more international parties after that. They were all fun.

Through the experience at international parties, I learned an important thing. I understood we learn English to have communication with many people all over the world. We can't learn all the languages in the world. But we can have communication with them in English. It is wonderful for high school students to join international parties. We can enjoy talking in English and make new foreign friends. I'm sure it will be a great experience for you, too.

1．下線部①を日本語に直しなさい。

2．下線部②のリオ（Leo）の話の内容として最も適当なものを１つ選び、記号で答えなさい。

ア リオの高校では、日本語を勉強していて、生徒は日本語を上手に話すこと。

イ リオの町では、移動に船をよく使っていて、リオも船で高校に通学していたこと。

ウ リオは、船の上に店をもっていて、人々にいろいろな品物を売っていたこと。

エ リオの町では、象をとても大切にしていて、通りや店で象の写真を売っていること。

3．次の文は、康子が写真を持って国際交流パーティーに参加した理由である。本文の内容に合うように（　a　）、（　b　）にそれぞれ適当な日本語を書きなさい。

写真が人との（　a　）を（　b　）くれると考えたから。

4．下線部③で、康子はリオやチェン（Chen）といろいろな話をしたとある。次の英文は、そのときの会話の一部である。本文を参考にして、［　A　］、［　B　］にそれぞれ単語を入れて、英文を完成させなさい。ただし解答用紙に合わせること。

Yasuko : You speak English very well. How long have you studied it?

Chen : I started to study English when ［　A　］. So I have studied it for about fifteen years.

Leo : In Thailand we also begin studying it early. I think English is a very useful language.

Yasuko : I think so, too. I'm going to study English harder and want to speak it better. In English, we can ［　B　］ all over the world.

5．本文の内容と一致するものを２つ選び、記号で答えなさい。

ア Yasuko went to an international party for the first time two weeks ago.

イ An American woman Yasuko met was interested in old Japanese buildings.

ウ Yasuko wanted to go to Thailand because people there can speak Japanese.

エ Chen had experiences of skiing with her family in her country in winter.

オ Leo asked Yasuko and Chen to join another international party with him.

カ Chen thinks it is wonderful for high school students to join international parties.

【数　学】　(50分)　〈満点：100点〉

1　次の(1)から(8)までの問いに答えなさい。

(1)　2^3-12 を計算しなさい。

(2)　$\dfrac{3}{4}a-\dfrac{7}{6}a$ を計算しなさい。

(3)　$27x^3y^7\div(-3xy^2)^2$ を計算しなさい。

(4)　$\sqrt{50}-\dfrac{4}{\sqrt{2}}$ を計算しなさい。

(5)　$x^2y-6xy+9y$ を因数分解しなさい。

(6)　1次方程式 $\dfrac{1}{2}x-\dfrac{3}{8}=\dfrac{5}{4}-x$ を解きなさい。

(7)　連立方程式 $\begin{cases}2x-3y=7\\3x-5y=11\end{cases}$ を解きなさい。

(8)　2次方程式 $x^2-3x-1=0$ を解きなさい。

2 次の(1)から(10)までの問いに答えなさい。

(1) $\sqrt{7n}$ が偶数となるような，最も小さい自然数 n の値を求めなさい。

(2) y は x に反比例し，$x=2$ のとき $y=-3$ である。y を x の式で表しなさい。

(3) 2点（2，5），（4，9）を通る直線の式を求めなさい。

(4) x についての2次方程式 $x^2+3ax+5a-6=0$ の解の1つが $x=-2$ であるとき，他の解を求めなさい。

(5) Kさんは2000円，Tさんは1500円を持って，買い物に出かけた。同じ値段のケーキをKさんは2個，Tさんは3個買ったところ，Kさんの残金はTさんの残金の2倍になった。このとき，ケーキ1個の値段を求めなさい。

(6) 4枚の硬貨を同時に投げるとき，3枚は表，1枚は裏が出る確率を求めなさい。

(7) 内角の和が1080°である多角形は何角形であるか求めなさい。

(8) 図において，$\ell /\!/ m$ であるとき，$\angle x$ の大きさを求めなさい。

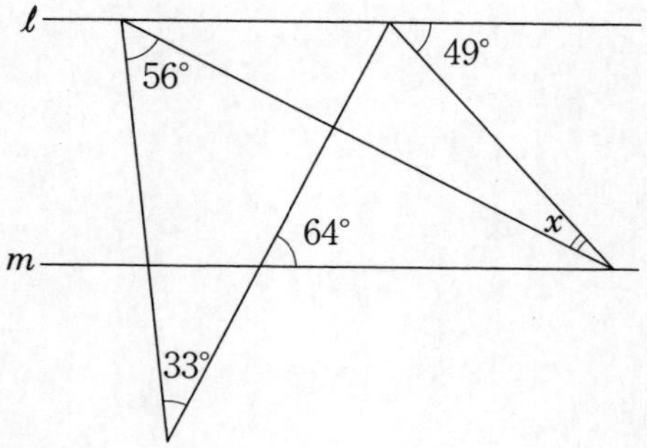

(9) 図のように，長さが8 cmの線分ABを直径とする半円を，点Aを中心に45°だけ回転させた。このとき，斜線部分の面積を求めなさい。ただし，円周率はπとしなさい。

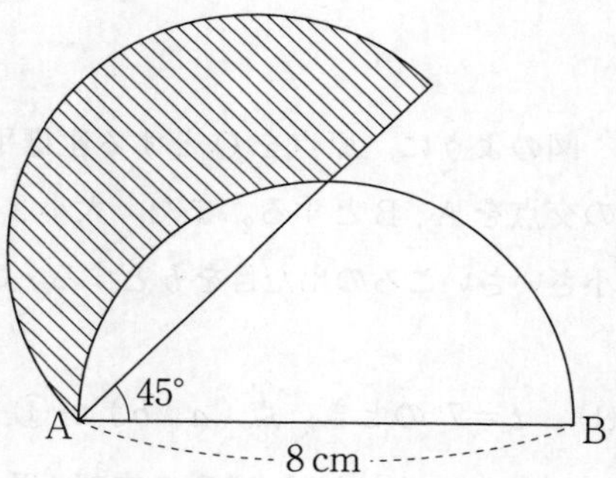

(10) 下の箱ひげ図は，300人の生徒が受験したテストA，Bの得点を表したものである。読み取れることとして，正しいと断定できるものを**ア**～**エ**の中から1つ選び，**カタカナ**で答えなさい。

ア．テストAはテストBに比べて得点の四分位範囲が小さい。
イ．テストAでは50点以上の生徒が150人より多い。
ウ．テストAではちょうど30点の生徒がいる。
エ．テストBではちょうど30点の生徒がいる。

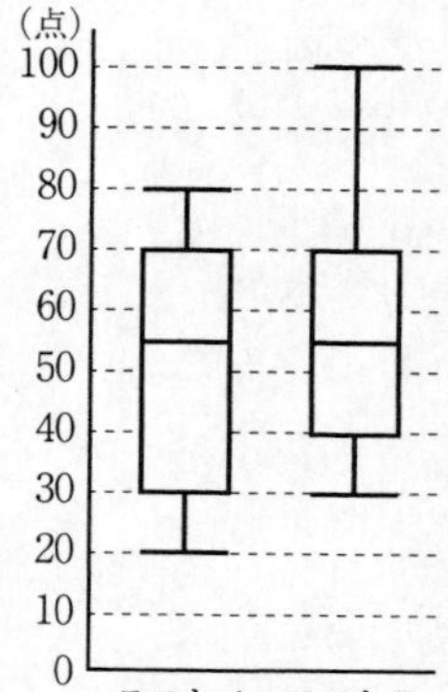

3 図のように，１辺の長さが２cm の正五角形 ABCDE がある。点Ｐは点Ａを出発し，毎秒２cm の速さで辺上を時計回りに移動する。また，点Ｑは点Ｐが出発するのと同時に点Ａを出発し，毎秒３cm の速さで辺上を反時計回りに移動する。このとき，次の問いに答えなさい。

(1) ２点Ｐ，Ｑが初めて重なるのは，出発してから何秒後であるか求めなさい。

(2) ２点Ｐ，Ｑは，出発してから 2023 回重なると停止する。停止したとき，２点は正五角形の頂点のうち，どの頂点と重なっているか求めなさい。

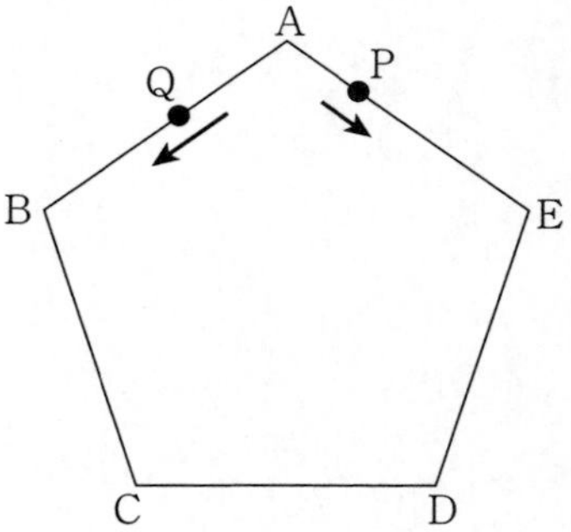

4 図のように，原点をＯとする座標平面上に直線 $y = -x + t$ …① があり，①と x 軸，y 軸との交点をＡ，Ｂとする。また，大小２つのさいころを同時に投げて，大きいさいころの出た目を a，小さいさいころの出た目を b とする。このとき，次の問いに答えなさい。ただし，t は自然数とする。

(1) $t = 7$ のとき，点 (a, b) が①上にある確率を求めなさい。

(2) 点 (a, b) が △OAB の内部（辺上は含まない）にある確率が $\frac{1}{6}$ となる t の値を求めなさい。

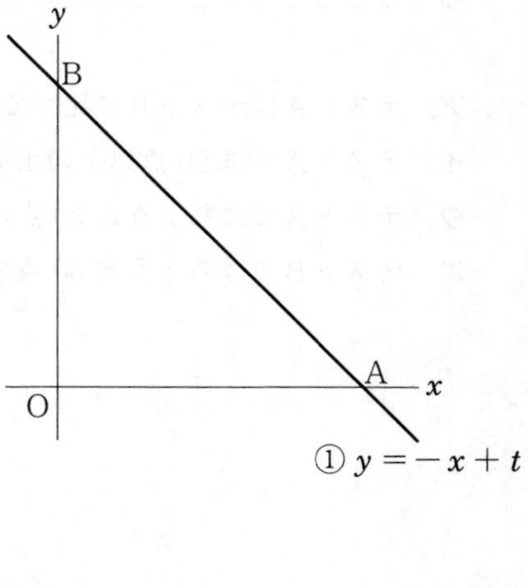

5　図のように，放物線 $y = ax^2$…① 上に２点 A（-2，１），B（２，１）があり，線分 AB と放物線 $y = 4x^2$…②との２つの交点をそれぞれ C, D とする。また，②と x 軸に平行な直線の２つの交点をそれぞれ E, F とし，２点 E, F の y 座標は１より大きいものとする。このとき，次の問いに答えなさい。

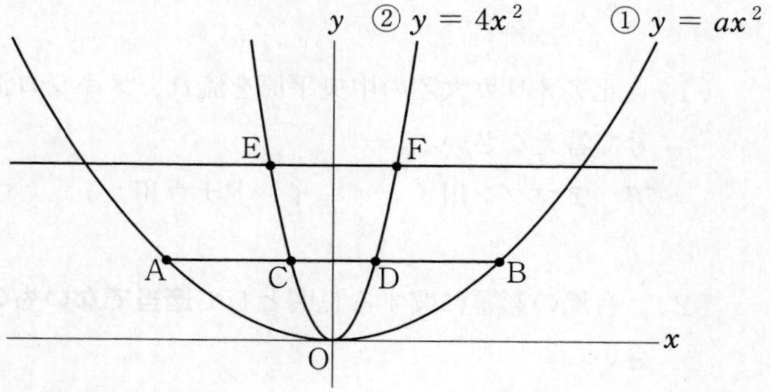

(1)　a の値を求めなさい。

(2)　点 E の x 座標が -1 であるとき，△CDF の面積を求めなさい。

(3)　四角形 ADFE が平行四辺形となるとき，四角形 ADFE の面積を求めなさい。

【社　会】（50分）〈満点：100点〉

1　次の１、２の問いに答えなさい。

１　次の（１）から（５）までの問いに答えなさい。

（１）　北アメリカ大陸の中央平原を流れ、メキシコ湾に注ぐ河川を、次の**ア**〜**エ**から１つ選び、記号で答えなさい。

ア　アマゾン川　　**イ**　ドナウ川　　**ウ**　ミシシッピ川　　**エ**　ライン川

（２）　台風の影響に関する説明として**適当でないもの**を、次の**ア**〜**エ**から１つ選び、記号で答えなさい。

ア　気圧の低下により、海水面が吸い上げられ潮位が高くなる。

イ　暴風雨とともに、高い波が打ち寄せる。

ウ　満潮の時刻が重なると、より高い波の被害を受けやすい。

エ　海底の急激な地形の変化により、高い波が発生する。

（３）　天平文化について述べた文として**誤っているもの**を、次の**ア**〜**エ**から１つ選び、記号で答えなさい。

ア　遣唐使を通じて、中国の文化がもたらされ、国際色豊かな文化が都を中心に栄えた。

イ　東大寺の正倉院《しょうそういん》には、シルクロードを通じてアメリカ大陸から伝わった品々が収められている。

ウ　行基《ぎょうき》は、一般の人々や豪族など、身分を問わず仏教信仰を広めた。

エ　鑑真《がんじん》は、日本側の願いに応《こた》えて来日し、寺院や僧の制度を整えた。

（４）　グローバル化に関する文として**適当でないもの**を、次の**ア**〜**エ**から１つ選び、記号で答えなさい。

ア　グローバル化とは、人やモノ、お金や情報などの移動が国境を超えて地球規模に広がっていく現象をいう。

イ　グローバル化の進展によって、自国の商品だけでは生活が成り立たなくなり、各国が互いに依存する状態になっているなか、日本の食料自給率の高さが問題になっている。

ウ　グローバル化の進展は、人材や知識、技術などの国境を超えたやり取りを活発化させることにつながっている。

エ　グローバル化の進展とともに、地球温暖化や新型ウイルス感染症の流行、テロリズムや難民問題などの課題に各国が協力して取り組む必要性が増している。

（５）「持続可能な社会」に関する文として**適当でないもの**を、次の**ア～エ**から１つ選び、記号で答えなさい。

ア　資源の利用について、現在の世代の利益や便利さだけではなく、将来の世代のことも考えて行動することは、持続可能性を高めるための基本的態度である。

イ　すべての人がよりよい社会づくりに参画できるように、貧困や差別の解消、人権の保障などに対する課題に関心を持って、その解決方法を探る努力が必要である。

ウ　災害に強いまちづくりや、公害・環境破壊などの解消を目指して、健全な社会を回復、維持させるための取り組みを積極的におこなうことは大切である。

エ　すべての人が受け入れられるような文化や宗教を作り出すことは、社会の持続可能性にとって重要なことであるから、各国は世界の文化の統一に努めている。

２　次の（１）から（５）までの文中の□にあてはまる語句を答えなさい。

（１）情報化の進んだ現代では、情報の持つ役割や価値が大きくなる一方、さまざまな課題も生まれている。このようななか、私たちには、情報を正しく入手して活用する能力である情報□を身につけることが求められている。（□にはカタカナがはいる。）

（２）紀元前2500年ころ、インド北西に流れる□川の流域で文明が発展し、れんが造《づくり》の上下水道や沐浴場《もくよくじょう》をそなえたモヘンジョ＝ダロなどの都市が建設された。

（３）室町時代には、現在の和室のもとになった□とよばれる建築様式が成立し、その中には掛軸《かけじく》や陶磁器《とうじき》をかざる床《とこ》の間《ま》が設けられ、茶の湯や生け花などの文化が育《はぐく》まれた。

（４）アフリカ北部にあるサハラ砂漠の南には、□とよばれる地域がある。□はサハラ砂漠と同じ乾燥帯であるが、少量の雨が降るため、樹木や草が少しだけ育ち、人々が生活している。近年、□では干ばつや人口増加による薪《まき》の採《と》りすぎ、放牧する家畜の増加などにより、砂漠化が進んでいる。（□には同じ語句がはいる。）

（５）関東の内陸部の冬は、□とよばれる冷たく乾燥した北西の季節風がふき、晴天の日が続くことが多い。

2　次のAからDの文章を読み、１から５までの問いに答えなさい。

> **A**　第三条　下田《しもだ》・函館《はこだて》のほか、神奈川、長崎、新潟、兵庫を開港すること。……神奈川を開いた六か月後、下田を閉ざすこと。
>
> 第六条　日本人に対して法を犯したアメリカ人は、アメリカ領事裁判所において取り調べのうえ、[　ⓐ　]の法律によって罰すること。

> **B**　一、中国政府は、[　ⓑ　]が山東省にもっているいっさいの権益を日本にゆずること。
>
> 一、中国政府は、南満州・東部内蒙古《うちもうこ》における鉱山の採掘権を日本国民に許可すること。
>
> 一、中国政府は、政治・経済・軍事の顧問《こもん》として、有力な日本人を雇用《こよう》すること。

> **C**　日本国憲法は、さまざまな人権を保障している。しかし、産業や、科学技術の進展にともなって、憲法には直接的に規定されていないⓒ「新しい人権」が主張されるようになっている。また、国際社会に存在する多くの人権問題が注目されるようになり、ⓓ人権の国際的な保障も重要な課題となっている。

> **D**　メルカトル図法は、緯線と経線が直角に交わった地図である。この図法では、地図上の２点を結んだ直線は、経線に対して常に同じ角度となるため、[　ⓔ　]に使われてきた。しかし、この図法では、[　ⓕ　]ほど形がゆがみ、実際の面積より大きくなる。

１　文章Aの史料は「日米修好通商条約」の一部である。この史料に関する①と②の短文の正誤の組み合わせとして正しいものを、次のア～エから１つ選び、記号で答えなさい。

①　この条約は、江戸幕府の大老井伊直弼《いいなおすけ》が、朝廷の許可を得ないで結んだものである。

②　文中の空欄[　ⓐ　]の中には、「日本」という語句がはいる。

ア　①－正　②－正　　**イ**　①－正　②－誤　　**ウ**　①－誤　②－正　　**エ**　①－誤　②－誤

２　文章Bの史料は「二十一か条の要求」の一部である。この史料に関する①と②の短文の正誤の組み合わせとして正しいものを、次のア～エから１つ選び、記号で答えなさい。

①　この要求は、日英同盟を理由に日本が参戦した、第二次世界大戦中に出されたものである。

②　文中の空欄[　ⓑ　]の中には、「ドイツ」という語句がはいる。

ア　①－正　②－正　　**イ**　①－正　②－誤　　**ウ**　①－誤　②－正　　**エ**　①－誤　②－誤

3　下線部ⓒについての①と②の短文の正誤の組み合わせとして正しいものを、次の**ア**～**エ**から１つ選び、記号で答えなさい。

①　住みやすい環境を求める環境権が主張されるようになったことを受けて、現在では大規模な開発をおこなう場合に、事前に環境への影響を調査する環境アセスメントが事業者に義務づけられている。

②　医療の分野で、患者が治療方法などを自分で決定できるように、医師が十分な説明をして同意を得るというインフォームド・コンセントは、「プライバシーの権利」の一部である。

ア　①－正　②－正　　**イ**　①－正　②－誤　　**ウ**　①－誤　②－正　　**エ**　①－誤　②－誤

4　下線部ⓓについての①と②の短文の正誤の組み合わせとして正しいものを、次の**ア**～**エ**から１つ選び、記号で答えなさい。

①　人権の国際的保障について、第二次世界大戦後、国際連合の総会で1948年に国際人権規約が、1966年には世界人権宣言が採択された。

②　国際連合では、カナダなどに住むイヌイット、オーストラリアのアボリジニ、日本のアイヌなど、先住民族の権利を保障する宣言が採択されている。

ア　①－正　②－正　　**イ**　①－正　②－誤　　**ウ**　①－誤　②－正　　**エ**　①－誤　②－誤

5　文章**D**について、［　ⓔ　］・［　ⓕ　］にあてはまる語句の組み合わせとして正しいものを、次の**ア**～**エ**から１つ選び、記号で答えなさい。

ア　ⓔ－飛行機の航空用地図　　ⓕ－低緯度になる
イ　ⓔ－飛行機の航空用地図　　ⓕ－高緯度になる
ウ　ⓔ－船舶の航海用地図　　ⓕ－低緯度になる
エ　ⓔ－船舶の航海用地図　　ⓕ－高緯度になる

3 次の１、２の問いに答えなさい。

１　次の（１）から（５）までの問いに答えなさい。

（１）　次の表と図は、栃木県の畜産に関するものである。これらから読み取れることとして**適当でないもの**を、次の**ア**～**エ**から１つ選び、記号で答えなさい。

肉牛と乳牛の経営戸数と飼養頭数の変化

		経営戸数（戸）	飼養頭数（頭）
肉牛	2015 年	989	82,700
	2020 年	841	79,800
乳牛	2015 年	790	53,500
	2020 年	660	52,100

2020 年における１戸あたりの飼養頭数の割合（%）

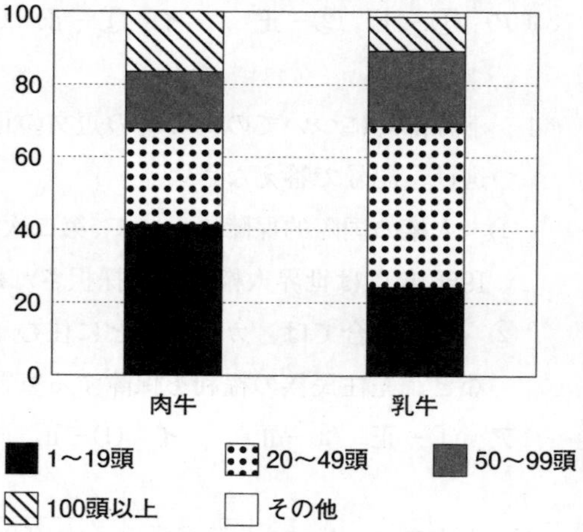

農林水産省「畜産統計調査」により作成

ア　2015 年から 2020 年における飼養頭数の減少率は、乳牛よりも肉牛の方が大きい。

イ　2015 年から 2020 年における１戸あたりの飼養頭数は、肉牛、乳牛ともに増加している。

ウ　１戸あたりの飼養頭数は、2015 年・2020 年ともに肉牛よりも乳牛の方が多い。

エ　2020 年には肉牛は乳牛に比べて１～19 頭を飼養する経営戸数の割合が大きい。

（2） 次の図は、おもな国内航空路線の旅客輸送量（定期輸送量）を示している。図中の**A**から**C**は大阪、那覇、福岡のいずれかの空港である。**A**から**C**と空港名の組み合わせとして正しいものを、次の**ア**～**カ**から１つ選び、記号で答えなさい。

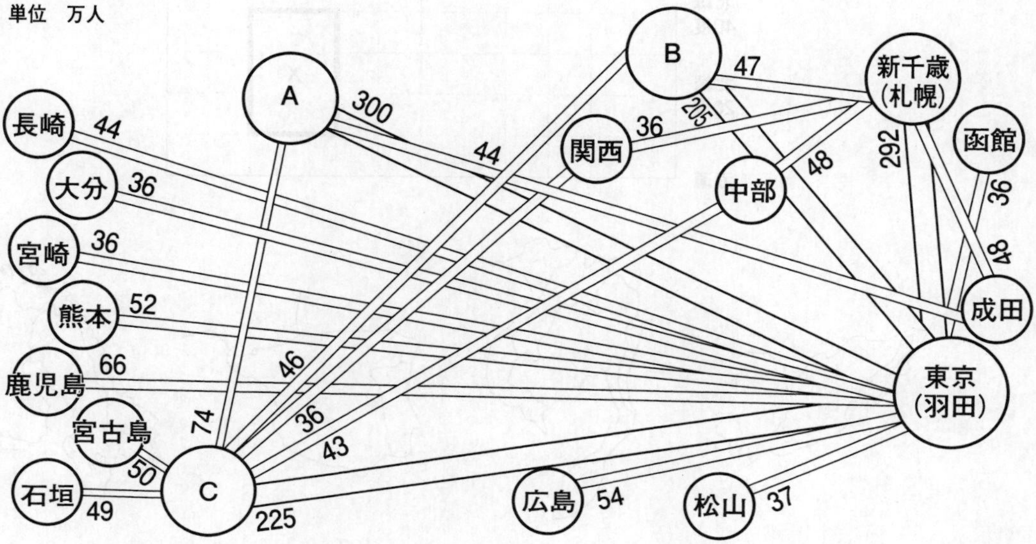

『日本国勢図会』（2022/23）により作成

	ア	イ	ウ	エ	オ	カ
A	大阪	大阪	福岡	福岡	那覇	那覇
B	福岡	那覇	大阪	那覇	福岡	大阪
C	那覇	福岡	那覇	大阪	大阪	福岡

（3） 次の図の**X**の範囲に含まれる地域を、次の**ア**～**エ**から１つ選び、記号で答えなさい。

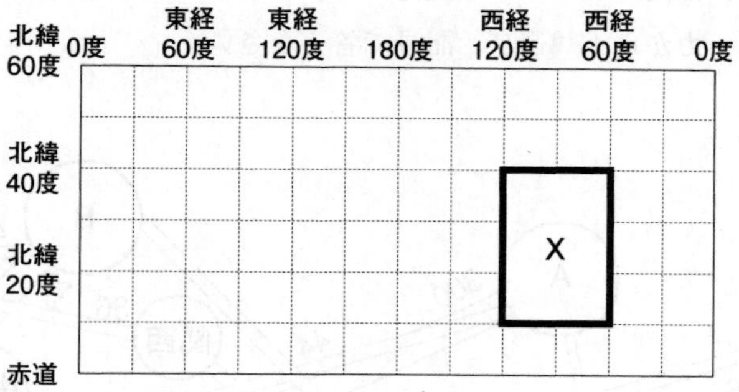

ア　　**イ**　　**ウ**　　**エ**

縮尺は同一ではない

（4） 東京にいるカズオさんは、マナウス（ブラジル）にいる友人に現地時刻にあわせて新年のあいさつをしたいと考えた。そこでカズオさんは、東京からマナウス現地時刻 2023 年 1 月 1 日深夜 0 時に電話をかけようとした。ところが、時刻を 4 時間早く間違えてしまったため、マナウス現地時刻で 12 月 31 日午後 8 時に電話をかけてしまった。カズオさんは東京の現地時刻で何時に電話をかけ直せば、マナウス現地時刻 2023 年 1 月 1 日深夜 0 時に電話をかけることができたか。次の**ア**～**エ**から１つ選び、記号で答えなさい。ただし、マナウスは西経 60 度とし、サマータイムは実施されていないものとする。

ア　12 月 31 日午前 3 時　　　**イ**　12 月 31 日午前 7 時
ウ　 1 月　1 日午前 9 時　　　**エ**　 1 月　1 日午後 1 時

（5）　次の雨温図は、ウランバートル（モンゴル）、シカゴ（アメリカ合衆国）、チェンナイ（インド）、リスボン（ポルトガル）のものである。**リスボン**にあてはまるものを、次の**ア**～**エ**から１つ選び、記号で答えなさい。

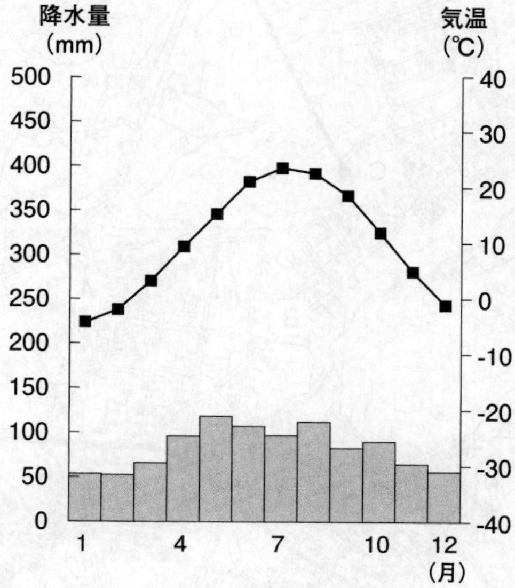

ア

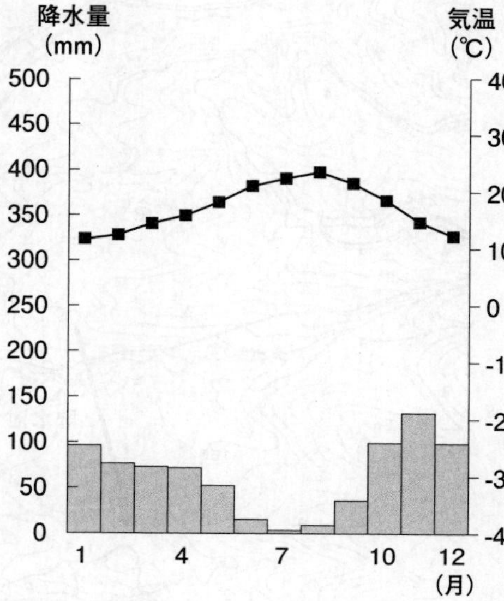

イ

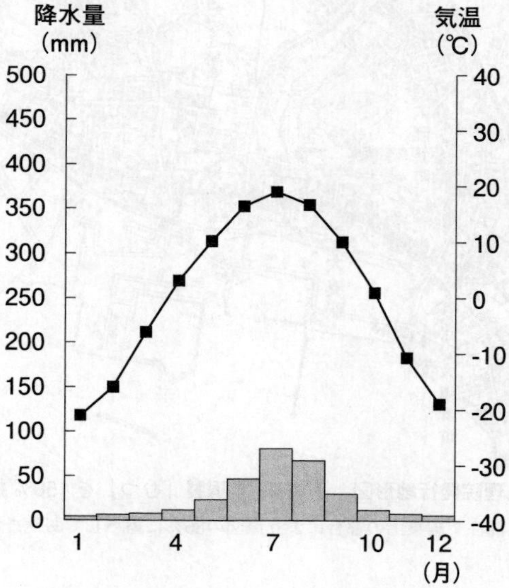

ウ

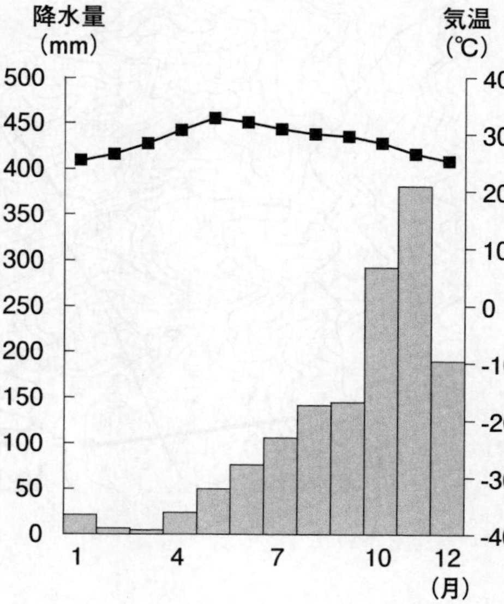

エ

気象庁資料により作成

２　次の地形図を見て、（1）から（3）までの問いに答えなさい。

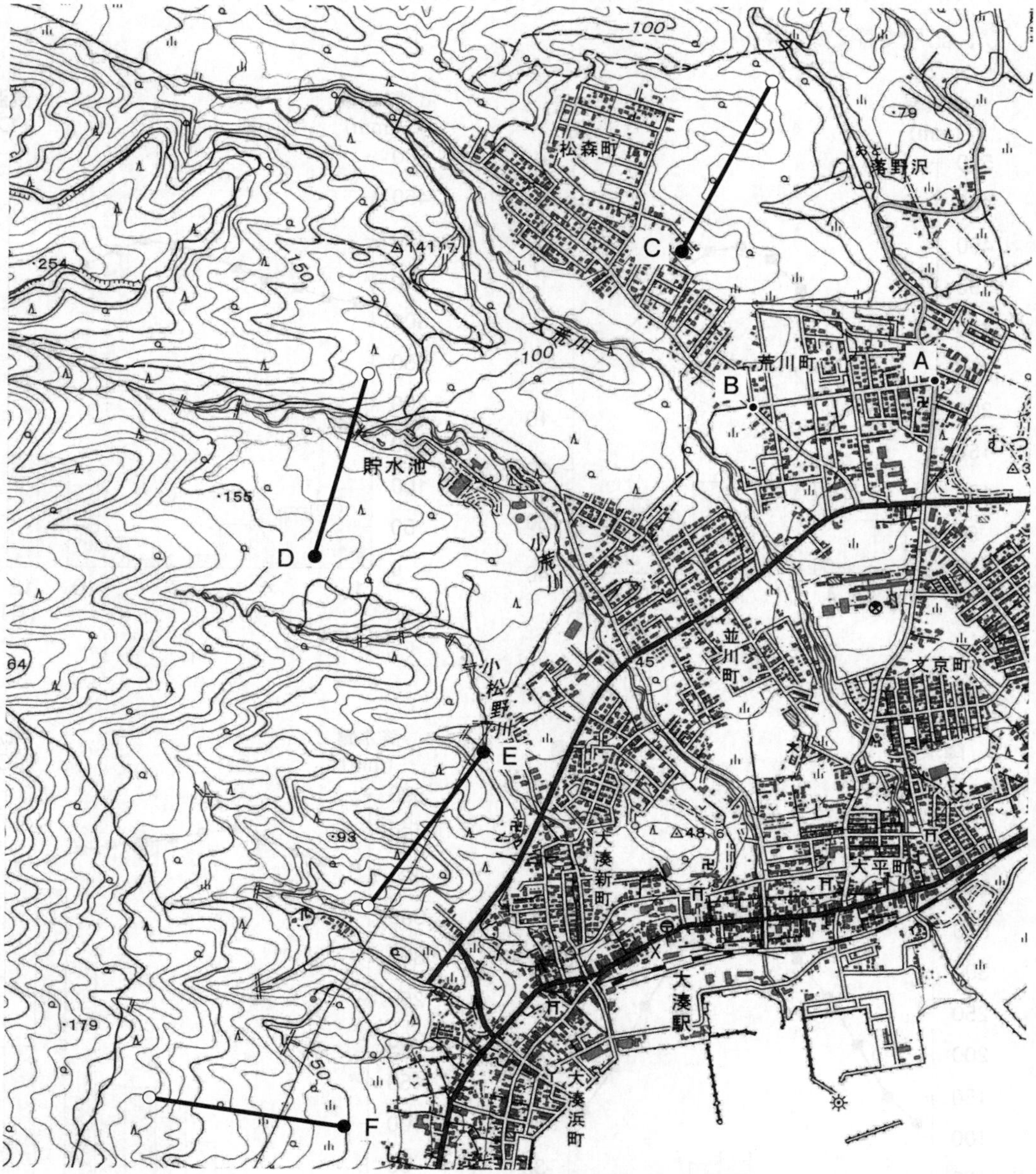

国土地理院発行地形図　平成29年調製「むつ」を150% 拡大

〈編集部注：編集上の都合により原図の86%に縮小してあります。〉

（1）　地形図中の**A**－**B**間の道路は、原寸の地図上でおよそ1.8 cmである。**A**－**B**間の実際の距離として最も近いものを、次の**ア**～**エ**から１つ選び、記号で答えなさい。

ア　180 m　　**イ**　450 m　　**ウ**　900 m　　**エ**　1800 m

（2）　この地形図上で使われている地図記号の意味の組み合わせとして正しいものを、次のア～エから1つ選び、記号で答えなさい。

	ア	イ	ウ	エ
	消防署	警察署	警察署	消防署
	高等学校	小・中学校	高等学校	小・中学校
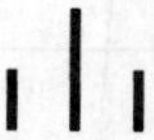	荒地	田	荒地	田
	灯台	電波塔	灯台	電波塔

（3）　次の図は地形図中の直線CからFの断面図を示したものである。Cの断面図を、次のア～エから1つ選び、記号で答えなさい。

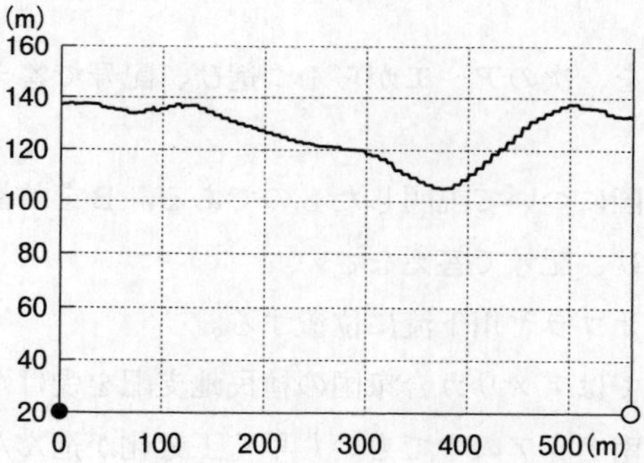

ア

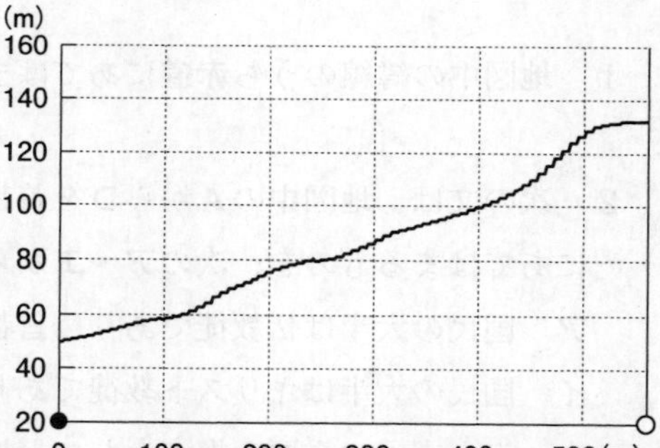

イ

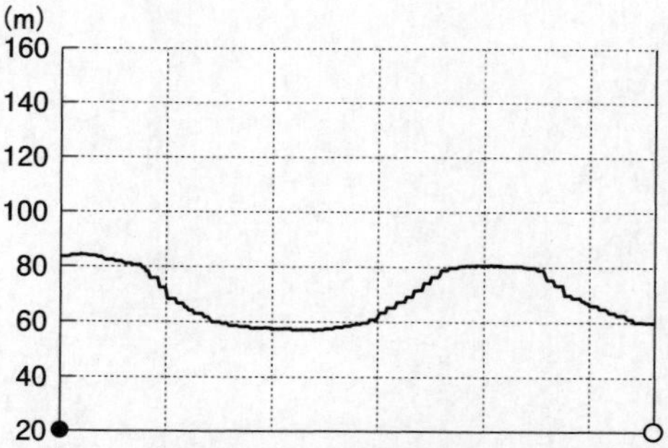

ウ

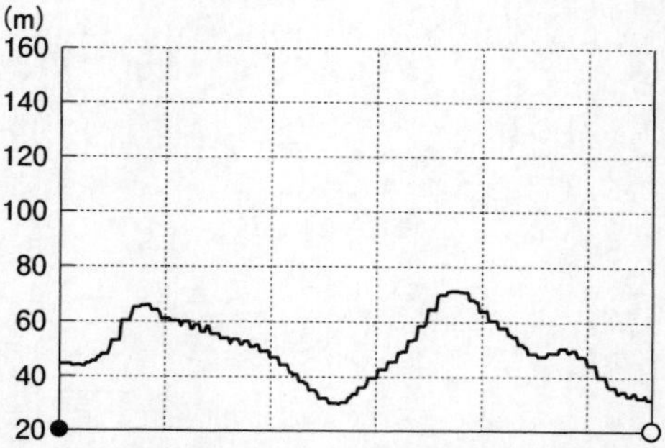

エ

起点●—○終点

4　次の地図を見て、１から４までの問いに答えなさい。

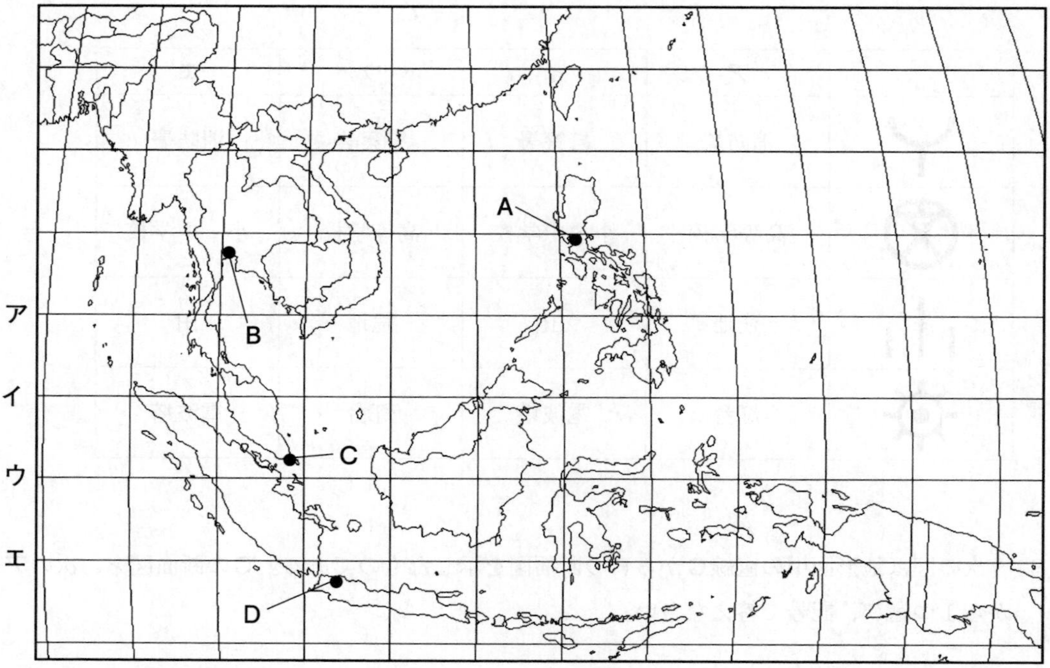

１　地図中の緯線のうち**赤道**にあてはまるものを、次の**ア**～**エ**から１つ選び、記号で答えなさい。

２　次の文は、地図中の**A**から**D**を首都とする国について説明したものである。**B**を首都とする国にあてはまるものを、次の**ア**～**エ**から１つ選び、記号で答えなさい。

ア　国民の大半は仏教徒であり、首都はチャオプラヤ川下流に位置する。

イ　国民の大半はキリスト教徒であり、かつてはアメリカ合衆国の植民地支配を受けた。

ウ　海上交通の重要な拠点として発達し、東南アジアの中でもいち早く工業化が進んだ。

エ　東南アジアで最も人口が多い国で、総人口と国土面積は日本の２倍以上である。

3　次の表は、アメリカ合衆国、ドイツ、中国および地図中のAを首都とする国に関し、9975社の日本企業に対して、海外進出先におけるビジネス環境の魅力・長所を聞いたアンケートの一部である。表の３～６行目の数字は、その項目に「はい」と回答した企業の割合であり、複数項目への回答が可能となっている。Aを首都とする国にあてはまるものを、次のア～エから１つ選び、記号で答えなさい。

(%)

	ア	イ	ウ	エ
回答企業数	2040	1177	613	508
取引先の企業が集まっている	28.5	27.7	14.8	27.6
現地企業・大学等の技術力が高い	5.9	13.9	2.0	22.0
人件費が安く、労働力が豊富である	13.3	0.3	33.8	0.6
ことばの壁が低い	10.4	28.5	22.3	16.9

JETRO「2019年度日本企業の海外事業展開に関するアンケート調査」により作成

4　次の表は、地図中のAからDを首都とする国の輸出上位５品目とその輸出額に占める割合を示したものである。Dを首都とする国にあてはまるものを、次のア～エから１つ選び、記号で答えなさい。

(単位：%)

	ア		イ		ウ		エ	
1位	パーム油	10.6	機械類	31.4	機械類	64.8	機械類	50.5
2位	石炭	8.9	自動車	9.9	野菜と果実	4.6	石油製品	7.3
3位	機械類	8.9	金(非貨幣用)	5.8	精密機械	2.6	精密機械	5.1
4位	鉄鋼	6.9	プラスチック	3.4	金(非貨幣用)	2.1	金(非貨幣用)	4.4
5位	衣類	4.6	野菜と果実	3.1	銅	1.9	化学薬品	3.0

『データブック　オブ・ザ・ワールド』(2022年版)により作成

5 次のＡからＤの文章を読んで、１から６までの問いに答えなさい。ただし、波線部の語句には誤りが１つある。

Ａ　８世紀前半には日本中が伝染病《でんせんびょう》の流行や災害などに見《み》舞《ま》われたため、ⓐ天皇はその救いを仏教に求めた。そこで、この天皇は国分寺《こくぶんじ》・国分尼寺《こくぶんにじ》を建て、都には大仏を造らせて東大寺を建てた。

Ｂ　1185年の桶狭間《おけはざま》の戦いによって源氏が平氏をほろぼした。その後、源頼朝は対立した源義経を捕《と》らえることを口実として、国ごとに軍事・警察を担当する守護を設置するとともに、荘園や公領ごとに現地を管理・支配し、年貢の取り立てをおこなうⓑを設置することを朝廷に認《みと》めさせた。

Ｃ　室町幕府第３代将軍のⓒは、1392年に南北朝の統一を実現し、大内氏などの有力な守護大名をおさえ、幕府の基礎を固めた。また、中国の求めに応じて倭寇《わこう》を禁じ、「日本国王」として中国に朝貢《ちょうこう》する形をとって貿易を始めた。

Ｄ　江戸幕府第５代将軍の徳川綱吉の時代には、社会の安定と都市の繁栄《はんえい》を背景として、上方《かみがた》を中心に町人が担い手となる元禄文化が栄えた。ⓓは、義理と人情の板ばさみになやむ男女の気持ちを人形浄瑠璃《にんぎょうじょうるり》の台本に書き、代表作である『曽根崎心中《そねざきしんじゅう》』は多くの人々に親しまれた。

１　ⓐにあてはまる天皇を**漢字**で答えなさい。

２　ⓑにあてはまる語句を**漢字**で答えなさい。

３　ⓒにあてはまる人物を**漢字**で答えなさい。

４　ⓓにあてはまる人物を**漢字**で答えなさい。

５　二重下線部に関連して、19世紀半ばの中国において、アヘン戦争後の社会不安の中で、満州族の清を倒し、漢族の国をつくろうと訴えた洪秀全《こうしゅうぜん》がおこした反乱の名称を答えなさい。

６　各文章中に１つずつある波線部のうち、**誤っているもの**を含む文章を、次の**ア**～**エ**から１つ選び、記号で答えなさい。

ア　Ａ　　　**イ**　Ｂ　　　**ウ**　Ｃ　　　**エ**　Ｄ

6 歴史上の「変革」に関する略年表を見て、1から6までの問いに答えなさい。

年　代	できごと
1688年	イギリスで名誉革命がおこる
①	
1775年	アメリカ独立革命がおこる
②	
［ⓐ］年	ⓒフランス革命がおこる
③	
1868年	日本の元号がⓓ明治に改まる
④	
［ⓑ］年	ロシア革命がおこる

1　年表中［ⓐ］・［ⓑ］にあてはまる数字の組み合わせとして正しいものを、次の**ア**～**エ**から1つ選び、記号で答えなさい。

ア　ⓐ－1789　ⓑ－1971　**イ**　ⓐ－1798　ⓑ－1971
ウ　ⓐ－1789　ⓑ－1917　**エ**　ⓐ－1798　ⓑ－1917

2　下線部ⓒに関する文として**誤っているもの**を、次の**ア**～**エ**から1つ選び、記号で答えなさい。

ア　平民は、聖職者や王侯貴族を支えるために、重い税に苦しんでいた。
イ　バスティーユ牢獄《ろうごく》の襲撃《しゅうげき》事件をきっかけに、フランス革命が始まった。
ウ　フランス革命の中で、国民主権を主張した人権宣言が採択《さいたく》された。
エ　フランス革命の混乱の中で、外国との戦いに活躍したワシントンが権力をにぎり、皇帝に即位した。

3　下線部ⓓに関連して、明治時代についての文として**誤っているもの**を、次の**ア**～**エ**から1つ選び、記号で答えなさい。

ア　国会開設の勅諭《ちょくゆ》が発布され、男子普通選挙が実施された。
イ　中央集権化を進めるために、藩主が土地と人民を天皇に返す版籍奉還《はんせきほうかん》がおこなわれた。
ウ　新政府では、倒幕《とうばく》運動の中心となった薩摩《さつま》・長州《ちょうしゅう》・土佐《とさ》・肥前《ひぜん》などの出身者や公家《くげ》が実権をにぎった。
エ　江戸時代に差別された人々の呼び名を廃止し、身分を平民とする布告が出された。

4　年表中の④の時期における東アジア情勢に関する出来事ⅠからⅢを年代の古い方から順番に並べたものとして正しいものを、次の**ア**～**カ**から１つ選び、記号で答えなさい。

Ⅰ　朝鮮でおきた甲午農民戦争をきっかけに日清両国が出兵し、日清戦争がおきた。

Ⅱ　江華島事件後、日朝修好条規が結ばれ、日本は朝鮮を開国させた。

Ⅲ　日本による韓国併合がおこなわれ、韓国は朝鮮と改められ、朝鮮総督府が設置された。

ア　Ⅰ－Ⅱ－Ⅲ　　**イ**　Ⅰ－Ⅲ－Ⅱ　　**ウ**　Ⅱ－Ⅰ－Ⅲ

エ　Ⅱ－Ⅲ－Ⅰ　　**オ**　Ⅲ－Ⅰ－Ⅱ　　**カ**　Ⅲ－Ⅱ－Ⅰ

5　次の絵画は西南戦争における戦いの様子を描いたものである。この出来事を年表に入れる場合、年表中の①から④のどの時期に入るか。次の**ア**～**エ**から１つ選び、記号で答えなさい。

熊本県田原坂《たばるざか》撃戦之《の》図（国立国会図書館蔵）

ア　①　　**イ**　②　　**ウ**　③　　**エ**　④

6　年表中の①から④の時期における出来事の組み合わせとして**誤っているもの**を、次の**ア**～**エ**から１つ選び、記号で答えなさい。

ア　①－ピューリタン（清教徒）革命がおこる　　**イ**　②－アメリカ独立宣言の採択

ウ　③－桜田門外の変　　**エ**　④－第一次世界大戦がおこる

7 次の１、２の問いに答えなさい。

１　次の文章を読み、（１）から（３）までの問いに答えなさい。

> ゲームやインターネット依存症《いぞんしょう》への対策を目的に、ネット・ゲームの利用時間に目安を定めた香川県のⓐ条例に対して、高校生だった男性らが「必要以上に権利を制限するもので、ⓑ憲法に違反する」として県に損害賠償《そんがいばいしょう》を求めていたⓒ裁判で、2022年８月に高松地方裁判所は原告の訴えを退《しりぞ》けた。

（１）　下線部ⓐについての①と②の短文の正誤の組み合わせとして正しいものを、次の**ア**～**エ**から１つ選び、記号で答えなさい。

①　条例は、住民の代表者の集まりである地方議会において制定される。

②　地域住民は、一定の署名を集めれば、条例の制定・改廃を請求することができる。

ア　①－正　②－正　　**イ**　①－正　②－誤　　**ウ**　①－誤　②－正　　**エ**　①－誤　②－誤

（２）　下線部ⓑに関連して、日本国憲法が保障する人権についての説明として**誤っているもの**を、次の**ア**～**エ**から１つ選び、記号で答えなさい。

ア　人権の保障は、すべての人が法の下《もと》に平等であり、また個人として尊重され、幸福を追求できることが基本であり、これらのことも日本国憲法で保障されている。

イ　日本国憲法では、精神の自由、身体の自由、人間たるに値する生活を営む権利など、理由もなく国家権力によって自由が奪われないという自由権が保障されている。

ウ　教育を受ける権利や勤労の権利などの社会権は、社会生活を維持する上で必要不可欠の権利であり、日本国憲法でも保障されている。

エ　日本国憲法は議会制民主主義を基本にしているので、国民の政治に参加する権利は選挙権として保障されている。

（3） 下線部ⓒに関連して、日本の裁判のしくみについての文として正しいものを、次の**ア**～**エ**から1つ選び、記号で答えなさい。

ア 同一事件については、原則として3回まで裁判を受けることができ、第一審の判決に不服があれば上級の裁判所に上告し、さらに不満があれば控訴《こうそ》できる。

イ 民事裁判は、権利や義務についての対立を争う裁判で、争っている当事者の一方が裁判所に訴えることで始まる。

ウ 刑事裁判は、犯罪にあたる行為があったかどうかを判断し、有罪の場合には刑罰を言いわたす裁判で、通常は高等裁判所から裁判が始まる。

エ 裁判員制度は、裁判への信頼を深めることを目的として、国民が裁判官とともに民事裁判に参加する制度で、抽選《ちゅうせん》された有権者6名と3人の裁判官で審理をおこなう。

2 次の（1）、（2）の問いに答えなさい。

（1） 日本国憲法第15条②は、「すべて［　　　］は、全体の奉仕《ほうし》者であって、一部の奉仕者ではない。」と定めている。［　　　］にあてはまる語句を**漢字**で答えなさい。

（2） 日本国憲法第100条①は、「この憲法は、公布の日から起算して六箇《か》月を経過した日から、これを［　　　］する。」と定めている。［　　　］にあてはまる語句を**漢字**で答えなさい。

8 次の１から４までの問いに答えなさい。

1　次の文章を読んで、（１）から（３）までの問いに答えなさい。

> 私たちは、さまざまな商品を購入《こうにゅう》して生活している。商品を消費する経済主体をⓐ家計という。一方で、私たちが消費する商品をⓑ生産・販売する経済主体はⓒ企業とよばれ、収入を増やすために土地、設備、労働力を効率的に組み合わせて生産活動をおこなっている。

（１）　下線部ⓐについて、家計の所得（収入）と支出に関する「消費支出」・「非消費支出」・「貯蓄」・「可処分所得」の関係を示したものとして**誤っているもの**を、次の**ア**～**エ**から１つ選び、記号で答えなさい。

ア　所得（収入）　＝　消費支出　＋　非消費支出　＋　貯蓄
イ　可処分所得　＝　所得（収入）－　非消費支出
ウ　貯蓄　＝　可処分所得　－　消費支出
エ　消費支出　＝　可処分所得　－　非消費支出

（２）　下線部ⓑについて、企業が商品を販売することで得た収入から、生産に必要な費用を引いた残りを□（利益）といい、企業活動の目的はそれをできるだけ多く獲得することにある。□にあてはまる語句を**漢字２字**で答えなさい。

（３）　下線部ⓒについての①と②の短文の正誤の組み合わせとして正しいものを、次の**ア**～**エ**から１つ選び、記号で答えなさい。

①　私企業は、農家や個人商店といった個人企業と、複数の人が出資して設立される法人企業とに大別される。

②　株式会社に出資した人を株主といい、会社の役員として経営に責任を持たなければならない。

ア　①－正　②－正　　**イ**　①－正　②－誤　　**ウ**　①－誤　②－正　　**エ**　①－誤　②－誤

2　市場経済では、商品の売り手（企業）と買い手（消費者）は、本来、対等な立場にあるが、現実的には消費者が弱い立場に立たされることが多い。そこで、日本では2004年に、消費者の権利を明確に規定し、消費者が自立した消費生活を送るようにすることを、国や地方公共団体の責務とした法律が制定された。消費者行政の中心となるこの法律の名前を答えなさい。

3　次の図は、需要と供給の関係を価格と取引量を軸に示したものである。この図に関する文として正しいものを、次の**ア**～**エ**から１つ選び、記号で答えなさい。

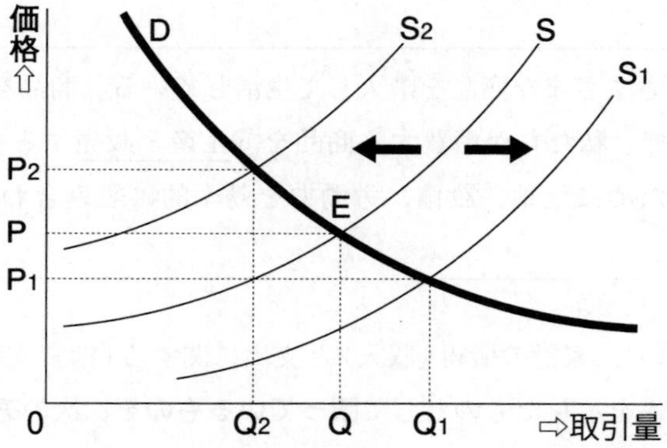

ア　農作物について、豊作などで供給量が増加した場合、S 曲線は S_2 の位置に移動し、均衡価格は P から P_2 となる。

イ　農作物について、不作などで供給量が減少した場合、S 曲線は S_2 の位置に移動し、均衡価格は P から P_2 となる。

ウ　工業製品について、原材料費の値上げなどによって価格が下落した場合、S 曲線は S_1 に移動し、均衡取引量は Q から Q_2 となる。

エ　工業製品について、技術革新が進み供給量が増加した場合、S 曲線は S_2 の位置に移動し、均衡取引量は Q から Q_2 となる。

4　為替《かわせ》相場についての次の文章を読んで、　Ⅰ　から　Ⅳ　にあてはまる語句の組み合わせとして正しいものを、次の**ア**～**エ**から１つ選び、記号で答えなさい。

> 為替相場は、各国の経済状況によって変動する。1 ドル＝　Ⅰ　円が 1 ドル＝　Ⅱ　円になるように、外国通貨に対する円の価値が高まることを円高という。円高は、　Ⅲ　が中心の日本企業には不利だが、　Ⅳ　が中心の企業には有利である。

ア　Ⅰ－130　Ⅱ－150　Ⅲ－輸入　Ⅳ－輸出
イ　Ⅰ－130　Ⅱ－150　Ⅲ－輸出　Ⅳ－輸入
ウ　Ⅰ－150　Ⅱ－130　Ⅲ－輸入　Ⅳ－輸出
エ　Ⅰ－150　Ⅱ－130　Ⅲ－輸出　Ⅳ－輸入

【理　科】（50分）〈満点：100点〉

1　飽和水蒸気量と気温、雲の発生に関して、次の１と２の問いに答えなさい。

1　図は気温と飽和水蒸気量の関係を表したものである。また、図中のＰ～Ｓは、４種類の空気のかたまりについて、それぞれの気温と空気1m^{3}中に含まれる水蒸気量を示したものである。次の(1)～(4)の問いに答えなさい。

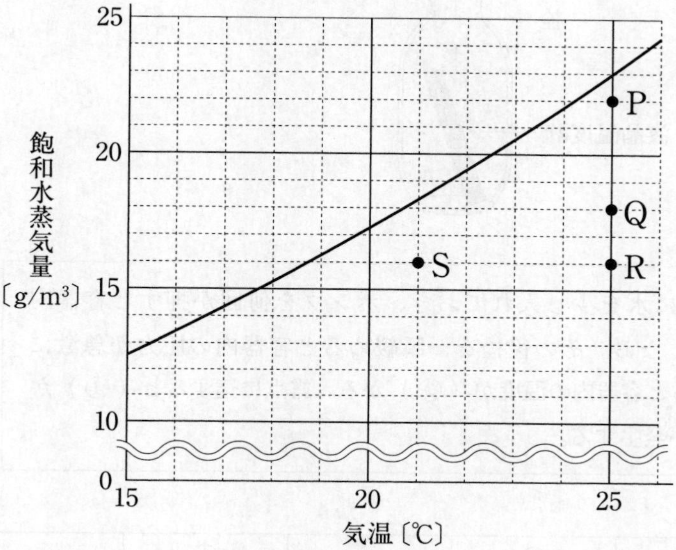

(1)　Ｐ～Ｓの空気のうち最も湿度が低い空気はどれか。次の**ア**～**エ**から１つ選び、記号で答えなさい。

ア　P　　　**イ**　Q　　　**ウ**　R　　　**エ**　S

(2)　Ｐ～Ｓの空気のうち最も露点が高い空気はどれか。次の**ア**～**エ**から１つ選び、記号で答えなさい。

ア　P　　　**イ**　Q　　　**ウ**　R　　　**エ**　S

(3)　Ｑの空気の湿度はどのくらいか。次の**ア**～**エ**から１つ選び、記号で答えなさい。

ア　74 %　　　**イ**　78 %　　　**ウ**　82 %　　　**エ**　86 %

(4)　気温が22.5℃で湿度が50%のときの空気に含まれる水蒸気の量はどのくらいか。次の**ア**～**エ**から１つ選び、記号で答えなさい。

ア　5 g/m^3　　　**イ**　10 g/m^3　　　**ウ**　15 g/m^3　　　**エ**　20 g/m^3

2　図は、雲の発生装置である。雲が発生する仕組みについて述べたあとの文で、(①)～(⑤)に当てはまる正しい語句の組み合わせはどれか。次の**ア～エ**から1つ選び、記号で答えなさい。

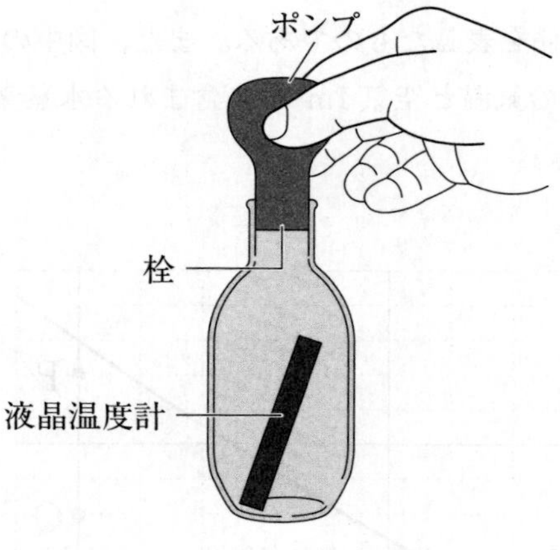

あらかじめ容器に水を少し入れておき、ポンプを何回か押すと容器内の圧力が(①)くなる。その後栓を一瞬緩めると容器内の圧力が急激に(②)くなる。すると容器内の温度が(③)がる。露点に達すると(④)が(⑤)にかわり雲が発生する。

	①	②	③	④	⑤
ア	低	高	下	水蒸気	水
イ	低	高	上	水	水蒸気
ウ	高	低	下	水蒸気	水
エ	高	低	上	水	水蒸気

2　図は、小腸で吸収された栄養分が運ばれる経路を矢印で示したものである。栄養分と吸収について、次の1から5の問いに答えなさい。

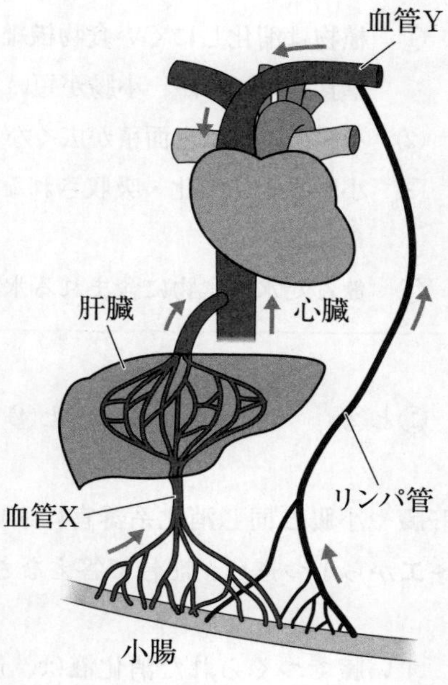

1　血管Xは小腸と肝臓をつなぐ血管である。この血管やこの血管を流れる血液について、正しく述べたものを、次の**ア**～**ウ**から1つ選び、記号で答えなさい。

ア　この血管のことを肝動脈という。
イ　からだを流れる血液の中で、最も尿素が多く含まれている。
ウ　からだを流れる血液の中で、最も栄養が豊富である。

2　小腸で吸収された物質のうち、リンパ管を通って運ばれた物質は、リンパ液とともに血管Yに合流し、心臓、肺を通過した後、からだ全体に運ばれる。この血管Yの名称を、次の**ア**～**エ**から1つ選び、記号で答えなさい。

ア　大動脈　　**イ**　大静脈　　**ウ**　肺動脈　　**エ**　肺静脈

3　肝臓のはたらきとして正しいものを、次の**ア**～**エ**から1つ選び、記号で答えなさい。

ア　尿素などの不要な物質をろ過して、体外へ排出する。
イ　脂肪の分解を助ける消化酵素をつくる。
ウ　食物と一緒に取り込まれた有害物質を無毒化する。
エ　赤血球や白血球などの血球を作り出す。

4　消化･吸収について述べた次の①～④の文の中で、正しい組み合わせを、**ア～エ**から１つ選び、記号で答えなさい。

①　植物は消化しにくい食物繊維を多く含むので、草食動物と肉食動物を比べると草食動物の方が、小腸が短い。 ②　小腸の内壁は表面積が広くなっているので、栄養分の吸収効率を高めている。 ③　小腸までに消化・吸収されなかったものは、小腸の柔毛のはたらきで大腸に送られる。 ④　飲んだ水や食物に含まれる水は、おもに小腸と大腸で吸収される。

ア　①と②　　**イ**　③と④　　**ウ**　①と③　　**エ**　②と④

5　肝臓や小腸と同じ消化系器官にすい臓がある。すい臓について正しく述べたものを、次の**ア～エ**から１つ選び、記号で答えなさい。

ア　すい臓でつくられた消化液は、炭水化物、タンパク質、脂肪にはたらく消化酵素がそれぞれ含まれている。
イ　すい臓でつくられた消化液は大腸に出される。
ウ　すい臓と肝臓でそれぞれつくられた消化液が胆のうで混ざって十二指腸に出される。
エ　胃を通過した食べ物はすい臓に運ばれ、消化酵素によってさらに細かく分解される。

3 化学反応と反応前後の質量について、次の１から３の問いに答えなさい。

1 うすい硫酸と水酸化バリウム水溶液を反応させ、反応前と反応後の質量を調べたところ反応前後で質量が変わらないことが分かった。このことを表す法則を何というか。次の**ア～エ**から１つ選び、記号で答えなさい。

ア フックの法則 **イ** 作用・反作用の法則 **ウ** オームの法則 **エ** 質量保存の法則

2 図のように、1.0gの石灰石と7.0gのうすい塩酸を入れて、容器ごと全体の質量を測ったところ100gだった。反応後にプラスチック容器のふたを外してしばらく放置した後、ふたを閉めて全体の質量を調べた。質量はどうなるか。次の**ア～ウ**から１つ選び、記号で答えなさい。

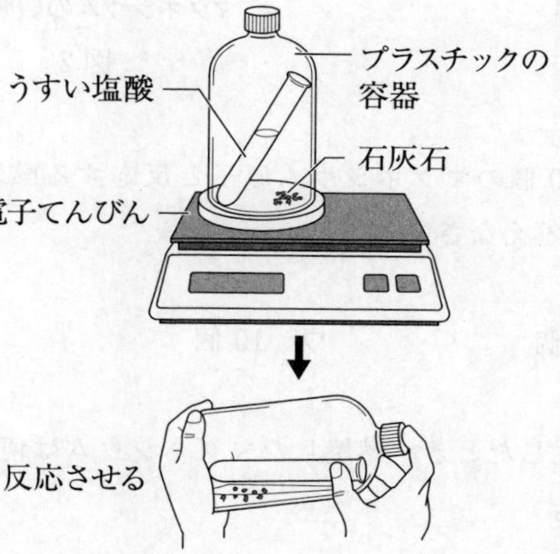

ア 100gより小さくなる **イ** 100gのまま変化しない **ウ** 100gより大きくなる

3　図1のようにマグネシウムを空気中で加熱したところ、まぶしい白い光を出して激しく反応した。図2はマグネシウムの質量と反応によって生じた酸化マグネシウムの質量の関係を表すものである。次の(1)～(3)の問いに答えなさい。

図1

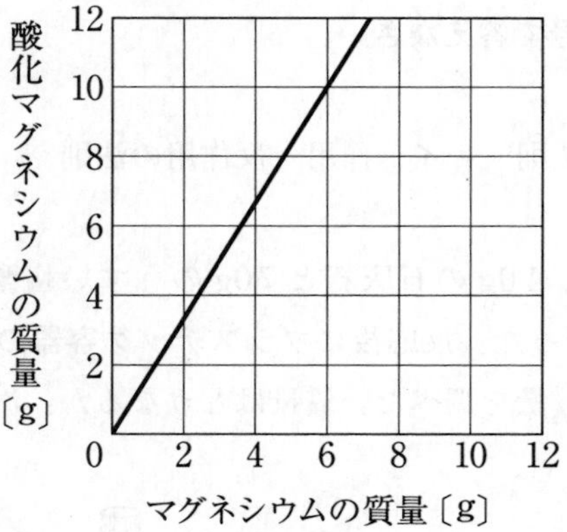

図2

(1)　マグネシウムの燃焼で、10個のマグネシウム原子と反応する酸素分子は何個か。次の**ア～エ**から1つ選び、記号で答えなさい。

ア　5個　　**イ**　8個　　**ウ**　10個　　**エ**　12個

(2)　酸化マグネシウムが50g生じたとき、燃焼したマグネシウムは何gか。次の**ア～エ**から1つ選び、記号で答えなさい。

ア　30g　　**イ**　36g　　**ウ**　40g　　**エ**　45g

(3)　反応するマグネシウムと酸素の最も簡単な質量比はいくらか。次の**ア～エ**から1つ選び、記号で答えなさい。

ア　2：1　　**イ**　3：2　　**ウ**　3：5　　**エ**　4：1

4 電流と磁界について、次の1から5の問いに答えなさい。

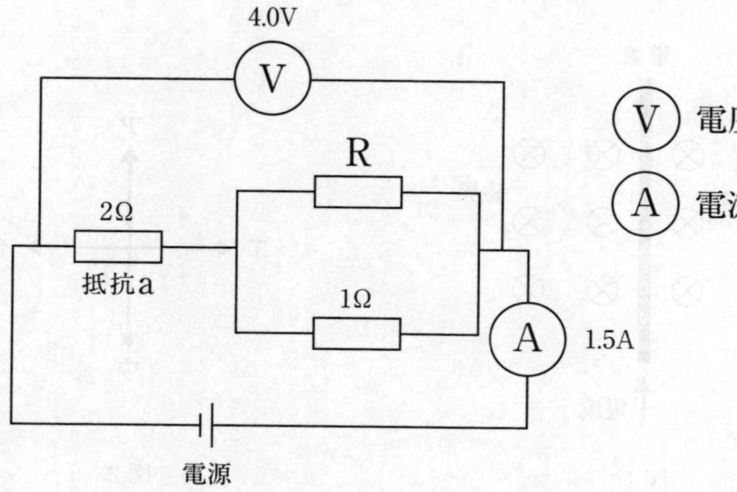

1　図のような回路において、電圧計の測定値は4.0V、電流計の測定値は1.5Aであった。このとき、電気抵抗Rの値は何Ωになるか。次の**ア**～**エ**から1つ選び、記号で答えなさい。

ア　1 Ω　　　**イ**　2 Ω　　　**ウ**　3 Ω　　　**エ**　4 Ω

2　抵抗aで消費される電力は何Wになるか。次の**ア**～**エ**から1つ選び、記号で答えなさい。

ア　2 W　　　**イ**　3 W　　　**ウ**　4.5 W　　　**エ**　6 W

3　自宅に設置している白熱電球の消費電力は60Wである。この白熱電球と同じ明るさであるが消費電力が8WのLED電球がある。白熱電球からLED電球に交換すると、電気料金は1個あたり1年間でいくら安くなるか。次の**ア**～**エ**から1つ選び、記号で答えなさい。ただし、それぞれの電球の使用条件は、1日300分、365日間毎日使用し、電気料金は1kWhあたり20円とする。

ア　約500円　　　**イ**　約1,900円　　　**ウ**　約3,800円　　　**エ**　約5,000円

4　図１のように紙面表から裏に向けて磁界がある。導線に電流が流れるとき導線が受ける力の向きとして正しいものを、図２の**ア～エ**から１つ選び、記号で答えなさい。

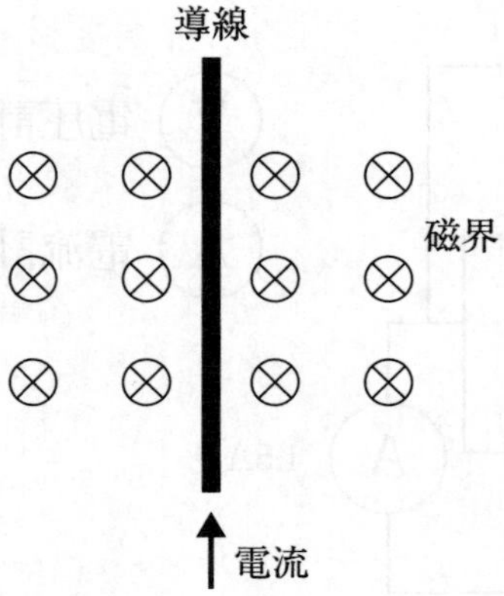

図１

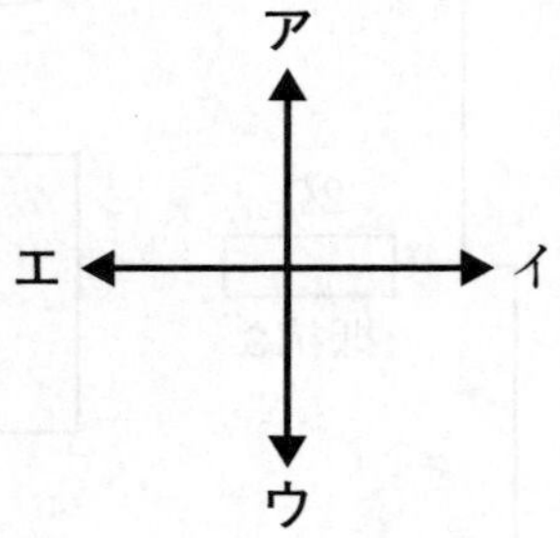

図２

5　図のような棒磁石の近く（点線内）に方位磁針を置いた。方位磁針の向きとして正しいものはどれか。次の**ア～エ**から１つ選び、記号で答えなさい。

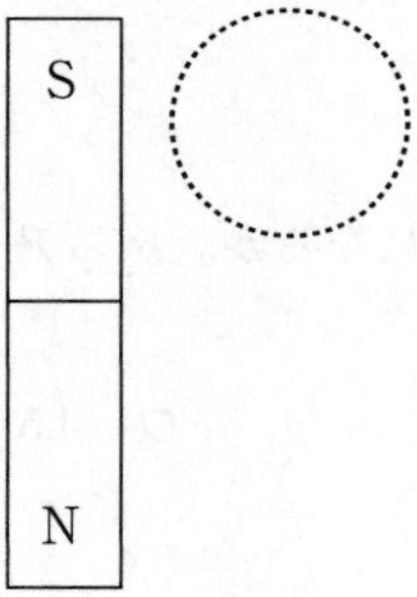

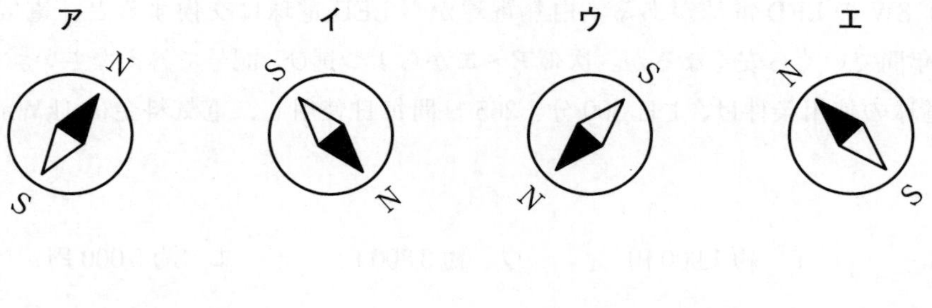

5 次の１から４の問いに答えなさい。

1 Ａ市で初期微動継続時間が８秒だったとき、Ｂ市では、初期微動継続時間は４秒だった。この地震のＡ市の震源距離が80kmだとすると、Ｂ市の震源距離は何kmか。次の**ア〜エ**から１つ選び、記号で答えなさい。

ア 10 km　　**イ** 20 km　　**ウ** 30 km　　**エ** 40 km

2 光合成によってつくられたデンプンは、水に溶けやすい物質に変わってからだ全体に運ばれ、再びデンプンになって果実や種子、茎や根に蓄えられる。サツマイモ、ジャガイモ、ソラマメ、バナナは、それぞれどの場所にデンプンを蓄えるか。正しい組み合わせを、次の**ア〜エ**から１つ選び、記号で答えなさい。

	果実	種子	茎	根
ア	バナナ	ソラマメ	サツマイモ	ジャガイモ
イ	バナナ	ソラマメ	ジャガイモ	サツマイモ
ウ	ソラマメ	バナナ	サツマイモ	ジャガイモ
エ	ソラマメ	バナナ	ジャガイモ	サツマイモ

3 化学反応によって温度が下がるものを、次の**ア〜ウ**から１つ選び、記号で答えなさい。

ア うすい塩酸とうすい水酸化ナトリウム水溶液を混ぜる。
イ 酸化カルシウムに水を加える。
ウ 塩化アンモニウムと水酸化バリウムを混ぜる。

4　水で満たした水槽の側面からレーザーポインターでレーザー光を入射させる実験をした。図のように入射したレーザー光は水槽を通過して壁面に輝点が見られた。水槽によって屈折したレーザー光は、図の壁面のどこに見られるか。次の**ア～オ**から１つ選び、記号で答えなさい。ただし、全反射はしていないものとする。

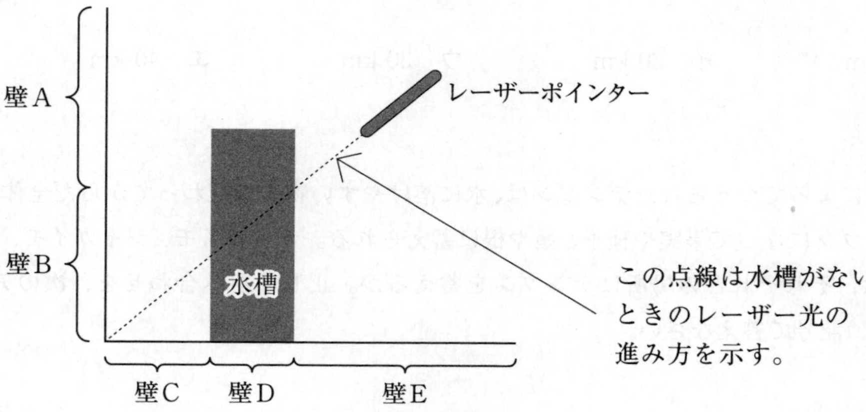

実験のようすを上から見た図

ア　壁A　　**イ**　壁B　　**ウ**　壁C　　**エ**　壁D　　**オ**　壁E

6

天体観測に関して、次の１から４の問いに答えなさい。

図１

1　図１は天体望遠鏡の写真である。これを用いた時の観察について、正しく述べている文を、次の**ア～エ**から１つ選び、記号で答えなさい。

ア　満月を観察すると、肉眼と同じ向きの像として見られる。
イ　恒星の満ち欠けを観察することができる。
ウ　金星の満ち欠けを観察することができる。
エ　宇宙からの電波を受け取ることができる。

2　次の文の（　　　　　）に入る適語を漢字２文字で答えなさい。

図１の望遠鏡は設置をしっかり行えば、天体の動きに合わせて一方向に追尾できる。この天体の動きを、ほぼ北極星を中心とした恒星の（　　　　）運動という。

3　図１の天体望遠鏡のスクリーンを利用し、黒点の観察を行った。図２のⅠは2022年５月28日に本校生が描いた黒点のスケッチである。Ⅱのスケッチの日付はいつだと考えられるか。次の**ア**～**エ**から１つ選び、記号で答えなさい。ただし、どちらのスケッチも上が南（S)、下が北（N)、左が東（E)、右が西（W）である。

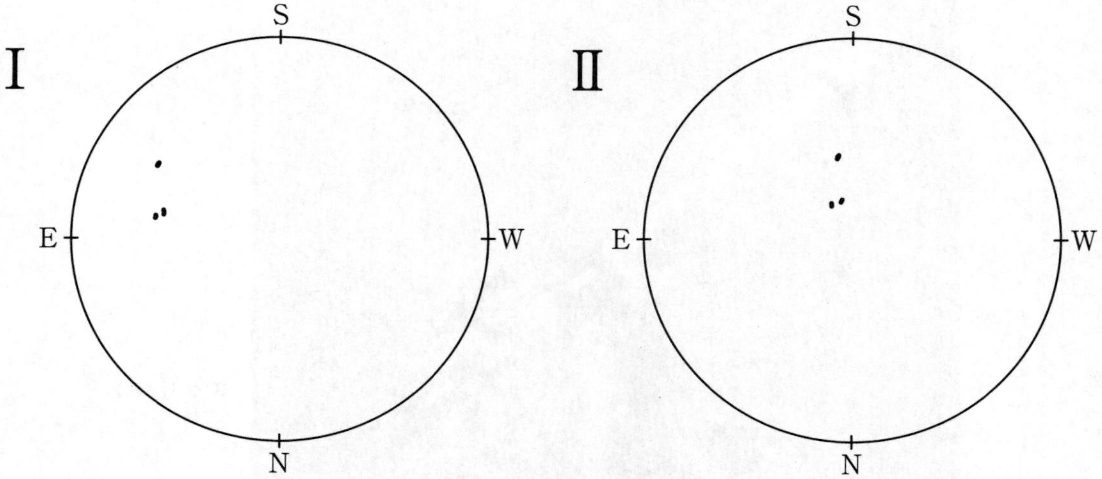

図２

ア　５月10日　　**イ**　５月20日　　**ウ**　５月30日　　**エ**　６月10日

4　６月21日は夏至であった。この日、本校（北緯36.4度　東経139.7度）における太陽の南中高度を求めなさい。ただし地球の自転軸は公転軌道面より66.6度傾いているとする。

7　たけしさんとひろとさんは、植物の分類の課題研究のために、植物を探しに森の中に入った。以下はこのときの会話文である。次の1から4の問いに答えなさい。

たけしさん：この場所は、大きな木におおわれていて薄暗いので、すぐに植物Aは見つかりそうだね。

ひろとさん：しかも、植物Aは、（　①　）を飛ばして増えるから、1つだけでなくたくさん集まって見られるはずだよ。ほらっ！あそこにあったよ。

たけしさん：いっぱいあるね。地面からの高さを計ってみようか。どれもだいたい50cmぐらいだね。

ひろとさん：この植物Aは茎が地面の中にあるから、地上に出ているのはすべて葉だね。葉の裏側を見てみようか。黒くて丸いつぶが集まっているね。

たけしさん：インターネットで調べたら、この黒くて丸いつぶは（　②　）とはじけてから（　①　）を飛ばすみたいだ。

ひろとさん：この辺りはジメジメしているから、植物Bもすぐに見つかりそうだね。

たけしさん：そうだね。しかもこの辺りは湿った枯れ葉が細かくなってふかふかしているので、植物Bが育ちやすい環境だね。植物Aと違って地面に張り付いているから、ゆっくり下を見ながら探してみよう。

ひろとさん：あそこの小道沿いに見つかるかもしれないよ。行ってみようよ。

1　会話文の（　①　）に当てはまる適語を答えなさい。

2　会話文の（　②　）に当てはまる会話の内容として、最も適当なものを、次の**ア**～**エ**から1つ選び、記号で答えなさい。

ア　気温が下がる　　**イ**　乾燥する　　**ウ**　雨が降る　　**エ**　朝になる

3　下線部のように植物Bが地面に張り付いているのは、植物Bのからだの特徴と関係がある。その特徴として最も適当なものを、次の**ア**～**エ**から1つ選び、記号で答えなさい。

ア　根が発達していて、湿った場所でもからだを固定させることができる。

イ　維管束が発達していて、吸収した水をからだ全体に運ぶことができる。

ウ　雌株と雄株からなり、別々に配偶子を形成できる。

エ　根と茎と葉の区別がなく、からだ全体で水を吸収し、光合成も行うことができる。

4　たけしさんとひろとさんは、インターネットでイチョウを調べ、植物Aとの違いを比較した。植物を分類するときに、イチョウがもつ植物Aとの違いは何か。10字以内で答えなさい。

8 　下の図はダニエル電池を用いてモーターを動かしているようすである。この電池について、次の1から4の問いに答えなさい。

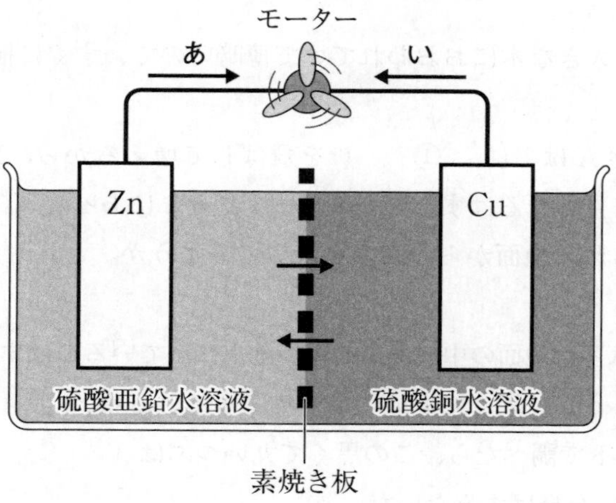

1　電池では、どのようなエネルギーを電気エネルギーに変えているか、答えなさい。

2　ダニエル電池における電子の流れの向きと電流の向きの関係について、正しい組み合わせを、次の**ア〜エ**から1つ選び、記号で答えなさい。

	ア	イ	ウ	エ
電子の流れの向き	あ	あ	い	い
電流の向き	あ	い	あ	い

3　ダニエル電池で電流を流し続けるとZn板とCu板の質量はどうなるか、次の**ア〜エ**から1つ選び、記号で答えなさい。

	ア	イ	ウ	エ
Zn板	小さくなる	小さくなる	大きくなる	大きくなる
Cu板	大きくなる	小さくなる	小さくなる	大きくなる

4　ダニエル電池の − 極での反応について、化学式と e^- を用いて表しなさい。

9　運動とエネルギーについて、次の１から４までの問いに答えなさい。

1　床の上にある物体Ｐに軽い糸Ｑをつけ、糸Ｑを手で引いたところ、物体Ｐは床上に静止したままだった。図は、それらにはたらく力ａ～ｆを作図したようすである。力のつりあいの関係にある力の組み合わせを、次の**ア～エ**から１つ選び、記号で答えなさい。ただし、糸は軽いため、糸Ｑにはたらく重力はないものとする。

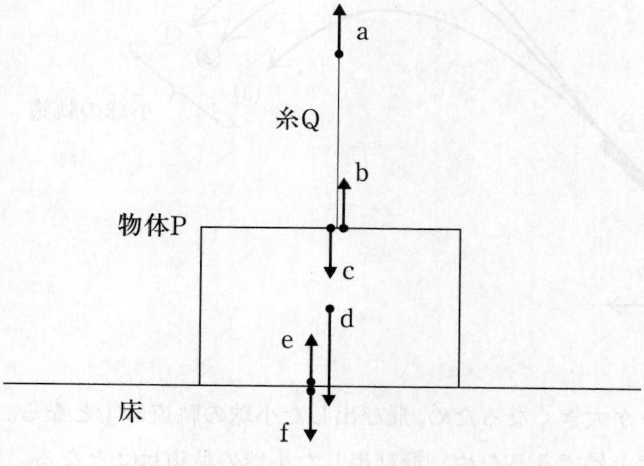

- a　手が糸Ｑを引く力
- b　糸Ｑが物体Ｐを引く力
- c　物体Ｐが糸Ｑを引く力
- d　物体Ｐにはたらく重力
- e　床が物体Ｐを押す力
- f　物体Ｐが床を押す力

ア（ａ,ｃ）と（ｂ,ｄ,ｅ）の２組　　**イ**（ｂ,ｃ）と（ｅ,ｆ）の２組
ウ（ａ,ｃ）と（ｃ,ｄ,ｅ）の２組　　**エ**（ｃ,ｄ,ｅ）と（ｅ,ｆ）の２組

2　新幹線の最速時の速さを300km/hとする。この速さは約何m/sか。小数第１位を四捨五入して整数値で答えなさい。

3　質量300gの物体がある。この物体を床から2mの高さまでゆっくりと100秒かけて引き上げた。このとき物体を引き上げた力がする仕事率（W）を求めなさい。ただし、100gの物体にはたらく重力の大きさを1Nとする。

4　図のようなレール上の端点Ａに静止している小球がある。静かに手を放すとレールに沿って小球が落下し、レールの端点Ｂから飛び出す。飛び出した後の小球の軌道とその説明として適切なものを、次の**ア〜エ**から１つ選び、記号で答えなさい。ただし、レールはなめらかで、空気抵抗や運動を妨げるものは一切ないものとする。

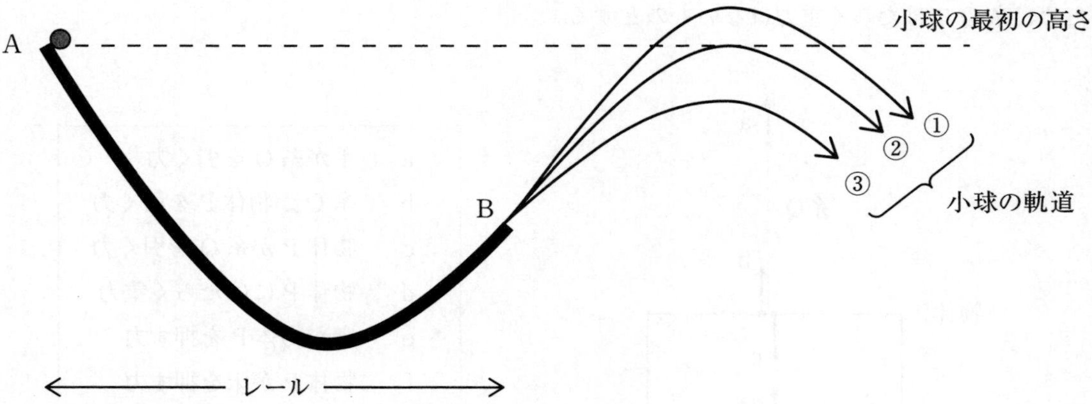

ア　レールを下ることで運動エネルギーが大きくなるため、飛び出した小球の軌道は①となる。

イ　同じ位置エネルギーになる高さまで上昇できるため、飛び出した小球の軌道は②となる。

ウ　運動エネルギーと位置エネルギーの和は減少したため、飛び出した小球の軌道は③となる。

エ　力学的エネルギー保存の法則より、飛び出した小球の軌道は③となる。

問六 ――線部（3）「また、お会いできますか？」とあるが、泰平がこのように尋ねた理由として適当なものを次の**ア**～**エ**の中から一つ選び、記号で答えなさい。

ア 食材の声を聞く方法を知る事ができたことで、杉山女史に師事することで妻の遺志を継いで料理をすることを決心したから。

イ 無理矢理妻から参加させられた料理教室だったが、杉山女史のおかげで料理の本当の楽しさを知ることができたから。

ウ 料理を通じて食材との向き合い方を知ることができてから、杉山女史が亡き妻の生まれ変わりだと思えるようになったから。

エ 最初は乗り気ではなかったものの、杉山女史との料理を通じて、亡くなった妻に少しでも近づけたような気がしたから。

問七 本文の内容と表現の説明として最も適当なものを次の**ア**～**エ**の中から選び、記号で答えなさい。

ア 擬態語を多用することで料理の様子がイメージしやすくなり、泰平の料理が上達していく様子が鮮やかに描かれている。

イ ジュンサイの話を杉山女史がすることによって、亡くなった妻も言えない秘密を抱えていたことが明らかにされている。

ウ 杉山女史が最後に泰平をあえて冷たく送り出すことで、二人の関係がこの後進展しないことを読者に予感させている。

エ 二人の何気ない会話がリアリティのある食材や料理の描写によって、現実味を感じられるように引き立てられている。

問四 ――線部（1）「妻は、椎茸だったことがあるそうです」とあるが、そのときの泰平の説明として適当なものを次の**ア**～**エ**の中から一つ選び、記号で答えなさい。

ア 杉山女史と会話する中で、この人であれば妻の発言の真意を答えることができると確信して質問をした。
イ 杉山女史と妻の話をしている中で、妻のメモについて疑問に思っていたことを思わず話してしまった。
ウ 杉山女史と妻の話をしている中で、妻が亡くなった悲しさがこみあげて誰かに話を聞いてほしかった。
エ 杉山女史と会話する中で、亡くなった妻と同じような異常性を感じておそるおそる確認をしてみた。

問五 ――線部（2）「ジュンサイだったときの記憶ですね」とあるが、どのような記憶か。説明として適当なものを次の**ア**～**エ**の中から一つ選び、記号で答えなさい。

ア 若いときに料理で使用したジュンサイを通じて感じられた、芽生えたばかりで生命の力に満ちあふれている記憶。
イ 料理で使用するジュンサイを取りに行ったときに目撃した、人里離れた沼にジュンサイが生えていた風景の記憶。
ウ 杉山女史が若いときに聞いた、自然の光をたくさん浴びて生命の力に満ちあふれて群生しているジュンサイの記憶。
エ 料理で使用しようとジュンサイを手に取った時に、あふれてくる生命力によって自分が若返ったように感じた記憶。

注　※ジュンサイ……多年生の水草の一種。食用にもなる。

問一　～～線部（a）「躊躇《ちゅうちょ》」、（b）「万遍《まんべん》なく」の意味として正しいものを**ア**～**エ**の中からそれぞれ選び、記号で答えなさい。

（a）「躊躇」　**ア**　決心する　**イ**　ためらう　**ウ**　我慢する　**エ**　足がつく

（b）「万遍なく」　**ア**　大切なところだけを丁寧に　**イ**　何度も繰り返さずに一度で
ウ　行き渡らないところがなく　**エ**　頼りになりそうなものがなく

問二　══線部「団扇」は「うちわ」と読むが、このような熟語の読み方とは異なるものを次の**ア**～**エ**の中から一つ選び、記号で答えなさい。

ア　吹雪　**イ**　大人　**ウ**　時計　**エ**　小豆

問三　（Ａ）～（Ｄ）に入る語の組み合わせとして適当なものを次の**ア**～**エ**の中から一つ選び、記号で答えなさい。

ア　ぎらぎら　―　ごつごつ　―　とぼとぼ　―　ざわざわ
イ　ぴかぴか　―　ごろごろ　―　おどおど　―　ふるふる
ウ　ぴかぴか　―　ぱらぱら　―　そわそわ　―　べちゃべちゃ
エ　ぎらぎら　―　ぺらぺら　―　そわそわ　―　ぐちゃぐちゃ

「沼は人里からは少し離れておりまして、冬の間は薄氷がかかるのですが、雪解けとともに水ぬるむ春が訪れて、そうなりますともともと開けて日当たりのいい場所ですから、私たちはむくむくと体の奥から生命の力が満ちてくるのを感じます。すでに葉は大きく沼にたゆたっておりまして、少し大きな欠伸《あくび》をするような気持ちで体を伸ばしますと、沼の向こうに楢《なら》の木が二本伸びて立っているのが見えました。とにかく水のきれいな沼ですから、朝陽が上るともう空の様子を逐一鏡のように映し出します。ですから、葉と葉の間は水色の空と白い雲を映して、風が吹けば私たちは空とともに陽光を浴びて揺れるのです。暖かい日が続くと、さすがに待ちきれなくなって、私たちのほうでもどうにか小さな花をつけるのが夏の初めくらいです。それは睡蓮《すいれん》などにくらべたら地味な花ですけれど、あれがふっくらと蕾《つぼみ》を膨らませて、朝、ほこりと開くときの、えもいわれぬ艶《あで》やかで誇らしい感じは、なかなか忘れられるものではありません。花の季節が終わると、とうとう新芽が出てまいりますが、自分の体がこう、つるっつるっと分裂していく。あのなにげないようで相当に強い、寒天質の粘液に護《まも》られて、ぷるるるんと澄んだ水の中に生まれ出るときの感覚は、そうですねえ、年甲斐《としがい》もなく妙な言葉を使うようですが、恍惚《こうこつ》、といったものに近かったと思います。ただ、水の表面でたゆたう、たゆたう日々。あれが私の人生で最も幸福な瞬間でした」

　そう語る間に、杉山女史の手は小さなバットや小皿と漆の器を行ったり来たりして、散らし寿司をおいしそうに彩っていった。

「お好きなように載せてみてくださいね」

　女史は桜でんぶを散らし、酢バスと椎茸を載せた。

「ルールや法則があるわけではありませんから」

　泰平はうなずいて不器用に小皿を取り上げ、煮蛤と菜の花を置いた。

「まあ、なんてきれい」

　できあがったものを見て、杉山女史は満足げに溜め息をついた。

　料理教室は終了のようだった。

　漆塗りの箱に自分で詰めた散らし寿司を、泰平は持たされた。

「(3)また、お会いできますか？」

と、泰平は帰りぎわに訊《たず》ねたが、杉山女史は一瞬考えてから答えた。

「お教室は予約がいっぱいなので、一度受講されたかたの再受講はご遠慮いただいております。お料理は一期一会ですから。ただ」

　女史は少しだけ間を置いて、

「もしかしたら、またいずれ、どこかでお目にかかるかもしれませんね」

　にっこりと笑って泰平を送り出した。

と。読んだときは、そのまま読み飛ばしたが、ふと考えてみると異常な感じがした。

死んだ妻はひょっとして、頭がおかしかったのではないか。

「人は誰でもそうです」

落ち着き払って、杉山女史はさくさくと酢飯に具を混ぜていった。

「誰でも?」

泰平は団扇を止めて、目を上げた。

「料理とはそういうものです」

そう言っておいて、女史は太陽のように笑い、

「さあ、盛りつけですよ」

と嬉《うれ》しそうに朱塗《しゅぬ》りの箱を二つ取り出した。漆《うるし》の四角い器に、甘辛い煮汁で少し色のついた寿司飯がちょうど半分に分けられて、それぞれに敷き詰められた。

「人は料理のことがよくわかっていないのです。料理をしない人には、料理のことがよくわからないのです。奥様はお料理をよくなさった方でしたのね」

女史と泰平は、隣に並ぶ形になった。後は盛りつけなので、用意した具材を好きなように載せていけばいいのだが、

「まずはこちら」

と女史は言って、均《なら》した寿司飯の上に、きれいな黄色をした錦糸卵をふわふわと(b)万遍なく載せていった。泰平もそれにならって、細く切った薄焼き卵をちりばめる。

「私はいまたとえば、この卵が親鳥のおなかにあったときのことを考えているのです。ちなみにこの卵は有精卵です。大山《だいせん》のふもとで生まれましたの。卵を手に取りますとね、殻を通して記憶が伝わってきますの」

「殻を通して記憶が?」

「ええ。私が大山で鶏のおなかにおりましたときの記憶が、甦《よみがえ》ってまいりますの」

「え?」

「そうした意味で、私にとりましてもっとも美しい思い出はやはり、(2)ジュンサイだったときの記憶ですね」

「※ジュンサイだったとき?」

女史は次々と調理台の上の具材を取り上げては、明るい黄色をした錦糸卵の上に載せていった。

杉山女史は目を細め、遠い昔を思い出すように顎《あご》を上げた。

「あれはまだ私が娘の時分でございました」

それから一瞬盛りつけの手を止めて、清水と陽の光を潤沢に浴びながら、日がな一日（　D　）揺れていた、芽を出したばかりのジュンサイだったころのことを語り始めた。

女史は泰平の持ってきたタッパーの蓋《ふた》を取って言った。

「今日のお寿司もおいしくなりそう」

それから彼女は白米を磨《と》いで出汁昆布《だしこんぶ》といっしょに炊飯器に入れ、酢に砂糖と塩を加えて火にかけて寿司酢を作った。その配合やら火加減のこつやらをレクチャーしていたが、泰平の耳には入ってこなかった。ただ、それを取ってこっちに渡せとかいうのに、機械的に従っていただけだった。

「煮蛤のポイントは」

と、彼女は大きな蛤を二つ鍋に入れて酒をふりかける。

「こうして酒《さか》蒸ししたものを、いったん取り出しておいて、エキスの出た鍋に醤油と砂糖とみりんで甘辛の汁を煮詰めて、一晩漬け込むこと。こちらに、出来上がったものがあります。次に錦糸卵を一緒に作りましょう」

二人は無言で卵をかき混ぜ、砂糖とほんの少しの塩を入れ、熱くしたフライパンに卵液を落として、薄焼き卵を焼いた。二人で並んで、杉山女史の動作を端から真似るようにして泰平も卵を焼いた。菜箸の先で薄い紙のような円形の焼き卵をひっくり返すときは、さすがに大変緊張した。薄焼き卵を錦糸に切るとき、女史は泰平の左ひとさし指のバンドエイドを見咎《みとが》めて、理由を聞き出して笑った。

白米がふっくらと炊き上がり、二人は酢飯作製に入った。飯台に炊き立ての白米をあけ、寿司酢をかけてしゃもじで混ぜる杉山女史の脇で、大きな団扇で飯を煽《あお》ぐのが泰平の役目だ。それから刻んだかんぴょうと人参、刻み穴子が同じ要領で飯に混ぜられていった。泰平の煮た椎茸の半分も細かく刻んで混ぜ込まれた。

「半分は飾りにいたします」

杉山女史はきっぱり言った。

「妻が、来る予定でした」

団扇を動かしながら、泰平はなぜだかそう告白した。

「受けつけの者に、聞きました。急に亡くなられたんでしたか」

杉山女史も手を止めずに答えた。

「くも膜下出血というものでした。とても、なんといいますか、急でした」

「お年はいくつだったのですか？」

「五つ下なので、五十五です」

「おいたわしいことです。お悔やみ申し上げます」

(1)「妻は、椎茸だったことがあるそうです」

唐突に口をついて出た言葉に、泰平自身も驚いた。なぜ自分がそんなことを言うのか、わからなかった。昨晩読んだ、妻のレシピ帳に書いてあったのだ。もし、私が過去にタイムスリップして、どこかの時代にいけるなら、私は私が椎茸だったころに戻りたいと思う、

四 次の文章は中島京子『妻が椎茸だったころ』である。これを読んで後の問いに答えなさい。（設問の都合上、表現を改めた部分がある。）

泰平は妻の美沙子を定年退職直後に病気で亡くしてしまう。失意に沈む泰平だったが、妻が生前予約していた料理教室に娘のはからいで参加することになった。料理教室には自分で煮た椎茸《しいたけ》を持って行く必要があり、妻のレシピを見つけた泰平はそのレシピに「私は椎茸だったころにもどりたい」と書かれている妻のメモを見つけた。

杉山登美子料理教室は、代々木上原の瀟洒《しょうしゃ》な住宅街にあった。

細い坂道を上りきった丘の上のお邸《やしき》の呼び鈴《りん》を押すと、杉山登美子本人はなかなか現れず、小柄な女性が出てきて迎えてくれたが、タッパーに椎茸の旨煮を入れてきた泰平は、（　A　）したオープンキッチンに置かれたパイプ椅子に腰掛けて待つことになった。

調理台の上には、小さなバットや小皿にそれぞれ、人参《にんじん》、刻み穴子、菜の花、桜でんぶ、切りゴマが入って並んでいた。それから（　B　）した、蛤《はまぐり》、卵、砂糖、塩、酢の類。清潔な布巾《ふきん》と菜箸《さいばし》、しゃもじ、そんなものが整然と置かれてもいる。

「お待たせしまして」

杉山登美子女史は、長い髪を纏《まと》め上げて大きな髪留めをつけ、ふっくりした体に細かい花模様のワンピースを着て、白いさっぱりしたエプロンをつけていた。

「個人レッスンですのよ」

（　C　）している泰平に杉山女史は笑いかけた。キッチンには、あいかわらず二人しかいなかった。

「椎茸はお持ちになって？」

耳元で女の声が響いた。椎茸――。持ってきたタッパーを出そうとして、急に泰平は恥ずかしくなり、(a)躊躇の表情を浮かべたが、女史はにっこりして手を伸ばし、おずおずと差し出す泰平の手から煮上がった椎茸を取り上げた。

「いつも何か一つ、作ってきていただくことにしてますの。だってね、散らし寿司のいいところはね、いろんなお味が混じるところなの。一つ一つ別々に下ごしらえしなくてはなりませんでしょう？　かんぴょうと椎茸と人参を一緒に煮るわけにはいかない。一つ一つ別に作るからそれぞれのお味が引き立つのね。それを酢飯に絡めていくの。そうするとお酢が上手にそれぞれの個性をまとめていくのね。個性は強ければ強いほどおもしろいの。だから、一人で下ごしらえするよりも、他の人の作ったものが入るほうがおもしろいの。散らし寿司のおもしろさが引き立つの。あら、いい椎茸」

問七　——線部（3）「これ」の指す内容として最も適当なものを選び次の**ア**～**エ**の中から選び、記号で答えなさい。

ア　紫の雲三すぢ　　**イ**　松の木陰　　**ウ**　かたみの箱　　**エ**　虚空の鶴

問八　本文の内容として最も適当なものを次の**ア**～**エ**の中から選び、記号で答えなさい。

ア　箱を開けてしまった主人公は、あっという間に年老いた老人に変身してしまった。

イ　悲しみに暮れた主人公は、箱を開けた後に、鶴となって空に飛び立ってしまった。

ウ　主人公は亀のはからいによって、五百年もの年数を箱の中に封じ込めていた。

エ　亀をしいたげていた主人公は、亀を七百年間もの間、箱の中に閉じ込めていた。

問三　〜〜〜線部（A）「ぞゐたりける」で使われている文法規則は何か。最も適当なものを次の**ア**〜**エ**の中から選び、記号で答えなさい。

ア　形容詞語幹用法　　**イ**　倒置法　　**ウ**　係り結びの法則　　**エ**　体言止め

問四　〜〜〜線部（B）「変《かわ》りはてにける」の動作の主語として適当なものを次の**ア**〜**エ**の中から一つ選び、記号で答えなさい。

ア　亀　　**イ**　太郎　　**ウ**　虎　　**エ**　鶴

問五　――線部（1）「悲しき」の理由として最も適当なもの次の**ア**〜**エ**の中から選び、記号で答えなさい。

ア　仮りの住まいにやっと帰ってきてみると、以前に助けてやった亀が野原で死んでしまっていたから。

イ　仮りの住まいにひさしぶりに帰ってみると、草が繁っていたはずの野原が、きれいな塚になっていたから。

ウ　ほんの一時と思って出てきてしまった野原に帰ってみると、他人が勝手に住み着いてしまっていたから。

エ　ほんのわずかな時間と思って外出して帰ってきてみると、虎がすむような荒れた野原になっていたから。

問六　――線部（2）「あけて見ばや」の意味として適当なものを次の**ア**〜**エ**の中から一つ選び、記号で答えなさい。

ア　開けて見ながら　　**イ**　開けて見たい　　**ウ**　開けて見るな　　**エ**　開けて見たが

三 次の文章を読んで、後の問いに答えなさい。（設問の都合上、表現を改めた部分がある。）

太郎は、泣く泣く、草深く露しげき野辺《のべ》を分け、古き塚に参り、涙を流し、かくなん、

　かりそめに出でにし跡を来てみれば虎臥《とらふ》す野辺となるぞ(1)悲しき

さて、浦島太郎は、一本の松の木陰に立ち寄り、あきれはてて(A)ぞゐたりける。太郎思ふやう、亀が与へしかたみの箱、あひかまへてあけさせ給ふなと言ひけれども、今は何かせん、(2)あけて見ばやと思ひ、見るこそくやしかりけれ。この箱をあけて見れば、中より紫の雲三すぢ上りけり。(3)これを見れば、二十四五の齢《よはひ》も、たちまちに(B)変りはてにける。

さて、浦島は鶴になりて、虚空《こくう》に飛び上りける。そもそも、この浦島が年を、亀がはからひとして、箱の中にたたみ入れにけり。さてこそ、七百年の齢を保ちける。あけて見るなとありしを、あけにけるこそよしなけれ。

〈『御伽草子集』による〉

問一 『御伽草子集』は室町時代につくられた短編集である。次の**ア**～**エ**の中から同じ室町時代に成立した作品を一つ選び、記号で答えなさい。

ア 雨月物語　**イ** 万葉集　**ウ** 枕草子　**エ** 太平記

問二 ═線部「思ふやう」を漢字はそのままにして現代仮名遣いに直して答えなさい。

問八　本文の内容として最も適当なものを次の**ア**～**エ**の中から選び、記号で答えなさい。

ア　クリードの作品は英国流の難解なユーモアを持ち、かつ創作物として洗練されていたため、文化の異なるアメリカ人のマドンナに理解されることはなかった。

イ　クリードの作品は従来のアートの手法で創作されたものが無いにも関わらず、見落としがちのものを認識させ、以降のアートの在り方を変える力を持っていた。

ウ　アーティストは人類の歴史とともに連綿と営まれてきた「意識の集積」に触発されながら、時間と手間をかけて自らの作品の強度を高めることに没頭した。

エ　アーティストが自らの作品に込めた「問い」は、言葉に頼らないことにより、時空の壁をやすやすと乗り越えることを可能とし、鑑賞者の心を揺さぶり続けた。

問五 ――線部（２）「より自由になれた」とあるが、具体的にどのような状態になったのか。最も適当なものを次の**ア**～**エ**の中から選び、記号で答えなさい。

ア 他からの期待に沿って結果を出し続ける義務から、自分自身を自由にする状態。
イ 世の中の常識に対して自分の感じ方や思考の幅が広がって、楽しくなる状態。
ウ 生活に直接関わりのないアート作品に触れることで、感情を癒やしていく状態。
エ 不自由な意識の壁を正確に自覚することで、正しい思考への道筋を得る状態。

問六 ――線部（３）「不思議な感じ」を説明したものとして最も適当なものを次の**ア**～**エ**の中から選び、記号で答えなさい。

ア ライトの点滅を体験した後、自分のいる「空間」を改めて認識し直す思いにかられた。
イ ライトの点滅と配置により、何の仕掛けもない部屋が実際の寸法より広く感じられた。
ウ ライトの心理的効果により、「空間」を把握する力が萎縮して真っ直ぐに立てなかった。
エ ライトの存在を必要以上に意識した結果、自分の心の奥底に潜んでいた感情が現れた。

問七 ――線部（４）「『つくる』が問われる」とはどういうことか。最も適当なものを次の**ア**～**エ**の中から選び、記号で答えなさい。

ア 人々の意識に働きかける作品は一度限りの手法であり、後に続く創作者たちはそれ以外の手法を見つけていく、ということ。
イ アートにおける既成のジャンル分けを意図的に崩し、更に複数のジャンルをいかに結びつけることができるか、ということ。
ウ 現代アートが普段の生活意識から離れていく傾向に抗《あらが》って、創作者が身近なところから作品の題材を見つける、ということ。
エ アートを創作する際に、作品に触れた者の「こうあるべきだ」という認識に、いかに揺さぶりをかけられるか、ということ。

問二 〜〜線部（A）「お墨付き」（B）「趣旨」とあるが、ここでの意味として最も適当なものを次の**ア**〜**エ**の中からそれぞれ選び、記号で答えなさい。

A 「お墨付き」

ア 伝統を内在する技量。　**イ** 大衆が疑問視する好感度。

ウ 専門家が与える保証。　**エ** 歴史に汚点をつけた作品。

B 「趣旨」

ア 言おうとしていること。　**イ** 皮肉が交じること。

ウ 偏った思想のこと。　**エ** 面白みを加えること。

問三 ［ a ］〜［ d ］に入る語の組み合わせとして最も適当なものを次の**ア**〜**エ**の中から選び、記号で答えなさい。

ア どんなに ―― ひとえに ―― よもや ―― きちんと

イ おそらく ―― ひとえに ―― きちんと ―― ちょうど

ウ どんなに ―― ぜひ ―― まったく ―― きちんと

エ おそらく ―― ぜひ ―― まったく ―― ちょうど

問四 ――線部（1）「新たな意識を生み出させよう」とあるが、「新たな意識」を築く際に取り除くべきものは何か。本文中から十二字で抜き出しなさい。

刻を作ったり、写真を撮ったりします。しかし、クリードは「作る」「造る」「創る」ことを［　c　］せず、それでも作品を〝つくり〟、私たちの「普通」という意識の壁を打ち破ろうとするのです。その表現手法は洗練されていて、ユーモアさえ感じます。

私はこの作品を実際に見たことがあります。何もないので「見た」と言えるかどうかは分かりませんが、その作品のライトが点いたり消えたりする空間に入りました。そのときに覚えたのは、なんとも言えない(3)不思議な感じです。その部屋の空間を、妙に深く感じ入りました。例えば、天井の高さ、部屋の奥行き、壁の長さなどを強く感じ、「空間」というものを生まれて初めて［　d　］認識した気持ちにさえなりました。

この空間の中で、私は普段の生活で見落としていることや意識しないでいることがたくさんあるのではないかと思いました。「私たちは見えているものを本当に見ているのか」。クリードの作品は、「見えていても存在を意識できていないことが実はたくさんある」ということに気付かせてくれます。

この作品が現代アートを代表する賞を受賞したとき、私はこれからのアート作品には(4)「つくる」が問われると思いました。第一章や第二章で紹介したアーティストの作品の多くも、一般に知られているアートの創作物とは少しイメージが違うと思います。ストリートの壁に描いた絵だったり、女性がイルカを産んだように見える写真だったりなど、それらには従来の「創作」とは異なる印象があると思います。しかし、それも「つくる」なのです。私たちの意識を拡張してくれるアート作品なのです。マーティン・クリードは、アート作品のあり方を拡張し、現代のアートの自由度を引き上げたアーティストの一人だと言えます。

〈吉井仁実『〈問い〉から始めるアート思考』による〉

問一　[Ⅰ]・[Ⅱ] に入る語句として最も適当なものを次の**ア**～**エ**の中からそれぞれ選び、記号で答えなさい。

Ⅰ［**ア**　間接　**イ**　絶対　**ウ**　相対　**エ**　物理］

Ⅱ［**ア**　具体　**イ**　印象　**ウ**　常識　**エ**　積極］

あれば、[Ⅱ]的に足を運びます。私は、アートによって意識の壁を越えたとき、生きるのが楽しくなったり思考の幅が広がったりして、自分の感じ方や考え方がより自由になることを知っています。

この章では、人々の意識の壁を驚くべき方法（とても意外な表現の仕方）で打ち破ったアーティストをいろいろと紹介したいと思います。

[ｂ]、自分の頭にある意識の壁を乗り越え、思考の幅を広げるきっかけにしてください。

最初にご紹介したいのは、マーティン・クリードについてです。英国のアーティストで、２００１年に『作品番号２２７：ライトが点いたり消えたり』（２０００年）で「ターナー賞」を受賞しました。

このターナー賞は、18世紀の終わりから19世紀の前半にかけて活躍した英国のアーティスト、ジョゼフ・マロード・ウィリアム・ターナーの名前を冠にした賞で、現代アートに大きな貢献をした英国人、もしくは英国在住のアーティストに授与します。主催は英国の国立美術館を運営するテートギャラリーで、現代アートにおける権威ある賞の一つです。つまり、マーティン・クリードは、英国が(A)お墨付きを与えた由緒正しい現代アーティストの一人ということです。

しかし、このターナー賞の授賞式で、プレゼンターのマドンナ（米国のシンガーソングライター）は受賞作品に対して「こんな作品、まったく理解できない。どうして受賞できたのか分からない」という(B)趣旨の発言をして大きな話題となりました。マドンナはどうしてこのような発言をしたのか。推測するに、『作品番号２２７：ライトが点いたり消えたり』が創作物（アート作品）に見えなかったからでしょう。

この作品は、タイトルが示す通り、美術館などにある一つの部屋のライトが点いたり消えたりするだけのものです。その部屋には何もありません。ライトが点いては消えるだけで、そこには創作されたものは一つもないのです。

これはいったいどういうことなのか。もうお気付きだと思いますが、このアーティストはライトを点滅させることのみで大きな「問い」を投げかけているのです。言葉にすれば、「アートに創作物は必要なのか」とか「つくるとはどういうことか」という「問い」になると思います。その究極の「問い」を感じさせて鑑賞者の意識の拡張を図るという意味では、これは見事なアート作品です。

普通、「作る」「造る」「創る」と言われたら、何か物を生み出すことだと考えるものです。アートの世界であれば、絵画を描いたり、彫

二 次の文章を読んで、後の問いに答えなさい。（設問の都合上、表現を改めた部分がある。）

アートとは「問い」である。そうであれば、なぜアーティストは「問い」を鑑賞者や社会に投げかけるのでしょうか。何か必然性のようなものがあるのでしょうか。

アーティストは誰かに頼まれたわけでもないのに自ら「問い」を作って、基本的に言葉には頼らず、それを時間と手間と労力を使って形や色、作品の強度などで伝えようとします。どうして、わざわざそんなことをするのでしょうか。芸術学の専門家や美術評論家に聞けば、さまざまな考えを教えてくれると思います。ただ、私はわりとシンプルにこう考えています。

アーティストが「問い」を発するのは、人間の感覚と意識を拡張したいからだと。

アーティストは、不特定の鑑賞者に今まで感じたことがないものを感じさせたいと思っています。言葉に頼らないのは、今まで覚えたことのない感覚を味わわせたいからです。アーティストの中には、その新たな感覚を通して、人々に(1)新たな意識を生み出させようとする人もいます。人が持つ感覚を通して、今まで感じたことのない感覚を覚えさせることで、それまで頭の中にあった意識の壁を人々に越えさせようとするのです。

アーティストは、お金のためではなく、あるいは誰かの依頼に応えるためでもなく、人々の意識の拡張を図ろうとします。それはなぜか。この答えに［Ｉ］的に答えられる人はいないと思いますが、アートはそうやって人類の歴史とともに営まれてきたのだろうし、アートが人々の意識を拡張する度に(2)人類はより自由になれたのではないかと私は思っています。

私は、美術館などにあるアート作品を見に行くかどうかを決めるとき、頭にある意識の壁を壊してくれそうかどうかを一つの基準にしています。［ａ］頭を柔らかくしていても、いつの間にか「こんなことは無理だ」とか「アート作品はこう見るものだ」とか「科学技術はやがて人々を不幸にするに決まっている」などという固定観念のような意識の壁が、頭の中で築かれてしまうものですし、自分でそんな意識の壁を取り除くのも難しいものです。

しかし、この意識の壁を打ち破ってくれるのがアートです。私は、そんなアート作品があるかもしれないと思える展覧会や芸術祭などが

問五　次の俳句について後の**1**〜**3**の問いに答えなさい。

A　いみじくもかがやく柚子や神の留守　阿《あ》波《わ》野《の》青《せい》畝《ほ》

B　月の夜や石に出て鳴くきりぎりす　千《ち》代《よ》女《じょ》

C　水すまし水に跳ねて水鉄の如し　村上《むらかみ》鬼《き》城《じょう》

D　水鳥のしづかに己《おの》が身を流す　柴《しば》田《た》白《はく》葉《よう》女《じょ》

E　流れゆく大根の葉の早さかな　高《たか》浜《はま》虚《きょ》子《し》

1　**A**の俳句が読まれた月として最も適当なものを次の**ア**〜**エ**の中から選び、記号で答えなさい。

ア　八月　**イ**　十月　**ウ**　六月　**エ**　三月

2　**B**の俳句の構成として最も適当なものを次の**ア**〜**エ**の中から選び、記号で答えなさい。

ア　中七の中間で切れる　**イ**　中七で切れる　**ウ**　上五で切れる　**エ**　一続きで切れない

3　次の説明文の俳句として最も適当なものを**A**〜**E**の中から選び、記号で答えなさい。

大きな自然の力に身を任せているように見えつつも、実は自分の意志で存在していることを発見し、そこに自分自身の心の内をも巧みに表現している。

問四　次の会話を読んで後の**1**～**3**の問いに答えなさい。

青木先生「赤井さん、黒川さん、久しぶり。中学校の卒業式以来ですね。あなたたちの高校が甲子園に出場したのよね。私も甲子園での活躍をテレビで見た(A)よ。とても素晴らしい応援だったそうだ(B)ね。」

赤井さん「はい。私は甲子園に応援に行きました。皆が(C)一体になって応援したんですよ。」

青木先生「それは素晴らしい経験をしたわね。黒川さんの夏休みはどのような感じかしら。」

黒川さん「私は久しぶりに帰省した田舎の祖母の家でずっと暮(D)らしていました。創作意欲が湧いて詩をたくさん作り、雑誌に投稿しました。その詩が最優秀賞をとったので、来月号に掲載されます。」

青木先生「ぜひ読んでみたいですね。書店に並ぶのを待っています。」

1　――線部（A）の謙譲表現として、最も適当なものを次の**ア**～**エ**の中から選び、記号で答えなさい。

ア　拝見しました　　**イ**　御覧になりました　　**ウ**　見ました　　**エ**　見ていただきました

2　――線部（B）（C）の組み合わせとして最も適当なものを次の**ア**～**エ**の中から選び、記号で答えなさい。

ア（B）様態を表す助動詞　（C）主語を表す格助詞

イ（B）様態を表す助動詞　（C）逆接を表す接続助詞

ウ（B）伝聞を表す助動詞　（C）対比を表す接続助詞

エ（B）伝聞を表す助動詞　（C）主語を表す格助詞

3　――線部（D）「暮」の部首として最も適当なものを次の**ア**～**エ**の中から選び、記号で答えなさい。

ア　ひ　　**イ**　くさかんむり　　**ウ**　ひと　　**エ**　いち

二〇二三年度 國學院大學栃木高等学校（第2回）

【国語】（五〇分）〈満点：一〇〇点〉

一 次の各問いに答えなさい。

問一 次のア～オの――線部のカタカナを漢字で書きなさい。

ア 経済を**ササ**える職業。

イ 代金を**フタン**する。

ウ 生徒会長の**コウホ**になる。

エ 優勝旗を**ヘンカン**する。

オ 贈り物用の**ホウソウ**紙。

問二 次のア～オの――線部の漢字の読みをひらがなで書きなさい。

ア 柔和なまなざしの人。

イ 土産を携えて帰省する。

ウ 災害で家が傷む。

エ 彼方から呼ぶ声がする。

オ 真顔で話しかける。

問三 次のア～エの中から「4 1 2 3 7 6 5」の順番に読めるものを一つ選び、記号で答えなさい。

ア □レ □二 □ □一 □二 □ □一

イ □三 □ □ □二 □ □一 □

ウ □二 □ □ □一 □レ □レ □

エ □レ □レ □レ □ □レ □ □

英語解答

1 A　1…イ　2…ア　3…エ
B　1…イ　2…エ　3…ウ

2 1　エ　2　エ　3　ア　4　エ
5　ウ　6　ウ　7　イ　8　ア
9　イ　10　エ

3 1　イ　2　ア　3　ウ　4　エ
5　イ　6　イ

4 1　have, to write
2　cousin brought, Sunday
3　mine left, July

5 1　ウ　2　イ
3　a　10　b　人間　4　イ，オ

6 1　a　道路　b　掃除
c　電車を待つ　d　椅子
2　エ　3　２番目…ア　４番目…イ
4　エ

7 1　(例)彼らは私に私がわからない英単語を(いくつか)教えてくれた。
2　イ
3　a　コミュニケーション
b　手助けして
4　A　a small child
B　with many people
5　イ，エ

1〔単語の発音・アクセント〕

A＜単語の発音＞

1．ア．rose[z]　イ．months[s]　ウ．bottles[z]　エ．Thursday[z]
2．ア．warm[ɔ:r]　イ．park[ɑ:r]　ウ．market[ɑ:r]　エ．farm[ɑ:r]
3．ア．clicked[t]　イ．dressed[t]　ウ．crashed[t]　エ．rolled[d]

B＜単語のアクセント＞

1．ア．per-háps　イ．vól-ume　ウ．pa-ráde　エ．be-twéen
2．ア．sév-en-ty　イ．néws-pa-per　ウ．gén-tle-man　エ．a-máz-ing
3．ア．de-lív-er-y　イ．a-quár-i-um　ウ．él-e-va-tor　エ．tech-nól-o-gy

2〔適語(句)選択・語形変化〕

1．主語のHeが３人称単数で，後に一般動詞likeが続いているので，doesn'tが適切。　「彼はオー・ヘンリーによって書かれた物語が好きではない」

2．look forward to ～で「～を楽しみにする」の意味。このtoは前置詞なので後に動詞が続くときは動名詞(～ing)にする。hear from ～で「～から便りがある〔連絡をもらう〕」。　「近いうちにご連絡いただけることを楽しみにしています」

3．‘make＋目的語＋動詞の原形’で「～に…させる」の意味。　「ジェーンは息子に自分の部屋を掃除させた」

4．something cold to drinkで「何か冷たい飲み物」の意味。to drinkは代名詞somethingを修飾するto不定詞の形容詞的用法。形容詞のcoldもsomethingを修飾している。形容詞とto不定詞がsomethingを修飾する場合，‘something＋形容詞＋to不定詞’の語順になる。（類例）something hot to eat「何か熱い食べ物」　「喉が渇いています。何か冷たい飲み物が欲しいです」

5．「５時までに皿を洗い終える」という意味になると考えられる。「～までに」という‘期限’を表す前置詞はby。　「あなたは５時までに皿を洗い終えなければなりません」　なお，アのtillは

「～まで(ずっと)」の意味で動作の‘継続’を表すので不適切。（例）I played tennis till five.「私は5時まで(ずっと)テニスをした」

6．「兄〔弟〕によって撮られた写真」という意味になればよい。「～される〔た〕」の意味を表すのは過去分詞。a picture taken by my brotherは，過去分詞takenで始まる語句が前の名詞a pictureを修飾する‘名詞＋過去分詞＋語句’の形(過去分詞の形容詞的用法)。「これは兄〔弟〕によって撮られた写真だ」

7．get off ～で「(電車など)を降りる」の意味。「ケビンは列車を降りた後，スーツケースをホームに置いた」

8．be full of ～で「～でいっぱいの」の意味。be filled with ～と言い換えることもできる。「春にはこの公園は桜の花でいっぱいになる」

9．as soon as ～で「～するとすぐに」の意味。エのfastは「(速度が)速い」の意味なので不適切。「生徒たちは学校が終わるとすぐにサッカーをし始めた」

10. at leastで「少なくとも」の意味。leastはlittleの最上級(little－less－least)。「私の娘は少なくとも100冊の本を持っている」

3〔整序結合〕

1．「ハイキングに行く」はgo for a hikeで表せる。「もし明日晴れなら」はifの後に‘天候’を表す文の主語となるitを用いてit is sunnyとまとめる。‘時’や‘条件’を表す副詞節(if, when, before, afterなどから始まる副詞のはたらきをする節)では未来のことでも現在形で表すので，isが使われている。Let's go for a hike if it is sunny tomorrow.

2．「私は～だと思う」は‘I think (that)＋主語＋動詞...’の形で表せる。I think that they are very good basketball players.

3．主語の「パーティーの招待客は皆」は「パーティーに招待された客は皆」と読み換え，過去分詞の形容詞的用法で表す。過去分詞(invited)が他の語句(to the party)を伴っているので，名詞を後ろから修飾する形になる。「～に驚く」はbe surprised at ～で表せる。All the guests invited to the party were surprised at the news.

4．「この地図は母によって描かれた」という受け身‘be動詞＋過去分詞’の文にする。drawnはdraw「～を描く」の過去分詞(draw－drew－drawn)。「～によって」はby ～。This map was drawn by my mother.

5．「～そうだ」は‘They say (that)＋主語＋動詞...’「人々は～だと言っている」の形で表せる。このTheyは「一般の人々」の意味。「今まで一度も～したことがない」は‘経験’用法の現在完了形(‘have/has＋過去分詞’)で表す。「約束を破る」はbreak ～'s promise(⇔keep ～'s promise)。neverは過去分詞brokenの前に置く。break－broke－broken They say that she has never broken her promise.

6．This is「これは～です」の後，「リックが妻に送った手紙」は‘名詞(＝先行詞)＋主語＋動詞...’「～が…する〈名詞〉」の形でa letter Rick sent to his wifeとする。letterの後に目的格の関係代名詞which〔that〕が省略された形。This is a letter Rick sent to his wife.

4〔和文英訳―適語補充〕

1．「持っていますか」なので最初の空所にはhaveが入る。「(ペンなど)何か書くもの」はsomething

to write with で表せるが，疑問文なので，ここでは anything になっている。この with は「〜を使って」の意味。「(ペンなど)を使って書く」と考えれば覚えやすいだろう。また something to write on とすると「(紙など)何か書くもの」の意味になる。こちらは「(紙など)の上に書く」ということで on が使われる。

2．「いとこ」は cousin。「持ってきてくれた」は bring「持ってくる」の過去形 brought を使えばよい(bring－brought－brought)。「日曜日」は Sunday。曜日の名前は大文字で始める。

3．a friend of 〜で「〜の友達(の１人)」を表す場合，「〜」には「〜のもの」を表す形(mine, yours など)が入る。「〜を去った」は leave「〜を去る」の過去形 left を使う(leave－left－left)。「7月」は July。月の名前は大文字で始める。

5 〔長文読解総合―対話文〕

≪全訳≫❶ケイト(K)：こんにちは，アキラ。かわいい犬を飼っているのね。名前は何ていうの？❷アキラ(A)：彼の名前はベンだよ。生後４か月なんだ。❸K：あら，まだ小さいのね。❹A：僕の家族は最近パピーウォーカーになったんだ。❺K：パピーウォーカー？　聞いたことがないわ。それは何？❻A：パピーウォーカーは一種のボランティアだよ。将来盲導犬になるかもしれない犬と暮らすのが仕事なんだ。盲導犬は，人と犬が友達であることを学ぶ必要があるんだ。ベンは僕たちの家に約10か月いる予定だよ。その期間，僕たちは彼にそのことを教えるんだ。❼K：なるほど，でも犬とのコミュニケーションは難しいと思うわ。❽A：①そのとおり。ベンはときどきほえるし，僕の言うことを聞かないんだ。❾K：彼がそういうことをするとき，あなたはどうするの？❿A：僕がベンに腹を立てることはないよ。僕はいつも笑顔で彼に話しかけるんだ。僕の家族の誰もが同じことをするよ。彼は僕たちの言葉を少しずつ覚えているんだ。⓫K：あら，それはすばらしいわね。皆がベンのために協力しているのね。⓬A：うん。盲導犬になるためには人を愛することが大切だと僕たちはわかっている。だから，僕たちも彼を愛し，世話をする必要がある。ベンは訓練センターに戻って，特別なトレーニングを始めるんだよ。⓭K：ベンにさよならを言うのはあなたにとって悲しいでしょうね。⓮A：うん，でも僕たちは皆，ベンに役に立つ盲導犬になってほしいんだ。そして，彼が困っている人々に対して愛情を抱くことを願っている。僕たちが彼を愛せば，ベンはそれを彼らに見せると思うんだ。

1＜適文選択＞直前のケイトの「犬とのコミュニケーションは難しいと思う」という発言に対し，アキラは直後で「ベンはときどきほえて，僕の言うことを聞かない」と言っている。これは犬とのコミュニケーションの難しさを表す例といえるので，アキラはケイトの発言を肯定したと考えられる。

2＜書き換え―適語選択＞下線部②は'It is 〜 for ― to …'「―が〔にとって〕…することは〜だ」の形(ここでは is の代わりに will be が使われている)で「ベンにさよならを言うのはあなたにとって悲しいだろう」という意味。これを「ベンのいない生活はあなたを悲しませるだろう」と言い換える。書き換えた文は'make＋目的語＋形容詞'「〜を…(の状態)にする」の形。

3＜内容一致＞a．第６段落第４文参照。盲導犬候補のベンはアキラの家に「10か月間ほど」いることになる。　b．第６段落第３，５文参照。ベンはアキラの家にいる間に「人間」と犬が友達であることを学ぶと考えられる。

4＜内容真偽＞ア．「ケイトはアキラの犬がとても怖かったので，すぐに彼に家に帰るように言った」…×　そのような記述はない。　イ．「アキラはケイトがパピーウォーカーの仕事を知らなかったので彼女に説明した」…○　第６段落の内容に一致する。　ウ．「ケイトは盲導犬の問題に気づいたので，ベンのために何かしたいと思った」…×　そのような記述はない。　エ．「アキラは将来の仕事として訓練センターのボランティアとして働くことに決めた」…×　そのような記述はない。　オ．「アキラの家族は皆，ベンがよい盲導犬になることを望んでいる」…○　第14段落第１文に一致する。

6〔長文読解総合―エッセー〕

≪全訳≫❶日本の北部に小さな町があった。そこにはわずか7000人しか住んでいなかった。この町には，自分たちの生活をよりよくするためのお金があまりなかった。町役場で働いている人はあまり多くなかった。しかし，彼らは町での生活をよりよくするために休日なしで一生懸命働いた。町の人々は彼らにとても感謝していたので，ボランティア活動を通じて町役場を手伝った。彼らの中には道路を掃除する人もいれば，駅で電車を待つ人々のために椅子をつくる人もいた。町の皆が自分たちの町のために協力していた。❷この町にはとても小さな図書館があり，そこにはあまり多くの本がなかった。町の人々は大きな図書館が欲しいと思っていた。彼らは，図書館の建物を建てるのはとてもお金がかかることを知っていた。彼らはまた，町役場が図書館の建物を建てるのに十分なお金を持っていないことも知っていた。町にはある古い建物があった。それは40年前に建てられたものだった。その後，町役場で働く人々はそれを町の図書館として利用することに決めた。彼らは国中の人々に古本を町役場にくれるよう頼んだ。すると，町役場は図書館に必要な本をたくさん受け取った。町の人々もまた，町役場が図書館をつくるのを手伝った。例えば，彼らは古い建物の掃除をし，本を並べた。多くの古本と町の人々の助けによって，町には新しい大きな図書館ができた。これらの多くの人々の小さな努力が町の図書館をつくったのだ。❸以下は多くの人々がインターネット上でしたもう１つの小さな努力の話だ。あるウェブサイトには多くの物の写真が掲載されている。人々がもう使わない物が掲載されているのだ。彼らは，物を必要としなくなると，その写真を撮り，ウェブサイトに送信する。／→エ．すると，ウェブサイトがインターネット上に写真を表示する。／→ア．使いたい物が見つかったら，持っている人から借りることができる。／→ウ．それを使い終わったら，それを返送する。／→イ．そして，別の人がウェブサイトでそれを見つけて借りる。／このウェブサイトのいいところは２つある。あなたが物を借りるのにお金は必要ない。もう必要のない物を捨てなくてよいのだ。このシステムはインターネット上で始まったばかりだが，もっと人気が出るだろう。❹さて，皆さんは町の図書館とウェブサイトの例を学んだ。物を再び使う活動は他にもたくさんある。しかし，いつもそれらに参加しなければならないのだろうか。答えは「いいえ」だ。皆さんができる単純で簡単なことがある。自分の周りにある物を見てほしい。自分がそれらのうちのいくつかを捨てるときは，このように考えてほしい。「これはまだ使えるだろうか」と。何か新しい物を買うときは，「本当にこれが必要なのだろうか」と自問してほしい。これらはほんの数例だ。自分の視点で自分にできることを考えることが大切なのだ。大きなことをする必要はない。皆さんは小さなことをすることができる。もし全員が小さなことを始めれば，それはいつか大きなことになるのだ。

１＜内容一致＞下線部①直後の文参照。ここに，ボランティア活動の例が挙げられている。

２＜内容真偽＞ア．「町には町役場で働く人がたくさんいた」…×　第１段落第４文参照。　イ．「町には新しい図書館を建てるのに十分なお金があった」…×　第２段落第４文参照。　ウ．「日本中の人々が町に新しい本をくれた」…×　第２段落中盤参照。人々が町に送ったのは used books「古本」。　エ．「新しい図書館として使われた建物は40年前に建てられた」…○　第２段落第５～７文の内容に一致する。

３＜文整序＞日本語の説明で使われている単語に注目し，どの選択肢のことを述べているのか考える。第１文前半は「写真(＝the picture)」,「ウェブサイト(＝the website)」からエの内容，後半は「使いたい(＝want to use)」,「持っている人(＝the person who has it)」,「借りられる(＝can borrow)」などからアの内容である。また，第２文は「使い終わる(＝finish using it)」,「送り返す(＝send it back)」からウの内容，第３文は「別の人(＝other people)」,「借りる(＝borrow)」からイの内容と判断できる。

４＜適語選択＞③空所を含む，引用符(“ ”)内の疑問文は物を捨てるときに考えるべきことなので，「まだ使えるだろうか」とする。　④同様に空所を含む引用符内の疑問文は新しい物を買うときに考えるべきことなので，「本当にこれが必要だろうか」とする。　⑤・⑥直前の２文参照。「大きなことをする必要はない」,「小さなことができる」とあるので，「小さなことを始めれば，いつか大きなことになる」とする。

7〔長文読解総合―スピーチ〕

≪全訳≫❶今まで学校の外で英語を話したことがありますか？　私たちは英語を使わなくても多くのことができるので，ふだんは英語を使う必要はありません。ただ，私たちは国際社会に生きています。私たちは，英語が世界で重要な言語であると知っています。私はある経験を通してこれが正しいことを学びました。そのことについてお話しします。❷私は２か月前に初めてある国際パーティーのことを聞きました。私は興味があり，きっとこれは英語を使うチャンスだと思ったので参加することに決めました。私はそこで多くの外国人と多くの日本人を見かけました。アメリカ人の女性が私に話しかけてきました。彼女は古い日本の建物に興味があり，それらを訪れて写真を撮ることを楽しんでいました。次にカナダ出身の男性が私に話しかけてきました。彼は自分の家族や好きなスポーツについて話しました。彼らは私がわからない英単語をいくつか教えてくれ，私はその使い方を学びました。私は彼らと英語で話せてうれしかったです。❸その２人と話し終えた後，ある男性が私に話しかけてきました。彼の名前はリオで，タイの出身でした。彼は日本語が上手に話せませんでした。もちろん，私はタイ語を話すことができませんでした。私たちは何語を話したでしょうか？　推測できますか？　私たちは２人とも英語を使ったのです。彼は私に数枚の写真を見せて，タイについて話してくれました。彼は「これらは私が自分の町で撮った写真です。見てください！　私たちは船を使って多くの場所に行くので，水路は私たちの生活においてとても重要です。これらは私たちが使う船です。私は船で高校に通いました。船でお店を開いている人もいて，私たちは彼らから物を買うことができます。別の写真を見てください。私たちは通りで象を見ることができます。彼らと一緒に写真を撮ることができるんです」と言いました。私はタイについてあまり知りませんでしたが，リオの話と写真は本当にわくわくするものでした。それで私はその国に興味を持ち，そこに行きたいと思いました。❹２週間後，私は別の国際パーティーに参加し，私の町で撮った写真を数枚持ってパーティーに行きました。前回のパーティーで，リオは自分の国で撮った写真を見せてくれ，それらは私たちのコミュニケーションを手助けしてくれました。今回，私はこれを試してみたかったのです。すると，私はまたリオを見つけました。彼はある女性と話していました。私は彼らに話しかけ，私たちは英語で話し始めました。彼女は中国人の女性で，名前はチェンでした。彼女はとても上手に英語を話しました。彼女は小さな子どものときから英語を勉強し始めました。それから私はリオとチェンに私が持っていた写真を見せました。私は「日本には４つの季節があり，私たちはそれらを楽しんでいます」と言いました。冬に撮った写真を彼らが見たとき，リオは「ここでは雪が降るのですか？」と言いました。私は「はい。私の町では，冬になると雪が降ることがあります」と言いました。チェンは「私の国でも雪は降ります。私は，毎年冬になると，自分の国で家族とスキーを楽しみました」と言いました。彼は「タイの私の町では雪を見たことがありません。私は雪を見て，手で感じてみたいです」と言いました。私は「ここでもスキーが楽しめます」と言いました。私たちは多くのことを話して，楽しい時間を過ごしました。その後，私はさらに２つの国際パーティーに参加しました。それらは皆，楽しかったです。5国際パーティーでの経験を通じて，私はある重要なことを学びました。私たちは世界中の多くの人々とコミュニケーションをとるために英語を学んでいることがわかりました。私たちは世界中の全ての言語を学ぶことはできません。でも，私たちは英語で彼らとコミュニケーションをとることができます。高校生が国際パーティーに参加するのはすばらしいことです。私たちは英語での会話を楽しみ，新しい外国人の友達をつくることができます。きっとそれはあなたにとってもすばらしい経験になるでしょう。

１＜英文和訳＞‘tell＋人＋物事’「〈人〉に〈物事〉を話す〔教える〕」の形。‘物事’に当たるのは some English words I didn’t know。これは words の後に目的格の関係代名詞 which〔that〕が省略された‘名詞＋主語＋動詞...’の形である。

２＜語句解釈＞Leo’s stories とは，同じ段落内のリオの発言（“These are the pictures I took in my town.～We can take pictures with them.”）のこと。この部分の内容に合うものを選ぶ。

３＜文脈把握＞第４段落第１～３文参照。リオが見せてくれた写真がコミュニケーションに役立ったので，康子はまねようとしたのである。第２文の ... they helped us with communication の they は pictures を指す。‘help＋人＋with ～’で「〈人〉の～を助ける」。

４＜内容一致＞≪全訳≫康子（Y）：あなたは英語を話すのがとても上手ですね。どのくらい勉強しているんですか？／チェン：私が英語を勉強し始めたのは，$_{\text{A}}$私が小さな子どものときです。だから私は英語を約15年間勉強しています。／リオ：タイでも早くから英語を勉強し始めます。私は，英語はとても役立つ言語だと思います。／Y：私もそう思います。私はもっと一生懸命英語を勉強して，もっと上手に話したいです。英語では，世界中の$_{\text{B}}$多くの人々とコミュニケーションをとることができます。

＜解説＞A．第４段落中盤で，チェンは「小さな子どものときに英語の勉強を始めた」とある。B．第５段落第２，４文参照。康子は「英語で世界中の多くの人々とコミュニケーションがとれる」と思っている。

５＜内容真偽＞ア．「康子は２週間前に初めて国際パーティーに行った」…×　第２段落第１文に「２か月前に初めて国際パーティーのことを聞いた」とあるが，初めて行ったのがいつかは述べられていない。　イ．「康子が出会ったアメリカ人女性は，古い日本の建物に興味を持っていた」…○　第２段落第４，５文の内容に一致する。　ウ．「康子はタイの人々は日本語を話せるのでタイに行きたいと思った」…×　「タイの人々が日本語を話せる」という記述はない。　エ．「チェンは，冬に自分の国で家族と一緒にスキーをした経験があった」…○　第４段落後半の内容に一致する。　オ．「リオは康子とチェンに彼と一緒に別の国際パーティーに参加するよう頼んだ」…×　そのような記述はない。　カ．「チェンは高校生が国際パーティーに参加するのはすばらしいことだと考えている」…×　第５段落第５文参照。これは康子の意見である。

2023年度／國學院大學栃木高等学校（第２回）

数学解答

1 (1) -4　(2) $-\frac{5}{12}a$　(3) $3xy^3$
(4) $3\sqrt{2}$　(5) $y(x-3)^2$
(6) $x=\frac{13}{12}$　(7) $x=2,\ y=-1$
(8) $x=\frac{3\pm\sqrt{13}}{2}$

2 (1) 28　(2) $y=-\frac{6}{x}$
(3) $y=2x+1$　(4) $x=8$　(5) 250円　(6) $\frac{1}{4}$　(7) 八角形
(8) 22°　(9) $4\pi+8\text{cm}^2$　(10) エ

3 (1) ２秒後　(2) 頂点Ｅ

4 (1) $\frac{1}{6}$　(2) 5

5 (1) $\frac{1}{4}$　(2) $\frac{3}{2}$　(3) $\frac{105}{8}$

1〔独立小問集合題〕

(1)＜数の計算＞与式 $=8-12=-4$

(2)＜式の計算＞与式 $=\frac{9}{12}a-\frac{14}{12}a=-\frac{5}{12}a$

(3)＜式の計算＞与式 $=27x^3y^7\div9x^2y^4=\frac{27x^3y^7}{9x^2y^4}=3xy^3$

(4)＜数の計算＞与式 $=\sqrt{5^2\times2}-\frac{4\times\sqrt{2}}{\sqrt{2}\times\sqrt{2}}=5\sqrt{2}-2\sqrt{2}=3\sqrt{2}$

(5)＜式の計算―因数分解＞与式 $=y(x^2-6x+9)=y(x-3)^2$

(6)＜一次方程式＞両辺を８倍して，$4x-3=10-8x$，$4x+8x=10+3$，$12x=13$　$\therefore x=\frac{13}{12}$

(7)＜連立方程式＞$2x-3y=7$……①，$3x-5y=11$……②とする。①×5－②×3より，$10x-9x=35-33$　$\therefore x=2$　これを①に代入して，$2\times2-3y=7$，$4-3y=7$，$-3y=3$　$\therefore y=-1$

(8)＜二次方程式＞解の公式より，$x=\frac{-(-3)\pm\sqrt{(-3)^2-4\times1\times(-1)}}{2\times1}=\frac{3\pm\sqrt{13}}{2}$となる。

2〔独立小問集合題〕

(1)＜数の性質＞$\sqrt{7n}$が偶数となるのは，aを自然数とすると，$n=7\times2^2\times a^2$と表されるときである。求めるnは，最も小さい自然数だから，$a=1$のときである。よって，$n=7\times2^2\times1^2=28$となる。

(2)＜関数―反比例の式＞yはxに反比例するので，比例定数をaとすると，その式は$y=\frac{a}{x}$と表される。$x=2$のとき$y=-3$であるから，$-3=\frac{a}{2}$が成り立ち，$a=-6$となる。よって，求める反比例の式は$y=-\frac{6}{x}$である。

(3)＜関数―直線の式＞２点(2, 5)，(4, 9)を通る直線の傾きは，$\frac{9-5}{4-2}=2$だから，その式は$y=2x+b$とおける。点(2, 5)を通るので，$y=2x+b$に$x=2$，$y=5$を代入すると，$5=2\times2+b$，$b=1$となる。よって，求める直線の式は$y=2x+1$である。

(4)＜二次方程式―解の利用＞二次方程式$x^2+3ax+5a-6=0$の解の１つが$x=-2$だから，方程式に$x=-2$を代入して，$(-2)^2+3a\times(-2)+5a-6=0$，$4-6a+5a-6=0$，$-a=2$より，$a=-2$となる。これより，二次方程式は$x^2+3\times(-2)\times x+5\times(-2)-6=0$，$x^2-6x-16=0$となるから，$(x+2)(x-8)=0$より，$x=-2$，8となり，もう１つの解は$x=8$である。

(5)＜一次方程式の応用＞ケーキ１個の値段をx円とすると，ケーキを２個買ったＫさんの残金は$2000-2x$円，ケーキを３個買ったＴさんの残金は$1500-3x$円となる。Ｋさんの残金がＴさんの残金の２倍になったから，$2000-2x=2(1500-3x)$が成り立つ。これを解くと，$2000-2x=3000-6x$,

$4x=1000$，$x=250$ となるから，ケーキ1個の値段は250円である。

(6)＜確率─硬貨＞1枚の硬貨を投げるとき，表と裏の2通りの出方があるから，4枚の硬貨を同時に投げるときの表，裏の出方は $2\times2\times2\times2=16$(通り)ある。このうち，3枚は表，1枚は裏となる場合は，(1枚目，2枚目，3枚目，4枚目)＝(表，表，表，裏)，(表，表，裏，表)，(表，裏，表，表)，(裏，表，表，表)の4通りあるから，求める確率は $\frac{4}{16}=\frac{1}{4}$ である。

(7)＜平面図形─角度の和＞n 角形の内角の和は $180^\circ\times(n-2)$ で求められるから，内角の和が 1080° になるのは，$180^\circ\times(n-2)=1080^\circ$ より，$n-2=6$，$n=8$ のときだから，この多角形は八角形である。

(8)＜平面図形─角度＞右図1のように，7点A，B，C，D，E，F，Gを定めると，$l /\!/ m$ より錯角は等しいから，$\angle\mathrm{ABE}=\angle\mathrm{BEF}=64^\circ$ となる。これより，$\angle\mathrm{GBF}=180^\circ-(\angle\mathrm{ABE}+\angle\mathrm{CBF})=180^\circ-(64^\circ+49^\circ)=67^\circ$ となる。また，$\triangle\mathrm{ADG}$ で内角と外角の関係より，$\angle\mathrm{EGF}=\angle\mathrm{ADG}+\angle\mathrm{DAG}=33^\circ+56^\circ=89^\circ$ となる。さらに，$\triangle\mathrm{BFG}$ で内角と外角の関係より，$\angle x=\angle\mathrm{BFG}=\angle\mathrm{EGF}-\angle\mathrm{GBF}=89^\circ-67^\circ=22^\circ$ である。

図1

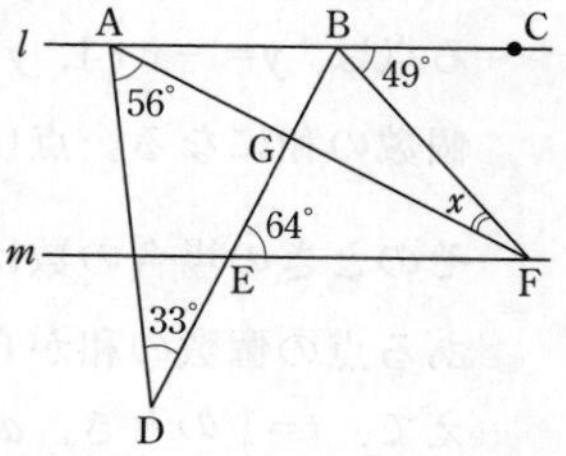

(9)＜平面図形─面積＞右下図2のように，線分ABを直径とする半円の中心をO，点Aを中心に 45° 回転させた半円の直径をAC，線分ACと $\overset{\frown}{\mathrm{AB}}$ の交点のうち点Aでない点をPとする。2点O，Pを結ぶと，斜線部分は，線分ACを直径とする半円と $\triangle\mathrm{AOP}$ を合わせた図形から，おうぎ形OAPを除いた図形である。$\triangle\mathrm{AOP}$ は $\mathrm{OA}=\mathrm{OP}$ の二等辺三角形で，$\angle\mathrm{PAO}=45^\circ$ より，$\triangle\mathrm{AOP}$ は直角二等辺三角形となり，$\angle\mathrm{AOP}=90^\circ$ である。よって，斜線部分の面積は，$\pi\times4^2\times\frac{1}{2}+\frac{1}{2}\times4\times4-\pi\times4^2\times\frac{1}{4}=8\pi+8-4\pi=4\pi+8$(cm^2)となる。

図2

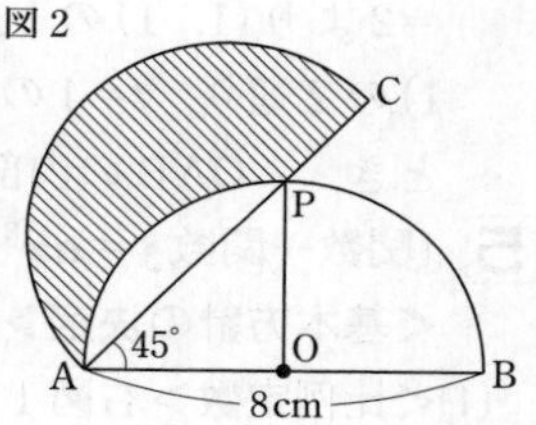

(10)＜データの活用─箱ひげ図＞ア…誤。四分位範囲を比べると，テストAは $70-30=40$(点)，テストBは $70-40=30$(点)であり，テストAはテストBに比べて得点の四分位範囲が大きい。　イ…誤。テストAにおいて，中央値は55点だが，例えば，点数が高い方から150番目の人が61点で，151番目の人が49点であっても，中央値は55点になる。よって，50点以上の生徒が150人より多くなるとは限らない。　ウ…誤。テストAにおいて，第一四分位数が30点だが，これは点数が低い方から150人の中央値で，低い方から75番目の人と76番目の人の平均値だから，低い方から75番目の人が29点，76番目の人が31点ということも考えられ，必ずしも30点の生徒がいるとは限らない。　エ…正。テストBの最小値は30点であり，これは最も得点が低い人の点数である。

3 〔特殊・新傾向問題─規則性〕

≪基本方針の決定≫(2)　2点P，Qは，重なった頂点から時計回りに2つ隣の頂点で，次に重なる。

(1)＜2点が初めて重なる時間＞2点P，Qが頂点Aを出発してから x 秒後のとき，2点P，Qは頂点Aからそれぞれ $2x$ cm，$3x$ cm移動する。2点P，Qが初めて重なるのは，2点P，Qの移動距離の和が正五角形1周分のときである。正五角形1周分の長さは，$2\times5=10$(cm)だから，$2x+3x=10$ より，$5x=10$，$x=2$ となり，2点P，Qが初めて重なるのは，出発してから2秒後である。

(2)＜2点が重なっている頂点＞(1)より，2点P，Qが初めて重なるとき，点Pは頂点Aから $2\times2=4$(cm)移動するから，2点P，Qは頂点Dで重なる。同様に考えて，2点P，Qは頂点Dで重なった後，2秒おきに頂点B，E，C，A，D，……で重なるから，2点P，Qは，D→B→E→C→Aの順で重なることを繰り返す。2点P，Qが出発してから2023回目に重なるとき，$2023\div5=404$ あまり3より，2点はD→B→E→C→Aと404回繰り返し重なった後，D→B→Eと重なって止まる。よって，停止したときの頂点はＥである。

4〔データの活用―確率〕

(1)＜確率＞$t=7$ のとき，直線①の式は，$y=-x+7$ となり，点$(a,\ b)$が直線 $y=-x+7$ 上にあるとき，$b=-a+7$ より，$a+b=7$ となる。大小２つのさいころを投げるとき，目の出方は全部で $6\times6=36$(通り)あり，$(a,\ b)$の組も36通りある。このうち，$a+b=7$ となるのは，$(a,\ b)=(1,\ 6)$，$(2,\ 5)$，$(3,\ 4)$，$(4,\ 3)$，$(5,\ 2)$，$(6,\ 1)$の６通りあるから，求める確率は $\frac{6}{36}=\frac{1}{6}$ である。

(2)＜t の値＞t が自然数より，点$(a,\ b)$は必ず直線 $y=-x+t$ 上にある。点Ａ，Ｂが直線 $y=-x+t$ 上にあるとき，△OABの内部にある点は，$y=-x+1$，$y=-x+2$，……，$y=-x+t-1$ 上にある点の個数の和になる。点$(a,\ b)$が△OABの内部にある確率が $\frac{1}{6}$ より，そのときの場合の数は $36\times\frac{1}{6}=6$(通り)となる。よって，内部にある点の個数の和が６通りとなる t の値を求める。(1)と同様に考えて，$t=1$ のとき，$a+b=1$ となる組はない。$t=2$ のとき，$a+b=2$ より$(1,\ 1)$の１通り，$t=3$ のとき，$a+b=3$ より$(1,\ 2)$，$(2,\ 1)$の２通り，$t=4$ のとき，$a+b=4$ より$(1,\ 3)$，$(2,\ 2)$，$(3,\ 1)$の３通りとなる。よって，$t=5$ のとき，△OABの内部にある点は $1+2+3=6$(通り)となるから，求める t の値は５である。

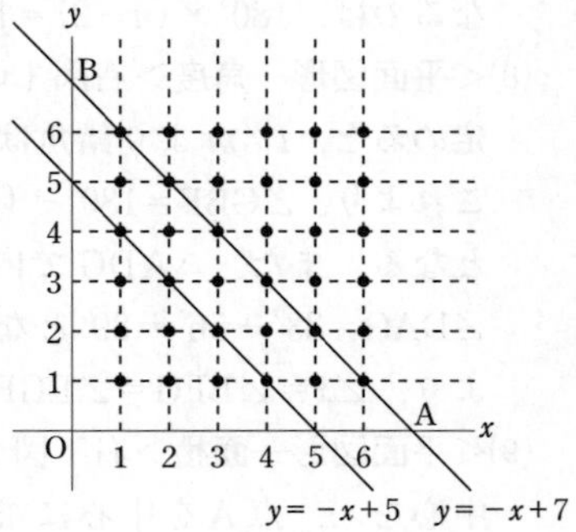

5〔関数―関数 $y=ax^2$ と一次関数のグラフ〕

≪基本方針の決定≫(3)　四角形ADFEが平行四辺形になるのは，AD＝EFのときである。

(1)＜比例定数＞右図１において，放物線 $y=ax^2$ はB(2, 1)を通るので，$x=2$，$y=1$ を代入して，$1=a\times2^2$ より，$a=\frac{1}{4}$ である。

図１

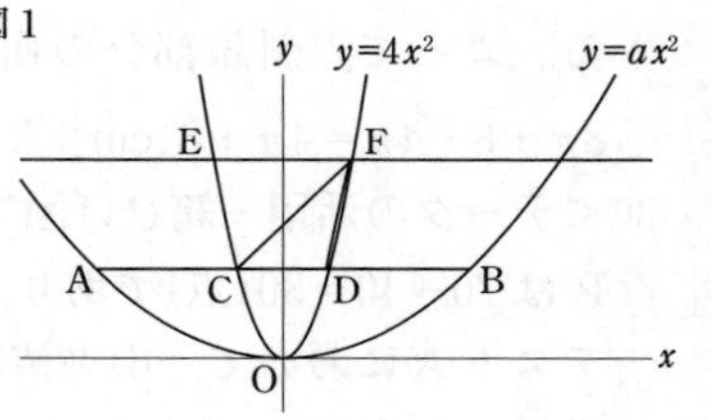

(2)＜面積＞右図１において，２点Ａ，Ｂは y 座標が１で等しいから，線分ABは x 軸に平行で，２点Ｃ，Ｄは線分AB上にあるから，y 座標は１であり，放物線 $y=4x^2$ 上にあるから，x 座標は $1=4x^2$ より，$x^2=\frac{1}{4}$，$x=\pm\frac{1}{2}$ となり，$\mathrm{C}\left(-\frac{1}{2},\ 1\right)$，$\mathrm{D}\left(\frac{1}{2},\ 1\right)$である。点Ｅは放物線 $y=4x^2$ 上にあり，x 座標は -1 だから，y 座標は $y=4\times(-1)^2=4$ となり，E$(-1,\ 4)$である。また，点Ｆも放物線 $y=4x^2$ 上にあり，２点Ｅ，Ｆは x 軸に平行な直線上にあるから，点Ｆは点Ｅと y 軸に対して対称となり，F$(1,\ 4)$である。△CDFの底辺をCDとすると，$\mathrm{CD}=\frac{1}{2}-\left(-\frac{1}{2}\right)=1$，高さは点Ｆと点Ｄの y 座標より $4-1=3$ となる。よって，$\triangle\mathrm{CDF}=\frac{1}{2}\times1\times3=\frac{3}{2}$ となる。

図２

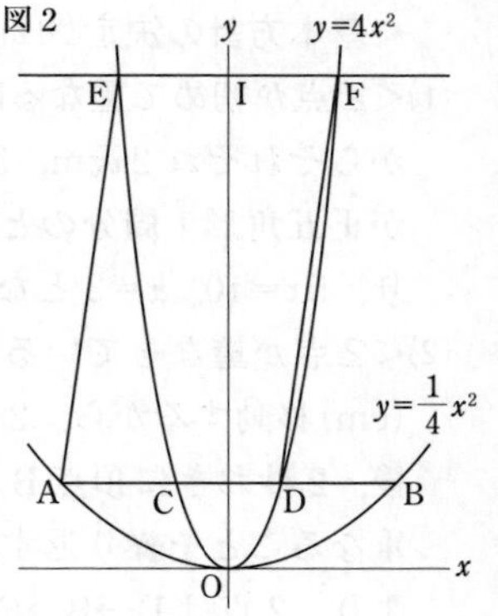

(3)＜面積＞右図２において，$\mathrm{AD}=\frac{1}{2}-(-2)=\frac{5}{2}$ だから，四角形ADFEが平行四辺形になるとき，$\mathrm{EF}=\mathrm{AD}=\frac{5}{2}$ となる。また，線分EFと y 軸の交点をＩとすると，$\mathrm{FI}=\frac{1}{2}\mathrm{EF}=\frac{1}{2}\times\frac{5}{2}=\frac{5}{4}$ より，点Ｆの x 座標は $\frac{5}{4}$，y 座標は $y=4\times\left(\frac{5}{4}\right)^2=\frac{25}{4}$ となり，$\mathrm{F}\left(\frac{5}{4},\ \frac{25}{4}\right)$である。▱ADFEの底辺をADとすると，高さは点Ｆと点Ｄの y 座標より $\frac{25}{4}-1=\frac{21}{4}$ となる。よって，$▱\mathrm{ADFE}=\frac{5}{2}\times\frac{21}{4}=\frac{105}{8}$ となる。

社会解答

1 １ ⑴…ウ　⑵…エ　⑶…イ　⑷…イ
⑸…エ
２ ⑴…リテラシー　⑵…インダス
⑶…書院造　⑷…サヘル
⑸…からっ風

2 １ イ　２ ウ　３ イ　４ ウ
５ エ

3 １ ⑴…ウ　⑵…ウ　⑶…ア　⑷…エ
⑸…イ
２ ⑴…イ　⑵…ア　⑶…ウ

4 １ ウ　２ ア　３ ウ　４ ア

5 １ 聖武　２ 地頭　３ 足利義満
４ 近松門左衛門　５ 太平天国
６ イ

6 １ ウ　２ エ　３ ア　４ ウ
５ エ　６ ア

7 １ ⑴…ア　⑵…イ　⑶…イ
２ ⑴…公務員　⑵…施行

8 １ ⑴…エ　⑵…利潤　⑶…イ
２ 消費者基本法　３ イ　４ エ

1〔三分野総合―小問集合問題〕

１⑴＜ミシシッピ川＞北アメリカ大陸の中央平原を流れ，メキシコ湾に注ぐ河川は，ミシシッピ川である。なお，アマゾン川は，南アメリカ大陸の赤道付近を流れ，大西洋に注ぐ河川，ドナウ川は，ヨーロッパのドイツ南部から東へ流れ，黒海に注ぐ河川，ライン川は，ヨーロッパのアルプス山脈から北へ流れ，北海に注ぐ河川である。

⑵＜自然災害＞海底の急激な地形の変化により，高い波が発生するのは，地震の際に発生する津波である。

⑶＜天平文化＞東大寺の正倉院には，シルクロードを通じてユーラシア大陸の西アジアやインドから唐に伝わった品々が収められている。

⑷＜グローバル化＞日本の食料全体の自給率はカロリーベースで37％の低さであり（2020年現在），輸入元の情勢に輸入量や価格が左右される問題や，食の安全の確保に関する問題が指摘されている。

⑸＜持続可能な社会＞世界の文化を統一するのではなく，互いに文化の違いを認め合い，社会の中で対等な関係を築きながらともに生活していく多文化共生が，持続可能な社会の実現には必要である。

２⑴＜情報リテラシー＞リテラシーとは，もともとは読み書きの能力のことであるが，情報リテラシーのように，ある分野に関する知識や，それを活用する能力という意味にも使われる。

⑵＜インダス文明＞インダス川は現在のパキスタンを流れる川である。この川の流域では，モヘンジョ＝ダロのようなれんがづくりの上下水道や沐浴《もくよく》場をそなえた都市が存在した。インダス文明で使用されたインダス文字は，未解読である。

⑶＜書院造＞室町時代に成立した現在の和室のもとになった建築様式は，書院造である。代表例は，銀閣と同じ敷地にある東求堂同仁斎で，足利義政の書斎であった。

⑷＜サヘル＞サハラ砂漠の南に接する乾燥した草原地域は，サヘルと呼ばれる。サヘルはアラビア語で「岸辺」を意味する言葉で，現在急速に砂漠化が進行している。

⑸＜からっ風＞関東地方の内陸部に冬にふく冷たい北西の季節風は，からっ風と呼ばれる。

2〔三分野総合―小問集合問題〕

１＜日米修好通商条約＞井伊直弼は，1858年に朝廷の許可なく日米修好通商条約に調印した。なお，これをきっかけに尊王攘夷運動が盛んになったが，幕府の政策を非難する人々に対して，直弼は安政の大獄と呼ばれる処罰を行った(①…正)。日米修好通商条約で，江戸幕府は，日本人に対して罪を犯したアメリカ人は，アメリカの法律で罰するという領事裁判権を認めた(②…誤)。

２＜二十一か条の要求＞二十一か条の要求は，日英同盟を理由に日本が参戦した，第一次世界大戦中に出されたものである(①…誤)。二十一か条の要求は，山東省にドイツが持っていた権益を日本が継承することや，ポーツマス条約で日本が獲得した南満州における権益の強化などの内容が盛り込まれていた(②…正)。

３＜新しい人権＞環境アセスメント〔環境影響評価〕は，環境権の主張に基づき，大規模な開発を行う際に義務づけられている，事前の環境への影響の調査のことである(①…正)。インフォームド・コンセントは，患者が治療方法などを自分で決定できるもので，自己決定権の主張に基づいている(②…誤)。

４＜人権の国際的保障＞国際連合では，1948年，各国の人権保障の模範となる世界人権宣言が採択され，1966年には，世界人権宣言の内容を基礎として，これを条約化した国際人権規約が採択された(①…誤)。国際連合では，2007年，先住民族の権利に関する国連宣言が採択された(②…正)。

５＜メルカトル図法＞メルカトル図法は，出発地点と目的地点を結ぶ直線と経線とのなす角度に，北に対して取る船の舵《かじ》の角度を合わせれば，遠回りでも必ず目的地に到達できるため，船舶の航海用地図として使われてきた。また，メルカトル図法は，赤道からはなれ高緯度になるほど，実際の面積よりも大きく示される。

３〔地理—総合〕

１⑴＜資料の読み取り＞肉牛と乳牛の経営戸数と飼養頭数の変化のうち，肉牛の2015年における１戸あたりの飼養頭数は，82700÷989≒83.61…より84頭ほどであるのに対し，乳牛の2015年における１戸あたりの飼養頭数は，53500÷790≒67.72…より68頭ほどである。また，肉牛の2020年における１戸あたりの飼養頭数は，79800÷841≒94.88…より95頭ほどであるのに対し，乳牛の2020年における飼養頭数は，52100÷660≒78.93…より79頭ほどである。したがって，１戸あたりの飼養頭数は，2015年・2020年ともに肉牛よりも乳牛の方が少ない。

⑵＜旅客輸送＞ＡとＢの間には航空路線が存在しないことから，これらの空港を含む２つの県は，より利便性の高い山陽新幹線で結ばれた大阪と福岡のいずれかであると考えられる。また，東京とＢの方が東京とＡよりも旅客輸送量が少ないことから，Ｂは東京と東海道新幹線で結ばれ，東京・福岡間よりも鉄道輸送距離の短い大阪であると考えられる。したがって，Ａには残った福岡が当てはまり，Ｃには那覇が当てはまる。

⑶＜経度＞アは北アメリカのメキシコ付近，イは東南アジアのインドシナ半島・マレー半島付近，ウはヨーロッパのスペイン・ポルトガルのあるイベリア半島付近，エはヨーロッパのスカンディナビア半島付近である。Ｘは，西経にあたるため，本初子午線より西側の西半球に位置し，ア〜エの中で，全てが西半球に位置するのはアのみである。なお，ウはスペインの東部などに本初子午線が通っている。

⑷＜時差＞東京の標準時子午線は東経135度，マナウスの標準時子午線は西経60度であり，日付変更線をまたがないように数えると，両地点の経度の差は195度である。経度15度につき１時間の時差が生じるので，両地点の時差は195÷15＝13時間である。日付変更線をまたがないかぎりは，地球

上の２点間では西の方が時刻が遅いので，東京よりもマナウスの方が13時間遅いことになる。したがって，マナウス現地時刻2023年１月１日深夜０時に電話をかけるためには，東京時刻で2023年１月１日午後１時に電話をかければよいことになる。

(5)＜世界の気候＞リスボン(ポルトガル)は，地中海に近いため，地中海性気候であると考えられる。したがって，夏である６～８月に降水量が非常に少ないイが当てはまる。なお，夏と冬の寒暖の差が大きいアとウのうち１年を通して降水量の少ないウは，ユーラシア大陸の内陸部に位置して乾燥帯に属するウランバートル(モンゴル)，残ったアは冷帯〔亜寒帯〕に属するシカゴ(アメリカ合衆国)，エは熱帯に属するチェンナイ(インド)である。

２(1)＜地形図の縮尺＞この地形図の等高線を見ると，10ｍおきに主曲線，50ｍおきにやや太い計曲線が引かれているので，縮尺は２万５千分の１である。２万５千分の１の地形図では，地図上の１cmが実際の距離の250ｍを表すので，地図上の1.8cmが表す実際の距離は，250×1.8＝450ｍとなる。

(2)＜地図記号＞Ｙは消防署(警察署は⊗)，⊗は高等学校(小・中学校は文)，ıılıは荒地(田は॥)，☼は灯台(電波塔はठ)を表す地図記号である。

(3)＜断面図＞Ｃの○にあたる地点には等高線の主曲線が通っている。この地点から等高線を数えると，４本上に100ｍと書かれた計曲線があることがわかる。この地形図の縮尺は２万５千分の１であることから，主曲線は10ｍおきに引かれているので，Ｃの終点である○の地点の標高は60ｍであることがわかる。○の地点の標高が60ｍになっているグラフは，ウのみである。なお，アはＤ，イはＦ，エはＥである。

4〔世界地理―総合〕

１＜赤道＞赤道は，東南アジアでは，シンガポールであるＣ地点付近を通過する。

２＜東南アジアの国々＞Ｂはタイの首都バンコクである。タイは仏教徒が多く，チャオプラヤ川流域での米の生産が盛んである。なお，イはＡのマニラを首都とするフィリピン，ウはＣのシンガポール，エはＤのジャカルタを首都とするインドネシアが当てはまる。

３＜東南アジアの経済＞Ａのマニラを首都とするフィリピンなどの東南アジア諸国は，人件費が安く，労働力が豊富であるため，外国企業の進出が進んでいる。また，フィリピンについては，フィリピン語以外に英語が公用語となっているため，ことばの壁が低いことも外国企業が進出しやすい環境になっている。なお，アは中国，イはアメリカ合衆国，エはドイツが当てはまる。

４＜東南アジアの輸出品＞Ｄのジャカルタを首都とするインドネシアは，赤道直下にあるため，熱帯作物であるアブラやしの生産が盛んであり，アブラやしから採取されるパーム油の世界一の輸出国である(2018年)。また，石炭の輸出量についても世界一で，オーストラリアが第２位であり，日本も多く輸入している(2019年)。なお，イは日本などの自動車企業が多く進出しているＢのバンコクを首都とするタイ，ウはバナナを多く輸出しているＡのマニラを首都とするフィリピン，残るエはシンガポールである。

5〔歴史―古代～近世の日本と世界〕

１＜聖武天皇＞聖武天皇は，奈良時代である８世紀前半の天皇で，仏教の力で国家を守ろうと考え，国ごとに国分寺・国分尼寺を，平城京には東大寺を建て，大仏をつくらせた。

２＜地頭＞地頭は，1185年，源頼朝が朝廷にせまって認めさせた，荘園や公領ごとに設置された職である。御家人が任命され，現地を管理・支配した。

３＜足利義満＞足利義満は，1392年に南北朝を統一し，朝貢の形の日明貿易〔勘合貿易〕を始めた。また，征夷大将軍のほか太政大臣にも就任し，幕府においても朝廷においても権力をにぎった。

４＜近松門左衛門＞近松門左衛門は，元禄文化の時期である17世紀後半，『曽根崎心中』など現実に起こった事件を基に人形浄瑠璃の台本を書き，人気を呼んだ。

５＜太平天国の乱＞太平天国の乱は，1851～64年，洪秀全が，満州族の清を滅ぼし，漢民族の国を復興させるという意味の「滅満興漢」を掲げ起こした清に対する反乱である。

６＜壇ノ浦の戦い＞1185年，源義経が平氏を滅ぼしたのは，壇ノ浦の戦いである。なお，桶狭間の戦いは，1560年，尾張の戦国大名だった織田信長が，駿河の戦国大名だった今川義元を破った戦いである。

6〔歴史―近現代の日本と世界〕

１＜フランス革命，ロシア革命＞バスティーユ牢獄の襲撃をきっかけにフランス革命が始まったのは，1789年である。また，第一次世界大戦中，ロシア革命が起こって皇帝が退位し，史上初の社会主義政府ができたのは，1917年である。

２＜フランス革命＞フランス革命の混乱の中で軍人として権力をにぎり，革命の終結を宣言して1804年に皇帝に即位したのは，ナポレオンである。なお，ワシントンは，アメリカ独立革命で植民地側の最高司令官を務め，独立後の1789年に初代大統領に選ばれた。

３＜明治時代の出来事＞国会開設の勅諭は明治時代中期の1881年に出され，10年後の国会開設が約束されたが，普通選挙法が制定されて25歳以上の男性全てに選挙権が付与されたのは，大正時代の1925年である。

４＜年代整序＞年代の古い順に，Ⅱ(日朝修好条規の締結―1876年)，Ⅰ(日清戦争の開始―1894年)，Ⅲ(韓国併合―1910年)となる。

５＜西南戦争＞西郷隆盛を中心として鹿児島の士族などが起こした西南戦争は，明治時代初期の1877年に発生した。

６＜ピューリタン革命＞内戦に勝利した議会派の指導者であるクロムウェルが，国王を処刑して共和制を始めたピューリタン革命は，名誉革命前の1640年に起こった。

7〔公民―政治〕

１⑴＜条例＞条例は，住民によって直接選挙された代表者の集まりである地方議会において制定される(①…正)。地域住民は，その地方公共団体の域内に住む18歳以上の有権者の50分の１以上の署名を集めれば，条例の制定・改廃を請求することができる(②…正)。

⑵＜基本的人権＞自由権は，精神の自由，身体の自由，経済活動の自由で構成される。なお，人間たるに値する生活を営む権利は，自由権ではなく社会権に当てはまる。

⑶＜裁判＞民事裁判は，個人や企業といった私人の間の利害関係の対立を法律に基づいて裁くもので，訴えた側を原告といい，訴えられた側を被告という(イ…○)。なお，三審制においては，第一審の判決後第二審の裁判所に訴えることを控訴といい，第二審の判決後第三審の裁判所に訴えることを上告という(ア…×)。刑事裁判の第一審は，通常は事件の種類に応じて簡易裁判所か家庭裁判所か地方裁判所のいずれかで行われる(ウ…×)。裁判員制度は，重大な刑事事件の第一審に市民が参加する仕組みである(エ…×)。

２⑴＜公務員＞日本国憲法第15条②には，「すべて公務員は，全体の奉仕者であつて，一部の奉仕者ではない。」とある。これは，公務員は，国家公務員であれ，地方公務員であれ，一部の人々のためではなく，全ての人々のために仕事を行う存在であるという意味である。

⑵＜日本国憲法の公布・施行＞公布とは，成立した法令を発表し，国民に周知させることであり，施行とは，公布された法令の効力を現実に発生させることである。日本国憲法は，1946年11月３日に公布され，６か月後の1947年５月３日に施行された。

8〔公民―経済〕

１⑴＜家計＞実際に使えるお金である可処分所得は，所得（収入）から税金や社会保険料などの非消費支出を引いたものであり，生活に必要な支出である消費支出は，可処分所得から将来の支出への備えである貯蓄をひいたものである。

⑵＜利潤＞企業が商品の販売で得た収入から，商品の生産に必要な費用をひいたものを利潤〔利益〕といい，企業活動はできるだけ多くの利潤を得ることを目的としている。

⑶＜企業＞企業は，利潤を目的とする私企業と，国や地方公共団体の資金で運営される公企業に大別される。また，私企業は，農家や個人商店などの個人企業と，株式会社のように組織として運営される法人企業に大別される（①…正）。株主は，特に大企業においては，会社の経営に直接携わることはなく，経営の専門家が取締役として会社を経営することになる。その場合，株主は株主総会の議決に参加したり利潤の一部を配当として受け取ったりするのみで，会社が倒産しても，投資した金額を失うだけでそれ以上の責任は問われない（②…誤）。

２＜消費者基本法＞2004年に制定された，消費者の権利と国や地方公共団体の責務を明確に規定した消費者行政の基本となる法律は，消費者基本法である。

３＜需要と供給の変化と価格＞Ｄ曲線は価格が上がると取引量が下がるので需要曲線であり，Ｓ曲線は価格が上がると取引量が増えるので供給曲線である。農作物について，不作などで供給量が減少した場合，取引量が減るので供給曲線は左（S_2）に移動し，その結果として需要曲線と供給曲線の交点の価格である均衡価格は上がることになる（イ…○）。なお，農作物について，豊作などで供給量が増加した場合，取引量が増えるので供給曲線は右（S_1）に移動し，均衡価格は下がる（ア…×）。工業製品について，原材料費の値上げなどが起こると価格は上がり，供給曲線は左（S_2）に移動して，需要曲線と供給曲線の交点の取引量である均衡取引量は減ることになる（ウ…×）。工業製品について，技術革新が進み供給量が増加した場合，供給曲線は右（S_1）に移動して均衡取引量は増えることになる（エ…×）。

４＜為替相場＞円高とは，外国通貨に対する円の価値が高まることをいう。例えば，１ドルと交換するのに150円必要だったものが，130円しか必要でなくなれば，それはドルに対して円の価値が高まったことを意味するので，円高である。円高になると，日本製の商品を外国に輸出する際の値段が高くなるので，輸出を中心とする企業には不利だが，外国製商品を日本に輸入する際の値段は安くなるので，輸入を中心とした企業には有利になる。

理科解答

1　１　(1)…ウ　(2)…ア　(3)…イ　(4)…イ
　２　ウ

2　１　ウ　２　イ　３　ウ　４　エ
　５　ア

3　１　エ　２　ア
　３　(1)…ア　(2)…ア　(3)…イ

4　１　イ　２　ウ　３　イ　４　エ
　５　エ

5　１　エ　２　イ　３　ウ　４　イ

6　１　ウ　２　日周　３　ウ
　４　77°

7　１　胞子　２　イ　３　エ
　４　(例)種子をつくる

8　１　化学エネルギー　２　イ
　３　ア　４　$Zn \longrightarrow Zn^{2+} + 2e^-$

9　１　ア　２　約83m/s　３　0.06W
　４　エ

1〔気象と天気の変化〕

１＜湿度＞(1)$〔湿度(\%)〕=\dfrac{〔空気1\,m^3中に含まれている水蒸気量(g/m^3)〕}{〔その気温での飽和水蒸気量(g/m^3)〕}\times100$より，図で，気温が同じP，Q，Rの空気は飽和水蒸気量が同じだから，空気１m^3中に含まれている水蒸気量が最も小さいRの空気の湿度が最も低い。また，含まれている水蒸気量が同じRとSの空気では，気温が高いRの空気の方が飽和水蒸気量は大きくなるので，湿度は低くなる。よって，最も湿度が低い空気はRである。　(2)露点は，空気中に含まれている水蒸気の一部が凝結して水滴になり始める温度で，このとき，空気１m^3中に含まれている水蒸気量は飽和水蒸気量と等しくなる。空気中に含まれている水蒸気量が大きい空気ほど，飽和水蒸気量と等しくなる温度は高いので，露点が高くなる。よって，最も露点が高い空気はPである。　(3)Qの空気の気温は25℃で，25℃での飽和水蒸気量は図より約23g/m^3である。また，Qの空気に含まれている水蒸気量は，図より18g/m^3である。よって，Qの空気の湿度は，$\dfrac{18}{23}\times100=78.2\cdots$より，約78％となる。　(4)気温22.5℃での飽和水蒸気量は，図より約20g/m^3である。よって，〔空気１m^3中に含まれている水蒸気量(g/m^3)〕＝〔その気温での飽和水蒸気量(g/m^3)〕×$\dfrac{〔湿度(\%)〕}{100}$より，湿度が50％の空気１m^3中に含まれる水蒸気量は，$20\times\dfrac{50}{100}=10(g/m^3)$である。

２＜雲の発生＞図の雲の発生装置では，ポンプを押すと容器内に空気が入るので，空気の圧力が大きくなる。その後栓を緩めると容器内の空気が外に出ていくので，装置内の空気の圧力が急激に低くなる。空気の圧力が低くなると，空気の温度が下がり，露点に達すると空気中の水蒸気が水滴に変わって雲ができる。

2〔生物の体のつくりとはたらき〕

１＜門脈＞図の血管X(肝門脈)では，小腸から肝臓へ入る血液が流れる。小腸では養分が吸収されるので，血管Xには最も栄養が豊富な血液が流れる。なお，肝動脈は肝臓へ入る血液のうち，酸素を多く含む血液が流れる血管で，最も尿素を多く含む血液はじん臓に入る前の血液である。

２＜大静脈＞図の血管Yは全身から心臓に戻る血液(静脈血)が流れる血管だから，大静脈である。小腸で吸収された脂肪酸とモノグリセリドは再び脂肪となってリンパ管に入り，首の下で大静脈と合流して全身に運ばれる。なお，大動脈は心臓から全身に送り出される血液(動脈血)が流れ，肺動脈は心臓から肺に向かう血液(静脈血)が，肺静脈は肺から心臓に戻る血液(動脈血)が流れる。

３＜肝臓＞肝臓には食物と一緒に取り込まれた有害物質を無毒化するはたらきがある。なお，尿素などの不要な物質は，じん臓でろ過され，尿としてぼうこうにためられた後，排出される。脂肪の分解を助ける胆汁は肝臓でつくられるが，胆汁には消化酵素が含まれない。また，赤血球や白血球などの血球は骨の中にある骨髄でつくられる。

4＜消化・吸収＞小腸の内壁には多数のひだや柔毛があることで，表面積が大きくなり栄養分を効率よく吸収できる。また，水分は主に小腸で吸収され，一部は大腸で吸収される。よって，正しいのは②と④である。なお，植物は消化されにくいので，肉食動物より草食動物の方が，小腸が長い。また，小腸は収縮運動を繰り返して，消化・吸収されなかったものを大腸へ送る。

5＜すい臓＞すい臓でつくられた消化液には，デンプンを分解するアミラーゼ，タンパク質を分解するトリプシン，脂肪を分解するリパーゼが含まれている。なお，すい臓でつくられた消化液は十二指腸に出され，肝臓でつくられた胆汁は胆のうに蓄えられて十二指腸に出される。また，胃を通過した食べ物は，小腸へ運ばれる。

3〔化学変化と原子・分子〕

1＜質量保存の法則＞化学変化の前後で物質全体の質量が変わらないことを表した法則を，質量保存の法則という。なお，フックの法則は，ばねののびは加えた力に比例するという関係であり，作用・反作用の法則は，ある物体に力を加えると，同時にその物体から，大きさが同じで，逆向きの力を受けることである。また，オームの法則は，回路を流れる電流の大きさは電圧の大きさに比例するという関係である。

2＜反応する物質の質量＞石灰石とうすい塩酸を反応させると二酸化炭素が発生する。反応後に容器のふたを外すと，発生した二酸化炭素の一部が空気中に出ていくので，質量は反応前の全体の質量100gより小さくなる。

3＜マグネシウムの燃焼＞⑴マグネシウムが燃焼すると，酸素と結びついて酸化マグネシウムができる。酸化マグネシウムはマグネシウム原子と酸素原子が１：１の個数の比で結びついたものだから，10個のマグネシウム原子と反応する酸素原子の数は10個である。よって，酸素分子は酸素原子が２個結びついているので，10個のマグネシウム原子と反応する酸素分子は，10÷２＝５(個)である。

⑵図２より，マグネシウム６gから酸化マグネシウムが10gできている。よって，酸化マグネシウムが10gの５倍の50g生じたとき，燃焼したマグネシウムは６gの５倍の30gである。 ⑶図２より，マグネシウム６gから酸化マグネシウムが10gできたから，このとき反応した酸素の質量は，10－６＝４(g)である。よって，反応するマグネシウムと酸素の質量の比は，マグネシウム：酸素＝６：４＝３：２となる。

4〔電流とその利用〕

1＜抵抗＞図の回路は，電気抵抗Ｒと１Ωの抵抗が並列につながれた部分と，抵抗ａとの直列回路と考えることができる。まず，電流計の測定値は1.5Aより，２Ωの抵抗ａには1.5Aの電流が流れているので，抵抗ａに加わる電圧は，オームの法則〔電圧〕＝〔抵抗〕×〔電流〕より，２×1.5＝３(V)である。これより，電気抵抗Ｒと１Ωの抵抗が並列につながれた部分には，４－３＝１(V)の電圧が加わっているから，電気抵抗Ｒにも１Ωの抵抗にも加わる電圧は１Vである。このとき，１Ωの抵抗に流れる電流は，$\frac{1}{1}$＝１(A)で，電気抵抗Ｒと１Ωの抵抗に流れる電流の和は1.5Aだから，電気抵抗Ｒに流れる電流は，1.5－１＝0.5(A)である。よって，電気抵抗Ｒの抵抗は，１÷0.5＝２(Ω)になる。

2＜電力＞電力は，〔電力(W)〕＝〔電圧(V)〕×〔電流(A)〕で求められる。１より，抵抗ａに加わる電圧は３V，流れる電流は1.5Aだから，消費される電力は，３×1.5＝4.5(W)である。

3＜電気料金＞白熱電球をLED電球に変えると，消費電力は，60－8＝52(W)より，0.052kW小さくなる。電力量は，〔電力量(kWh)〕＝〔電力(kW)〕×〔時間(h)〕で求められ，300分は5時間だから，1年間使用したときに小さくなる消費電力は，0.052×5×365＝94.9(kWh)になる。1kWh当たりの電気料金は20円なので，電気料金は，20×94.9＝1898円安くなる。

4＜電流が磁界から受ける力＞右プラスαのように，左手の中指を電流の向き，人さし指を磁界の向き(紙面表から裏へ向かう向き)に合わせると，親指の向きは導線が受ける力の向きになる。よって，導線が受ける力の向きはエになる。

プラスα

フレミングの左手の法則

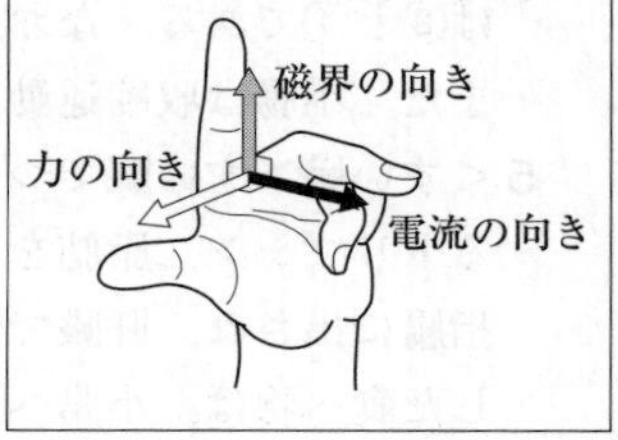

5＜磁界＞磁界の向きは棒磁石のN極からS極に向かう向きで，方位磁針のN極は磁界の向きを指す。よって，図の棒磁石の近くに置いた方位磁針のN極は，エのように，棒磁石のS極の方を指す。

5〔小問集合〕

1＜地震のゆれ＞初期微動継続時間は震源距離に比例する。よって，B市での初期微動継続時間は，A市の$\frac{4}{8}=\frac{1}{2}$だから，B市の震源距離もA市の$\frac{1}{2}$で，$80\times\frac{1}{2}=40$(km)となる。

2＜養分の貯蔵＞バナナは果実に，ソラマメは種子にデンプンを蓄えている。また，ジャガイモは茎(地下茎)，サツマイモは根にデンプンを蓄えている。

3＜吸熱反応＞塩化アンモニウムと水酸化バリウムを混ぜるとアンモニアが発生し，周りから熱を奪うので，温度が下がる(吸熱反応)。なお，アやイの反応は，周りに熱を出し，温度が上がる反応である(発熱反応)。

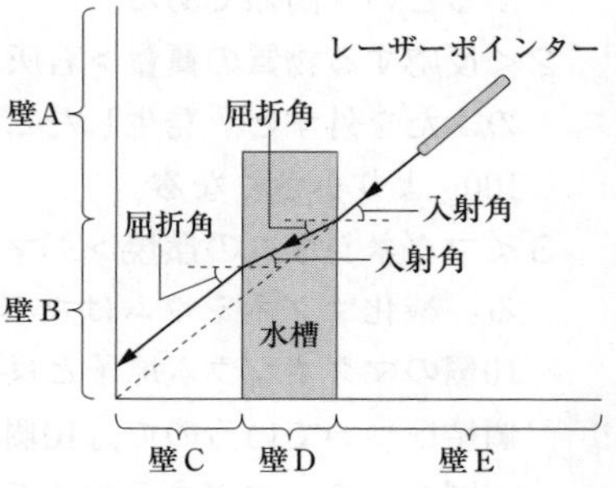

4＜光の屈折＞光が空気中から水中へ斜めに進むときは，入射角＞屈折角となるよう，境界面から遠ざかるように進み，水中から空気中へ斜めに進むときは，入射角＜屈折角となるよう，境界面に近づくように進む。よって，右図のように，壁Bに輝点が見られる。

6〔地球と宇宙〕

1＜天体望遠鏡＞天体望遠鏡を用いると，金星の満ち欠けを観察することができる。なお，天体望遠鏡で見る像は，肉眼で見る向きに対して上下左右が逆向きになっている。恒星は自ら光を出しているので，満ち欠けしない。また，宇宙からの電波は電波望遠鏡で受信できる。

2＜日周運動＞北極星を中心とした1日の星の動きを日周運動という。日周運動は地球の自転による，星の見かけの動きである。

3＜太陽の動き＞太陽の自転によって，黒点は東から西へ移動する。Ⅱの黒点はⅠより西にあるので，Ⅱのスケッチの日付はⅠのスケッチの日付より後と考えられる。また，黒点は約27～30日で1周するように見えるので，13日後の6月10日には，黒点は太陽の裏側に入り見えない。したがって，Ⅱのスケッチの日付として適しているのはウである。

4＜南中高度＞地球は公転面に立てた垂線に対して地軸を90°－66.6°＝23.4°傾けたまま公転している。これより，北半球での夏至の日の南中高度は，〔南中高度〕＝90°－(〔北緯〕－23.4°)で求められる。よって，北緯36.4°の地点での夏至の日の南中高度は，90°－(36.4°－23.4°)＝77°である。

7〔生物の世界〕

1，2＜シダ植物＞植物Aは，薄暗い場所に生育し，地面からの高さが50cmくらいで茎が地下にある(地下茎)ことから，イヌワラビなどのシダ植物と考えられ，胞子でなかまをふやす。また，葉の裏側の黒くて丸い粒は胞子のうで，乾燥するとはじけて胞子を飛ばす。

3＜コケ植物＞植物Bは，薄暗く湿った場所に生育し，地面に張り付いているので，ゼニゴケなどのコケ植物と考えられる。コケ植物は根・茎・葉の区別がなく，維管束もないので，体全体で水を吸収する。また，葉緑体を持ち光合成を行っている。なお，ウはコケ植物の特徴だが，コケ植物が地面に張り付いていることとは関係がない。

4＜イチョウ＞シダ植物である植物Aと，種子植物の裸子植物であるイチョウとの違いは，植物Aは胞子をつくってふえるが，イチョウは種子をつくってふえることである。

8〔化学変化とイオン〕

1＜電池＞電池では，物質が持っている化学エネルギーを，化学変化によって電気エネルギーに変換して取り出している。

2＜ダニエル電池＞電池では，イオンになりやすい金属が－極になる。ダニエル電池で用いられる亜鉛と銅では，亜鉛の方がイオンになりやすいので，亜鉛板が－極，銅板が＋極になる。よって，図で，電子の流れの向きは－極から＋極なのであの向き，電流の流れの向きは＋極から－極なのでいの向きである。

3，4＜ダニエル電池＞ダニエル電池では，イオンになりやすい亜鉛原子(Zn)が電子を失って亜鉛イオン(Zn^{2+})となって水溶液中に溶け出すため，亜鉛板の質量は小さくなる。このとき，亜鉛板に残った電子は導線を通って銅板へ移動する。移動した電子は，水溶液中の銅イオン(Cu^{2+})に受け取られてCu^{2+}は銅原子(Cu)になり銅板に付着するので，銅板の質量は大きくなる。以上より，－極の亜鉛板での反応は，$Zn \longrightarrow Zn^{2+} + 2e^-$，＋極の銅板での反応は，$Cu^{2+} + 2e^- \longrightarrow Cu$と表される。

9〔運動とエネルギー〕

1＜力のつり合い＞力のつり合いの関係にある力は，同じ物体に加わっている。図で，糸Qに加わるaとcの力は，一直線上にあり，向きが反対で，大きさが同じ(矢印の長さが同じ)なので，つり合っている。また，物体Pに加わるbとd，eの力において，bとeの合力とdの力は，一直線上にあり，向きが反対で，大きさが同じなので，つり合っている。なお，bとc，eとfの力は，それぞれ作用・反作用の関係にある。

2＜速さ＞300km は，300×1000＝300000(m)，1時間は，60×60＝3600(秒)だから，300km/h は，300000÷3600＝83.3…より，約83m/s である。

3＜仕事率＞仕事は，〔仕事(J)〕＝〔力の大きさ(N)〕×〔力の向きに動いた距離(m)〕で求められ，仕事率は，$〔仕事率(W)〕=\dfrac{〔仕事(J)〕}{〔かかった時間(s)〕}$で求められる。100gの物体にはたらく重力の大きさを1Nとするから，300gの物体にはたらく重力の大きさは3Nである。よって，このときの仕事の大きさは，3×2＝6(J)となるから，求める仕事率は，$\dfrac{6}{100}=0.06$(W)となる。

4＜エネルギー＞小球が持つ位置エネルギーと運動エネルギーは互いに移り変わり，位置エネルギーと運動エネルギーの和である力学的エネルギーは一定に保たれる(力学的エネルギー保存の法則)。よって，小球が持つ力学的エネルギーは，小球が端点Aで持つ位置エネルギーに等しい。小球が端点Bから飛び出して最高点に達したとき，小球は運動を続けているので，運動エネルギーを持っている。そのため，最高点に達した小球が持つ位置エネルギーは，端点Aで小球が持つ位置エネルギーより小さくなる。したがって，最高点は端点Aより低くなるから，小球の軌道は図の③になる。

2023年度／國學院大學栃木高等学校（第２回）

国語解答

一　問一　ア　支　イ　負担　ウ　候補
エ　返還　オ　包装
問二　ア　にゅうわ　イ　たずさ
ウ　いた　エ　かなた
オ　まがお
問三　ウ
問四　1…ア　2…エ　3…ア
問五　1…イ　2…ウ　3…D

二　問一　Ⅰ…イ　Ⅱ…エ
問二　A…ウ　B…ア　問三　ウ
問四　固定観念のような意識の壁
問五　イ　問六　ア　問七　エ
問八　イ

三　問一　エ　問二　思うよう
問三　ウ　問四　イ　問五　エ
問六　イ　問七　ア　問八　イ

四　問一　(a)…イ　(b)…ウ　問二　ウ
問三　イ　問四　イ　問五　ア
問六　エ　問七　エ

一〔国語の知識〕

問一＜漢字＞ア．音読みは「支点」などの「シ」。　イ．「負担」は，費用，義務，責任などを引き受けること。　ウ．「候補」は，ある選択の対象として挙げられている人や物のこと。　エ．「返還」は，持ち主に返すこと。　オ．「包装」は，物品を包むこと。

問二＜漢字＞ア．「柔和」は，ものやわらかな様子。　イ．音読みは「携帯」などの「ケイ」。　ウ．音読みは「傷病」などの「ショウ」。　エ．「彼方」は，遠く離れた所，または，あるものに隔てられて見えない所のこと。　オ．「真顔」は，真面目な顔つきのこと。

問三＜漢文の訓読＞[1]→[2]→[3]の三字を読んでから[4]を読むので，[3]に一点，[4]に二点を付す。下から一字ずつ[5]→[6]→[7]の順に読むので，[6]にレ点，[7]にレ点をそれぞれ付す。

問四．1＜敬語＞「見る」の謙譲語は，「拝見する」。　2＜品詞＞終止形接続の「そうだ」は，伝聞の助動詞。「皆が」の「が」は，主格の格助詞。　3＜漢字の知識＞「暮」は，日が没することなので，部首は「日」。

問五．1＜俳句の技法＞「神の留守」とは「神無月」の意で，十月のこと。　2＜俳句の技法＞「や」「かな」「けり」などの助詞は句切れをつくる。「月の夜や」の句は，「や」が切れ字で，上五で切れる初句切れ。　3＜俳句の内容理解＞水鳥が，水の流れに静かに身を任せるように見えながらも，実は自分の意志で　水上にあるということが，「身が流れる」という自動詞ではなく，「身を流す」という他動詞で表現されている。

二〔論説文の読解―芸術・文学・言語学的分野―芸術〕出典；吉井仁実『〈問い〉から始めるアート思考』。

≪本文の概要≫アーティストは，「問い」をつくって，それを，言葉に頼らず，形や色や作品の強度などで伝えようとする。鑑賞者に，今まで覚えたことのない感覚を味わわせることによって，人々の頭の中にある意識の壁を越えさせたいからである。アートが人々の意識を拡張するたびに，人類はより自由になってきた。我々がいつの間にか頭の中に築いている固定観念のような意識の壁を自分で取り除くのは難しいが，アートによってその壁が打ち破られたとき，生きるのが楽しくなったり，思考の幅が広がったりして，自分の感じ方や考え方がより自由になるのだと私は思う。マーティン・クリードは，『ライトが点いたり消えたり』という作品によって，「アートに創作物は必要なのか」や「つくるとはどういうことか」という「問い」を投げかけ，アートは絵画や彫刻や写真などのような物を生み出すことであるという意識の壁を打ち破ろうとした。クリードの作品は，ふだんの生活において「見えていても存在を意識できていないことが実はたくさんある」ということを気づかせてくれた。クリードは，アート作品のあり方を拡張し，現代のアートの自由度を引き上げたといえる。

問一＜表現＞Ⅰ．アーティストが人々の意識の拡張を図ろうとする理由を，いついかなる場合にでも通用するように答えられる人はいない。　Ⅱ．「私」は，意識の壁を打ち破ってくれそうな展覧会や芸術祭には，自ら進んで足を運ぶ。

問二＜語句＞A．「お墨付き」は，権力者や権威者が与える保証のこと。　B．「趣旨」は，文章や話などで言おうとする事柄や内容のこと。

問三＜表現＞a．どれほど頭を柔らかくしていても，固定観念は頭の中で築かれる。　b．アーティストの紹介文を読んで，自分の頭の中の意識の壁を乗り越え，思考の幅を広げるきっかけにしてほしいと，「私」は強く願う。　c．クリードは，「作る」「造る」「創る」ことを全然しないで，それでも作品をつくった。　d．「私」は，クリードの作品である『ライトが点いたり消えたり』によって，空間というものを，初めて正確に認識したような気になった。

問四＜文章内容＞アーティストが，「今まで覚えたことのない感覚」を通して人々に新たな意識を生み出させようとするとき，作品は，人々が頭の中で築いてしまっている「固定観念のような意識の壁」を「取り除」くはたらきをする。

問五＜文章内容＞自分にとっての「固定観念のような意識の壁」を打ち破ってくれるのがアートであり，人類は，「アートによって意識の壁を越えたとき，生きるのが楽しくなったり思考の幅が広がったりして，自分の感じ方や考え方がより自由に」なってきた。

問六＜文章内容＞クリードの『ライトが点いたり消えたり』を見たとき，「私」は，「『空間』というものを生まれて初めてきちんと認識した気持ち」になり，「その部屋の空間を，妙に深く感じ入」った。「私」は，それは，クリードの作品が「見えていても存在を意識できていないことが実はたくさんある」ことに気づかせてくれたからだと考えた。

問七＜文章内容＞人々は，「普通，『作る』『造る』『創る』と言われたら，何か物を生み出すことだと考えるもので」あり，「アートの世界であれば，絵画を描いたり，彫刻を作ったり，写真を撮ったり」するものだと考えるものだが，クリードの作品以降，アートは，「つくる」ということに伴うこのような固定観念の意識の壁を壊し，人々の常識の中にある「つくる」という概念を，根本的に変えるものとなるだろうと「私」は思った。

問八＜要旨＞アーティストは，自ら「問い」をつくり，その「問い」を「時間と手間と労力を使って形や色，作品の強度などで伝えようと」してきた(ウ…×)。アーティストは，自らの作品に込めた「問い」を言葉に頼らずに発することによって，「固定観念のような意識の壁」を人々に越えさせて，「人間の感覚と意識を拡張」しようとする(エ…×)。クリードの作品は，英国の権威ある賞を受賞したが，絵画や彫刻といった具体的な創作物に見えなかったため，プレゼンターのマドンナには理解されなかった(ア…×)。クリードの作品は，従来のアートにある，「絵画を描いたり，彫刻を作ったり，写真を撮ったり」するという手法を用いず，人々に「空間」を認識させ，「普段の生活で見落としていることや意識しないでいること」に気づかせ，これからのアート作品に「つくる」が問われる時代がくることを示唆した(イ…○)。

三〔古文の読解―御伽草子〕出典；『浦島太郎』。

≪現代語訳≫太郎は，泣きながら，草が深く露がしっとりと湿った野原をかき分け，古い墓場にお参りし，涙を流し，このように(和歌をよんだ)，

ついちょっとと思って出ていってしまった跡に来てみると虎が寝るような荒れ果てた野原になってしまっているのがなんとも悲しいことだ。

こうして，浦島太郎は，一本の松の木陰に立ち寄って，途方にくれて座っていた。太郎が思うことには，亀が与えた形見の箱は，決してお開けになるなと言ったけれども，今となっては(そんな約束も)何になろうか(，いや，何にもならない)，開けてみたいものだと思い，見たことは残念だったなあ。この箱を開けて見たところ，中から紫の雲が三本立ち上った。これを見ると，(太郎の)二十四，五歳の年齢も，たちまちに変わり果ててしまった。

さて，浦島は鶴になって，何もない空に飛び上がっていった。というのも，この浦島の年月を，亀の配慮として，箱の中に畳んで入れてしまっていたのである。それでこそ，七百年の年齢を保っていたのであった。開けて見るなと(注意が)あったのに，開けてしまったことはつまらないことよ。

問一＜文学史＞『太平記』は，室町時代に成立した軍記物語。『雨月物語』は，江戸時代に上田秋成が書いた読本。『万葉集』は，奈良時代に大伴家持が編さんした日本最古の和歌集。『枕草子』は，平安時代に清少納言が書いた随筆。

問二＜歴史的仮名遣い＞歴史的仮名遣いの語頭以外のハ行は，現代仮名遣いでは原則として「わいうえお」になる。また，歴史的仮名遣いの「au」は，現代仮名遣いでは「ou」になる。

問三＜古典文法＞係助詞「ぞ」「なむ」「や」「か」を含む文節を受ける文節の末尾の活用語は，連体形で結ぶ。ここでは，係助詞「ぞ」が，過去の助動詞「けり」の連体形「ける」で結ばれている。このような古典文法上の規則を係り結びの法則という。

問四＜古文の内容理解＞箱を開けた浦島太郎が，箱から立ち上った紫色の雲を見て，すっかり変わり果ててしまった。

問五＜和歌の内容理解＞和歌の内容は，ついちょっとと思って出ていってしまった跡に来てみると，虎が寝るような荒れ果てた野原になってしまっているのがなんとも悲しいことだ，という意味。わずかな時間家を離れただけと思っていたら，かつて住んでいた所が荒れ野になってしまっていることを嘆く浦島太郎の歌である。

問六＜現代語訳＞「ばや」は，ここでは自己の願望を表す終助詞で，～したいものだ，という意味。

問七＜古文の内容理解＞箱を開けてみて，中から立ち上った紫の雲三筋を見たところ，浦島太郎の若かった姿も，すっかり変わり果ててしまった。

問八＜古文の内容理解＞変わり果てた故郷の様子を見て，悲しみに堪えず，亀が与えた形見の箱を開けたところ，浦島太郎は鶴になって，虚空に飛び立ってしまった(ア…×，イ…○)。亀の配慮によって，七百年もの年数が箱の中に封じ込められていた(ウ・エ…×)。

四〔小説の読解〕出典；中島京子『妻が椎茸だったころ』。

問一＜語句＞(a)「躊躇」は，あれこれ迷って決心できないこと。　(b)「万遍なく」は，残るところがない様子。

問二＜漢字＞「団扇」「吹雪(ふぶき)」「大人(おとな)」「小豆(あずき)」などの，一つ一つの漢字の読みを離れた熟語の読み方を，熟字訓という。「時計」は「とけい」と読み，音読みを当てた熟語。

問三＜表現＞A.「ぴかぴか」は，艶があって照り輝いている様子。キッチンはきれいで，光り輝くようだった。　B.「ごろごろ」は，大きな物や重い物が転がる様子。調理台の上には，大きな蛤が転がしてあった。　C.「おどおど」は，緊張，不安，恐怖心などで落ち着かない様子。泰平は，キッチンに自分と杉山女史だけだったので，緊張していた。　D.「ふるふる」は，震えるように揺れる様子。ジュンサイは，一日中震えるように揺れていた。

問四＜心情＞泰平は，杉山女史の料理教室には「妻が，来る予定」だったが，妻は急になくなったので来られなかったこと，妻の享年などを話しているうちに，妻がレシピ帳に書き残していた「私は私が椎茸だったころに戻りたい」という言葉の「異常な感じ」をふと考え，「唐突に口をついて」言葉が出たことに，「泰平自身も驚いた」のである。

問五＜文章内容＞泰平の妻が，「椎茸だった」ことがあるように，「人は誰でもそう」で，「料理とはそういうもの」だと言う杉山女史は，卵を料理しながら，「私はいまたとえば，この卵が親鳥のおなかにあったときのことを考えている」と言った。杉山女史が言う「ジュンサイだったときの記憶」とは，彼女がまだ「娘の時分」に料理したジュンサイを通じて，「清水と陽の光を潤沢に浴びながら，日がな一日ふるふる揺れていた，芽を出したばかりのジュンサイ」のことを考え，食材と一体化したように感じたときの記憶のことなのである。

問六＜心情＞泰平は，「左ひとさし指のバンドエイド」から察せられるように，料理などしたこともなく，料理をよくした生前の妻が，調理中にどんなことを考えていたかなど知る由もなかったが，「私は私が椎茸だったころに戻りたい」という妻の言葉を，当たり前のように理解してくれた杉山女史の料理教室を体験したことで，妻の思いの一部分にふれ，妻に少し近づけたような気がしたのである。

問七＜表現＞「妻は，椎茸だったことがあるそうです」という泰平の言葉や，「私が大山で鶏のおなかにおりましたときの記憶が，甦ってまいりますの」という杉山女史の言葉は，いかにも幻想的で現実味がないが，手際よく調理されていく食材や調理の手順がリアルに描かれることによって，二人の会話が現実に根ざしたものであるという印象を与えている。

═読者へのメッセージ═

浦島太郎の物語はかなり古いもので，『日本書紀』や『万葉集』にも原型と思われる話が載っています。亀を助けたことで龍宮城へ行くという恩返しの要素などが加わり，我々の知る形式となったのは，室町時代に成立した『御伽草子』以降とされています。

2022年度 國學院大學栃木高等学校(第1回)

【英　語】(50分)〈満点：100点〉

1 次の問い(A , B)に答えなさい。

A. 次の各組の単語で、下線部の発音が他と異なるものをそれぞれ1つ選び、記号で答えなさい。

1. ア w<u>o</u>man　イ h<u>o</u>pe　ウ l<u>o</u>nely　エ t<u>o</u>tal
2. ア l<u>i</u>fe　イ <u>i</u>ce　ウ <u>i</u>ron　エ <u>i</u>nk
3. ア stopp<u>ed</u>　イ cross<u>ed</u>　ウ rain<u>ed</u>　エ watch<u>ed</u>

B. 次の各組の単語で、最も強いアクセントの位置が他と異なるものをそれぞれ1つ選び、記号で答えなさい。

1. ア foot-ball　イ kitch-en　ウ doc-tor　エ a-gain
2. ア Can-a-da　イ va-ca-tion　ウ his-to-ry　エ fa-vor-ite
3. ア care-ful-ly　イ hap-pi-ness　ウ re-mem-ber　エ mem-o-ry

2 次の各文の(　　)内に入る最も適当なものをそれぞれ1つ選び、記号で答えなさい。

1. I (　　) not watering the flowers at that time.
   ア am　イ was　ウ were　エ did
2. Look at the boy. His eyes are much like (　　).
   ア you　イ your　ウ yourself　エ yours
3. Thank you for (　　) us.
   ア help　イ helped　ウ helping　エ to help
4. Your brother became a singer, (　　) he?
   ア doesn't　イ didn't　ウ isn't　エ wasn't
5. The baseball player (　　) to go to the U.S. to play in the Major Leagues.
   ア received　イ climbed　ウ decided　エ collected
6. Computers and cell phones are very (　　). Many people use them every day.
   ア convenient　イ careful　ウ foreign　エ proud
7. The town is famous (　　) its beautiful mountains.
   ア to　イ in　ウ at　エ for
8. There is (　　) time to eat lunch before the class.
   ア able　イ sure　ウ whole　エ enough
9. "(　　) off your T-shirt, Tim. It's so dirty." "Yes, Mom."
   ア Carry　イ Take　ウ Build　エ Lend

10. "Is she a teacher?" "(　　)　She teaches English at my school."

ア Is that good?　　イ Is that so?　　ウ That's right.　　エ That's all.

3

次の各日本文の意味を表すように、(　　)内の語（句）を並べかえて正しい英文を作るとき、(　　)内で５番目に来るものをそれぞれ１つ選び、記号で答えなさい。

1．ボブは私たち全員の中で泳ぐのが一番上手です。

Bob (us / best / swimmer / the / of / is / all).

ア best　　イ of　　ウ swimmer　　エ us

2．グラスの中には少しワインがあります。

(in / there / the / is / little / a / wine) glass.

ア the　　イ is　　ウ wine　　エ in

3．私は彼が何歳か知りません。

(old / don't / I / how / is / he / know).

ア old　　イ how　　ウ is　　エ he

4．ホールはパーティーに招待された人でいっぱいでした。

The hall (the people / the / full / was / invited / of / to) party.

ア invited　　イ full　　ウ the people　　エ to

5．私はあなたにこの美しい風景の写真を撮ってもらいたい。

I (a photo / this beautiful scenery / you / take / of / to / want).

ア you　　イ of　　ウ take　　エ a photo

6．アメリカで買った絵はがきをお見せしましょう。

(bought / I / postcard / show / you / the / I'll) in America.

ア I　　イ postcard　　ウ bought　　エ the

4

次の各日本文の意味を表すように、(　　)内に適当な語を入れなさい。

1．先週の月曜日、学校の帰り道でにわか雨にあった。
I was caught (　　) a shower (　　) my way from school last (　　).

2．風邪をひかないように気をつけて。
(　　) care (　　) to (　　) a cold.

3．去年の 12 月にその学校行事が始まった。
The school (　　)(　　) last (　　).

5 次の対話文は憲二（Kenji）とスージー（Susie）の会話である。これを読んで、あとの問いに答えなさい。

Kenji is seventeen years old. He is a high school student. He has an uncle in Los Angeles. Susie is an American student. She is seventeen years old, too.

She came to Japan six months ago, and she has studied at Kenji's school since then. Susie and Kenji are talking after school.

Susie : How did you enjoy your holidays, Kenji?
Kenji : I visited my uncle in Los Angeles. (　①　)
Susie : That's wonderful! Well, did you see anything interesting?
Kenji : Yes, I did. I was surprised because there were so many Japanese tourists all over the city. My uncle said, "Many of the Japanese tourists talk with one another but don't try to talk to American people. They enjoy sightseeing or shopping in groups. I think they lose the chance to make friends and learn about American culture."
Susie : (　②　) When I came to Japan six months ago, I couldn't speak Japanese very well. I often used gestures to communicate with Japanese people. That taught me many things. Did you talk with many American people in Los Angeles, Kenji?
Kenji : Oh, yes, I did. I tried my best to use my English at stores, restaurants ― I made many mistakes but I learned a lot from them.
Susie : So, you had a good experience?
Kenji : Yes, I did. I hope I will have another good experience next summer. A boy from America will come to stay at my house. I met him in Los Angeles and we became good friends.
Susie : That's wonderful! (　③　)
Kenji : His name is Jack. He is interested in Japanese history.
Susie : What are you going to do for him when he comes?
Kenji : I will take him to Nikko. I want to teach him Japanese history.
Susie : He will love that.
Kenji : I hope so. The world is getting smaller and smaller. We will have more chances to meet people from other countries. I think this is great. I will study English harder because I want to talk with them.
Susie : And I will study Japanese harder because I want to talk with you.
Kenji : (　④　)
Susie : Oh, thank you. And I will teach you English.

1．(　①　)～(　④　)に入る最も適当なものをそれぞれ１つ選び、記号で答えなさい。

ア I will teach you Japanese.　　イ I don't think so.
ウ I couldn't speak English at all.　　エ What is his name?
オ I think so, too.　　カ I had a very good time.

2．本文の内容に合うように(　a　)～(　c　)にそれぞれ適当な日本語を入れなさい。

> 17歳のスージーはアメリカからの留学生で、(　a　)前から憲二と同じ学校で学んでいる。憲二は休暇中にロサンゼルスに住む(　b　)を訪れた。次の夏、ロサンゼルスで知り合った日本史に興味をいだく少年が憲二の家にやって来るので、日光に連れていくつもりだ。スージーと憲二はお互いの(　c　)の学習に意欲を燃やしている。

6 次の英文は、中学生の拓也（Takuya）が、オランダ（the Netherlands）のある高齢者福祉施設（nursing home）での取り組みについて、ニュース番組で見て考えたことを英語で発表したものである。これを読んで、あとの問いに答えなさい。

I often visit my grandfather living in a nursing home, so I'm interested in welfare. My dream is to work for elderly people in the future. One day, I watched news about welfare on TV. Today I want to talk about it.

There is an interesting nursing home in the Netherlands. Some college students live there with elderly people. The elderly people pay to live in the nursing home, but the students don't have to pay for it. They are happy about ①it. In return, they must work for more than 30 hours every month. Their job is to share their life with the elderly people in the nursing home.

It is not difficult. (　　②　　) For example, they talk about their college life to them. Some times they watch TV or go out with the elderly people.

③Living with the college students makes the elderly people happy, too. One elderly woman said, "We enjoy our life with the college students. They have dinner with us. They celebrate our birthdays. Sometimes they take us to shops or parks. When they come home from their colleges, concerts, or parties, they tell us about their experiences. Life with those young people gives us much energy."

The students find ④another good point to live in this nursing home. They can learn many things about life from the elderly people. For example, the students can get advice from them when they have problems about their friends or future. They can have a good friendship with the elderly people.

I once thought that helping elderly people was difficult. But now I don't think so. We don't have to do anything special. Living with elderly people may help them. When I visited my grandfather yesterday, I talked about this news and my idea to him. He said, "I'm happy to hear that. I hope you will study more about welfare in the future." I said, "I will!"

（注）welfare：福祉　　elderly：年配の　　pay：お金を払う
　　　in return：お返しに　　share：～を分かち合う

1．下線部①が指す内容として最も適当なものを１つ選び、記号で答えなさい。

ア　一人部屋を持てること
イ　入居費がかからないこと
ウ　大学に通えること
エ　誕生日を祝ってもらえること

２．（　②　）に入る最も適当な文を１つ選び、記号で答えなさい。

ア The students live with the elderly people like their friends.

イ It is necessary for the students to pay for the elderly people.

ウ Some elderly people can do the job when the students are sick.

エ This job is so easy that the students must finish it in a day.

３．下線部③を日本語に直しなさい。

４．以下の文は下線部④が指す内容である。（　a　）、（　b　）にそれぞれ適当な日本語を入れなさい。

> 学生は年配の方々から（　a　）についてたくさんのことを学べる。例えば友だち関係や将来の問題に対する（　b　）をもらうことができる。

５．本文の内容に合っているものを１つ選び、記号で答えなさい。

ア Takuya lives in a nursing home and shares his life with his grandfather.

イ The students can talk with the elderly people in the nursing home, but must not go out with them.

ウ The students can have a good friendship with the elderly people because they can study together at college.

エ Takuya talked about the news in the Netherlands to his grandfather.

7 次の文を読んで、あとの問いに答えなさい。

Hello, everyone. Today I'm going to talk about a birthday present I got a few days ago. I got some apples for my birthday, and those apples made me very happy. I want to tell you why that birthday present made me so happy.

Those apples were sent by my grandmother. This is one of ①them. My grandmother lives in Aomori, far away from here, and she has a lot of apple trees. Her apples are sold at the market near her house. They are delicious and popular with people in her town. She sends a box of apples to my family every year, but this apple is different. It's ②a special one. Now I'll read the letter I found in the box and you'll know (　③　) this is special.

Happy Birthday, Emi!

I'll send these apples as a birthday present for you. When you visited me five years ago, we planted an apple tree together to celebrate your tenth birthday. Do you remember ④that? I've taken care of it since that day. And I'm happy to get some apples from the tree for the first time this year. The red fruits and the green leaves of the apple tree are very beautiful. Please come and see the tree next fall. See you then.

Your grandmother, Kazuko

As you can see now, this apple means a lot. Although she lives far away, I can feel her love from this wonderful present. Now I'm planning a trip to Aomori next year. And I'll say thanks to my grandmother and our apple tree. I'm going to be a person loved by everyone like her apples. Thank you.

1．下線部①が指す最も適当なものを１つ選び、記号で答えなさい。

ア apples　　イ presents　　ウ trees　　エ boxes

2．下線部②の理由として最も適当なものを１つ選び、記号で答えなさい。

ア 祖母のリンゴが青森でとても人気があったから。

イ 祖母がそれを買うために一所懸命頑張ったから。

ウ 祖母の愛が感じられたから。

エ 祖母が初めてたくさんのリンゴを送ってくれたから。

3．（　③　）に入る最も適当なものを１つ選び、記号で答えなさい。

ア who　　イ what　　ウ whose　　エ why

4．以下の文は下線部④が指す内容をまとめたものである。（　a　）～（　c　）にそれぞれ適当な日本語または数字を入れなさい。

（　a　）年前に、エミの（　b　）回目の（　c　）を祝うために植えたリンゴの木であるということ。

5．本文の内容に一致するものを２つ選び、記号で答えなさい。

ア Emi found a letter from her grandmother in the box of apples.

イ Emi and her grandmother tried to sell a lot of apples in a big town in Aomori.

ウ Emi's grandmother hopes that Emi will come to Aomori to see the apple tree next fall.

エ Emi is going to visit Aomori to help her grandmother in the farm next summer.

オ Emi wants to grow apples with her grandmother in the future.

【数　学】（50分）〈満点：100点〉

1　次の(1)から(8)までの問いに答えなさい。

(1)　$7-(-2)^3$ を計算しなさい。

(2)　$2a^2 \times \dfrac{3}{4}a^3$ を計算しなさい。

(3)　$3(5a+2)-4(1-4a)$ を計算しなさい。

(4)　$xy^2-4xy+4x$ を因数分解しなさい。

(5)　1次方程式 $0.2x+2=0.5x-1$ を解きなさい。

(6)　連立方程式 $\begin{cases} x-y=6 \\ x+3y=2 \end{cases}$ を解きなさい。

(7)　2次方程式 $(x+1)(x-2)=4$ を解きなさい。

(8)　$a=\sqrt{2}-1$ のとき，a^2+2a の値を求めなさい。

2 次の(1)から(10)までの問いに答えなさい。

(1) $n < 5\sqrt{3}$ を満たす自然数 n のうち最も大きい数を求めなさい。

(2) y は x に比例し，$x = 2$ のとき $y = -8$ である。y を x の式で表しなさい。

(3) $y = \dfrac{6}{x}$ のグラフ上で，x 座標と y 座標がともに整数となる点は何個あるか求めなさい。

(4) 直線 $y = ax + b$ が2点 $(1, 6)$，$(-3, -2)$ を通るとき，a，b の値をそれぞれ求めなさい。

(5) 関数 $y = ax^2$ について，x の値が1から3まで増加するときの変化の割合が2であるとき，a の値を求めなさい。

(6) 家から1 km 離れた駅に向かった。初めは分速60 m で歩き，途中から分速80 m で歩いたところ15分で到着した。分速80 m で歩いた道のりは何 m であるか求めなさい。

(7) $\boxed{-1}$, $\boxed{0}$, $\boxed{1}$ の３枚のカードから１枚引き，もとに戻してからもう１枚引く。先に取り出したカードに書いてある数を a，後に取り出したカードに書いてある数を b とする。２つの数 a，b の和が，２つの数の積より大きくなる確率を求めなさい。

(8) 図において，$\ell // m$，$\angle ABC = \angle ADC$ であるとき，$\angle x$ の大きさを求めなさい。

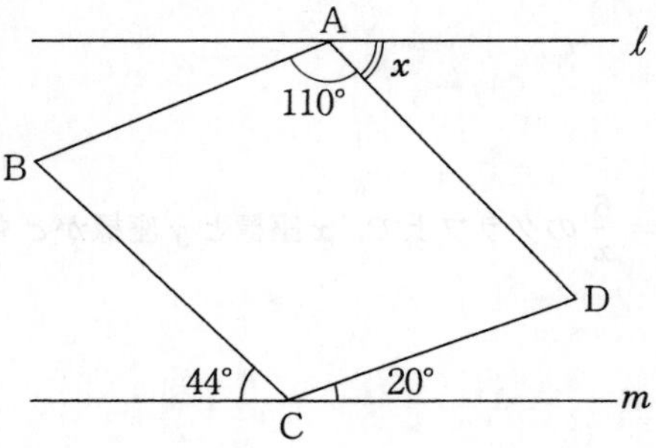

(9) 図は円すいの展開図である。側面のおうぎ形の中心角の大きさを求めなさい。

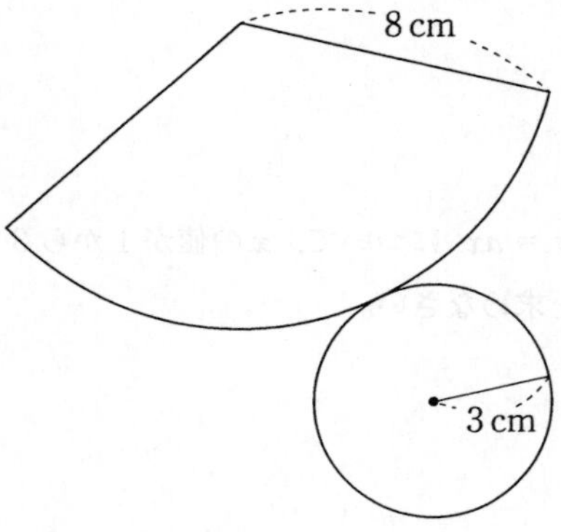

(10) 次のデータは，中学生 13 人の１週間の読書時間を調査した結果である。このデータの四分位範囲を求めなさい。

1, 3, 0, 2, 5, 2, 3, 1, 3, 2, 4, 2, 3 （時間）

3 図のように，白石と黒石を並べて図形を作っていくとき，次の問いに答えなさい。

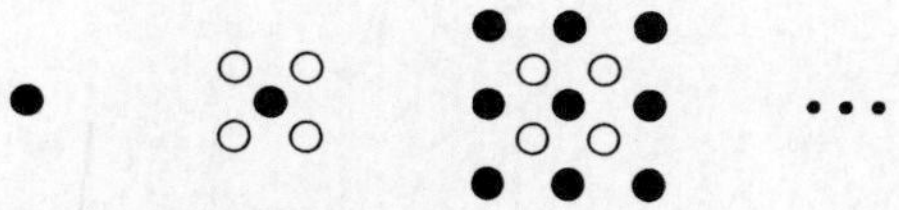

1番目　　2番目　　3番目

(1)　6番目の図形の黒石の個数を求めなさい。

(2)　図形に使われている白石と黒石の個数の差が41個であるとき，その図形の黒石の個数を求めなさい。

4 図のように，1辺の長さが6 cmの正方形ABCDがあり，辺BCのCの方への延長線上にCE＝6 cmとなる点Eをとる。点Pは点Aを出発し，毎秒2 cmの速さで，正方形の辺上をA→D→Cの順に移動する。また，点Qは点Pが出発するのと同時に点Cを出発し，毎秒1 cmの速さで，線分CE上をEに向かって移動する。点P，点Qが出発してからx秒後の△BPQの面積をS cm^{2}とするとき，次の問いに答えなさい。ただし，$0 < x < 6$とする。

(1)　$x = 5$のときのSの値を求めなさい。

(2)　$S = 20$となるようなxの値をすべて求めなさい。

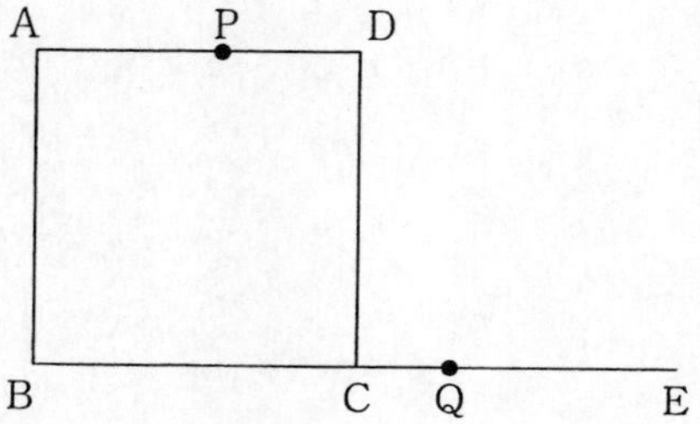

5 図のように，原点をOとする座標平面上に，放物線 $y=2x^2$ とその放物線上の3点 A$(-1, 2)$，B$(1, 2)$，C$(2, 8)$ がある。このとき，次の問いに答えなさい。

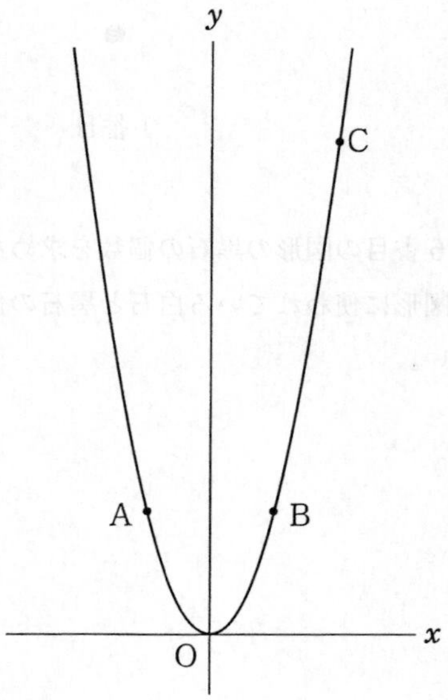

(1) 直線ACの式を求めなさい。

(2) 四角形OACBの面積を求めなさい。

(3) 直線ACと y 軸との交点をDとする。放物線 $y=2x^2$ 上に x 座標が2より大きい点Eをとると，△CDEの面積が四角形OACBの面積の $\dfrac{1}{4}$ となった。点Eの x 座標を求めなさい。

【社　会】（50分）〈満点：100点〉

1 次の１、２の問いに答えなさい。

１　次の（１）から（５）までの問いに答えなさい。

（１） 東京との経度差が最も大きい都市を、次の**ア**～**エ**から１つ選び、記号で答えなさい。

ア　ロサンゼルス　　**イ**　リオデジャネイロ　　**ウ**　ロンドン　　**エ**　シドニー

（２）「やませ」の説明として正しいものを、次の**ア**～**エ**から１つ選び、記号で答えなさい。

ア　夏の気温低下をもたらす北東風　　**イ**　夏の気温上昇をもたらす北東風

ウ　夏の気温低下をもたらす南西風　　**エ**　夏の気温上昇をもたらす南西風

（３） 鎌倉仏教について述べた文として**誤っているもの**を、次の**ア**～**エ**から１つ選び、記号で答えなさい。

ア　法然は、念仏（南無阿弥陀仏《なむあみだぶつ》）を唱えれば救われるという浄土宗を開いた。

イ　一遍《いっぺん》は、念仏信仰を説き、踊《おど》り念仏を人々に広めた。

ウ　親鸞《しんらん》は、題目（南無妙法蓮華経《なむみょうほうれんげきょう》）を唱えれば救われるという浄土真宗を開いた。

エ　当時の中国（宋）に渡った栄西や道元は、座禅によってさとりを得る禅宗を日本に伝えた。

（４）「ダイバーシティ」の説明として正しいものを、次の**ア**～**エ**から１つ選び、記号で答えなさい。

ア　製品やサービスを、言語や性別、障がいの有無などにかかわらず、誰もが利用しやすいように工夫すること。

イ　コンピュータを用いて人工的な環境を作り出し、あたかもそこにいるかのように感じさせること。

ウ　年齢・性別・国籍・人種・民族など、個人や集団の間に存在しているさまざまな違いのこと。

エ　利害の対立する両者が交渉の結果、たがいに満足する利益を得ること。

（５）ものごとの決め方に関する文として**適当でないもの**を、次の**ア**～**エ**から１つ選び、記号で答えなさい。

ア　ものごとを決める際の判断基準には、「効率」や「公正」といった考え方がある。

イ　多数決は常に過半数の意見を反映させることができる決め方である。

ウ　国際連盟においては、全会一致の原則が重視されていた。

エ　アメリカでは、大統領に連邦議会を通過した法律案に対する拒否権を与えている。

2　次の（1）から（5）までの文中の □ にあてはまる語句を答えなさい。

（1）　2015年9月の国連サミットで加盟国の全会一致で採択された、持続可能な世界の実現のために2030年までに達成を目指す17の目標を □ という。（ □ にはアルファベットがはいる。）

（2）　□ は、国家が繁栄《はんえい》するためには、国民が政府にたよらず、自分自身で学問にはげみ、事業をおこすことが大切だとして、『学問のすゝ《(す)》め』を書いて人間の平等と自立を説いた。

（3）　1930年代、アメリカでは深刻な不況への対策として、フランクリン＝ルーズベルト大統領のもとで □ 政策が実行され、景気の回復が目指された。

（4）　九州南部では古い火山の噴出物《ふんしゅつぶつ》が厚く積もった □ 台地が広がっている。□ は水分を保ちにくい土壌《どじょう》であるため、この土壌の分布する地域では畑作や畜産がさかんにおこなわれるようになった。（ □ には同じ語句がはいる。）

（5）　アジア各地では空港の整備が進められ、国際線の乗りかえ拠点《きょてん》となる □ 空港の機能をめぐって、空港間の競争が激しさを増している。（ □ にはカタカナがはいる。）

2　次のAからDの文章を読み、1から5までの問いに答えなさい。

A　安土山下町中に定める

一　安土城下は楽市としたので、諸座は廃止し、さまざまな税もすべて免除する。

一　街道を行き来する商人は……この町に宿を取るようにせよ。

（部分要約）

B　＊議会の同意なく、国王の権限によって法律とその効力を停止することは違法である。

＊国王大権と称して、議会の承認なく、国王の統治のために税金を課すことは、違法である。

（部分要約）

C　人間は他者とのかかわりを持たずに生きることは難しいが、ときには意見が対立することもある。こうしたⓐ対立を調整し、社会の秩序《ちつじょ》を保とうとするはたらきを政治という。政治は一般的に、国やⓑ地方公共団体によっておこなわれている。

D　茶は中国南部が原産地とされる。茶の栽培には気温が高く、雨が［ ⓒ ］、水はけがよい場所が適している。日本で茶の生産量（2019年）が最も多いのは［ ⓓ ］である。

1　文章**A**の史料は「楽市令」である。この史料に関する次の①と②の短文の正誤の組み合わせとして正しいものを、次の**ア**～**エ**から１つ選び、記号で答えなさい。

①　この法令は、豊臣秀吉によって定められた。

②　この法令は、座を廃止し、自由な商工業をうながすために定められた。

ア　①－正　②－正　　**イ**　①－正　②－誤　　**ウ**　①－誤　②－正　　**エ**　①－誤　②－誤

2　文章**B**の史料は『権利章典』である。この史料に関する次の①と②の短文の正誤の組み合わせとして正しいものを、次の**ア**～**エ**から１つ選び、記号で答えなさい。

①　この史料からは、この法が制定される以前には国王による独断的な政治がおこなわれていたことが推測できる。

②　『権利章典』が定められたことで、イギリスでは立憲君主制と議会政治が確立された。

ア　①－正　②－正　　**イ**　①－正　②－誤　　**ウ**　①－誤　②－正　　**エ**　①－誤　②－誤

3　下線部ⓐに関連して、日本の司法制度についての説明として**誤っているもの**を、次の**ア**～**エ**から１つ選び、記号で答えなさい。

ア　えん罪を防ぐなどのために、１つの事件について３回まで裁判を受けることができる。

イ　司法権の独立が重視されており、裁判官は定年退職以外で辞職することはない。

ウ　被疑者や被告人には黙秘権が認められており、有罪判決を受けるまでは無罪とみなされる。

エ　裁判員制度は、くじで選ばれた満18歳以上の国民が裁判官とともに刑事裁判をおこなうものである。

4　下線部ⓑに関連して、日本の地方自治についての説明として**誤っているもの**を、次の**ア**～**エ**から１つ選び、記号で答えなさい。

ア　地域の実情に合わせた施策を実現するため、国が地方自治に積極的にかかわる中央集権的な取り組みが進められている。

イ　地方議会は、条例の制定や予算の議決など地方自治において重要な役割を果たしているが、近年は議員のなり手不足が問題となっている地域もある。

ウ　近年は、地方公共団体のみならず住民ボランティアやNPOなどの組織も地域の問題解決に取り組んでいる。

エ　首長や議員の解職請求には、原則として住民の３分の１以上の署名が必要とされている。

5　文章**D**について、［　ⓒ　］・［　ⓓ　］にあてはまる語句の組み合わせとして正しいものを、次の**ア**～**エ**から１つ選び、記号で答えなさい。

ア　ⓒ－多く　　ⓓ－静岡県　　**イ**　ⓒ－多く　　ⓓ－山形県

ウ　ⓒ－少なく　ⓓ－静岡県　　**エ**　ⓒ－少なく　ⓓ－山形県

3　次の１、２の問いに答えなさい。

１　次の（１）から（５）までの問いに答えなさい。

（１）　次の図について、以下の文章の ⓐ ・ ⓑ にあてはまる語句の組み合わせとして正しいものを、次の**ア**～**エ**から１つ選び、記号で答えなさい。

右の図は、国連旗の中央部分を示したものである。この図は、北極を中心とした ⓐ 図法によりえがかれている。この図には南アメリカ大陸の南端である南緯 ⓑ 度付近まで示されているが、南極大陸はえがかれていない。

ア　ⓐ－メルカトル　　ⓑ－30　　　**イ**　ⓐ－正距方位　　ⓑ－30

ウ　ⓐ－メルカトル　　ⓑ－60　　　**エ**　ⓐ－正距方位　　ⓑ－60

（２）　次の図は、2018 年のおもな県における農業産出額とその構成割合を示したものである。この図から読み取れることとして適当なものを、次の**ア**～**エ**から１つ選び、記号で答えなさい。

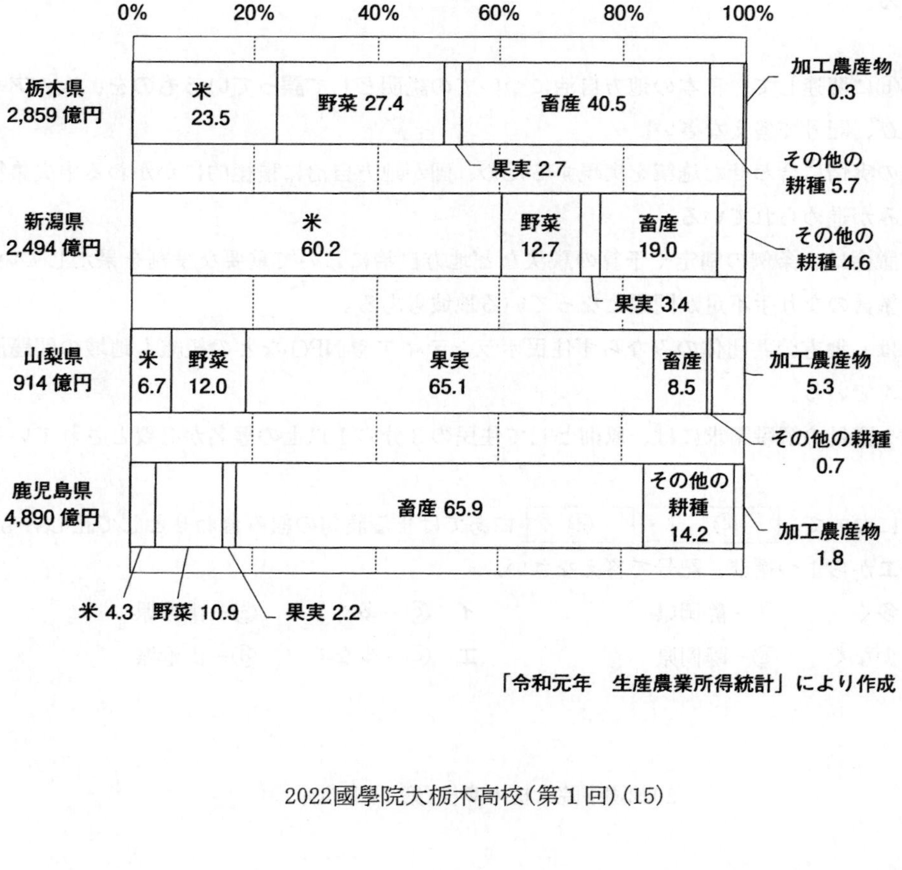

「令和元年　生産農業所得統計」により作成

ア　鹿児島県の農業産出額は、新潟県の農業産出額の1.5倍以上である。

イ　山梨県の野菜産出額は、栃木県の野菜産出額より高い。

ウ　４県のうち米の産出額が最も低いのは、鹿児島県である。

エ　４県のうち果実の産出額が最も高いのは、新潟県である。

（３）　次の図のなかで**最も北に位置するもの**を、次の**ア**～**エ**から１つ選び、記号で答えなさい。

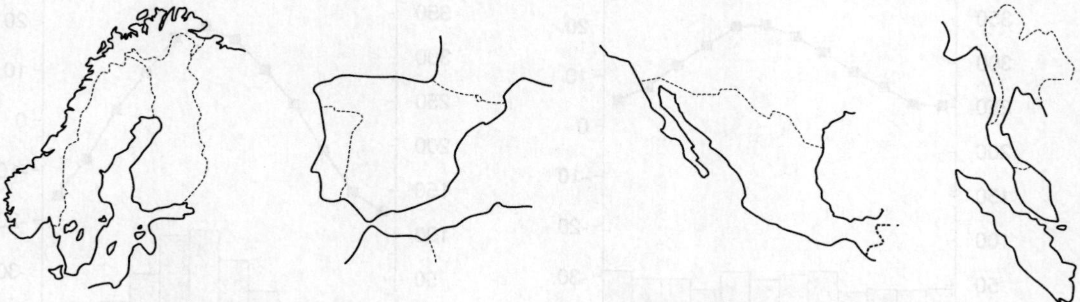

ア　　**イ**　　**ウ**　　**エ**

縮尺は同一ではない

（４）　日本時間 2021 年７月 23 日午後８時から、東京オリンピックの開会式が世界各地へ生中継でテレビ放送された。ブラジルに居住するカズオさんは、この放送の開始時刻を忘れてしまい、ちょうど１時間遅れてテレビをつけ、開会式の視聴をはじめた。カズオさんは、ブラジル現地時間でいつからテレビの視聴をはじめたか。あてはまるものを次の**ア**～**エ**から１つ選び、記号で答えなさい。なお、ブラジルの標準時子午線は西経 45 度とし、サマータイムは実施されていないものとする。

ア　７月23日午前７時　　　**イ**　７月23日午前９時

ウ　７月24日午前７時　　　**エ**　７月24日午前９時

（５）　下の雨温図はイルクーツク（ロシア）、サンフランシスコ（アメリカ合衆国）、東京（日本）、パリ（フランス）のものである。**東京**の雨温図を、次の**ア**～**エ**から１つ選び、記号で答えなさい。

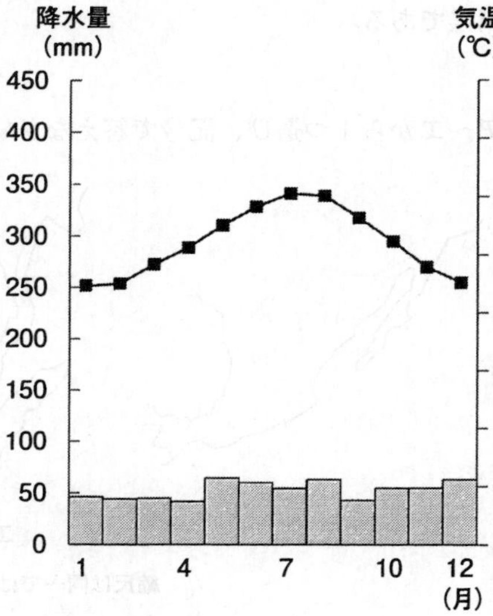

ア

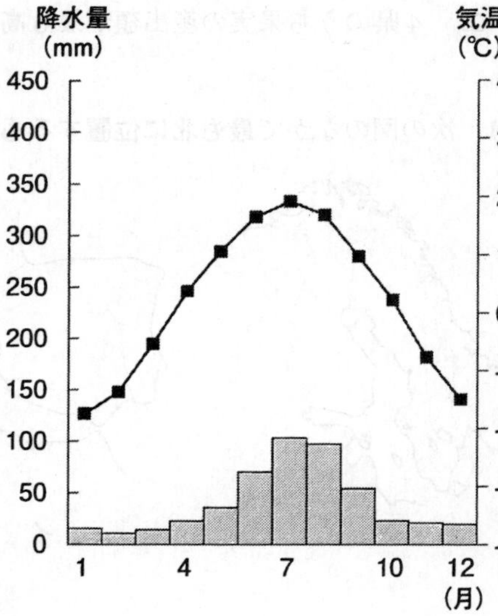

イ

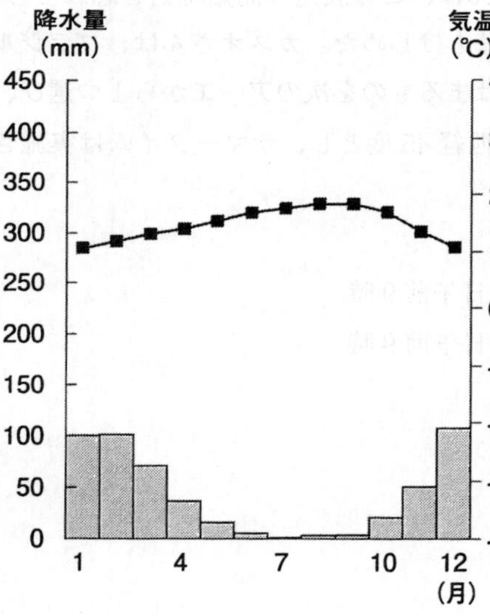

ウ

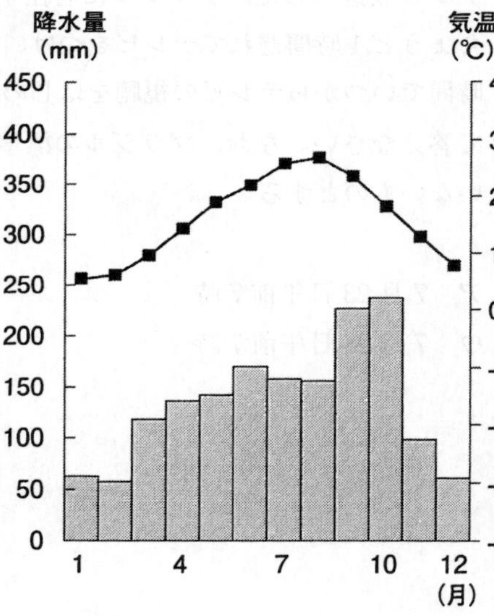

エ

気象庁資料により作成

2　次の地形図を見て、（１）から（３）までの問いに答えなさい。

国土地理院発行地形図令和２年調製「庄原」を 150% 拡大

〈編集部注：編集上の都合により原図の 85% に縮小してあります。〉

（１）　地形図中の **A** － **B** 間の道路は、原寸の地図上でおよそ 2.4cm である。**A** － **B** 間の実際の距離として最も近いものを、次の**ア**～**エ**から１つ選び、記号で答えなさい。

ア　240 m　　　　**イ**　480 m　　　　**ウ**　600 m　　　　**エ**　1,200 m

（２）　この地形図上で使われている地図記号の意味の組み合わせとして正しいものを、次の**ア**～**エ**から１つ選び、記号で答えなさい。

	ア	**イ**	**ウ**	**エ**
	老人ホーム	老人ホーム	図書館	図書館
	荒地	田	荒地	田
	消防署	税務署	消防署	税務署
	町村役場	市役所	町村役場	市役所

（３）　下の断面図は、地形図中の**ア**地点から**エ**地点のいずれかのものである。この断面図はどの地点のものか。**ア**～**エ**から１つ選び、記号で答えなさい。

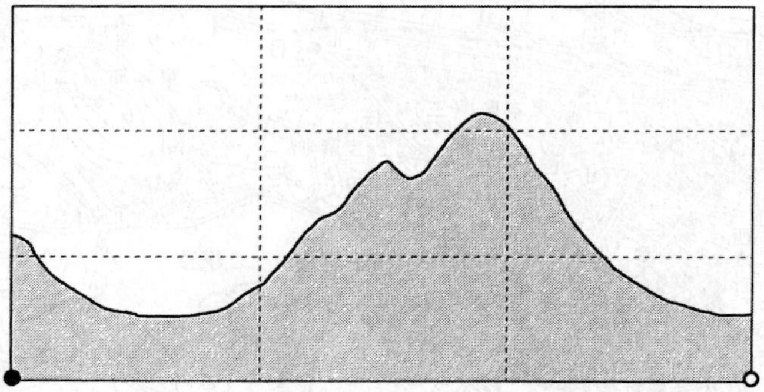

4 次の地図を見て、１から４までの問いに答えなさい。

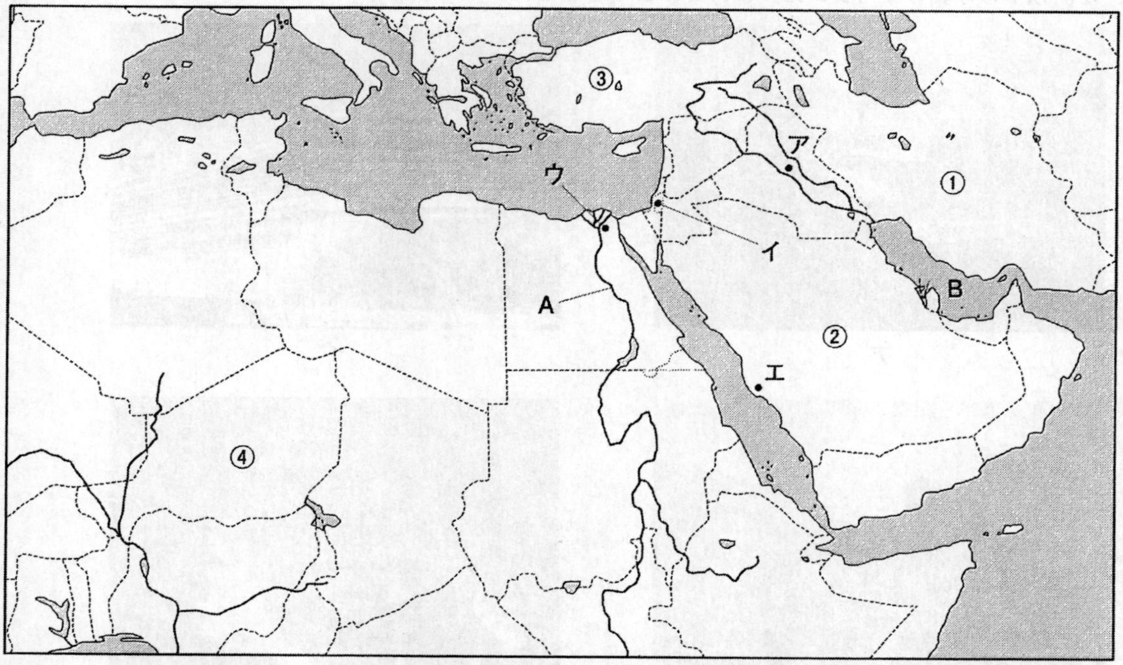

1　イスラム教、ユダヤ教、キリスト教に共通した聖地の位置を、図中の**ア**～**エ**から１つ選び、記号で答えなさい。

2　**A**の河川の中･下流域の説明として正しいものを、次の**ア**～**エ**から1つ選び、記号で答えなさい。

ア　雨季と乾季がはっきりみられ、低い木がまばらに生えるサバナとよばれる草原が広がっている。

イ　一年中雨が多く、熱帯林が広がっており、いも類やバナナが栽培され、主食となっている。

ウ　砂漠であるが、上流から栄養豊富な土が流れ出し、それを利用して農業が営まれている。

エ　季節風の影響を受けて降水量が多く、栄養豊富な土が堆積しており、稲作がさかんである。

3　**B**の湾岸には油田が数多くあり、採掘された原油はタンカーを利用して日本へも輸出されている。以下の写真のうち**タンカー**にあてはまるものを、次の**ア**～**エ**から１つ選び、記号で答えなさい。

ア

イ

ウ

エ

4　次の表は、図中の①から④の国々における言語、民族について示したものである。①にあてはまるものを、表中の**ア**～**エ**から１つ選び、記号で答えなさい。

	おもな言語（**太字**は公用語・国語）	おもな人種・民族（%）
ア	**ペルシャ語**、アゼルバイジャン語、クルド語	ペルシャ人35、アゼルバイジャン人16、クルド人13
イ	**フランス語**、ハウサ語、ジェルマ語	ハウサ人55、ジェルマ人21、トゥアレグ人9
ウ	**トルコ語**、クルド語、アラビア語	トルコ人65、クルド人19、クリミア=タタール人7
エ	**アラビア語**	アラブ人90、アフロ=アジア系、南アジア系人6

『データブック　オブ・ザ・ワールド』（2021年版）により作成

5 次のAからDの文章を読んで、1から6までの問いに答えなさい。ただし、波線部の語句には誤りが1つある。

A　7世紀初め、中国では隋が大運河の整備などの土木事業をさかんにおこない、また数回にわたる高句麗遠征をおこなった。これらの負担は民衆の生活を圧迫し、やがて、反乱がおきて隋は滅亡した。新たに［ ⓐ ］が中国を統一し、律令によって政治体制の基礎を固め、大帝国を作り上げた。

B　12世紀半ば、政治の実権をめぐる対立が激しくなり、京都で大きな内乱がおきた。保元の乱では後白河天皇に味方した平清盛と源義朝が勝利し、続く平治の乱では、平清盛が源義朝を破り、義朝の子である［ ⓑ ］は伊豆（静岡県）に流された。

C　18世紀末以降、欧米列強の軍艦がたびたび日本の沿岸に現れるようになった。1792年と1804年にはロシアの使節が来航し、1808年には、ドイツの軍艦が長崎の港に侵入する事件（フェートン号事件）がおこった。その後も、外国船との紛争が続いたため、幕府は［ ⓒ ］を出し、欧米の艦船を撃退する方針を決めた。

D　1880年代後半、紡績《ぼうせき》業などの軽工業を中心に、日本でも産業革命が始まった。経済の発展が優先され、生産量が急激に増大した足尾銅山からの鉱毒《こうどく》が渡良瀬川に流れ込み、深刻な問題をひきおこした。この問題に対し、被害民は栃木県選出の衆議院議員［ ⓓ ］を先頭に、鉱毒防止と被害民救済を求める運動を展開した。

1　［ ⓐ ］にあてはまる王朝名を答えなさい。

2　［ ⓑ ］にあてはまる人物を答えなさい。

3　［ ⓒ ］にあてはまる法令を答えなさい。

4　［ ⓓ ］にあてはまる人物を答えなさい。

5　二重下線部について、世界初の社会主義国家であるソ連の建国につながるロシア革命を指導した人物を答えなさい。

6　各文章中に1つずつある波線部のうち、**誤っているもの**を含む文章を、次のア～エから1つ選び、記号で答えなさい。

ア　A　　　イ　B　　　ウ　C　　　エ　D

6 次の略年表を見て、１から６までの問いに答えなさい。

年代	できごと
ⓐ 年	中国の律令をもとに大宝律令がつくられる
①	
1221 年	後鳥羽上皇のよびかけにより承久の乱がおきる
②	
1716 年	８代将軍ⓒ徳川吉宗による享保の改革が始まる
③	
1854 年	日米和親条約が調印される
④	
ⓑ 年	パリ講和会議においてⓓベルサイユ条約が調印される

1 年表中 ⓐ ・ ⓑ にあてはまる数字の組み合わせとして正しいものを、次の**ア**～**エ**から１つ選び、記号で答えなさい。

ア ⓐ－701 ⓑ－1919 **イ** ⓐ－710 ⓑ－1919

ウ ⓐ－701 ⓑ－1939 **エ** ⓐ－710 ⓑ－1939

2 下線部ⓒに関する文として**誤っているもの**を、次の**ア**～**エ**から１つ選び、記号で答えなさい。

ア 庶民の意見を取り入れるために目安箱を設置した。

イ 収入の中心となる年貢米を増やすために、新田開発を進めた。

ウ 参勤交代を軽減する代わりに、大名から１万石《ごく》につき100石《こく》の米を幕府に献上《けんじょう》させた。

エ 御成敗式目を制定し、裁判や刑の基準を明確にした。

3 下線部ⓓに関して、この条約が結ばれた頃の日本のようすについて述べた文として正しいものを、次の**ア**～**エ**から１つ選び、記号で答えなさい。

ア 高度経済成長をむかえ、電化製品や自動車が各家庭に普及した。

イ 商人による米の買い占めに反対して、米の安売りを求める騒動《そうどう》が全国に広がった。

ウ アメリカで始まった世界恐慌の影響が日本にもおよび、失業者が増えて深刻な恐慌《きょうこう》におちいった。

エ 戦争への協力を求められた女性の政治への関心が高まり、男女普通選挙が実現した。

4　年表中の②の時期の出来事Ⅰ～Ⅲを年代の古い方から順番に並べたものとして正しいものを、次の**ア**～**エ**から１つ選び、記号で答えなさい。

Ⅰ　千利休によって、質素で静かな風情《ふぜい》を楽しむわび茶とよばれる芸能が完成された。

Ⅱ　足利義満の保護を受けた観阿弥と世阿弥によって、能が大成された。

Ⅲ　松尾芭蕉は、『奥の細道』などを執筆し、すぐれた作品を残した。

ア　Ⅰ－Ⅱ－Ⅲ　　**イ**　Ⅰ－Ⅲ－Ⅱ　　**ウ**　Ⅱ－Ⅰ－Ⅲ

エ　Ⅱ－Ⅲ－Ⅰ　　**オ**　Ⅲ－Ⅰ－Ⅱ　　**カ**　Ⅲ－Ⅱ－Ⅰ

5　次の絵画に描かれている出来事をこの年表に入れる場合、年表中の①から④のどの時期に入るか、次の**ア**～**エ**から１つ選び、記号で答えなさい。

自由民権運動の演説会（東京大学明治新聞雑誌文庫蔵）

ア　①　　**イ**　②　　**ウ**　③　　**エ**　④

6　年表中の①から④の時期と出来事の組み合わせとして正しいものを、次の**ア**～**エ**から１つ選び、記号で答えなさい。

ア　①－大化の改新が始まる

イ　②－ポルトガル人が日本に鉄砲を伝える

ウ　③－オランダ商館が出島に移される

エ　④－関東大震災がおこる

7 次の１、２の問いに答えなさい。

1　次の文章を読み、（1）から（3）までの問いに答えなさい。

> ⓐ人権とは、人間が生まれながらにして持っている権利のことで、人間は一人ひとりが個人として尊重され、平等にあつかわれなければならないとされている。このような考え方が認められるまでにはⓑ長い歴史があり、ⓒ日本国憲法においては、その保持のために「不断《ふだん》の努力」が求められている。

（1）　下線部ⓐに関連して、「新しい人権」の具体例として適当なものを、次の**ア**～**エ**から１つ選び、記号で答えなさい。

ア　北海道を中心に独自の言葉や文化を持つアイヌ民族の人権保障のために、2019年にアイヌ民族支援法が定められた。

イ　拷問《ごうもん》や自白の強要を防ぐために、取り調べの可視化《かしか》がすすめられている。

ウ　新型コロナウイルス感染症が拡大するなかでも学びを止めないために、ICTを活用したオンライン授業が実施されている。

エ　マンションを建設するにあたって、近隣《きんりん》の日当たりに配慮した設計がなされている。

（2）　下線部ⓑについて、人権の歴史に関する文として**誤っているもの**を、次の**ア**～**エ**から１つ選び、記号で答えなさい。

ア　フランスのルソーは、自由・平等を実現するためには、人民が主権を持つべきと主張した。

イ　大日本帝国憲法では、「臣民の権利」が法律の範囲内で認められた。

ウ　1919年に制定されたワイマール憲法では、はじめて自由権が明文化された。

エ　第二次世界大戦後、児童（子ども）の権利条約のような国際的な人権条約が数多く結ばれた。

（3）　下線部ⓒの制定過程や内容に関する文①・②の正誤の組み合わせとして正しいものを、次の**ア**～**エ**から１つ選び、記号で答えなさい。

①　日本国憲法の草案はGHQにより作成され、議会での審議をおこなわずに制定された。

②　憲法の第１章では、国民主権の原理にもとづいて、天皇の「象徴」としての地位が規定されている。

ア　①－正　②－正　　**イ**　①－正　②－誤　　**ウ**　①－誤　②－正　　**エ**　①－誤　②－誤

2　次の（1）、（2）の問いに答えなさい。

（1）　日本国憲法前文には、「わが国全土にわたつて自由のもたらす恵沢《けいたく》を確保し、政府の行為によつて再び □ の惨禍《さんか》が起ることのないやうにすることを決意し」と記されている。□ にあてはまる語句を**漢字**で答えなさい。

（2） 日本国憲法第45条には、「□議員の任期は、4年とする。但《ただ》し、□解散の場合には、その期間満了《まんりょう》前に終了する。」と記されている。□にあてはまる語句を漢字で答えなさい。（□には同じ語句がはいる。）

8 次の1から4までの問いに答えなさい。

1 次の文章を読んで、（1）から（3）までの問いに答えなさい。

> 人々の生活に必要なものの生産・流通・ⓐ消費のしくみを経済という。経済活動は、家計・ⓑ企業・政府によっておこなわれ、それぞれの活動はたがいに影響しあっている。また、こうした活動のつながりは国内だけでなく、ⓒ世界全体にも広がっている。

（1） 下線部ⓐに関連して、次の図はある商品の需要曲線と供給曲線を表したものである。当初の均衡点がAにあるとき、消費者の事情に変化がなく、この商品の供給量が減少した場合の新たな均衡点を、次のア～エから1つ選び、記号で答えなさい。

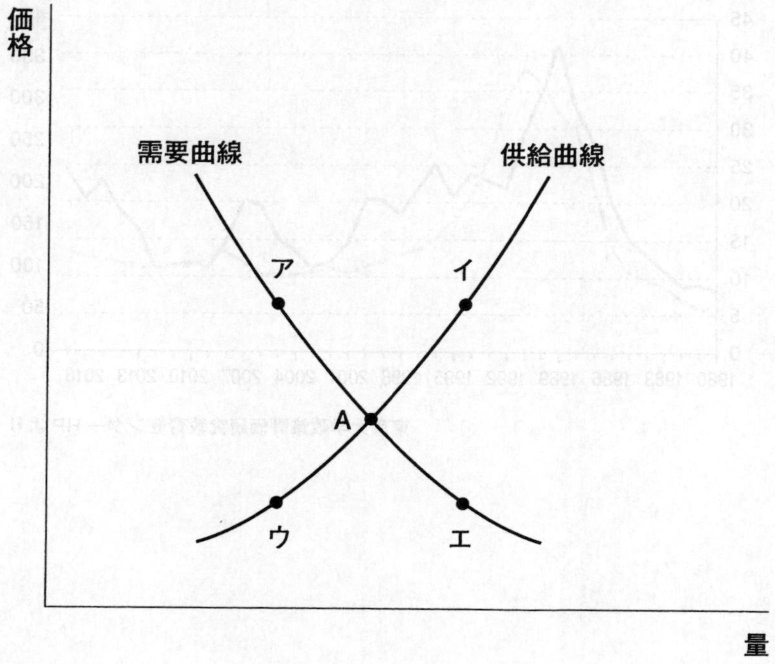

（2）　下線部ⓑに関連して、近年、多くの企業の間で、労働時間を短縮したり、多様な働き方を認めたりするなど、労働者の過労死などのリスクを減らし、□（仕事と生活の両立）を目指す改革が広まっている。□にあてはまる語句を答えなさい。

（3）　下線部ⓒについて、日本企業の海外進出に関する文として**誤っているもの**を、次の**ア**～**エ**から１つ選び、記号で答えなさい。

ア　複数の国にまたがって工場や支社をもつ企業を多国籍企業という。

イ　企業の海外進出が進むと、国内では産業の空洞《くうどう》化がおきる。

ウ　日本企業が最も多く進出している地域はアジアである。

エ　海外進出した企業は現地での採用はおこなわず、日本から社員を多く派遣するので、現地の雇用《こよう》に大きな影響は与えない。

2　下のグラフは、1980 年代から 2010 年代にかけての日経平均株価と三大都市圏公示地価平均価格の推移を表している。このグラフを見ると、1980 年代の末から 1990 年代の初めにかけて、価格の急激な上昇が読み取れる。このように、実態をともなわずに経済が膨張する状態を何というか、答えなさい。

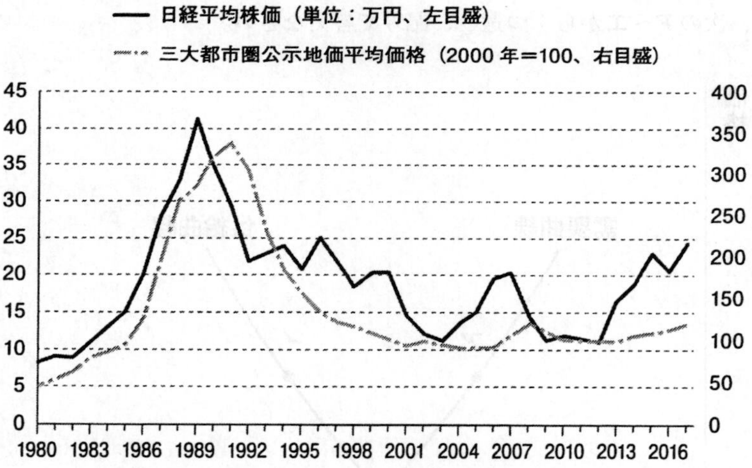

東京大学政策評価研究教育センターHPより

3　環境に配慮した商品につけられているマークを、次の**ア～エ**から1つ選び、記号で答えなさい。

ア　　　**イ**　　　**ウ**　　　**エ**

4　日本銀行の役割について述べている文として**誤っているもの**を、次の**ア～エ**から1つ選び、記号で答えなさい。

ア　日本銀行は、日本で唯一、紙幣を発行することができる発券銀行である。

イ　日本銀行は、「銀行の銀行」として金融機関にお金を貸し出すだけでなく、個人にもお金を貸し出している。

ウ　景気が悪くなると、日本銀行は国債《こくさい》を金融機関から買って、金融市場に出回るお金の量を増やそうとする。

エ　景気が過熱し、物価が上昇してくると、日本銀行は国債を金融機関に売って、市場に出回るお金の量を減らそうとする。

【理　科】（50分）〈満点：100点〉

1　キヨシさんとリカコさんは、天気図や気象衛星の画像を題材に探究活動をしている。二人の会話文を読んで、次の１から５の問いに答えなさい。なお、天気図中の H は高気圧を、L は低気圧を表し、天気図中に月は示していない。

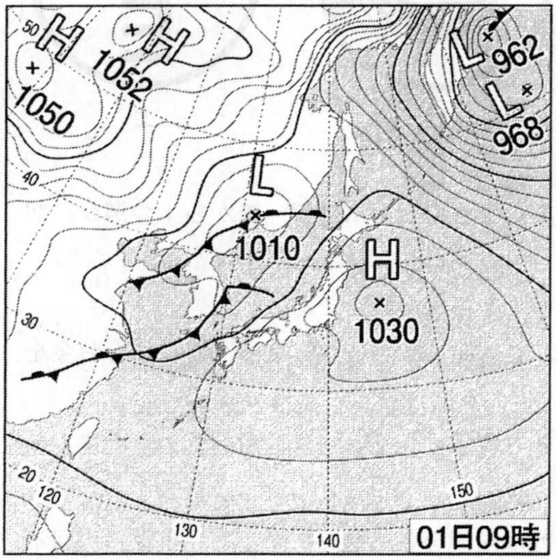

天気図１

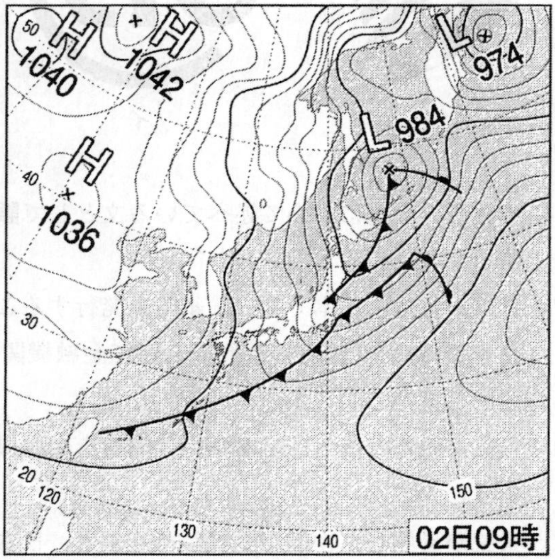

天気図２

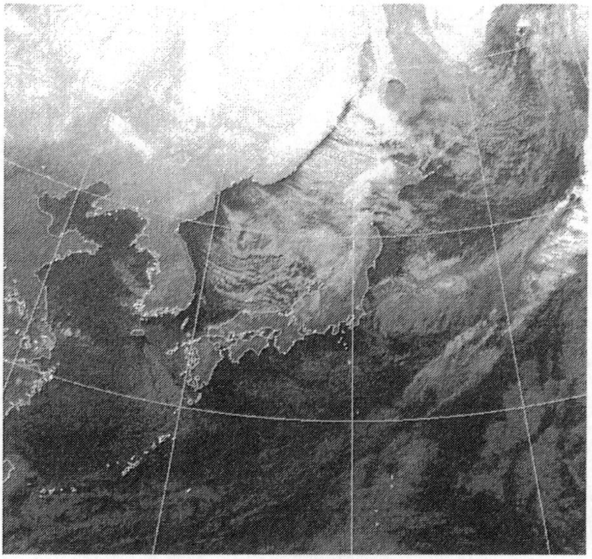

３日　午前０時の赤外線衛星画像

（天気図、衛星画像はすべて気象庁ホームページから掲載）

キヨシさん：まず、２枚の天気図は昨年のものだけど、何月頃の天気図だと思う？

リカコさん：１日から２日にかけて日本付近に低気圧が通過し、等圧線の間隔が狭くなっているから風が強くなっていそうね。そして、（　A　）の気圧配置になっているから（　B　）じゃない？ あと、大陸の高気圧は（　C　）と呼ばれていて、その影響で３日の衛星画像には日本海側にすじ状の雲が出ている。この雲は（　D　）だと思うけど。

キヨシさん：そうだね。１日から２日にかけて寒冷前線が通過しているので、一般的に考えれば低気圧の通過後は日本各地の風向きが（　E　）で、気温も（　F　）くなっていると思うよ。

リカコさん：早速確かめてみましょう。ところで通過した低気圧の速さって、どれくらいかしら。

キヨシさん：１日午前９時の低気圧の中心が東経130度、２日午前９時は東経150度付近にあるよね。ホームページで調べたら、この付近の距離は、経度１度あたり85kmだから計算できると思うよ。

リカコさん：１日24時間だからね。計算できたわ！

1　下線部について、低気圧内に吹き込む風の向きと、この２枚の天気図の等圧線１本ごとの気圧差の値を正しく示している組み合わせを、次の**ア～エ**から１つ選び、記号で答えなさい。

	風の向き	気圧差
ア	時計回り	4 hPa
イ	反時計回り	4 hPa
ウ	時計回り	2 hPa
エ	反時計回り	2 hPa

2　会話文の（　A　）、（　B　）にあてはまる正しい語句の組み合わせを、次の**ア～エ**から１つ選び、記号で答えなさい。

	A	B
ア	西高東低	１～２月
イ	西高東低	７～８月
ウ	南高北低	１～２月
エ	南高北低	７～８月

3　会話文の（ C ）、（ D ）にあてはまる正しい語句の組み合わせを、次のア～エから1つ選び、記号で答えなさい。

	C	D
ア	オホーツク海気団	高層雲
イ	オホーツク海気団	積乱雲
ウ	シベリア気団	高層雲
エ	シベリア気団	積乱雲

4　会話文の（ E ）、（ F ）にあてはまる正しい語句の組み合わせを、次のア～エから1つ選び、記号で答えなさい。

	E	F
ア	北寄り	高
イ	北寄り	低
ウ	南寄り	高
エ	南寄り	低

5　リカコさんが計算した低気圧のおよその速さを、次のア～エから1つ選び、記号で答えなさい。

ア　30km/h　　イ　50km/h　　ウ　70km/h　　エ　90km/h

2 中学一年生の理科の授業の時間に、校舎周辺で野外実習を行った。図は学校の敷地、表はＡ～Ｄの各観察場所の日当たりと土の環境を示したものである。この野外実習について、次の１から５の問いに答えなさい。

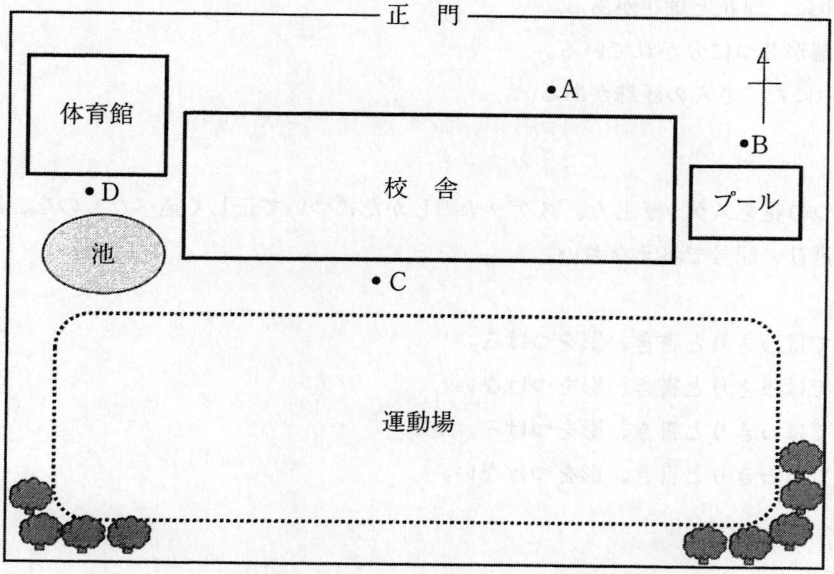

図

観察場所の環境	
A：日当たりが悪く、乾燥している。	B：日当たりが悪く、湿っている。
C：日当たりが良く、乾燥している。	D：日当たりが良く、湿っている。

表

1　観察場所Ｃで見つけたタンポポを手に取りルーペで観察した。ルーペの使い方について、正しく説明している文はどれか。次の**ア～エ**から１つ選び、記号で答えなさい。

ア　ルーペを植物に近づけて持ち、顔を前後に動かしてよく見える位置を探す。
イ　ルーペを植物に近づけて持ち、ルーペを前後に動かしてよく見える位置を探す。
ウ　ルーペを目に近づけて持ち、植物を前後に動かしてよく見える位置を探す。
エ　ルーペを目に近づけて持ち、ルーペを目から遠ざけながらよく見える位置を探す。

2　タンポポの１つの花のつくりについて、正しく述べたものを次の**ア〜エ**から１つ選び、記号で答えなさい。

ア　花弁は１枚１枚くっついている。
イ　１つの花の中に、雌花と雄花がある。
ウ　おしべの先端が２つに分かれている。
エ　１つの花の中にたくさんの胚珠がある。

3　タンポポの１つの花をスケッチした。スケッチのしかたについて正しく述べたものを、次の**ア〜エ**から１つ選び、記号で答えなさい。

ア　細い線や点ではっきりと書き、影をつける。
イ　細い線や点ではっきりと書き、影をつけない。
ウ　太い線や点ではっきりと書き、影をつける。
エ　太い線や点ではっきりと書き、影をつけない。

4　校舎周辺を歩いているとゼニゴケがたくさん見られる場所があった。その場所は図のＡ〜Ｄのどこか。次の**ア〜エ**から１つ選び、記号で答えなさい。

ア　Ａ　　**イ**　Ｂ　　**ウ**　Ｃ　　**エ**　Ｄ

5　この野外実習でたくさんの植物を観察して、実習ノートに記録した。次の文の中で、ゼニゴケについての記録はどれか。次の**ア〜エ**から１つ選び、記号で答えなさい。

ア　葉の裏側に褐色の小さな袋が見られた。
イ　雌株から細長く伸びた先に、胞子のうが見られた。
ウ　地面にはりついている葉状なものから雌株と雄株が伸びていた。
エ　茎が地面をはうように伸びて、たくさんの葉が広がっていた。

3　次の図は、水を氷の状態からゆっくりと加熱したときの、加熱した時間と温度との関係を模式的に表わしたものである。これについて、次の１から５の問いに答えなさい。

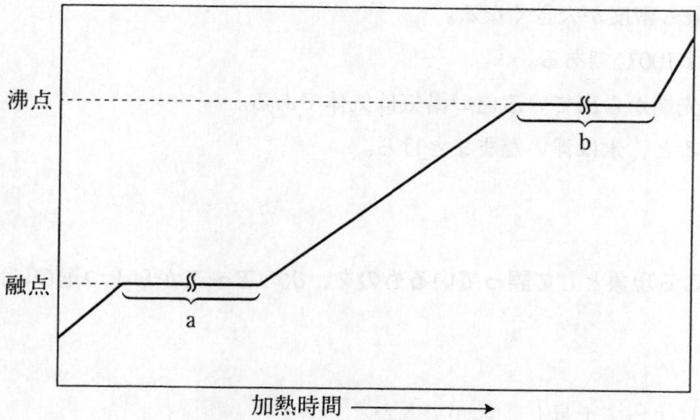

図

1　図のａでは、水はどのような状態か。最も適当なものを、次の**ア**～**エ**から１つ選び、記号で答えなさい。

ア　固体と液体　　**イ**　液体　　**ウ**　液体と気体　　**エ**　気体

2　ある一定量の水を加熱してすべて水蒸気にしたとき、図のａとｂの長さを比較するとどれが正しいか。次の**ア**～**ウ**から１つ選び、記号で答えなさい。

ア　ａ＞ｂ　　**イ**　ａ＝ｂ　　**ウ**　ａ＜ｂ

3　液体を加熱して気体にすると、体積は大きくなる。4℃の水（液体）$6cm^3$を加熱して、すべて100℃の水蒸気にすると、体積はおよそ何cm^3になるか。最も適当なものを次の**ア**～**エ**から１つ選び、記号で答えなさい。ただし、4℃の水（液体）の密度は$1.0g/cm^3$、100℃の水蒸気の密度は$0.0006g/cm^3$とする。

ア　$10cm^3$　　**イ**　$100cm^3$　　**ウ**　$1000cm^3$　　**エ**　$10000cm^3$

4　水の状態変化について述べた文として**誤っているもの**を、次の**ア**～**エ**から１つ選び、記号で答えなさい。

ア　水は4℃のとき、最も密度が大きくなる。
イ　融点は0℃、沸点は100℃である。
ウ　沸騰したやかんの先端から出ている白い湯気は気体である。
エ　水の中に氷を入れると、氷は浮いたままとける。

5　状態変化によって起こる現象として**誤っているもの**を、次の**ア**～**エ**から１つ選び、記号で答えなさい。

ア　水蒸気が上昇気流によって上昇し、雲ができた。
イ　冬の朝、庭先のバケツの水が凍っていた。
ウ　晴れの日が続き、水たまりが消えた。
エ　水の中に入れた釘《くぎ》がさびてぼろぼろになった。

4　地球上でばねばかりを用いてはかったところ、240g の値を示した物体がある。この物体に関する以下の１から５の問いに答えなさい。ただし、月面上の重力は地球上の重力の $\frac{1}{6}$ の大きさである。

1　次のうち、ニュートン[N]で**表せないもの**はどれか。**ア**～**エ**から１つ選び、記号で答えなさい。

ア　摩擦力　　**イ**　弾性力　　**ウ**　圧力　　**エ**　垂直抗力

2　月面上で、この物体にはたらく重力をばねばかりではかったとする。この時、ばねばかりは何Ｎを示すか。次の**ア**～**エ**から１つ選び、記号で答えなさい。ただし、地球上で質量100g の物体にはたらく重力の大きさを１Ｎとする。

ア　0.4 N　　**イ**　2.4 N　　**ウ**　4.0 N　　**エ**　24 N

3　月面上で、この物体を上皿天秤《てんびん》にのせたとすると、何ｇ分の分銅とつり合うか。次の**ア**～**エ**から１つ選び、記号で答えなさい。

ア　40g　　**イ**　80g　　**ウ**　160g　　**エ**　240g

4　3で使用した上皿天秤で、この物体の何を調べることができるか。次の**ア**～**ウ**から１つ選び、記号で答えなさい。

ア　質量　　**イ**　重力　　**ウ**　重さ

5　ある物体の質量と重さを月面上と地球上で測定した。月面上の測定値と地球上の測定値を比較した文として正しく述べているものを、次の**ア**～**エ**から１つ選び、記号で答えなさい。

ア　質量、重さともに、月面上での測定値の方が小さい。
イ　重さは同じであるが、質量は月面上での測定値の方が小さい。
ウ　質量は同じであるが、重さは月面上での測定値の方が小さい。
エ　質量、重さともに、地球上と月面上での測定値は同じである。

5　次の1から4の問いに答えなさい。

1　日本の春分の日に関する文として**誤っているもの**を、次の**ア～エ**から1つ選び、記号で答えなさい。

ア　夜と昼の長さはほぼ同じで、どちらも12時間程度である。
イ　太陽はどこで見ても、ほぼ真東からのぼり真西に沈む。
ウ　太陽のみかけの動きは、同じ場所での秋分の日の動きとは異なる。
エ　地面に棒を立て、太陽を背にして日の出から日の入りまで出来る影の先端を結んでいくと直線になる。

2　次の中で、デンプン、タンパク質、脂肪をそれぞれ分解する酵素をすべて含んでいる消化液はどれか。次の**ア～エ**から正しいものを1つ選び、記号で答えなさい。

ア　だ液　　**イ**　胃液　　**ウ**　胆汁　　**エ**　すい液

3　濃度が20%の塩化ナトリウム水溶液を120gつくりたい。塩化ナトリウムの質量として正しいものを、次の**ア～エ**から1つ選び、記号で答えなさい。

ア　20g　　**イ**　24g　　**ウ**　48g　　**エ**　96g

4　棒磁石を図のように切断した。切断面のaとb付近の磁極はそれぞれ何極になるか。次の**ア～エ**から正しい組み合わせを1つ選び、記号で答えなさい。

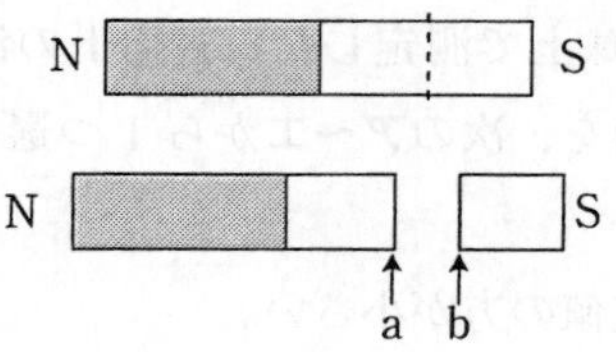

図

ア　a　N極　　b　N極　　**イ**　a　N極　　b　S極
ウ　a　S極　　b　N極　　**エ**　a　S極　　b　S極

6 次の文と図は「ミマツダイヤグラム」に関するものである。これらの資料をもとに、次の１から４の問いに答えなさい。

> ミマツダイヤグラムは昭和 18 年（1943 年）から昭和 20 年（1945 年）にかけて、昭和新山が誕生していく過程を記録したものである。この図は、北海道有珠《うす》郡壮瞥《そうべつ》町の郵便局長三松正夫氏が、火山活動によって徐々に高くなっていく昭和新山とその周辺の高さをスケッチし、数週間おきの隆起の全過程を一つにまとめたものである。

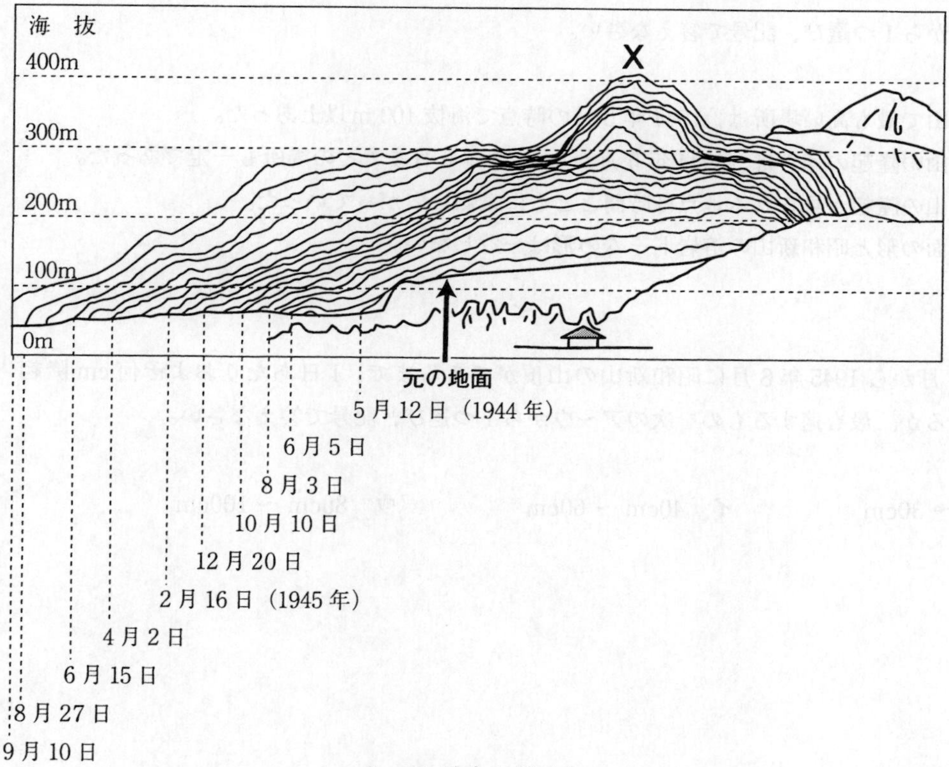

ミマツダイヤグラム
（国立研究開発法人産業技術総合研究所ホームページを参考）

図

1　ミマツダイヤグラムに示された火山について、下の文の（　A　）・（　B　）に適する語句を答えなさい。ただし、Aは（　　　）の語句から選ぶこと。

図の**X**にみられる火山の地形は溶岩ドームとよばれ、粘り気の A（ 強い ・ 弱い ）岩石からできている。また、最も粘り気の（　A　）火山岩は（　B　）岩とよばれ、この火山には多く見られる。

2　昭和新山のような、火山をつくる火山岩の組織を何とよぶか。答えなさい。

3　次の文はミマツダイヤグラムからわかることについて述べたものである。**誤っているもの**を次の**ア〜エ**から１つ選び、記号で答えなさい。

ア　昭和新山で最も高い場所は、1944年５月の時点で海抜100 m以上あった。
イ　昭和新山の隆起の速さは、1944年５月から1945年６月までどの場所も一定であった。
ウ　昭和新山の隆起が見られる地点は時間とともに東側に広がっていった。
エ　元の地面の形と昭和新山の溶岩ドームの形は一致しない。

4　1944年５月から1945年８月に昭和新山の山頂ができるまで、１日あたりおよそ何cm隆起したといえるか。最も適するものを次の**ア〜ウ**から１つ選び、記号で答えなさい。

ア　10cm 〜 30cm　　**イ**　40cm 〜 60cm　　**ウ**　80cm 〜 100cm

7　遺伝のしくみについて、次の１から４の問いに答えなさい。

メンデルは、エンドウを用いて実験を繰り返し、種子の形の形質の伝わり方を研究した。以下はその実験の結果をまとめたものである。

- 種子を丸くする遺伝子をＡ、しわにする遺伝子をａとすると、丸い種子をつくる純系がもつ遺伝子をAA、しわのある種子をつくる純系がもつ遺伝子をaaと表すことができ、これらを親とする。
- ①この対になっている親の遺伝子は、減数分裂で分かれて別々の生殖細胞の中に入り、受精によって再び対になり、子となる。
- この子の遺伝子の組み合わせはすべてAaになり、形質は丸になる。
- 対になっている子の遺伝子Ａとａは、減数分裂で分かれて別々の生殖細胞の中に入り、②受精によって再び対になって、孫になる。その結果、孫の代の遺伝子はAAとAaとaaの３種類が生じる。

1　下線部①のように、遺伝子が分かれて別々の生殖細胞の中に入ることを何というか。法則名で答えなさい。

2　丸い種子としわの種子の親から丸い種子の子が作られた。子に現れたこの形質のことを何というか。答えなさい。

3　エンドウは自然の状態では自家受粉を行い、種子をつくる。この自家受粉とはどのような受粉のことか。(　　　　　　　)に12字以内のことばを加えて、文を完成させなさい。

めしべに、(　　　　　　　　　　　)ことを自家受粉という。

4　下線部②について、孫の代で3000個の種子ができたとする。AA、Aa、aaのそれぞれの遺伝子をもつ種子はいくつになるか。次の**ア～オ**から正しい組み合わせを１つ選び、記号で答えよ。

	AA	Aa	aa
ア	1000	1000	1000
イ	2250	0	750
ウ	2250	750	0
エ	750	1500	750
オ	1500	750	750

8　図1のように、硝酸カリウム水溶液で湿らせたろ紙の中央にpH試験紙を置き、ろ紙の両端に電圧を加えた。その後、図2のようにpH試験紙の中央にうすい塩酸をしみこませた細いろ紙と、うすい水酸化ナトリウム水溶液をしみこませた細いろ紙をそれぞれ置き、変化を観察した。この観察結果について、次の1から4の問いに答えなさい。ただし、硝酸カリウム水溶液は中性であるためpH試験紙の色の変化には影響しない。

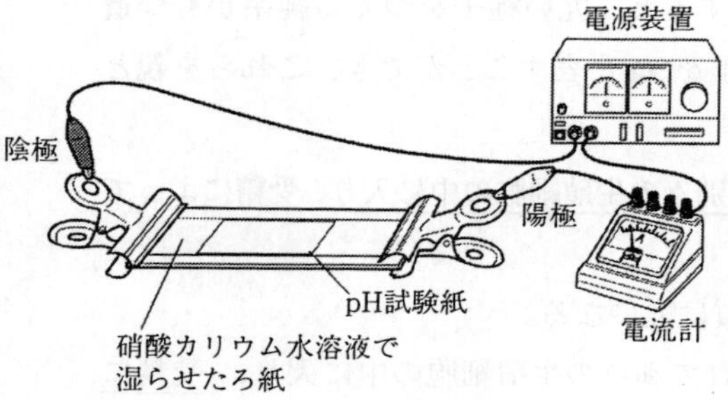

図1

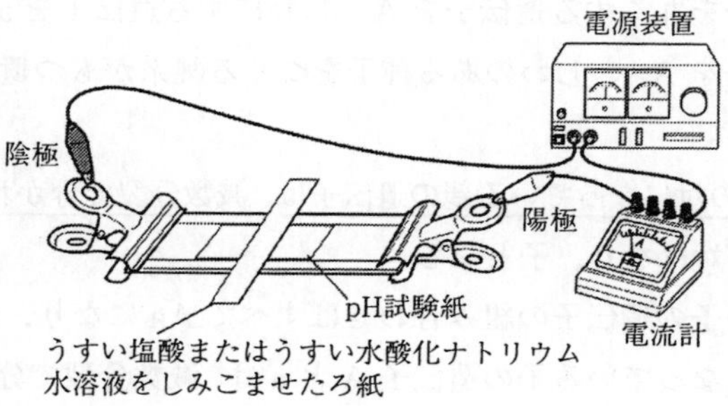

図2

1　ろ紙とpH試験紙を、硝酸カリウム水溶液で湿らせた理由を、「電流」という語句を用いて簡単に答えなさい。

2　うすい塩酸を用いたとき、実験結果はどうなるか。次の**ア**～**エ**から1つ選び、記号で答えなさい。ただし、使用したpH試験紙は酸性で赤色よりに、アルカリ性では青色よりの色になる。

ア　ろ紙の陽極側に青色が広がる。
イ　ろ紙の陽極側に赤色が広がる。
ウ　ろ紙の陰極側に青色が広がる。
エ　ろ紙の陰極側に赤色が広がる。

3　うすい水酸化ナトリウム水溶液を用いたときの実験結果で、pH試験紙の色が変化する原因となるイオンの化学式を答えなさい。

4　図1において、硝酸カリウム水溶液の代わりに塩化ナトリウム水溶液を用いて行ったときのようすとして正しいものを、次の**ア**～**ウ**から1つ選び，記号で答えなさい。

ア　陽極側の目玉クリップから、プールのにおい（塩素臭）が感じられた。
イ　電流計の針が振れず、電流が流れた様子が見られなかった。
ウ　陰極側の目玉クリップから、金属が付着する様子が見られた。

9　図のように、凸レンズの中心点Oの光軸上の点Aに6cmのろうそくをたて、光軸に垂直になるようにスクリーンを置いたところ、スクリーンに鮮明なろうそくの像ができた。このときの焦点をF、F′とし、焦点距離を12cmとする。また、凸レンズの中心点Oとスクリーン上の点Bまでの距離を20cmとする。次の1から4の問いに答えなさい。

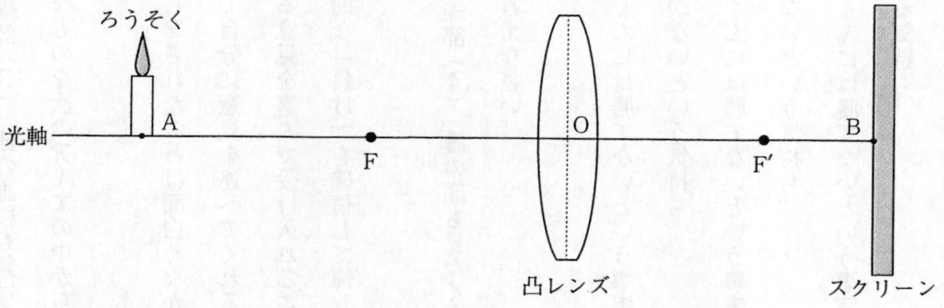

図

1　凸レンズによってスクリーン上にできる像に関する記述として、最も適当なものを、次の**ア〜エ**から1つ選び、記号で答えなさい。

ア　凸レンズの上半分を黒紙でおおうと、スクリーン上の実像は、形は変わらず暗くなる。
イ　スクリーン上にできる実像は正立である。
ウ　ろうそくから出た光は、反射の法則にしたがいスクリーン上に集まり実像を作る。
エ　ろうそくを凸レンズに近づけていくと、スクリーン上に虚像ができる。

2　ろうそくの上端から出た光がレンズを通してスクリーンに像を結ぶとき、ろうそくの上端から出る光軸に対して平行な光の道すじと、レンズの中心を通る光の道すじを、解答欄の点線を利用して作図しなさい。

3　スクリーンに写るろうそくの像の大きさは何cmになるか。答えなさい。

4　凸レンズの中心点Oから、ろうそくのある点Aまでの距離は何cmになるか。答えなさい。

エ　これまでクラスで絶対的な存在であった「きみ」に、転校して間もないクラスメイトが意見を述べても敵わないと見下していたから。

問六　――線部（3）「他の誰にも負けないぐらい右手をピンと伸ばして、高く掲げた」とあるが、なぜそのような行動をとったのか。最も適当なものを次の**ア**～**エ**の中から選び、記号で答えなさい。

ア　手直しをされたことは面白くなかったが、中西くんの意見は素直に納得できるものだったから。

イ　初めて自分に意見を述べてくれるクラスメイトが現れたことが嬉しく、心の底から感動したから。

ウ　異なる意見を喜んで受け入れることで、中西くんに貸しを作り優位な立場に立ちたかったから。

エ　絶対的な「負け」を確信して悔しかったが、クラスメイトにはそれを悟られたくなかったから。

問七　――線部（4）「誰の顔も見たくなかった」とあるが、このときの「きみ」の心情として最も適当なものを次の**ア**～**エ**の中から選び、記号で答えなさい。

ア　中西くんには勝てないという事実を再び突きつけられ、一部の友人たちに気遣われて気を取り直していた自分が恥ずかしく、みじめで仕方がないという気持ち。

イ　中西くんには勝てないという事実を再び突きつけられたが、一部の友人たちが優しく気遣ってくれていることが分かり、照れ臭くて仕方がないという気持ち。

ウ　中西くんには勝てないという事実を再び突きつけられ、友人たちの気遣いは嬉しかったが、自分には勝てる要素が一つもないことに絶望する気持ち。

エ　中西くんには勝てないという事実を再び突きつけられたが、ライバルが現れたことを嬉しく思いながら負けじと自分を奮い立たせようとする気持ち。

問二　［　　］に共通して入る語句として最も適当なものをア～エの中から選び、記号で答えなさい。

ア　清々《すがすが》しくて　　イ　馬鹿馬鹿しくて　　ウ　うっとうしくて　　エ　痛々しくて

問三　══線部「きみは声を張り上げる」とあるが、このときの「きみ」の気持ちを熟語で表した場合に最も適当なものを次のア～エの中から選び、記号で答えなさい。

ア　侮蔑　　イ　高揚　　ウ　焦燥　　エ　歓喜

問四　――線部(1)「筋書きどおり」とあるが、どのような筋書きを思い浮かべていたのか。最も適当なものを次のア～エの中から選び、記号で答えなさい。

ア　反対意見が出ないと分かったうえであえて投票を行うことで、担任の本宮先生から自分の存在を認めてもらおうという筋書き。

イ　反対意見が出ないと分かったうえであえて投票を行うことで、自分が一番なのだということをクラス全体に示そうという筋書き。

ウ　反対意見が出ないと分かったうえであえて投票を行うことで、クラス内において学級委員としての威厳を保とうという筋書き。

エ　反対意見が出ないと分かったうえであえて投票を行うことで、中西くんに反対意見を言わせクラスで孤立させようとする筋書き。

問五　――線部(2)「教室がざわついた」のはなぜだと考えられるか。最も適当なものを次のア～エの中から選び、記号で答えなさい。

ア　これまでクラスで絶対的な存在であった「きみ」に、転校して間もないクラスメイトが的外れな意見を述べたことに興ざめしたから。

イ　これまでクラスで絶対的な存在であった「きみ」に、転校して間もないクラスメイトが的確な意見を述べたことに困惑したから。

ウ　これまでクラスで絶対的な存在であった「きみ」に、転校して間もないクラスメイトが意見を述べて論破したことが嬉しかったから。

ほうがずっと自然で、〈青になっても　右左〉の様子もはっきり伝わる。

　みんなも同じことを感じていたのだろう、標語を決めた学級会のときのような沈黙が、きみを包み込む。

「……あ、でもさー」

　三好くんがあわてて言った。「モトくん、ポスター係じゃないから」――きみをちらりと見る視線が(B)わずらわしくて、「ポスターはポスター係でつくるんだからさあ」と笑う表情が［　　］、なにより「モトくん」が気にくわない。

「関係ねーよ、そんなの」

　きみはそっけなく、怒った声で言った。(4)誰の顔も見たくなかったから、半ズボンのポケットに両手をつっこんで、体を揺すりながらつづけた。

「ポスター係なんて誰が入ってもいいんだし、もう色まで塗ってるんだから、中西の絵でいいよ、中西、上手いもん、いいよ、すごく、オレのより全然いいって、マジ、ほんと」

　せっかくの援護射撃が無駄になった三好くんは、それでもきみに気をつかって、「すっげー、モトくん、ブンちゃんに褒められるってすげーよなー」と大げさに驚いた。

　中西くんは、へえー、とあきれた顔になって、「べつにたいしたことないと思うけど」と、誰にともなく言った。

〈重松清『きみの友だち』による〉

問一　〰〰線部（A）「怪訝《けげん》そうに」、（B）「わずらわしく」の意味として正しいものを**ア**～**エ**の中からそれぞれ選び、記号で答えなさい。

（A）「怪訝そうに」

ア　さっぱりとして落ち着いた様子　　**イ**　怒りをあらわにした様子

ウ　まったく興味がない様子　　**エ**　不思議で納得がいかない様子

（B）「わずらわしく」

ア　面倒な　　**イ**　つまらない　　**ウ**　不審な　　**エ**　悲しい

教室のざわめきも、どっちつかずで揺れ動いていたのが、しだいに一つの声の束にまとまっていった。うなずくしぐさがあちこちで交わされる。三好くんが、ブンちゃんどうする？　と心配そうにこっちを見ていた。それが［　　］、よけい悔しくて、きみはそっぽを向いて椅子に座り直し、窓の外を見つめた。

「じゃあ……いまの中西くんの提案も入れて、どれがいいか……投票に、します」

細田くんが気まずそうに言った。きみは窓の外を見つめたまま、空に浮かぶ雲の輪郭を目でなぞる。勝てない。わかっていた。

五年三組、男女合わせて三十七人のうち、中西くん本人を含む二十三人が〈青になっても〉に投票した。きみの〈渡る前にも〉に手を挙げたのは十人――いつも「ブンちゃん、ブンちゃん」とまとわりついてくる連中ばかりだった。

きみは、中西くんの標語に手を挙げた。(3)他の誰にも負けないぐらい右手をピンと伸ばして、高く揚げた。でも、中西くんは、「では、五年三組の標語は、中西くんが提案した……」と細田くんが言いかけるのを制して、最初と変わらない落ち着きはらった態度で言った。

「和泉くんとぼくの合作です」

ゴム印で軽く捺《お》されただけだった「負け」が、その瞬間、焼きゴテで強く胸に押しつけられたような気がした。

中西くんの下の名前は、「基哉《もとや》」という。前の学校では友だちから「モトくん」と呼ばれていたらしい。五年三組でも、標語の一件をきっかけに中西くんを「モトくん」と呼ぶ子が増えてきた。転入したばかりの頃はおとなしかった中西くんも、新しい環境に馴染《なじ》んできたせいか、標語の投票でトップをとって自信をつけたのか、少しずつみんなの輪の中に入るようになった。

入ってみると――中西くんは、みんなの予想以上にデキる奴だった。

交通安全週間のポスターは、図画の得意な十人ほどでつくることになった。持ち寄った下描きの中では、きみの絵が一番上手かった。〈信号は　青になっても　右左〉と標語をレイアウトするときには少し悔しかったが、「やっぱりブンちゃんって絵が上手《うま》いよなあ」「さすがだよなあ」とみんなに褒められて気を取り直していたら、中西くんが「こんなのどう？」と下描きを持ってきた。すでに色がついていた。絵柄の一つ一つが大きく、くっきりとした色使いで、標語の文字もおとなのつくったポスターみたいにきれいだった。

負けた。すぐにわかった。きみが苦労した左右に首を振る子どもの姿も、中西くんは楽々と描いていた。きみは一人の男の子に首を振らせて、マンガみたいな横線を何本も描いて動きを表現していたが、中西くんは右を向いた子を三人、左を向いた子を二人描いていた。その予想外のことに細田くんは言葉に詰まり、救いを求めるようにきみを見た。

出端《でばな》をくじかれたきみはムッとして、でもそれを顔には出さずに、いーんじゃない？　と目で応えた。その視線を、中西くんに向けて滑らせる。おとなしい奴だと思っていた。前の学校は、市役所の近くの城山小学校だった。二丁目に建ったばかりのマンションに引っ越してきた。知っているのはそれだけだ。

中西くんは席に着いたまま、黒板を指差して「和泉くんの提案した標語、いいけど、ちょっと間違っていると思います」と言った。「直したほうが、ずっとよくなるから」

教室は一瞬静まり返った。男子の何人かがきみを振り向き、女子の何人かは(A)怪訝そうに顔を見合わせた。

中西くんは落ち着いた口調で、きみの標語の間違いを説明した。このままでは意味が通らない、渡るのは横断歩道や交差点なんだから「信号を渡る」という言い方はおかしい、「渡る前」と言うのなら、「信号」ではなくて「横断歩道」や「交差点」に替えたほうがいい……。

(2)教室がざわついた。男子は困惑顔できみと中西くんを交互に見るだけだったが、女子は小声でしゃべりながら、そうだよね、とうなずいている子が多かった。きみはあわてて本宮先生の顔を盗み見た。先生は腕組みをして、ふむふむ、と中西くんの意見に納得している様子だった。

「だめだよ、変だよ、それ」

きみは声を張り上げる。「絶対だめだよ、そんなの、そっちのほうがおかしいって」と一息につづけ、そこから先はとっさに考えたことを口にした。

「『交差点』なんて言っても、一年生や二年生だと意味わかんないよ。難しい言葉つかってカッコつけても、意味がわかんなかったら標語にならないから、だからオレ、わざと『信号』にしたんだよ」

中西くんをにらみつけた。でも、中西くんはきみには目を向けず、細田くんに「もっといい直し方があります」と言った。

冷静な中西くんの口調や表情に吸い寄せられたみたいに、細田くんは「発表してください」と応え、川原くんもチョークを持って黒板に向かった。

〈信号は　青になっても　右左〉

黒板の字は、途中から——「青になっても」の一言に、川原くんが、あ、そっか、とうなずいたのを境に大きくなった。

四　次の文章を読んで、後の問いに答えなさい。（設問の都合上、表記を改めた部分がある。）

和泉文彦（作中では「ブンちゃん」または「きみ」とも呼ばれる）は小学五年生。「きみ」は成績もよく、運動も得意で、クラスのヒーローだった。秋の交通安全週間に向けてクラスごとに標語とポスターをつくることになったが、五年三組では「きみ」が発表した〈信号は渡る前にも　右左〉という標語に満場一致で決まるはずだった。本文は、その続きから始まる。

「他に意見ありませんか？」

司会の細田くんが、教卓から教室を見まわして言った。

「決まりだろ、もう」

すかさず三好くんが言った。「ブンちゃんのでいいじゃん、サイコーだもん」とつづけ、きみをちらりと見て、へへっと笑う。

「だめだよ」きみは怒った顔で言った。「ちゃんと投票して、多数決で決めようぜ」

はっきりと「勝ち」がわかったほうが気分がいい。負けるはずがない。勉強でもスポーツでも、五年三組の男子できみにかなう子は誰もいない。

「じゃあ、投票にする？」

細田くんは、自信なさげにきみを見て言った。学級委員のくせに、困ったときにはいつもきみを見る。一学期の学級委員はきみだった。「委員を務めるのは一年に一度だけ」という決まりさえなかったら、二学期もきみが委員に選ばれていたはずだった。

「さんせーい！」

きみが手を挙げて応えると、細田くんはほっとした顔になり、ようやく学級委員の威厳を取り戻して「じゃあ、投票にします」と言った。

そこまでは(1)筋書きどおりだった。

でも、黒板に向いた細田くんの視線を引き戻すように、教室の後ろから声が聞こえた。

「意見、言っていいですか？」

耳慣れない男子の声だった。あいつだ、とすぐにわかった。二学期から入ってきた転校生――五年三組の一員になってまだ十日足らずの、中西くんだ。

エ　土佐守の父母が上京する我が子を見て、立派になったと成長を喜ぶと同時にこれが永遠の別れになると悲しんでいる。

問六　——線部（2）「『いづみの国まで』と舟長が云ふに」とあるが、舟長の発言を本文中からもう一つ探し、七字で抜き出して記しなさい。

問七　——線部（3）「悲しき」とあるが、守夫婦が悲しんでいるのはなぜか。理由として最も適当なものを次の**ア**～**エ**の中から選び、記号で答えなさい。

ア　都に帰れることは嬉《うれ》しいが、自分たちのために別れを惜しんでくれた土佐の人々のことが思い出されるから。
イ　土佐で亡くした子どものことが思い出されるが、都に戻ってからは子どものことを忘れなければならないから。
ウ　人々が都に帰れることだけを口にし、土佐での思い出や我が子のことを少しも思い返してくれないから。
エ　土佐で亡くした愛しい我が子のことだけを口にし、土佐での思い出を忘れることができそうもないから。

問八　——線部（4）「嬉しき事限りなし」とあるが、この場面の説明として最も適当なものを次の**ア**～**エ**の中から選び、記号で答えなさい。

ア　舟に乗った後に舟長が海賊が襲ってくるかもしれないと言ったことで人々が恐怖し、神に祈りを捧げて無事を祈ったが、実は舟長の冗談だったとわかり、自分たちが和泉の国に到着できたことを喜んでいる。
イ　舟が海賊に襲われるかもしれないという話を聞き人々は恐怖したが、土佐守が航海の無事を祈って海の神様に一心不乱にお祈りを捧げたおかげで海賊から襲われずに済んだことを喜び、土佐守に感謝している。
ウ　舟が悪天候のために思ったように進まず、海賊が襲ってくるかもしれないという恐怖もあり、舟に乗った人々が神様に祈りを捧げたおかげかわからないが、無事に和泉の国に着くことができてひとまず安堵《あんど》している。
エ　舟に乗った後に天候が悪くなるだけではなく海賊に襲われてしまい人々は恐怖したが、実は海賊は神の化身であり人々が和泉の国に無事に着くように導いてくれたことがわかり、海の神様に感謝している。

※　土佐守《とさのかみ》 …… 土佐の国司。国司とは地方を治めるために都から派遣された役人のこと。

※　ぬさ …… 神に捧げる絹。おくりもの。

問一　〰〰線部（a）「紀の朝臣《あそん》つらゆき」とあるが、これは平安時代の歌人、紀貫之のことである。この人物が編者である、日本最古の勅撰《ちょくせん》和歌集を次の**ア**〜**エ**の中から一つ選び、記号で答えなさい。

ア　万葉集　　**イ**　古今和歌集　　**ウ**　新古今和歌集　　**エ**　金槐《きんかい》和歌集

問二　〰〰線部（b）「十二月」の月の異名を現代仮名づかい三字で答え、解答欄に記しなさい。

問三　〰〰線部（c）「のぼらせたまふ」を現代仮名づかいに直し、解答欄に記しなさい。

問四　〰〰線部（d）「安き心こそなけれ」の意味として最も適当なものを次の**ア**〜**エ**の中から選び、記号で答えなさい。

ア　不安はないけれど　　**イ**　高をくくったけれど　　**ウ**　生きた心地もないけれど　　**エ**　心はおだやかだけれど

問五　――線部（1）「父母の別れに泣く子なして、したひなげく」とあるが、どういうことか。説明として最も適当なものを次の**ア**〜**エ**の中から選び、記号で答えなさい。

ア　土佐守のことを土佐の人々が素晴らしい国司であったとほめたたえ、両親との別れに泣く子どものように悲しんでいる。

イ　土佐守に仕える人々が土佐守の素晴らしさを慕って都に上ろうとするのを、人々の子どもが泣いて別れを悲しんでいる。

ウ　土佐守が名残を惜しんで悲しがる土佐の人々を見て、土佐での思い出がよみがえり子どものように嘆き悲しんでいる。

ア　日本文化の特質について問題とされていることを問いかけ、それに対し答えていく形を多用することで、海外や日本の歴史の根底にある思想について説明している。

イ　日本と海外の文化の相違に対する見解について最初に結論に直結する具体例を述べ、次に根拠となる自分の著作を引用することで詳しく説明している。

ウ　これからの日本が抱えるであろう問題について、たとえを多用した文章や平易な表現を用い、日本人の文化の特質を明らかにすることで解決策を提示している。

エ　作者が考える日本文化の特質について、対になる事柄や反復となる事柄を多く配置し、読者の印象や理解を深め、主張が明確に伝わるようにしている。

三

次の古文を読んで後の問いに答えなさい。（設問の都合上、表記を改めた部分がある。）

(a)紀の朝臣つらゆき、※土佐守にて五とせ《五年》の任はてて、承和それの年(b)十二月それの日、都に(c)まうのぼらせたまふ。国人のしたしきかぎりは、名残をしみて悲しがる。民も「昔よりかかる守のあらせたまふを聞かず」とて、(1)父母の別れに泣く子なして、したひなげく。出舟のほど《時》も、人々ここかしこ追ひ来て、酒、よき物をささげきて、歌よみかはすべくする人もあり。舟は、風のしたがはずして、思ひの外に日を経るほどに、海賊うらみありて追ひくと云《い》ふ。(d)安き心こそなけれ、ただただたひらか《無事》に都へと、朝ゆふ海の神に※ぬさ散して、ねぎたいまつる《お祈り申し上げる》。舟の中の人々こぞりてわたの底《海底》を拝みす。(2)「いづみの国まで」と舟長が云ふに、くだりし所々はながめ捨てて、さる国の名おぼえず、今はただ和泉のくにとのみとなふなりけり。守夫婦は、国にて失ひしいとし子のなきをのみいひつつ、都に心はさせれど、跡にも忘られぬ事のあるぞ(3)悲しき。ここいづみの国と、舟長が聞こえしらすにぞ、舟の人皆生き出でて、先づ落ち居たり。(4)嬉しき事限りなし。

〈『春雨物語』による〉

問八 ――線部（3）「こういうこと」の説明として最も適当なものを次の**ア**～**エ**の中から選び、記号で答えなさい。

ア 古代の日本人は自然と人間を分けることに抵抗がなく、ヨーロッパの論理を驚くべき速さで身につけることができたため、現代人は最先端の技術を生み出しつづけていること。

イ 古代から現代にかけての日本人はあいまいさを残して決断を下さないのを良しとしていた文化があったため、古代の考え方と現代の考え方をうまく調和させることができたこと。

ウ 古代から現代にかけての日本人は自然と人間を分けて考えなかったため、科学と迷信が相反するように見える現代でも、意識せずに整合性のある古代の考えを自分たちの中に残していること。

エ 古代の日本人は自然と自分たちが一つの生命体であると考えていたため、古代の信仰をルーツとする数々の物語を残すことができ、それが現代人にも受け継がれていること。

問九 ――線部（4）「不幸中の幸」の説明として最も適当なものを次の**ア**～**エ**の中から選び、記号で答えなさい。

ア 多くの渡来集団によって日本人の生活が政治的や文化的におびやかされることもあったが、これによって和を尊重するという精神が育成されたこと。

イ 多くの渡来集団と以前から暮らしていた民族の間で激しい闘争が起き両者の対決はますます深刻なものとなったが、これによって憲法の整備が進んだこと。

ウ 多くの渡来集団の影響によって最古の憲法が七世紀に制定されて「和」を尊重するという精神が育まれた結果、自然と共存する姿勢が保たれたということ。

エ 多くの渡来集団が正義を主張した結果「調和」を基本とする憲法が作られ、あいまいで無責任な日本人の欠点をつくりあげてしまったということ。

問十 本文について説明したものとして、最も適当なものを次の**ア**～**エ**の中から選び、記号で答えなさい。

問四　（　Ａ　）～（　Ｄ　）に入る語の組み合わせとして最も適当なものを次の**ア**～**エ**の中から選び、記号で答えなさい。

ア　だから ―― さて ―― ところが ―― むしろ
イ　しかし ―― つまり ―― ところが ―― もちろん
ウ　だから ―― そして ―― むしろ ―― もちろん
エ　しかし ―― さて ―― だから ―― むしろ

問五　【ア】～【ウ】に入る語の組み合わせとして最も適当なものを次の**ア**～**エ**の中から選び、記号で答えなさい。

ア　具体化 ―― 現代的 ―― 徹底的　　**イ**　抽象化 ―― 積極的 ―― 具体的
ウ　相対化 ―― 近代的 ―― 利己的　　**エ**　多様化 ―― 機械的 ―― 消極的

問六　――線部(1)「この話をきいた時、わたしは感動した」とあるが、「この話」の内容として最も適当なものを次の**ア**～**エ**の中から選び、記号で答えなさい。

ア　古代ハワイの信仰の起源が語られているおとぎ話で、ハワイの豊かな自然が美しく描写されている話。
イ　信仰のシンボルとなる花と古代の信仰が、現代では美しく姿を変えて言い伝えの形になって残っている話。
ウ　世界各地に伝えられている雨を呼ぶシャーマンの存在を記録した、現在では神話として語られている話。
エ　豊かな自然のシンボルである赤い花が印象的に使われた、読んだ人に幸福感を与えるように現代人が創作した話。

問七　――線部(2)「沖縄のハイビスカス」を説明した次の文の空欄に入る言葉をこれより前の本文から五字で抜き出しなさい。

沖縄のハイビスカスには、祖先の霊魂をまつるという（　　　　　）がある。

神の基本とすべきものであった。

いや、こうしてまず「和」が説かれたのには、十分な背景があった。日本では七世紀初頭においてもなお多種の渡来集団があり、政治的・文化的に拮抗し合うものがあった。そこに統一国家を作るためには、まず「和」が必要であった。

もし多集団の拮抗が「和」の尊重を紡ぎ出したとすれば、これは(4)不幸中の幸であった。そのみごとな結実が今日に見られるのだから。

現代日本人が波濤《はとう》のように入ってきたヨーロッパ近代文明にそれほど驚かなかったのは、遠い源を最古の憲法に負っているからであろうか。また近代文明をとり入れながら、なお自然との親近性、まるで時代錯誤的な、アニミズムとも思われるような自然観をもちつづけていて何ら矛盾を感じていないのも、また精神の基本構造を最古の憲法によって培っているからであろうか。

〈中西進『日本の文化構造』による〉

問一 ～～～線部①「稲光」と漢字の読み方の組み合わせが同じ熟語を次の**ア**～**エ**の中から一つ選び、記号で答えなさい。

ア 新芽　**イ** 湯気　**ウ** 家庭　**エ** 青空

問二 ～～～線部②「キャパシティ」の意味として最も適当なものを次の**ア**～**エ**の中から選び、記号で答えなさい。

ア 可能性　**イ** 容量　**ウ** 規則　**エ** 溝

問三 ～～～線部③「矛盾」の意味として最も適当なものを次の**ア**～**エ**の中から選び、記号で答えなさい。

ア 成長させようとするあまりに手助けを無理矢理すること。

イ 目の前の事にとらわれて結果が同じことに気づかないこと。

ウ 大きな集団の末端よりも小さな集団の先頭に立つことを選ぶこと。

エ 前後のつじつまがあわなくて論理的な整合性がないこと。

カジカという蛙も光の明度や湿気に敏感で、明るすぎたり乾燥していたりすると鳴かない。

そこで日本人が保持しつづけている古代性は、けして現代性と矛盾するものではないことが知られるであろう。何も意識的に検討するのではない。（ D ）無意識のうちに取捨選択し、保持すべき科学的な古代性をそのまま継承しつづけているのである。

現代日本人が科学技術の先端を行く仕事をしていることも、よく世界に知られている。コンピューターにせよ、カメラ、時計にせよ、日本人の科学への適応性は大きい。

その日本人が雨蛙が鳴くと雨が降ると、一方ではいうのである。わたしはこの両者のみごとな共存に驚く。

一体どうして(3)こういうことが可能なのか。おそらくこれは、日本人が図式的、公式的に物を考えないことに起因しているからであろう。白、しからずんば黒とは考えない。人間を敵か味方かにきれいに分けて付合うことはしない。物は白である場合もあるし、同じものが黒である場合もある。他人は敵の場合もあるし味方の場合もある。融通性をもって対応するのが日本人である。

だから伝統的なものを旧時代のものとしてしまわない。現代的なものもよし、伝統的なものもよしというのが日本人である。

それでは、日本人はきわめて無責任であいまいなのだろうか。意味もなくあいそ笑いをしているばかりで決断を下さない人間なのだろうか。そうではない。日本人は細かい部分にまで気をくばり、一つ一つを大切にする結果それぞれの美質を生かして生活に取り入れるので、いきおい網羅的になり、あれもこれも雑然と一体になっているように見えるだけである。

もちろん生活という容器の②キャパシティはきまっているから、程よく捨てる部分もあるだろうが、一概に古いからといって稲光や雨蛙をすべて捨てさることはしないのである。

日本人は闘争を好む民族ではない（もちろん一部に道を誤った人たちはいたが）。これも古代性と現代性が相克することなく調和していることと、同じ特質であろう。もし③矛盾する二つのものが存在したなら、この両者の細部に【 ウ 】にたち入って、両者を調和させてしまう。

弁証法とよばれるヨーロッパ的論理は、両者の対立をより明確にさせることによって、正反の二者を止揚し、合へと導くもので、これ自体としてはみごとだが、日本人が正反の関係にあるかもしれないと思われる二者の中から共通項を探し、正反の関係から解放してしまって、両者を融合させるのとは、正反対である。

何しろ日本の最古の憲法――七世紀の初めにできた憲法の第一条は「和」を尊重せよという。調和の精神は一四〇〇年の間、日本人の精

(2)沖縄のハイビスカスは本土のヒガンバナとまったく同じ、祖霊のシンボルであった。

一方、沖縄では死人を不吉なもの、けがれたものとして、忌み嫌うことはしない。ましてや祖先は生者たちと親しい存在であり、生者と死者とは、それほど距離をもっていない。

だから、生きている者にもflourishingがあれば、死者にも死者の生涯におけるflourishingがある。おそらく死者に花をささげるのは、死者は死者としてのflourishingをうながすためであろう。何も花で飾ってなぐさめるのではない。

そもそも日本語でハナという単語はtopを意味し、サク（咲く）という単語は絶頂を迎えるという意味である。だから「花が咲く」といえば、文字どおり、topがtopらしさを示すということである。サクはまた、サキワイと語根が同じだから、日本人にとっての幸福とは、花が咲く状態と同じなのである。ちなみに韓国語ではハナは「一」の意味である。

（ B ）、このように見てくるとハワイには豊かな古代性がなお残っていることになり、それは日本とよく似ているらしいという予測も抱かせるが、そのとおりに、日本人は古代性を【 イ 】にほどよく調和させながら、今日にまで持ちこしているといえる。

日本人は自然と人間をそれほど厳密に区別しない。生活は自然に親しい関係をもつ。たとえば食事をする前には必ず「いただきます」といい、終ると「御馳走《ごちそう》さま」という。ごくありふれた市民もそうするのが常であり、中には手を合わせてこの挨拶をいう人もいる。

これは食物が自然の恩恵によって下されていることへの感謝である。キリスト者も同じように食事の前に祈りを捧げるが、この具体的な神への感謝とは別である。

人びとの日常の挨拶は「よいお天気ですね」といい、「あいにくの雨で」という。もはや現代人は、いかに雨が降ろうとも傘なしで通勤できるにもかかわらず、である。

すでに詳述したことがあるが（拙稿「日本人の自然観」『文学界』一九九四年六月号、拙著『これから』所収）、古代人は自然の草木や天象、また動物が一つのユニットになった「宇宙生命体《コスミック・ライフシステム》」の中にあると考えた。天に稲妻が光ると、稲がよくみのる、といったように。

（ C ）こうした見方は古代人ばかりではない。現代人も同じで、たとえば蛙に雨蛙という種類のものがあって、これが鳴くとやがて雨が降るという。

こうしたことは迷信のように思われ、自然科学が発達した現代にあっては言い出すこと自体、文化の後進性のように思われる。

しかし、これらは馬鹿ばかしい迷信ではない。①稲光は稲の成育に必要なエネルギーとして窒素を作るし、雨蛙は一定の湿気の中で鳴く。

二　次の文章を読んで、後の問いに答えなさい。（設問の都合上、表記を改めた部分がある。）

こういう話を聞いたことがある。

ハワイにはアザミに似た赤い花が咲く。といっても木の枝にぶらさがって咲くのだが、さてこの花についてむかしからのいい伝えがある。つまりこの花を摘むと雨になる、というのだ。なぜなら、雨はこの花の友だちだから涙を流すのである。

(1)この話をきいた時、わたしは感動した。この話は何も現代人が作り出した童話でも、おとぎ話でもない。古くからハワイ人がいい伝え、かつ今日にもなお生きつづけている話だからである。

とくに雨は古代人にとって大切なものだったから、古くは雨をよぶシャーマンが世界各地にいた。日本の神話に登場するスサノオの神が蓑《みの》をきて雨の中を流浪するのは、彼がレイン・シャーマンだったからだろうといわれる。だからこの話は、じつはレイン・シャーマンが雨をよぶために赤い花を摘んだなごりにちがいない。それが現代的な語り方に代ると、右のようになるのである。今日から考えると、夢のように美しいものが、じつは古代のマジックである場合は多い。

そこで、ハワイでは二十世紀の今日まで、美しい童話のように形をかえながら、古代以来の信仰が残っていることになる。こういう話を知っている以上、赤い花を大切にする気持ちを捨てるわけにはいかない。自然が人間に送ってくる信号を無視するわけにはいかないだろう。

ハワイでは同じく赤い花のハイビスカスも一つの信号をもっているらしい。それは人生の花（flourishing of life）を意味し、暖かい幸福感を人びとに送ってくるという。

この場合のハイビスカスは、単に植物ではなく、深く人間の心と結びついた、むしろ目に見えない幸福感といったものを【　ア　】する造型物《オブジェ》とさえいってよいであろう。

じつは、おもしろいことに、沖縄の久米島では、ハイビスカスを祖先の霊に供える。祖先の霊を祭る時に、人びとはハイビスカスをたずさえてゆく。（　Ａ　）人によっては、ハイビスカスは死のシンボルのように考えている。

日本本土ではヒガンバナを「死人花《しびとばな》」という。それと同じである。

同じだというのは、花の赤い点が同じだというだけではない。ヒガンバナもお彼岸のころに咲くから、これも祖先の霊魂を祭るのと同時で、そのために「死人花」などという、かんばしくない名前をもらってしまったが、じつは、その点でとても大切な花なのである。

[1] この詩の形式を次のア～エの中から一つ選び、記号で答えなさい。

ア 口語自由詩　イ 文語自由詩　ウ 口語定型詩　エ 文語定型詩

[2] この詩の中で用いられていない修辞技法をア～エの中から一つ選び、記号で答えなさい。

ア 倒置法　イ 擬人法　ウ 直喩法　エ 体言止め

[3] この詩の説明として最も適当なものをア～エの中から選び、記号で答えなさい。

ア ふとんを干すような何気ない生活の中に「非日常的な空想」を巧みに寄り添わせることで得られる日常の新しい一面を、平易な言葉で表している。

イ 季節の移り変わりとスポーツに打ち込む人の姿とを対比させることで、「変わるものと変わらないものが世の中にはあること」を気付かせようとしている。

ウ 孤独に壁と向き合う少年を見守っている作者は、ベランダで大げさに振る舞うことで「自分も野球を愛する一人なのだ」ということを伝えようとしている。

エ 「冬という季節」が、春を待ちきれずに思い思いに身体を動かす人々の姿を優しく見つめているようすを、多彩な修辞技法を駆使して表している。

問七　次の詩を読んで、後の【1】～【3】の問いに答えなさい。

冬のマウンド　　　　木坂　涼

少年は
壁とキャッチボールをする。
わたしは
雲を相手に。

雲が影を投げてよこす。
(干したふとんに)
わたしがそれをパンと叩《たた》く。

少年は機敏だ。
ボールの前へ確実に躰《からだ》をはこぶ。
わたしは……
わたしは
音だけの大ホームランを
空へ。

場外のはるかなたでは
回転式ドアを押す春の気配。

冬のマウンドは親しげに
耳を澄ます。
少年のまわりで
わたしのまわりで。

問四 次の**ア**〜**エ**の――線部の中で品詞が異なるものを一つ選び、記号で答えなさい。

ア もっと野菜を食べなさい。　**イ** あそこに展望台が見える。

ウ たぶん夕方までには着くはずだ。　**エ** どうして言うことを聞かないの。

問五 四字熟語とその意味の組み合わせとして適当なものを**ア**〜**エ**の中から一つ選び、記号で答えなさい。

ア 直情径行 ―― 素直な気持ちで、周囲に気を配りながら行動すること。

イ 巧言令色 ―― 相手の顔色が変わるくらいに、きびしい言葉をかけること。

ウ 異口同音 ―― 大勢がへりくつを言い合って、意見がまとまらないこと。

エ 意気投合 ―― お互いの気持ちや考えが、ぴったりと重なること。

問六 次の**ア**〜**エ**の――線部の漢字の使い方として正しいものを**ア**〜**エ**の中から一つ選び、記号で答えなさい。

ア ときどき勘違いをして失敗する。　**イ** ようやく旅行費用を苦面した。

ウ 昔の仲間が一同に会する。　**エ** この絵は快心の作となった。

二〇二二年度 國學院大學栃木高等学校（第1回）

【国語】（五〇分）〈満点：一〇〇点〉

一

次の各問いに答えなさい。

問一 次のア～オの――線部のカタカナを漢字で書きなさい。

ア 他社とレンケイする。 イ お茶をニゴす。 ウ 不親切でハクジョウな人。

エ 会場のケイビを強化する。 オ アンミンを妨げる。

問二 次のア～オの――線部の漢字の読みをひらがなで書きなさい。

ア 頻繁に活動する。 イ 滑らかな話しぶり。 ウ 所詮かなわぬ恋だった。

エ デザインが秀逸なかばん。 オ 車でアフリカ大陸を縦断した。

問三 返り点に注意しながら、次の□の中に読む順序を算用数字で記しなさい。

□二 □ □一 □レ □二 □ □一

2022年度／國學院大學栃木高等学校(第1回)

英語解答

1 A　1…ア　2…エ　3…ウ
B　1…エ　2…イ　3…ウ

2 1　イ　2　エ　3　ウ　4　イ
5　ウ　6　ア　7　エ　8　エ
9　イ　10　ウ

3 1　イ　2　ウ　3　ア　4　ア
5　エ　6　イ

4 1　in, on, Monday
2　Take, not, catch〔get〕
3　event began〔started〕, December

5 1　①…カ　②…オ　③…エ　④…ア
2　a　6か月　b　おじ　c　言葉

6 1　イ　2　ア
3　(例)大学生と暮らすとお年寄りも幸せになる。
4　a　人生　b　アドバイス
5　エ

7 1　ア　2　ウ　3　エ
4　a　5　b　10　c　誕生日
5　ア，ウ

1〔単語の発音・アクセント〕

A＜単語の発音＞

1．ア．woman[u]　イ．hope[ou]　ウ．lonely[ou]　エ．total[ou]
2．ア．life[ai]　イ．ice[ai]　ウ．iron[ai]　エ．ink[i]
3．ア．stopped[t]　イ．crossed[t]　ウ．rained[d]　エ．watched[t]

B＜単語のアクセント＞

1．ア．fóot-ball　イ．kítch-en　ウ．dóc-tor　エ．a-gáin
2．ア．Cán-a-da　イ．va-cá-tion　ウ．hís-to-ry　エ．fá-vor-ite
3．ア．cáre-ful-ly　イ．háp-pi-ness　ウ．re-mém-ber　エ．mém-o-ry

2〔適語(句)・適文選択・語形変化〕

1．後ろにあるwateringに注目し，進行形だと判断する。at that time「そのとき」は過去を表すので過去進行形‘was/were＋～ing’にする。主語がIなのでwasが適切。「私はそのとき花に水をやっていなかった」

2．「彼の目はあなたの目に似ている」と考え，「あなたのもの」を表すyoursを選ぶ。「あの少年を見て。彼の目はあなたのものにとても似ているね」

3．直前に前置詞のforがあるので動名詞のhelpingを選ぶ。Thank you for ～ing.で「～してくれてありがとう」の意味。「私たちを助けてくれてありがとう」

4．付加疑問文。前の文が一般動詞の過去形の肯定文なので，didn't を選ぶ。「あなたのお兄さん〔弟さん〕は歌手になったんですよね」

5．decideはto不定詞を目的語にとる動詞。decide to ～で「～することに決める」。「その野球選手はメジャーリーグでプレーするためにアメリカに行くことに決めた」

6．文の主語のComputers and cell phonesを説明する語として適切なものを選ぶ。convenientで「便利な」の意味。「コンピュータや携帯電話はとても便利だ。多くの人がそれらを毎日使っている」

7．be famous for ～で「～で有名だ」という意味。　「その町は美しい山々で有名だ」

8．後に続く time を説明する語として適切なものを選ぶ。enough で「十分な」という意味。to eat は形容詞的用法の to不定詞で前の名詞 time を修飾している。　「授業の前に昼食を食べる時間が十分にある」

9．take off ～で「～を脱ぐ」という意味。　「Tシャツを脱ぎなさい，ティム。とても汚いわ」―「わかったよ，お母さん」

10．空所の後の文から，「彼女」は先生だとわかる。That's right. で「そのとおりです」という意味。イの Is that so？は「そうなんですか？」，エの That's all. は「それだけです」の意味。　「彼女は先生ですか？」―「そのとおりです。彼女は私の学校で英語を教えています」

3〔整序結合〕

1．「泳ぐのが一番上手です」を「一番上手な泳ぎ手です」と読み換える。「私たち全員の中で」は of us all の語順になる。　Bob is the best swimmer of us all.

2．「～があります」は，There is/are ～. の文をつくる。「少しのワイン」は a little wine。a little は'数えられない名詞'に対して使う。　There is a little wine in the glass.

3．I don't know の後に'疑問詞＋主語＋動詞'の語順の間接疑問を続ける。how old「何歳」でひとまとまりなのでこれを1つの疑問詞と見なす。　I don't know how old he is.

4．「～でいっぱいだ」は be full of ～で表せる。「パーティーに招待された人」は過去分詞の形容詞的用法を使う。invited to the party「パーティーに招待された」は2語以上なので名詞 the people の後に置く。　The hall was full of the people invited to the party.

5．「〈人〉に～してほしい」は'want＋人＋to ～'で表せる。「～の写真を撮る」は take a photo of ～ とまとまる。scenery「風景」も覚えておきたい。　I want you to take a photo of this beautiful scenery.

6．「私がアメリカで買った絵はがきをあなたにお見せしましょう」という文にする。「～しましょう」は未来のことなので I'll で文を始める。「〈人〉に〈物〉を見せる」は'show＋人＋物'と'show＋物＋to＋人'の2通りで表すことができるが，語群に to がないのでここでは前者。「私がアメリカで買った絵はがき」は'名詞＋主語＋動詞...'の語順で表す（名詞の後に目的格の関係代名詞 which〔that〕が省略されている形）。　I'll show you the postcard I bought in America.

4〔和文英訳―適語補充〕

1．「(にわか雨などに)あう」は be caught in ～で表せる。「学校の帰り道で」は「学校からの途中で」と考え，on ～'s way の形にする。「月曜日」は Monday。曜日は最初の文字を大文字にする。

2．「気をつけて」は Take care. で表せる。to不定詞を否定するときは to の前に not を置く。「風邪をひく」は catch〔get〕 a cold で表せる。

3．「学校行事」は school event などで表せる。「始まった」は began または started。「12月」は December。月は最初の文字を大文字にする。

5〔長文読解総合―対話文〕

≪全訳≫❶憲二は17歳で，彼は高校生だ。彼にはロサンゼルスにおじがいる。スージーはアメリカ人の留学生で，彼女も17歳だ。❷彼女は6か月前に日本に来て，それ以来，憲二の学校で勉強している。

スージーと憲二が放課後に話している。❸スージー（S）：憲二，休暇はどうだった？❹憲二（K）：ロサンゼルスにいるおじさんを訪ねたんだ。①とても楽しく過ごしたよ。❺S：それはすばらしいわね！ええと，何かおもしろいものを見た？❻K：うん，見たよ。街中にとても多くの日本人観光客がいたから驚いたよ。おじさんは「日本人観光客の多くはお互いには話すんだけど，アメリカ人に話そうとはしないんだ。彼らはグループで観光や買い物を楽しんでるよ。友達をつくり，アメリカの文化について学ぶ機会を失っていると思うね」と言ってたよ。❼S：②私もそう思うわ。6か月前に日本に来たとき，私は日本語があまり上手に話せなかった。私はよくジェスチャーを使って日本人とコミュニケーションをとっていたわ。そのことは私に多くのことを教えてくれたの。憲二，あなたはロサンゼルスでたくさんのアメリカ人と話をしたの？❽K：ああ，うん，話したよ。僕は店やレストランでできるだけ英語を使おうとしたよ。たくさん間違えたけど，それからたくさんのことを学んだよ。❾S：じゃあ，あなたはいい経験をしたのね？❿K：うん，そうだね。来年の夏にもまたいい経験ができるといいな。アメリカの男の子が僕の家に泊まりに来るんだよ。ロサンゼルスで彼と出会って，僕たちはいい友達になったんだ。⓫S：それはすばらしいわね！　③彼の名前は何？⓬K：彼の名前はジャックだよ。彼は日本の歴史に興味があるんだ。⓭S：彼が来たら，彼のために何をするつもり？⓮K：日光に連れていくよ。彼に日本の歴史を教えたいんだ。⓯S：彼はそれをとても喜ぶでしょうね。⓰K：そうだといいな。世界はどんどん小さくなってるよね。外国の人と会う機会は増えるよ。これはすばらしいことだと思うな。僕は彼らと話したいから，英語をもっと熱心に勉強するよ。⓱S：私は，あなたたちと話したいから，もっと日本語を勉強するわ。⓲K：④僕が君に日本語を教えるよ。⓳S：あら，ありがとう。それじゃあ私はあなたに英語を教えるわね。

1＜適文選択＞①カの内容は，直前で述べたおじを訪ねてロサンゼルスに行ったことの感想になる。have a good time「楽しい時を過ごす」　②この後に続くスージーの発言内容から，スージーは，この前で憲二のおじが言った「日本人観光客はアメリカ人に話しかけないことで友達をつくったりアメリカの文化について学んだりする機会を失っている」という意見に賛同していると考えられる。　③直後で憲二はJackという名前を答えている。　④直後でスージーは憲二にお礼を述べ，英語を教えてあげると言っていることから判断できる。

2＜内容一致＞a．第2段落第1文および第7段落第2文参照。スージーは6か月前に日本に来た。　b．第1段落第3文および第3，4段落参照。憲二は休暇中におじを訪ねた。　c．第16，17段落参照。憲二は英語を，スージーは日本語をもっと勉強しようと考えていることがわかる。

6〔長文読解総合―スピーチ〕

≪全訳≫❶僕は介護施設で暮らしている祖父をよく訪ねるので，福祉に興味があります。僕の夢は，将来，お年寄りのために働くことです。ある日，テレビで福祉に関するニュースを見ました。僕は今日，そのことについて話したいと思います。❷オランダにはおもしろい介護施設があります。そこでは何人かの大学生がお年寄りと一緒に暮らしているのです。お年寄りは介護施設に住むためにお金を払っていますが，学生たちはお金を払う必要がありません。彼らはそのことに満足しています。その代わり，彼らは毎月，30時間以上働かなければなりません。彼らの仕事は，介護施設でお年寄りたちと自分たちの生活を分かち合うことです。❸それは難しいことではありません。②学生たちは，自分の友達と暮らすかのようにお年寄りと暮らしています。例えば，彼らはお年寄りに自分の大学生活について話します。

ときには，お年寄りとテレビを見たり，出かけたりすることもあります。❹大学生と暮らすと，お年寄りも幸せになります。ある年配の女性は「私たちは大学生との生活を楽しんでいます。彼らは私たちと一緒に夕食を食べてくれます。彼らは私たちの誕生日を祝ってくれます。私たちを店や公園に連れていってくれることもあります。彼らが大学やコンサート，パーティーから帰ってくると，彼らは私たちに彼らの経験について話してくれます。あの若者たちとの生活は私たちに多くの元気を与えてくれるのです」と言っていました。❺学生たちはこの介護施設に住むもう１つのいい点を見つけています。彼らはお年寄りから人生について多くのことを学ぶことができるのです。例えば，友達や将来について問題を抱えているとき，学生たちはお年寄りたちからアドバイスを受けることができます。彼らはお年寄りとよい友人関係を持つことができるのです。❻僕はかつてお年寄りを助けるのは難しいと思っていました。でも今はそう思いません。何も特別なことをする必要はないのです。お年寄りと一緒に暮らすことが彼らの役に立つかもしれません。昨日祖父を訪ねたとき，彼にこのニュースと僕の考えについて話しました。彼は「そんな話を聞けてうれしいな。将来，お前がもっと福祉について勉強することを願っているよ」と言いました。僕は「そうするよ！」と言いました。

１＜指示語＞下線部を含む文の主語 They は前文の後半にある students を受けていると考えられる。前に出ている内容で学生が喜ぶと考えられるのは，直前で述べられた「家賃を支払う必要がない」こと。

２＜適文選択＞空所直後にある For example「例えば」に注目。for example は前に述べられていることの具体例を導く表現。大学生活について話すこと，一緒にテレビを見たり，出かけたりすることは，お年寄りと友達のように生活することの具体例と考えられる。

３＜英文和訳＞Living with the college students までが主語で，この Living は「生活すること」という意味を表す動名詞。その後は‘make＋目的語＋形容詞’「～を…(の状態)にする」の形。「大学生と暮らすことは年配の人たちも幸せにします」なども可。　elderly people「お年寄り，年配の人たち」

４＜語句解釈＞直後の２文参照。ここでの life は「人生」の意味。advice は「助言，アドバイス」。

５＜内容真偽＞ア.「拓也は介護施設で暮らしており，生活を祖父と分かち合っている」…×　第１段第１文参照。拓也は介護施設にいる祖父をたびたび訪ねているが，介護施設には住んでいない。イ.「学生たちは介護施設でお年寄りと話すことができるが，一緒に外出してはならない」…×　第３段落最終文参照。　ウ.「学生たちはお年寄りと大学で一緒に学ぶことができるので，よい友人関係を持つことができる」…×　第４段落参照。お年寄りが大学で学べるという記述はない。エ.「拓也はオランダのニュースのことについて祖父に話した」…○　第６段落第５文に一致する。

7〔長文読解総合―スピーチ〕

≪全訳≫❶こんにちは，皆さん。今日は，数日前に私が受け取った誕生日プレゼントについてお話しします。私は誕生日にいくつかのリンゴをもらいました。そしてそのリンゴで私はとても幸せな気分になりました。私は皆さんに，どうしてその誕生日プレゼントで私がとても幸せな気分になったのかをお話ししたいと思います。❷リンゴは私の祖母によって送られてきたものです。これはその１つです。私の祖母はここから遠く離れた青森に住んでいて，リンゴの木をたくさん持っています。彼女のリンゴは，彼女の家の近くの市場で売られています。それらはおいしくて，彼女の町の人々に人気があります。彼女は毎年，私の家族にリンゴを１箱送ってくれますが，このリンゴは違うものです。それは特別なものなのです。これから箱に入っていた手紙を読みます。そうすれば皆さんはなぜこれが特別なのかがわかるでしょう。❸お誕生日おめでとう，エミ！／このリンゴをあなたの誕生日プレゼントとして送ります。あなたが５年前に私を訪ねてきたとき，あなたの10歳の誕生日を祝うため，私たちは一緒にリンゴの木を１本植えました。そのことを覚えていますか？　私はその日以来，それの世話をしてきました。そして，今年初めて，その木からいくつかのリンゴを収穫できて喜んでいます。リンゴの木の赤い果実と緑の葉はとてもきれいです。来年の秋には木を見に来てください。それでは。／あなたのおばあちゃん，カズコ❹もうおわかりいただいたと思いますが，このリンゴには大きな意味があります。祖母は遠く離れた所に住んでいますが，このすばらしいプレゼントから彼女の愛を感じることができます。今，私は来年に青森へ旅行に行くことを計画しています。そして，私は祖母と私たちのリンゴの木にお礼を言います。私は彼女のリンゴのようにみんなに愛される人になるつもりです。ご清聴ありがとうございました。

１＜指示語＞them「それら」なので前に出ている複数名詞でここに当てはめて意味が通るものを探す。

２＜文脈把握＞第４段落第２文参照。I can feel her love from this wonderful present とある。

３＜適語選択＞この後で紹介される手紙の中にエミの祖母から送られてきたリンゴが特別なものである「理由」が述べられている。

４＜指示語＞下線部を含む文の前文参照。　tenth「10回目の」

５＜内容真偽＞ア．「エミはリンゴの箱の中に祖母からの手紙を見つけた。」…○　第２段最終文に一致する。　イ．「エミと彼女の祖母は青森の大きな町でたくさんのリンゴを売ろうとした」…×　このような記述はない。　ウ．「エミの祖母はエミが来年の秋にそのリンゴの木を見るために青森に来ることを望んでいる」…○　第３段落最後から２文目に一致する。　エ．「エミは来年の夏，農場で祖母を手伝うために青森を訪れるつもりだ」…×　「祖母を手伝うために」という記述はない。また，エミが青森に行くのは来年の秋だと考えられる。　オ．「エミは将来，祖母と一緒にリンゴを育てたいと思っている」…×　このような記述はない。

数学解答

1 (1) 15　(2) $\dfrac{3}{2}a^5$　(3) $31a+2$

(4) $x(y-2)^2$　(5) $x=10$

(6) $x=5,\ y=-1$　(7) $x=3,\ -2$

(8) 1

2 (1) 8　(2) $y=-4x$　(3) 8個

(4) $a=2,\ b=4$　(5) $\dfrac{1}{2}$

(6) 400m　(7) $\dfrac{5}{9}$　(8) 47°

(9) 135°　(10) 1.5時間

3 (1) 25個　(2) 441個

4 (1) 11　(2) $\dfrac{2}{3},\ 4$

5 (1) $y=2x+4$　(2) 8

(3) $\dfrac{1+\sqrt{13}}{2}$

1〔独立小問集合題〕

(1)＜数の計算＞$(-2)^3=(-2)\times(-2)\times(-2)=-8$ だから，与式$=7-(-8)=7+8=15$ となる。

(2)＜式の計算＞与式$=2a^2\times\dfrac{3a^3}{4}=\dfrac{2a^2\times3a^3}{4}=\dfrac{3}{2}a^5$

(3)＜式の計算＞与式$=15a+6-4+16a=31a+2$

(4)＜式の計算―因数分解＞与式$=x(y^2-4y+4)=x(y^2-2\times2\times y+2^2)=x(y-2)^2$

(5)＜一次方程式＞両辺に10をかけて，$2x+20=5x-10$，$2x-5x=-10-20$，$-3x=-30$　$\therefore x=10$

(6)＜連立方程式＞$x-y=6$……①，$x+3y=2$……②とする。①－②より，$-y-3y=6-2$，$-4y=4$　$\therefore y=-1$　これを①に代入して，$x-(-1)=6$，$x+1=6$　$\therefore x=5$

(7)＜二次方程式＞$x^2-x-2=4$，$x^2-x-6=0$，$(x-3)(x+2)=0$　$\therefore x=3,\ -2$

(8)＜数の計算＞与式$=a(a+2)$　これに $a=\sqrt{2}-1$ を代入して，与式$=(\sqrt{2}-1)(\sqrt{2}-1+2)=(\sqrt{2}-1)(\sqrt{2}+1)=(\sqrt{2})^2-1^2=2-1=1$ となる。

≪別解≫ $a=\sqrt{2}-1$ より，$a+1=\sqrt{2}$，$(a+1)^2=(\sqrt{2})^2$，$a^2+2a+1=2$，$a^2+2a=1$ となる。

2〔独立小問集合題〕

(1)＜数の性質＞$5\sqrt{3}=\sqrt{5^2\times3}=\sqrt{75}$ だから，$\sqrt{64}<\sqrt{75}<\sqrt{81}$ より，$8<5\sqrt{3}<9$ である。よって，$n<5\sqrt{3}$ を満たす自然数 n は8以下の自然数だから，最も大きい n は $n=8$ である。

(2)＜関数―比例の式＞y は x に比例するので，比例定数を a とすると，$y=ax$ と表せる。$x=2$ のとき $y=-8$ だから，$-8=a\times2$ より，$a=-4$ となり，比例の式は $y=-4x$ である。

(3)＜関数―点の個数＞関数 $y=\dfrac{6}{x}$ のグラフ上の点で，x 座標，y 座標がともに整数となるのは，x 座標の絶対値が6の約数になるときである。6の約数は1，2，3，6だから，x 座標，y 座標がともに整数となる点の x 座標は1，2，3，6，-1，-2，-3，-6 の8個ある。よって，求める点の個数も8個となる。

(4)＜関数―傾き，切片＞直線 $y=ax+b$ が2点(1，6)，$(-3,\ -2)$ を通るので，$x=1$，$y=6$ を代入して，$6=a\times1+b$，$a+b=6$……①となり，$x=-3$，$y=-2$ を代入して，$-2=a\times(-3)+b$，$-3a+b=-2$……②となる。①，②の連立方程式を解くと，①－②より，$a-(-3a)=6-(-2)$，$4a=8$，$a=2$ となり，これを①に代入して，$2+b=6$ より，$b=4$ となる。

(5)＜関数―比例定数＞関数 $y=ax^2$ において，$x=1$ のとき $y=a\times1^2=a$，$x=3$ のとき $y=a\times3^2=9a$ だから，x の値が1から3まで増加するときの変化の割合は $\dfrac{9a-a}{3-1}=\dfrac{8a}{2}=4a$ と表せる。これが2であるから，$4a=2$ が成り立ち，$a=\dfrac{1}{2}$ となる。

(6)＜一次方程式の応用＞1kmは1000mだから，分速80mで歩いた道のりを xm とすると，分速60m

で歩いた道のりは $1000-x$m となる。これより，分速60mで歩いた時間は $\frac{1000-x}{60}$ 分，分速80mで歩いた時間は $\frac{x}{80}$ 分と表せる。家から1km離れた駅まで15分かかったので，$\frac{1000-x}{60}+\frac{x}{80}=15$ が成り立つ。これを解くと，$4(1000-x)+3x=3600$，$4000-4x+3x=3600$，$-x=-400$，$x=400$ となるので，求める道のりは400mである。

(7)＜確率―数字のカード＞カードは3枚あり，引いたカードをもとに戻すから，1枚目，2枚目のカードの引き方は，それぞれ3通りある。よって，カードの引き方は全部で $3\times3=9$(通り)だから，a，b の組も9通りある。このうち，$a+b>ab$ となるのは，$a=-1$ のとき，$-1+b>(-1)\times b$ より，$-1+b>-b$ だから，$b=1$ の1通りある。$a=0$ のとき，$0+b>0\times b$ より，$b>0$ だから，$b=1$ の1通りある。$a=1$ のとき，$1+b>1\times b$ より，$1+b>b$ だから，$b=-1$，0，1の3通りある。よって，$a+b>ab$ となる a，b の組は $1+1+3=5$(通り)あるから，求める確率は $\frac{5}{9}$ である。

(8)＜平面図形―角度＞右図1で，直線 m 上の点Cより左に点Eをとり，線分ADの延長と直線 m の交点をFとする。$\angle BCD=180^\circ-\angle BCE-\angle DCF=180^\circ-44^\circ-20^\circ=116^\circ$ であり，四角形ABCDの内角の和は 360° だから，$\angle ABC+\angle ADC=360^\circ-\angle BAD-\angle BCD=360^\circ-110^\circ-116^\circ=134^\circ$ である。また，$\angle ABC=\angle ADC$ だから，$\angle ADC=(\angle ABC+\angle ADC)\div2=134^\circ\div2=67^\circ$ となる。△CDFで内角と外角の関係より，$\angle CFD=\angle ADC-\angle DCF=67^\circ-20^\circ=47^\circ$ となり，$l /\!/ m$ より錯角は等しいので，$\angle x=\angle CFD=47^\circ$ である。

図1

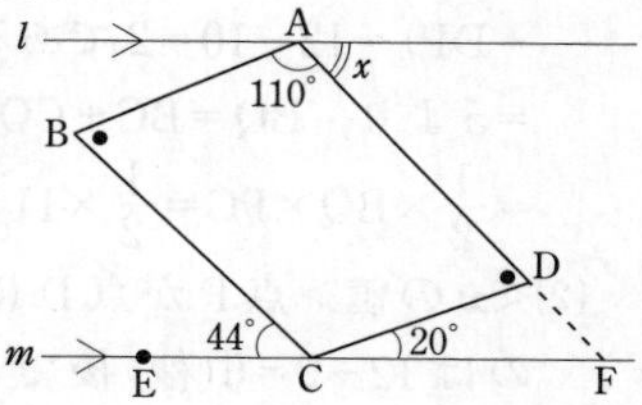

(9)＜空間図形―角度＞右図2のように，4点A，B，C，Oを定める。円錐の展開図なので，おうぎ形ABCの $\overset{\frown}{BC}$ の長さと円Oの周の長さは等しい。よって，おうぎ形ABCの中心角を $\angle BAC=x$ とすると，$2\pi\times8\times\frac{x}{360^\circ}=2\pi\times3$ が成り立つ。これより，$\frac{x}{360^\circ}=\frac{3}{8}$，$x=135^\circ$ となる。

図2

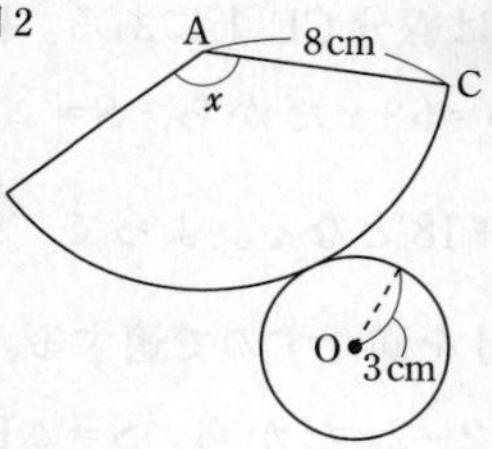

覚えておこう！

円錐の展開図において，

$\frac{x}{360^\circ}=\frac{r}{R}$

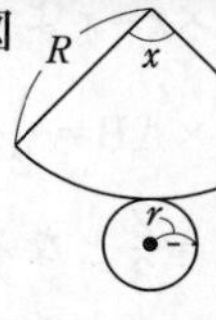

(10)＜データの活用―四分位範囲＞データの個数が13個だから，$13=6+1+6$ より，第1四分位数は小さい方から6個のデータの中央値，第3四分位数は大きい方から6個のデータの中央値である。つまり，第1四分位数は小さい方から3番目と4番目の値の平均，第3四分位数は大きい方から3番目と4番目の値の平均となる。13個のデータを小さい順に並べると，0，1，1，2，2，2，2，3，3，3，3，4，5となり，小さい方から3番目は1，4番目は2だから，第1四分位数は $(1+2)\div2=1.5$(時間)となる。また，大きい方から3番目，4番目はともに3だから，第3四分位数は3時間である。よって，四分位範囲は，第3四分位数から第1四分位数をひいた差であり，$3-1.5=1.5$(時間)となる。

3 〔特殊・新傾向問題―規則性〕

(1)＜黒石の個数＞1番目の図形は，黒石が1個である。2番目の図形は，白石が $2\times2=4$(個)となり，黒石は1番目の図形と同じで1個である。3番目の図形は，黒石が $3\times3=9$(個)となり，白石は2番目の図形と同じで4個である。同様に考えると，4番目の図形は，白石が $4\times4=16$(個)となり，黒石は9個，5番目の図形は，黒石が $5\times5=25$(個)となり，白石は16個である。よって，6番目の図形の黒石は，5番目の図形と同じで，25個となる。

(2)＜黒石の個数—方程式の応用＞白石と黒石の個数の差が41個となる図形をx番目の図形とする。多い方の石の個数は$x\times x=x^2$(個)と表せ，少ない方の石の個数は，$x-1$番目の図形と同じだから，$(x-1)\times(x-1)=(x-1)^2$(個)である。よって，その個数の差が41個となるとき，$x^2-(x-1)^2=41$が成り立つ。これを解くと，$x^2-x^2+2x-1=41$，$2x=42$，$x=21$となるので，白石と黒石の個数の差が41個となる図形は21番目の図形である。奇数番目の図形は黒石が外側になるので，多い方の石は黒石である。したがって，求める黒石の個数は$21^2=441$(個)となる。

4〔関数—図形の移動と関数〕

≪基本方針の決定≫(2)　点Pが辺AD上にあるときと，辺DC上にあるときに分けて考える。

(1)＜Sの値＞2点P，Qの速さはそれぞれ毎秒2cm，毎秒1cmだから，$x=5$のとき，点Pは$2\times5=10$(cm)，点Qは$1\times5=5$(cm)移動している。右図1で，AD＝6，AD＋DC＝6＋6＝12だから，点Pは辺DC上にあり，AD＋DP＝10より，PC＝(AD＋DC)－(AD＋DP)＝12－10＝2である。また，点Qは線分CE上にあり，CQ＝5より，BQ＝BC＋CQ＝6＋5＝11である。よって，$S=\triangle BPQ=\frac{1}{2}\times BQ\times PC=\frac{1}{2}\times11\times2=11(cm^2)$である。

図1

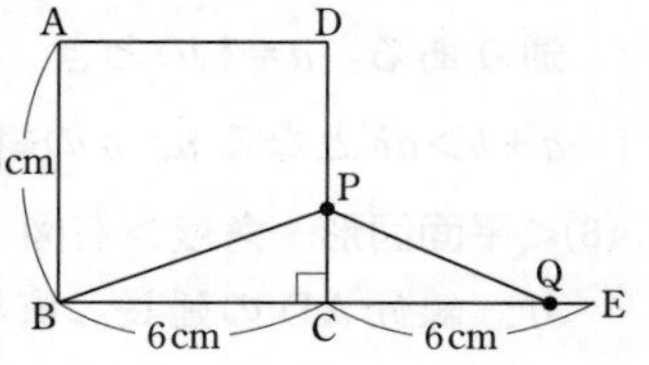

(2)＜xの値＞点Pが点Dに着くのは6÷2＝3(秒)後，点Cに着くのは12÷2＝6(秒)後であり，点Qが点Eに着くのは6÷1＝6(秒)後だから，$0\leqq x\leqq3$のとき，右図2のように，点Pは辺AD上，点Qは線分CE上にあり，$3\leqq x\leqq6$のとき，右上図1のように，点Pは辺DC上，点Qは線分CE上にある。図2で，$CQ=1\times x=x$より，$BQ=BC+CQ=6+x$だから，$S=\triangle BPQ=\frac{1}{2}\times BQ\times AB=\frac{1}{2}\times(6+x)\times6=3x+18$となる。よって，$S=20$のとき，$3x+18=20$が成り立ち，$3x=2$，$x=\frac{2}{3}$となる。これは$0\leqq x\leqq3$を満たすので適する。次に，図1で，$AD+DP=2\times x=2x$より，$PC=(AD+DC)-(AD+DP)=12-2x$だから，$S=\triangle BPQ=\frac{1}{2}\times BQ\times PC=\frac{1}{2}\times(6+x)\times(12-2x)=36-x^2$と表せる。よって，$36-x^2=20$が成り立ち，$x^2=16$，$x=\pm4$となる。$3\leqq x\leqq6$なので，$x=4$である。以上より，$x=\frac{2}{3}$，4(秒)後である。

図2

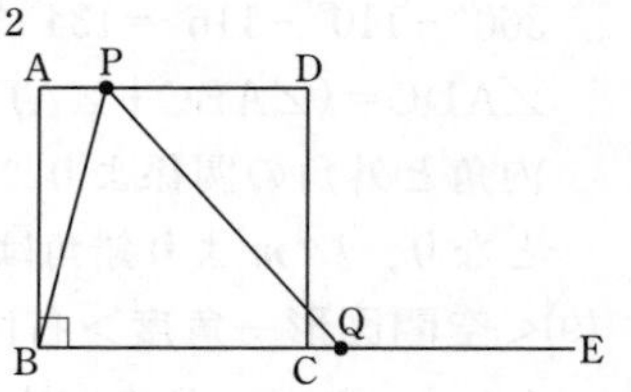

5〔関数—関数$y=ax^2$と一次関数のグラフ〕

≪基本方針の決定≫(2)　線分ABで2つの図形に分ける。

(1)＜直線の式＞右図で，A(－1，2)，C(2，8)だから，直線ACの傾きは$\frac{8-2}{2-(-1)}=\frac{6}{3}=2$であり，その式は$y=2x+b$とおける。点Aを通るので，$2=2\times(-1)+b$，$b=4$となり，直線ACの式は$y=2x+4$である。

(2)＜面積＞右図で，A(－1，2)，B(1，2)より，2点A，Bはy軸について対称だから，2点A，Bを結ぶと，線分ABはx軸に平行であり，AB＝1－(－1)＝2となる。線分ABを底辺と見ると，点Aのy座標より，△OABの高さは2となり，2点C，Aのy座標より，△CABの高さは8－2＝6となる。よって，四角形OACBの面積は，$\triangle OAB+\triangle CAB=\frac{1}{2}\times2\times2+\frac{1}{2}\times2\times6=8$となる。

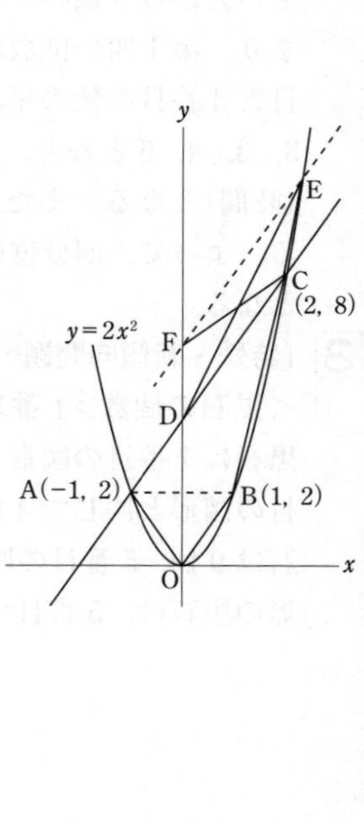

(3)＜x座標＞前ページの図で，△CDEの面積は，四角形OACBの面積の$\frac{1}{4}$なので，(2)より，△CDE$=\frac{1}{4}$〔四角形OACB〕$=\frac{1}{4}\times 8=2$となる。そこで，y軸上の点Dより上に，△CDF$=2$となる点Fをとる。△CDFの底辺をDFと見ると，点Cのx座標が2より，高さは2だから，面積について，$\frac{1}{2}\times$DF$\times 2=2$が成り立ち，DF$=2$となる。(1)より直線ACの切片が4なので，点Dのy座標は4であり，点Fのy座標は$4+2=6$となる。また，△CDE$=$△CDFだから，この2つの三角形の底辺をDCと見ると，高さが等しい。これより，AC∥FEである。直線ACの傾きは2だから，直線FEの傾きも2となり，直線FEの式は$y=2x+6$となる。よって，点Eは放物線$y=2x^2$と直線$y=2x+6$の交点となるから，$2x^2=2x+6$，$x^2-x-3=0$より，$x=\frac{-(-1)\pm\sqrt{(-1)^2-4\times1\times(-3)}}{2\times1}=\frac{1\pm\sqrt{13}}{2}$となる。$x>2$だから，$x=\frac{1+\sqrt{13}}{2}$であり，点Eの$x$座標は$\frac{1+\sqrt{13}}{2}$である。

═読者へのメッセージ═

平方根の記号($\sqrt{}$)は，ドイツの数学者ルドルフによる1525年の著書で使われたのが最初といわれています。ルドルフは，上の横線のない記号(√)を使っていました。後に，フランスの数学者デカルトによって，今のような形になりました。

2022年度／國學院大學栃木高等学校(第１回)

社会解答

1 1 (1)…イ (2)…ア (3)…ウ (4)…ウ (5)…イ
2 (1)…SDGs (2)…福沢諭吉 (3)…ニューディール (4)…シラス〔しらす，白砂〕 (5)…ハブ

2 1 ウ 2 ア 3 イ 4 ア 5 ア

3 1 (1)…エ (2)…ア (3)…ア (4)…イ (5)…エ
2 (1)…ウ (2)…イ (3)…エ

4 1 イ 2 ウ 3 エ 4 ア

5 1 唐 2 源頼朝 3 異国船打払令 4 田中正造 5 レーニン 6 ウ

6 1 ア 2 エ 3 イ 4 ウ 5 エ 6 イ

7 1 (1)…エ (2)…ウ (3)…ウ
2 (1)…戦争 (2)…衆議院

8 1 (1)…ア (2)…ワーク・ライフ・バランス (3)…エ
2 バブル 3 ウ 4 イ

1 〔三分野総合―小問集合問題〕

１(1)<経度>地球上の２点間における経度差の最大値は180度である。東京は東経140度付近にあるため，経度差が180度となるのは西経40度付近である。したがって，西経43度付近に位置するリオデジャネイロ(ブラジル)が当てはまる。

(2)<やませ>やませは，東北地方の太平洋側で夏の気温低下をもたらす冷たく湿った北東風である。やませが夏でも冷たく湿っているのは，太平洋側を千島列島から南下してくる寒流の親潮〔千島海流〕の影響を受けるためである。やませがもたらす冷夏は，米の収穫量を減少させる冷害の一因となる。

(3)<鎌倉仏教>親鸞は浄土宗を開いた法然の弟子であり，念仏を唱える際の阿弥陀如来を信じる心の重要性を強調し，浄土真宗を開いた。なお，題目を唱えれば救われると説いて日蓮宗〔法華宗〕を開いたのは，日蓮である。

(4)<ダイバーシティ>ダイバーシティ〔多様性〕とは，年齢・性別・国籍・人種・民族など，個人や集団の間に存在している多様な違いのことである。近年では，障がいのある人を積極的に雇い入れる企業も増えるなど，ダイバーシティの尊重が広まってきている。なお，アはユニバーサルデザイン，イは仮想現実〔VR〕，エはWin-Winの説明である。

(5)<ものごとの決め方>多数決は，より多くの人が賛成する意見を採用する決め方のことである。小選挙区制の選挙制度の場合，有権者の過半数に届かなくても最も多くの票を得た人が当選する。この場合，有権者の過半数が投じた票が死票となり，議会で多数決によりものごとが決められても，有権者の過半数の意見が政治に反映されない可能性が生じる。

２(1)<SDGs>SDGsは，「持続可能な開発目標」と訳され，2015年の国連サミットで加盟国193か国の全てが賛成して採択された，地球規模の課題の解決を目指す17の目標のことである。

(2)<福沢諭吉>明治時代初期に，『学問のすゝめ』を書いて人間の平等と自立を説いたのは，福沢諭吉である。明治時代初期には，福沢のほか，中江兆民などが西洋の思想を日本に紹介し，日本の近代化に影響を与えた。

(3)＜ニューディール政策＞1929年にアメリカのニューヨークで起こった世界恐慌の対策として，1933年からアメリカのフランクリン=ルーズベルト大統領のもとで行われた，農業や工業の生産調整や，失業者の救済のための公共事業による雇用創出，労働組合の保護などの政策を，ニューディール〔新規巻き直し〕政策という。

(4)＜シラス＞九州南部に広がる，古い火山の噴出物が厚く積もった台地をシラス台地という。なお，シラスが広がる鹿児島県や宮崎県は，肉牛や豚，肉用若どりの飼育が盛んである。

(5)＜ハブ空港＞国際線の乗りかえ拠点となる空港を，自転車の車輪の部品にたとえてハブ空港という。なお，アジアでは，日本のほか，韓国や中国，シンガポールなどに存在する。

2 〔三分野総合—小問集合問題〕

1＜楽市・楽座＞文章Ａの「楽市令」すなわち楽市・楽座の政策を安土城下において定めたのは，織田信長である(①…誤)。楽市・楽座の政策は，安土城下に商人を招き，市での税を免除するなど自由な商工業によって城下町を発展させるために行われた(②…正)。

2＜権利章典＞文章Ｂの『権利章典』は，1689年，名誉革命後に議会から提出され，新しい国王が承認したものである。『権利章典』は，国王による独断的な政治を違法としており，この法の制定以前は国王の専制が行われていたと推測できる(①…正)。『権利章典』では，国王の権力を議会が制限できると定めており，イギリスで立憲君主制と議会政治が確立されたことが読み取れる(②…正)。

3＜司法権の独立＞裁判官は心身の故障や国会議員による弾劾裁判，最高裁判所の裁判官に対する国民審査によって決定された場合は，職を辞めさせられることになる。なお，国会や内閣からの干渉を排除し，司法権の独立を守るため，裁判官はこれら以外の理由により辞めさせられることはない。

4＜地方自治＞地域の実情に合わせた施策を実現させるためには，国に権力を集中させる中央集権ではなく，仕事や財源を国から地方公共団体に移す地方分権が必要である。なお，1999年，地方分権を進めるために地方分権一括法が公布された。

5＜茶＞茶の栽培には，原産地である中国南部のように，気温が高く，雨が多い場所が適している。日本では，太平洋側の気候に属する静岡県や鹿児島県で生産量が多い。なお，山が多く盆地の山形県はさくらんぼや洋なしの生産量が多い。

3 〔地理—総合〕

1(1)＜世界地図＞図のように中心からの距離と方位が正しい地図は，正距方位図法により描かれている。なお，メルカトル図法により描かれた図は，緯線と経線が直角に交わった地図になる。また，南アメリカ大陸のアマゾン川河口付近やアフリカ大陸のギニア湾などを通る緯線は緯度０度である赤道であり，北緯90度の点である北極点との間に緯線が２本あることから，その間隔は30度であることがわかる。したがって，国連旗に描かれた地図の１番外側の緯線は，南緯60度を示している。

(2)＜資料の読み取り＞鹿児島県の農業産出額は4890億円で，新潟県の農業産出額は2494億円であるから，4890÷2494＝1.96…より鹿児島県の農業産出額は新潟県の農業産出額の約２倍である(ア…○)。なお，山梨県の野菜産出額は914億×0.12＝109.6…億より約110億円，栃木県の野菜産出額は2859億×0.274＝783.3…億より約783億円なので，山梨県の野菜産出額の方が低い(イ…×)。４県のうち米の産出額が最も低く，果実の産出額が最も高いのは，山梨県である(ウ，エ…×)。

(3)＜国の位置＞アはヨーロッパ北部のスカンディナビア半島付近，イはヨーロッパ南部のイベリア半島付近，ウは北アメリカ大陸南部のメキシコ付近，エは東南アジア中部のマレー半島付近である。よって，この中で，最も北に位置するものは，スカンディナビア半島である。

(4)＜時差＞日本の標準時子午線は東経135度であり，ブラジルの標準時子午線は西経45度であるので，日付変更線をまたがないように数えると，両地点の経度の差は180度である。経度15度につき１時間の時差が生じるので，両地点の時差は180÷15＝12時間である。また，日付変更線をまたがないかぎりは，地球上の２点間では西の方が時刻が遅れるので，日本よりもブラジルの方が12時間遅れることになる。したがって，日本時間７月23日午後８時は，ブラジル時間７月23日午前８時であり，その１時間後は午前９時である。

(5)＜東京の気候＞東京は，温暖湿潤気候に属するため，年間降水量が多く，１年のうちで気温や降水量の変化が大きいエが当てはまる。なお，１年を通して少しずつ雨が降るアは西岸海洋性気候に属するパリ，冬の寒さが厳しいイは冷帯〔亜寒帯〕に属するイルクーツク，夏に乾燥し，冬に雨が降るウは地中海性気候に属するサンフランシスコである。

２(1)＜地形図の縮尺＞この地形図の等高線を見ると，10ｍおきに主曲線，50ｍおきにやや太い計曲線が引かれているので，縮尺は２万５千分の１である。２万５千分の１の地形図では，地図上の１cmが実際の距離の250ｍを表すので，地図上の2.4cmが表す実際の距離は，250×2.4＝600ｍとなる。

(2)＜地図記号＞⌂は老人ホーム，‖は田，✧は税務署，◎は市役所を表す地図記号である。なお，図書館は🕮，荒地は ılı，消防署はＹ，町村役場は○である。

(3)＜地形図の断面＞特にことわりのないかぎり，地形図上では上が北になる。断面図では，西端(●)から標高が低くなった後に中間地点からやや東寄りにかけて標高が高くなり，その後東端(○)にかけて標高が低くなり，東端は西端よりも標高が低い。地形図上で同様の変化をしているのは，エである。なお，ア，イ，ウは，いずれも西端よりも東端の方が標高が高くなっている。

4 〔世界地理―総合〕

１＜エルサレム＞イスラム教，ユダヤ教，キリスト教に共通した聖地はイスラエルに位置するエルサレムであり，イが当てはまる。なお，アはイラクの首都バグダッド，ウはエジプトの首都カイロ，エはサウジアラビアに位置するイスラム教最大の聖地であるメッカである。

２＜ナイル川＞サハラ砂漠の東を南から北に向かって流れるのは，世界最長の河川であるナイル川である。ナイル川は，上流から栄養豊富な土を運んでくるため，流域では農耕が発達し，エジプト文明を生んだ。

３＜タンカー＞タンカーは，原油などの液体を輸送する船舶で，船の胴の部分に備えたタンクに液体を積んで輸送する。なお，アは戦闘用の航空機を載せ，それを発着させる航空母艦〔空母〕，イは観光客を乗せて巡行するクルーズ客船，ウは貨物を詰めたコンテナを輸送するコンテナ船である。

４＜言語と民族＞①のイランは，かつてペルシャ帝国が栄えた場所に位置している。イランにはペルシャ語を使用しイスラム教を信仰するペルシャ人が多数を占めるアが当てはまる。なお，②のサウジアラビアはアラビア語を使用しイスラム教を信仰するアラブ人が多数を占めるエ，③のトルコはトルコ語を使用しイスラム教を信仰するトルコ人が多数を占めるウ，④のニジェールはかつてこの地域を支配していた国の言語であるフランス語を使用しイスラム教を信仰する人々が多数を占めるイである。

5 〔歴史―総合〕

１＜唐＞７世紀の初めの618年，隋が滅んだ後に中国を統一し，律令などの法律をつくって支配の仕組みを整え，大帝国をつくり上げたのは，唐である。

２＜源頼朝＞平治の乱で父である源義朝とともに平清盛に敗北し，伊豆に流されたのは源頼朝である。頼朝は，後に平氏を滅ぼし，1185年には守護地頭を置き，1192年には征夷大将軍となった。

３＜異国船打払令＞1825年，江戸幕府が欧米の艦船を撃退するように出した命令は異国船打払令である。この命令に従ってアメリカの商船を砲撃するモリソン号事件が起こると，外国船の打ち払いを批判した蘭学者の渡辺崋山や高野長英らが，1839年に幕府によって処罰される蛮社の獄が起こった。

４＜田中正造＞明治時代末期，栃木県で発生した足尾銅山鉱毒事件に際し，鉱毒防止と被害民救済を求める運動の先頭に立ったのは，地元選出の衆議院議員であった田中正造である。

５＜レーニン＞第一次世界大戦中の1917年，ロシア革命を指導し，史上初の社会主義政府をつくったのは，レーニンである。レーニン率いる革命政府は，日本によるシベリア出兵などの各国が起こした干渉戦争に勝利し，国内の反革命派も鎮圧して，1922年にソビエト社会主義共和国連邦〔ソ連〕を成立させた。

６＜フェートン号事件＞フェートン号事件は，1808年，イギリスの軍艦が当時敵対していたオランダの船をとらえるために長崎港に侵入し，オランダ商館員をとらえて，食料や燃料を要求した事件である。

6〔歴史―総合〕

１＜大宝律令，ベルサイユ条約＞唐(中国)の律令をもとに全国を支配する仕組みを定めた大宝律令は，701年に出された。また，第一次世界大戦の講和条約であるベルサイユ条約は，1919年に結ばれた。なお，710年は都が藤原京から平城京に移された年，1939年は第二次世界大戦が始まった年である。

２＜公事方御定書＞享保の改革において，江戸幕府の第８代将軍である徳川吉宗が，1742年，裁判や刑の基準を明確にするために定めたのは，公事方御定書である。なお，御成敗式目〔貞永式目〕は，1232年，鎌倉幕府の第３代執権である北条泰時が，武士独自の法として武士の社会の慣習に基づいて定めた法律である。

３＜米騒動＞ベルサイユ条約が調印された1919年は，日本では大正時代(1912〜26年)にあたる。1918年には，シベリア出兵を見越した商人による米の買い占めから米の値段が大幅に上がったことをきっかけに，米騒動が全国に広がった。

４＜年代整序＞年代の古い順に，Ⅱ(室町時代―北山文化)，Ⅰ(安土桃山時代―桃山文化)，Ⅲ(江戸時代―元禄文化)となる。

５＜自由民権運動＞1874年，当時の政治が一部の人々によるものだとして，板垣退助や江藤新平などが議会を開設するように求める民撰議院設立の建白書を政府に提出したことで，自由民権運動は始まった。なお，政府は集会条例などを出して，自由民権運動に介入し，弾圧した。

６＜鉄砲の伝来＞中国船に乗ったポルトガル人が種子島に流れ着き，日本に鉄砲を伝えたのは，1543年である。なお，蘇我蝦夷・入鹿親子が倒されて大化の改新が始まったのは645年，オランダ商館が平戸(長崎)から江戸幕府の直轄地である出島(長崎)に移されたのは1641年，関東大震災が起こったのは1923年である。

7〔公民―総合〕

１⑴＜新しい人権＞新しい人権とは，産業や科学技術の発展に伴って主張されるようになった，日本国憲法に直接規定がないものの広く認められている権利のことである。エの日照権は新しい人権のうち環境権に当てはまる。なお，新しい人権には，環境権のほかに，自己決定権，知る権利，プライバシーの権利などがある。

⑵＜ワイマール憲法＞1919年に制定されたワイマール憲法で初めて明文化されたのは，人間らしい生活を保障する社会権である。なお，自由権は，平等権と並んで，17世紀から18世紀にかけての近代革命の中で出されたアメリカ独立宣言やフランス人権宣言などで，いち早く保障されている。

⑶＜日本国憲法＞日本国憲法は，GHQ〔連合国軍最高司令官総司令部〕が作成した憲法草案について，帝国議会で審議され，一部を修正したうえで可決・成立した(①…誤)。憲法の第１章第１条では，天皇は日本国・日本国民統合の象徴であり，その地位は，主権者である国民の総意に基づくと規定されている(②…正)。

２⑴＜平和主義＞日本国憲法の前文では，「政府の行為によつて再び戦争の惨禍が起ることのないやうにすることを決意し」，全世界の国民が平和のうちに生存する権利を持つことを確認している。このことは，憲法第９条の戦争放棄と並んで，日本国憲法の３つの基本原理の１つである平和主義の柱となっている。

⑵＜衆議院＞衆議院議員の任期は４年であるが，任期の途中でも解散によって議員の資格を失うことがある。なお，参議院議員の任期は６年であり，解散はない。

8〔公民―総合〕

１⑴＜価格の決定＞供給量が減少した場合，グラフの供給曲線は左へ動くことになる。これにより，需要量は供給量を上回ることになり，交点の位置は上に上がる。よって，Ａよりも価格が高く量が少ないアが新たな均衡点となる。

⑵＜ワーク・ライフ・バランス＞仕事と生活の調和を意味し，これが実現できることをワーク・ライフ・バランスという。長時間労働は，労働者の健康をおびやかすだけでなく，子育てを難しくして少子化を招く要因にもなっている。

⑶＜産業の空洞化＞先進工業国の企業が海外に進出するのは，安い労働力を現地で採用することが目的の１つであるため，日本から派遣される社員の数は限られている。このように，企業が海外に生産拠点を移すことで国内の産業が衰退し，雇用が減少することを，産業の空洞化という。

２＜バブル経済＞土地や株式などの価格が，実態を伴わずに急激に上昇することをバブル経済という。日本ではバブル経済が1980年代後半に発生し，1991年に崩壊して，経済の長期低迷をもたらした。

３＜エコマーク＞環境に配慮した商品につけられているマークは，ウのエコマークである。なお，アは点数に応じて学校設備品が購入できるベルマーク，イは日本産業規格〔JIS〕に適合した製品につけられているJISマーク，エは電気用品安全法による基準に適合する電気製品につけられているPSEマークである。

４＜日本銀行＞日本銀行の役割の１つである「銀行の銀行」とは，金融機関にお金を貸し出したり，金融機関からお金を預かったりする役割のことである。日本銀行が個人や一般企業を相手に預金の受け入れや貸し出しを行うことはない。

2022年度／國學院大學栃木高等学校（第１回）

理科解答

1　1　イ　2　ア　3　エ　4　イ
5　ウ

2　1　ウ　2　ア　3　イ　4　イ
5　ウ

3　1　ア　2　ウ　3　エ　4　ウ
5　エ

4　1　ウ　2　ア　3　エ　4　ア
5　ウ

5　1　ウ　2　エ　3　イ　4　ウ

6　1　A…強い　B…流紋
2　斑状組織　3　イ　4　イ

7　1　分離の法則　2　顕性〔優性〕形質
3　(例)同じ花の花粉がつく　4　エ

8　1　(例)電流を流れやすくするため。
2　エ　3　OH^-　4　ア

9　1　ア　2　下図　3　4cm
4　30cm

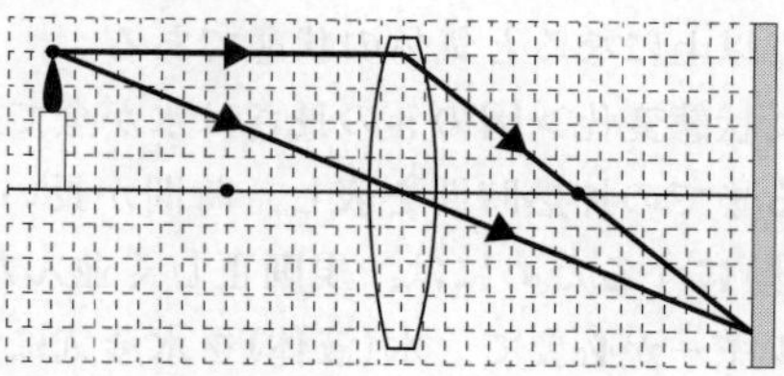

1〔気象と天気の変化〕

1＜低気圧，等圧線＞日本付近の低気圧は，地表付近では中心に向かって反時計回りに風が吹き込んでいる。また，天気図の等圧線は，1000hPa を基準に4hPa ごとに引き，20hPa ごとに太線にする。なお，高気圧の地表付近では中心から時計回りに風が吹き出している。

2＜冬の天気＞天気図２では，日本列島の西の大陸上に高気圧があり，東の海上に低気圧がある。これは西高東低の気圧配置で，冬によく見られる天気図だから，１～２月のものである。なお，南高北低は夏の特徴的な気圧配置である。

3＜冬の天気＞冬は大陸でシベリア気団が発達する。シベリア気団からの冷たく乾燥した風は，日本海上を通過するときに多量の水蒸気を含み，上昇気流となって積乱雲などをつくる。これが，衛星画像ではすじ状の雲として見られる。なお，オホーツク海気団は梅雨の日本の天気に影響を与える。高層雲は層状の雲で，温暖前線付近にできる。

4＜寒冷前線＞寒冷前線が通過すると風向は北寄りに変わり，寒気におおわれるので気温が低くなる。なお，温暖前線が通過すると風向は南寄りになり，暖気におおわれるので気温が高くなる。

5＜低気圧の移動速度＞経度１°当たりの距離が85km だから，東経130°と東経150°の間の距離は85×(150－130)＝1700(km)となる。これより，低気圧は1700km を24時間で移動したので，その速さは，1700÷24＝70.8…より，およそ70km/h である。

2〔生物の世界〕

1＜ルーペの使い方＞タンポポを手に持って観察するときのように，観察したい物が動かせるときは，ルーペを目に近づけて持ち，観察したい物を前後に動かしてよく見える位置を探す。なお，観察したい物が動かせないときは，ルーペを目に近づけて持ち，顔を前後に動かしてよく見える位置を探す。

2＜タンポポの花＞タンポポの１つの花は，５枚の花弁が１枚１枚くっついている。なお，１つの花の中におしべとめしべがあり，めしべの先端は２つに分かれていて，胚珠は１つの花に１つある。

3＜スケッチ＞スケッチは，細い線や小さな点ではっきりと書き，影をつけない。また，目的とする物だけを書き，気づいたことなどを記録しておくとよい。

4＜コケ植物＞コケ植物のゼニゴケは，図のBのような日当たりが悪く，湿っている場所に多く見られる。

5＜コケ植物＞ゼニゴケの雌株と雄株は，葉状の部分が地面にはりついている。なお，ゼニゴケのからだには，葉・茎・根の区別がない。

〔編集部注：イは，スギゴケの雌株が胞子体を伸ばして，先端の胞子のうをつけた様子を表したものと考えた。〕

3〔物質のすがた〕

1＜状態変化＞融点は固体がとけて液体に状態変化するときの温度である。よって，図のaで，水は固体と液体の状態である。なお，融点から沸点までの間は液体，bの沸点のときは液体と気体，沸点以上になると気体の状態である。

2＜状態変化＞図のaの長さは氷が全て水になるまでの加熱時間を，bの長さは水が全て水蒸気になるまでの加熱時間を表し，時間が長い方が物質に加えられるエネルギーは大きくなる。氷を水(液体)にするためには，規則正しく並んだ粒子の配列をくずし，粒子が自由に動けるようにするエネルギーが必要で，水(液体)を水蒸気にするためには，粒子が自由に飛び回ることができるようにするエネルギーが必要になる。同じ質量の水であれば，氷を水(液体)にするためのエネルギーより，水(液体)を水蒸気にするための方が大きなエネルギーが必要なので，$a<b$となる。

3＜状態変化と密度＞4℃の水の密度は$1.0\,\mathrm{g/cm^3}$なので，4℃の水6 $\mathrm{cm^3}$の質量は，〔密度$(\mathrm{g/cm^3})$〕$=\dfrac{〔物質の質量(\mathrm{g})〕}{〔物質の体積(\mathrm{cm^3})〕}$を変形して，〔物質の質量(g)〕=〔密度$(\mathrm{g/cm^3})$〕×〔物質の体積$(\mathrm{cm^3})$〕より，$1.0\times6=6$(g)となる。状態変化では物質の質量は変わらないから，水6gを水蒸気にしても質量は6gである。よって，〔物質の体積$(\mathrm{cm^3})$〕=〔物質の質量(g)〕÷〔密度$(\mathrm{g/cm^3})$〕より，密度が$0.0006\,\mathrm{g/cm^3}$の100℃の水蒸気6gの体積は，$6\div0.0006=10000(\mathrm{cm^3})$である。

4＜水の状態変化＞白い湯気は液体だから，誤っているのはウである。やかんの先端から出た水蒸気(気体)が冷やされて水(液体)になり白く見えている。なお，水は4℃のときの密度が最も大きい。また，氷の密度は$0.92\,\mathrm{g/cm^3}$で，水の密度より小さいから，氷は水に浮き，氷の温度は水や周りの空気より低いため，水に浮いた氷はとける。

5＜状態変化＞釘がさびるのは，鉄が酸素と結びついて鉄とは別の物質である酸化鉄ができる化学変化によって起こる現象だから，エは状態変化によって起こる現象ではない。

4〔身近な物理現象，気象と天気の変化〕

1＜力＞ニュートン(N)は力の単位なので，圧力はNで表せない。圧力は単位面積当たりの力の大きさで，Paや$\mathrm{N/m^2}$などで表す。

2＜重力＞100gの物体にはたらく重力の大きさを1Nとするから，地球上で240gの物体にはたらく重力の大きさは$240\div100=2.4$(N)である。よって，月面上の重力は地球上の重力の$\dfrac{1}{6}$より，月面上でこの物体にはたらく重力の大きさは，$2.4\times\dfrac{1}{6}=0.4$(N)である。

3，4＜質量＞上皿天秤では，物質の質量を調べることができる。質量は物体そのものの量で，地球上でも月面上でも変わらない。そのため，この物体の質量は月面上でも240gだから，240gの分銅とつり合う。

5＜質量と重さ＞質量は物体そのものの量で，地球上でも月面上でも測定値は同じである。一方，重さは物体にはたらく重力の大きさである。よって，月面上の重力は地球上の重力の$\dfrac{1}{6}$なので，重さは月面上での測定値の方が小さくなる。

5〔小問集合〕

1＜太陽の動き＞春分の日と秋分の日では，同じ場所での太陽の見かけの動きは同じだから，誤っているのはウである。なお，春分の日と秋分の日では，昼と夜の長さもほぼ同じで，太陽は真東から出て真西に沈み，棒の影の先端を結ぶと直線になる。

2＜消化液＞すい液には，デンプンを分解するアミラーゼ，タンパク質を分解するトリプシン，脂肪を分解するリパーゼなどの消化酵素が含まれる。なお，だ液にはアミラーゼ，胃液にはタンパク質を分解するペプシンが含まれ，胆汁は消化酵素を含まないが，脂肪の分解を助けるはたらきがある。

3＜濃度＞〔質量パーセント濃度(%)〕$=\frac{\text{〔溶質の質量(g)〕}}{\text{〔溶液の質量(g)〕}}\times 100$を変形して，〔溶質の質量(g)〕=〔溶液の質量(g)〕$\times\frac{\text{〔質量パーセント濃度(\%)〕}}{100}$より，20%の塩化ナトリウム水溶液120gをつくるのに必要な塩化ナトリウムの質量は，$120\times\frac{20}{100}=24$(g)である。

4＜磁石＞棒磁石は，どこを切断してもＮ極とＳ極が現れる。そのため，図で，Ｎ極の反対側のａはＳ極になり，Ｓ極の反対側のｂはＮ極になる。

6〔大地の変化〕

1＜溶岩ドーム＞溶岩ドームは，粘り気の強いマグマからできる。また，粘り気の強いマグマからできる火山岩は，白っぽい色をした流紋岩である。なお，マグマの粘り気が強いと白っぽい色の火成岩になり，マグマの粘り気が弱いと黒っぽい色の火成岩になる。

2＜火山岩＞マグマが地表や地表付近で急に冷え固まってできる火山岩のつくりを斑状組織という。斑状組織は，比較的大きな鉱物である斑晶が，細かい結晶やガラス質の石基の中に散らばっているつくりである。なお，深成岩のつくりを等粒状組織という。

3＜ミマツダイヤグラム＞図の1944年６月５日，８月３日，10月10日のおよそ２か月ごとの記録を比較すると，曲線の間隔は一定ではない。よって，隆起の速さがどの場所でも一定とはいえない。

4＜隆起＞図より，1945年８月27日の山頂の海抜はおよそ400m，この山頂の真下の地点の1944年５月12日の海抜はおよそ150mである。よって，1944年５月12日から1945年８月27日までの472日で，この地点は$400-150=250$(m)隆起しているので，$250\times100\div472=52.9\cdots$より，１日当たりおよそ53cm隆起している。

7〔生命・自然界のつながり〕

1＜分離の法則＞対になっている遺伝子が，減数分裂によってそれぞれ別の生殖細胞に入ることを分離の法則という。それぞれの生殖細胞にある遺伝子は，受精によって再び対になる。

2＜顕性形質＞異なる対立形質を持つ純系の親をかけあわせたときに，子に現れる形質を顕性(優性)形質といい，子に現れない形質を潜性(劣性)形質という。エンドウの種子の形では，丸が顕性(優性)形質，しわが潜性(劣性)形質である。

3＜自家受粉＞めしべに，同じ花や同じ株の花粉がつくこと自家受粉という。エンドウの花は，受精が終わるまでめしべとおしべが花弁に包まれているので，ふつうは自家受粉を行う。これに対し，めしべに，他の株の花粉がつくことを他家受粉という。

4＜遺伝の規則性＞遺伝子の組み合わせがAaのエンドウがつくる生殖細胞の遺伝子はＡまたはａだから，孫の遺伝子の組み合わせと数の比は，右表のように，AA：Aa：aa＝1：2：1になる。孫の代では3000個の種子ができたとすると，このうち，AAとaaの個数はそれぞれ$3000\times\frac{1}{1+2+1}=750$(個)，Aaの

	A	a
A	AA	Aa
a	Aa	aa

個数は$3000\times\frac{2}{1+2+1}=1500$(個)である。

8 〔化学変化とイオン〕

1＜実験操作＞乾燥したろ紙やpH試験紙には電流が流れないので，実験結果に影響を与えない中性の電解質の水溶液である硝酸カリウム水溶液で湿らせて，電流を流れやすくしている。

2＜酸＞うすい塩酸は酸性で，酸性の性質を示す原因となるのは水素イオン(H^+)である。H^+は陽イオンだから，陰極に引かれ，ろ紙の陰極側に赤色が広がる。

3＜アルカリ＞うすい水酸化ナトリウム水溶液はアルカリ性で，pH試験紙の色を変化させるのはアルカリ性を示す原因である水酸化物イオン(OH^-)である。OH^-は陰イオンだから，陽極に引かれ，ろ紙の陽極側に青色が広がる。

4＜電気分解＞塩化ナトリウム水溶液は電解質の水溶液なので，図1で，塩化ナトリウム水溶液を用いると，電流が流れて電流計の針が振れる。このとき，塩化ナトリウムの電気分解が起こり，陽極側から塩素が，陰極側から水素が発生する。塩素は，消毒のため，プールなどで使われているもので，陽極側の目玉クリップから，プールのにおいが感じられる。

9 〔身近な物理現象〕

1＜凸レンズと像＞凸レンズの半分を紙でおおっても凸レンズを通る光の進み方は変わらないから，像の形は変わらない。しかし，凸レンズを通る光の量が少なくなるので，像は暗くなる。なお，実像の向きは逆さま(倒立)である。反射の法則は，光が入射角と反射角が等しくなるように反射することである。また，虚像はスクリーン上にはできず，凸レンズを通して見える。

2＜凸レンズと像＞光軸に平行な光は凸レンズで屈折して反対側の焦点を通り，凸レンズの中心を通る光はそのまま直進する。凸レンズを通ったあとの2本の光の交点は，スクリーン上の光軸から4目盛り下の位置になり，この点をろうそくの上端とする像ができる。

3＜凸レンズと像＞ろうそくの上端から出て光軸に平行に進み，凸レンズで屈折して反対側の焦点を通る光を考える。右図のように，ろうそくの上端を点C，点Cから光軸に平行に進み凸レンズで屈折する点をD，点Dで屈折して焦点F′を通った光がスクリーンに当たる点をEとする。

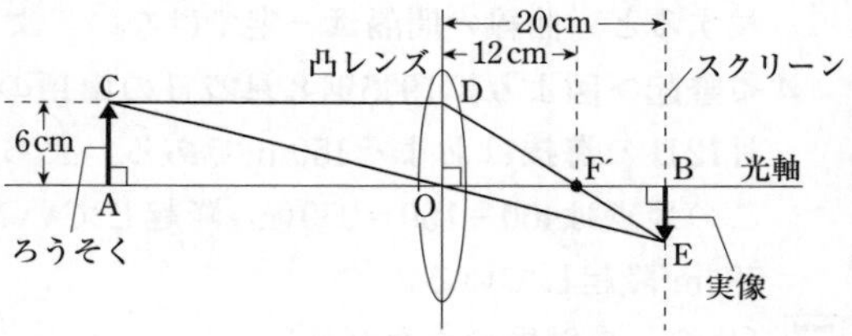

△DOF′と△EBF′は，∠DOF′=∠EBF′=90°，∠DF′O=∠EF′B(対頂角)より，2組の角がそれぞれ等しいので，△DOF′∽△EBF′である。よって，対応する辺の比が等しいので，DO：EB=OF′：BF′となる。ここで，ろうそくの長さが6cmよりDO=CA=6(cm)であり，凸レンズの焦点距離が12cmよりOF′=12(cm)で，OB=20(cm)だから，BF′=20−12=8(cm)である。したがって，6：EB=12：8が成り立ち，これを解くと，EB×12=6×8より，EB=4(cm)となる。

4＜凸レンズと像＞ろうそくの上端から出て凸レンズの中心を通り，直進する光を考える。上図で，△CAO∽△EBOだから，対応する辺の比は等しく，CA：EB=AO：BOとなる。よって，3よりEB=4(cm)だから，6：4=AO：20が成り立ち，これを解くと，4×AO=6×20より，AO=30(cm)である。

2022年度／國學院大學栃木高等学校(第１回)

国語解答

一 問一　ア　連携　イ　濁　ウ　薄情
エ　警備　オ　安眠
問二　ア　ひんぱん　イ　なめ
ウ　しょせん　エ　しゅういつ
オ　じゅうだん
問三　3→1→2→7→6→4→5
問四　イ　問五　エ　問六　ア
問七　[1]…ア　[2]…ウ　[3]…ア

二 問一　エ　問二　イ　問三　エ
問四　ア　問五　ア　問六　イ
問七　一つの信号　問八　ウ
問九　ア　問十　エ

三 問一　イ　問二　しわす
問三　のぼらせたもう〔たまう〕
問四　ウ　問五　ア
問六　ここいづみの国　問七　エ
問八　ウ

四 問一　(A)…エ　(B)…ア　問二　ウ
問三　ウ　問四　イ　問五　イ
問六　エ　問七　ア

一〔国語の知識〕

問一＜漢字＞ア．「連携」は，同じ目的を持つものが，連絡を取り合って物事を行うこと。　イ．音読みは「濁音」などの「ダク」。　ウ．「薄情」は，人情や愛情がうすいこと。　エ．「警備」は，警戒して守り備えること。　オ．「安眠」は，安らかに眠ること。

問二＜漢字＞ア．「頻繁」は，ひっきりなしに行われること。　イ．音読みは「円滑」などの「カツ」と「滑稽」などの「コツ」。　ウ．「所詮」は，結局のところ。　エ．「秀逸」は，他に抜きん出て非常に優れていること。　オ．「縦断」は，南北の方向に通り抜けること。

問三＜漢文の訓読＞漢文は，原則として上から順に読む。レ点は，下から上に一字返って読む。一二点は，下から上に二字以上返って読む。この法則から，上から3→1→2→7→6→4→5の順に読む。

問四＜品詞＞「もっと」，「たぶん」，「どうして」は，自立語で主に用言を修飾する副詞。「あそこ」は，代名詞。

問五＜四字熟語＞「直情径行」は，周囲のことなど全く気にかけることなく，自分の思ったままに行動すること。「巧言令色」は，相手に気に入ってもらえるように，お世辞を言ってこびること。「異口同音」は，多くの人が口をそろえて同じことを言うこと。

問六＜漢字＞金銭を必要な分だけそろえようと工夫することを，「工面」という。同じ場所に集まることを，「一堂に会する」という。心にかなう出来ばえで満足できることを，「会心」という。

問七[1]＜詩の形式＞この詩は，現代語で書かれているので「口語詩」である。「五・七」や「七・五」などの音数の決まりがなく表現されているので「自由詩」である。　[2]＜詩の技法＞第二連「雲が影を投げてよこす」には，擬人法が用いられている(…イ)。第四連「春の気配。」は，名詞で終わっているので，体言止めである(…エ)。第五連「耳を澄ます。／少年のまわりで／わたしのまわりで。」の語順は，本来は「少年のまわりで／わたしのまわりで」「耳を澄ます。」となるので，倒置法が用いられている(…ア)。　[3]＜詩の内容理解＞「わたし」はふとんを干しているのだが，その行動を，雲を相手にキャッチボールをしているようだと表現している。ふとんをたたきながら，空を見ると，はるかかなたから春の気配がやってくるように感じられるという思いをよんだ詩である。

二 〔論説文の読解―文化人類学的分野―日本文化〕出典；中西進『日本の文化構造』。

≪本文の概要≫ハワイでは，古代以来の信仰が言い伝えとして残り，美しい童話のように形を変えながら現在まで生き続けている。ハワイのハイビスカスは，人生の花という意味を持ち，幸福感を形にしたものである。沖縄のハイビスカスは祖霊のシンボルであるが，ハワイでも日本でも，古代性を現代にほどよく調和させながら，今日まで持ち越している。日本人は，自然と人間を厳密に区別することはない。現代の科学では迷信に思われるようなことも，日本人は，無意識のうちに取捨選択し，科学と整合性を持つものは継承している。日本人は，図式的，公式的にものを考えず，融通性を持っているので，伝統的なものも現代的なものも受け入れる。日本人が闘争を好む民族ではないことも，古代性と現代性を調和させていることと同じ特質である。これらは，一四〇〇年前の日本最古の憲法に見られるように，「和」を尊重する精神が背景にあると思われる。

問一＜漢字の知識＞「稲光」は「いなびかり」，「青空」は「あおぞら」と読み，「訓読み＋訓読み」の熟語。「新芽」は「しんめ」と読み，「音読み＋訓読み」の熟語。「湯気」は「ゆげ」と読み，「訓読み＋音読み」の熟語。「家庭」は「かてい」と読み，「音読み＋音読み」の熟語。

問二＜語句＞「キャパシティ」は，容量のこと。

問三＜故事成語＞中国の楚という国に，矛と盾を売る者がいて，自分の売る矛はどんな盾でも貫くことができるし，自分の売る盾はどんな矛でも防ぐことができると言ったところ，あなたの売る矛であなたの売る盾を貫けばどうなるのかときかれて答えられなかった。その故事から，「矛盾」は，つじつまの合わないことを表す。

問四＜接続語＞A．沖縄の久米島では，ハイビスカスを祖先の霊に供えるので，ハイビスカスを死のシンボルだと考える人もいる。　B．ハワイのハイビスカスから沖縄のハイビスカス，そして彼岸花の持つ意味，「ハナ」の単語の意味も述べたが，ここで話題を変えると，ハワイには豊かな古代性が残っていて，それは日本とよく似ているらしい。　C．古代人は，自然の草木や天象や動物が一つのユニットになった「宇宙生命体」の中にあると考えたけれども，この考え方は，古代人だけではなく，現代人にもある。　D．日本人が持ち続けている古代性は，意識的に検討したものではなく，どちらかといえば，日本人は，無意識のうちに取捨選択した古代性を継承している。

問五＜表現＞ア．ハワイのハイビスカスは，単なる植物ではなく，人の幸福感を形あるものとして具体的に見せる造型物である。　イ．日本人は，古代性を現代にうまく調和させながら，今日に残している。　ウ．日本人は争いを好まないので，矛盾するものがあれば，二つのものを調和させるために，諦めることなく，こと細かく考えていく。

問六＜文章内容＞「この話」とは，具体的には，アザミに似たハワイの赤い花を摘むと，花の友達である雨が涙を流すので，雨になるという話のことであり，古くからハワイの人が言い伝えてきて，今日まで生き続けているものである。古代以来，人々が伝えてきたものが現代にも生き残っていることに，「わたし」は感動したのである。

問七＜文章内容＞ハワイでは，ハイビスカスは暖かい幸福感を人々に送ってくる花である。沖縄においてハイビスカスは，祖先の霊魂を祭るときにささげられる。ハイビスカスは，二つの地域で，それぞれに古代以来の信仰が生み出した「一つの信号」を持っているのである。

問八＜指示語＞日本人は，科学的な古代性を現代性と矛盾させずに，無意識のうちにそのまま継承し続けてきた。こうした古代性と現代性の共存が可能であるのは，日本人が二つのもののどちらかを捨て去るような図式的，公式的なものの考え方をしないことに理由がある。

問九＜文章内容＞「不幸中の幸《さいわい》」は，悪い出来事の中でいくらか慰めになるようなこと。日本では，七世紀初頭でも多くの渡来集団があり，政治的にも文化的にも争っていたが，統一国家をつくるためには「和」を尊重することが必要であり，「和」が今日まで日本人が大切だと思うこととして，今に生き残ったことが，「不幸中の幸」である。

問十＜表現＞日本文化の特質は，自然と人間を分けて考えることがなく，古代性を無意識のうちに取捨選択して，現代性と調和させているところにある。そのことが，ハイビスカスに対するハワイと沖縄の考え方の類似点を示すことや，日本の日常的な挨拶の例を挙げること，弁証法と呼ばれるヨーロッパ的論理との比較を通して，繰り返し説明されている。

三〔古文の読解―読本〕出典；上田秋成『春雨物語』「海賊」。

≪現代語訳≫紀の朝臣つらゆき(＝紀貫之)が土佐の国司として五年の任期が終わり，承和某年の十二月の某日，都にお上りになる。土佐の国の人で親しい人はみんな，名残を惜しんで(別れを)悲しがる。土佐の国の人々も「昔からこのような国司がいらっしゃるのを聞いたことがない」と言って，父母との別れに泣く子どものように，(国司を)慕い(別れを)嘆く。船が出るときも，人々はあちらこちらから追ってきて，酒やよい物をささげ持ってきて，歌をよみ交わそうとする人もいる。船は，風がうまく吹かないので，予想外に日数がたつうちに，海賊が恨みを持って追ってくるという。生きた心地もないけれど，ただただ無事に都へ(着くように)と，朝夕海の神におくりものを散らして，お祈り申し上げる。船の中の人々が集まって海底を拝む。「和泉の国まで」と船長が言うので，(土佐へ)下った(ときに見た)所は眺めるだけで，その国の名は思い出せず，今はただ和泉の国とだけ唱えるのであったよ。国司夫妻は，土佐の国でなくなったいとしい子どもがいないことばかりを言っては(嘆き)，都にと心は向かうけれども，土佐の国にも忘れられないことがあるのが悲しい。ここが和泉の国と，船長が知らせ申し上げると，船の人々は全て生き返った思いで，ひとまず安心した。うれしいことはこのうえない。

問一＜文学史＞紀貫之は，『古今和歌集』の撰者の一人である。

問二＜古典の知識＞「十二月」は，「師走」とも書き，「しわす」と読む。

問三＜歴史的仮名遣い＞歴史的仮名遣いで語中語尾にあるハ行は，現代仮名遣いでは原則として「わいうえお」となる。また，「au」は「ou」となる。よって，「たまふ」は，「たまう」または「たもう」となる。

問四＜現代語訳＞「安し」は，心穏やかである，という意味。係助詞「こそ」の結びは「なけれ」で，形容詞「なし」の已然形。穏やかな心はないけれど，という意味になる。

問五＜古文の内容理解＞土佐の国の人々は，土佐の国司のことを慕って，昔からこのような国司がいらっしゃるのを聞いたことがないと言って別れを惜しんでいた。それは，父母との別れを嘆く子どものようだったというのである。

問六＜古文の内容理解＞「ここいづみの国」(和泉の国に着いた)と船長が言ったので，船の人々は喜んだのである。

問七＜古文の内容理解＞土佐の国司夫婦が嘆いているのは，土佐の国で子どもをなくしたので，ともに都に戻れない子どものことを思い出しているからであり，土佐の国でのことが忘れられそうもないからである。

問八＜古文の内容理解＞土佐の国から都に戻るときに，天候のせいで船は思いどおりに進まなかった。また，海賊に襲われるかもしれないと人々は恐れていた。そこで人々は，「ただただただひらかに都へと，朝ゆふ海の神にぬさ散して」神に祈ったので，無事に和泉の国に到着したことをうれしいと思ったのである。

四〔小説の読解〕出典；重松清『きみの友だち』。

問一＜語句＞(A)「怪訝」は，不思議で納得がいかないこと。　(B)「わずらわしい」は，面倒で割りきれない様子。

問二＜表現＞三好くんの「きみ」に気を遣っている素振りが，「きみ」には，わずらわしくいやな気分になるものだったのである。「うっとうしい」は，何となく気分が重くいやな様子。

問三＜心情＞「信号」を「横断歩道」や「交差点」に変えた方がよいという中西くんの意見に賛成している生徒も多く，先生も納得しているように思えたので，絶対的な自信を持っていた「きみ」は，自信が揺らいで，あせって自分の意見を正当化しようとして「変だよ」と大きな声で言ったのである。

問四＜文章内容＞「きみ」は，自分の標語には自信があったので，反対意見が出ないことはわかっていたが，それでも投票をすることで，自分が「勝ち」だということを明確に示そうとしたのである。

問五＜文章内容＞「信号を渡る」という表現はおかしいから，「横断歩道」や「交差点」に変えた方がよいという中西くんの意見は，よく考えるとそのとおりだと思えるものであったので，絶対的な優等生だった「きみ」の意見が違うかもしれないと思い，クラスメイトはざわついたのである。

問六＜心情＞「きみ」は，中西くんの提案には勝てないとわかったが，自分の悔しい気持ちをクラスメイトには知られたくなかったので，中西くんの提案に進んで賛成することで，自分の気持ちを知られまいとしたのである。

問七＜心情＞ポスターの下描きで上手と言われて，「きみ」は気を取り直したけれども，中西くんの絵の方が自分よりもわかりやすく上手で，自分は勝てないと思い知らされた。そういう自分を認めたくないし，他の人に気を遣われる自分もいやだったので，「きみ」は誰の顔も見たくなかったのである。

═読者へのメッセージ═

『春雨物語』は，江戸時代成立の上田秋成の読本，今の小説です。作者の最晩年に書かれたもので，歴史的事実や古典，当時の実話をもとに書かれた十の短編からなっています。作者の歴史観がうかがわれ，構成もまとまっています。写本だけで伝わっていましたが，昭和に入って完全本が発見されました。

●要点チェック●　図形編―合同

◎図形の合同

合同……一方の図形を移動させて（ずらしたり《平行移動》，回したり《回転移動》，裏返したり《対称移動》して），他方の図形に重ね合わせることのできるとき，この２つの図形は合同である。

・合同な図形の性質

１．対応する線分の長さは等しい。

２．対応する角の大きさは等しい。

・三角形の合同条件

２つの三角形は次のどれかが成り立つとき合同である。

１．３組の辺がそれぞれ等しい。

２．２組の辺とそのはさむ角がそれぞれ等しい。

３．１組の辺とその両端の角がそれぞれ等しい。

1.

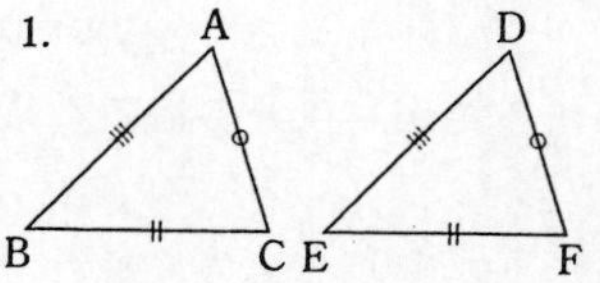

$AB = DE$
$BC = EF$
$AC = DF$

2.

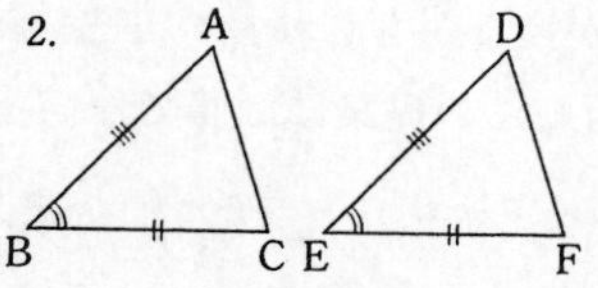

$AB = DE$
$BC = EF$
$\angle ABC = \angle DEF$

3.

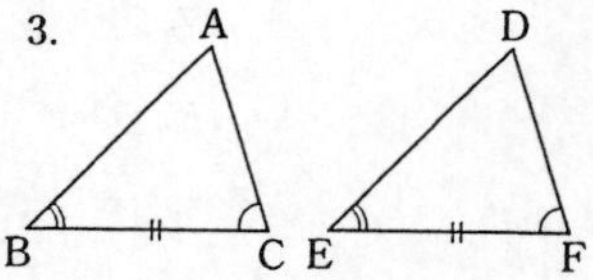

$BC = EF$
$\angle ABC = \angle DEF$
$\angle ACB = \angle DFE$

・直角三角形の合同条件

２つの直角三角形は次のどちらかが成り立つとき合同である。

１．斜辺と１鋭角がそれぞれ等しい。

２．斜辺と他の１辺がそれぞれ等しい。

1.

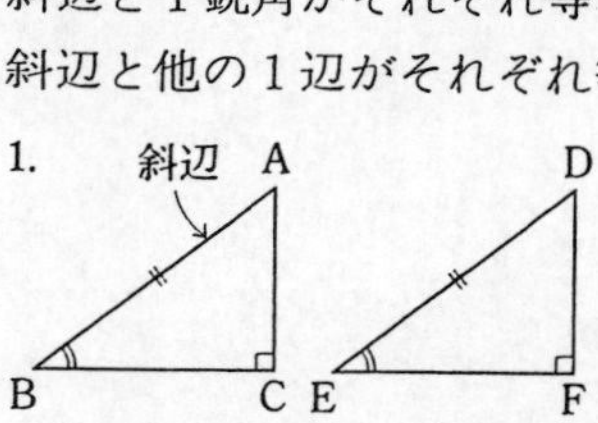

$\angle ACB = \angle DFE = 90°$
$AB = DE$
$\angle ABC = \angle DEF$

2.

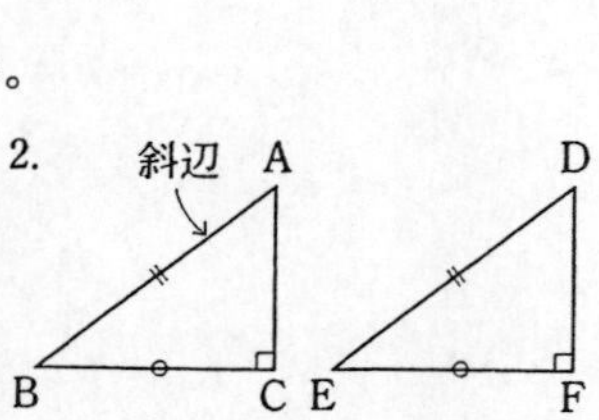

$\angle ACB = \angle DFE = 90°$
$AB = DE$
$BC = EF$

Memo

高校を受験する生徒とご父母のための…

2025年度用 高校合格資料集

■首都圏有名書店にて今秋発売予定！

内容目次

※表紙は昨年のものです。

1 まず試験日はいつ？推薦ワクは？競争率は？

2 この学校のことはどこに行けば分かるの？

3 かけもち受験のテクニックは？

4 合格するために大事なことが二つ！

5 もしもだよ！試験に落ちたらどうしよう？

6 勉強しても成績があがらない

7 最後の試験は面接だよ！

定価1430円(税込)

当社発行物の無断使用は固くお断りいたします。御使用の前はまずご相談ください。

当社発行物には500点余の首都圏中・高過去問をはじめ、6点の学校案内、そのほかいくつかの情報誌などがございます。その多くが年度版で、限られたスタッフが来るべき受験シーズン前に余裕を持って受験生へ届けられるよう、日夜作業にあたり出版を重ねております。

最近、通塾生ご父母や塾内部からの告発によって、いくつかの塾が許諾なしに当社過去問を複写(コピー)し生徒に配布、授業等にも使用していることが発覚し、その一部が紛争、係争に至っております。過去問には原著作者や管理団体、代行出版等のほか、当社に著作権がございます。当社としましては、著作権侵害の発覚に対しては著作権を有するこれらの著作権関係者にその事実を開示して、マスコミにリリースする場合や法的な措置を取る場合がございます。その事例としましては、毎年当社過去問の発行を待って自由にシステム化使用していたA塾、個別教室でコピーを生徒に解かせ指導していたB塾、冊子化していたC社、生徒の希望によって書籍の過去問代わりにコピーを配布していたD塾などがあります。

当社発行物の全部もしくは一部を無断使用することは固くお断りいたします。

当社コンテンツの中にはリーズナブルな設定で紙面の利用を許諾している塾もたくさんございますので、ご希望の方は、お気軽にご相談くださいますようお願いします。同時に、当社発行物を無断で使用している会社などにつきましての情報もお寄せいただければ幸いです。

株式会社 声の教育社

スーパー過去問の **解説執筆・解答作成スタッフ(在宅)募集！** ※募集要項の詳細は、10月に弊社ホームページ上に掲載します。

2025年度用

高校スーパー過去問

■編集人 声の教育社・編集部

■発行所 株式会社 声の教育社

〒162-0814 東京都新宿区新小川町8-15

☎03-5261-5061㈹ FAX03-5261-5062

https://www.koenokyoikusha.co.jp

國學院大學栃木高等学校

別冊解答用紙

丁寧に抜きとって、別冊としてご使用ください。

注意

- 解答用紙は、収録の都合により縮小したものや、小社独自に作成したものもあります。
- 学校配点は学校発表のもの、推定配点は小社で作成したものです。
- 無断転載を禁じます。
- 解答用紙を拡大コピーする場合、表示した拡大率に対応する用紙サイズは以下のとおりです。
  101%～102%＝B5　103%～118%＝A4　119%～144%＝B4　145%～167%＝A3
  （タイトルと配点表は含みません）

２０２４年度　國學院大學栃木高等学校　第１回

英語解答用紙　No.１

評点	／100

フリガナ	
氏 名	

年	月	日
R6	1	6

受験番号						
⓪	⓪	⓪	⓪	⓪	⓪	⓪
①	①	①	①	①	①	①
②	②	②	②	②	②	②
③	③	③	③	③	③	③
④	④	④	④	④	④	④
⑤	⑤	⑤	⑤	⑤	⑤	⑤
⑥	⑥	⑥	⑥	⑥	⑥	⑥
⑦	⑦	⑦	⑦	⑦	⑦	⑦
⑧	⑧	⑧	⑧	⑧	⑧	⑧
⑨	⑨	⑨	⑨	⑨	⑨	⑨

1. 記入欄・マーク欄以外には記入しないでください。
2. 鉛筆で、しっかり濃くマークしてください。
3. 間違った場合には、消しゴムで、きれいに消してください。

マーク例

良い例	●	悪い例	✓ ◉ ◐

問	解答欄
1	① ② ③ ④ ⑤ ⑥ ⑦ ⑧ ⑨ ⓪
2	① ② ③ ④ ⑤ ⑥ ⑦ ⑧ ⑨ ⓪
3	① ② ③ ④ ⑤ ⑥ ⑦ ⑧ ⑨ ⓪
4	① ② ③ ④ ⑤ ⑥ ⑦ ⑧ ⑨ ⓪
5	① ② ③ ④ ⑤ ⑥ ⑦ ⑧ ⑨ ⓪
6	① ② ③ ④ ⑤ ⑥ ⑦ ⑧ ⑨ ⓪
7	① ② ③ ④ ⑤ ⑥ ⑦ ⑧ ⑨ ⓪
8	① ② ③ ④ ⑤ ⑥ ⑦ ⑧ ⑨ ⓪
9	① ② ③ ④ ⑤ ⑥ ⑦ ⑧ ⑨ ⓪
10	① ② ③ ④ ⑤ ⑥ ⑦ ⑧ ⑨ ⓪
11	① ② ③ ④ ⑤ ⑥ ⑦ ⑧ ⑨ ⓪
12	① ② ③ ④ ⑤ ⑥ ⑦ ⑧ ⑨ ⓪
13	① ② ③ ④ ⑤ ⑥ ⑦ ⑧ ⑨ ⓪
14	① ② ③ ④ ⑤ ⑥ ⑦ ⑧ ⑨ ⓪
15	① ② ③ ④ ⑤ ⑥ ⑦ ⑧ ⑨ ⓪
16	① ② ③ ④ ⑤ ⑥ ⑦ ⑧ ⑨ ⓪
17	① ② ③ ④ ⑤ ⑥ ⑦ ⑧ ⑨ ⓪
18	① ② ③ ④ ⑤ ⑥ ⑦ ⑧ ⑨ ⓪
19	① ② ③ ④ ⑤ ⑥ ⑦ ⑧ ⑨ ⓪
20	① ② ③ ④ ⑤ ⑥ ⑦ ⑧ ⑨ ⓪

問	解答欄
21	① ② ③ ④ ⑤ ⑥ ⑦ ⑧ ⑨ ⓪
22	① ② ③ ④ ⑤ ⑥ ⑦ ⑧ ⑨ ⓪
23	① ② ③ ④ ⑤ ⑥ ⑦ ⑧ ⑨ ⓪
24	① ② ③ ④ ⑤ ⑥ ⑦ ⑧ ⑨ ⓪
25	① ② ③ ④ ⑤ ⑥ ⑦ ⑧ ⑨ ⓪
26	① ② ③ ④ ⑤ ⑥ ⑦ ⑧ ⑨ ⓪
27	① ② ③ ④ ⑤ ⑥ ⑦ ⑧ ⑨ ⓪
28	① ② ③ ④ ⑤ ⑥ ⑦ ⑧ ⑨ ⓪
29	① ② ③ ④ ⑤ ⑥ ⑦ ⑧ ⑨ ⓪
30	① ② ③ ④ ⑤ ⑥ ⑦ ⑧ ⑨ ⓪
31	① ② ③ ④ ⑤ ⑥ ⑦ ⑧ ⑨ ⓪
32	① ② ③ ④ ⑤ ⑥ ⑦ ⑧ ⑨ ⓪
33	① ② ③ ④ ⑤ ⑥ ⑦ ⑧ ⑨ ⓪
34	① ② ③ ④ ⑤ ⑥ ⑦ ⑧ ⑨ ⓪
35	① ② ③ ④ ⑤ ⑥ ⑦ ⑧ ⑨ ⓪
36	① ② ③ ④ ⑤ ⑥ ⑦ ⑧ ⑨ ⓪
37	① ② ③ ④ ⑤ ⑥ ⑦ ⑧ ⑨ ⓪
38	① ② ③ ④ ⑤ ⑥ ⑦ ⑧ ⑨ ⓪
39	① ② ③ ④ ⑤ ⑥ ⑦ ⑧ ⑨ ⓪
40	① ② ③ ④ ⑤ ⑥ ⑦ ⑧ ⑨ ⓪

問	解答欄
41	① ② ③ ④ ⑤ ⑥ ⑦ ⑧ ⑨ ⓪

（注）この解答用紙は実物を縮小してあります。Ｂ４用紙に125％拡大コピーすると、ほぼ実物大で使用できます。（タイトルと配点表は含みません）

２０２４年度　國學院大學栃木高等学校　第１回

英語解答用紙　No. 2

6

1.	2.
3.a	b
4.	
5.	
6. Because (	).
7.	

（注）この解答用紙は実物を縮小してあります。Ａ４用紙に115％拡大コピーすると、ほぼ実物大で使用できます。（タイトルと配点表は含みません）

推定配点	1～6　各２点×50〔5 6，6 3，７はそれぞれ各２点×２〕	計 100点

２０２４年度　國學院大學栃木高等学校　第１回

数学解答用紙

番号		氏名		評点	／100

1	(1)	
	(2)	
	(3)	
	(4)	
	(5)	
	(6)	
	(7)	$x=$
	(8)	$x=$　　　　, $y=$
	(9)	$x=$
	(10)	
2	(1)	個
	(2)	
	(3)	
	(4)	cm
	(5)	個
	(6)	
	(7)	度
	(8)	cm^3
	(9)	
	(10)	
3	(1)	列
	(2)	
	(3)	$m=$
4	(1)	$a=$
	(2)	(　　　　,　　　　)
	(3)	(　　　　,　　　　)
5	(1)	$S=$
	(2)	$S=$
	(3)	

(注)　この解答用紙は実物を縮小してあります。Ｂ４用紙に122%拡大コピーすると，ほぼ実物大で使用できます。(タイトルと配点表は含みません)

推定配点		計
	1　各３点×10 2　(1)～(6)　各３点×６　(7)～(10)　各４点×４ 3～5　各４点×９	100点

２０２４年度　國學院大學栃木高等学校　第１回

社会解答用紙

評点	／100

フリガナ	
氏名	

年	月	日
R6	1	6

受験番号

⓪	⓪	⓪	⓪	⓪	⓪	⓪
①	①	①	①	①	①	①
②	②	②	②	②	②	②
③	③	③	③	③	③	③
④	④	④	④	④	④	④
⑤	⑤	⑤	⑤	⑤	⑤	⑤
⑥	⑥	⑥	⑥	⑥	⑥	⑥
⑦	⑦	⑦	⑦	⑦	⑦	⑦
⑧	⑧	⑧	⑧	⑧	⑧	⑧
⑨	⑨	⑨	⑨	⑨	⑨	⑨

1. 記入欄・マーク欄以外には記入しないでください。
2. 鉛筆で、しっかり濃くマークしてください。
3. 間違った場合には、消しゴムで、きれいに消してください。

マーク例

良い例	●	悪い例	✓ ⊙ ◐

問	解答欄
1	① ② ③ ④ ⑤ ⑥ ⑦ ⑧ ⑨ ⓪
2	① ② ③ ④ ⑤ ⑥ ⑦ ⑧ ⑨ ⓪
3	① ② ③ ④ ⑤ ⑥ ⑦ ⑧ ⑨ ⓪
4	① ② ③ ④ ⑤ ⑥ ⑦ ⑧ ⑨ ⓪
5	① ② ③ ④ ⑤ ⑥ ⑦ ⑧ ⑨ ⓪
6	① ② ③ ④ ⑤ ⑥ ⑦ ⑧ ⑨ ⓪
7	① ② ③ ④ ⑤ ⑥ ⑦ ⑧ ⑨ ⓪
8	① ② ③ ④ ⑤ ⑥ ⑦ ⑧ ⑨ ⓪
9	① ② ③ ④ ⑤ ⑥ ⑦ ⑧ ⑨ ⓪
10	① ② ③ ④ ⑤ ⑥ ⑦ ⑧ ⑨ ⓪
11	① ② ③ ④ ⑤ ⑥ ⑦ ⑧ ⑨ ⓪
12	① ② ③ ④ ⑤ ⑥ ⑦ ⑧ ⑨ ⓪
13	① ② ③ ④ ⑤ ⑥ ⑦ ⑧ ⑨ ⓪
14	① ② ③ ④ ⑤ ⑥ ⑦ ⑧ ⑨ ⓪
15	① ② ③ ④ ⑤ ⑥ ⑦ ⑧ ⑨ ⓪
16	① ② ③ ④ ⑤ ⑥ ⑦ ⑧ ⑨ ⓪
17	① ② ③ ④ ⑤ ⑥ ⑦ ⑧ ⑨ ⓪
18	① ② ③ ④ ⑤ ⑥ ⑦ ⑧ ⑨ ⓪
19	① ② ③ ④ ⑤ ⑥ ⑦ ⑧ ⑨ ⓪
20	① ② ③ ④ ⑤ ⑥ ⑦ ⑧ ⑨ ⓪
21	① ② ③ ④ ⑤ ⑥ ⑦ ⑧ ⑨ ⓪
22	① ② ③ ④ ⑤ ⑥ ⑦ ⑧ ⑨ ⓪
23	① ② ③ ④ ⑤ ⑥ ⑦ ⑧ ⑨ ⓪
24	① ② ③ ④ ⑤ ⑥ ⑦ ⑧ ⑨ ⓪
25	① ② ③ ④ ⑤ ⑥ ⑦ ⑧ ⑨ ⓪
26	① ② ③ ④ ⑤ ⑥ ⑦ ⑧ ⑨ ⓪
27	① ② ③ ④ ⑤ ⑥ ⑦ ⑧ ⑨ ⓪
28	① ② ③ ④ ⑤ ⑥ ⑦ ⑧ ⑨ ⓪
29	① ② ③ ④ ⑤ ⑥ ⑦ ⑧ ⑨ ⓪
30	① ② ③ ④ ⑤ ⑥ ⑦ ⑧ ⑨ ⓪
31	① ② ③ ④ ⑤ ⑥ ⑦ ⑧ ⑨ ⓪
32	① ② ③ ④ ⑤ ⑥ ⑦ ⑧ ⑨ ⓪
33	① ② ③ ④ ⑤ ⑥ ⑦ ⑧ ⑨ ⓪
34	① ② ③ ④ ⑤ ⑥ ⑦ ⑧ ⑨ ⓪
35	① ② ③ ④ ⑤ ⑥ ⑦ ⑧ ⑨ ⓪
36	① ② ③ ④ ⑤ ⑥ ⑦ ⑧ ⑨ ⓪
37	① ② ③ ④ ⑤ ⑥ ⑦ ⑧ ⑨ ⓪
38	① ② ③ ④ ⑤ ⑥ ⑦ ⑧ ⑨ ⓪
39	① ② ③ ④ ⑤ ⑥ ⑦ ⑧ ⑨ ⓪
40	① ② ③ ④ ⑤ ⑥ ⑦ ⑧ ⑨ ⓪
41	① ② ③ ④ ⑤ ⑥ ⑦ ⑧ ⑨ ⓪
42	① ② ③ ④ ⑤ ⑥ ⑦ ⑧ ⑨ ⓪
43	① ② ③ ④ ⑤ ⑥ ⑦ ⑧ ⑨ ⓪
44	① ② ③ ④ ⑤ ⑥ ⑦ ⑧ ⑨ ⓪
45	① ② ③ ④ ⑤ ⑥ ⑦ ⑧ ⑨ ⓪
46	① ② ③ ④ ⑤ ⑥ ⑦ ⑧ ⑨ ⓪
47	① ② ③ ④ ⑤ ⑥ ⑦ ⑧ ⑨ ⓪
48	① ② ③ ④ ⑤ ⑥ ⑦ ⑧ ⑨ ⓪
49	① ② ③ ④ ⑤ ⑥ ⑦ ⑧ ⑨ ⓪
50	① ② ③ ④ ⑤ ⑥ ⑦ ⑧ ⑨ ⓪

（注）この解答用紙は実物を縮小してあります。Ｂ４用紙に137％拡大コピーすると、ほぼ実物大で使用できます。（タイトルと配点表は含みません）

推定配点		計
	1～6　各２点×50	100点

２０２４年度　國學院大學栃木高等学校　第１回

理科解答用紙　No. 1

評点	／100

フリガナ	
氏 名	

年	月	日
R6	1	6

受験番号						
⓪	⓪	⓪	⓪	⓪	⓪	⓪
①	①	①	①	①	①	①
②	②	②	②	②	②	②
③	③	③	③	③	③	③
④	④	④	④	④	④	④
⑤	⑤	⑤	⑤	⑤	⑤	⑤
⑥	⑥	⑥	⑥	⑥	⑥	⑥
⑦	⑦	⑦	⑦	⑦	⑦	⑦
⑧	⑧	⑧	⑧	⑧	⑧	⑧
⑨	⑨	⑨	⑨	⑨	⑨	⑨

1. 記入欄・マーク欄以外には記入しないでください。
2. 鉛筆で、しっかり濃くマークしてください。
3. 間違った場合には、消しゴムで、きれいに消してください。

マーク例

良い例	●	悪い例	✓ ⊙ ◐

問	解答欄									
1	①	②	③	④	⑤	⑥	⑦	⑧	⑨	⓪
2	①	②	③	④	⑤	⑥	⑦	⑧	⑨	⓪
3	①	②	③	④	⑤	⑥	⑦	⑧	⑨	⓪
4	①	②	③	④	⑤	⑥	⑦	⑧	⑨	⓪
5	①	②	③	④	⑤	⑥	⑦	⑧	⑨	⓪
6	①	②	③	④	⑤	⑥	⑦	⑧	⑨	⓪
7	①	②	③	④	⑤	⑥	⑦	⑧	⑨	⓪
8	①	②	③	④	⑤	⑥	⑦	⑧	⑨	⓪
9	①	②	③	④	⑤	⑥	⑦	⑧	⑨	⓪
10	①	②	③	④	⑤	⑥	⑦	⑧	⑨	⓪
11	①	②	③	④	⑤	⑥	⑦	⑧	⑨	⓪
12	①	②	③	④	⑤	⑥	⑦	⑧	⑨	⓪
13	①	②	③	④	⑤	⑥	⑦	⑧	⑨	⓪
14	①	②	③	④	⑤	⑥	⑦	⑧	⑨	⓪
15	①	②	③	④	⑤	⑥	⑦	⑧	⑨	⓪
16	①	②	③	④	⑤	⑥	⑦	⑧	⑨	⓪
17	①	②	③	④	⑤	⑥	⑦	⑧	⑨	⓪
18	①	②	③	④	⑤	⑥	⑦	⑧	⑨	⓪
19	①	②	③	④	⑤	⑥	⑦	⑧	⑨	⓪
20	①	②	③	④	⑤	⑥	⑦	⑧	⑨	⓪

問	解答欄									
21	①	②	③	④	⑤	⑥	⑦	⑧	⑨	⓪
22	①	②	③	④	⑤	⑥	⑦	⑧	⑨	⓪
23	①	②	③	④	⑤	⑥	⑦	⑧	⑨	⓪
24	①	②	③	④	⑤	⑥	⑦	⑧	⑨	⓪

（注）この解答用紙は実物を縮小してあります。Ｂ４用紙に125％拡大コピーすると、ほぼ実物大で使用できます。（タイトルと配点表は含みません）

理科解答用紙　No.2

6	問1		問2	
	問3		問4	
7	問1			
	問2			
	問3	(完答)	問4	(漢字)
8	問1			
	問2		問3	(漢字)
	問4	火をつけた線香は，（　　　　　　　）。		
9	問1		問2	A：　B：　C：　D：　(完答)
	問3		問4	

（注）この解答用紙は実物を縮小してあります。Ａ４用紙に114%拡大コピーすると，ほぼ実物大で使用できます。(タイトルと配点表は含みません)

推定配点		計
	1～4　各２点×20　5～9　各３点×20〔7問３，9問２はそれぞれ完答〕	100点

二〇二四年度　國學院大學栃木高等学校　第一回

国語解答用紙

番号　　　氏名　　　評点　/100

一

問一　ア　…れる　イ　ウ
　　　エ　オ

問二　ア　…る　イ　ウ　…う
　　　エ　…ねる　オ

問三　(a)　(b)　(c)　(d)

問四　(ア)　(イ)　(ウ)

二

問一　(A)　(B)

問二

問三

問四

問五

問六

問七

問八

問九

三

問一

問二

問三

問四

問五

問六

問七

問八

四

問一

問二

問三　(B)　(C)

問四

問五

問六

問七

（注）この解答用紙は実物を縮小してあります。Ａ４用紙に115%拡大コピーすると、ほぼ実物大で使用できます。（タイトルと配点表は含みません）

推定配点

一　各2点×17
二　問一～問三　各2点×4　問四～問九　各3点×6
三　問一～問四　各2点×4　問五～問八　各3点×4
四　問一～問三　各2点×4　問四～問七　各3点×4

計　100点

2024年度　國學院大學栃木高等学校　第2回

英語解答用紙　No.1

評点	／100

フリガナ	
氏名	

年	月	日
R6	1	7

受験番号						
0	0	0	0	0	0	0
1	1	1	1	1	1	1
2	2	2	2	2	2	2
3	3	3	3	3	3	3
4	4	4	4	4	4	4
5	5	5	5	5	5	5
6	6	6	6	6	6	6
7	7	7	7	7	7	7
8	8	8	8	8	8	8
9	9	9	9	9	9	9

1. 記入欄・マーク欄以外には記入しないでください。
2. 鉛筆で、しっかり濃くマークしてください。
3. 間違った場合には、消しゴムで、きれいに消してください。

マーク例

良い例	●	悪い例	✓ ⊙ ◐

問	解答欄									
1	1	2	3	4	5	6	7	8	9	0
2	1	2	3	4	5	6	7	8	9	0
3	1	2	3	4	5	6	7	8	9	0
4	1	2	3	4	5	6	7	8	9	0
5	1	2	3	4	5	6	7	8	9	0
6	1	2	3	4	5	6	7	8	9	0
7	1	2	3	4	5	6	7	8	9	0
8	1	2	3	4	5	6	7	8	9	0
9	1	2	3	4	5	6	7	8	9	0
10	1	2	3	4	5	6	7	8	9	0
11	1	2	3	4	5	6	7	8	9	0
12	1	2	3	4	5	6	7	8	9	0
13	1	2	3	4	5	6	7	8	9	0
14	1	2	3	4	5	6	7	8	9	0
15	1	2	3	4	5	6	7	8	9	0
16	1	2	3	4	5	6	7	8	9	0
17	1	2	3	4	5	6	7	8	9	0
18	1	2	3	4	5	6	7	8	9	0
19	1	2	3	4	5	6	7	8	9	0
20	1	2	3	4	5	6	7	8	9	0

問	解答欄									
21	1	2	3	4	5	6	7	8	9	0
22	1	2	3	4	5	6	7	8	9	0
23	1	2	3	4	5	6	7	8	9	0
24	1	2	3	4	5	6	7	8	9	0
25	1	2	3	4	5	6	7	8	9	0
26	1	2	3	4	5	6	7	8	9	0
27	1	2	3	4	5	6	7	8	9	0
28	1	2	3	4	5	6	7	8	9	0
29	1	2	3	4	5	6	7	8	9	0
30	1	2	3	4	5	6	7	8	9	0
31	1	2	3	4	5	6	7	8	9	0
32	1	2	3	4	5	6	7	8	9	0
33	1	2	3	4	5	6	7	8	9	0
34	1	2	3	4	5	6	7	8	9	0
35	1	2	3	4	5	6	7	8	9	0
36	1	2	3	4	5	6	7	8	9	0
37	1	2	3	4	5	6	7	8	9	0
38	1	2	3	4	5	6	7	8	9	0
39	1	2	3	4	5	6	7	8	9	0
40	1	2	3	4	5	6	7	8	9	0

問	解答欄									
41	1	2	3	4	5	6	7	8	9	0
42	1	2	3	4	5	6	7	8	9	0

（注）この解答用紙は実物を縮小してあります。B４用紙に125％拡大コピーすると、ほぼ実物大で使用できます。（タイトルと配点表は含みません）

２０２４年度　國學院大學栃木高等学校　第２回

英語解答用紙　No. 2

6

1.	2.
3.a	b
4.a (　　　　　　　　)	b (　　　　　　) (　　　　　　)
5.	
6.	

（注）この解答用紙は実物を縮小してあります。Ａ４用紙に115%拡大コピーすると、ほぼ実物大で使用できます。（タイトルと配点表は含みません）

推定配点		計
	1～6　各２点×50〔6３，４はそれぞれ各２点×２〕	100点

2024年度　國學院大學栃木高等学校　第２回

数学解答用紙

番号		氏名		評点	／100

大問	小問	解答欄
1	(1)	
	(2)	
	(3)	
	(4)	
	(5)	
	(6)	
	(7)	$x=$　　　, $y=$
	(8)	$x=$
	(9)	$x=$
	(10)	
2	(1)	$n=$
	(2)	$y=$
	(3)	
	(4)	
	(5)	分後
	(6)	
	(7)	度
	(8)	cm^2
	(9)	
	(10)	$a=$　　　, $b=$
3	(1)	
	(2)	
	(3)	枚
4	(1)	
	(2)	$t=$
	(3)	(　　　,　　　)
5	(1)	円
	(2)	
	(3)	$a=$　　　, $b=$

（注）この解答用紙は実物を縮小してあります。Ｂ４用紙に122%拡大コピーすると、ほぼ実物大で使用できます。（タイトルと配点表は含みません）

推定配点		計
	1　各３点×10 2　(1)〜(6)　各３点×６　(7)〜(10)　各４点×４ 3〜5　各４点×９	100点

２０２４年度　國學院大學栃木高等学校　第２回

社会解答用紙

評点	／100

フリガナ	
氏 名	

年	月	日
R6	1	7

受験番号						
⓪	⓪	⓪	⓪	⓪	⓪	⓪
①	①	①	①	①	①	①
②	②	②	②	②	②	②
③	③	③	③	③	③	③
④	④	④	④	④	④	④
⑤	⑤	⑤	⑤	⑤	⑤	⑤
⑥	⑥	⑥	⑥	⑥	⑥	⑥
⑦	⑦	⑦	⑦	⑦	⑦	⑦
⑧	⑧	⑧	⑧	⑧	⑧	⑧
⑨	⑨	⑨	⑨	⑨	⑨	⑨

1. 記入欄・マーク欄以外には記入しないでください。
2. 鉛筆で、しっかり濃くマークしてください。
3. 間違った場合には、消しゴムで、きれいに消してください。

マーク例

良い例	●	悪い例	✓ ⓞ ◐

問	解答欄									
1	①	②	③	④	⑤	⑥	⑦	⑧	⑨	⓪
2	①	②	③	④	⑤	⑥	⑦	⑧	⑨	⓪
3	①	②	③	④	⑤	⑥	⑦	⑧	⑨	⓪
4	①	②	③	④	⑤	⑥	⑦	⑧	⑨	⓪
5	①	②	③	④	⑤	⑥	⑦	⑧	⑨	⓪
6	①	②	③	④	⑤	⑥	⑦	⑧	⑨	⓪
7	①	②	③	④	⑤	⑥	⑦	⑧	⑨	⓪
8	①	②	③	④	⑤	⑥	⑦	⑧	⑨	⓪
9	①	②	③	④	⑤	⑥	⑦	⑧	⑨	⓪
10	①	②	③	④	⑤	⑥	⑦	⑧	⑨	⓪
11	①	②	③	④	⑤	⑥	⑦	⑧	⑨	⓪
12	①	②	③	④	⑤	⑥	⑦	⑧	⑨	⓪
13	①	②	③	④	⑤	⑥	⑦	⑧	⑨	⓪
14	①	②	③	④	⑤	⑥	⑦	⑧	⑨	⓪
15	①	②	③	④	⑤	⑥	⑦	⑧	⑨	⓪
16	①	②	③	④	⑤	⑥	⑦	⑧	⑨	⓪
17	①	②	③	④	⑤	⑥	⑦	⑧	⑨	⓪
18	①	②	③	④	⑤	⑥	⑦	⑧	⑨	⓪
19	①	②	③	④	⑤	⑥	⑦	⑧	⑨	⓪
20	①	②	③	④	⑤	⑥	⑦	⑧	⑨	⓪

問	解答欄									
21	①	②	③	④	⑤	⑥	⑦	⑧	⑨	⓪
22	①	②	③	④	⑤	⑥	⑦	⑧	⑨	⓪
23	①	②	③	④	⑤	⑥	⑦	⑧	⑨	⓪
24	①	②	③	④	⑤	⑥	⑦	⑧	⑨	⓪
25	①	②	③	④	⑤	⑥	⑦	⑧	⑨	⓪
26	①	②	③	④	⑤	⑥	⑦	⑧	⑨	⓪
27	①	②	③	④	⑤	⑥	⑦	⑧	⑨	⓪
28	①	②	③	④	⑤	⑥	⑦	⑧	⑨	⓪
29	①	②	③	④	⑤	⑥	⑦	⑧	⑨	⓪
30	①	②	③	④	⑤	⑥	⑦	⑧	⑨	⓪
31	①	②	③	④	⑤	⑥	⑦	⑧	⑨	⓪
32	①	②	③	④	⑤	⑥	⑦	⑧	⑨	⓪
33	①	②	③	④	⑤	⑥	⑦	⑧	⑨	⓪
34	①	②	③	④	⑤	⑥	⑦	⑧	⑨	⓪
35	①	②	③	④	⑤	⑥	⑦	⑧	⑨	⓪
36	①	②	③	④	⑤	⑥	⑦	⑧	⑨	⓪
37	①	②	③	④	⑤	⑥	⑦	⑧	⑨	⓪
38	①	②	③	④	⑤	⑥	⑦	⑧	⑨	⓪
39	①	②	③	④	⑤	⑥	⑦	⑧	⑨	⓪
40	①	②	③	④	⑤	⑥	⑦	⑧	⑨	⓪

問	解答欄									
41	①	②	③	④	⑤	⑥	⑦	⑧	⑨	⓪
42	①	②	③	④	⑤	⑥	⑦	⑧	⑨	⓪
43	①	②	③	④	⑤	⑥	⑦	⑧	⑨	⓪
44	①	②	③	④	⑤	⑥	⑦	⑧	⑨	⓪
45	①	②	③	④	⑤	⑥	⑦	⑧	⑨	⓪
46	①	②	③	④	⑤	⑥	⑦	⑧	⑨	⓪
47	①	②	③	④	⑤	⑥	⑦	⑧	⑨	⓪
48	①	②	③	④	⑤	⑥	⑦	⑧	⑨	⓪
49	①	②	③	④	⑤	⑥	⑦	⑧	⑨	⓪
50	①	②	③	④	⑤	⑥	⑦	⑧	⑨	⓪

（注）この解答用紙は実物を縮小してあります。Ｂ４用紙に137％拡大コピーすると、ほぼ実物大で使用できます。（タイトルと配点表は含みません）

推定配点		計
	①～⑥　各２点×50	100点

2024年度　國學院大學栃木高等学校　第2回

理科解答用紙　No.1

評点	／100

フリガナ	
氏名	

年	月	日
R6	1	7

受験番号						
0	0	0	0	0	0	0
1	1	1	1	1	1	1
2	2	2	2	2	2	2
3	3	3	3	3	3	3
4	4	4	4	4	4	4
5	5	5	5	5	5	5
6	6	6	6	6	6	6
7	7	7	7	7	7	7
8	8	8	8	8	8	8
9	9	9	9	9	9	9

1. 記入欄・マーク欄以外には記入しないでください。
2. 鉛筆で、しっかり濃くマークしてください。
3. 間違った場合には、消しゴムで、きれいに消してください。

マーク例

良い例	●	悪い例	✓ ⊙ ◐

問	解答欄									
1	1	2	3	4	5	6	7	8	9	0
2	1	2	3	4	5	6	7	8	9	0
3	1	2	3	4	5	6	7	8	9	0
4	1	2	3	4	5	6	7	8	9	0
5	1	2	3	4	5	6	7	8	9	0
6	1	2	3	4	5	6	7	8	9	0
7	1	2	3	4	5	6	7	8	9	0
8	1	2	3	4	5	6	7	8	9	0
9	1	2	3	4	5	6	7	8	9	0
10	1	2	3	4	5	6	7	8	9	0
11	1	2	3	4	5	6	7	8	9	0
12	1	2	3	4	5	6	7	8	9	0
13	1	2	3	4	5	6	7	8	9	0
14	1	2	3	4	5	6	7	8	9	0
15	1	2	3	4	5	6	7	8	9	0
16	1	2	3	4	5	6	7	8	9	0
17	1	2	3	4	5	6	7	8	9	0
18	1	2	3	4	5	6	7	8	9	0
19	1	2	3	4	5	6	7	8	9	0
20	1	2	3	4	5	6	7	8	9	0

問	解答欄									
21	1	2	3	4	5	6	7	8	9	0
22	1	2	3	4	5	6	7	8	9	0
23	1	2	3	4	5	6	7	8	9	0
24	1	2	3	4	5	6	7	8	9	0

（注）この解答用紙は実物を縮小してあります。B4用紙に125%拡大コピーすると、ほぼ実物大で使用できます。（タイトルと配点表は含みません）

２０２４年度　國學院大學栃木高等学校　第２回

理科解答用紙　No. 2

6	問１		問２	（漢字）
	問３	％（整数値）	問４	g（整数値）
7	問１		問２	
	問３	約　　秒（整数値）		
	問４			
8	問１			
	問２			
	問３	g	問４	cm^3
9	問１	番号：		
		理由：		
	問２		問３	J

（注）この解答用紙は実物を縮小してあります。Ａ４用紙に114%拡大コピーすると、ほぼ実物大で使用できます。（タイトルと配点表は含みません）

推定配点		計
	1～4　各２点×20　　5～9　各３点×20〔9問１は各３点×２〕	100点

二〇二四年度　國學院大學栃木高等学校　第二回

国語解答用紙

番号		氏名		評点	/100

一

問一　ア　イ　ウ　エ　オ　てる

問二　ア　イ　す　ウ　エ　る　オ

問三

問四

問五

問六

問七　(a)　(b)　(c)

二

問一　(A)　(B)

問二

問三

問四

問五

問六

問七

問八

問九

三

問一

問二

問三

問四

問五

問六

問七

問八

四

問一　(A)　(B)

問二

問三

問四

問五

問六

問七

(注) この解答用紙は実物を縮小してあります。A４用紙に118%拡大コピーすると、ほぼ実物大で使用できます。(タイトルと配点表は含みません)

推定配点		計
一	各２点×17	
二	問一～問三　各２点×４　問四～問九　各３点×６	
三	問一～問四　各２点×４　問五～問八　各３点×４	
四	問一～問三　各２点×４　問四～問七　各３点×４	100点

２０２３年度　國學院大學栃木高等学校　第１回

英語解答用紙

番号		氏名		評点	／100

1	A	1		2		3	
	B	1		2		3	

2	1		2		3		4		5	
	6		7		8		9		10	

3	1		2		3	
	4		5		6	

4	1	(　　　　) (　　　　), (　　　　)
	2	(　　　　), (　　　　), (　　　　)
	3	(　　　　) (　　　　), (　　　　)

5	1	①		②		③		④		⑤	
	2		3								

6	1	(a)		(b)		2	(1)		(2)	
	3									
	4		5							

7	1		2						
	3								
	4			5	2番目		4番目		

（注）この解答用紙は実物を縮小してあります。Ａ３用紙に149％拡大コピーすると、ほぼ実物大で使用できます。（タイトルと配点表は含みません）

推定配点		計
	1～5　各２点×32 6　１，２　各２点×４　３，４　各３点×２　５　各２点×２ 7　各３点×６〔５は完答〕	100点

２０２３年度　國學院大學栃木高等学校　第１回

数学解答用紙

番号		氏名	

評点	／100

1	(1)	
	(2)	
	(3)	
	(4)	
	(5)	
	(6)	
	(7)	$x=$
	(8)	$x=$
2	(1)	
	(2)	$a=$　　　　, $b=$
	(3)	
	(4)	
	(5)	人
	(6)	
	(7)	本
	(8)	度
	(9)	cm^2
	(10)	$a=$　　　　, $b=$
3	(1)	回
	(2)	班と　　班
4	(1)	$S=$
	(2)	$x=$
5	(1)	
	(2)	
	(3)	$t=$

（注）この解答用紙は実物を縮小してあります。Ａ３用紙に149％拡大コピーすると、ほぼ実物大で使用できます。（タイトルと配点表は含みません）

推定配点		計
	1～5　各４点×25	100点

２０２３年度　國學院大學栃木高等学校　第１回

社会解答用紙

番号		氏名		評点	／100

1	1	(1)	
		(2)	
		(3)	
		(4)	
		(5)	
	2	(1)	検査
		(2)	文明
		(3)	
		(4)	
		(5)	
2		1	
		2	
		3	
		4	
		5	
3	1	(1)	
		(2)	
		(3)	
		(4)	
		(5)	
	2	(1)	
		(2)	
		(3)	
4		1	
		2	
		3	
		4	

5		1	天皇
		2	
		3	
		4	
		5	
		6	
6		1	
		2	
		3	
		4	
		5	
		6	
7	1	(1)	
		(2)	
		(3)	
	2	(1)	
		(2)	
8	1	(1)	
		(2)	
		(3)	
	2		
	3		
	4		

（注）この解答用紙は実物を縮小してあります。Ａ３用紙に149％拡大コピーすると、ほぼ実物大で使用できます。（タイトルと配点表は含みません）

推定配点		計
	1～8　各２点×50	100点

2023年度　國學院大學栃木高等学校　第１回

理科解答用紙

番号		氏名		評点	／100

問題	解答									
1	1		2		3		4		5	
2	1		2		3		4		5	
3	1		2		3		4		5	
4	1		2		3		4		5	

5	1		2		3		4	

6	1	気象要素（漢字２文字）	気象要素の単位（アルファベット３文字）　（完答）			
	2	（漢字５文字）	3		4	km/h（整数値）
7	1		2		3	
	4	肺胞の表面と毛細血管が接する（　　　　　　　　）なるから。				
8	1		2 (1)			
	2 (2)	物質名	質量の差　　g（完答）		2 (3)	
9	1	A	2	$I_3 : I_4 =$		
	3	A	4	J		

（注）この解答用紙は実物を縮小してあります。Ａ３用紙に152%拡大コピーすると、ほぼ実物大で使用できます。（タイトルと配点表は含みません）

推定配点		計
	1～4　各２点×20 5～9　各３点×20〔6 1，8 1，２(2)はそれぞれ完答〕	100点

二〇二三年度 國學院大學栃木高等学校 第一回

国語解答用紙

番号		氏名	

評点
/100

一

問一 ア　イ　ウ　エ　オ

問二 ア　イ　ウ　エ（　れる）　オ（　く）

問三

問四

問五

問六

問七 1　2　3

二

問一

問二

問三

問四

問五

問六

問七

問八

問九

問十

三

問一

問二

問三 X　Y

問四

問五

問六

問七

四

問一 Ⅰ　Ⅱ

問二

問三

問四

問五

問六

問七

（注）この解答用紙は実物を縮小してあります。Ｂ４用紙に141%拡大コピーすると、ほぼ実物大で使用できます。（タイトルと配点表は含みません）

推定配点

一	各2点×17
二	問一～問五　各2点×5　問六～問十　各3点×5
三	問一～問三　各2点×4　問四～問七　各3点×4
四	問一、問二　各2点×3　問三～問七　各3点×5
計	100点

2023年度　國學院大學栃木高等学校　第2回

英語解答用紙

番号		氏名	

評点	／100

1	A	1		2		3	
	B	1		2		3	

2	1		2		3		4		5	
	6		7		8		9		10	

3	1		2		3	
	4		5		6	

4	1	(　　　), (　　　) (　　　)
	2	(　　　) (　　　), (　　　)
	3	(　　　) (　　　), (　　　)

5	1		2			
	3	(a)	(b)		4	

6	1	(a)		(b)		(c)		(d)	
	2		3	2番目		4番目		4	

7	1				
	2		3	(a)	(b)
	4	A	I was (　　　)(　　　)(　　　)		
		B	have communication (　　　)(　　　)(　　　)		
	5				

(注) この解答用紙は実物を縮小してあります。B４用紙に141％拡大コピーすると、ほぼ実物大で使用できます。(タイトルと配点表は含みません)

推定配点		計
	1～6　各２点×38〔6 3は完答〕　7　各３点×８	100点

2023年度　國學院大學栃木高等学校　第2回

数学解答用紙

番号		氏名		評点	／100

1	(1)	
	(2)	
	(3)	
	(4)	
	(5)	
	(6)	$x=$
	(7)	$x=$ 　　　, $y=$
	(8)	$x=$
2	(1)	$n=$
	(2)	
	(3)	
	(4)	$x=$
	(5)	円
	(6)	
	(7)	角形
	(8)	度
	(9)	cm^2
	(10)	
3	(1)	秒後
	(2)	頂点
4	(1)	
	(2)	$t=$
5	(1)	$a=$
	(2)	
	(3)	

（注）この解答用紙は実物を縮小してあります。A3用紙に149%拡大コピーすると、ほぼ実物大で使用できます。（タイトルと配点表は含みません）

推定配点		計
	1～5　各4点×25	100点

２０２３年度　國學院大學栃木高等学校　第２回

社会解答用紙

番号		氏名	

評点	／100

1	1	(1)	
		(2)	
		(3)	
		(4)	
		(5)	
	2	(1)	
		(2)	川
		(3)	
		(4)	
		(5)	
2		1	
		2	
		3	
		4	
		5	
3	1	(1)	
		(2)	
		(3)	
		(4)	
		(5)	
	2	(1)	
		(2)	
		(3)	
4		1	
		2	
		3	
		4	
5		1	天皇
		2	
		3	
		4	
		5	の乱
		6	
6		1	
		2	
		3	
		4	
		5	
		6	
7	1	(1)	
		(2)	
		(3)	
	2	(1)	
		(2)	
8	1	(1)	
		(2)	
		(3)	
	2		
	3		
	4		

（注）この解答用紙は実物を縮小してあります。Ａ３用紙に149％拡大コピーすると、ほぼ実物大で使用できます。（タイトルと配点表は含みません）

推定配点		計
	1～8　各２点×50	100点

２０２３年度　國學院大學栃木高等学校　第２回

理科解答用紙

番号		氏名		評点	／100

問題	解	答							
1	1 (1)		1 (2)		1 (3)		1 (4)		2	
2	1		2		3		4		5	
3	1		2		3 (1)		3 (2)		3 (3)	
4	1		2		3		4		5	

5	1		2		3		4	

6	1		2	（漢字２文字）
	3		4	度
7	1		2	
	3		4	
8	1	エネルギー	2	
	3		4	
9	1		2	約　m/s（整数値）
	3	W	4	

（注）この解答用紙は実物を縮小してあります。Ａ３用紙に152%拡大コピーすると、ほぼ実物大で使用できます。（タイトルと配点表は含みません）

推定配点		計
	1～4　各２点×20　　5～9　各３点×20	100点

二〇二三年度　國學院大學栃木高等学校　第二回

国語解答用紙

番号　　氏名　　評点　／100

一

問一　ア　える　イ　ウ　エ　オ

問二　ア　イ　えて　ウ　む　エ　オ

問三

問四　1　2　3

問五　1　2　3

二

問一　Ⅰ　Ⅱ

問二　A　B

問三

問四

問五

問六

問七

問八

三

問一

問二

問三

問四

問五

問六

問七

問八

四

問一　a　b

問二

問三

問四

問五

問六

問七

（注）この解答用紙は実物を縮小してあります。Ａ３用紙に145%拡大コピーすると、ほぼ実物大で使用できます。（タイトルと配点表は含みません）

推定配点

一　各2点×17

二　問一〜問三　各2点×5　問四〜問八　各3点×5

三　問一〜問三　各2点×3　問四〜問八　各3点×5

四　問一〜問三　各2点×4　問四〜問七　各3点×4

計　100点

２０２２年度　國學院大學栃木高等学校　第１回

英語解答用紙

番号		氏名	

評点	／100

1	A	1		2		3	
	B	1		2		3	

2	1		2		3		4		5	
	6		7		8		9		10	

3	1		2		3	
	4		5		6	

4	1	(　　　　), (　　　　), (　　　　)
	2	(　　　　), (　　　　), (　　　　)
	3	(　　　　)　(　　　　), (　　　　)

5	1	①		②		③		④	
	2	(a)		(b)		(c)			

6	1		2				
	3						
	4	(a)		(b)		5	

7	1		2		3		
	4	(a)		(b)		(c)	
	5						

（注）この解答用紙は実物を縮小してあります。Ｂ４用紙に139％拡大コピーすると、ほぼ実物大で使用できます。（タイトルと配点表は含みません）

推定配点		計
	1～6　各２点×38　　7　各３点×８	100点

２０２２年度　國學院大學栃木高等学校　第１回

数学解答用紙

番号		氏名	

評点	／100

1	(1)	
	(2)	
	(3)	
	(4)	
	(5)	$x=$
	(6)	$x=$　　　　$,y=$
	(7)	$x=$
	(8)	
2	(1)	
	(2)	
	(3)	個
	(4)	$a=$　　　　$,b=$
	(5)	$a=$
	(6)	m
	(7)	
	(8)	度
	(9)	度
	(10)	時間
3	(1)	個
	(2)	個
4	(1)	$S=$
	(2)	$x=$
5	(1)	
	(2)	
	(3)	

（注）この解答用紙は実物を縮小してあります。Ａ３用紙に147％拡大コピーすると、ほぼ実物大で使用できます。（タイトルと配点表は含みません）

推定配点	計
1～5　各４点×25	100点

２０２２年度　國學院大學栃木高等学校　第１回

社会解答用紙

番号		氏名	

評点	／100

1	1	(1)	
		(2)	
		(3)	
		(4)	
		(5)	
	2	(1)	
		(2)	
		(3)	政策
		(4)	
		(5)	空港
2		1	
		2	
		3	
		4	
		5	
3	1	(1)	
		(2)	
		(3)	
		(4)	
		(5)	
	2	(1)	
		(2)	
		(3)	
4		1	
		2	
		3	
		4	

5		1	
		2	
		3	
		4	
		5	
		6	
6		1	
		2	
		3	
		4	
		5	
		6	
7	1	(1)	
		(2)	
		(3)	
	2	(1)	
		(2)	
8	1	(1)	
		(2)	
		(3)	
	2		
	3		
	4		

（注）この解答用紙は実物を縮小してあります。A３用紙に147％拡大コピーすると、ほぼ実物大で使用できます。（タイトルと配点表は含みません）

推定配点		計
	1～8　各２点×50	100点

２０２２年度　國學院大學栃木高等学校　第１回

理科解答用紙

番号		氏名		評点	／100

問題	解	答							
1	1		2		3		4		5
2	1		2		3		4		5
3	1		2		3		4		5
4	1		2		3		4		5

5	1		2		3		4	

6	1（完答） A　　B	2	組織	
	3	4		
7	1	2	形質	
	3	4		
8	1	2		
	3	4		
9	1	2	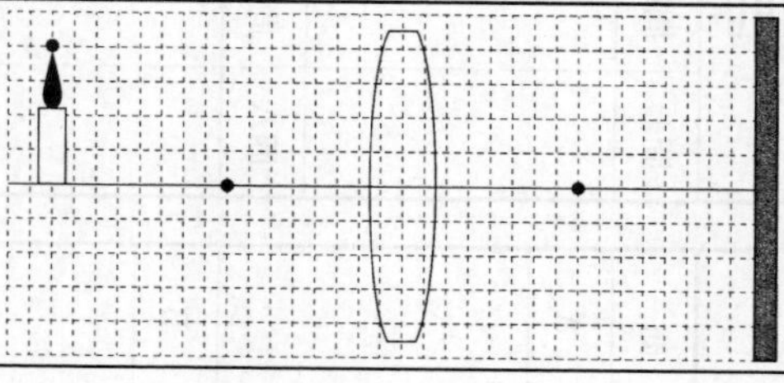	
	3　　cm			
	4　　cm			

（注）この解答用紙は実物を縮小してあります。Ａ３用紙に149％拡大コピーすると、ほぼ実物大で使用できます。（タイトルと配点表は含みません）

推定配点		計
	1～4　各２点×20　　5～9　各３点×20〔6 1は完答〕	100点

二〇二二年度 國學院大學栃木高等学校 第一回

国語解答用紙

番号 ／ 氏名 ／ 評点 /100

一

問一 ア　イ　すウ　エ　オ

問二 ア　イ　らかなウ　エ　オ

問三 □二□□一□レ□二□□一

問四

問五

問六

問七 [1] [2] [3]

二

問一　問二　問三　問四　問五　問六　問七　問八　問九　問十

三

問一　問二　問三　問四　問五　問六　問七　問八

四

問一 A　B

問二　問三　問四　問五　問六　問七

(注) この解答用紙は実物を縮小してあります。B４用紙に141%拡大コピーすると、ほぼ実物大で使用できます。(タイトルと配点表は含みません)

推定配点

一	各2点×17
二	問一～問四 各2点×4　問五～問十 各3点×6
三	問一～問四 各2点×4　問五～問八 各3点×4
四	問一～問三 各2点×4　問四～問七 各3点×4
計	100点

Memo

Memo

声の教育社
〒162-0814 東京都新宿区新小川町8-15
TEL 03（5261）5061 FAX 03（5261）5062
https://www.koenokyoikusha.co.jp